Michael Salewski

DER ERSTE
WELTKRIEG

MICHAEL SALEWSKI

DER ERSTE WELTKRIEG

2., durchgesehene Auflage

FERDINAND SCHÖNINGH
PADERBORN · MÜNCHEN · WIEN · ZÜRICH

Titelbild: Frankreich 1917 – deutsche Rückzugsstraße in Richtung St. Quentin
(Aus: Der Erste Weltkrieg in Bildern und Dokumenten, hg. von Hans Dollinger. Desch,
München 1965)

Abbildungen im Text: Deutsches Marine-Institut, Bonn: 30-33, 43; Historisches Archiv
Krupp, Essen: 18; Imperial War Museum, London (Q 50941): 51; alle anderen:
Bibliothek für Zeitgeschichte, Stuttgart.

Bibliografische Informationen Der Deutschen Bibliothek

Die Deutsche Bibliothek verzeichnet diese Publikation in der Deutschen Nationalbibliografie;
detaillierte bibliografische Daten sind im Internet über http://dnb.ddb.de abrufbar.

Umschlaggestaltung: INNOVA GmbH, D-33178 Borchen

Gedruckt auf umweltfreundlichem, chlorfrei gebleichtem
und alterungsbeständigem Papier ∞ ISO 9706

2., durchgesehene Auflage 2004

© 2003 Ferdinand Schöningh, Paderborn
(Verlag Ferdinand Schöningh GmbH, Jühenplatz 1, D-33098 Paderborn)

Internet: www.schoeningh.de

Alle Rechte vorbehalten. Dieses Werk sowie einzelne Teile desselben sind urheberrechtlich
geschützt. Jede Verwertung in anderen als den gesetzlich zugelassenen Fällen ist ohne vorherige schriftliche Zustimmung des Verlages nicht zulässig.

Printed in Germany. Herstellung: Ferdinand Schöningh, Paderborn

ISBN 3-506-77403-4

INHALTSVERZEICHNIS

Vorwort VII

Vorwort zur 2. Auflage X

1. Annäherung an ein Phänomen 1

2. Zur Quellenlage 12

3. Die Ursachen – Rundblicke 22

4. Die Ursachen – Strategien und Illusionen 32

5. Die Ursachen – Das Innere der großen Mächte 44

6. Die Ursachen – Deutschland, innere Voraussetzungen ... 55

7. Das Spiel der Außenpolitik 66

8. Am Vorabend des Krieges 78

9. »Die letzten Tage der Menschheit«? 89

10. Kriegsbeginn 99

11. Das »arge Tanzvergnügen«: Aufmarsch und Operationen bis zur Marneschlacht 112

12. Die »Sakrifizierung« des Ostens? 124

13. Kriegsziele 137

14. Die Operationen im Osten und Westen: Das Kriegsjahr 1915 149

15. Die Suche nach Auswegen 161

16. Blockade und Kriegswirtschaft 172

17. 1916 – Entscheidung für Verdun 186

18. Somme und Skagerrak – zum Bild der Schlacht im Ersten Weltkrieg 201

19. Das Ringen um den Frieden 1916 216

20. 1917 – »Epochenjahr der Weltgeschichte« 227

21. Das Parallelogramm der Kräfte: Reichstag, Kaiser, Kanzler und OHL 241

22. Der Sturz Bethmann Hollwegs und das Ringen um den Frieden im Jahr 1917 253

23. Rußland und der Krieg im Osten 264

24. Der Weg nach Brest-Litowsk 275

25. 1918: Frühlingserwachen 287

26. »Michael« 299

27. Der militärische Zusammenbruch 311

28. Der Weg zum Waffenstillstand 323

29. Das Ende des Krieges und die Revolution 335

30. Bilanz 348

Anmerkungen 363

Quellen und Literatur 390

Register 411

VORWORT

Wie nehmen wir heute den Ersten Weltkrieg wahr? Was ist im kollektiven Gedächtnis der Deutschen von einem Krieg geblieben, den die Engländer und Franzosen als »großen« bezeichnen – »the Great War« und »la grande guerre« ist er für sie bis heute. Es bedarf keiner Erläuterung, daß sich der Begriff »groß« für uns verbietet; nicht zuletzt, weil dem Ersten der Zweite Weltkrieg folgte und diesem, so fürchteten viele, der »dritte« zu folgen drohte. In einem »groß« schwingt auch Erhabenes mit. Damit haben wir nichts zu tun, kein Krieg ist »erhaben«.

Die Numerierung von Kriegen ist keine deutsche Spezialität, aber sie paßt vor allem in Deutschland zu jenen Kontinuitäten, von denen die Historiker so wenig wie irgend jemand wirklich wissen, ob es sie tatsächlich gibt oder ob sie lediglich Konstruktionen sind, die es folglich zu dekonstruieren gilt, damit man sie zu verstehen lernt – etwa in einer Vorlesung.

Dieses Buch ist die überarbeitete Fassung einer akademischen Vorlesung aus dem Wintersemester 2000/2001 an der Universität Kiel; ein Versuch, das, was ein Hochschullehrer für wichtig und lehrenswert hält, jenen zu erklären, die in aller Regel in den Schulen vom Ersten Weltkrieg nichts bis fast nichts gehört haben. Es gilt, mit Studierenden und historisch Wißbegierigen in einen Diskurs zu treten, aus dem sich ein Bild dieses Krieges ergeben mag, das der gegenwärtigen Generation angemessen ist.

Jahrzehntelang war in Deutschland die Beschäftigung mit dem Krieg überhaupt verpönt, und das galt für die Gesellschaft wie für die historischen und politischen Wissenschaften. Die Entsetzlichkeiten der beiden Weltkriege entzogen die Idee Krieg einer leidenschaftslosen wissenschaftlichen Diskussion, und sieht man vom literarischen Aufschrei der Davongekommenen, den autobiographischen Eitelkeiten der Generäle und ein paar dilettantischen Versuchen ab, so dauerte es lange, bis eine halbwegs nüchterne Analyse der beiden Weltkriege zustandekam, die über das hinausreichte, was hinsichtlich des Krieges von 1914 bis 1918 schon in der Zeit der Weimarer Republik publiziert worden war.

In den langen Friedensjahrzehnten nach 1945 verblaßte der Erste Weltkrieg im Schatten des zweiten nahezu komplett und wurde nach und nach zu einem fernen Abstraktum, die Erinnerung an seine Geschichte verlosch und wurde nur mühsam in ein paar Museen und Bibliotheken aufrechterhalten. Das Gedächtnis der Nation aber erstarrte in steinernen und bronzenen Denkmälern.

Nach dem Ersten wurde auch der Zweite Weltkrieg »historisiert« und damit die Idee »Krieg« insgesamt. Das hat sich inzwischen geändert, und seitdem deutsche Soldaten wieder buchstäblich »im Feld« stehen (will man das Kosovo mit dem Amselfeld assoziieren), ist das Bedürfnis, sich mit dem Phänomen Krieg auseinanderzusetzen, wieder wach geworden und berührt viele Familien unmittelbar – es kommt nicht von ungefähr, daß in jenen Einheiten der Bundeswehr, die viele Soldaten für außerheimische Einsätze zu stellen haben, inzwischen Betreuungsstäbe für die Angehörigen dieser Soldaten eingerichtet worden sind.

Natürlich hat all dies mit dem Ersten Weltkrieg nichts zu tun. Aber es kann zweckmäßig sein, sich vor Augen zu führen, was Krieg früher überhaupt bedeutete – auch und vor allem jenseits des reinen Schießkrieges, der Schützengräben. Die Komplexität des modernen Krieges wurde im Ersten Weltkrieg zum ersten Mal einer breiten Öffentlichkeit schmerzlich bewußt, und mögen die Zusammenhänge im einzelnen heute auch ganz anders sein: An dieser Tatsache hat nichts sich geändert. Deswegen mag es auch nützlich sein, denen, die aus der Vergangenheit lernen wollen, mit ein paar Hinweisen zu dienen, wie das heutige Nachdenken über den Krieg aussehen könnte. Dabei bietet die Geschichte, wie immer, so auch in diesem Zusammenhang, keinerlei »Rezepte« an; dennoch kann man aus ihr lernen, was vor allem den Zusammenhang zwischen Außenpolitik und Krieg, die Problematik von Bündnissen, kollektiven Organisationen, die Rückwirkungen des Krieges auf die Innenpolitik, seine Auswirkungen auf Handel und Wandel angeht. Das Problem der »Kriegsreife«, wie man das für die Zeit vor Beginn des Ersten Weltkrieges nannte, ist (leider) nicht obsolet, und ein genaueres Studium dieser Phase wird den Leser mit mancher nachdenklichen Frage zurücklassen – wo und wie, beispielsweise, wäre der Unterschied zwischen der »Nibelungentreue« von 1914 und der »uneingeschränkten Solidarität« von 2001 festzumachen?

Wir haben uns daran gewöhnt, den Frieden als den Normalzustand anzusehen und wir wollen hoffen, daß das so bleibt – aber andernorts ist der Normalzustand eben der Krieg, und indem unsere Gesellschaft und unser Staatswesen via NATO, EU, UNO in diese fernen Konflikte miteinbezogen werden, stellen sich vermeintlich alte, unmoderne Fragen neu. Wir müssen, so schwer das fallen mag, wieder lernen, mit »dem Krieg« umzugehen. Und ein Blick auf das Denken und Tun der Altvorderen kann dann erhellend sein: Wie beispielsweise begegneten die Nachfolger Bismarcks dem Gespenst des Krieges, wie die Kaiser, Könige, und Präsidenten, die General- und Admiralstäbe, wie die Parteien und Verbände, wie die Industrie, die Kirchen und die Universitäten, wie schließlich das »gewöhnliche Volk«? Wie wurde das Problem des Präventivkriegs gesehen? Wird es wieder aktuell? War es legitim für demokratische Parteien, einem Krieg zuzustimmen, richtete dieser sich nur gegen ein menschenverachtendes autokratisches System?

Und was läßt sich daraus lernen? Will man das tun, so bietet der Erste Weltkrieg eher Antworten als der zweite, denn zum einen handelte es sich anders als beim singulären Vernichtungs- und Rassekrieg von 1939 bis 1945 um einen historisch gesehen gleichsam »normalen«, also typischen Krieg, zum anderen wurde die Zivilbevölkerung in Deutschland fast gar nicht mit einem Phänomen konfrontiert, das für den zweiten charakteristisch war: dem Schieß- und Bombenkrieg im eigenen Land. Wer aber wollte heute auch bloß argwöhnen, daß wir noch einmal im eigenen Land Geschütz- und Gewehrfeuer, das Grollen der Front hören müßten!

Dieses Buch will dazu anregen, aus der Vergangenheit heraus über Gegenwart und Zukunft nachzudenken. Es ist keine rudimentäre Monographie, sondern eine eigenständige Textsorte.

Der Erste Weltkrieg ist ein Stück Geschichte, das trotz aller beklemmenden Aktualität immer noch so grotesk fremdartig wirkt wie die Soldaten mit Gasmaske und Maschinengewehr, die auf Seite 230 zu sehen sind. Deswegen, so scheint es mir, eignet er sich besonders gut, um auch die Probleme von Kontinuität und Bruch, Individualität und Struktur, Verfremdung und Verstehen begreifbar zu machen, nüchtern, rational und doch mit Passion. Wenigstens dies schulden die Nachgeborenen den über zehn Millionen Toten dieses Krieges.

Michael Salewski

VORWORT ZUR 2. AUFLAGE

Das unheilvolle Datum des 1. August 1914 kehrt zum 90. Mal wieder, und es hat nichts von seiner tückischen Faszination verloren, eher im Gegenteil: Innerhalb des vergangenen Jahres sind gewichtige neue Werke erschienen, die sich mit diesem globalen Ereignis beschäftigen; vor allem die große »Enzyklopädie Erster Weltkrieg« macht dabei deutlich, wie sehr dieser Krieg und dessen Vorgeschichte sämtliche Erscheinungsformen des Historischen bis heute durchdrungen und geprägt haben. Unter der neuen Literatur zur Geschichte und Vorgeschichte des Ersten Weltkrieges ragen die Studien von Michael Schmid, Boris Barth und Anne Lipp hervor, sie haben das Verständnis für Handeln und Nichthandeln der »Großen« ebenso vertieft wie jenes für das Leiden und Aufbegehren der »kleinen« Leute an der Front und in der Heimat. Wie sehr dieser Krieg auch jüngere Historiker in seinen Bann zieht, läßt das Buch von Sönke Neitzel ahnen, in dem das Blut, das der Krieg forderte, im Titel schon geronnen ist. Es ist also alles andere als antiquitiert, sich immer wieder zu fragen, wie das Geschehen von 1914 bis 1918 in jene neueren Erkenntnismuster einzufügen ist, die uns durch die gegenwärtigen Strömungen in der Geschichtswissenschaft eröffnet worden sind. Dazu zählen die »kontrafaktische« Geschichte ebenso wie die postmoderne; die Auflösung der strengen Muster von Ursachen und Folgen, kühne Vergleiche, an die bisher niemand gedacht hat, kurz alles, was Kleinkariertheit überwinden und den Horizont vielleicht nicht unseres Wissens, wohl aber Begreifens erweitern kann, sind hier gefragt. Der deutsche Michel und der kleine Fritz haben den Ersten Weltkrieg nie begriffen, weder damals noch heute, und deswegen ist es um so dringlicher, mit neuen Fragen und Methoden diesem Mangel zu begegnen. Vielleicht wird es mit der Zeit gelingen; dazu will dieses Buch einen Beitrag leisten.

Eckernförde, März 2004 *Michael Salewski*

1. ANNÄHERUNG AN EIN PHÄNOMEN

Einer der scharfsinnigsten Beobachter der Zeit und ihrer Probleme, der amerikanische Botschafter in Moskau, George Kennan, brachte es auf den Punkt: Der Erste Weltkrieg ist die »Urkatastrophe« des 20. Jahrhunderts.[1] Er sagte dies zu einem Zeitpunkt, als nach dem Ersten der Zweite Weltkrieg stattgefunden hatte und der Dritte anscheinend vor der Tür stand; in jener hochaufgeladenen Epoche der Weltgeschichte, die uns heute als »Kalter Krieg« einigermaßen kalt läßt. Legion sind die Bücher, die sich mit diesem Kalten Krieg beschäftigen, nachdem der Zweite Weltkrieg wissenschaftlich dermaßen intensiv und minutiös untersucht und interpretiert worden ist, daß gelegentlich Zweifel wachwerden, ob noch wirklich Neues, Unbekanntes zu diesem Krieg aus den Quellen auftauchen wird.

Natürlich wird damit nicht einem »Schwamm drüber« das Wort geredet, eher im Gegenteil: Die Unermüdlichkeit, mit der die Wissenschaft Jahr um Jahr hunderte von neuen Büchern zur Geschichte dieses Krieges produziert,[2] verweist auf das erkenntnistheoretische Problem, daß man der Vergangenheit nicht habhaft werden kann, eben weil sie vergangen ist. Aber die Monstrosität des Zweiten Weltkrieges, der mit nichts mehr konnotiert wird als mit dem Holocaust, den clevere Medienmacher nun mit »k« (»Holokaust«) schreiben[3] und damit zum frivolen Wortspiel verkommen lassen, läßt den Eifer, dieses größte aller Menetekel an der Wand der europäischen und deutschen Historie vielleicht doch noch lesen zu lernen, nicht erlahmen, und das ist gewiß gut so, denn dieser Auswurf der Geschichte verfolgt uns bis heute, und es ist ebenfalls gut, daß das so ist.

Hier geht es um den *Ersten* Weltkrieg, also um die »Urkatastrophe«. Aber die kurz angerissenen Hinweise auf den Zweiten Weltkrieg lassen sofort die Frage stellen, wie weit es denn mit dieser »Urkatastrophe« wirklich her ist, suggeriert dieses Wort doch allzu wohlfeil eine stringente Kontinuität vom Ersten zum Zweiten Weltkrieg, vom Antisemitismus des Kaiserreiches zum Völkermord an den Juden.

Nun ist nichts leichter, als den anscheinend unumstößlichen Beweis zu führen, daß es tatsächlich eine solche Kontinuität gibt; die Thesen Daniel Goldhagens[4] sind noch jedermann in Erinnerung; wer immer sich jedoch mit der Geschichte ernsthaft beschäftigt hat, wird sofort erkennen, daß diese Kausalitätenreihung, die schon ein Friedrich Meinecke vor mehr als siebzig Jahren verwarf, – ich erinnere an seinen grundlegenden Aufsatz über »Kausalitäten und Werte«[5] – nicht geeignet ist, um irgendetwas wirklich zu erklären – aufzuklären über die Vergangenheit, sie einsichtig zu machen, so daß man aus ihr lernen kann.

Denn natürlich müssen wir aus der Geschichte lernen, und nichts ist doch verfehlter als der Satz, aus der Geschichte könne man nur lernen, daß aus ihr nichts zu lernen sei. Wäre es wirklich so – die Menschheit säße wohl immer noch auf den Bäumen. Was wir geworden sind, sind wir historisch geworden, im Guten wie im Bösen, und daher sind alle Epochen der Historie »der Betrachtung höchst würdig«, wie es Leopold von Ranke leitmotivisch in der stenographischen Mitschrift seiner Berchtesgadener Vorträge vor König Maximilian II. von Bayern, die unter dem Titel: »Über die Epochen der neueren Geschichte«[6] veröffentlicht worden sind, ausgedrückt hat.

Und nun der *Erste* Weltkrieg. Kaum jemand wird ihn im August 1914, als er ausbrach, so genannt haben, das hatte seinen Grund, denn war es nicht unvorstellbar, daß die Welt, die ganze Welt in den Krieg geraten konnte, und vielleicht nicht nur in einen, sondern eine Reihe von Weltkriegen?

Unvorstellbar? Wohl doch nicht. Schon 1898 hatte einer der hellsichtigsten englischen Literaten, der Urvater der Science Fiction, Herbert George Wells, dessen »Zeitmaschine« von 1895 bis heute gelesen wird, in einem atemberaubenden Roman den »War of the Worlds« prognostiziert[7] – nur mit dem Unterschied, daß er ihn zwischen den Bewohnern der Erde und denen des Mars antizipierte. Wohin der Erste Weltkrieg die Menschen bringen sollte, ergab sich aus der erstaunlichen Geschichte der Rundfunkadaptierung des Wells'schen Romans: Als im Jahr 1938 ein amerikanischer Sender das Stück wie eine Live-Reportage beginnen ließ – der Regisseur war kein Geringerer als Orson Welles – da geriet halb New York in Panik,[8] man kann es sich vielleicht so vorstellen wie es Ronald Emmerich in dem bemerkenswerten Film »Independence Day«[9] gezeigt und der 11. September 2001 es dann aufs Furchtbarste in die Wirklichkeit befördert hat. Der Schreck vor dem all-out-Krieg war selbst den Bürgern dieser amerikanischen Welt noch zwanzig Jahre nach dessen Ende tief in die Knochen gefahren. Das sagt schon etwas über jene Befindlichkeiten aus, die dann im Jahr darauf, als der Zweite Weltkrieg entfesselt wurde, überall zu beobachten waren: Die Menschen waren entsetzt.

Ganz anders war es 1914, will man der Propaganda glauben und jener kriegsverherrlichenden Literatur trauen, die nach dem Ersten Weltkrieg den Büchermarkt überschwemmte. Inzwischen sind jedoch an der These, die Menschen, vorab die Deutschen, seien 1914 mit großer Begeisterung in den Krieg gezogen, erhebliche Zweifel lautgeworden, und die historische Feldforschung – ich verweise auf die Auswertung von Feldpostbriefen, von denen es einige Milliarden gibt [10] – hat gezeigt, daß das wohl nur für eine Minderheit und eher für die bürgerliche Intelligentsia zutraf – einen Teil der Intelligentsia, es gab genügend andere, vor allem Künstler, die im 1. August 1914 eine Katastrophe sahen. Gleichwohl stellt der Kriegsausbruch von 1914 immer noch eines der faszinierendsten historiographischen Probleme dar.[11]

Das Diktum von der vermeintlichen »Urkatastrophe« konnte erst geboren werden, nachdem man die Folgen des Ersten Weltkrieges in der Rückschau besichtigen konnte, und bis zum Beginn der achziger Jahre unseres Jahrhunderts hinein besaß es so viel Plausibilität, daß es zur unhinterfragten Globalerklärung des Ersten Weltkrieges werden konnte. Zur Erinnerung: 1961 wurde die Berliner Mauer gebaut, 1962 schlitterte die Welt mit der Kubakrise an den Rand des Abgrunds, 1968 walzten Ostblockstreitkräfte den Prager Frühling nieder, 1979 fiel die UdSSR in Afghanistan ein und begann mit dem Aufbau eines hochgefährlichen atomaren Mittelstreckensystems, das halb Europa in Schutt und Asche zu legen drohte, und als die NATO darauf reagierte und ihrerseits Mittelstreckenraketen und Cruise Missiles stationieren wollte, kam es in Westeuropa, vor allem in der Bundesrepublik Deutschland, zu einer gesellschaftspolitischen Krise unerhörten Ausmaßes; nie wurde der kommende Dritte Weltkrieg dramatischer beschworen als von den Stationierungsgegnern. Vieles deutete darauf hin, daß der Menschheit nur noch eine verdammt kurze Zeit vergönnt war, um das Finale Furioso abzuwenden. Die Doomesdayuhr eines großen amerikanischen Magazins zitterte mit ihren Zeigern schon auf die zwölf zu, und wirklich hat ja an der finalen Katastrophe – also der Endkatastrophe, die mit der »Urkatastrophe« angehoben hatte – wenigstens 1962 nicht viel gefehlt, das beginnt die Wissenschaft erst nach und nach ans Licht zu bringen.[12]

Doch seitdem sind über zwanzig, dreißig Jahre vergangen, die zumindest für den europäischen und amerikanischen Lebensraum eine ungeheuere Paradigmaumkehr mit sich gebracht haben. Nicht mehr das uraltelendigliche Krieg-Frieden-Muster blieb gültig, sondern zum ersten Mal in der bekannten Geschichte gelang es der Menschheit, einen dauerhaften Frieden zu installieren – Frieden im Sinne einer Vermeidung des globalen, des atomaren Weltkrieges. Am Ende des 20. Jahrhunderts stellte sich die Frage, ob eben dieses Jahrhundert deswegen nach dem Motto: Ende gut, alles gut, nicht als Anfang einer Weltepoche gewertet werden kann, in der die Gefahr eines Dritten Weltkrieges endgültig gebannt ist. Hatte nicht schon Woodrow Wilson 1917 sein Land in den Krieg mit der Behauptung gebracht, man führe diesen Krieg, um solche Kriege in Zukunft zu verhindern? Träfe dies zu, so stellt sich die Frage nach der »Urkatastrophe« ganz neu – nimmt man das Wort im Sinne des Beginns einer Katastrophe, die fortlaufend, ja auf ewig, eine Katastrophe nach der anderen zeugt: War sie es denn vielleicht nur nach dem Motto des »per aspera ad astra«? Ließe sich der Erste Weltkrieg, gerade wenn man alle seine Folgen berücksichtigt, nicht geradezu als notwendig begreifen, tatsächlich als jenes Purgatorium, von dem Persönlichkeiten wie Hellmuth von Moltke oder Ernst Jünger geraunt und geschwafelt haben? So hatten sie es zwar nicht gemeint, aber objektive Betrachtung aus der Distanz fast schon eines Jahrhunderts könnte tatsächlich zu diesem Ergebnis führen. Und träfe dies zu: Müßten wir den Ersten Weltkrieg, die Ereignisse, die zu ihm führten, nicht in einer Säkularbetrachtung ganz anders bewerten als vom Standpunkt des Jahres 1962 oder auch 1981 aus, als die menschliche Zivilisation anscheinend am finalen Abgrund stand?

All dies läuft nur auf eine triviale Erkenntnis heraus: Mit griffigen Schlagworten sollten auch ehemalige Botschafter ebenso wie Historiker[13] sorgfältig umgehen.

Wie also sollen wir fast fünfzig Jahre später mit der Geschichte des Ersten Weltkrieges umgehen? Wo überhaupt wollen wir sie beginnen lassen? Imanuel Geiss hat seinem Buch zur Vorgeschichte des Ersten Weltkrieges den Titel gegeben: »Der lange Weg in die Katastrophe«.[14] Dieser Weg begann, seiner Auffassung nach, schon 1815. Es wäre nun eine Kleinigkeit, den Nachweis zu führen, daß er auch die Jahre 1648, 1517 oder 962 hätte zum Ausgang nehmen können, denn alles hängt in der Geschichte irgendwie mit allem zusammen, also auch die Kaiserkrönung Ottos I., Luthers 95 Thesen, der Westfälische Frieden mit dem Ausbruch des Ersten Weltkrieges. Nur, solche Erkenntnis ist leer und banal, sie führt nicht weiter. Man müßte, nähme man das ernst, jede Geschichte als Weltgeschichte erzählen. Das haben Historiker vor uns tatsächlich getan, allein das Wort »Weltkrieg« scheint eine »weltgeschichtliche« Betrachtung geradezu herauszufordern.[15]

Wann also fing der Erste Weltkrieg an, von welchem Zeitpunkt an müssen wir uns mit ihm beschäftigen? Diese Frage ist akademischer, aber nicht nur akademischer Natur, man kann an ihrer Hand etwas Grundsätzliches zum Verhältnis zwischen Geschichte und Politik lernen, auch zum Verhältnis einer nachfolgenden Generation zu der vor ihr handelnden.

Ausgelöst wurde die Frage nach den »eigentlichen« Anfängen des Krieges durch den Artikel 231 des Versailler Vertrages. Das war der sogenannte »Kriegsschuldartikel«, in dem Deutschland die Alleinschuld am Ersten Weltkrieg zugewiesen wurde – anscheinend zugewiesen, wie man heute korrekterweise sagen muß, nachdem die zivilrechtliche Komponente dieses Paragraphen von der Forschung nachgewiesen worden ist.[16]

Wer bewußt und gewollt einen Weltkrieg entfesselt, so wie man dies für den Zweiten ohne jeden Zweifel unterstellen kann, muß das planen, das geht nicht von heute auf morgen, und deswegen ist es plausibel, schon die Jahre 1933 bis 1938 als latente Kriegsphase anzusehen. Unterstellt man, wie es die sogenannten Auslieferungsartikel des Versailler Vertrages nicht nur suggerierten, sondern behaupteten, daß diejenigen, die bewußt und gewollt auf diesen Krieg hingearbeitet hätten, Verbrecher seien – von der Statur eines Saddam Hussein, eines Slobodan Milosević oder eines Osama bin Laden, die Vergleiche sind alles andere als hergeholt –, so war die Frage nach dem Zeitpunkt, von dem ab dieses Verbrechen gegen den Frieden inszeniert worden ist, von entscheidender Bedeutung. Denn es implizierte zumindest eine Komplizenschaft, also eine Mitschuld an dieser Entwicklung, anders gewendet: Wenn der Nachweis zu führen wäre, daß die Deutschen tatsächlich seit 1815 auf den großen Krieg bewußt zugesteuert hätten, so wären alle Staatsmänner und Politiker, aber nicht allein sie, sondern das ganz Umfeld, das sie agieren ließ, ihnen zu handeln überhaupt erlaubte, kollektiv mitschuldig geworden. Das Auswärtige Amt, dem die Deutungskompetenz für den Versailler Vertrag von Amts wegen zukam, stand also vor einer schwierigen Aufgabe doppelter Natur: Zum einen mußte es darum gehen, den Kriegsschuldvorwurf generell zu entkräften, zum anderen dafür zu sorgen, daß seine schädlichen Wirkungen minimalisiert wurden, d.h.: Es war der Nachweis zu führen, daß das Deutsche Reich zu keinem Zeitpunkt den Krieg geplant und vorbereitet hatte. Sollte dieser Nachweis mißlingen, und dafür gab es schon bald nach 1919 genügende Anhaltspunkte – ich erinnere an das Gutachten zur Kriegsschuldfrage von Hermann Kantorowicz[17] –, war es zweckmäßig, den Ausgangspunkt des Ersten Weltkriegs möglichst nahe an das Jahr 1914 zu rücken. Genau das spiegelte sich in den beiden Konzeptionen der monumentalen Dokumentensammlung: »Die Große Politik der europäischen Kabinette«.[18] Herausgegeben vom Auswärtigen Amt, nahm sie die Reichsgründung von 1871 zum Ausgangspunkt. Eine alternative Konzeption, am Ende verworfen, wollte vom Sturz Bismarcks im Jahr 1890 ausgehen. Allein die Entscheidung für 1871 unterstrich die felsenfeste Überzeugung der deutschen amtlichen Politik von der völligen Unschuld des Reiches – und natürlich Bismarcks – am Ausbruch des Krieges.

Davon kann heute keine Rede mehr sein, und die damit verbundenen Kontroversen – am berühmtesten wurde jene, die den Namen des hamburgischen Historikers Fritz Fischer trug – werden uns noch beschäftigen müssen. Sicher ist nur, daß der Ansatz von 1919 heute nicht mehr möglich ist – es sei denn, man wollte erneut auf die Banalität zurückfallen, daß alles mit allem irgendwie zusammenhängt. Tatsächlich spricht viel für das Jahr 1890, doch die intensive Bismarckforschung der vergangenen Jahre[19] hat deutlich gemacht, daß die Zäsur von 1890 doch wohl viel weniger tief war, als lange Zeit angenommen. Gleichwohl bleibt schon aus pragmatischen Gründen nichts übrig, als 1890 zum Ausgangspunkt zu nehmen.

Das heißt nun aber nicht, daß man die Geschichte des Ersten Weltkrieges gleichsam in einem identischen Maßstab von 1890 bis 1918 erzählen könnte, denn das würde erneut eine Kausalität suggerieren, die es nicht gegeben hat. Um es vorweg zu sagen und kurz zu machen: Wer behauptet, es habe seit 1890 kein Weg mehr am Ersten Weltkrieg vorbeigeführt, verkennt die Dimensionen und die Komplexität der Entscheidungssituationen in dieser Epoche.

In diesem Zusammenhang stellt sich gleichsam automatisch auch die Frage, wann der Erste Weltkrieg zu Ende gewesen ist. Daß sie nicht banal ist, ergibt sich aus einer Betrachtung des Endes des Zweiten Weltkrieges – viele Menschen sahen ihn erst mit dem Abschluß der Zwei plus Vier-Verhandlungen im Jahr 1990 wirklich enden. Andere glaubten dem Jahr 1955, als Westdeutschland teilsouverän wurde, diesen Zäsurcharakter zubilligen zu sollen.

Die Grenze zwischen Krieg und Frieden war am Ende des Ersten Weltkrieges allerdings schärfer zu ziehen, immerhin dauerte es nach dem Waffenstillstand vom 11. November 1918 nur sieben Monate, bis die Friedensverträge vorlagen und ratifiziert waren. Dennoch stellt sich die Frage nach dem Ende differenziert, denkt man an die Monate zwischen Waffenstillstand und Friedensschluß, sowie den 10. Januar 1920, als der Versailler Vertrag in Kraft trat. Vielleicht endete der Erste Weltkrieg aber auch erst mit der der Überwindung der Krise von 1923. Die Besetzung des Ruhrgebietes durch französische und belgische Truppen am 10. Januar 1923 ist von vielen Zeitgenossen als neue – oder letzte – Runde des Weltkrieges gedeutet worden.[20] Auch das Ende der Interventionskriege in Rußland oder der Abschluß des Friedens zwischen den USA und Deutschland ließe sich als Endpunkt nehmen. Es *gab* aber nach dem Ersten Weltkrieg eine Friedensperiode, und deswegen ist es problematisch, die beiden Weltkriege zu einer Einheit zu verschmelzen und vom »europäischen Bürgerkrieg« zwischen 1914 und 1945 zu sprechen[21]. So ähnlich die beiden Kriege bei vordergründiger Betrachtung sein mögen, so unterschiedlich sind sie doch bei genauerem Zusehen. Sie entsprangen nicht der gleichen Wurzel, sie waren nicht kausal aufeinander bezogen und – das ist entscheidend – sie waren von einer ganz unterschiedlichen historischen »Qualität«. Der Erste Weltkrieg »paßt«, so betrachtet, viel eher zu den Kriegen Napoleons oder auch Ludwigs XIV. als zu dem Kriegs-Verbrechen von 1939 bis 1945. Die Epoche des Ersten Weltkrieges ist zahlreichen Deutungen offen, einige aber verbieten sich.

Schließlich bleibt zu fragen, was denn die Begriffe Krieg und Frieden überhaupt bedeuten. Ist es richtig, sie völlig naiv zu verwenden, so als erklärten sie sich von selbst? Natürlich neigt man leicht dieser Auffassung zu – wenigstens bis zum 11. September 2001 –, aber auch solche anscheinenden Selbstverständlichkeiten müssen hinterfragt werden.[22]

Die Grenze zwischen Frieden und Krieg wurde, glaubt man den zeitgenössischen und den retrospektiven Quellen, als außerordentlich scharf empfunden. Das geflügelte Wort von Lord Grey, dem britischen Außenminister, in Europa gingen die Lichter aus, und wir würden sie nicht mehr angehen sehen, steht dafür ebenso paradigmatisch wie das so beeindruckende Ende des »Zauberbergs« von Thomas Mann. Schon während des Krieges und nachdem die Westfront erstarrt war, begann die Friedenszeit in goldenem Glanz zu leuchten, und der verlorengegangene Friede wurde glorifiziert. »Mitten im Frieden überfällt uns der Feind«: Die bekannten Worte des Kaisers Wilhelms II. aus Anlaß der Mobilmachung evozieren diesen abrupten Wechsel vom Frieden zum Krieg in eindringlicher Weise; es ist dies eine der frühesten Tonaufzeichnungen. Auch dieser Satz suggerierte ein Bild: Die Deutschen, das friedfertigste Volk der Welt, sei von bösen Nachbarn, die es heimlich und listig eingekreist hätten, urplötzlich überfallen worden. Schärfer war die Grenze zwischen Krieg und Frieden nicht mehr zu denken.

Ähnlich sah es auch in den anderen großen Staaten aus, vor allem in Frankreich und England. Überall war die Überzeugung verbreitet, man sei, unabhängig von der individuell zuzuteilenden Schuld, auf einer plötzlich steil abschüssigen Bahn in den Krieg »hineingeschlittert«, wie es das andere geflügelte Wort aus dem Munde eines britischen Politikers, diesmal Lloyd Georges, wahrhaben wollte. Dieser abrupte Wechsel vom Frieden zum Krieg schien der größte gemeinsame Nenner der europäischen kollektiven Erinnerung zu sein; das bedeutet, die Zeitgenossen verstanden sehr wohl zwischen Krieg und Frieden zu unterscheiden.

Wie ganz anders demgegenüber die Grenze zwischen Frieden und Krieg im Vorfeld des Zweiten Weltkrieges! Spätestens seit dem Oktober 1938, vielleicht aber auch schon seit dem März 1936 oder gar dem 30. Januar 1933 bewegten sich Deutschland und die Welt am Rande eines Krieges, der im Fernen Osten schon ausgebrochen war. Es gab von 1933 bis 1939 eine breite Grauzone zwischen Frieden und Krieg. Der 1. September 1939 wurde deswegen auch viel weniger als der 1. August 1914 als Zäsur empfunden. Es war viel eher ein sanft gleitender Übergang – Hitlers Reichstagswort: »Ab 5.45 wird *zurück*geschossen« (in Wahrheit ab 4.45 Uhr, und nicht zurück), illustriert diese ganz andere Mentalität deutlich. Denn »zurückgeschossen« suggerierte, daß schon vorher, also im Frieden »geschossen« worden war.

Noch viel breiter wurde die Zone zwischen Frieden und Krieg nach dem Zweiten Weltkrieg: Der Kalte Krieg war über Jahrzehnte hinweg ein mixtum compositum aus Krieg und Frieden; die Menschen lernten in langen Jahrzehnten, sich in diesem Niemandsland einzurichten – wer aber hätte vor 1989 zu behaupten gewagt, wir lebten im Frieden? Und wer, wir lebten im Krieg?

Diese Beispiele lassen die Frage nach der Definition von Krieg und Frieden[23] um so schärfer stellen. Es waren ja gerade die Erfahrungen des Kalten Krieges, die eine ganze wissenschaftliche Disziplin gebaren, die sich ausschließlich mit dieser Problematik beschäftigte: die Friedensforschung. Das war Semantik, denn die besten Friedensforscher waren auch die besten Kriegsforscher – nur das Wort Krieg war perhorresziert, nicht zuletzt Folge der realen beiden Weltkriege.

Die seriöse Friedensforschung[24] hat die Frage nach der Definition von Krieg und Frieden ungemein sensibilisiert, und das gilt auch und ganz besonders für die Epoche des Ersten Weltkrieges. Bevor man sich diesem Problem genauer zuwendet, muß eine andere fundamentale Voraussetzung erläutert werden – das Problem steckt schon im Begriff: Weltkrieg.

Der Erste Weltkrieg war ein buchstäblich globales Ereignis. Zum ersten Mal in der bekannten Geschichte – vielleicht ließe sich der Krieg von 1756 bis 1763, in Deutschland als Siebenjähriger Krieg in die Geschichtsbücher eingegangen, ausnehmen – gab es ein weltweit funktionierendes Interaktionsmuster, und dies um so funktionaler, als kurz vor dem Krieg das dafür nötige technische Mittel bereitgestellt worden war: die weltweit umspannende Funkentelegraphie und damit die Möglichkeit, in Real-Zeit nahezu jeden Punkt der Erde mit jedem kommunikationstechnisch zu verbinden. Seitdem sind beispielsweise Botschaftsakten anders zu lesen und zu interpretieren als für jene Zeiten, in denen ein Gesandter, beispielsweise in Südamerika, wochen-, wenn nicht monatelang darauf warten konnte, mußte, je nach dem, Antwort von der Zentrale zu erhalten. Was das für die Geschichte der Diplomatie bedeutet, ist, soweit ich sehe, bisher nicht aufgearbeitet worden – es wäre ein sicherlich fruchtbares Feld.

Aber das Technische war doch eher das Sekundäre. Der Erste Weltkrieg ergriff den Großteil der Weltstaatengemeinschaft, damit auch Länder, in denen es das eben beschriebene scharfe Trennungsmuster zwischen Krieg und Frieden eben nicht gab – am prominentesten dürften Rußland und Österreich-Ungarn gewesen sein, aber man darf auch nicht die Kolonien des imperialistischen Zeitalters vergessen: Allein über sie wurde der Krieg zum Weltkrieg, denn dreiviertel der Erde war Kolonialland. Denkt man an Rußland oder Serbien, so gewinnt die Jahreszahl 1912 eine ihrer Legitimationen: Es war das Jahr des ersten Balkankrieges. Viele Historiker zählen ja drei Balkankriege: den von 1912, den von 1913 und den von 1914. Nur mit dem kleinen Unterschied, daß der von 1914 außer Kontrolle geriet.

Schon diese flüchtigen Betrachtungen lassen an der These von der scharfen Grenze zwischen Frieden und Krieg zweifeln. Sie gilt, wenn überhaupt, nur für wenige Staaten. Um es noch an einem anderen, anscheinend entgegengesetzten Beispiel deutlich zu machen: Die USA traten 1917 formell in den Krieg ein. Und was taten sie zwischen 1915 und 1917? Keinen Krieg führen? Und wie wurde ab April 1917 in den USA der Krieg gesehen und geführt? Was mag der Farmer im Mittelwesten davon mitbekommen haben? Kein Radio, kaum Presse – vielleicht waren ihm die Indianer näher als der Deutsche Kaiser.[25]

Es war also nicht so, daß die Welt bis zum 1. August im Frieden blühte, und der Krieg dann wie ein Naturgewitter über sie kam. Je genauer die Mentalitäts- und Geistesgeschichte, auch die historische Soziologie, zu differenzieren vermögen, desto mehr haben sich alle solche kollektiven Deutungen aufgelöst. Barbara Tuchmann, die amerikanische Journalistin,[26] hat es auf den Punkt gebracht: Weihnachten wollten die Krieger wieder zu Hause sein, und so zogen die Deutschen mehrheitlich seit dem 2. August 1914 in den Krieg in der Hoffnung, der Friede sei nur kurz unterbrochen; nach einem kurzen, wenn auch heftigem Schlagabtausch würde er schöner denn je blühen. Notabene auf Kosten der Verlierer. Nie schwappte die hybrideste und unmoralischste Friedenszieldiskussion höher als in jenen Monaten, die noch vom kurzen Krieg träumten.

Was Krieg wirklich bedeutete, lehrte die Menschen erst der Krieg selbst;[27] das, nichts anderes gehörte zu jenen Urerfahrungen, die dann die ganze nachfolgende Geschichte wesentlich mitbestimmten, und deswegen ist es so wichtig, sich immer wieder in die Mentalitäten der Zeitgenossen zu versetzen. Dann kann die Lektüre von Erich Maria Remarques Roman »Im Westen nichts Neues« erhellender sein als die von zehn Bänden Generalstabswerk – die ich niemandem vergraulen möchte, ganz im Gegenteil. Noch immer, um ein Beispiel zu nennen, kann man sich über die Skagerrakschlacht nicht besser informieren als in dem entsprechenden Band des Admiralstabswerkes. (Nordsee Band 5)[28]

Wenn die Menschen nun schon nicht wußten, was Krieg war, als er begann[29] – wußten sie denn was Frieden bedeutete? Die Frage stellen heißt sie zu verneinen – wenn man unter Frieden das versteht, was beispielsweise der norwegische Friedensforscher Johan Galtung definiert hat[30]. Frieden ist seiner Ansicht nach nämlich nicht nur die Abwesenheit des Schießkrieges, sondern die von, wie er es nennt, »struktureller Gewalt«.[31] Nun könnte man einwenden, auf diese Weise verschwämme der Begriff überhaupt, wolle man mit Frieden nicht das Wort Paradies assoziieren, aber es stimmt doch nachdenklich, wenn man in zeitgenössischen Quellen – etwa des Sozialismus – schon lange vor 1914 und bis zum Vorabend des Ersten Weltkrieges vom Klassen*kampf* lesen kann, der in vollem Schwange sei, und das berühmt-berüchtigte Motto des »Hessischen Landboten«: »Friede den Hütten, Krieg den Palästen« war nicht vergessen und suggerierte eben dies: Die Gesellschaft befindet sich in einem permanenten Kriegszustand. Es ist kein Krieg zwischen den Staaten, sondern einer zwischen den Klassen – und in eben diesem Sinne gewinnt Noltes Definition der beiden Weltkriege als eines europäischen Bürgerkrieges doch noch einen Sinn. Vor allem wenn man, wie es Nolte tut, Klassen und Rassen in Korrelation zueinander setzt – ein problematischer Ansatz, gewiß, dennoch wäre es verfehlt und entspräche nicht wissenschaftlicher Redlichkeit, wollte man verbieten, das zu diskutieren.

Unter diesem Gesichtspunkt herrschte in einigen jener großen Staaten, die am Ersten Weltkrieg beteiligt waren, tatsächlich Krieg, vor allem natürlich in Rußland. Aber auch in Frankreich schrammten die gesellschaftlichen Gegensätze mehr als einmal an den Rand der Revolution, in der Habsburgischen Monarchie verwirrten sich Klassen,- Rassen- und Nationalkampf schon unlösbar ineinander. Und denkt man an das Italien d'Annunzios und Mussolinis, so war es auch hier nicht weit her mit dem Frieden. Eine genauere Musterung würde also ein Bild ergeben, das mit dem standardisierten, tradierten Bild von der »heilen Welt« vor 1914 nur wenig gemein hat. Schon dieser Gedankengang legt es nahe, den Ersten Weltkrieg eben nicht als eine Naturkatastrophe zu interpretieren, sondern eher als ein strukturelles Ereignis – was nicht, um Mißverständnissen vorzubeugen, heißen soll, er wäre unvermeidlich gewesen. Wie alle Kriege, wäre auch dieser durchaus zu vermeiden gewesen, und in der ganz jungen Teildisziplin der kontrafaktischen Geschichte[32] werden solche Modelle durchgerechnet – sie führen teilweise zu entlarvenden Resultaten, wir kommen darauf im Rahmen der Erörterung der sogenannten »Julikrise« zurück.

Weil der Erste Weltkrieg ein globales Ereignis war, kann er nur in einem weltgeschichtlichen Rahmen behandelt werden – was nichts mit der erkenntnistheoretischen Konstruktion einer Weltgeschichte à la Bossuet oder Ranke zu tun hat. Nicht auch der theoretische weltgeschichtliche Ansatz – etwa im Sinne von Max Weber – führt weiter, sondern die nüchterne summierende, differenzierende, multiplizierende Betrachtung mittels jener pragmatischen und dialektischen Methoden, die allem Historismus zum Trotz immer noch die besten Einsichten liefern. Es bedarf keines abstrakten theoretischen Konstruktes, um die Geschichte zu beschreiben und eben damit zu deuten, sondern allein des Willens, sich der Vergangenheit so zu nähern, wie es ihr gebührt: Respektvoll, aufgeschlossen, vorurteilsfrei aber kritisch. Ständig muß jedes Urteil von dem Bewußtsein getragen sein, daß die, die damals handelten und litten, eben nicht wissen konnten, was die Zukunft barg. Sie konnten, wie wir heute auch, immer nur ihre Gegenwart und ihre Vergangenheit in der Hoffnung hochrechnen, die Zukunft einigermaßen zu treffen. Daß das nahezu ausgeschlossen ist, hat die wissenschaftliche Kritik an der Zukunftsforschung inzwischen hinlänglich erwiesen.[33] Nicht das stolze, rechthaberische Besserwissen ist gefragt, sondern das bescheidene Hineindenken in den Geist der vergangenen Zeiten – und nicht den, der diesem folgen sollte. Der Historiker, so Schlegels unsterbliches Wort, ist der rückwärtsgewandte Prophet. Und nicht, so möchte man hinzufügen, der Präceptor der Nation.

2. ZUR QUELLENLAGE

Der Erste Weltkrieg war ein globales Ereignis. Das gilt nicht nur für seinen faktischen Verlauf, sondern auch für alle Randbedingungen dieses Krieges. Dazu zählen nahezu alle Felder, die gemeinhin von der Historiographie behandelt werden, und noch einige mehr, die erst nach und nach ins Blickfeld der Historiker geraten.[34]

Man kann von einer simplen Frage ausgehen: Was eigentlich war der Krieg? Daß Soldaten auf Soldaten schossen, war ja nichts Ungewöhnliches. Zu allen Zeiten, seit der Erfindung des Schießpulvers, haben Soldaten auf Soldaten geschossen, und davor mit allem, was sich dafür eignete. Die Weltgeschichte ist ein großes Kriegsgeschrei, die Zeiten, in denen Frieden herrschte, sind im Vergleich zu den Kriegszeiten nur kleine Inseln des Glücks im Ozean des Unglücks, um Voltaire zu paraphrasieren. Unsere Generationen haben das ungeheure Glück erfahren, im Frieden leben zu können, einem nach aller menschlichen Voraussicht nach dauerhaften Frieden, und das hat, ganz natürlicherweise dazu geführt, daß uns die Kriege der Vergangenheit, vor allem aber die Weltkriege, die von ganz anderer Qualität sind als alles, was es sonst an Kriegen gegeben hat, ständig fremder werden. Oder wer vermöchte sich das Grauen in den Schützengräben wirklich vorzustellen? Den Kampf um Douaumont, den Untergang der »Wiesbaden« in der Skagerrakschlacht, den Tod im Gas? Es ist charakteristisch, daß gerade die spektakulärsten kriegerischen Ereignisse sowohl des Zweiten wie des Ersten Weltkrieges eine schier unabsehbare Flut von Kunst und Literatur hervorgebracht haben – offensichtlich der Versuch, mit diesen monströsen Ereignissen fertigzuwerden. Für den Zweiten Weltkrieg gilt dies in ungleich stärkerem Maße als für den Ersten, und daß man nach Auschwitz kein Gedicht mehr schreiben könne, ist zwar schön gesagt, aber völlig falsch – für viele Menschen ist Paul Celans »Todesfuge« überhaupt der Inbegriff einer Poesie, die ihren Namen verdient.

Auf die Bewältigung des Krieges durch die schönen und nicht so schönen Künste wird noch näher einzugehen sein, hier stellt sich die Frage zunächst viel nüchterner: Wie müssen wir den Ersten Weltkrieg einordnen, »verorten«; was alles muß berücksichtigt werden, soll der Versuch dazu nicht scheitern – sei es daß er zu einseitigen, eindimensionalen Ergebnissen führt, sei es, daß er die Epoche des Krieges verharmlost oder dämonisiert, sei es daß er seine Proportionen verfehlt und dann als etwas geradezu Widergeschichtliches in die Erinnerung eingeht. Nichts ist ja fataler als der moralgetränkte Hinweis darauf, der Krieg sei so schrecklich gewesen, daß man in ihm nur eine Ausgeburt aus Spott und Feuer, die Inkarnation des absolut Bösen sehen könne. Das ist ebenso wohlfeil wie falsch, denn viele Menschen, die den Krieg erlebten, haben das ganz anders erfahren. Ein Beispiel aus persönlichem Erleben: Als der Roman von Lothar-Günther Buchheim: »Das Boot« erschien, entwickelte sich eine erbitterte Debatte über das Wesen und Unwesen nicht allein des Ubootkrieges, sondern des Krieges insgesamt: Für die einen war der Roman die realistische Beschreibung der damaligen Wirklichkeit, für die anderen das Phantasieprodukt eines kranken Geistes, für die dritten eine Verherrlichung des Krieges, für einige sogar ein Antikriegsroman – was es, schon semantisch, gar nicht geben kann, denn auch die vermeintlichen Antikriegsromane handeln vom Krieg.[35] Konnten 1973, als der Buchheimsche Roman erschien, aber noch viele auf ihre eigenen Erfahrungen zurückgreifen – was übrigens zu meinem Erstaunen zum inneren Verständnis des Krieges kaum beitrug –, so gilt dies für die Zeit des Ersten Weltkrieges nicht mehr. Gewiß, es mag noch ein paar uralte Leute geben, die sich vage an diesen Krieg erinnern,[36] ich erinnere an den hundert Jahre alt gewordenen Ernst Jünger, der mit seinem Roman »In Stahlgewittern« ganzen Generationen in Deutschland den Ersten Weltkrieg auf eine sehr spezifische Art und Weise nahegebracht hatte, aber insgesamt gehört die Epoche des Ersten Weltkrieges eben nicht mehr zur Zeitgeschichte, sondern zur Geschichte. Das heißt, nicht mehr die Zeitzeugen können die kollektive Erinnerung bestimmen und prägen, sondern nur noch die toten Quellen, die Überreste und die Traditionen, wie es Droysen genannt hat, und damit kommen wir zur Eingangsfrage zurück, denn nach den Randbedingungen des Krieges zu fragen heißt immer auch nach den Quellen zu fragen.

Daß die Kriegsromane zum Ersten Weltkrieg dazu zählen, ist inzwischen selbstverständlich.[37] Wenden wir uns zunächst aber den konventionellen, den gleichsam üblichen Quellen zu. Um mit den konventionellsten und den üblichsten zu beginnen: Das sind zum einen die diplomatischen, zum anderen die militärischen und zum dritten die genuin politischen Quellen.[38] Dabei ist zwischen den gedruckten und den ungedruckten zu unterscheiden. Im Zeitalter des Internets und der vernetzten Bibliotheken ist es nicht mehr nötig, darauf im einzelnen einzugehen, mit wenigen Mausclicks kann sich jedermann die entsprechenden Dateien herunterladen. An Anleitungen, wie die im Internet verfügbaren Dateien für Historiker zu ermitteln und zu benutzen sind, fehlt es nicht.[39]

Was das ungedruckte Quellenmaterial angeht, ist die Lage weitaus komplizierter, wenngleich alle großen Archive inzwischen dazu übergegangen sind, zumindest ihre Bestandsverzeichnisse ins Internet zu stellen. Solange dieser Prozeß aber nicht abgeschlossen ist, sind wir auf die konventionellen gedruckten Bestandsverzeichnisse angewiesen, beispielsweise auf die des Bundesarchivs oder die des Public Record Office, der Archives Nationales oder der National Archives in London, Paris und Washington.[40] Man sollte sich übrigens nicht scheuen, in diesen Verzeichnissen zu stöbern, man wird viel Überraschendes entdecken und vielleicht auch eine klammheimliche Freude an jenen Quellen, die anscheinend noch ganz unverfälscht fließen und die Aufmerksamkeit der Geschichtswissenschaft bisher nicht gefunden haben.

Was für Deutschland gilt, gilt mit gewissen Varianten für alle zivilisierten Staaten, die sich am Ersten Weltkrieg beteiligt haben. Sie alle verfügen über Zentralarchive, in denen die Quellen zur Geschichte des Ersten Weltkrieges gesammelt worden sind. Einschränkungen gibt es lediglich durch die Historie selbst bedingt. Während in Washington (National Archives), Paris (Archives Nationales) und London (Public Record Office) das Material nahezu lückenlos vorhanden ist, hat der Zweite Weltkrieg in Deutschland riesige Lücken in das Archivmaterial geschlagen. So ist das aus dem Reichsarchiv hervorgegangene Heeresarchiv bei einem Bombenangriff im Zweiten Weltkrieg nahezu komplett zerstört worden, was dazu führt, daß gerade die militärische Geschichte des Ersten Weltkrieges, soweit sie Deutschland betrifft, ebenfalls nur lückenhaft zu dokumentieren ist. Das wird allerdings in gewisser Weise durch zwei glückliche Umstände wenn nicht aufgewogen, so doch in seiner Wirkung relativiert: Zum einen führte wesentlich die Erfindung der Schreibmaschine und des Kohle- sowie Durchschlagpapiers dazu, daß viele Vorgänge nicht nur in den originären Akten – also etwa denen des Großen Generalstabes – verwahrt wurden, sondern den Weg zu anderen Behörden und Stäben fanden, deren Akten den Krieg überlebt haben. Man kann also, wenn auch mit einigem Aufwand, aus fremden Provenienzen die verlorengegangenen rekonstruieren. Zum anderen verdanken wir dem Fleiß und Ehrgeiz der Historiker der Zwischenkriegszeit eine Menge, vor allem denen, die im Auftrag des Truppenamtes und der Marineleitung aus den damals noch vorhandenen Akten jene schon genannten General- und Admiralstabswerke schufen, die in der Dichte des verwendeten Quellenmaterials unerreicht sind, was übrigens auch für die jeweils beigegeben Kartenbände gilt.[41] Gleichgültig, was man von den in diesen Bänden transportierten

Deutungen auch halten mag – natürlich gingen sie ebenso wie die »Große Politik der Europäischen Kabinette«(GP) von der völligen Unschuldsvermutung aus –, wer sie mit der notwendigen Quellenkritik studiert, kommt reichlich auf seine Kosten. Sie sind durch nichts überholt.

Gleichwohl fehlt eine moderne mehrbändige Gesamtdarstellung, wie sie für den Zweiten Weltkrieg vom Militärgeschichtlichen Forschungsamt vorgelegt wird. So bleiben wir auf die individuellen Leistungen der Geschichtswissenschaft angewiesen; unter den jüngeren Gesamtdarstellungen ragen einige besonders heraus, ohne daß sie den Anspruch erheben könnten, ein dem »amtlichen« Werk vergleichbar dichtes und detailliertes Bild liefern zu können.[42]

Trotz der Aktenverluste ist die Menge des Materials, das sich mit der militärischen Geschichte des Ersten Weltkrieges befaßt, immer noch immens, und es wird schier uferlos, wenn man die Geschichte dieses Krieges im Sinne der Thesen von der »histoire totale« zu begreifen und zu bearbeiten versucht.

Um bei dem rein militärischen Quellenmaterial zu bleiben: Die Akten des Admiralstabes, des Marinekabinetts bis hin zur Seekriegsleitung, die Nachlässe wichtiger Persönlichkeiten, vorweg Alfred von Tirpitz' sind nahezu vollkommen erhalten, nicht zuletzt dank der vorsorglichen Auslagerung dieses Materials während des Zweiten Weltkrieges auf Veranlassung der Seekriegsleitung, also Raeders und Dönitz'. Das hatte teilweise auch ganz spezifische Ursachen, auf die hier nicht einzugehen ist. Diese Materialien befinden sich in der Dependance des Bundesarchives, dem Militärarchiv in Freiburg. Dank Wiedervereinigung wurden Militärgeschichtliches Forschungsamt (Potsdam) und Akten (Freiburg i.Br.) auseinandergerissen – mit höchst fatalen Folgen, auf die aufmerksam zu machen die Zunft der Historiker nicht müde geworden ist – völlig vergeblich.

Einschlägige Bestände zur Geschichte des Ersten Weltkrieges finden sich in den Staatsarchiven der einzelnen Länder; so im Bayerischen Heeresarchiv München. Das Reichsheer hatte sich aus den Kontingenten der Bundesstaaten zusammengesetzt, so daß nach dem Zuständigkeitsprinzip auch die Quellen zur Heeresgeschichte in den einzelnen Staaten des Bundesstaates »Deutsches Reich« archiviert wurden. Erst während des Krieges wurde überhaupt das Bedürfnis nach einem Reichsarchiv wach, das dann tatsächlich 1919 gegründet wurde.[43]

In den zentral verwalteten ausländischen Staaten gelangte das Quellenmaterial in der Regel in die dortigen Zentralarchive. Die Trennung zwischen »zivilem« und »militärischem« Schriftgut, die in Deutschland 1937 zur Gründung des Heeresarchivs geführt hatte, wurde in anderen Staaten (eine Ausnahme war Frankreich) nicht nachgeahmt, was heute als durchaus sinnvoll erscheint, ist die Geschichtswissenschaft über die saubere Trennung von vermeintlichen militärischen und »nur« zivilen Quellen doch längst hinaus. Es gehört nicht zu den geringsten Verdiensten des Militärgeschichtlichen Forschungsamtes (MGFA), einen wesentlich neuen, modernen und inzwischen von den meisten Ländern akzeptierten Begriff von Militärgeschichte[44] entwickelt zu haben, der wesentlich auf der Einsicht gründet, daß die gesamte Geschichte eben aus Vorkriegs-, Kriegs- und Nachkriegszeiten besteht, die dann wieder in Vorkriegszeiten übergehen – usw., ad infinitum, wenigstens bis 1988, als wir den bis dahin gültigen »Friedensrekord« (zwischen 1871 und 1914) gebrochen haben. Daß der für die Zeitgenossen »überlange« Friede von 44 Jahren zum Krieg von 1914 paßte, wird uns noch zu beschäftigen haben.

Macht man sich klar, daß der Erste Weltkrieg von den europäischen Hauptmächten mit Wehrpflicht- und Reservistenarmeen geschlagen wurde, so braucht man nicht lange zu beweisen, daß das gesamte gesellschaftliche Leben der Völker durch den Krieg bestimmt wurde, und zwar so intensiv und existentiell, wie nie in Friedenszeiten. Die schieren Quantitäten weisen den Krieg als ein totales Ereignis aus – was zunächst nichts mit der Denkfigur des totalen Krieges zu tun hat, wie sie Ludendorff entwickeln sollte.[45] Das bedeutet erkenntnistheoretisch, daß eigentlich alles, was in den Kriegsjahren sich abspielte, sei es an der Front oder in der Heimat, genuin Kriegsgeschichte war. Es ist bezeichnend, daß selbst in den USA während des Ersten Weltkrieges der Begriff »Heimatfront« verwendet wurde.[46] Er gehörte zu den Deutungsmustern des Ersten Weltkrieges in allen Ländern.

Die Armeen und Flotten, ansatzweise auch schon die Luftwaffen der beteiligten Mächte waren hochkomplizierte und komplexe Gebilde; was unmittelbar an der Front kämpfte, gleichsam nur die Speerspitze. Die Armeen hätten gar nicht kämpfen können ohne all jene logistischen Organisationen, militär- und rüstungstechnischen Produktionen, die notwendig waren, um die gigantische Maschinerie ans Laufen zu bringen und – eine erstaunliche Leistung aller Beteiligten – vier Jahre lang mehr oder weniger geschmeidig laufen zu lassen. Man macht sich in der Regel nicht klar, was die einheitliche Führung und Ausrüstung einer Armee von einigen Millionen Mann in der tagtäglichen Praxis, und dies unter Kriegsbedingungen, bedeutete. Es hatte auch keine Beispiele dafür gegeben, wollte man nicht bis in die Zeiten des 2. Punischen Krieges zurückdenken – was ein Mann wie Schlieffen bekanntlich durchaus getan hatte. An dieser Stelle sei daher die Anmerkung erlaubt, daß man mit Kritik sehr vorsichtig sein muß, wenn es angebliche Versäumnisse in den Bereichen Wirtschaft, Rüstung und Logistik zu behandeln gilt. Der Krieg in der Heimat füllt denn auch die meisten Regalmeter in den Archiven. Um es an einem geläufigen Beispiel zu erläutern: Zu Kriegsbeginn waren im Deutschen Reich den acht aktiven Armeen die stellvertretenden Generalkommandos in der Heimat zugeordnet, sowie die Wehrkreise, aus denen die Reserven mobilisiert wurden. Es gab also eine gleichsam unsichtbare zweite Armee, »dormant« würde man im NATO-Jargon sagen, die von entscheidender Bedeutung war – vor allem gegen Ende des Krieges, als die Heimatfront, wie viele später behaupteten, zusammenbrach – vor der kämpfenden Front.

Diese »Heimatfront« hat ihre archivalischen Spuren hinterlassen, so daß jeder, der sich mit dem Ersten Weltkrieg beschäftigt, gut beraten ist, die Akten der Ministerien, der Generalkommandos, der Wehrkreise, der Oberpräsidien in Preußen, der Regierungsbezirke, der Landratsämter, auch der einzelnen Kommunen zu Rate zu ziehen. Damit sind wir schon bei der zweiten konventionellen Quellengruppe: der zur Verwaltungs-, Innen- und Sozialpolitik.

Der Krieg war ein Verwaltungsphänomen, was sich besonders gut im Zusammenhang mit den Hungerkrisen von 1916 bis 1918 erklären lassen wird, aber nicht nur das. Man hat den Ersten Weltkrieg, eher zu Unrecht, als den ersten industrialisierten Materialkrieg bezeichnet. Ich denke, schon der amerikanische Sezessionskrieg gehorchte diesem Muster, und auch die französischen Revolutionskriege waren nicht weit davon entfernt.[47] Was den Ersten Weltkrieg betrifft, so ergibt sich daraus, daß man konkret die Rüstungsindustrie, die dieser zuliefernde Schwer- und Fertigungsindustrie bei der Quellensuche berücksichtigen muß, wobei ein besonderes Gewicht auf die eigentlichen Waffenschmieden – in Deutschland also etwa Krupp, in Frankreich Creusot, in England Armstrong – zu legen wäre. In dem Maße, in dem vor allem ab 1917 und dem Wirken der 3. OHL der Krieg tatsächlich sich totalisierte, gewannen aber auch nahezu alle anderen industriellen Bereiche Kriegsrelevanz, und das bedeutet, daß wir den Krieg nur dann zutreffend beschreiben können, wenn die Geschichte dieser Firmen und ihres jeweiligen Um- und Aktionsfeldes angemessen mitberücksichtigt wird. Das ist in den vergangenen Jahren besonders intensiv geschehen.[48] Allerdings gibt es dabei oft Schwierigkeiten, denn da die Firmenarchive privat sind, greifen die für die staatlichen Archive gültigen Gesetze nicht, d.h., man muß sich den Zugang zu diesen Archiven immer aufs neue erstreiten. Einige sind kooperativ, andere weniger.

Bevor wir uns dem diplomatischen Quellenmaterial zuwenden, ist der Blick auf einige Quellengruppen zu richten, die im Verlauf der letzten 10-15 Jahre ins Rampenlicht des historiographischen Interesses getreten sind. Sie wurden früher eher achtlos beiseitegeschoben, und es bedurfte erst des Aufblühens der Geistes- und Mentalitätsgeschichte, um ihren wahren Wert zu erkennen. Ich meine zum einen die Quellen zur Geschichte der öffentlichen Meinung, also wesentlich Zeitungen, Zeitschriften, Illustrierte, Frontzeitungen usw., zum anderen private Tagebücher, vor allem aber Feldpostbriefe. Inzwischen gibt es fast so etwas wie eine Spezialdisziplin, die sich darum bemüht, eine Schneise durch dieses buchstäblich milliardenhafte Material zu schlagen. Feldpostbriefe kennt jedermann, es gab nahezu keinen Soldaten, der während der langen Kriegsjahre nicht, und meist, wenn es irgend ging, regelmäßig nach Hause geschrieben hätte, und die Millionen Mütter, Frauen und Bräute, die ihre Liebsten im Feld wußten, haben ebenfalls unermüdlich geschrieben. Noch ist die Geschichtswissenschaft erst am Anfang der Aufarbeitung dieses Materials, das sich nahezu in jedem Archiv, jeder Bibliothek, hunderttausendfach auch in privater Hand befindet, und die damit verknüpften quellenkritischen Probleme sind noch längst nicht gelöst.[49] Nur soviel ist sicher: Entkleidet man die Massenheere ihres anonymen Charakters, stellt man die Menschen, die in diesem Krieg kämpften und starben, in den Mittelpunkt, wie es eine humanen Grundsätzen verpflichtete Wissenschaft eigentlich tun sollte, so wird die Beschreibung des Krieges als einer histoire totale unendlich schwierig. Dennoch müssen wir damit ernst machen, und da es inzwischen leistungsfähige Computer gibt, gibt es auch eine Chance, mit diesem Massenmaterial der Menschenmassen im Krieg irgendwie sinnvoll fertigwerden zu können.

Was ungedruckte Quellen angeht, sei in diesem Zusammenhang noch auf ein besonderes Material verwiesen – obwohl es paradoxerweise oft gedruckt ist. Es gehört zu dem, was man heute als »graue Literatur« bezeichnet. Das sind, beispielsweise, Dienstvorschriften aller Art, Flugblätter, Plakatanschläge, Zeitungsreportagen von der Front, Frontzeitungen erbauliche Bücher für den Frontsoldaten, Feldpredigten, vor allem auch Photos. Die Ikonographie des Ersten Weltkrieges steckt, trotz einiger brauchbarer Bildbände,[50] noch ganz in den Anfängen; es bleibt zu hoffen, daß die ehemalige Weltkriegsbücherei, nunmehr als Bibliothek für Zeitgeschichte eine Abteilung der Württembergischen Landesbibliothek Stuttgart, die über eine sehr große Sammlung verfügt, dieses Material wissenschaftlich aufbereiten und der Forschung zur Verfügung stellen wird.[51] Im Bundesarchiv lagern darüber hinaus große Mengen von Filmmaterial – schon in den frühen siebziger Jahren hat Walther Hubatsch unerschrocken einige alte Nitroglyzerin-Filmrollen, gefährlich wie Dynamit, auf Sicherheitsfilm umkopiert.

Schon während des Krieges von 1870/71 ordnete auf Wunsch Wilhelms I. der Große Generalstab an, solche Dinge zu sammeln[52], und nach Kriegsausbruch 1914 wurde dieses Bedürfnis wieder wach. Am Ende war es unmöglich zu befriedigen, nur rudimentäre Ansätze blieben übrig, aber auch sie sind imposant genug, wie jeder Blick beispielsweise ins Deutsche Militärmuseum in Dresden oder das Imperial War Museum in London beweist.

Überhaupt muß man zu den Quellen auch die nichtverbalen und musealen zählen. Auch hier nur ein Beispiel für viele: Wer immer sich mit der Schlacht von Verdun beschäftigt, wird nicht umhinkommen, sich nicht nur das Schlachtfeld selbst, sondern auch das dort errichtete und betriebene Museum anzusehen. Pietät und Sammlerfleiß haben hier Dinge zusammengetragen, die man nirgendwo sonst findet – und man mag ja vom Ossuaire halten was man will: Ich möchte den sehen, der nicht zutiefst beeindruckt und verstört ist, wenn er es wieder verlassen hat. Genau diese Irritationen aber sind wichtige Sonden für den Historiker – man kann den Krieg nicht gefühllos und glatt heruntererzählen. Nicht weil dies herzlos, sondern unwissenschaftlich wäre, denn glatt und gefühllos war er eben nicht, der Krieg.[53]

Wenden wir uns dem diplomatischen Quellenmaterial zu.

In der Geschichtswissenschaft gibt es, eigentlich schon seit dem sogenannten Lamprechtstreit,[54] also seit dem Ende des 19. Jahrhunderts, eine lebhafte Diskussion um die Frage, ob die Geschichte eher von den anonymen bzw. bürokratischen Strukturen – also Kanzleien, Ministerien, Ämtern aller Art bis hin zu großen Kollektiven wie »der« Armee, »der« Kirchen, »der« Industrie, »der« Landwirtschaft usw. – oder von einzelnen Individuen, die sie »gemacht« haben, bestimmt werde. Niemand wird heute mehr dem Satz von Treitschke zustimmen: »Männer machen die Geschichte«, aber genauso unsinnig wäre eine Deutung, die im Sinne Hegels in den Akteuren nur die »Marionetten des Weltgeistes«, oder des Weltkapitalismus oder gar des Weltjudentums sähe. Man kann dieses Problem nun besonders eindringlich an Hand der Teildisziplin der Diplomatiegeschichte, heute der wesentlich von Klaus Hildebrand propagierten »Neuen Diplomatiegeschichte« studieren, denn die Außenpolitik der Staaten wurde, wenn man so will, nur von einer Handvoll von Persönlichkeiten gestaltet – den Leitern der Außenämter in den Zentralen und den Botschaftern, Gesandten, nicht zu vergessen den Militär- und Marineattachés überall in der Welt. Was sie taten und dachten, hat sich in den diplomatischen Akten niedergeschlagen, und diese galten lange Zeit als die königlichen Akten schlechthin, als die alleserklärenden. Noch heute wird man keine außenpolitische Krise ohne Hinzuziehung dieses Aktenmaterials beschreiben können – die Frage ist immer nur, für wie relevant man die Außenpolitik überhaupt hält. Bis weit nach 1945 galt ganz unbestritten der schon von Leopold von Ranke behauptete Satz vom Primat der

Außenpolitik; wesentlich Eckart Kehr hat dann schon in den frühen zwanziger Jahren die These vom »Primat der Innenpolitik« aufgestellt, die zu Beginn der sechziger Jahre von Hans-Ulrich Wehler aufgenommen worden ist.[55] Wichtig ist die Erkenntnis, daß die dramatis personae im Umkreis des Ersten Weltkrieges tatsächlich vom Primat der Außenpolitik überzeugt waren und diese nicht als bloße Funktion der Innen- oder Sozialpolitik begriffen und nach dieser Überzeugung zu handeln trachteten – was sich in aller Klarheit in den diplomatischen Akten selbst spiegelt. Sie reflektieren keine »innenpolitischen Krisenstrategien« (Berghahn), sondern die außenpolitischen. Es kommt nicht von ungefähr, daß die GP ausschließlich auf das Material des Politischen Archivs des Auswärtigen Amtes zurückgriff. Es gab nach 1919 kein Bedürfnis, auch die Innenpolitik analog zu dokumentieren. Daß die Publikationen des Untersuchungsausschusses des Reichstages zu den Ursachen des Zusammenbruchs[56] das nolens volens doch taten, ändert nichts daran, daß das amtliche diplomatische Schriftgut wesentlich Ausdruck des politischen Selbstverständnisses der führenden bürgerlichen, teilweise adeligen Elite ist.[57] Es dokumentiert die Europa- und Weltpolitik so, wie das Auswärtige Amt und seine Diener sie verstanden wissen wollten. Deswegen ist sein Quellenwert unbestritten, was vor allem für die Vorgeschichte des Ersten Weltkrieges gilt.

Es befindet sich übrigens nicht im Bundesarchiv, sondern ist selbständig bzw. Abteilung des Auswärtigen Amtes – eine Konstruktion, die sich sonst nur noch selten, so in Frankreich findet. Zwar haben sie es immer wieder versucht, die Leiter des Zentralarchivs, doch nie ist es ihnen gelungen: Das Politische Archiv des Auswärtigen Amtes (PA/AA) unter ihre Botmäßigkeit zu bringen. Die Begründung war ebenso typisch wie lapidar: Außenpolitik ist ein kontinuierlicher politischer Prozeß, der alle Staatsformen transzendiert, das Auswärtige Amt müsse jederzeit Zugriff auch auf Vorgänge haben, die hundert Jahre her seien. Tatsächlich sind solche Fälle eingetreten.

Am Ende des Zweiten Weltkrieges beschlagnahmten die Siegermächte dieses Archiv und verbrachten die Akten in ihre Heimatländer. Erst nach der wiedergewonnenen Teilsouveränität der Bundesrepublik im Jahr 1955 wurden die Akten zurückgeführt, und eigentlich erst seit etwa 1960 konnten deutsche Historiker mit ihnen arbeiten – eine gewaltige Forschungslücke, wie man leicht erkennen kann. Heute ist die Masse dieser Akten im PA/AA bequem zugänglich, sie sind auch durch entsprechende Verzeichnisse[58] gut aufgeschlüsselt. Man kann allerdings für viele Bereiche auf eine Akteneinsicht verzichten, denn in der Tradition des alten Auswärtigen Amtes mit der GP hat auch das neue das Aktenmaterial in seinen wesentlichen Provenienzen inzwischen veröffentlicht. Die ADAP beginnen zwar erst 1918, sind also eigentlich erst für die Weimarer Zeit relevant, aber sie schließen doch an die GP an. Die Lücke zwischen 1914 bis 1918 wird allerdings durch zahlreiche andere Aktenpublikationen einigermaßen aufgefüllt.[59]

Macht man sich klar, daß fast alle Länder, die in den Krieg verwickelt waren, sich, was die Quellen betrifft, ganz ähnlich verhalten haben wie Deutschland, so wird deutlich, welcher riesiger Anstrengungen es bedarf, um wirklich alles relevante Quellenmaterial für eine erschöpfende Geschichte des Ersten Weltkrieges aufzuarbeiten – es ist eine Sysyphosarbeit und damit garantiert, daß auch die nachfolgenden Historikergenerationen noch genug zu tun haben werden.

3. DIE URSACHEN – RUNDBLICKE

In der Geschichtswissenschaft werden Ursachen und Anlässe von Kriegen seit jeher unterschieden. »Seit jeher« bezieht sich auf Thukydides, der in seiner Geschichte des Peleponnesischen Krieges dieses Unterscheidungsmuster mustergültig vorgegeben hat, so daß seitdem alle Geschichtsschreibung von Kriegen, die diesen Namen verdient, sich daran messen lassen muß, ob sie den Vorgaben von Thukydides entspricht. Die altehrwürdige Teildisziplin der Kriegsgeschichte, heute eine Unterabteilung der Militärgeschichte, wie sie vornehmlich bis zum Beginn des Zweiten Weltkrieges von den Generalstäben gepflegt wurde, hat sich daran allerdings nicht gehalten; ihr genügte es in aller Regel, die Kriege von ihren bloßen Anlässen her zu beschreiben. Das gilt, beispielsweise, für die unter der Regie Moltkes d.Ä. entstandenen Generalstabswerke zur Geschichte der Kriege Friedrichs des Großen und den Kriegen von 1864 bis 1870/71.

Dieser kurze Rückblick auf die Art und Weise, in der Kriege historiographisch behandelt wurden, ist nicht ohne Belang, denn wir werden, gerade auch was den Ersten Weltkrieg anbelangt, mit der unangenehmen Tatsache konfrontiert, daß gerade die detailliertesten, weil quellengesättigtsten Darstellungen jene sind, in denen wir über die Ursachen des Krieges fast gar nichts erfahren. Daß dies ein Mangel ist, wurde nach dem Ersten Weltkrieg auch von den Militärs empfunden, was beispielsweise dazu führte, daß der Oberbefehlshaber der Kriegsmarine, Erich Raeder, es sich persönlich vorbehielt, für das Admiralstabswerk zum Ersten Weltkrieg den einleitenden »politischen« Band zu schreiben. Der Zweite Weltkrieg kam ihm dazwischen, und so warten wir auf diese entscheidende Ergänzung des Gesamtwerkes bis heute.

Diese Vernachlässigung der Ursachen kam übrigens nicht von ungefähr, und wir gingen in die Irre, wollten wir den gelehrten Offizieren unterstellen, sie seien einfach zu borniert gewesen, um das komplex-komplizierte Ursachenbündel von Kriegen entwirren zu können. Davon kann gar keine Rede sein. Ganz im Gegenteil, es waren gerade Militärs, die sich darüber die feinsinnigsten Gedanken gemacht haben, vor allem Carl von Clausewitz, der in seinem Bestseller »Vom Kriege« das für das kommende Jahrhundert Entscheidende formuliert hat.⁶⁰ Der Krieg, so seine zentrale Aussage, sei die Fortsetzung der Politik unter Einmischung anderer Mittel. Das haben alle Militärs nach ihm, wenn jeder auch auf seine Weise, beherzigt. Und genauso akzeptiert wurde seine Behauptung, daß dann, wenn der Krieg ausgebrochen sei, diesem alles, also auch die Politik zu dienen habe. Auf diese Weise schuf Clausewitz eine saubere Unterscheidung zwischen Krieg und Frieden. Für den Krieg waren die Soldaten zuständig, für den Frieden die Staatsmänner. Die Folge: Wenn es um Kriegsbeschreibung ging, war es nicht Sache der Soldaten, sich darüber Gedanken zu machen, wie der Krieg denn entstanden sei. Das war Sache der Zivilisten.

Natürlich ist die Frage nach den Ursachen immer auch eine nach der eigenen Selbstvergewisserung. Vor allem nach einem verlorenen Krieg stellt sich die Frage, was man denn falsch gemacht habe, was schief gelaufen sei, was man in Zukunft tun müsse, um eine Wiederholung der Katastrophe zu vermeiden. Dies hat dazu geführt – und ist bis auf den heutigen Tag gültig – daß gerade die Kriegsverlierer besonders eifrige Rechercheure sind, wenn es den Ursachen des Kriegs nachzuspüren gilt. Findet man in Frankreich, England, den USA deswegen vergleichsweise wenige Analysen zu den Ursachen des Ersten Weltkrieges, so in Deutschland um so mehr.

Es liegt auf der Hand, daß die Ursachenforschung in Deutschland[61] nicht nur durch den Verlust des Ersten, sondern in ungleich höherem Maße durch den des Zweiten beflügelt worden ist. Man kann sagen, daß die gesamte Tektonik der deutschen Geschichtsschreibung für die erste Hälfte des 20. Jahrhunderts durch die Suche nach den Ursachen der beiden großen Kriege geprägt worden ist. Stand dabei, unter dem unmittelbaren Eindruck der von Friedrich Meinecke so genannten »Deutschen Katastrophe« [62] bis zu Beginn der sechziger Jahre auch die Ursachenforschung zum Zweiten Weltkrieg im Mittelpunkt, was ganz nebenbei zu einer völligen Neu- und Umbewertung der Weimarer Republik führte – charakteristisch dafür ist Karl Dietrich Brachers Klassiker von der »Auflösung der Weimarer Republik«[63]–, so geriet mit dem Buch von Fritz Fischer: »Griff nach der Weltmacht«[64] seit 1961/62 der Erste Weltkrieg, genauer, die Ursachenforschung zum Ersten Weltkrieg in den Brennpunkt des wissenschaftlichen, aber nicht nur des wissenschaftlichen Interesses.[65] Mochte die Ursachenforschung zur Geschichte des Zweiten Weltkrieges quantitativ im Vergleich zu der des Ersten auch größer sein, so erwies sich die zum Ersten als weitaus brisanter. Um es knapp zu erläutern: Nach 1945 gab es, von ein paar Unverbesserlichen abgesehen, keinen ernstzunehmenden Historiker, der daran gezweifelt hätte, daß der Zweite Weltkrieg schuldhaft und einzig und allein vom nationalsozialistischen Deutschland »entfesselt« worden war. Der Zweite Weltkrieg war nicht »ausgebrochen«. Ausgebrochen war nur der Erste Weltkrieg – so wenigstens meinte man bis 1961. Den Begriff der Entfesselung hatte der Schweizer Historiker Walter Hofer[66] geprägt, er ist seitdem in die Geschichtswissenschaft eingegangen. Wer heute demgegenüber vom »Ausbruch« des Zweiten Weltkrieges spricht, gerät sofort in Verdacht, übler Revisionist zu sein – es ist wichtig, auf diese Semantik zu achten, andernfalls könnte man in einen zweifach unangenehmen Verdacht geraten: entweder ein Ignorant oder ein Rechtsradikaler zu sein. Gewiß gibt es auch heute solche, die bewußt auch vom Ausbruch des Zweiten Weltkrieges sprechen – dann ist große Vorsicht geboten. Doch darum geht es jetzt nicht, hier ist nur vor einer Falle zu warnen.

Die Brisanz der Ursachenforschung zum Ersten Weltkrieg ergab sich aus einem scharfen Paradigmawechsel. Ich habe bereits in einem anderen Zusammenhang angedeutet, daß es unmittelbar nach 1919 sowohl von Amtswegen wie auch in der Öffentlichkeit kaum jemanden gab, der an der völligen oder doch fast völligen Unschuld Deutschlands an der Katastrophe des Ersten Weltkrieges gezweifelt hätte. Dementsprechend war die Ursachenforschung zur Geschichte des Ersten Weltkrieges eindeutig von apologetischen Tendenzen bestimmt, und die seinerzeit führenden Meinungsmacher wiesen anscheinend unwiderleglich auf diese Zusammenhänge hin. Nun, zu Beginn der sechziger Jahre, wurden zum ersten Mal massive Zweifel an der Unschuldsvermutung laut. Fritz Fischer war das Sprachrohr, viele Historiker, zumeist der jüngeren Generation – also heute schon wieder der älteren – schlossen sich seiner Überzeugung an, und damit sahen die Ursachen des Ersten Weltkrieges nun ganz anders aus als vor dem Zweiten Weltkrieg. Das hat die deutsche historiographische Landschaft zutiefst geprägt, vor allem war es aus mit der harmonischen, einheitlichen Deutung der Epoche vor 1914. Für die nach 1919 hatte es keine wesentlichen Probleme gegeben; die großen Kontroversen – etwa die zwischen Fischer und seinen Schülern auf der einen, Egmont Zechlin, Karl Dietrich Erdmann, Werner Hölzle und Gerhard Ritter auf der anderen –, bezogen sich allesamt auf die Deutung der deutschen und der europäischen Geschichte vor 1914. Die Geschichte der Ursachen des Ersten Weltkrieges ist daher auch immer eine Geschichte der Geschichte der Ursachen zum Ersten Weltkrieg – in aller wünschenswerten Deutlichkeit bestätigt sich damit Hegels Diktum, nach der Geschichte »historia« plus »historia rerum gestarum« sei.

Gerade deswegen ist heute eine naive Erzählung der Kriegsursachen nicht möglich, sondern immer nur eine mentalitätsgeschichtlich vermittelte. Denn, um das prominenteste Beispiel zu bemühen: Fritz Fischers »Griff nach der Weltmacht« ist inzwischen selbst zu einer Quelle der Zeitgeschichte geworden[67] – und zwar zur Zeitgeschichte der sechziger Jahre, also jener Epoche, die im Abstand von vierzig Jahren als nahezu revolutionär erscheinen könnte, denn nie mehr hatte sich Deutschland – bis 1990 – lebhafter und tiefdringender verändert, als in dem Jahrzehnt zwischen der späten Adenauerzeit und der sozialliberalen Koalition.[68] Es waren ja die zornigen jungen Männer und Frauen der sogenannten Achtundsechziger-Bewegung, die nun nicht nur ihre Eltern anprangerten, weil sie die Nationalsozialisten an die Macht gewählt und den Zweiten Weltkrieg entfesselt hatten, sondern nun auch ihre Groß- und Urgroßväter, die etwas Vergleichbares schon einmal getan hätten, nämlich im Vorfeld von 1914. Auf diese Weise aber wurde die gesamte deutsche Geschichte regelrecht schwarz eingefärbt, und es war nicht verwunderlich, daß man von dieser Geschichte nichts oder nur noch im Rahmen moralischer Entrüstungsstrategien etwas wissen wollte. Wer immer sich die Lehrpläne der späten sechziger und der frühen siebziger Jahre heute ansieht, wird merken, welchen Niederschlag das gefunden hat.

Es war fast unvermeidlich, daß der Zug, so ins Rollen gebracht, bei seiner Rückwärtsfahrt kaum noch zu stoppen war, konkret: Wenn denn Fischer mit seiner Behauptung recht hatte, daß das Deutsche Reich den Ersten Weltkrieg willentlich und lange geplant vom Zaun gebrochen habe, so geriet die Geschichte, die auf diesen Punkt hingeführt hatte, ebenfalls ins Rampenlicht einer scharfen Kritik, vor allem natürlich jener Mann, der das deutsche Volk in den Sattel gehoben hatte: Reiten, so hatte Bismarck gesagt, reiten müsse dieses Volk nun selbst – und nun schien es, als wäre dieses Volk schnurstracks und jauchzend in den Krieg geritten.

Diese Paradigmaumkehr war nicht ohne Pikanterie, man entsinne sich der Überlegungen, die das Auswärtige Amt 1919 angestellt hatte, ab wann man die GP beginnen lassen solle. Das Amt war schließlich zur Einsicht gelangt, daß man mit 1871 beginnen müsse. Ganz Recht, echote es nun seit Mitte der sechziger Jahre, das ganze Deutsche Reich Bismarckscher Provenienz sei ein Irrweg der deutschen Geschichte gewesen. Und da genau dies auch die Siegermächte des Ersten und Zweiten Weltkrieges behaupteten – nach 1919 mit Jacques Bainville einer der prominentesten französischen Historiker, seine »Conséquences politiques de la paix«[69] forderten die Annullierung des Bismarckschen Reichseinigungswerkes – konnte sich die kritische Historikergeneration von 1968 teils gewollt, teils ungewollt, bestätigt fühlen. Als ob man den Text der deutschen Geschichte wie im Computer schwarz markierte, wurde aus weiß schwarz und schwarz zu weiß.

Heute, fast dreißig Jahre später, sind die Leidenschaften verraucht, und als Fritz Fischer starb, verweigerten auch jene, die ihn damals aufs bitterste bekämpften, nicht den gebührenden Respekt. Tatsächlich hatte der Hamburger Historiker einen gewaltigen Stein ins Rollen gebracht: die großen Werke, etwa von Thomas Nipperdey,[70] Wolfgang J. Mommsen,[71] Volker Ullrich,[72] Eric J. Hobsbawm[73] oder Michael Stürmer[74] – um nur einige zu nennen – zur Geschichte des Kaiserreiches wären ohne diesen Anstoß von 1961 und 1964, als Fischers zweites Buch mit dem Titel »Krieg der Illusionen«[75] erschien, nicht denkbar gewesen. Daß Karl Dietrich Erdmann mit der Veröffentlichung der Riezlertagebücher[76] dann eine weitere wichtige Etappe in der Neubewertung der Kriegsursachen und -anlässe lieferte, war ebenfalls Folge der hamburgischen »Provokation«. Um es vorwegzunehmen: Kein ernstzunehmender Historiker irgendeines am Weltkrieg beteiligten Landes würde heute noch die Alleinschuldthese oder die Allein-Unschuldthese vertreten wollen. Aber es ist das Verdienst der intensiven Erforschung der Ursachen des Ersten Weltkrieges seit dieser Zeit, daß auch niemand mehr dem wohlfeilen Diktum zustimmen kann, nach dem man eben in den Krieg »hineingeschlittert«, bloß hineingeschlittert sei. Die Forschung hat deutlich gemacht, daß man sehr wohl für jede Entscheidung die dafür Verantwortlichen dingfest machen kann; und daß sie keineswegs »Marionetten des Weltgeistes waren«, hat die neue Biographik, die seit einigen Jahren immer schöner aufblüht,[77] eindrucksvoll unter Beweis gestellt.

Nicht die real ablaufende und sich gleichsam »verlaufende« Außenpolitik seit der Reichsgründung gilt heute als causa prima des Ersten Weltkrieges. Gewiß, die letztlich wohl doch verfehlte Bismarcksche Außenpolitik[78] mag dazu beigetragen haben, aber die nicht minder verfehlte der übrigen großen Mächte läßt eine solche Betrachtung eher als Nullsummenspiel erscheinen. Zwar wird man nicht umhinkönnen, die außenpolitischen Faktoren sorgfältig mitzuberücksichtigen, und je näher man an das Jahr 1914 kommt, um so gründlicher, doch eine Betrachtung sub specie der gesamten europäischen Geschichte seit 1871 zeigt doch, daß die Konstruktion von Außenpolitik im Zeitalter des Nationalismus und Imperialismus weitgehend standardisiert war. Es galten einige wenige Grundsätze, nach denen sich alle Staatsmänner und gekrönten Häupter zu richten versuchten; dazu zählten die unbedingte Bewahrung und Behauptung der Souveränität in einem ganz umfassenden Ausmaß, eine aktiv nach außen drängende imperiale Politik mit dem Ziel einer Weltreichsbildung, der Versuch, auf dem Weg dorthin möglichst viele Allianzen zu schließen und Gegenallianzen nach Möglichkeit zu verhindern. Gemeinhin gilt Bismarcks »Kissinger Diktat« als Blaupause eines solchen

Typs von Außenpolitik – wenn sie es war, war sie auch für die übrigen großen Mächte gültig.

Mit dem Stichwort »Große Mächte« wird ein weiterer Stein im Gebäude der Ursachen genannt, nachdem der der Außenpolitik nur ganz schemenhaft und vage in dessen Fundament eingelassen werden kann. Vor allem nach den Forschungen zur Weltreichslehre, wie sie zuletzt Sönke Neitzel in seinem Buch »Weltmacht oder Untergang«[79] vorgelegt hat, kann kein Zweifel mehr daran bestehen, daß die sogenannten »großen Mächte« des ausgehenden 19. Jahrhunderts, also die Mächte der berühmten Rankeschen Pentarchie (England, Frankreich, Deutschland, Rußland, Österreich-Ungarn), allesamt danach strebten, im 20. Jahrhundert Weltmacht zu werden, und selbst Italien war von derlei Gelüsten nicht frei. Das schien nicht im Belieben der Staatskunst zu liegen, sondern definierte sie geradezu. Jeder Staatsmann, der auf diesen Anspruch bewußt verzichtet hätte, wäre hinweggefegt worden – und dies eben nicht nur von den Politikern und Staatsmännern der jeweiligen parteipolitischen Opposition, so in England und Frankreich, der oppositionellen Kamarillas, so in Rußland und Deutschland, den »Herrenvölkern« wie in der Habsburger Monarchie, sondern auch von der öffentlichen Meinung und der Masse der politisch denkenden Bevölkerung. Es ist das Verdienst von Thomas Nipperdey und Stig Förster,[80] auf diesen fatalen Zusammenhang besonders aufmerksam gemacht zu haben: Gerade in dem Maße, in dem es zu einer schleichenden Parlamentarisierung und Demokratisierung nicht nur bei den beiden Westmächten, sondern eben auch in Deutschland und Rußland – hier nach der Revolution von 1905 – gekommen sei, in Österreich nach den verschiedenen Ausgleichsbemühungen, am Ende mit dem mährischen, hätte sich das Gift des imperialen Denkens auch in Schichten verbreitet, die früher dagegen immun oder deren politische Artikulation dank Verfassungskonstruktion irrelevant gewesen seien. Man kann das an England demonstrieren: Der märchenhafte Aufstieg von Lloyd George, auch der von Churchill, wäre gegen den Willen der breiten Mehrheit nicht möglich gewesen. In Deutschland aber geriet jeder Politiker, der an der Weisheit der imperialen Politik zu zweifeln gewagt hätte, sofort in den Verdacht, übler Sozialist, wenn nicht noch Schlimmeres zu sein. Und der SPD, obwohl seit 1912 stärkste Fraktion im Reichstag, gelang es nicht, diesen »Militarismus von unten« (Stig Förster) auszurotten oder auch nur einzudämmen.

Nun bedarf es keiner besonders scharfsinnigen Interpretation, um zu erkennen, daß das Streben nach Weltmacht irgendwann zu heftigen Kontroversen führen mußte – spätestens dann, wenn die Erde verteilt war und es keine herrschaftsfreien Räume mehr gab. Genau dieser Zustand aber begann sich seit dem Ende des 19. Jahrhunderts dramatisch abzuzeichnen. Hielt man an der Idee der Weltreichsbildung dann noch fest, mußte es unweigerlich zu Konflikten mit jenen kommen, die ebenfalls auf der Jagd nach dem Weltreich waren – die Beispiele sind sattsam bekannt – von Faschoda bis Afghanistan und Marokko. Es ist also, um dies zu wiederholen, nicht die tradierte westeuropäische Außenpolitik, die zu diesen Zusammenstößen von ganz neuer Qualität führte, sondern eine Ideologie, die Ideologie vom Weltreich – und damit verstanden die in den Traditionen der Diplomatiegeschichte des 18. und 19. Jahrhunderts großgewordenen Staatsmänner nicht oder nicht richtig umzugehen. Denkt man an die harschen Verdikte, mit denen beispielsweise der Alldeutsche Verband oder auch Tirpitz die deutsche Außenpolitik als zu lasch diffamierten, wobei sie sich des lauten Beifalls der chauvinistischen Canaille sicher sein konnten, so blitzt schon etwas von den Schwierigkeiten auf, mit denen es verantwortungsvolle Staatsmänner zu tun hatten.

Aber es kam noch schlimmer: Seit der Jahrhundertwende mutierte die Weltreichsidee zu einem geradezu gefräßigen Ungeheuer. Um es knapp zu umreißen: Wenn die Welt nun einmal verteilt sei, müsse man fragen, welches der großen außereuropäischen Länder Zukunft besäße. Natürlich Amerika, und Amerika war sakrosankt. Die jüngere Amerikaforschung hat nachgewiesen, daß die Europäer schon um 1900 wußten, daß die USA eine Supermacht waren,[81] mit der man sich tunlichst nicht anlegen dürfe. Zunächst gerieten also zwei außereuropäische große Mächte ins Visier: China und das Osmanische Reich. Das schienen ehrwürdig alte, mächtige, aber auf tönernen Füßen ruhende Reiche, die in der hektischen Phase der Kolonialreichsbildung schon ins Kreuzfeuer der europäischen Interessen geraten und mit den sogenannten »ungleichen Verträgen« hatten Federn lassen müssen. Von hier aus zu dem verführerischen Gedanken, diese großen Landmassen – amorph wie sie nun einmal seien – dann doch ganz unter den europäischen Kolonialmächten aufzuteilen, war nur ein Schritt, und hier taten sich besonders Rußland und das Habsburgische Reich hervor: ersteres sah seine Zukunft in China, letzteres am Bosporus. Da nun aber auch Rußland glaubte, auf Konstantinopel Ansprüche zu haben, schürzte sich hier schon der Knoten – und der war eben etwas anderes als die bloße Fortsetzung der traditionell bekannten »Orientalischen Frage«.[82]

Aber es kam noch schlimmer: Selbst wenn diese Länder verteilt waren, war der imperiale Appetit noch nicht gestillt Er schien auch ganz legitim, nachdem mit Halford Mackinder in England, Richthofen in Deutschland, später Spykman in Amerika und zahlreichen anderen sogenannten Geopolitikern eine neue wissenschaftliche Untermauerung der Weltreichsi-

deen gelungen schien.[83] Wenn am Ende nur drei Weltmächte übrigbleiben würden, so bedeutete dies, daß zwei verschwinden mußten – zwei von den fünfen. Der Imperialismus wurde kannibalisch, und das war um so gefährlicher, als es seit den Tagen des Wiener Kongresses zu den feierlich beschworenen Grundsätzen des europäischen Staatensystems gehört hatte, das Lebensrecht der Staaten nicht grundsätzlich mehr in Frage zu stellen.

So gesehen, war »der Imperialismus«,[84] wörtlich genommen, eine der Hauptkriegsursachen. Er war eben keine harmlose Form staatlicher oder gesellschaftlicher Selbstvergewisserung, sondern der knallharte Versuch, auf Kosten der jeweils anderen ein besonders großes Stück aus dem Kuchen der Welt sich zu schneiden – eben dies zeigt die Titelbildkarikatur des Neitzelschen Buches. Nun hatte es ja auch schon in früheren Zeitaltern imperiale Reichsbildungen gegeben, gerade im 18. und frühen 19. Jahrhundert, und mehr als eine, man denke an Ludwig XIV. oder Napoleon, hatte auch zu Kriegen geführt. Aber diese Kriege waren dennoch gleichsam im Kabinett ersonnen wurden, sie gehorchten den Spielregeln der Außenpolitik, sie blieben trotz allem unter Kontrolle. Der Qualitätswechsel wurde seit Beginn des 20. Jahrhunderts von sensiblen Naturen durchaus empfunden: Je komplexer die Gesellschaften Europas wurden, je intensiver auch die Beteiligung immer größerer Schichten der Bevölkerung via Parteien an den Entscheidungsprozessen, desto brüchiger wurde das bewährte und tradierte Instrumentarium, mit dessen Hilfe eine kleine spezialisierte, wenn oft auch überforderte Elite bisher Außen- und Weltpolitik betrieben hatte.

Man ist auch in diese Kalamität nicht »hineingeschlittert«. Es gab viele, die das Unglück kommen sahen, manchmal waren es sogar gekrönte Häupter, wie Nikolaus II. von Rußland. Auf dessen Initiative nämlich ging die Einberufung der Ersten Haager Friedenskonferenz zurück. Gewiß, Jost Dülffer[85] hat deutlich gemacht, daß die Ideen von der Organisierung des Weltfriedens anstelle der Führung eines Weltkrieges nicht von ihm stammten, sondern von Persönlichkeiten wie Bloch, Suttner, Nobel, vielen anderen, aber es war doch bemerkenswert, daß überhaupt zum ersten Mal in der Geschichte die Staaten selbst zusammenkamen, um darüber nachzudenken, wie man der Gefahr des kommenden Krieges vielleicht wehren könne. Auch dies spricht nicht dafür, daß man allenthalben den Ersten Weltkrieg in sozialdarwinistischer Manier als ebenso unvermeidlich wie wünschenswert angesehen hätte. Im Haag wurden die eben geschilderten gefährlichen Mechanismen und Risiken durchaus diskutiert – wie übrigens auch in der viel zu wenig bekannten Interparlamentarischen Union.[86] Es gehört zur Tragik dieser Epoche, daß diejenigen, die »Die Waffen nieder« riefen – so der Titel des Buches von Berta von Suttner[87] – gegen den lautstarken Chor der imperialen Krieger und Möchtegernkrieger am Ende nicht ankamen.[88] Schuld daran trugen natürlich auch die verantwortlichen Staatsmänner, und hier muß man besonders auf die deutschen mit Fingern weisen: Dülffer hat gezeigt, mit welcher Schnoddrigkeit, mit welchem Zynismus die deutschen Unterhändler im Haag und die Schreibtischtäter in Berlin mit dem Kaiser an der Spitze alles taten, damit der Haag nur nicht zu einem Erfolg wurde. Das sollte sich noch in den rückblickenden Kommentaren, den gereimten und ungereimten, zum 19. Jahrhundert am Silvesterabend des Jahres 1899 spiegeln.[89]

Die Erste Haager Friedenskonferenz verfolgte nicht nur das hehre Ziel einer endgültig friedfertigen Welt, sondern auch sehr konkrete Nahziele: Zum einen ging es um eine Rüstungsbeschränkung, zum anderen um »die Regeln des Krieges«. Damit wird unser Augenmerk auf ein weiteres Ursachenbündel des Ersten Weltkrieges gelenkt, nämlich das Wettrüsten.[90]

Später, als der Krieg da war, wurde gerade ihm eine der prominentesten Ursachen des Krieges zugewiesen, eher zu Unrecht, wie wir heute wissen. Aber belanglos war das Wettrüsten nicht. Und dies aus einem zweifachen Grund: Zum einen galt es den Zeitgenossen wirklich und wahrhaftig als eine Hauptursache des Krieges, zum anderen wurde dieses Stereotyp bis in die Zeit nach 1945 tradiert und bestimmte ganz wesentlich die Diskurse des Kalten Krieges – eine ungeheure Fernwirkung. Also auch hier, das nur nebenbei, wieder das dialektische Zusammenspiel zwischen Historia und historia rerum gestarum.

Die Aufrüstung der großen Mächte vor dem Ersten Weltkrieg war kein Phänomen, das aus dem Nichts kam, sondern Folge einer sich rasant fortentwickelnden Militärtechnik einerseits, einer neuen Wehrverfassung andererseits, einer neuen großen Strategie drittersetis. Dieses Dreieck war nur Teilaspekt einer viel allgemeineren Erscheinung: der Industrialisierung und Verwissenschaftlichung, der Technisierung der Welt, genauer: der fortschrittlichen Staaten, mit den USA, England, Deutschland, Frankreich, bald auch Japan an der Spitze. Gerade dieses Phänomen ist geeignet, Einsichten in die ungeheure Komplexität zu gewinnen, die für die Jahrzehnte vor dem Ersten Weltkrieg typisch war, und die schon die Zeitgenossen oft ratlos und nervös machte. Das nervöse Zeitalter[91] ahnte selbst, daß es mit den Herausforderungen der Moderne nur schlecht zurecht kam[92] und um so schlechter, je weniger die gesellschaftspolitischen Voraussetzungen der Moderne angepaßt waren, also je weiter das eine dem anderen nachhinkte. In der militärischen Rüstung aber sah das Europa des Imperialismus die Apotheose der Technik, und diese Technik wurde nicht etwa als wertfrei begriffen, sondern ganz umgekehrt als Ausdruck und Beweis der zivilisatorischen und kulturellen Überlegenheit. Die Geschichte der Weltausstellungen,[93] die man in Hannover übrigens vergeblich gesucht hat – ein großes Versäumnis –, zeigt, daß die Selbstdarstellung der Nationen via Rüstungsfortschritten ganz wesentlich war.[94] Man kann diesen fatalen Zusammenhang besonders gut in der Marinegeschichte erkennen: Der Bau von immer mächtigeren Schlachtschiffen – »capital ships«, der Begriff setzte sich durch – gehorchte nur zum geringsten Teil unabweisbaren operativen oder taktischen Notwendigkeiten. Diese Schiffe waren wirklich das, was der Volksmund aus dem kaiserlichen Satz von der »schirmenden Wehr« machte: die »schimmernde Wehr«. Der Stapellauf eines Schlachtschiffes brachte mehr Menschen auf die Beine als heutzutage ein Konzert von Whitney Houston oder Britney Spears, und die Begeisterung war eher noch größer. Die junge Teildisziplin der Technikgeschichte beginnt erst, auf solche Zusammenhänge näher hinzuweisen, soviel aber ist schon jetzt sicher: Die High-Tech-Rüstung vor dem Ersten Weltkrieg gehört untrennbar zu dem Wettlauf der Nationen um die letzten Ecken der Erde, wobei ihre binnenlogische Gefährlichkeit erst nach und nach ins Bewußtsein geriet. Eben dem wollte die Haager Friedenskonferenz steuern, und in eben diesem Punkt sollte sie kläglich versagen – danach war alles schlimmer als zuvor: Die erste dieser Konferenzen fand 1899 statt. Das erste Flottengesetz wurde 1898, das zweite, weitaus ambitioniertere, 1900 verabschiedet, und 1906 bauten die Engländer mit der »Dreadnought« das erste Großkampfschiff. 1907 scheiterte die Zweite Haager Konferenz, im Jahr darauf setzte das deutsch-englische Wettrüsten mit dem Navy Scare erst richtig ein, 1915 sollte die dritte stattfinden, diesmal in San Francisco, man weiß, was 1915 war.

Abrüstung und Kriegsregeln, das war das Minimalprogramm gewesen. Mit der Abrüstung wurde es nichts, mit den Kriegsregeln erstaunlicher – oder eben nicht erstaunlicherweise – viel mehr. Ob aber die Humanisierung des Krieges zur Kriegsvermeidung beitragen kann, erscheint höchst fragwürdig; schon Tolstoi hat dazu in »Krieg und Frieden« seinen Andrej alles Notwendige sagen lassen. Sicher ist, daß das spektakuläre Scheitern des Friedensgedankens im Haag auch zu den Ursachen des Ersten Weltkrieges gezählt werden muß, denn es gebar nicht zuletzt jenen schicksalsgläubigen Fatalismus in den Völkern und ihren Führungen, der die vielleicht überhaupt wichtigste Kriegsursache war.

Die Rüstung war nur die Spitze eines Eisbergs. Sie war logische Konsequenz aus der Entwicklung der Großen Strategie, und es ist eine cause célèbre unserer Disziplin, ob das, was sich mit den Namen Moltke, Schlieffen und Moltke d.J. verbindet, tatsächlich auch zu den Kriegsursachen und nicht bloß zu den Kriegsanlässen zählt.

4. DIE URSACHEN – STRATEGIEN UND ILLUSIONEN

Irgendwann, so warnten schon um die Jahrhundertwende die in zahlreichen Verbänden organisierten Friedensfreunde, würde die hektische europäische Rüstung, würde das immer dramatischere Ansteigen der Rüstungsausgaben, der Heeres- und Flottenstärken wie von selbst zum Krieg führen. Zwar galt in der offiziellen Politik aller Länder immer noch der alte römische Wahlspruch: si vis pacem, para bellum, aber mehr und mehr ging das Vertrauen in die prinzipielle Fähigkeit, den militär-industriellen Komplex durch die Politik kontrollieren zu können, zurück. Das hatte vielerlei Gründe, zu denen nicht zuletzt die innen- und verfassungspolitischen Entwicklungen zählten. Aber auch anscheinend ganz altertümliche Faktoren trugen dazu bei, die Hoffnung schwinden zu lassen, den Kriegsmoloch in jeder Phase steuern zu können. Man kann das vom Ende her am besten erläutern: Nichts hat die Zeitgenossen wie die Nachwelt mehr fasziniert und erschüttert als die Hilflosigkeit, mit der die Politik in der Endphase der großen Krise von 1914, also nach dem Zweiten Balkankrieg, auf jene Entwicklungen reagierte, die in den Abgrund des Krieges führten. Der prominenteste Zeuge dafür ist Bethmann Hollweg selbst, dessen Fatalismus ja nicht von ungefähr kam, sondern logische Folge des – bloß vermeintlichen, wie man gleich hinzufügen muß – Automatismus hin zum Kriege war, und zwar eines einzig und allein militärisch-strategisch bedingten Automatismus. Die Kriegsmaschine, einmal angeworfen, war nicht mehr zu steuern oder aufzuhalten, aber auch hier sollte man besser sagen: die Mentalitäten der verantwortlichen Staatsmänner waren dermaßen davon überzeugt, die militärischen Prozesse müßten automatisch und unvermeidlich ablaufen, daß sie in der Stunde der Bewährung aller Mut verlassen hatte, das Unmögliche vielleicht doch zu versuchen – so wie es heutzutage üblich ist: Da mag ein Konflikt noch so aussichtslos erscheinen – nie werden die internationalen Gremien und die internationale Politik müde, immer und immer wieder zu versuchen, sie einzuhegen, wenn es schon nicht möglich ist, sie abschließend zu bewältigen. Das Beispiel Bosnien sei hier genannt, oder auch der anscheinend ewige palästinensisch-israelische Konflikt. Ist es heute geradezu selbstverständlich, daß die Staatsmänner, wenn es sein muß, binnen vierundzwanzig Stunden, an jeden gottverlassenen Ort dieser Erde jetten, um unmittelbar zwischen den Kontrahenten zu vermitteln, so wäre es vor 1914 ganz undenkbar gewesen, daß man in einer hochaufgeladenen brisanten Situation eine solche Direktdiplomatie mit dem Ziel des Krisenmanagements von ganz oben getrieben hätte, ganz im Gegenteil, wie der »Blitzbesuch« Raymond Poincarés in St. Petersburg beweisen sollte. Dieses Unvermögen, das heute oft als pure Unprofessionalität erscheinen mag, woran viel Wahres ist, machte die militärischen Automatismen um so gefährlicher. Denn der militärische Komplex verstand sich nicht als einer unter vielen, sondern als der vornehmste, und vor allem in Deutschland war der Große Generalstab nach den fulminanten Siegen des 19. Jahrhunderts sakrosankt geworden. Die Generalstabschefs in der Nachfolge Moltkes, sie mochten fähig sein oder auch nicht, umgab eine Aura der Unberührbarkeit, der Heiligkeit; der Generalstab war das delphische Orakel, das ratlose Politiker befragten, wenn sie mit ihrem Latein am Ende waren. Nur daß dieses Militärorakel völlig einseitig nur die ureigensten Interessen vertreten konnte, ja davon überzeugt war, dies nach der Clausewitzschen Bibel tun zu müssen, jederzeit aber bereit, diese eigenen Interessen für die allgemeinen zu halten und auf diese Weise die Politik vor den eigenen Karren zu spannen.

Damit ist schon umschrieben, was man seit Gerhard Ritters vierbändiger großer Studie als Militarismus zu bezeichnen pflegt. »Staatskunst und Kriegshandwerk«[95] waren immer weniger einander kompatibel, sondern schlossen einander aus, so daß mit dem Überwuchern des militärischen Prinzips die aus der Politik bekannten und verfügbaren Krisenregelungsmechanismen verkümmerten und am Ende, 1914, spektakulär versagten.

Ritters Untersuchungen haben auf die Geschichtswissenschaft ungemein stilprägend gewirkt, und zwar in einem doppelten Sinn: Zum einen wurde der preußisch-deutsche Militarismus als causa prima der Kriegsursachen von 1914 dingfest gemacht, zum anderen die Beschäftigung mit allem rein Militärischen als degoûtant empfunden – so als wollten sich die dem ewigen Frieden verpflichteten Historiker nicht die Hände schmutzig machen. Es gerieten, nach Ritter, daher die *gesellschaftlichen* Prozesse in den Mittelpunkt des Interesses, vor allem die Parteiengeschichte,[96] die Geschichte der Ideologien und noch manches andere, wohingegen die Verteufelung alles Militärischen bis in die Wissenschaft durchschlug. Manchmal wurde man an die antike Unsitte erinnert, dem Überbringer schlechter Botschaften den Kopf abzuschlagen. Geschichte ist aber nicht bloß »zivile« Gesellschaftsgeschichte, und dies um so weniger, als das Institut der Wehrpflicht und des Reserveoffizierkorps[97] die gesamte

Gesellschaft bewußt oder auch unbewußt militärisch – nicht militaristisch – durchtränkten.[98] Die Gesellschaftsgeschichte des Kaiserreiches läßt sich nicht beschreiben und verstehen, ohne diese militärische Komponente mitzuberücksichtigen, und es bedarf konkreter militärischer Kenntnisse, um zutreffende Urteile fällen zu können. Das bloße äußere, oft glänzende und daher heute eher lächerlich erscheinende Bild »des Militärs« im Zeitalter Wilhelms II. wirkt oft nur deswegen karikaturenhaft, weil die Sozialisationsprozesse innerhalb des militärischen Kosmos, aber auch das komplexe Geflecht aus Ritualen und Symbolen heute weitgehend unverständlich geworden sind.[99] Erleichtert stellt man gegenwärtig fest, daß eine jüngere Historikergeneration sich ernsthafter als die der sechziger und siebziger Jahre darum bemüht, der militärischen Wirklichkeit von damals gerechter zu werden, wobei sich eine fruchtbare Zusammenarbeit mit der Mentalitäts,- Wahrnehmungs,- Geistes- und Kulturgeschichte sowie der Geschlechtergeschichte abzeichnet.[100] Einer »neuen Kulturgeschichte« bedarf es dabei nicht; die »alte« war stets flexibel genug, um diese Deutungskompetenz zu entwickeln, ein Blick in altehrwürdige Periodika wie das »Archiv für Kulturgeschichte« oder die »Zeitschrift für Religions- und Geistesgeschichte«[101] sind in diesem Zusammenhang erhellend.

Der Militarismus in der Ritterschen Definition gehört zweifellos zu den großen Kriegsursachen, und richtig ist auch, daß er im Deutschen Reich besonders ausgeprägt und virulent war – Folge der verfassungspolitischen »Verspätung«, die man zumindest für diesen Bereich doch konstatieren muß. Verspätung in dem Sinn, daß das Modell des königlichen Heeres, des Königs als »roi connétable« in Preußen und Deutschland noch in einer Epoche gültig war, als es die anderen großen Staaten, vielleicht mit Ausnahme Rußlands, schon überwunden hatten. Es konnte im Deutschen Reich gültig bleiben, weil das verfassungspolitische Umfeld seine Behauptung erleichterte. Die gekrönten Häupter, vorweg die Könige, waren auch noch im Zeitalter des Wilhelminismus stolz darauf, »ihre« Heere kommandieren zu können – allerdings nur in Friedenszeiten. Ob München, Dresden oder Stuttgart: überall fand der Stolz auf die eigene Armee lebhaften und bildhaften Ausdruck – man denke an die Münchner Feldherrnhalle oder das Dresdner Militärmuseum. Zwar wissen wir, nicht zuletzt dank der Forschungen von Afflerbach zu Falkenhayn[102] oder Arden Buchholz zu Moltke und dem preußischen Generalstab,[103] daß es auch in Preußen nicht mehr so rigoros zuging wie zu Zeiten Friedrichs des Großen, was heißt, daß es auch hier inzwischen Mitspracheinstrumente der Politik in militaribus gab, und ein Waldersee, beispielsweise, weit von jener Machtfülle entfernt war, deren sich noch Moltke d.Ä. hatte erfreuen können, aber es blieb das Faktum, daß in Krisenzeiten die Dominanz des

4. Die Ursachen – Strategien und Illusionen

Militärischen doch durchschlug. Eben dies trug dazu bei, die Krisen nicht zu entschärfen, gleichsam im Keim zu ersticken, sondern eher noch anzuheizen. Der »Panther"sprung von Agadir ist dafür zum Symbol geworden, aber schon die Krieg-in-Sicht-Krise von 1875 hat diesen fatalen Zusammenhang deutlich gemacht.[104]

Überhaupt macht man es sich zu leicht, sieht man die Jahre von 1871 bis 1914 einfach als Friedensjahre; über das Phänomen des »Niemandslandes« zwischen Frieden und Krieg wurde schon berichtet. Dennoch läßt sich das Friedens-Kriegsmuster in dieser Epoche besonders deutlich erkennen; deutlich sind auch die jeweiligen Phasen voneinander zu unterscheiden, wir wollen uns hier schwerpunktmäßig auf die Jahre seit 1890 beschränken.

Ausgangspunkt sind die Jahre 1887 bis 1890. Man übersieht ja viel zu leicht, daß nicht nur Bismarcks Sturz im Jahr 1890, sondern auch der Abgang Moltkes und der Amtsantritt von Waldersee 1887 von ähnlich einschneidender Bedeutung gewesen sind wie dieser. Bismarck und Moltke, das eben war jenes Dioskurenpaar, das seit 1862 wie niemand sonst über Krieg und Frieden entschieden hatte; und welche Rolle beide im Denken der beiden einnahmen, ist inzwischen hinreichend untersucht.[105] Mit Moltkes Nachfolger gelangte ein Mann an die Spitze des militärischen Komplexes, der weit von jener Einsicht des erst Wägens, dann Wagens entfernt war, die Moltkes Tun und Lassen bestimmt hatte. Graf Waldersee war ein ebenso blitzgescheiter wie zynischer Vertreter der wilhelminischen Generation; seine Tragik bestand darin, daß er aus dem Schatten Moltkes nicht heraustreten konnte – es sei denn, es käme wirklich zu dem, was Moltke in seiner letzten Reichstagsrede so eindrucksvoll beschworen hatte: dem 4. Einigungskrieg, der, so sah es schon der greise Generalfeldmarschall, tatsächlich ein Weltkrieg sein würde.[106] Waldersee gehörte zu jener Spezies, der der persönliche Ehrgeiz über alles geht, auch über das »Wohl des Ganzen«, wie es viel später Ludwig Beck definieren sollte; doch noch waren die Zügel, die Bismarck in zähem Ringen dem Generalstab angelegt hatte, fest genug, um Alleingänge des »Weltmarschalls« zu bremsen. Diesen Spitznamen erhielt Waldersee im Zusammenhang mit dem sog. »Boxerkrieg«, als eine international zusammengesetzte europäische Interventionsmacht in China Ordnung schuf – so verstand sie es – und Waldersee für einen flüchtigen Moment ins Rampenlicht der europäischen Öffentlichkeit geriet. Dennoch wird man die Figur Waldersee nicht zu den Ursachen des Ersten Weltkrieges zählen wollen, denn dafür zu sorgen blieb ihm nicht genügend Zeit. Sehr bald stand er nicht nur im Schatten Moltkes, sondern auch in dem des Grafen Schlieffen, den man nun durchaus zu den Kriegsursachen zählen kann, wenn auch in einem sehr subtilen Sinn. Die Namen Moltke, Waldersee, Schlieffen deuten es schon an: So sehr der militärindustrielle Komplex und der Militarismus vor 1914 als kriegsverursachend angesehen werden müssen, so verfehlt wäre es doch, die dramatis personae zu vernachlässigen. Das läßt sich an Hand des Wirkens des Grafen Schlieffen besonders deutlich demonstrieren – schließlich trug jener strategische Plan, der als Allheilmittel gedacht und als tödliche Medizin enden sollte, seinen Namen, und das völlig zu Recht.

Schlieffen, so hat es später einer seiner glühendsten Verehrer formuliert, habe »das Geheimnis des Sieges geborgen« – Groener[107] drückte sich wohl gewollt so doppelsinnig aus, und so ist man gut beraten, sein Buch mit dem Titel »Das Testament des Grafen Schlieffen«, 1927 erschienen – Groener war damals Reichswehrminister und eine der wichtigsten Protagonisten in der Geschichte der Weimarer Republik – unter diesem Doppelaspekt zu studieren: Zum einen enthüllte Schlieffens treuester Jünger, jener Mann, der in der Schlußphase des Ersten Weltkrieges im Rahmen des Wirkens der 3. OHL zur Schlüsselfigur werden sollte, in diesem Buch seine eigenen, nie so offen formulierten Vorstellungen von der militärischen Zukunft Deutschlands im Jahr 1927, zum anderen suggerierte er, die unfähigen Nachfolger Schlieffens, also vor allem Moltke d.J., hätten dieses »Geheimnis des Sieges« vergessen und verspielt, woraus sich der fatale, anscheinend logische Schluß ergab, der Erste Weltkrieg sei durch die professionelle Unfähigkeit des Generalstabschefs verlorengegangen.[108] Schärfer konnte man das bekannte Treitschkesche Schlagwort von den Männern, die Geschichte machen, nicht auf die Spitze treiben – was übrigens, ganz nebenbei, ein bedenkliches Licht auf die Professionalität des Wehr- und dann sogar Reichsinnenministers wirft, der es doch ganz massiv mit radikalen Massenkräften zu tun hatte.

War Groeners Werk also geeignet, den Mythos um den Ersten Weltkrieg eher noch zu vertiefen, so war es das große Verdienst von Gerhard Ritter, also des Militarismusexperten, Schlieffen und dessen Plan auf Grund allen verfügbaren Quellenmaterials 1956 der wissenschaftlichen Öffentlichkeit vorzustellen und damit einen neuen Zugang zur Geschichte der Kriegsursachen zu eröffnen.[109]

Schlieffen als Kriegsursache? »Militarist« im Sinne der Ritterschen Definition war er nicht, Schlieffen hat nur selten, so im Zusammenwirken mit Holstein, versucht, unmittelbaren Einfluß auf die Politik zu gewinnen. Das war auch gar nicht nötig, denn sein Plan entwickelte im Verlauf der Jahrzehnte, bis zum Höhepunkt im Jahr 1905, als seine letzte Fassung zur verbindlichen Militärstrategie des Reiches wurde, ein derart großes Eigengewicht, daß er die Politik förmlich an die Wand drückte – und dies einzig par la force des choses, was uns wieder zur Denkfigur vom Fatalismus,

4. Die Ursachen – Strategien und Illusionen

Automatismus, der Unvermeidlichkeit historischer Prozesse zurückbringt.

Die Geschichte des Schlieffenplans ist hier nicht im einzelnen zu erörtern – vor allem Jehuda L. Wallach[110] und Arden Buchholz[111] haben tiefdringende Studien zur Gedankenwelt von Schlieffen vorgelegt, in der die Historie eine prominente Rolle spielte, genauer: der zweite Punische Krieg mit seinem vermeintlichen militärischen »Höhepunkt«, der Schlacht von Cannae.

Cannae als Stichwort: Schlieffen hat diesen Vergleich gewagt, ohne im Entferntesten etwas vom Charakter des Ersten Weltkrieges zu ahnen. War das Zukunftsbeschwörung, der Versuch, ein historisches Muster einer noch unbekannten Zukunft aufzuzwingen? Und wird so betrachtet die Anfangsphase des Ersten Weltkrieges nicht tatsächlich zur grandiosen Inszenierung einer historischen Tragödie? Der Gedanke ist so abwegig nicht, denn Vorbereitung und Verlauf des Ersten Weltkrieges wurden durch einen Plan wesentlich mitbestimmt, der bewußt an das antike Vorbild anzuknüpfen suchte. An diesem Punkt ist wieder die Mentalitätsgeschichte gefragt, genauer: man muß fragen, wie denn die Althistoriker der Zeit, irgendwie alle Schüler Theodor Mommsens, den kommenden Krieg gesehen haben: wirklich als eine Neuauflage des zweiten Punischen Krieges? Aber wer spielte dann die Römer, wer die Karthager? Und wer gab den Hannibal, wer den Scipio?

Die grandiose Einseitigkeit Schlieffens wird mit seinem Cannae-Komplex schon sichtbar. Der Mann hat sich die eben gestellten Fragen selbst nie gestellt; für ihn war Cannae, das große Beispiel jenseits von Zeit und Raum, kein reales historisches Ereignis, sondern in bester idealistischer philosophischer Tradition eine Idee – nur mit dem Unterschied, daß Schlieffen über Millionen Menschen und die Ressourcen eines großen Reiches verfügen und diese Idee wirklich und wahrhaftig in die irdische Wirklichkeit umsetzen wollte. Definieren sich so nicht Halbgötter, Demiurgen? Und wird so nicht verständlich, warum es so gebrochenen Gestalten wie Bülow, Bethmann oder sogar Wilhelm II. so schwer fiel, solche militärischen Geistesheroen nicht anzubeten oder wenigstens im Geiste vor ihnen stramm zu stehen?

Um das Kernproblem arg vergröbert und verkürzt wenigstens anzudeuten: Aktuell seit der Nichtverlängerung des Rückversicherungsvertrages im Jahr 1890, praktisch schon seit 1875, mußte jede solide, umfassende strategische Planung von einem Zweifrontenkrieg, also einen Landkrieg gegen Frankreich und Rußland zugleich ausgehen, gleichgültig wie die diplomatischen Konjunkturen seit 1875 verliefen. Und immer gab es den Unsicherheitsfaktor England, wie auch lange den der Habsburgischen Monarchie. Erst mit dem Zweibund,[112] der in der Nach-Bismarck-Ära faute de mieux immer fester geknüpft wurde, bis sich tatsächlich des Eisernen Kanzlers Wort von dem »alten wurmstichigen Orlogschiff«, an das man sich gekettet habe, bewahrheitete, enthob Berlin der Sorgen ob der Wiener Deutschlandpolitik. Daß sich das Deutsche Reich damit viel größere Sorgen einhandelte, steht auf einem anderen Blatt. Bismarcks Behauptung, Deutschland verfolge in der Orientalischen Frage keine eigenen Interessen (der »ehrliche Makler« von 1878) wurde schon durch den Zweibund peu à peu ad absurdum geführt.

Zweifrontenkriege waren für die Generalstäbler wie für die Deutschen überhaupt nichts Neues, der Siebenjährige Krieg war noch in bester Erinnerung, und es ist bezeichnend, daß der Große Generalstab sich gerade mit diesem Krieg in seiner historischen Abteilung beschäftigte. Dabei prallten übrigens die Meinungen der Generalstäbler aufs Schärfste mit denen einiger ziviler Historiker zusammen, an deren Spitze mit Hans Delbrück[113] ein Mann stand, der nicht nur der langjährige Herausgeber der »Preußischen Jahrbücher«, eines führenden Organs zur politischen Kultur der Zeit war, sondern mit seiner monumentalen vierbändigen »Geschichte der Kriegskunst« Zweifel an der angeblich so genialen Kriegskunst des großen Königs weckte, was vielleicht so schlimm nicht gewesen wäre, weil es inzwischen ja einen Moltke gegeben hatte – hätte Delbrück nicht darauf hingewiesen, Friedrich habe seine Siege letztlich aus der Defensive heraus errungen. Das nun aber widersprach diametral der Weltanschauung der Schlieffenschule, für die das Wort Cannae symbolisch war. Das heißt: Schon die Mitlebenden haben, obwohl sie den Plan natürlich nicht kannten, berechtigte und untermauerte Zweifel an der Validität des Schlieffenschen Konzepts angemeldet; zum Unglück für Deutschland und die Welt blieb dieser Diskurs rein akademischer Natur und berührte die große Politik nicht. Man kann lange darüber grübeln, wie denn alles gekommen wäre, hätte man die Delbrückschen Bedenken und Einwände im Großen Generalstab, vor allem aber in der Reichsleitung ernstgenommen und nicht wütend bekämpft. Man muß solche kontrafaktischen Erwägungen anstellen, weil sie den Schlüssel zum Verständnis nicht allein der ersten Kriegsphase liefern, sondern erklären helfen, wieso es zu dieser überhaupt kam.

An diesem Punkt verknüpfen sich Ursachen mit Anlässen, denn natürlich gehörte die Implementierung des Schlieffenplanes mit dem deutschen Überfall auf das neutrale Belgien zu den direkten Anlässen. Um es vorwegzunehmen: Erst diese völkerrechtswidrige Aktion der Deutschen ließ in London die Würfel endgültig gegen das Reich fallen.

Schlieffen baute auf den strategischen Ideen des alten Grafen Moltke auf, der Plan war nur zum Teil Schlieffens Haupte entsprungen. Das

4. Die Ursachen – Strategien und Illusionen

Zweifrontenproblem hatte ja auch Moltke reichlich geplagt; er hatte es, zuletzt in der Krise von 1887, mit einer eindeutigen Schwerpunktbildung gegen Rußland lösen wollen. Das hieß: im Westen hinhaltende Verteidigung, wenn es sein mußte, am Rhein. Der Feldzug gegen Rußland erschien dem Generalstabschef deswegen eher möglich als der gegen Frankreich, weil im Osten die deutschen Grenzen ohnehin nur offensiv zu verteidigen waren, der von der politischen Geographie bestimmte große Frontbogen zum Angriff geradezu einlud und, das war wohl das Wesentliche, die Armee Österreich-Ungarns in das Gesamtkonzept integriert werden konnte. Daß dieses Bemühen 1914 zu einem Fiasko sondergleichen führte, war so gesehen eben auch Folge der Abkehr von den Ideen Moltkes d.Ä. Dieser ging, noch ganz unter dem Eindruck der napoleonischen Erfahrungen, davon aus, daß ein Vernichtungskrieg- und Sieg gegen Rußland a priori unmöglich sein würde, es also darauf ankäme, aus einer Position der Stärke, also etwa nach Eroberung Polens und der galizischen Territorien, ruhig abzuwarten, um der Politik eine reale Chance einzuräumen, dem Krieg ein Ende zu machen. Mehr als einen Verhandlungsfrieden hat Moltke von Anbeginn nicht für möglich gehalten. Man sieht an dieser Stelle, wie groß doch die Unterschiede im Denken waren: Nach der Reichseinigung galt immer noch das Bismarckwort von der Saturiertheit des Reiches; auch wenn es den einen oder anderen geben mochte, dem die Westgrenze des Reiches im Hinblick auf Belfort noch immer nicht strategisch gefiel. Sie in einem weiteren Krieg gegen Frankreich gewaltsam zu ändern: das mochte Stammtischgerede sein, gerann aber nie zu amtlicher Politik, auch nicht im Generalstab. Man wird dabei berücksichtigen müssen, daß der Respekt vor dem Krieg jener Generation, die den »Volkskrieg« in Frankreich im Winter 1870/71 erlebt hatte, noch lange in den Knochen steckte – vorab dem alten Moltke.

Diese Selbstbescheidung paßte weder Schlieffen noch dem Geist der wilhelminischen Gesellschaft; jenes fatale »Alles oder Nichts«, das als Menetekel am Vorabend des Ersten Weltkrieges an den Wänden von Außenämtern, Generalstäben und Schlössern geschrieben stand, entstand schon seit den neunziger Jahren des 19. Jahrhunderts. Für Schlieffen war der eindeutige militärische Sieg das Ziel aller strategischen Bemühungen, und das war der fundamentale, der qualitative Unterschied zu Moltke. Natürlich hatte es der uralte Moltke leichter als Waldersee und Schlieffen: *er* hatte ja mit Königgrätz und Sedan zwei fulminante Siege errungen, *er* brauchte nichts mehr sich selbst zu beweisen. Es ist auch menschlich verständlich, daß das bei den Nachfolgern anders war, aber es entschuldigt sie natürlich nicht.

Wenn denn ein rascher, entscheidender Sieg das Ziel aller Strategie sein sollte, wie es Schlieffen verkündete, so kam die Schwerpunktbildung gegen Rußland nicht in Frage. Umgekehrt wurde ein Schuh, wurde eine Strategie daraus: Zwischen 1892 und 1897 verfestigte sich die Idee, daß im Falle eines Zweifrontenkrieges Frankreich nach Möglichkeit blitzartig geschlagen werden müßte, um dann mit Masse im Osten einen Krieg à la Moltke führen zu können. Entscheidend war die Geschwindigkeit der operativen Bewegungen, denn man mußte im Osten aufmarschieren können, bevor noch die als schwerfällig eingeschätzte russische Mobilisierung sich voll entfaltet hätte. Das bedeutete, im Westen war alles auf eine Karte zu setzen. *Eine* große Schlacht, also ein Cannae, und der Feldzug gegen Frankreich mußte entschieden sein.

Schlieffen wurde im Verlauf der Ausarbeitung seines Planes immer deutlicher, welcher Voraussetzungen es dafür bedurfte: Zum einen des hochbeweglichen Einsatzes eines Millionenheeres, das in raschem Zugriff die von Paris aus anrückende französische Armee umflügeln und im Sinne des Cannae-Konzeptes einkesseln und vernichten mußte, zum anderen der effektiven Entfaltung dieser Massen, die nur dann möglich schien, wenn man auf die politischen Grenzen keine Rücksicht nahm: Die holländische und die belgische Neutralität mußten also verletzt werden. Später beschränkte sich der Plan auf den Durchmarsch durch Belgien, das war nicht weniger fatal.

Die belgische Neutralität[114] war nach der Entstehung dieses Staates im Jahr 1830 von der europäischen Staatengemeinschaft feierlich beschlossen und verkündet worden, und England galt unbestritten als der eigentliche Wächter dieser Neutralität – anfänglich Frankreich gegenüber, dem man in London gar zu gerne mißtraute. Schlieffen wußte also, daß England gleichsam automatisch auf die Gegnerseite geraten würde, sollte das Reich Belgien angreifen. Aber er ging nicht von diesem völkerrechtlichen Mechanismus aus, sondern von zwei anderen Prämissen: Zum einen davon, daß Frankreich seinerseits genau das tun würde, was man selbst plante, zum anderen, daß der deutsche Zugriff auf Belgien deswegen den Charakter einer blanken Notwehr besäße, also nicht als bewußter und gewollter Akt einer Völkerrechtsverletzung gewertet werden könne. Genau dies sollte die deutsche Propaganda nach dem 3. August 1914 behaupten.

Das waren pure Illusionen, und sie waren unehrlich. Dies schon deswegen, weil der Überfall auf Belgien zwingende Voraussetzung nicht etwa für eine erfolgreiche Verteidigung, sondern für das von Schlieffen geplante »Cannae« sein sollte – also die Vernichtungsschlacht. Vernichtend konnte sie nur sein, wenn der deutsche rechte Flügel über Belgien weitausholend Paris von Westen her umfaßte – daß das später Moltke d.J. eben nicht tat, war nach dem Urteil Groeners die größte Sünde gegen den Heiligen Geist des Schlieffenplans.

Wenn dieses Super-Cannae »das Geheimnis des Sieges« war, so war es nicht viel wert. Wie selten in der Geschichte nämlich wurde das Stückchen von der Geschichte noch einmal aufgeführt: 1940. Der Mansteinplan gehorchte zwar nur dem Geist Schlieffens, aber sein Erfolg war mit dem von Schlieffen antizipierten völlig identisch – man weiß, was aus dem Sieg über Frankreich 1940 geworden ist.

Auch rein strategisch gesehen war der Plan Schlieffens alles andere als wasserdicht, aber es würde viel zu weit führen, das im einzelnen zu schildern. Deswegen nur ein paar Stichworte: Belgischer Widerstand und damit Zeitverzögerung wurde nicht ausreichend in Rechnung gestellt; der Faktor Eisenbahn – strahlengleich ging das Netz von Paris aus über den gesamten Sektor von Süd nach Nord – blieb bei der Beschreibung der feindlichen Dispositionen mangelhaft berücksichtigt, schon dies eine Todsünde gegen den Geist der Moltkeschen Eisenbahnaufmärsche. Wie die Kommunikationsprobleme zwischen den Armeegruppen zu lösen wären, die doch wie die Rädchen eines Uhrwerks ineinandergreifen mußten, blieb unklar. Die von Schlieffen vorgesehenen Marschleistungen für die 2., vor allem die 1. Armee, grenzten ans Abenteuerliche: Bis zu 50 km unter Gefechtsbedingungen mit schwerem Gepäck! (Aber Männer waren 1914 vielleicht stärker als heutzutage). Schließlich besaß der Generalstab kein Rezept, sollten die Franzosen auf den kühnen Gedanken verfallen zu versuchen, nun ihrerseits die beiden Armeen am rechten Flügel zu überflügeln. Und so weiter, und so fort – der Schlieffenplan war alles andere als genial, und man fragt sich verwundert, wieso seine Verfechter mit Groener an der Spitze ihn dennoch als »Geheimnis des Sieges« einschätzten.

Man muß den Schlieffenplan seiner politischen Implikationen wegen zu den Hauptursachen des Krieges zählen, denn natürlich blieb Frankreich nicht verborgen, wessen es sich gegebenenfalls von Deutschland zu versehen hätte, und vermutlich wußten auch die Engländer um die belgisch – niederländische Komponente. Damit waren Vorentscheidungen getroffen, die nur noch schwer zu revidieren gewesen wären, aber wiederum: So mechanisch der Schlieffenplan auch sein mochte: ein genaues Studium des Groenerschen »Testaments des Grafen Schlieffen« macht deutlich, daß man den durch Moltke d.J. modifizierten, aber grundsätzlich eben noch gültigen Schlieffenplan noch unmittelbar vor Ausbruch des Krieges hätte abändern können. Groener selbst nämlich hat zugegeben, daß selbstverständlich auch im Sommer 1914 noch der »Aufmarsch II« – also die Schwerpunktbildung gegen Rußland – von Anfang an möglich gewesen wäre. Daß der ganze Plan überhaupt funktionieren konnte, ging ja entscheidend auf die Dichte und die Leistungsfähigkeit des deutschen Eisenbahnnetzes zurück. Dieses aber konnte sowohl nach Westen wie nach

Osten hin eingesetzt werden, anders gewendet: Die Mobilmachungszüge hätten sich im August 1914 nicht nach Westen, sondern nach Osten in Bewegung setzen können. Das war seit Moltkes d. Älteren Zeiten, Groener hat es beschrieben, Jahr für Jahr geübt worden. Aber als es darauf angekommen wäre, im Interesse des Gesamtwohls des Reiches eine beherzte, wenn gewiß auch risikoreiche Kehrtwendung zu vollziehen, erstarrte alles in Ehrfurcht vor dem Götzen, sagen wir besser: dem Ungeist Schlieffens, und Groener konnte am ersten Tag der Mobilmachung spazierengehen: es lief alles »nach Plan«. »Hurra, wir ziehen ins Verderben«,[115] hätten die Soldaten singen sollen, als sie das Niederwalddenkmal passierten und nicht die »Wacht am Rhein«, wie es Adolf Hitler so hübsch beschrieben hat.

Die genauere Betrachtung der deutschen Strategie darf nun freilich nicht zu dem Trugschluß führen, die der anderen Mächte sei immer richtig und defensiv gewesen – weit gefehlt.[116] Hier ist nicht der Ort, um im einzelnen darzulegen, wie vor allem die russischen und die österreichischen Kriegspläne von ähnlich fatalen Illusionen und bedenklichen Rechtsvorstellungen geprägt waren; Conrad von Hötzendorf, der österreichische Generalstabschef, war weit aggressiver und skrupelloser[117] als der jüngere Moltke. Und schließlich darf man nicht vergessen, daß die französische Strategie alles tat, um Rußland ja baldmöglichst gegen Deutschland offensiv vorgehen zu lassen. Auch der berühmt-berüchtigte »Plan XVII« atmete nicht gerade den Geist bloßer Verteidigung, sondern den des ersten Napoleon. Es war eben allenthalben so: wer den Krieg wollte, wollte ihn auch gewinnen, coûte que coûte.

Zu den Ursachen des Krieges zählte das Phänomen des Militärischen aber auch noch in einer ganz andern Beziehung, auf die wir abschließend unser Augenmerk richten müssen. Im Jahr 1911 erschien das Buch des verdienten und geachteten Generals Friedrich von Bernhardi mit dem Titel »Deutschland und der nächste Krieg«. Es erlebte vor dem Weltkrieg eine Auflage nach der anderen. »Diese Publikation«, so urteilte Gerhard Ritter,[118] »war ein literarischer Riesenerfolg und ein politisches Unglück«. Bernhardi verstieg sich zu der Behauptung, das Reich müsse unbedingt den großen Krieg herbeiführen, wenn er denn nicht von selbst kommen wolle, denn nur der Krieg würde Deutschland politisch und, das war entscheidend, moralisch wieder gesunden lassen. Besonders perfide war sein Bezug auf Nietzsche, jenen Modephilosophen der Zeit, der in der Konstruktion des Übermenschen, des Herrenmenschen, des Kriegers als deren neuen Adels die wünschbare Zukunft sah. Nun hatten schon vor Bernhardi viele mit dem literarischen Säbel gerasselt[119] – dieses Buch aber hob die Diskussion auf eine andere Ebene, denn Bernhardi war nicht irgend-

4. Die Ursachen – Strategien und Illusionen

wer, und das Bürgertum delektierte sich an seinen Thesen. Der schon erwähnte »Militarismus von unten« gewann seine intellektuelle Legitimation, und er wurde aggressiv. Genau dies aber mußte die Hemmschwelle bei den verantwortlichen Politikern senken, wenn es um die Frage Krieg oder Frieden ging.

> Dem Bürger fliegt vom spitzen Kopf der Hut
> In allen Lüften hallt es wie Geschrei
> Dachdecker stürzen ab und gehn entzwei
> Un an den Küsten – liest man – steigt die Flut.
>
> Der Sturm ist da, die wilden Meere hupfen
> An Land, um dicke Dämme zu zerdrücken
> Die meisten Menschen haben einen Schnupfen
> Die Eisenbahnen fallen von den Brücken.
>
> *Jakob van Hoddis: »Weltende« erschienen: auch 1911*

Wir nähern uns damit einem weiteren dialektischen Zusammenhang: dem zwischen der Gesellschaft und der Bereitschaft zum Kriege.

5. DIE URSACHEN –
DAS INNERE DER GROSSEN MÄCHTE

Hatten die Menschen, vorab in Deutschland und Österreich-Ungarn, aber auch in allen anderen am Krieg beteiligten Ländern den Weltkrieg nicht geradezu »verdient«? Aus der friedlich-satten Rückschau und nach den Erfahrungen von mehr als hundert Jahren könnte ein naives Urteil dahin gehen, denn schon 1919 war allen Beteiligten eines ganz klar: Der Erste Weltkrieg war so überflüssig wie ein Kropf gewesen, und nach dem Krieg gab es keinen stichhaltigen Kriegsgrund mehr. Was einst Bismarck in seiner Olmützer Rede den Abgeordneten der Zweiten Preußischen Kammer entgegengeschleudert hatte, traf nun zu: Wehe dem Staatsmann, der sich nicht nach einem Kriegsgrund umsieht, der auch nach dem Krieg noch stichhaltig ist.

Es war lange Zeit Mode, vor allem natürlich nach dem Ersten Weltkrieg selbst, die Kriegsverursacher nach dem St. Floriansprinzip immer bei den anderen gekrönten Häuptern, Staatsmännern und Generälen zu suchen. Damit geriet fatalerweise völlig aus dem Blick, daß selbst in den sogenannten »autoritären« Staaten, also wesentlich den Mittelmächten, auch dem Osmanischen Reich, die verantwortlichen Oberhäupter eben nicht mehr nur tun konnten, was sie bloß wollten. Zwar sprechen einige Historiker vom »Neoabsolutismus« in Österreich und Preußen, doch der Begriff »Absolutismus«, selbst bei den Frühneuzeitlern ein wenig in Mißkredit geraten, verkennt die seit Beginn des 19. Jahrhunderts völlig gewandelten gesellschaftlichen Verhältnisse infolge der Amerikanischen und der Französischen Revolution. Waren schon ein Metternich und ein Alexander I. nach 1815 den Folgen dieser Weltereignisse nicht entronnen, so strahlten diese über das ganze 19. Jahrhundert aus, und es gab keine Grenze, kein politisches System, die dicht genug gewesen wären, diesen Strahlungsdruck gänzlich abzuschirmen. Dabei war es ganz gleichgültig, ob das die Fürsten oder Machthaber in den »neoabsolutistischen« Staaten nun wollten oder nicht.

Überall, in England und Frankreich sowie den USA, also den klassischen Demokratien nach westlichem Muster natürlich viel unmittelbarer, war die Politik vor 1914 auch vom Willen und Wollen der Bürger oder eben auch der Untertanen abhängig. Das einprägsame Bild von Deutschland als eines straff autoritär gelenkten Staates mit gehöriger demokratischer »Verspätung«[120] exkulpierte die Masse der Bevölkerung und beförderte jenes Sündenbocksyndrom, dem mit Wilhelm II. und Bethmann Hollweg die beiden Figuren an der Spitze des Reiches zum Opfer fielen. Mit ihrem Auslieferungsbegehren haben dann nach 1918 die Siegermächte diese Sichtweise noch unterstrichen, so daß die Frage nach den innen-, sozial- und parteipolitischen Strukturen und Voraussetzungen des Krieges nicht oder nur ganz vage gestellt wurde. Die nahezu ausschließliche Fixierung der Geschichtswissenschaft auf die Haupt- und Staatsaktionen, nach 1919 Mode, trug ebenfalls dazu bei, die Frage nach den inneren Ursachen des Krieges zu verdrängen, schlimmer: gar nicht erst ins kritische Bewußtsein dringen zu lassen.

Freilich gab es Ausnahmen, und hier wäre beispielsweise erneut jener Eckart Kehr zu nennen, der die These vom »Primat der Innenpolitik«[121] erfunden hat. Es war typisch, daß Kehr zeitgenössisch gleichsam kein Bein auf die Erde bekam, geschweige denn einen Lehrstuhl. Ähnlich ging es dem großen Historiker der Revolution von 1848, Veit Valentin,[122] und natürlich allen, die auch bloß in den Verdacht gerieten, der SPD oder, horribile dictu, der KPD schöne Augen zu machen. Dabei hätte die Deutung der Kriegsursachen durch die KPD – ich denke beispielsweise an Radek oder Thälmann – den Hochkonservativen durchaus gefallen können, denn im marxistischen Schema gab es ja ebenfalls keine Schuldigen, sondern es war der klassenkämpferische Weltgeist, der ganz wie es Marx vorausgesagt hatte, die hochkapitalistischen und spätimperialistischen Staaten mit historischer Notwendigkeit in jenen verheerenden Krieg getrieben hatte, aus dem der Sieg der klassenlosen Gesellschaft notwendig hervorgehen würde. In Rußland, gewiß ein wenig atypisch, aber das ließ sich dialektisch durchaus wegeskamotieren, war ja schon der Anfang gemacht, und Radek wie Lenin waren unmittelbar nach der deutschen Niederlage davon überzeugt, daß die nächste Station der Weltrevolution Berlin sein würde. Paris und London würden folgen, was vor allem in letzterem Land zu wahren Panikreaktionen führte, die erheblichen Einfluß auf die britische Politik nach 1919 haben sollten.

Man muß die Frage nach den inneren Kriegsursachen auch vom Ende des Krieges, und das heißt vornehmlich von den Revolutionen von 1917 und 1918 her betrachten. Zwar will es scheinen, als sei es die Frage nach der Ursprünglichkeit von Henne oder Ei, möchte man wissen, ob die Revolution Folge des Krieges oder der Krieg Folge eines gesellschaftlichen Allgemeinzustandes gewesen ist, der über den Krieg zur Revolution führen mußte – sicher ist, daß die innere Verfassung der europäischen Gesellschaften vor 1914 daraufhin untersucht werden muß, ob sie kriegsträchtig war, konkret: War das Selbstverständnis der Gesellschaft eine der Ursachen des Krieges? Und falls man diese Frage bejaht, wie wären diese Ursachen dingfest zu machen, wie im Dispositiv der Kriegsursachen überhaupt zu verorten?

Auch dieses weite Feld können wir nur aus der Vogelperspektive betrachten, und da England von den Hauptbeteiligten des Krieges wohl doch die geringste »Schuld« am Ausbruch des Krieges zuzuschreiben ist (was die Deutschen nach 1919 und auch noch nach 1945 ganz anders sahen,[123] und was auch nicht heißen soll, daß die britische Politik alles »richtig« gemacht hätte), genügen hier einige wenige Bemerkungen.

Was vor allem den Deutschen aus der Vorkriegszeit in Erinnerung geblieben war, verband sich mit unsäglicher Propaganda von jenseits des Kanals, man denke an das famose »Germania esse delendam«, das übrigens, und das sei nur nebenbei bemerkt, schon beweist, daß Schlieffen mit seinem Cannae-Gespenst nicht alleine stand. Pikant war dieses Verdikt, weil jeder der alten Geschichte Kundige natürlich wußte, daß es sich nicht auf die Vorgeschichte des 2., sondern die des 3. Punischen Krieges bezog, als es nur noch um die Vollstreckung eines längst gefällten Urteils ging; und natürlich wurden die deutschen Gelehrten nicht müde darauf zu verweisen, daß der Krieg Roms gegen Karthago ein blankes Kriegsverbrechen gewesen war; das Jahr 146 vor Christus – in diesem Jahr wurde bekanntlich auch Korinth von den Römern zerstört – sollte überhaupt zum Menetekel werden, und als die Deutschen im August 1914 mit erstaunlicher Brutalität in Belgien vorgingen, war man mit solchen Vergleichen in England und Frankreich rasch zur Hand. Aber sie paßten so wenig wie der Schlieffens mit Cannae, und von daher stellt sich schon die Frage, ob die historia als vitae magistra tatsächlich immer die geeignete Haus- und Hoflehrerin ist.

Im Gefolge des »Navy Scare« von 1908 hatte sich in breiten Bevölkerungsschichten Englands eine antideutsche Stimmung entwickelt, die sich zunehmend aggressiv artikulierte, und sicher war auch, daß die dumpfe Furcht, von Deutschland schließlich ökonomisch überrundet zu werden, Abwehrstrategien generierte. Paul Kennedy[124] hat – wohl in der Nachfolge Gibbons[125] – nachgewiesen, daß diese Furcht durchaus berechtigt, und Großbritannien schon vor 1914 auf dem absteigenden Ast war. Damit gekoppelt war die Furcht, das soziale Netz, dünn genug geknüpft, könnte reißen, wenn die exorbitante navalistische Aufrüstungspolitik immer noch weiter ging; nichts hat doch die Basisstrukturen der englischen Gesellschaft stärker erschüttert als das trotzige »two keels to one«, denn

5. Die Ursachen – Das Innere der großen Mächte 47

das bedeutete, vor allem nach dem Technologiesprung von 1906, als die »Dreadnought« gebaut wurde[126], eine Verdreifachung der Baukosten für ein einzelnes Schiff. Und nun erkennt man auch den Zusammenhang zwischen Rüstungs- und Sozialpolitik: Wenn immer die These vom Sozialimperialismus zutrifft, so nicht für Deutschland, sondern für England: Die Stapelläufe der Dreadnougths, das waren die modernen panem-et-circenses-Spiele, das Muster funktionierte exakt so wie zu Zeiten Neros.

Der potentiell aggressiven Stimmung konnte das natürlich keinen Abbruch tun, eher im Gegenteil: Wenn sich Jahr um Jahr die Grand Fleet vor Spithead sammelte, so fragte sich auch der schlichte britische Arbeiter, wozu das gut sein sollte, ginge es nicht irgendwann gegen jene dumpf drohende Macht, die den eigenen Wohlstand und die ganze Zukunft des Landes in Frage zu stellen sich anzuschicken schien. Gelegentlich schäumten die Emotionen hoch, hier ist beispielsweise an die »Daily-Telegraph«-Affäre oder an den psychologischen Rattenschwanz der »Krüger-Depesche« zu erinnern. Da die meisten Engländer in diesem Zeitalter eifrige Zeitungsleser waren, drangen solche Gefühlswallungen weit nach unten durch und färbten notwendigerweise auf die »große Politik« ab.

Solche gesellschaftlichen Konfigurationen hatte es in der britischen Geschichte seit den Tagen Heinrichs III., Elisabeths I. und Cromwells, also schon seit dem Mittelalter und in der frühen Neuzeit, immer wieder gegeben, und nichts ist lehrreicher als das Studium der britischen Geschichte vornehmlich im 17. und 18. Jahrhundert – das hat übrigens kein Geringerer als Ranke intuitiv gespürt, und deswegen gehört seine Englische Geschichte, in welcher der berühmte Satz steht, er wolle »bloß zeigen, wie es eigentlich gewesen«, zu den unüberholten Klassikern unseres Faches.

Hätten Wilhelm II. und Bethmann Hollweg doch nur diesen Ranke gelesen! Dann wäre ihnen viel früher klargeworden, daß die deutsche Außenpolitik mit ihrem Axiom, England müsse und werde »kommen«, auch schon aus innenpolitischen Gründen a priori verfehlt war. Aber Wilhelm las bekanntlich lieber Houston Stewart Chamberlains »Grundlagen des 19. Jahrhunderts«,[127] ein Schmutzbuch ohnegleichen, und der naturalisierte Engländer, übrigens Schwiegersohn Richard Wagners, erschien dem Kaiser – wie später auch Hitler – als unangreifbare Autorität in Sachen britischer Mentalität, die der Kaiser, Enkel der Königin Victoria, die in seinen Armen ausgerechnet am höchsten Feiertag der hohenzollernschen Monarchie, dem 18. Januar 1901 gestorben war, ohnehin zu kennen glaubte.

Es gab also in England, vor allem nach dem kleinen, häßlichen Burenkrieg, durchaus so etwas wie eine Grundstimmung, die für den großen, großartigen Krieg war, aber das heißt noch lange nicht, England sei Schuld am Ausbruch des Ersten Weltkrieges, die englische Außen- und Innenpolitik zähle zu den Kriegsursachen. Dreht man die Medaille nämlich um, so wird erkennbar, daß die britische Demokratie seit den achtziger Jahren des 19. Jahrhunderts schon soweit entwickelt war, daß jenes von den Politikwissenschaftlern erarbeitete Gesetz zu greifen begann, nach dem Demokratien strukturell unfähig sind, Angriffskriege zu inszenieren. Es war wirklich erst die schamlose Verletzung der belgischen Neutralität durch Deutschland, die England definitiv in den Krieg brachte. Die britische Innenpolitik und das Selbstverständnis der englischen Nation gehören, wenn überhaupt, so nur ganz am Rand zu den Kriegsursachen, und das Wettrüsten mit Deutschland spricht gerade nicht dagegen, sondern dafür, denn es wurde von Deutschland ausgelöst. England war eine wehrhafte Demokratie, nicht mehr und nicht weniger, auch wenn es die Wehrpflicht nicht gab.[128]

Wenden wir uns Frankreich zu. Ganz anders als England, verfügte dieses Land über eine lange revolutionäre Tradition, und die Klassengegensätze wurden seit jeher in Frankreich vehementer und blutiger ausgetragen als in England, ein Hinweis auf den Kommuneaufstand von 1871 mag genügen. Frankreich war eine Demokratie, aber bei weitem nicht so gefestigt wie die englische. Zuletzt hatte die Boulanger-Krise von 1887 in aller wünschenswerten Deutlichkeit gezeigt, wie dicht manchmal der vierte Napoleon vor der Tür eines dritten Empires stand, und es war nicht das geringste Verdienst des anfänglich alles andere als verantwortlich agierenden Sozialismus, dieses Gespenst dann doch zu beschwören. Clemenceau, beispielsweise, war kein in der Wolle gefärbter Demokrat, aber er war lernfähig, und so läßt sich beobachten, daß Frankreich gerade in der Phase der Kriegsreife vor 1914 seine inneren Verhältnisse zu beruhigen und zu festigen verstand, wozu die Sozialisten unter Jean Jaurès zweifelsohne beigetragen haben.

Es gab aber in Frankreich auch eine breite chauvinistische Grundströmung, die sich aus dem Trauma von 1870/71 speiste. Es würde zu weit führen, wollte man das komplizierte Mit- und Gegeneinander der verschiedenen bürgerlichen Lager zu analysieren versuchen.[129]

Ähnlich wie in der Weimarer Republik, gab es in Frankreich aber einen größten gemeinsamen politischen Nenner, er ließ sich in ein Schlagwort fassen: »La république une et indivisible.« Das war nicht nur ein gültiger Verfassungsgrundsatz, sondern auch Programm, denn der Frankfurter Friede vom 10. Mai 1871 hatte im Selbstverständnis der Nation Frankreich eben geteilt: geteilt von seinen beiden Provinzen Elsaß und Ostlothringen. Schon Bismarck war es nicht gelungen, den aus dieser »Verstümmelung« Frankreichs resultierenden französischen Revisionismus einzuhegen, geschweige denn auszurotten; die Krise von 1887 ließ diesen vielmehr eine neue ungeahnte Dimension gewinnen, und nun erfaßte er nicht zuletzt unter dem Eindruck des fin de siècle auch das wissenschaftliche, künstlerische und schriftstellerische Milieu Frankreichs; am berühmtesten dürfte Maurice Barrès geworden sein, der einen neuen Blut- und Bodenmythos mit seinem Kultroman »Les déracinés«[130] schuf und zum geistigen Herold einer rabiat chauvinistischen politischen Bewegung wurde. Hier schon war jener fatale weltanschauliche Ungeist am Werk, der wie nichts sonst die ersten Hälfte des 20. Jahrhunderts bestimmen sollte, und anders als in England war es für die französische Politik seit 1871 nahezu unmöglich, auf diesem Tiger des Revisionismus zu reiten – er drohte jedermann, der ihn bändigen wollte, zu zerfleischen. Daran ist der europäische Frieden nicht zuletzt zugrundegegangen, aber auch hier muß man natürlich die Schuldfrage stellen, und da fällt der Blick wieder auf die causa prima: den grundsätzlich verfehlten Frankfurter Friedensvertrag vom 10. Mai 1871. Solange dieser unrevidiert blieb, gab es keine Chance zu einer deutsch-französischen Aussöhnung und damit für einen dauerhaften Frieden. Auf der anderen Seite kann man aber nur schwer einen Weg erkennen, der es Frankreich möglich gemacht hätte, »seinen« Revisionskrieg vom Zaun zu brechen,[131] wenn es nicht die Chance der Julikrise gegeben hätte, denn auch Frankreich war eine Demokratie, und von großer Kriegsbegeisterung kann in Frankreich keine Rede sein, ganz abgesehen davon, daß jede nüchterne Rechnung ergeben mußte, daß das Deutsche Reich Frankreich auf nahezu allen kriegsrelevanten Feldern deutlich überlegen war. Zwar hatten sich die Franzosen mit dem Verlust von Elsaß und Lothringen nicht abgefunden, aber gerade unmittelbar vor 1914 waren immer weniger Franzosen bereit, dafür ohne zwingende Not in einen unkalkulierbaren Krieg zu ziehen.[132]

Als der Krieg 1914 da war, hielten ihn alle für gut und gerecht, das lag in der Tradition des französischen Revisionismus nach 1871, von besonderer Relevanz ist das nicht. Es hat niemals einen Staat oder einen Herrscher gegeben, die behauptet hätten, die von ihnen geführten Kriege seien ungerecht oder verbrecherisch. Das also sagt gar nichts. Aber nirgendwo in Europa war die Überzeugung von der zutiefsten Gerechtigkeit dieses Krieges weiter verbreitet als in Frankreich – man führte den Krieg wie einst Jeanne d'Arc den gegen England – es kommt nicht von ungefähr, daß diese sagenhafte und doch so reale Gestalt der französischen Geschichte gerade während des Ersten Weltkrieges zur Heiligen verklärt wurde.[133]

Der deutsch-französische Antagonismus war der Kern des Schicksalsknotens von 1914. Das erkannten die Menschen schon unmittelbar nach 1918, und es gab, ich erinnere an Konrad Adenauer oder Stefan Zweig, auch schon damals nachdenkliche Persönlichkeiten, die in der Auflösung dieses Kerns, also in der deutsch-französischen Aussöhnung, die Grundvoraussetzung für die Etablierung eines europäischen Friedens à la longue sahen. Zum Unglück für alle setzten sie sich damals nicht durch, aber sie haben den Boden bereitet, auf dem das Werk der deutsch-französischen Aussöhnung nach 1945 wirklich gedeihen sollte.

Wenden wir unseren Blick nun in die Richtung der anderen, der »Flügelmacht«, wie die Außenpolitiker immer zu sagen pflegten. Die Kriegsursachenforschung hat schon unmittelbar nach 1918 Rußland ein gerüttelt Teil an Schuld für den Ausbruch des Krieges zugewiesen, was nicht zuletzt durch die russische Revolution bedingt war, denn diejenigen, die in den übrigen Ländern berufen waren, die Unschuld des jeweils eigenen Landes nachzuweisen, gab es in Rußland nicht mehr. Die Macht besaßen vielmehr jene, die in dem zaristischen autokratischen System die Inkarnation des Bösen, also auch des Krieges gesehen hatten. Rußland, genauer: die sich formende und bis 1922 entstandene Sowjetunion, legte gar keinen Wert darauf, das Vorgängerregime von der Kriegsschuld freizusprechen, denn diese Schuld belastete die Kommunisten in keiner Weise, sie selbst zumindest sahen es so. Daß auch ein ganz anderer Blick möglich war, sollte die Zukunft zeigen, gehörte es doch zu Stalins Propaganda des »Großen Vaterländischen Krieges« zu behaupten, daß die Deutschen Rußland schon einmal überfallen hätten – 1914. Die Kriegsschuldfrage zum Ersten Weltkrieg hat sich bis 1945, teilweise darüber hinaus, immer auch als vorzügliches Propagandainstrument erwiesen.

Die innere Lage Rußlands zu schildern, heißt ein Land zu beschreiben, das sich seit der Niederlage gegen Japan und der Revolution von 1905 in einem geradezu chaotischen Zustand befand. Gerade dieser aber ließ, wenigstens vorübergehend, die von Rußland ausgehenden Gefahren für den europäischen und, wie man gleich hinzufügen muß, Weltfrieden, geringer erscheinen. Dies deswegen, weil der aggressive Panslawismus, der sich bis in die höchsten Kreise und bis an den Zarenhof durchgefressen hatte, durch die außen- und innenpolitischen Katastrophen zunächst einmal gebremst wurde – nicht grundsätzlich, aber doch so weit, daß er auf absehbare Zeit keine unmittelbare Gefahr mehr darzustellen schien. Dies auch deswegen, weil die inneren Reformen in Rußland anscheinend in Richtung Demokratie wiesen; die Duma war zwar nicht mit dem britischen oder dem deutschen Parlament zu vergleichen, gleichwohl hatte sie an Einfluß gewonnen, und der blinde Aktionismus, der nicht zuletzt zum fernöstlichen Desaster und zum Frieden von Portsmouth geführt hatte, schien gedämpft. Aber gerade jene, die unter der Revolution von 1905 am meisten zu leiden gehabt hatten, suchten fortan ihr Heil in der Außenpolitik, und nachdem es im Fernen Osten nach der Niederlage nicht mehr weiterging, richteten sich die Begehrlichkeiten erneut auf den Balkan. Zähneknirschend mußte Rußland der Abtretung von Bosnien und der Herzegowina an Österreich zustimmen – das war zwar nur die Einlösung eines uralten Versprechens, das bis auf die Zeit des Berliner Kongresses zurückging, wurde aber doch von den russischen Chauvinisten und Panslawisten als Blamage empfunden. Noch fühlten sie sich nicht wieder stark genug, um aus der defensiven in eine aggressive Politik umzusteuern, aber niemand wußte, wie lange die Schwächeperiode Rußlands andauern würde.

Wie allgemein üblich, wurde das eigene Versagen gerne als Schuld der anderen hingestellt, nun besonders der Deutschen. Das latente Mißtrauen im deutsch-russischen Verhältnis, das die Außenpolitik prägte, griff in den Jahrzehnten vor dem Ersten Weltkrieg auch auf die Gesellschaft über; die grobe panslawistische Propaganda tat ihr Übriges, so daß es dem maroden System im Juli 1914 nicht schwer fiel, die Massen zu mobilisieren, zumal die unglückliche deutsche Handelspolitik dem agrarischen Rußland große Einbußen bescherte, was zu russischer Liebe zu den Deutschen auch nicht beitrug. Also auch in Rußland das nämliche Phänomen wie in England und Frankreich: Man war auf Deutschland und Österreich, die auseinanderzudividieren vor dem Ersten Weltkrieg weder den Politikern noch der Öffentlichkeit in irgendeinem Land mehr möglich zu sein schien, äußerst schlecht zu sprechen; das Bild vom häßlichen Deutschen, was den deutschen Österreicher mit einschloß, war stereotyp und trug dazu bei, die Schwelle zum Krieg hin zu senken. So paradox es klingt: Gerade weil Nikolaus II. seit 1905 nolens volens auf die öffentliche Meinung mehr Rücksicht als zuvor nehmen mußte, trug er zu den Kriegsursachen bei. »Der Weg nach Konstantinopel führt durchs Brandenburger Tor«: Dieses russische Propagandawort korrespondierte nur zu gut dem britischen »Germania esse delendam« und dem französischen »Rache für Sadova!«. Der Nationalismus hatte sich in allen Ländern in Richtung Chauvinismus fortentwickelt, und am Beispiel Rußland kann man auch schon erkennen, wie er sich mit dem Rassismus zu vermengen begann. Der Zar und der hohe Adel in St. Petersburg aber konnten nicht so dumm sein, um zu verkennen, daß jeder große Krieg das ohnehin schon morsche Fundament der Autokratie und der Monarchie zum Einsturz bringen konnte. Deswegen wäre es verfehlt, wollte man im russischen Kriegsentschluß eine mutwillige und leichtsinnige Flucht nach vorne, einen Sprung ins Dunkle à la Deutschland sehen; wenn das Zartum eine Chance besaß, so lag sie nicht im Krieg, sondern im Frieden. In der russischen Mobilisation steckte mehr Angst als Kriegslust.[134]

Ähnliches galt für Österreich-Ungarn, denn dort gedieh das Parallelstück zum Panslawismus: der Pangermanismus Schönerscher Provenienz, besonders häßlich. Brigitte Hamann[135] hat gezeigt, wie sehr der junge Adolf Hitler von den verwandten Ideen des Wiener Oberbürgermeisters Lueger angetan war, und an diesem Punkt sieht man beispielhaft, wie sich Strukturen und Persönlichkeiten miteinander verbinden. Das Wien von Franz Joseph war eben auch »Hitlers Wien«(Hamann). Und hier in Wien erlebte Hitler die schlimmsten Auswüchse des Nationalismus, das Parlament nicht nur als »Schwatzbude«, sondern als Ort, an dem die Abgeordneten der verschiedenen Nationalitäten mit Schirmen und Stöcken aufeinander los – und sich buchstäblich einander an die Gurgel gingen. Fast schien es, als gebäre das Parlament den Bürger- und Nationalkrieg.

Die Geschichte des Vielvölkerstaates in den Jahrzehnten seit 1867, dem Jahr des österreichisch-ungarischen Ausgleiches, zählte seit jeher zu den wichtigen Ursachen des Krieges, und dies aus ganz unterschiedlichen Gründen. Auf die genuin außenpolitischen, die in der Julikrise kulminierten, wird noch einzugehen sein; hier geht es zunächst nur um das österreichische Selbstverständnis, und zwar das der Gesellschaft. Aber eine halbwegs in sich geschlossene Gesellschaft wie in den großen Nationalstaaten Europas gab es eben hier nicht, sondern eine große Zahl von Nationalitäten bildete sich ein jeweils eigenes Bild von ihrer Existenz, ihrer Vergangenheit, vor allem aber ihrer Zukunft, und das wurde zum eigentlichen Motor der Entwicklung.

Sie lief durchaus in die falsche Richtung. So richtig und wichtig nämlich der Ausgleich von 1867 gewesen war – andere Ausgleichsversuche, vor allem der mit dem tschechischen Bevölkerungsteil, blieben aus oder nahezu aus, und der mährische verdiente im Vergleich zu dem von 1867 seinen Namen nicht – er änderte nichts an der nationalen Zerrlage der Habsburgischen Monarchie, und je selbstbewußter die Ungarn wurden, desto weniger gab es eine Chance, den von Franz Joseph angestrebten »Trialismus« dem ungarischen Chauvinismus entgegenzusetzen. In der Habsburgischen Monarchie also wurden die nationalen Weltanschauungskämpfe des frühen 19. Jahrhunderts, wenn auch mit anderen Mitteln, immer noch weitergeführt, nun jedoch schon unter Einmischung grob rassistischer Momente, und das häufte im Verlauf der Jahrzehnte soviel Sprengstoff an, daß besorgte Beobachter der Wiener Szene schon lange vor 1914 mit der Explosion dieses einmaligen Staatsgebildes rechneten.[136]

Hier muß an das erinnert werden, was im Zusammenhang mit der Weltreichslehre schon ausgeführt wurde: Es mochte sein, daß sogar das Habsburgische Reich zur Verfügungsmasse dieses kannibalischen Imperialismus werden konnte, und es lag auf der Hand, daß dann Rußland die Pole-Position im Wettrennen um das Erbe des Habsburgischen Reiches einnehmen würde – mit all den Folgen, die das haben mußte; schließlich stand das Beispiel des Friedens von San Stefano allen Zeitgenossen noch lebhaft vor Augen, und weit und breit war kein zweiter »ehrlicher Makler« samt einem Berliner Kongreß in Sicht.

Vor allem auf dem Balkan wucherte die Überzeugung, daß die Zukunft der eigenen Nation – etwa der serbischen – auf friedliche Weise nicht zu haben wäre. Die Balkankriege von 1912 und 1913 bewiesen die Richtigkeit dieser These. Sie waren aus einem Nationalismus geboren, den pervertiert zu nennen den satten Einwohnern der saturierten Nationalstaaten natürlich leicht fallen mußte. Gerade die Erfahrungen der vergangenen zehn Jahre haben uns etwas von der Komplexität, aber auch Ausweglosigkeit ahnen lassen, die auch schon vor 1914 das Schicksal des Balkans bestimmten.

Und dieser Balkan war teilweise österreichisch-ungarisches Staatsgebiet. Wahrscheinlich hätte es nur eine Chance gegeben: wenn die Zentralen in Wien und Budapest als ehrliche Makler für die übrigen Nationalitäten auf dem Balkan aufgetreten wären. Davon waren sie weit entfernt, die Ungarn noch weiter als die deutschsprachigen Österreicher. Sie alle versuchten vielmehr, den eigenen Einfluß, die eigenen nationalen Interessen auf Kosten der andern zu befördern, so daß das Reich aus dem Teufelskreis der Krisen, Kriege und gescheiterten Aussöhnungsversuche, die wieder in Krisen mündeten, nicht mehr herauskam. Die von Paris, London, Wien und Berlin aus gesteuerte europäische Diplomatie hatte seit dem Frieden von Adrianopel, 1829, gelernt, mit diesem verwirrenden und verwirrten Gordischen Knoten umzugehen, ohne der Versuchung zu erliegen, ihn wie Rußland 1853 und 1877 gewaltsam durchschlagen zu wollen; aber das konnte nur solange funktionieren, als in den Zentralen der Mächtigen eben nicht Nationalisten und Chauvinisten das Wort führten, sondern souveräne, welterfahrene Staatsmänner vom Zuschnitt eines Metternich, Talleyrand oder Castlereagh. Von denen aber war am Vorabend des Ersten Weltkrieges weit und breit nichts zu sehen, überall regierte das Mittelmaß. Latente Aggressivität: Das kennzeichnet am besten die gesellschaftlichen Verhältnisse in der Donaumonarchie; die doch nur rudimentären demokratischen Strukturen trugen nicht zu ihrer Dämpfung bei, sie verstärkten sie. Der »gute Kaiser« Franz Joseph wurde zum folkloristischen und ein wenig altertümlichen Großpapa umstilisiert, eine wirkliche Integrationsfigur war er schon lange nicht mehr, das Jahr 1848 ferne Vergangenheit.

So generierte Österreich-Ungarn insgesamt eine Krise nach der anderen, es kam nicht zur Ausformung eines gesellschaftlichen Ganzen, und dieses strukturelle Versagen zählt ganz gewiß zu den Ursachen des Ersten Weltkrieges, abgesehen davon, daß es zu seinem letzten Anlaß werden sollte.[137]

Faßt man zusammen, so bleibt festzustellen, daß mit Ausnahme Englands alle anderen europäischen Großmächte in ihrer inneren und gesellschaftspolitischen, auch ihrer verfassungspolitischen Entwicklung zum Dispositiv des Krieges ein gerüttelt Maß beigetragen haben. Das gilt, mit Einschränkungen, auch für die sechste, die Möchtegern-Großmacht Italien, der die Freude über das Risorgimento längst abhanden gekommen war, während das Gefühl des Ungenügens, des Zukurzgekommenseins sich immer stärker artikulierte und die italienische Gesellschaft für alle bösartigen »Ismen« anfällig werden ließ.

Es bleibt die Frage nach dem Deutschen Reich, die Frage lautet: Ist die innenpolitische Entwicklung in Deutschland seit 1890 eine Ursache für den Ersten Weltkrieg gewesen?

6. DIE URSACHEN – DEUTSCHLAND, INNERE VORAUSSETZUNGEN

Die »Verspätete Nation«, das »autoritäre« Kaiserreich, die Diskrepanz zwischen einem technisch, wissenschaftlich, industriell und wirtschaftlich fortschrittlichem Land und veralteten, verkrusteten, innovationsunfähigen sozialen und politischen Strukturen – so pflegt sich im allgemeinen das Tableau darzustellen, wenn man an die Epoche von 1871 bis 1918 in Deutschland denkt.[138] Wie weit war doch der »Weg nach Westen«[139], und irgendwie gerät jene Parallele in den Blick, die Imanuel Geiss mit dem »langen Weg in die Katastrophe« beschrieben hat. »Das ruhelose Reich«, so hat Michael Stürmer[140] seine Analyse des Kaiserreiches genannt, und schon dieser Titel transportiert ein Dogma: Das Deutsche Reich sei seit seiner Gründung, vor allem aber im Zeitalter des Hochimperialismus, also etwa seit 1890, von einer unheilvollen inneren Dynamik ergriffen worden, von zentrifugalen Kräften geschleudert, die den Konsens im Inneren, wenn ihn denn Bismarck zwischen 1866 und 1871 gestiftet haben sollte, auseinanderfliegen ließ. Das aber habe gerade jene Kräfte freigesetzt, die dann nach außen und in den Krieg drängten – sei es aus purem Chauvinismus, sei es aus Ratlosigkeit, aus Fatalismus, sei es aus Verzweiflung, Mutwillen, Bösartigkeit – die Geschichte des Bismarckreiches unter solchen Metaphern zu deuten, fällt nicht schwer.[141] Daß das Deutsche Reich möglicherweise ein »normaler« Staat wie ein Dutzend andere auch gewesen sein könnte – diese Vermutung haben lange nach dem Zweiten Weltkrieg zuerst englische Historiker geäußert,[142] denen das Geraune um den deutschen »Sonderweg«, Allerweltsformel und Stein der Weisen in der Sozialgeschichte seit den frühen siebziger Jahren, denn doch als allzu billig und platt erschien. An der Historiographie zum Kaiserreich läßt sich geradezu mustergültig demonstrieren, wie eine ex-post-Geschichtsschreibung funktioniert: Weil das Bismarckreich nicht nur untergegangen war, sondern zwei Weltkriege generiert hatte, mußte es schon mit einem gravierenden Geburtsfehler behaftet gewesen sein, einem Fehler derart schwerwiegender Natur, daß nichts dagegen und das Monstrum half, der Untergang deswegen unabwendbar und konsequent war. Aber man kann sich, kontrafaktischen Denkmustern folgend, durchaus ein siegreiches Deutschland im Ersten, vielleicht sogar im Zweiten Weltkrieg vorstellen; erst jüngst hat Richard Overy[143] begründete Zweifel an der These angebracht, der Zweite Weltkrieg sei a priori für Deutschland verloren gewesen. Daß das so sein müsse, diktieren ja nur Moral und Gewissen, die unendliche Sehnsucht des Menschen nach der Gerechtigkeit, nach dem Richter überm Sternenzelt – mit der historischen Realität hat das gar nichts zu tun. Warum haben im 14. Jahrhundert die Tataren und nicht die Christen der Kiewer Rus gesiegt? Und warum wurde Rußland zweihundert Jahre lang geknechtet? Und dann noch einmal zweihundert Jahre, und dann noch einmal...? Und gibt es nicht »Schurkenstaaten«, wie es Bill Clinton zu nennen beliebte, die weit länger als zwölf Jahre höchst profitabel für die Machthaber existieren und ein Verbrechen nach dem anderen begingen und begehen? Nicht immer siegt das Gute, und ein Gesetz, das dies garantieren könnte, gibt es nicht. In diesem Punkt sitzen wir nur allzu willig den plattesten Aufklärern des 17. und 18. Jahrhunderts auf – die intelligenten, mit Voltaire an der Spitze, haben derlei ohnehin nie geglaubt.Um es kurz zu machen: Auch ein altmodisches, rückwärtsgewandtes, autoritäres, ja verbrecherisches »wilhelminisches Reich« hätte sich in der Geschichte hartnäckig behaupten können ...

Worauf es erkenntnistheoretisch also ankommt, ist die Reise mit der Zeitmaschine in die Vergangenheit, und indem ich das sage, entlarvt sich dieser Wunsch schon als unmöglich. Aber ich hoffe, jedermann versteht, was damit gemeint ist: Es ist unzulässig, die Geschichte des Bismarckreiches und die der letzten Jahrzehnte vor dem Ersten Weltkrieg nur vom Ergebnis her zu beurteilen, und gerade deswegen können große historische Theorien dem Erkenntisprozeß mehr schaden als nutzen. Die Frage nach den Ursachen des Ersten Weltkrieges läßt sich nicht theoretisch beantworten, sondern nur aus der lebendigen Anschauung der vergangenen Wesenheiten. Das klingt nach Ranke, ich wüßte aber nicht, wie wir über ihn hinwegkommen sollten. Nur weil sie alt sind, sind sie nicht falsch: die Ein- und Ansichten des Urvaters der quellenkritischen Geschichtsschreibung.

Das Reich war, nach der Bismarckschen Verfassung, keine parlamentarische Demokratie, obwohl die Gesellschaft, die dieses Reich bevölkerte, von seiner Geschichte und seinem politischen Vermögen her, in nichts anderem als einer parlamentarischen Demokratie sich eigentlich hätte einrichten müssen. Versucht hat man es ja, 1848/49, aber nicht die Größe, sondern das Versagen des Bürgertums, um Wilhelm Mommsens[144] bekannte Schrift zu paraphrasieren, wurde dann zur Signatur der Bismarckzeit. Bismarck hatte in geradezu zynischer Weise aus dem Debakel der Revolution gelernt und mit seiner Konstruktion von 1867 bzw. 1871 gleich mit dafür gesorgt, daß die Reichsverfassung von 1849 nicht als fernes Ideal den Bürgern seines Reiches vorschweben und sie deswegen für garstige demokratische Träume anfällig machen konnte, sondern sie im Hegelschen Sinne in der Reichsverfassung von 1871 aufgehoben. Das galt insbesondere für das Wahlrecht zum Reichstag: Es war durch und durch demokratisch, vorbildlich in Europa und wies das Parlament als demokratisch legitimiert aus. Bismarcks verzeihlicher Denkfehler lag in der unzureichenden Antizipation jener Gravitationskräfte, welche die eben apostrophierte Fortschrittlichkeit symbolisierten, anders gewendet: Bismarck konnte nicht ahnen, daß das Reich binnen einer Generation vom Agrar- zum Industriestaat werden würde, was eine vollkommene Veränderung seiner sozialen Struktur zur Folge hatte. Und so kam es, daß der Reichstag bald wie ein Anachronismus in der Verfassung wirkte – er war seiner Zeit gleichsam weit voraus. Als sich dann in der Bülow-Ära abzeichnete, daß der Reichstag Legislaturperiode um Legislaturperiode an Macht gewann, nicht zuletzt Folge der Aufrüstung zur See, die von ihm via Budget finanziert werden mußte, wurde der große Rest der Verfassung anachronistisch, der Reichstag aber modern und zeitgemäß. Manfred Rauh[145] hat den Prozeß der Parlamentarisierung des Reiches beschrieben. Das Kaiserreich war vor 1914 auf dem Weg zum Typus des westeuropäischen parlamentarischen »Normalstaates«, und die Prärogative des Kaisers, wenngleich verfassungsrechtlich verankert, fast nur noch Dekoration. Das zeigte sich geradezu dramatisch in der Julikrise und dann während des gesamten Krieges; ansatzweise erkennbar wurde es bereits in der Daily-Telegraph-Affäre und den Folgen von Björkö 1905, als der Kaiser definitive Ratschläge erteilen und mit seinem »Cousin« in St. Petersburg einen neuen Anfang in den deutsch-russischen Beziehungen setzen wollte und jeweils wenig später von seinen Beamten, vor allem aber dem Auswärtigen Amt und dem Kanzler regelrecht in seiner Ohnmacht vorgeführt worden war, was das »absolutistische« Image des Kaisers unheilbar beschädigte und ins Karikaturhafte abgleiten ließ.[146]

Das heißt beileibe nicht, daß sich ein demokratisches Prinzip triumphal durchgesetzt und alles gut gewesen wäre, weit gefehlt. Die inneren und sozialen Spannungen innerhalb des Reiches waren gewaltig, viele Probleme alles andere als gelöst. Aber man wird, und das ist in diesem Argumentationszusammenhang wichtig, nicht sagen können, daß es die autoritäre Staatsform gewesen ist, die zu den Kriegsursachen zählte, denn die eben war gar nicht mehr so autoritär – Sozialistengesetz hin oder her.

Ganz gegen die Intentionen seines Schöpfers, aber auch Wilhelms II., wurde das Sozialistengesetz vom Reichstag nicht verlängert, sondern

1890 sang- und klanglos ad acta gelegt, während die Sozialdemokratie anscheinend unaufhaltbar anschwoll; 1890 wurde sie zur stärksten Fraktion im Reichstag.[147] Gewiß gab es dann auch noch einige Rückschläge, aber 1912 war sie wieder die stärkste Partei. Schon die Reichstagswahlergebnisse verweisen die These, die deutsche Gesellschaft sei durch und durch so autoritätsgläubig und undemokratisch gesonnen gewesen, wie es Heinrich Manns »Untertan« suggerierte, ins Reich der Fabel. Natürlich gab es die Heßlings en masse, man denke allein an die Millionen in den Kriegervereinen,[148] aber es gab sie nicht nur in Deutschland, und es gab eben auch die Mehrings, Bebels, Liebknechts, die unzähligen Ortsvereine der Sozialdemokratie, die Arbeitervereine, dann schon die Gewerkschaften,[149] und es gab im liberalen Lager die Richters und die Naumanns. Daß das Herz der Kulturszene der Zeit eher links schlug, die amtlich geförderte und ausgestellte Kunst allgemeiner Lächerlichkeit anheimfiel, sei nur am Rand bemerkt.

Die Sozialisten aller Länder pflegten sich nicht nur regelmäßig bei Kongressen, sondern auch im Gedanken zu vereinigen, daß die Frage von Krieg und Frieden letztlich von ihnen abhing. Nichts ja machte den Sozialismus, welcher Provenienz auch immer, ich erinnere an Bebel, an Kautsky, an Bernstein, an Mehring, an Liebknecht, an Luxemburg, und mit jedem dieser Namen ist eine besondere Spielart des Sozialismus verknüpft, nichts machte ihn attraktiver als der Gedanke, mit ihm den Schlüssel zum ewigen Frieden in der Hand zu haben. In der marxistischen Lehre entstanden Kriege ja immer nur im Gefolge von Klassenkämpfen, und diese galten als natürliche Entwicklungsstufen im Prozeß jener Kapitalisierung der Ökonomie, die am Ende in dialektischem Umschlag durch die klassenlose Gesellschaft aufgehoben werden würde. Dann entfielen alle Kriegsgründe, und das Reich des ewigen Friedens war da. Edward Bellamys »Rückblick vom Jahr 2000 auf 1887«,[150] ein Klassiker des Sozialismus wie der Science Fiction zugleich, ein feiner Gradmesser für die sozialistischen Mentalitäten diesseits und jenseits des Atlantiks –, Bellamy war Amerikaner – malte dieses zukünftige Paradies in den glühendsten Farben, und in Deutschland war es niemand Geringeres als Clara Zetkin, die es den heimischen Genossen vermittelte.

Nur in scheinbarem Widerspruch dazu steht der Umstand, daß der Sozialismus von den Haager Friedens- und Abrüstungsbemühungen gar nichts hielt, sondern sie als ohnmächtige Versuche verunsicherter Kapitalisten und Imperialisten wertete, das unabwendbare Unheil für den Kapitalismus via Krieg, Klassenkampf und Etablierung der klassenlosen Gesellschaft eben mit bürgerlichen Mitteln abzuwehren. Daß ausgerechnet die leibhaftige Inkarnation der Autokratie, der russische Kaiser Nikolaus II. Initiator der ersten Haager Konferenz war, wirkte in den Augen der Sozialisten wie blanker Hohn. Solche vermeintlichen Friedensbemühungen, so tönte es in der sozialistischen Presse, seien ebenso naiv wie hoffnungslos.

Nun geriet aber der internationale Sozialismus in den beiden Jahrzehnten vor dem Ersten Weltkrieg in eine prekäre Lage: Auf der einen Seite blieben die Marx'schen Prophezeiungen verbindlich, und die wußten nichts vom Frieden, sondern kalkulierten Kriege zwischen den kapitalistischen Staaten kühl ins Gesamttableau mit ein – und welch glühendbegeisterter Militarist und Militärexperte war wenigstens anfänglich doch Friedrich Engels! –; auf der anderen war der Sozialismus für die Massen gerade deswegen attraktiv, weil er in der tagtäglichen politischen Praxis jene Kraft zu sein schien, die sich gegen den Rüstungswahnsinn, gegen den Chauvinismus, gegen alle Verschwörungen zum Krieg, gegen die Unterjochung der Kolonialvölker – kurzum gegen all das wandte, was gerade Hauptinhalt adliger, bürgerlicher, kapitalistischer und nationalistischer Politik war oder in den Augen der anderen zu sein schien. Vor allem die hypertrophe Flottenpolitik Tirpitzscher und Bülowscher Provenienz wirkte auf brave Sozialisten wie ein rotes Tuch und nicht wie ein Palliativ. An diesem Gegensatz entzündete sich jene Revisionismusdebatte, die in der kollektiven Erinnerung vor allem mit den Namen Bernstein und Kautsky verbunden ist, obwohl sich an ihr die gesamte Crème des Sozialismus eifrig beteiligt hat.[151] Während Kautsky am tradierten Modell mit dem Ziel der Systemveränderung via Weltrevolution festhalten wollte und damit implizit die Gefahr des Krieges auf sich zu nehmen bereit war, verwies Bernstein auf die ja deutlich erkennbaren evolutionären gesellschaftlichen Kräfte, die eine Annäherung an die Ideale des Sozialismus möglich zu machen schienen.[152] Kurzum, die einen wollten immer noch den Umsturz, die anderen die ständige Reform mit dem Ziel einer langsamen Umwandlung der Gesellschaft hin zu jener, die den Sozialisten als ideal vorschwebte. Die Gretchenfrage, die sich im sozialistischen Lager nun aber jedermann stellen mußte, lautete: was tun wir, wenn Krieg ist? Zwei Antworten waren möglich: entweder, wir verhindern ihn, oder wir führen ihn. Ihn zu verhindern traute sich die Zweite Internationale[153] erstaunlicherweise durchaus zu, aber die Gegner dieses Konzeptes behaupteten, daß man damit der Weltgeschichte in den Arm fallen und den Kapitalismus längere Zeit, als ihm von Clio zugemessen war, am Leben halten würde – also zum Schaden für den Sozialismus.

Man weiß, wie die Sache ausging. Überall entschieden sich in den Schicksalstagen des Juli und August 1914 die sozialistischen Parteien, mit in den Krieg zu ziehen, und es gehörte zu den größten Desillusionierungen, daß jeder Versuch, den Krieg über die Grenzen der Nationalstaaten hinweg durch die Internationale des Sozialismus zu verhindern, schon in den ersten Ansätzen steckenblieb. Überall schwenkten die Sozialisten zu ihren eigenen Vaterländern zurück, und das war der eigentliche Todesstoß für die sozialistische Internationale. Einsichtig wird auch, daß dieses von den Gegnern natürlich als »Versagen« angeprangerte Verhalten der Sozialisten nun Wasser auf die Mühlen der Kommunisten leitete, denn die hielten an den alten Dogmen fest, was einige von ihnen, ich denke an Luxemburg und Liebknecht, letztlich mit dem Leben bezahlen mußten.

Das sprunghafte Anwachsen des Sozialismus in nahezu allen europäischen Staaten war zumindest nicht kriegshemmend. Zu den Kriegsursachen möchte man die SPD oder die SFIO freilich auch nicht zählen, wenngleich es nur schwer zu erklären ist, daß die Zustimmung der überwältigenden Mehrheit der SPD-Fraktion im Reichstag zu den Kriegskrediten hauptsächlich aus der Überzeugung heraus erfolgte, es sei gut, wenn es nun gegen die russische Autokratie gehe – obwohl die Genossen genau wußten, daß nicht die russischen Autokraten, sondern die russischen Arbeiter und Bauern an der Front verheizt werden würden. Hier gerät man an den Rand der moralischen Argumentation, die zwar legitim, aber nicht wissenschaftlich ist.

Es geht hier nicht darum, die innere Politik, vor allem auch die Parteipolitik im Kaiserreich genauer zu untersuchen, wir fahnden immer noch »nur« nach den Kriegsursachen und bewegen uns auf dem Feld der inneren Verhältnisse. Immerhin stellt sich die Frage, ob der Schwenk Bismarcks von den Liberalen zu den Konservativen im Jahr 1879 nicht zugleich ein strategischer Schwenk hin zu einem fernen Krieg gewesen ist, denn gemeinhin wird vor allem mit den konservativen Parteien und Elementen in Preußen das verknüpft, was man den preußischen Militarismus nennt, den wir als eine der Kriegsursachen ja schon dingfest gemacht haben.[154]

Die Aufspaltung des Bürgertums[155] in konservativ und liberal war ehrwürdig alt, sie galt genausogut für England und Frankreich, und man dürfte nur schwerlich einen Beweis dafür finden, daß das konservative Lager kriegslüsterner als das liberale gewesen ist, eher im Gegenteil. Nimmt man als Beispiel und zum Vergleich die Jahre 1848/49, so waren es zweifellos die Nationalliberalen und nicht der konservative Flügel, die lauter mit dem Säbel rasselten, und in die Ära Gladstone fielen auch nicht gerade die friedfertigsten Aktionen der britischen imperialen Politik. Zumindest die preußischen Konservativen in der Nachfolge der Gebrüder Gerlach und um die preußische »Kreuzzeitung« geschart, hatten ihren Blick viel mehr nach innen als nach außen gerichtet, für sie waren die Kolonien Schwindel und der Freihandel verabscheuenswürdig. Schließlich

6. Die Ursachen – Deutschland, innere Voraussetzungen

waren es ja auch die Konservativen gewesen, die Preußen zwischen 1815 und 1864 in den Verdacht hatten geraten lassen, doch nie zu schießen, man entsinne sich der schmerzlichen Rhapsodien des jungen Moltke, der schier verzweifeln wollte, weil Jahr um Jahr der Krieg – nicht kam.

Die politische Parteienlandschaft im Kaiserreich war zugleich bunt und einheitlich. Bunt, weil es eine große Zahl von Parteien und Parteirichtungen gab, vom äußersten linken bis zum äußersten rechten Flügel;[156] einheitlich, weil die von 1848 herstammende Dreiteilung in Konservative, Liberale und Sozialisten erstaunlich stabil blieb – fast bis auf den heutigen Tag übrigens, das ist eine der großen Kontinuitäten der deutschen Politik über alle Brüche hinweg.

Das suggeriert zum mindesten eine große innenpolitische und damit auch sozialpolitische Stabilität, eine festgefügte Ordnung, doch demgegenüber wurde vor allem nach dem Erscheinen der Fritz Fischerschen Bücher »Griff nach der Weltmacht« und »Krieg der Illusionen« behauptet,[157] die inneren Gegensätze im Gesellschaftskörper des Reiches hätten sich bis zum Vorabend des Krieges ins schier Unerträgliche gesteigert, der Erste Weltkrieg, von Deutschland bewußt angezettelt, sei eine verzweifelte Flucht nach vorne gewesen (der »Sprung ins Dunkle«), weil die innenpolitischen Gegensätze hart an den Rand der Systemsprengung hin taumelten, anders gewendet: die politische und soziale Rückständigkeit des Reiches und seiner Länder – das preußische Dreiklassenwahlrecht galt als die bête noire – habe keinen andern Ausweg mehr als den Krieg gelassen, nachdem sich das anfänglich mit großem Geschick gehandhabte Konzept des Sozialimperialismus totgelaufen habe. Sozialimperialistische große Gesten seien der Flottenbau, die Kolonialpolitik, die Sozialpolitik im Gefolge der Bismarckschen Sozialgesetzgebung gewesen. Was den Flottenbau angeht, so hat Volker R. Berghahn den »Tirpitzplan«[158] als sozial- und innenpolitische Krisenstrategie zu entlarven versucht, die Funktion der Kolonialpolitik in diesem Konzept stand im Mittelpunkt der Studien von Wehler und einiger seiner Schüler.[159]

In der Tat läßt sich nicht leugnen, daß die amtliche Politik sowohl in der Bismarck- als in der Nachbismarckzeit sich schon Mühe gegeben hat, die Untertanen und Bürger bei Laune zu halten – gerade weil diese via Reichstag zunehmenden Einfluß auf die Politik ausüben konnten. Das ist völlig natürlich und kaum der Rede wert, alle halbwegs demokratisch legitimierten Regierungen verhalten sich so, vor allem in Wahlkampfzeiten – und im Reich wurde alle drei Jahre gewählt. Und zweifellos ist diese Pazifizierungpolitik auch teilweise erfolgreich gewesen, vor allem im Bereich der Sozialgesetzgebung. Sie eigentlich ist die causa prima des Revisionismusstreits gewesen, und man darf mit Fug und Recht daran zweifeln, daß die Sozialdemokratie sich so »vaterländisch«[160] verhalten hätte wie in der Stunde der Wahrheit am 4. August 1914, wenn es nicht diese lange Tradition des Sozialstaates in Deutschland gegeben hätte. Aber weder Flotte noch Kolonien waren auch nur im entferntesten geeignet, sozialimperialistisch zu wirken, ganz im Gegenteil. Zwar waren die Krupp-Arbeiter und die auf der Germaniawerft stolz auf das, was sie geschaffen hatten – nämlich wahre technische Wunderwerke –, aber jede genauere Untersuchung zeigt doch ganz deutlich, daß die Arbeiter sehr wohl zu unterscheiden verstanden: Man arbeitete tagsüber auf der Werft und ging abends doch zur Agitationsversammlung gegen die Kapitalisten.[161] Und so war es allenthalben. Aber beide, Flottenbau und Kolonialismus,[162] wirkten im Sinne des Zähmungskonzepts sogar kontraproduktiv, denn sie verschlangen nicht nur Unsummen von Steuergeldern, die auch der »kleine Mann« aufbringen mußte, sondern ließen das Geld für soziale Zwecke fehlen. Genau dies prangerten die sozialdemokratischen Reichstagsabgeordneten an, und in den sozialistischen Blättern, vorweg dem »Vorwärts«, konnte man das im Rahmen der Beratung jedes Flottengesetzes, jeder Flottennovelle und jedes Kolonialproblems lesen. Es ist ja nichts als die akademische Arroganz so mancher Kathedergelehrten, die wie selbstverständlich davon ausgeht, die Sozialisten oder die »kleinen Leute« hätten die hinterhältigen sozialimperialistischen Strategien der Herrschenden nicht durchschaut. In Wirklichkeit gab es sie eben gar nicht, was übrigens nichts über die Moral der Herrschenden aussagt. Wer immer einmal, um ein Beispiel zu nennen, sich die politischen Kommentare von Mehring oder auch die in der »Frankfurter Zeitung« ansieht, der wird die These, die konservativen Schichten hätten sich gegen die arbeitenden heimlich verschworen, sofort als Unsinn erkennen. Es mag ja sein, daß die Wilhelms, Bülows und Tirpitz' von solchen Tricks gerne träumten – in ihren Köpfen spukten immer wieder einmal Staatsstreichgedanken – und dazu läßt sich beispielsweise in den ebenso umfänglichen wie unsäglichen vierbändigen Memoiren Bülows[163] eine Menge finden –, nur hätten sie klappen müssen, die Tricks, um mit den Worten des LI in Buchheims »Boot« zu sprechen. Die soziale Disziplinierung klappte eben nicht, wofür allein die Tatsache, weniger die Anzahl der Streiks spricht,[164] aber sie brauchte auch nicht zu klappen, und auf diese Weise wird ein einheitliches Ganzes aus solchen Überlegungen: Die Kräfte der Konvergenz überflügelten jene der Divergenz. Hatte es noch unmittelbar im Vorfeld des Krieges aufgeregte Diskussionen darüber gegeben, wie sich die stellvertretenden Generalkommandos verhalten sollten, käme es während der Mobilisierung zu Arbeiteraufständen und Streiks, so meldeten die Generalkommandos unmittelbar nach der Mobilmachung übereinstimmend und erleichtert, es sei nirgendwo zu Zwischenfällen gekommen.[165] Auch die Mitglieder der Sozialdemokratie zogen in den Krieg, ob begeistert, ist, wie gesagt, eine andere Frage. Die Unmöglichkeit, die Arbeiterschaft zu domestizieren, machte in der Hochphase der maritimen Rüstung Tirpitz alles andere als Vergnügen, und wie schlecht das Gewissen der happy few war, machte die Sektsteuer deutlich: Sie wurde eingeführt, um den Flottenbau zu unterstützen. Bringen tat sie kaum etwas, denn auch Bürgertum und Adel pflegten nicht täglich literweise Champagner zu saufen, aber da Arbeiter schon aus Prinzip überhaupt keinen Sekt zu trinken pflegten, war sie ein brauchbares Palliativ gegen eher ungebildete denn gebildete Sozialdemokraten, um das berühmte Tirpitzwort ein wenig abzuwandeln. Und es waren die Sozialisten, die Flotte und deutschen Kolonien keine Träne nachweinten, als sie am Ende des Krieges zum Teufel und zum Völkerbund gingen.

Fazit: Der Sozialimperialismus ist ein Schreibtischphänomen von Historikern, und die These, das Reich sei am Abgrund dahingetaumelt, aus der finalen Katastrophe habe nur noch die Katastrophe des Krieges heraushelfen können, ist es nicht weniger. Wer immer sich die Basisdaten der Jahre von 1890 bis 1914 unvoreingenommen ansieht – sehr aufschlußreich etwa die zu den Streikbewegungen: Es gab, einigermaßen gleichbleibend, im Schnitt pro Jahr etwa 1 500 Streiks mit im Schnitt etwa 150 000 Beteiligten –, wird zum Ergebnis kommen, daß die inneren Verhältnisse im Reich gewiß nicht ideal waren, jedoch keineswegs so katastrophal, daß nur ein Krieg hätte helfen können.

Es ging, alles in allem, im Deutschen Reich auch in den beiden Jahrzehnten vor dem Ersten Weltkrieg normaleuropäisch zu, ja im Vergleich mit Frankreich oder Spanien, auch Österreich, von Rußland ganz zu schweigen, friedfertiger und aggressionsloser, als es das von außen gezeichnete Bild suggerierte. Das Problem der selektiven Wahrnehmung – wir kennen es aus dem Phänomen, daß ein besonders spektakuläres Unglück zahlreiche weitere nach sich zieht, was einzig und allein Folge der selektiven journalistischen Wahrnehmung ist – gilt eben auch für die Vergangenheit, man darf sich dadurch nicht aufs Glatteis führen lassen.

Die deutsche Gesellschaft war vor dem Ersten Weltkrieg hochgradig organisiert, man kann das im einzelnen bei Thomas Nipperdey[166] nachlesen. Von den Parteien kann nicht die Rede sein, ohne die zahlreichen Verbände[167] zu erwähnen, deren Einfluß auf die Politik nicht verfassungsmäßig definiert, aber dennoch vorhanden war, wie man beispielhaft am Alldeutschen Verband,[168] den Agrarverbänden[169] oder dem »Centralverband Deutscher Industrieller«[170] erkennen kann. Nun ist es sehr schwierig, jeweils zu bestimmen, wie solcher Einfluß ausgeübt wurde, wie er wirkte, und was er im Hinblick auf die Kernfrage nach den Ursachen des Ersten Weltkrieges bedeutete. Was beispielsweise hieß es, wenn ein Wolf oder ein Wissmann Bismarck in Kolonialfragen aufsuchten? Was, wenn ein Keim Briefe an den Kaiser schrieb? Was, wenn ein Oberhofprediger Dryander dem Kaiserpaar und der Hofgesellschaft eine Predigt hielt? Nebenbei, ein Rasputin war Dryander nicht. Was, wenn ein Virchow in der Kaiser-Wilhelm-Gesellschaft oder ein Max Weber in Freiburg eine Antrittsvorlesung hielten? Ich denke, diese Beispiele genügen, um zu erkennen, daß hier Quantifizierungen kaum möglich sind. »Irgendwie« werden sie schon Einfluß ausgeübt haben – nur ist uns mit einer solchen banalen Formel nicht geholfen. Für die bewaffnete Macht kann man es untersuchen, da stehen die Befunde einigermaßen fest, bei den großen Kirchen, um eine andere Großorganisation zu nehmen, sieht es schon ganz anders aus. Also bleibt nichts übrig, als beispielsweise die Kirchen daraufhin zu untersuchen, wie sie mit dem Staat und mit der Frage Krieg oder Frieden umgegangen sind. Das ist gelegentlich thematisiert worden,[171] und mit aller Vorsicht läßt sich sagen, daß zumindest die evangelischen Kirchen eher auf der Seite jener zu finden waren, die im Krieg nichts Unchristliches sahen, wohingegen die Katholiken zurückhaltender waren, nicht zuletzt Folge der traumatischen Erfahrungen mit dem Kulturkampf, der zwar am Vorabend des Krieges ebenfalls schon lange abgeblasen war, aber ähnlich wie das Sozialistengesetz mentale Fernwirkungen zeitigte, die man bei der Analyse der Gesellschaft mitberücksichtigen muß. Kriegstreibend im eigentlichen Sinn aber waren die Kirchen nicht, und das gilt auch für die Universitäten,[172] wenn auch mit Einschränkungen. Wir werden noch sehen, daß die Gelehrtenwelt des Wilhelminismus teilweise zu den Scharfmachern zählte, und das galt auch für die meisten der schlagenden Verbindungen, die besonders laut jauchzend in den Krieg ziehen sollten. Nur stellt sich auch hier wieder die Frage nach der Relevanz – wie groß war sie?

In der klassischen marxistischen Deutung der Kriegsursachen lagen diese auf der Hand: Es waren die Industriebarone, die Hochofenbesitzer, die Trusts, die den Krieg herbeigerüstet hatten. Deswegen wurden sie nach dem Zweiten Weltkrieg, als nämlich erneut der Verdacht aufkam, IG.Farben, Höchst, Krupp, Thyssen und Konsorten hätten in Hitler bloß ihren Agenten gehabt, nicht nur von internationalen Kriegstribunalen durchleuchtet, sondern, sobald das möglich war, auch von der Disziplin der Wirtschaftsgeschichte.[173] Das Ergebnis war eindeutig: Kein Industrietycoon hatte das mindeste Interesse an einem Krieg, wenn man im Zeichen der Globalisierung vor 1914 die schönsten Geschäfte im Frieden machen konnte.[174] Nach Möglichkeit verbaten sie sich die Einmischung der Poli-

6. Die Ursachen – Deutschland, innere Voraussetzungen

tik in ihre Geschäfte, und Michael Epkenhans hat beschrieben, wie schwer es beispielsweise Tirpitz fiel, die Industrie so auf Vordermann zu bringen, daß das ehrgeizige Flottenbauprogramm überhaupt realisiert werden konnte.[175] Große Reedereien wie Woermann oder Hapag Lloyd machten mit ihren englischen Counterparts am liebsten alles unter sich aus, und selbst Kolonialkriege rüttelten an der engen und vertrauensvollen Zusammenarbeit im internationalen Rahmen nichts. Es ist typisch, daß in der zeitgenössischen volkswirtschaftlichen Lehre die Ansicht vertreten werden konnte, ein großer Krieg sei schon deswegen praktisch ausgeschlossen, weil die komplexen wirtschaftlichen Strukturen dann zusammenbrächen, was die Kriegführung binnen kurzem selbst unmöglich machen würde. Auch von daher rührte die Hoffnung aus dem August 1914, der Krieg werde nur kurz sein. Man kann es auch drastischer ausdrücken: Wenn man wußte, welche Werte der Krieg in Kürze zerstören konnte – wer konnte eigentlich so dumm sein, ihn dennoch zu wünschen? Doch nicht die, die etwas besaßen, etwas zu verlieren hatten. Aber, um die Medaille umzukehren: Gab es so viele, die nichts zu verlieren hatten? Auch hier sprechen alle Sozialdaten dagegen.

Aus der Überlegung heraus, daß eigentlich allen klarsein mußte, im Krieg mehr zu verlieren als gewinnen zu können, stellt sich die Frage nach den Kriegsursachen neu, wir heben sie gleichsam auf eine andere Ebene. Auf dieser Ebene aber ging es nicht mehr allein rational zu, und der Einbruch des Irrationalen in die anscheinend so hochaufgeklärte moderne Welt vor 1914 stellt einen mächtigen Bedingungsfaktor für den Krieg dar. Ich gehe nun einen Schritt weiter und behaupte, daß auch die Außenpolitik im allgemeinen, die deutsche Außenpolitik im besonderen zu diesen Irrationalitäten zählte. Nicht weil sie dumm gewesen wäre, sondern weil man sie als Spiel begriff.

7. DAS SPIEL DER AUSSENPOLITIK

Besteht die ganze Geschichte des Ersten Weltkrieges nicht nur aus seinen Ursachen, und wäre der Krieg selbst nichts als der logische Abschluß, die Vollstreckung eines Urteils, das die Geschichte längst gefällt hatte? Und könnte man so gesehen nicht einem fröhlichen Antimilitarismus insofern frönen, als es nun gar nicht mehr auf den Krieg selbst ankommt, sondern nur noch darauf, wie er entstanden und was aus ihm hervorgegangen ist? Genau so haben sich die deutsche Geschichtswissenschaft, aber auch die Geschichtsdidaktik – hier aus durchsichtigen Gründen – lange Zeit verhalten.[176] Warum der eigentliche Krieg, also der, in dem geschossen und gestorben wurde, so wenig wissenschaftliches Interesse erregt hat, hängt mit der allgemeinen Desavouierung der »Kriegsgeschichte« nach 1945 zusammen. *Wenn* der Krieg von der Wissenschaft behandelt wurde, so spielte der Auftakt immer auf der Bühne der Diplomatie, und die Außenpolitik des Reiches vor 1914 war das Präludium.[177] Die Frage lautet: Ist der Weg in den Krieg, den die Außenpolitik säumt, immer noch der breiteste? Und falls es so ist, wo liegen die Gründe dafür, warum konnte eine Außenpolitik dermaßen versagen? Denn ein Krieg dokumentiert immer das Versagen der Politik, vor allem aber der Außenpolitik. Eben diesen Vorwurf sollten später viele erheben, von Tirpitz über Ludendorff bis hin zu Hitler. »Deutsche Ohnmachtspolitik« überschrieb der Baumeister der deutschen Flotte seine Quellensammlung zur Geschichte des Krieges,[178] und dies mit einer Tendenz, die perfider kaum sein konnte: Tirpitz suggerierte, hätten sich Bethmann Hollweg und die Reichsleitung vor und im Krieg aggressiver verhalten, hätte man den Mund gehalten, früher und mehr Schiffe gebaut, sich von England nicht ins Bockshorn jagen lassen, wäre alles ganz anders, für das Reich glücklicher gekommen. Die Deutschen hätten die See nicht verstanden, brachte er es in seinen »Erinnerungen«[179] 1919 auf den Punkt. Von daher war es nicht verwunderlich, daß Tirpitz[180] wie Ludendorff nach dem Krieg[181] im stockkonservativen, ja rechtsextremen Lager sich wiederfanden, wobei Ludendorff, man denke an den 9. November 1923, als er an Hitlers Seite zur Feldherrnhalle marschierte, auf den Betrachter doch noch verhängnisvoller und borniierter wirkt als Tirpitz.

7. Das Spiel der Außenpolitik

Will man die deutsche Außenpolitik unter dem Gesichtspunkt ihrer kriegsverursachenden Qualität analysieren, führt die Aufzählung der einzelnen Bündnisse, Bündnisbemühungen, der Geheimverträge kaum weiter, denn sie stellen jeweils nur Zwischenhalte in einem nie endenden außenpolitischen Diskurs dar, und es führt in die Sackgasse, wollte man, gleichsam im Schnelldurchgang, die deutsche Außenpolitik von 1871 bzw. genauer von 1890 bis 1914 als Abfolge diplomatischer Bemühungen und Verträge mit dem Ziel einer bündigen Erklärung der Kriegsursachen darstellen. Es kommt eher darauf an, das Phänomen Außenpolitik unter neuen, vielleicht im eigentlichen Wortsinn frag-würdigen Aspekten zu begreifen, ein Ansatz, der zugegebenermaßen problematisch ist.[182]

Am Anfang stand das »Kissinger Diktat« Bismarcks vom 15. Juni 1877, eine Blaupause für die europäische Politik; eine Gesamtpolitik, denn Bismarck flocht die Interessen aller fünf Mächte – also die der Pentarchie – dialektisch ineinander. Man würde heute von einer europäischen Innenpolitik sprechen. Entscheidend war, daß Bismarck diese Mächte auf der einen Seite als gleichwertige, gleichberechtigte Partner ansah, auf der anderen aber bloß als Funktionen in einer Formel, die einzig die Interessen des Deutschen Reiches definierte. Es wäre reizvoll, das Kissinger Diktat als allgemein gültiges Modell zu betrachten, indem nun die Interessen des Reiches durch die einer der vier übrigen Mächte ersetzt wären – es würde sich wohl ergeben, daß jede Macht mit einiger Berechtigung ihrerseits den Anspruch hätte erheben können, Mittelpunkt zu sein, dem die übrigen Mächte zuzuordnen seien. Bismarck hat im Jahr darauf während des Berliner Kongresses (1878) versucht, seine Blaupause in der Praxis zu erproben. Dabei stellte sich heraus, daß drei Mächte das Spiel mitmachten, die vierte sich aber *gezwungen* fühlte, das Spiel mitzumachen und fortan den Spielverderber zu spielen beschloß: Rußland. Damit war »Kissingen« an sich erledigt, und das wußte niemand besser als Bismarck selbst. Es wurde in die Asservatenkammer der Diplomatie verbannt, blieb jedoch als Exempel allen Nachfolgern Bismarcks präsent.

Bedenklich war, daß sich am Grundaxiom durch das Ergebnis des Berliner Kongresses[183] nichts geändert hatte: Obwohl es in der nachfolgenden Zeit zu einer partiellen Entspannung des deutsch-französischen Verhältnisses kam – im Umkreis der Kolonialpolitik von 1884 – blieb der Grundwiderspruch zwischen den deutschen und den französischen Interessen erhalten, so daß eine Konstruktion, in der nun das enttäuschte, frustrierte und damit tendenziell friedensgefährdende Rußland und nicht mehr Frankreich durch die sich wechselseitig aufhebenden Interessen der übrigen vier Mächte isoliert werden konnte, nicht möglich war und nie mehr möglich sein sollte.

Folgerichtig kam es im Jahr 1879 zum Abschluß des Zweibundes[184] zwischen Deutschland und Österreich-Ungarn, und damit trotz aller gegenteiliger Bemühungen Bismarcks, die sich auf Rußland wie England richteten und mit ersterem immerhin zum Dreikaiserbündnis von 1881 führten, zu einer ersten Spielfixierung: Eine der »fünf Kugeln« hatte nunmehr ein anderes Gewicht, eine andere Größe als die übrigen; es liegt auf der Hand, um im Bild zu bleiben, daß das Jonglieren schwieriger wurde.

Aber nicht unmöglich. Noch eine geraume Weile blieb Bismarck davon überzeugt, daß sich das alte Muster wiederherstellen ließe, doch bald zeigte sich, daß nicht nur Rußland nicht mehr im »Konzert« mitspielen wollte, sondern auch Österreich. Den Riß zwischen St. Petersburg und Wien zu überkleistern, wurde Jahr um Jahr schwieriger, und 1887 war es dann gar nicht mehr möglich. Das Gespenst des Krieges schwebte über den Staatskanzleien. Sich gegen diese Gefahr rückzuversichern, war eine Art Manöver des letzten Augenblicks; über die Kühnheit und Fragwürdigkeit des Rückversicherungsvertrages vom 18. Juni 1887 wurde alles schon gesagt.[185] Er beruhte notwendigerweise auf hochgradigen Spekulationen, man kann ihn als die Kopfgeburt einer Spielernatur begreifen; er implizierte ein politisches Verhalten, das aus dem Pokerspiel bekannt ist. Er funktionierte, solange niemand die Karten auf den Tisch zu legen verlangte. Daß dies möglichst lange nicht geschähe, war der eigentliche Sinn des Vertrages – Herbert von Bismarcks Wort, der Vertrag würde »uns die Russen sechs Wochen vom Leibe« halten, ansonsten sei er »anodyn«, unterstreicht diesen spielerischen Charakter des Vertrages.

Man muß sich nun aber klarmachen, daß vom Funktionieren dieser Konstruktion nicht mehr und nicht weniger als der europäische Frieden abhing. Eigentlich besaß sie nur dann eine Chance, wenn überall in den Hauptstädten Staatsmänner das Heft in der Hand hielten, die erstens genauso dachten wie Bismarck, und die zweitens auf exogene Faktoren keine Rücksicht nehmen mußten. Beide Voraussetzungen erwiesen sich als Illusion, und an diesem Punkt schimmert etwas von der Begrenztheit der Bismarckschen Politik durch: Bismarck war durch und durch 19. Jahrhundert. Aber das 20. warf seine Schatten voraus. Die waren für Bismarck nichts als dumpfe Drohungen, ein »sehr realer Alp«, wie er es so treffend im Kissinger Diktat ausgedrückt hatte.

Der Nachfolger Bismarcks begriff das Spiel nicht, aber auch er versuchte wenigstens zu spielen, Caprivi war ein braver Mann und alles andere als kriegslustig. Wenn er die Erneuerung des Rückversicherungsvertrages ablehnte, so nicht zuletzt aus der Hoffnung heraus, mit England ins Geschäft, genauer: ins Spiel zu gelangen – eine Hoffnung, die ja auch Bismarck zeit seines politischen Wirkens niemals ganz aufgegeben hatte.

Inzwischen war mit Wilhelm II. seit 1888 ein Mann an die Spitze des Reiches getreten, dessen Spielernatur notorisch war. Wirklich und wahrhaftig wollte Wilhelm mit »seiner« Flotte, mit »seinem« Heer spielen – vielleicht hat er an seinen Ahn, Friedrich Wilhelm I. gedacht, den mit den langen Kerls, aber ganz anders als dieser war Wilhelm eine postromantische Figur – man denke an seine Orient- und Nordlandreisen[186] – ein Mann der Theatralik, des großen Theaters, des Kostümfestes. Auch hier ließe sich auf Vorbilder verweisen, etwa Ludwig XIV., aber wieder trägt der Vergleich nicht, denn Wilhelm inszenierte das alles in anachronistischer, historistischer, die Gegenwart verfremdender Weise. John Röhl hat in seiner monumentalen, noch nicht vollendeten Biographie Wilhelms II. all dies in erschöpfender Weise dargestellt.[187]

Wie hoch der Anteil des Kaisers am Versagen der deutschen Außenpolitik ist, läßt sich nicht konkret sagen. Es gab zwei Thesen: Die eine, vor allem während des Ersten Weltkrieges und im Dunstkreis der Pariser Friedenskonferenz von den Ententemächten artikulierte, wies ihm alle Schuld zu und konnte sich dabei auf die Verfassung des Reiches berufen, die dem Kaiser formal alle Verantwortung aufbürdete; die andere exkulpierte ihn, teils in verächtlicher Form, indem sie auf das auch den Zeitgenossen nicht entgangene Phänomen der Parlamentarisierung des Reiches verwies, sowie auf jene Beispiele, die Wilhelms II. Ohnmacht drastisch demonstriert hatten. Vor allem aber unterstellten seine Gegner und Verächter ihm so eine Art von innerer Abdankung – mitten im Krieg.[188] Aber letztlich kommt es darauf gar nicht an. Entscheidend ist, daß es, träfe letztere These zu, keinen »Ersatzkaiser« gab, anders gewendet: Die Entmachtung des Kaisers führte nicht, wie in einem Nullsummenspiel, zur Ermächtigung eines anderen, zu einer Translation der dem Kaiser via Verfassung verliehenen Macht, und zwar schon vor Kriegsausbruch. Es gab keinen »Gegenkaiser« wie in langen Epochen der Römischen Geschichte, der Gedanke war undenkbar. Die Unzahl von Immediatstellen spiegelt das dadurch erzeugte Dilemma einer vagabundierenden Macht: Es kam zu einem regelrechten Wettlauf um die Gunst des Kaisers, aber dieser war gar nicht in der Lage, seine Günstlinge mit jener Macht auszustatten – indem er die seine ihnen delegierte –, die notwendig gewesen wäre, um das System der ständigen Rivalitäten und Konkurrenzen zugunsten einer einheitlichen straffen Führung des Reiches und seiner Außenpolitik zu beseitigen. Vor allem die Memoiren Bülows, sie mögen so windig sein wie sie wollen, sind in diesem Punkt sehr aufschlußreich, auch die Erinnerungen von Tirpitz verraten in deutlicher Sprache: Nicht nur der Kaiser spielte, alle Paladine in seinem Dunstkreis nicht minder, und jeder war auf der Suche nach seinem eigenen Weg zum Heil des Reiches – das darf man den Herrschaften durchaus zugestehen, Patrioten in ihrem Sinne waren sie alle. Da sie nun aber alle von Fall zu Fall jenen bequemen Fluchtweg nehmen zu können glaubten, der mit der fallweisen Übertragung der letztlichen Verantwortlichkeit auf den formell verantwortlichen Kaiser offenstand, konnten sie beim außen- und machtpolitischen Spiel mehr riskieren als Minister, die dem Souverän, der Nation selbst verantwortlich waren – wie in einer parlamentarischen Demokratie. Noch ganz am Ende sollten Hindenburg und Ludendorff diesen ebenso probat-bequemen wie schäbigen Fluchtweg aus der Verantwortung wählen.

Diese strukturellen Unzulänglichkeiten waren Folge der sich wandelnden gesellschaftlichen Beziehungsgeflechte, aber auch des Wegbruchs der starken Führungsfigur Bismarck. Zwar hatte die Demontage des »Eisernen Kanzlers« schon lange vor 1890 begonnen, und der junge Monarch bildete sich zu viel ein, wenn er den Sturz des »Alten« allein auf seine hohenzollernsche Fahne schrieb, gleichwohl bleibt bestehen, daß Bismarck selbst es immer verstanden hatte, einen möglichen Nachfolger als Konkurrenten nicht hochkommen zu lassen; das rächte sich nun, denn weder Caprivi noch Hohenlohe, Bülow oder Bethmann Hollweg waren starke Figuren; Mantel und Stiefel des Fürsten waren ihnen zu groß. (Man betrachte unter diesem Gesichtspunkt die entsprechenden Uniformstücke im Bismarck'schen Familienmuseum in Friedrichsruh). Das heißt: die Bismarcksche Verfassung versagte nicht etwa im Hinblick auf die innere und die Sozialpolitik, wie ihr zumeist unterstellt wird, sondern auf ihrem ureigensten Feld: der Außen- und Sicherheitspolitik. Der Verlauf des außenpolitischen Spiels von 1890 bis 1914 macht das deutlich.

Der Rückversicherungsvertrag wurde 1890 nicht erneuert, man wolle zur Klarheit und Wahrheit zurückkehren, lautete die Begründung Caprivis.[189] Das bedeutete aber, daß das seit jeher gefürchtete russisch-französische Bündnis nicht mehr zu verhindern war; tatsächlich wurde es 1892 abgeschossen und 1894 mit Inhalt militärischer Natur gefüllt.[190] Die Hoffnungen, in England einen Ausgleich zu finden aber trogen, nicht zuletzt infolge des 1., stärker noch des 2. Flottengesetzes und des sich damit abzeichnenden maritimen Wettrüstens.[191] Der französisch-englische Kolonialausgleich von Faschoda, 1898, ließ die Hoffnungen schwinden, England fest an Deutschland zu binden, die entsprechenden Bündnisverhandlungen liefen trotz des Helgoland-Sansibar-Vertrages ins Leere und wurden durch die vage, aber in immer schöneren Farben ausgeschmückte Behauptung ersetzt, am Ende bliebe England im Interesse der Verteidigung seines Empires doch nichts übrig als zu »kommen«. Es war das der schwerwiegendste Denkfehler der deutschen Außenpolitik. Was sich übrigens im Rest der Welt abspielte, vor allem aber im Fernen Osten, bekam die Wilhelmstraße gar nicht richtig mit, obwohl man mit der völkerrechtswidrigen Aktion in Kiautschou 1897 sich in das Fernostspiel der anderen einzumischen versucht hatte. Aber schon 1902 ging das bis dahin gute Einvernehmen mit Japan zum Teufel, England aber schloß mit dem Reich des Tenno eine Allianz, die es der Sorge enthob, all zu viele Empireressourcen im Fernen Osten und im Pazifik binden zu müssen.

In Berlin begriff man immer noch nichts, obwohl die zwei Jahre darauf zwischen Frankreich und England abgeschlossene Entente Cordiale ein Alarmsignal hätte sein müssen. Die deutsche Diplomatie verkannte es, weil sie an ein anderes außenpolitisches Axiom fester denn je glaubte: daß es nie und nimmer zu einem Interessenausgleich zwischen Rußland und England kommen könne – der englisch-russische Antagonismus war ja bekanntlich die größte diplomatische Konstante des 19. Jahrhunderts gewesen. Auch dieses Axiom erwies sich als falsch, und 1907 kam es zum englisch-russischen Ausgleich über Afghanistan auf Kosten Persiens, womit die bis dahin wie ein Damoklesschwert über Whitehall schwebende Gefahr russischer Intervention in Indien mit geradezu unabsehbaren Folgen gebannt war. Dennoch glaubte das Auswärtige Amt, Frankreich mit einer besonders raffiniert ausgedachten Konstruktion beeindrucken zu können: Da England trotz Faschoda an seinen Empireplänen festhalte, also die Vorgaben der Weltreichslehre zu verwirklichen trachte, müßten sich die kontinentalen Mächte dagegen wehren – und diesmal unter Einschluß Frankreichs. Wollte nicht auch Frankreich Weltreich werden? Zumindest unterstellte dies die deutsche Politik den Franzosen, und deren koloniale Ausgriffe nach Marokko schienen ja schon den Anfang zu bilden. In Wirklichkeit war man am Quai d'Orsay viel zu nüchtern, um solchen Illusionen ernsthaft nachzujagen, und deswegen war der deutsche Köder für Frankreich uninteressant, im Gegenteil: Über Marokko kam es zu jener internationalen Krise, die in Algeciras 1906 gelöst wurde, wobei das Reich erkennen mußte, daß sich an den verfestigten Verhältnissen nichts geändert hatte und nichts mehr ändern würde: Deutschland und Österreich standen der Entente aus England, Frankreich und, mit gebührendem Abstand, Rußland gegenüber. Das außenpolitische Spiel drohte zu erstarren.

Doch anscheinend meinte es die Geschichte mit den Mittelmächten gut: 1904/5 war es zur fulminanten Niederlage Rußlands im Fernen Osten gegen Japan gekommen, bald darauf zur russischen Revolution, aus der das Zarenreich außerordentlich geschwächt hervorging, so daß es als Bündnispartner Frankreichs im Fall eines großen Krieges fast nicht mehr in Frage kam. Rußland hatte alle Hände voll zu tun, um sich wieder aufzurichten.

In diesem goldenen Moment versagte die deutsche wie österreichische Außenpolitik in der eklatantesten Weise: Wien glaubte, durch Berlin daran zumindest nicht gehindert, den vermeintlich günstigen Augenblick nutzen zu müssen, um seine Beute Bosnien und Herzegowina einsacken zu können, und das ausgerechnet in jenem historischen Augenblick, als mit der jungtürkischen Revolution der Reichsgedanke in Konstantinopel wiederbelebt wurde, und der Verlust der nominell ja immer noch zum Osmanischen Reich gehörenden Provinzen als besonders schmerzlich empfunden werden mußte. Österreich verscherzte sich auf diese Weise einen durchaus denkbaren und möglichen Ausgleich mit der Pforte, der um so nötiger gewesen wäre, als die Annexion den Gegensatz zwischen Rußland und Österreich dramatisch verschärfte. Indem Österreich skrupellos die Russen in ihrer Schwäche vorführte, es sich erlauben zu können meinte, Rußland vor den Kopf zu stoßen, wurde der Gegensatz zwischen Wien und St. Petersburg vollends unüberbrückbar – und die denkbare Brücke nach Konstantinopel hatte man ebenfalls leichtfertig einstürzen lassen. Schon zu diesem Zeitpunkt hätte man in der Wilhelmstraße zumindest ahnen müssen, was es gegebenenfalls bedeutete, wenn sich in der Hofburg auch weiterhin die hardliner durchsetzen würden – aber das wurde offensichtlich nicht zur Kenntnis genommen aus Furcht, auch den letzten Verbündeten zu verlieren. Man sieht: die Konfiguration vom Juli 1914 gab es schon 1908, um so dringlicher stellt sich die Frage, warum die Politiker aller Beteiligten daraus nichts gelernt haben. War es die professionelle Unfähigkeit der Diplomaten? Oder war es nicht viel mehr die Psychologie des großen Spiels? Im Spiel geht man leicht Risiken ein, denn es bleibt alles bloß ein Spiel. Man gewinnt den Eindruck, als sei der Realitätsverlust im Auswärtigen Amt und in der Hofburg nicht geringer gewesen als der in den Residenzen der gekrönten Häupter. Es wirkt deprimierend, wie alle übrigen gesellschaftlichen und politischen Kräfte das achselzuckend einfach hinnehmen; nichts ist davon überliefert, daß es in Wien oder andernorts Demonstrationen gegen diese short-of-war-Politik gegeben hätte.

In Deutschland gab es nicht weniger Duckmäusertum. »Pardon wird nicht gegeben, Gefangene werden nicht gemacht. Führt eure Waffen so, daß auf tausend Jahre hinaus kein Chinese mehr es wagt, einen Deutschen scheel anzusehen.« Das war die berühmte Bremerhavener Rede des Kaisers vom 27. Juli 1900 aus Anlaß des Auslaufens jenes Expeditionskorps, das den Boxeraufstand niederwerfen sollte. Ein Journalist hatte auf dem Dach eines naheliegenden Schuppens gesessen und die offensichtlich sehr lauten Worte des Kaisers an seine Soldaten mitstenographiert und dann veröffentlicht. Ein Aufschrei der Empörung hätte zumindest durch die sozialistische Presse gehen müssen, ein »Aufstand der Anständigen« wäre angebracht gewesen. Es geschah nichts.

Wie es ganz anders aber auch ging, demonstrierte England: Gerade im Moment der größten Schwäche Rußlands reichte es diesem mit dem Afghanistan-Deal die Hand. Man kann sich unschwer vorstellen, wie sich das russisch-deutsch-österreichische Verhältnis entwickelt hätte, hätten sich die beiden Mittelmächte so verhalten wie Preußen 1830 oder 1863, als man Rußland bei der Niederschlagung der polnischen Aufstände geholfen hatte. Es hätte ja gar nicht eines aktiven Eingreifens zugunsten des Zaren bedurft, kleine Gesten hätten genügt – nichts geschah, im Gegenteil. Die Deutschen frohlockten, daß es Rußland so schlecht ging, nun konnte man ganz anders auftreten. Wen die Götter verderben wollen, den schlagen sie mit Blindheit. Und mit Feigheit, denn das deutsche Stillhalten nahm ja auch Rücksicht auf die Sozialdemokratie, die jede deutsche Intervention gegen die Revolutionäre als Anbiederung Deutschlands an die zarische Autokratie mit Sicherheit gebrandmarkt hätte. Männerstolz vor Sozialistenthronen...

Die Jahre von 1904 bis 1908 schürzten den Knoten zum Krieg, denn seitdem war an ein Auseinanderbrechen der Entente nicht mehr zu denken, die goldenen Momente waren vorbei und vertan. Dennoch wäre es verfehlt, ab 1908 eine Einbahnstraße in den Krieg zu sehen. Es hat, fast bis unmittelbar vor der Mobilmachung, immer noch Chancen gegeben, das Schlimmste zu verhindern. Aber vor allem die Reichsleitung wollte es nicht, und sie wollte es nicht, weil die dramatis personae nicht sahen, daß die Außenpolitik eben kein Spiel auf diplomatischer Bühne, sondern Realität, bald blutige Realität sein konnte. Die Aussicht auf einen realen Krieg paßte nicht in das Konstrukt des Spiels.

Obwohl Algeciras deutlich gemacht hatte, daß England nicht willens war, seine Optionen zu verändern, brachte Tirpitz 1908 eine weitere Flottennovelle ein, die nunmehr als blanker Fehdehandschuh von Seiten Englands begriffen werden mußte – es reagierte darauf wie füglich zu erwarten, und mit dem Navy Scare von 1908 war die letzte Chance eines Ausgleichs zwischen Deutschland und England dahin; die Haldanemission von 1912, also zu einem Zeitpunkt, als der Tirpitzplan bereits gescheitert und das Flottenwettrüsten praktisch abgeblasen war, änderte daran nichts mehr. Deswegen konnte Tirpitz behaupten, das Flottenwettrüsten könne den Krieg nicht verursacht haben, denn es sei doch einvernehmlich beendet worden – er verkannte, daß Staaten ihre Grundsatzentscheidungen nicht schon deswegen revidieren, weil es auf einem Feld zu erfolgreichen Abschlüssen kommt. Ähnliches gilt ja auch für das Bagdadbahnprojekt und noch manches andere: England und Deutschland konnten sehr wohl zusammenarbeiten, zuletzt recht erfolgreich in der Vermittlung der beiden Friedensschlüsse nach den Balkankriegen von 1912 und 1913 – aber all dies vollzog sich immer unterhalb der eigentlichen prinzipiellen Ebene. Das berühmte Memorandum Sir Eyre Crowes vom 1. Januar 1907 beweist dies eindrucksvoll: Es unterstellte Deutschland eine Tendenz zur Hegemonie über Europa, was übrigens mit zu dem von ihm eingeleiteten Ausgleich mit Rußland führte. Vor solchen Dimensionen schrumpften die kleinen agreements zu Petitessen. Dies zu verkennen, gehörte ebenfalls zur erwähnten Unprofessionalität der deutschen Diplomatie nach Bismarck.

Spätestens seit 1908, manche Historiker meinen schon seit 1905, kam Europa aus dem Krisenszenario nicht mehr heraus, und das hat zu der Annahme verleitet, seitdem sei der Weltkrieg garantiert gewesen. Vom Ergebnis her konnte es tatsächlich so aussehen, aber wiederum ist ein ceterum censeo angebracht: Es gab noch niemals in der Geschichte ein Gesetz, daß es handelnden Staatsmännern nicht erlaubt hätte, notfalls mit riskanten Manövern des letzten Augenblicks Kriege zu verhindern. Jost Dülffer[192] hat solche Fallbeispiele präsentiert – sie sind eindrucksvoll. Aber auch jeder Blick in jene Epochen, die uns persönlich geläufig sind, die wir selbst erlebt haben, beweist die Richtigkeit dieser These. Man denke an die Berliner Blockade von 1948, den 17. Juni 1953, an Ungarn und Suez 1956, an die Berlinkrise von 1958-1961, an Kuba, 1962.

Deswegen stellt sich die Frage nun noch schärfer: Warum war es nicht möglich, obwohl man die Mechanismen kannte, auch die Beispiele aus der Geschichte, das Krisenszenario aufzubrechen, einen Paradigmawechsel vorzunehmen? Ich denke, weil man bis zum bitteren Ende, also dem Juli/August 1914, immer noch davon überzeugt war, das ganze sei ein Pokerspiel oder eine Art von russischem Roulette – und nichts sei schlimmer, als sich eine Blöße zu geben, feige zu erscheinen, sein Gesicht zu verlieren. Das Phänomen der Ehre der Staaten hat in der Erforschung der Diplomatie kaum eine Rolle gespielt, obwohl es doch schon 1870, zumindest in Frankreich, sich als ausschlaggebend erwiesen hatte.[193]

Es sind vornehmlich zwei Gründe dafür ins Feld zu führen, daß man aus dem Spinnennetz nicht mehr herauskam. Der erste lag in der Weigerung Deutschlands, Elsaß und Lothringen an Frankreich zurückzugeben, wobei es gleichzeitig verkannte, daß inzwischen dort eine Generation herangewachsen war, die das Problem von »la France une et indivisible« weniger dogmatisch sah als ihre Vorgänger. Das wiederum heißt: Es hätten gute Aussichten bestanden, zu einem Modus vivendi zu gelangen, der den Interessen beider Seiten in dieser Frage genügt hätte, hätte man nur geahnt, daß die Bereitschaft dazu vorhanden war. De facto war sie es auch

7. Das Spiel der Außenpolitik

in Deutschland, wie ganz zuletzt die Zabernaffäre es zeigen sollte, aber es gehörte zur Tragik der deutsch-französischen Beziehungen, daß niemand diese scheue Friedenstaube sah. So aber wurde kein Gedanke daran verschwendet, die verfahrene Lage dadurch aufzubrechen, daß man einen fundamentalen Schwenk in der Frankreichpolitik wenigstens versuchte – etwa eine Volksabstimmung in den Reichslanden für welchen Zeitpunkt in der Zukunft auch immer in Aussicht stellte. Das Beispiel der Volksabstimmungen im Saarland, 1935 und 1956, sollte beweisen, das das prinzipiell möglich gewesen wäre.

Der zweite Grund ist grundsätzlicher Natur und lenkt zu dem zurück, was wir bei der Erörterung der Weltreichslehre schon kennengelernt haben: Jeder Paradigmawechsel wäre automatisch mit dem Eingeständnis verknüpft gewesen, eine Weltmachtrolle im 20. Jahrhundert eben nicht spielen zu können, schlimmer: spielen zu wollen. Das psychologische Umfeld der Zeit erlaubte diesen Paradigmawechsel erst recht nicht.

Neben diesen beiden grundsätzlichen gab es jede Menge weitere Gründe für die Ausweglosigkeit, in die die deutsche und österreichische, nicht minder die russische Außenpolitik geraten waren, die hier nicht zu erörtern sind. Wichtiger ist die Beobachtung, daß von den großen Mächten nur England durch die Befreiungsschläge von 1898 (Faschoda), 1902 (Japan), 1904 (Entente cordiale) 1907 (Afghanistan) wieder Handlungsfreiheit gewonnen hatte – und hier stellt sich die Frage, warum England sie nicht genutzt hat, obwohl es schwache Ansätze dazu gab, und noch in der heißen Schlußphase der Julikrise von London der Vorschlag zu einer internationalen Konferenz kam. Unmittelbar vor der Entfesselung des zweiten Weltkrieges hat sich Hitler bitter darüber beschwert, daß England 1914 nichts getan habe, um den Krieg zu verhindern, und der britische Botschafter reagierte darauf mit der Versicherung, England werde jetzt, 1939, diesen Fehler gewiß nicht wiederholen und klar sagen, wessen sich das Reich Hitlers zu versehen habe, sollte es an seinem Kurs festhalten. Die dramatischen Szenen zwischen Frankreich und England in den letzten Julitagen des Jahres 1914 lassen vermuten, daß England bis zum Schluß, das heißt bis zum deutschen Überfall auf Belgien, nicht an den großen Krieg geglaubt hat. Ihn unter allen Umständen zu verhindern aber hätte die Staatsräson eines Weltreiches sein müssen, dem das Wasser schon bis zum Hals stand – aber unsichtbar. Der Krieg konnte es sichtbar machen, und England hatte allen Grund, das nach Möglichkeit zu verhindern, wenigstens herauszuzögern. Die Geschichte sollte denen, die den Krieg unbedingt vermeiden wollten, recht geben: Nach dem Ersten Weltkrieg war England seine Vormachtrolle und bald auch schon sein Empire los. Das hatten die Tories wie die Whigs, aber auch die Leute von Labour geahnt; sie waren, im Gegensatz zu ihren deutschen Kollegen, außerordentlich sensibel für die großen Wetterwenden in der großen Politik. Das Beispiel deutet darauf hin, daß es jenseits aller rationalen Begründungen für die Kriegsentschlossenheit auch irrationale Gründe gegeben haben muß. Auch England fürchtete im Juli 1914, sein Gesicht verlieren zu können.

Die verfahrene Situation war um so absurder, als es Kriegsgründe sub specie der gesamten Geschichte der Neuzeit nicht gab. Die großen Mächte waren es immer noch im Geiste des Wiener Kongresses von 1815, es spaltete sie keine radikale Ideologie, keine zerstörerische Weltanschauung, und die Prinzipien von Münster, Osnabrück, Utrecht und Wien, nach denen allen Staaten ein prinzipielles Lebensrecht zugestanden werden müsse, waren nicht infragegestellt. Alle Probleme reduzieren sich vor diesem weltgeschichtlichen Hintergrund zu Kleinigkeiten – aber es ist ebenso leicht wie unzulässig, das den damals Verantwortlichen vorzuwerfen. Für sie war die Frage, ob ein Elsässer »Wackes« genannt werden durfte oder nicht, von weltstürzender Bedeutung, und ob ein Schiffsgeschütz über ein 28 cm- oder ein 35 cm-Kaliber verfügte, konnte schnurstracks in die Krise führen. Es ist außerordentlich schwierig, sich diese verschiedenen Sehweisen zueigen zu machen; tun wir es nicht, verharren wir in jener dünkelhaften Manier des Besserwissens, die dem Historiker alles andere als angemessen ist.

Das Entscheidende war also das Subjektive. Man fand in den letzten Jahren vor dem Krieg in Deutschland dafür eine Patentformel, die anscheinend alles erklärte: das Reich sei »eingekreist« worden, von seinen »Feinden«, und dies bewußt, gewollt und bösartig. Diese Einkreisungsthese war aufs Engste mit der Unschuldsthese verbunden – Kaiser Wilhelm II. hat dafür mit seinem Satz: »Mitten im Frieden überfällt uns der Feind« eine Formel gefunden, die zwei Generationen lang in Deutschland nachhallen sollte.

An diesem Punkt ist es zweckmäßig, wieder zu Schlieffen und dem Cannaesyndrom zurückkehren: Die deutsche Außenpolitik dachte, nicht zuletzt dank des bereits analysierten Militarismus, in militärischen Kategorien. »Einkreisung« aber war das Geheimnis von Sedan und Cannae gewesen – dieses Muster wurde nun negativ aufgeladen auf die Außenpolitik übertragen, mit all den fatalen Folgen, die sich leicht ausrechnen lassen. Als sicher galt, daß das Reich verloren sei, sollte es nicht gelingen, den »Einkreisungsring« zu sprengen – koste es was es wolle. Und so werden die Aktionen von Kaiser, Kanzler, Generalstabschef in der Julikrise durchsichtig: Hier bot sich anscheinend eine Gelegenheit – vielleicht die letzte überhaupt –, den Einkreisungsring zu sprengen und den blockierten

Weg zur Weltmacht freizumachen. Das damit unvermeidlich verbundene Risiko mußte getragen werden – denn die Alternative war eben: Untergang. Das Diktum »Weltmacht oder Untergang« entstammte ungeachtet seines zivilen Erfinders dem militärischen Denken und ließ schlagartig deutlich werden, wie weit der Militarismus am Vorabend des Kriegs das politische Denken bereits verseucht hatte.

Von hier aus betrachtet läßt sich die Geschichte der deutschen Außenpolitik[194] in den drei letzten Jahren vor dem Krieg gut deuten, sie wird vor allem einsichtig, wenn die Spieltheorie[195] mitberücksichtigt wird. Alles was so verwirrt erscheint und manchmal gar am gesunden Menschenverstand der Hauptakteure zweifeln läßt, gewinnt dann seine je eigene Logik und Methode – auch wenn uns das, nachträglich betrachtet, als Wahnsinn erscheinen will.

8. AM VORABEND DES KRIEGES

Der Chef des Kaiserlichen Marinekabinetts, Admiral Georg Alexander von Müller, notierte am 8. Dezember 1912 in seinem Tagebuch:

»Sonntag. Zu 11 h zu Sr. Maj. ins Schloß befohlen mit Tirpitz, Heeringen (V.Admiral) u. Gen. v. Moltke.« Wilhelm II. war außerordentlich beunruhigt: Lichnowski, der deutsche Botschafter in London, habe ihm mitgeteilt, Lord Haldane, »das Sprachrohr Greys«, wie es in der Müllerschen Aufzeichnung heißt, habe dem Botschafter bedeutet, »daß England, wenn wir angriffen, unbedingt Frankreich beispringen würde, denn England könne nicht dulden, daß die balance of power in Europa gestört werde.« Der Kaiser erläuterte seinen illustren Gästen die Lage: Man müsse alles tun, um im Südosten Europas Österreich Verbündete zu schaffen, die Türken eingeschlossen. »Treten diese Mächte auf Österreichs Seite«, meinte er, »dann seien wir soweit frei, um den Krieg mit ganzer Wucht gegen Frankreich zu führen. Die Flotte müsse sich natürlich auf den Krieg gegen England einrichten. Der vom Ch.d. Admiralst. im letzten Vortrag erörterte Fall eines Krieges gegen Rußland allein, werde nach der Haldane'schen Erklärung außer Betracht bleiben.« Und schon entwarf der Kaiser in kühnen Strichen die Grundzüge einer maritimen Strategie gegen England. Erschrocken warf Tirpitz ein, es sei besser, den Krieg um 1 1/2 Jahre herauszuzögern, früher könne die Flotte nicht fertig sein. Moltke hingegen sagte, dann »käme die Armee ... in immer ungünstigere Lage, denn die Gegner rüsteten stärker als wir, die wir mit dem Gelde sehr gebunden seien.« Und Müller resumierte trocken:

»Das war das Ende der Besprechung. Das Ergebnis war so ziemlich 0.«[196]

Es hat kaum ein anderes Dokument gegeben, das eine größere Rolle im Kampf der wissenschaftlichen Geister in der Frage ob der Kriegsursachen von 1914 gespielt hat. Der Kanzler, Bethmann Hollweg, der nicht geladen war, nannte die Besprechung am 20. Dezember 1912 abschätzig einen »Kriegsrat« und wird dabei an Moltke den Älteren sowie an Wilhelm I. gedacht haben: Im Umkreis des Krieges gegen Frankreich hatten Historiker später behauptet, es habe ebenfalls einen »Kriegsrat« gegeben – Moltke wie Wilhelm hatten das entrüstet zurückgewiesen. Ein Kriegsrat war in der Verfassung nicht vorgesehen. Aber war diese Besprechung vom 8. Dezember 1912 nicht wirklich ein Rat zum Krieg, mehr noch, die Blaupause für diesen Krieg, der dann dem Wunsch von Tirpitz gemäß ziemlich exakt eineinhalb Jahre später vom Zaun gebrochen wurde?

Zum einen läßt die Diktion Müllers und der inhaltliche Aufbau des Dokuments keine Absicht, demnächst einen Krieg zu führen, erkennen, sondern beschreibt lediglich, was auch sonst immer wieder und allerorten – und sei es eben von einem Bernhardi – erörtert worden ist: wie man sich denn den kommenden Krieg vorzustellen habe. *Daß* er kommen werde aber war allgemeine Überzeugung der Mehrheit, nicht nur in Deutschland. Es blieb immer nur die Frage, *wann* es soweit sein würde. Zum anderen hoben sich die Wünsche von Tirpitz und Moltke gegenseitig auf – wie schon so oft zuvor, ich erinnere an die strategischen Planungen gegen Dänemark[197]. Der Generalstab glaubte, die zwei für erforderlich gehaltenen Korps für die Besetzung Dänemarks nicht abgeben zu können, der ganze Plan wurde deswegen 1905, also im Jahr der Schlußfassung des Schlieffenplanes, zu den Akten gelegt. Nirgendwo aber läßt sich aus dieser Quelle der Wunsch herauslesen, den Krieg ohne Grund und gleichsam ex officio vom Zaun zu brechen – eben dies aber wäre notwendig gewesen, wollte man das Reich der Planung eines Angriffskrieges überführen.

So manche überzogene Interpretation dieses Quellenstücks läßt sich allerdings leicht erklären, auch wenn ich von dieser Erklärung, soweit ich sehe, bisher nichts gelesen und gehört habe. Eigentlich springt sie sofort in die Augen: Dieser Text, besser: diese Textsorte ähnelt in fataler Weise jener, die als sogenanntes »Hoßbachprotokoll« in die Geschichte eingegangen ist. Am 5. November 1937 versammelte Hitler die Spitzen der Wehrmacht und den Außenminister um sich, um ihnen sein Rasse-, Lebensraum- und Kriegskonzept zu unterbreiten sowie seinen unabänderlichen Entschluß, es in Kürze zu verwirklichen.[198] Tatsächlich wurden unmittelbar nach dieser Besprechung die sachlichen, vor allem auch personellen Weichen gestellt, so daß es eine lückenlose Beweiskette vom »Hoßbachprotokoll« zur Kriegsentfesselung am 1. September 1939 gibt.

Aber die Parallele trügt. Sie erschien jedoch attraktiv und plausibel, weil eben zu jener Zeit, als die Geschichtswissenschaft mit Fritz Fischer an der Spitze das Müllersche Tagebuchstück recht eigentlich entdeckte, die Diskussion um die Kontinuität der deutschen Aggressionspolitik vom Ersten zum Zweiten Weltkrieg in vollem Gange war, und da paßte es nur allzugut in eine Argumentationskette, die damals zwar der politischen Korrektheit, nicht aber der historischen Wahrheit entsprach.

Wird der 8. Dezember 1912 so auf ein vernünftiges Maß zurechtgestutzt, so bleibt das, was an diesem Tag im kaiserlichen Schloß besprochen wurde, doch von großer Bedeutung, denn es wirft ein Schlaglicht auf die außen- und sicherheitspolitische Situation, wie sie eineinhalb Jahre vor Kriegsausbruch sich darstellte.

Die Haldanemission war gescheitert.[199] Das Geld für den Flottenbau war ausgegangen, gescheitert damit auch der Tirpitzplan. Das Reich taumelte am Rande des Bankrotts, die Reichsfinanzen befanden sich in desolatem Zustand[200]. Mit Besorgnis blickte man nach Rußland und Frankreich: dort wurden gewaltige Heeresvorlagen durchgepeitscht. In einem anderen Zusammenhang hat Moltke d.J., also der Chef des Großen Generalstabs, prognostiziert, daß man ab 1917 keine militärische Chance mehr gegen Rußland haben werde. Deswegen auch sein Rat, besser jetzt als später loszuschlagen – wenn denn der Krieg unvermeidlich sei. Daß er es war, und ab hier drehen wir uns im Kreis, aber galt allgemein als sicher. In Deutschland konnte sich das Parlament jedoch nur schwer an den Gedanken gewöhnen, alle verbliebenen Ressourcen nach der exorbitanten maritimen nun in eine weitere Aufrüstung zu Lande und eine weitere Heeresvermehrung zu stecken. Nur mühsam kam das Programm der Heeresvermehrung von 1913 in Gang. Nicht zuletzt die Hochrechnungen des Schlieffenplanes und die Berücksichtigung ungleich stärkerer gegnerischer Kräfte, als sie 1905 angenommen worden waren, hatten sie zwingend erforderlich gemacht. Daß man gegebenenfalls weder Dänemark, Norwegen noch Holland zu Kriegsbeginn präventiv besetzen konnte, wurde als im Grunde inakzeptables »non possumus« gewertet – über die völkerrechtliche Problematik machte man sich nach wie vor keine Gedanken.

Es schien, als würde der Kreis um die Mittelmächte immer enger gezogen. Die zweite Marokkokrise mit dem verunglückten »Panther«-Sprung, einem lächerlich wirkenden Stückchen jener »Gunboat-Diplomacy«,[201] deren sich die imperialistischen Mächte überall in der Welt als probatem Einschüchterungsmittel zu bedienen pflegten, führte zu einem noch engeren Schulterschluß zwischen England und Frankreich, und die Visionen Bülows und Kiderlen-Wächters, des Außenstaatssekretärs, vom starken Kontinentalblock gegen England lagen endgültig in Trümmern; daß das Dreibundsmitglied Italien dessen ungeachtet seinerseits mit der Annexion von Tripolis und der Cyrenaika mutwillig einen völlig anachronistischen Krieg mit der Türkei vom Zaun brach – also exakt jener Macht, auf die Deutschland immer noch hoffte –, trug zum Gefühl der Ohnmacht bei. Schlimmer war, daß das Vorgehen Italiens, das die Türkei militärisch weitgehend band, ohne daß sie die Aggression hätte verhindern können, die nicht saturierten und chauvinistisch aufgeladenen Balkanstaaten in Bewegung brachte: Serbien und Bulgarien schlossen einen Balkanbund, Griechenland und Montenegro schlossen sich an. Ziel war es, der Türkei weitere Ländereien auf dem Balkan zu entreißen und gleichzeitig Österreich davon abzuhalten, Ähnliches zu versuchen – also jene Politik fortzusetzen, die es mit der Annexion von Bosnien und der Herzegowina begonnen hatte. Jetzt rächte sich dieser Streich fürchterlich, denn Serbien und Bulgarien wußten den großen Bruder Rußland hinter sich. Sollte sich Österreich also gegen die gewaltsame Veränderung der balkanischen Landkarte, gar auf seine Kosten, was nach Lage der Dinge nicht ausgeschlossen war, mit militärischen Mitteln wenden, so mußte es mit der unverzüglichen Intervention Rußlands rechnen – und damit wäre der Bündnisfall für Deutschland gegeben gewesen – und der für Frankreich: der Weltkrieg wäre Realität.

Die ungeheure Gefährlichkeit des 1. Balkankrieges war allen Protagonisten wohl geläufig, und die vagen Hoffnungen des Kaisers, man werde gerade auf dem Balkan Verbündete für Österreich rekrutieren können, pure Illusion. Und selbst wenn: In diesem Fall mußte erst recht mit russischem Eingreifen gerechnet werden. Von all dem unberührt erklärte der Balkanbund am 17. Oktober 1912 der Türkei den Krieg, den diese rasch und schmerzlich verlor. Damit war diese Macht als ohnmächtig entlarvt – eine weitere deutsche Illusion platzte, nämlich jene von der Türkei als eines starken Gegengewichts zu Rußland.

Es zeugte von der heillosen ethnischen Situation auf dem Balkan, die ja bis heute erhalten geblieben ist, daß die Siegermächte über der Verteilung der Beute ihrerseits in den Krieg miteinander gerieten; der Frieden von London, den Deutschland und England vermittelt hatten, war rasch Makulatur. Zu diesem Zeitpunkt – Mai 1913 – war es erstaunlich, daß diese beiden Großmächte in der Balkansache gemeinsame Sache machten; von deutscher Seite war es ein letzter Versuch, via Krisenmanagement vielleicht doch noch zu einer friedlichen Einigung mit Großbritannien zu gelangen. Tatsächlich hat man in der Wilhelmstraße fast bis zum Schluß nicht die Hoffnung aufgegeben, daß England doch noch »kommen« werde, auch dies ein seltsam irrationaler Zug, denn an den britischen essentials und an der britischen Staatsräson hatte sich nichts geändert, und immer noch war England davon überzeugt, daß Deutschland, auf welchen Wegen auch immer, nach der europäischen Hegemonie strebte, was automatisch zur Stützung all jener führte, die ihm trotzten. Der Friede von London war also ebensowenig wie das erfolgreiche deutsch-englische Bagdadbahnprojekt, wie die Anhänger von Tirpitz später meinten, der »Beweis« dafür, daß man den Frieden mit England leicht hätte haben können, sondern nur für die Kurzatmigkeit der deutschen Politik.

Außerdem blamierten sich die beiden Großmächte gründlich, denn Bulgarien dachte gar nicht daran, sich an die Klauseln des Londoner Friedensvertrages zu halten. Es wähnte sich zu kurz gekommen – wohl immer noch traumatisiert durch die Ergebnisse des Berliner Kongresses von 1878, der den Traum von einem »Großbulgarien« hatte platzen lassen. Es griff die eben noch verbündeten Serbien und Griechenland an. Als sich Rumänien und die Türkei auf deren Seite schlugen, platzte auch der zweite Traum: Bulgarien wurde schwer geschlagen, und nicht dieses Land, sondern Serbien ging als der große Gewinner aus dem Krieg hervor. Serbien aber war sich des russischen Wohlwollens im Hintergrund sicher, das bedeutete, es brauchte nicht zu befürchten, daß nun dem zweiten ein dritter Balkankrieg nach dem Muster eben dieses zweiten folgen würde. In diesem Fall nämlich wäre der russische Bär auf den Plan getreten – Serbien fühlte sich groß und stark, wollte aber noch größer und noch stärker werden – eben wie Bulgarien. Auch Rumänien war von derlei Anwandlungen nicht frei. Serbiens Ziele waren nach dem zweiten Balkankrieg klar umrissen: regionale Hegemonialmacht, Zugang zur Adria. Die Balkankonflikte der vergangenen zehn Jahre erscheinen deswegen immer wie ein Déjà vu.

Pulverfaß Balkan: Das ist keine nachträgliche Erkenntnis. Allen Protagonisten der Zeit war diese Metapher geläufig, und alle kannten den vermutlichen Ablauf der Kettenreaktion, die ein neuerlicher blutiger Konflikt auf dem Balkan nach sich ziehen konnte. Auch deswegen ist man nicht blindlings in den Krieg »hineingeschlittert.« »Wir sind nicht hineingeschlittert«, überschrieb denn auch Fritz Fischer eine seiner letzten Veröffentlichungen.[202]

Von den Ursachen zu den Anlässen: Es hat eines langen Weges und eines langen Atems bedurft, um in den Sommer 1914 zu gelangen. Die beiden Balkankriege haben recht eigentlich das Phänomen der »Kriegsreife« entstehen lassen. Es besagte, daß nunmehr jeder Konflikt, also ein auch auf den ersten Blick harmloser, gut für die Auslösung des Krieges sein konnte. Spätestens nach dem 2. Balkankrieg also wäre es Zeit für einen zweiten Wiener Kongreß, oder wenigstens einen neuen Berliner Kongreß gewesen – aber davor scheuten alle zurück, und jeder hatte dafür seine wohlerwogenen Gründe. Ihre Gesamtheit spiegelt etwas von der subjektiv empfundenen Ausweglosigkeit, in die man sich geraten fühlte.

Schreiten wir die Kapitalen der großen Mächte unter diesem Gesichtspunkt am Sonnabend, den 27. Juni 1914, also flüchtig ab.

In St. Petersburg glaubte man, die diplomatische Schlappe von 1908/09 einigermaßen ausgewetzt zu haben, denn wenn der Traum vom russisch dominierten Großbulgarien auch nicht in Erfüllung gegangen war, so schien doch Serbien in diese Rolle schlüpfen zu können – aber nur, wenn sich Rußland unverbrüchlich hinter dieses Land stellte. Ein zweiter Berliner Kongreß besaß in russischen Augen nichts Reizvolles, denn in diesem Falle mußte Rußland ganz in Analogie zu 1878 damit rechnen, daß die übrigen Großmächte auf einen in ihren Augen billigen und gerechteren Ausgleich auf dem Balkan drängen würden – und sollte sich Frankreich dem anschließen, so würde Rußland nichts übrigbleiben, als dieses Land, dem man auch wirtschaftlich und finanziell so viel verdankte, ohne dessen Entwicklungshilfe der Wiederaufbau nach 1905 gar nicht möglich gewesen wäre, zu verprellen – was man sich russischerseits um so weniger leisten konnte, als jede russisch-französische Verstimmung die Begehrlichkeiten vor allem Wiens, aber vielleicht auch Berlins hätte wecken können. Hinzu kam, daß man den so mühsam ausgehandelten Ausgleich mit England nicht aufs Spiel setzen durfte. England aber hatte sich schon immer hinter das Osmanische Reich gestellt; Moskaus Drang an den Bosporus, als Fernziel immer noch verpflichtend, hätte das Verhältnis zu England aufs schwerste belastet. Also lieber keine große Konferenz, lieber eine Festigung der bestehenden Allianz mit Frankreich. Poincaré wird ein leichtes Spiel haben...

Ins prunkvolle Wien des 27. Juni 1914. Mit Müh und Not nur war die Annexionskrise von 1909 dank deutscher Hilfe gemeistert worden. Bosnien und die Herzegowina aber galten in den Augen der sogenannten »Trialisten« nur als Nukleus für eine Sammlungsbewegung aller Südslawen unter österreichischer Führung. Die eigenen nationalen Konflikte, nur mühsam überwunden, zuletzt im mährischen Ausgleich, erforderten energisch ein neues Konzept für den Vielvölkerstaat. Sollten sich aber die Unabhängigkeitsbestrebungen, von Serbien geschürt, weiter verschärfen, so konnte die Doppelmonarchie bald vor einer aussichtslosen Zerreißprobe stehen. Und natürlich würden die Panslawisten Morgenluft wittern. Bisher hatte das Deutsche Reich die österreichischen Positionen voll unterstützt – was aber würde geschehen, sollten die übrigen Mächte Berlin goldene Brücken ins andere Lager, etwa nach London bauen? Der Zweibund allein gab Österreich Rückhalt, Österreich konnte kein Interesse daran haben, ihn durch irgendeine vage Kongreßkonstruktion aufweichen oder gar erlöschen zu sehen. Daß der K.u.K. Generalstab im Schutz dieser soliden Konstruktion seine ganz eigenen Pläne verfolgte, ohne den großen Bruder in Berlin auch nur zu informieren, steht auf einem anderen Blatt. Die Hofburg war jedenfalls entschlossen, den einmal eingeschlagenen Weg der potentiellen Hegemonialmacht im südslawischen Raum weiterzugehen und hoffte, daß gegebenenfalls Deutschland russische Gegenwirkungen konterkarieren würde.

Paris. Die Allianzen, die Frankreich besaß, konnten glänzender kaum sein: Mit Rußland verbündet, nun auch noch durch eine Marinekonvention, die darauf hoffen ließ, Deutschland auch von Norden, von der Ostsee her in die gemeinsame Zange zu nehmen, mit England in einer Entente cordiale verbunden, die inzwischen durch präzise Absprachen der beiderseitigen Generalstäbe konkretisiert worden war, hatte Paris nicht das geringste Interesse an einem Kongreß, der all dies zur Disposition stellen konnte. Hinzu kam, daß der Dreibund, was Italien betraf, schon jetzt ein Papiertiger war – Italien hatte zu verstehen gegeben, daß es sich entgegen seinen formellen Verpflichtungen nicht in einen kommenden Konflikt einmischen wolle, es galt die neugewonnenen Kolonien in Nordafrika zu verdauen. Frankreich konnte also seiner Mittelmeerposition sicher sein und um so enger im Atlantik und in der Nordsee mit England, in der Ostsee eben mit Rußland zusammenwirken. Also kein Friedenskongreß, für Paris war er restlos überflüssig.

Berlin. Die Lage schien sich gerade im Frühjahr 1914 zu entspannen. Das Flottenwettrüsten war beendet. Mit England hatte man erfolgreich Krisenmanagement getrieben und hoffte auf mehr. An den Grundkonstellationen hatte sich nichts geändert, und die letzte Krise um Marokko hatte erwiesen, daß jeder Versuch einer internationalen Konfliktlösung immer nur zu einer Verschlechterung der außenpolitischen Lage Deutschlands geführt hatte – man konnte da bis zum Berliner Kongreß, bis zur Konferenz von Algeciras zurückblicken. Um so wichtiger war es, den einzigen Verbündeten bei der Stange zu halten: Selbst wenn Österreich auf dem Balkan gewaltsam vorgehen sollte, so mußte Wien signalisiert werden, daß das Reich an seiner Seite stünde. Der starke mitteleuropäische Block mußte es bleiben, nur dann gab es eine Chance, die von allen Seiten auf ihn einwirkenden Kräfte zu balancieren – im Fernziel zu dominieren? Eine große Konferenz konnte das alles gefährden, das Risiko war zu groß.

Es blieb London. Hier hätte man schon gerne...aber angesichts der Unwilligkeit aller anderen war ein solches Unterfangen aussichtslos. Gleichwohl ehrt es die britische Politik, daß sie in der heißen Phase der Julikrise tatsächlich die Einberufung eines europäischen Kongresses vorschlug. Aber der Kriegslärm war schon zu groß, als daß dieser Vorschlag eine Chance gehabt hätte.

Das Fazit lautet also: Keine der großen Mächte war bereit, auf dem diplomatischen Parkett das zu riskieren, was man doch offensichtlich mit dem Schwert zu riskieren wagte – eine merkwürdige Verschiebung der Wertigkeiten, die aber für das Zeitalter des Imperialismus, des Navalismus, der Autokratie, des Militarismus typisch war. Das Verhängnis nahm seinen Lauf.

Der 28. Juni 1914 ist vielleicht der größte Schicksalstag des 20. Jahrhunderts,[203] ungeachtet all jener bereits behandelten strukturellen Notwendigkeiten und Kausalitäten – Stichwort: »Urkatastrophe«. Häufig wird argumentiert, wäre es nicht die Ermordung des österreichischen Thronfolgerpaares gewesen, so hätte ein beliebiges anderes Ereignis den großen Krieg auslösen können, und die Definition der »Kriegsreife« weist in die nämliche Richtung. Aber die eigentliche Frage lautet ja anders: Woher wollen wir wissen, daß es nach dem 27. Juni 1914 ein anderes Ereignis von ähnlicher Qualität wie jenes vom 28. Juni überhaupt gegeben hätte? Wir rechnen das ja bloß hoch, wir jonglieren mit Wahrscheinlichkeiten, keinen Realitäten. Wir können einfach nicht wissen, was geschehen wäre, hätte es diesen abscheulichen Doppelmord nicht gegeben. Ich versage mir alle Spekulationen, aber der Mörder Gavrilo Princip und die Terroristen der »Schwarzen Hand« sind mitschuldig am Ersten Weltkrieg, mitverantwortlich für 10 Millionen Tote, und es ist ganz und gar unverständlich, wollte man dem Attentäter in Sarajewo Denkmäler errichten.

Und um noch etwas klarzustellen: Das Attentat konnte sich nicht auf die Lehre vom gerechten Tyrannenmord berufen, denn der Erzherzog war alles andere als ein Tyrann, gleichgültig, ob man seine politischen Auffassungen nun teilte oder nicht. Man kann es auch nicht mit der Serie der Attentate auf russische Zaren vergleichen, denn diese galten zu Recht als Inkarnationen einer menschenverachtenden Autokratie, die es zu bekämpfen galt. Natürlich waren auch diese Morde durch nichts zu rechtfertigen. Vielleicht gibt es in der ganzen Geschichte nur drei oder vier Fälle eines berechtigten Tyrannenmordes: Ich denke an Nero, Caligula und Commodus. Der gerechtfertigste Tyrannenmord in der Geschichte der Menschheit überhaupt aber scheiterte, Adolf Hitler überlebte auch das Attentat vom 20. Juli 1944.

Ganz Europa erstarrte im Schock, als die Untat von Sarajewo bekannt wurde, nach dem 11. September 2001 braucht das nicht näher erläutert zu werden. Es gibt zahlreiche Zeugnisse, aus denen hervorgeht, daß die Schüsse von Sarajewo als die ersten des kommenden Weltkrieges begriffen wurden. Die Empörung war allgemein, europaweit, und durchaus auch gegen die serbische Regierung gerichtet. Fast jedermann war davon überzeugt, daß Franz Ferdinand und seine Gemahlin einem von der serbischen Regierung von langer Hand vorbereitetem Attentat zum Opfer gefallen waren, allein der Name der Terrorgruppe »Schwarze Hand« suggerierte das.

Die einzelnen dramatischen Abläufe der kommenden vier Wochen sind hier nicht zu schildern[204], es kommt auf das Grundsätzliche an. Dazu zählte, unmittelbar nach dem 28. Juni, die Frage, wie man österreichischerseits reagieren sollte: hart, rasch, entschlossen, den Terror in seiner vermuteten Belgrader Höhle aufsuchend und ausrottend, oder durch eine

Mobilisierung der internationalen Staatengemeinschaft. Beide Optionen hatten ihre Befürworter. Conrad von Hötzendorf, der österreichische Generalstabschef, wollte sofort zuschlagen, auch Graf Berchtold, der österreichische Außenminister, war für den harten Kurs, darin von Wilhelm II. zuerst lebhaft unterstützt. Demgegenüber warnte der deutsche Botschafter in Wien, Graf Tschirschky, am 30. Juni in einem Telegramm an Bethmann Hollweg:

»Hier höre ich, auch bei ernsten Leuten, vielfach den Wunsch, es müsse einmal gründlich mit den Serben abgerechnet werden. Man müsse den Serben zunächst eine Reihe von Forderungen stellen und falls sie diese nicht akzeptieren, energisch vorgehen. Ich benutze jeden solchen Anlaß, um ruhig, aber sehr nachdrücklich und ernst vor übereilten Schritten zu warnen. Vor allem müsse man sich erst klar darüber werden, was man wolle, denn ich hörte bisher nur ganz unklare Gefühlsäusserungen. Dann sollte man die Chancen irgendeiner Aktion sorgfältig erwägen und sich vor Augen halten, daß Österreich-Ungarn nicht allein in der Welt stehe, dass es Pflicht sei, neben der Rücksicht auf seine Bundesgenossen die europäische Gesamtlage in Rechnung zu ziehen und speziell sich die Haltung Italiens und Rumäniens in allen Serbien betreffenden Fragen vor Augen zu halten.«

Als der Kaiser das las, schäumte er und schrieb an den Rand der Depesche:

»Jetzt oder nie«, »wer hat ihn dazu ermächtigt? das ist sehr dumm! geht ihn gar nichts an, da es lediglich Österreichs Sache ist, was es hierauf zu thun gedenkt. Nachher heisst es dann, wenn es schief geht, Deutschland hat nicht gewollt! Tschirschky soll den Unsinn gefälligst lassen! Mit den Serben muß aufgeräumt werden, und zwar bald.«[205]

Später ist oft darüber spekuliert worden, was wohl geschehen wäre, hätte sich Österreich tatsächlich so verhalten, wie es diese drei hardliner wollten. Wie hätte die Welt, vor allem aber wie hätte Rußland reagiert, wenn die österreich-ungarische Armee mit den gerade verfügbaren, also nicht mobilisierten Kräften – heute würde man von Krisenreaktionskräften sprechen – kühn nach Belgrad vorgestoßen wäre und vollendete Tatsachen geschaffen hätte? Da jedermann zu diesem Zeitpunkt davon ausging, daß die serbische Regierung selbst hinter dem Attentat stand – was de facto nicht der Fall war –, hätte Österreich auf einer Auslieferung der Attentäter, vielleicht einer Auswechslung der Regierung bestehen können. Hätte es Rußland, ausgerechnet das von Zaren-Attentaten geschüttelte Rußland, wagen können, dieses Verhalten als casus belli und Auslöser des Bündnisfalles zu werten? Hätte die österreichische Außenpolitik parallel zu dieser militärischen Intervention eine diplomatische Offensive gestartet, meinetwegen mit dem Ziel einer internationalen Konferenz – wer hätte es

8. Am Vorabend des Krieges

gewagt, dem nicht zuzustimmen? Es ist müßig darüber zu spekulieren, aber es ist sicherlich richtig, wenn viele Deuter der Julikrise von einer verpaßten Chance für den Frieden sprechen. Die Ereignisse des 11. September 2001 und deren Folgen bis hin zum Irak-Problem fordern geradezu eine neue Analyse der Julikrise von 1914 heraus.

In der Julikrise traten noch einmal, zum letzten Mal in der europäischen Geschichte, die gekrönten Häupter selbst ins Rampenlicht der großen Politik; das galt auch für den greisen Kaiser Franz Joseph, für den der 28. Juni ja auch eine ganz persönliche Tragödie war, was man meist vergißt. »Das gegen meinen armen Neffen verübte Attentat«, schrieb er am 2. Juli an Wilhelm II., »ist die direkte Folge der von den russischen und serbischen Panslavisten betriebenen Agitation, deren einziges Ziel die Schwächung des Dreibundes und die Zertrümmerung meines Reiches ist. – Nach allen bisherigen Erhebungen hat es sich in Sarajewo nicht um die Bluttat eines einzelnen, sondern um ein wohlorganisiertes Komplott gehandelt, dessen Fäden nach Belgrad reichen, und wenn es auch vermutlich unmöglich sein wird, die Komplizität der serbischen Regierung nachzuweisen, so kann man wohl nicht in Zweifel darüber sein, daß ihre auf die Vereinigung aller Südslaven unter serbischer Flagge gerichtete Politik solche Verbrechen fördert, und daß die Andauer dieses Zustandes eine dauernde Gefahr für mein Haus und für meine Länder bildet.«[206]

Der österreichische Kaiser spürte, daß es um eine Existenzfrage ging; sein Hinweis auf die Südslawen enthüllte das ganze Dilemma, in dem sich die Doppelmonarchie befand: Es war das erklärte Ziel des Trialismus, die Südslawen unter österreichischer Führung zu sammeln, um dem Bau des Gesamtreiches jene Struktur zu verleihen, die nach aller Wahrscheinlichkeit allein geeignet war, es zukunftsfähig zu machen. Ziel war also die Dreifach-Monarchie – und genau dies, so vermutete Franz Joseph, wollte Serbien verhindern.

Diese Argumente haben entscheidend zur deutschen Haltung in der Julikrise beigetragen. Wilhelm II. und Bethmann Hollweg waren wie der österreichische Kaiser davon überzeugt, daß die Existenz Österreichs auf dem Spiel stand, wenn die Frage nach der Hegemonie im südslawischen Raum nicht endgültig zu Österreichs Gunsten entschieden wurde. Deutschland aber sah das Gespenst eines Verlustes auch des letzten Bundesgenossen heraufkriechen – und zwar nicht, weil sich Österreich der Entente angeschlossen oder wie dann Italien seine Neutralität erklärt hätte, sondern weil der Vielvölkerstaat zu explodieren und nur ohnmächtige Trümmer übrigzubleiben drohten. Es ging also schon unmittelbar nach dem Attentat von Sarajewo um viel mehr als bloße Genugtuung, und das sollte den Fortgang der Ereignisse bestimmen.

Die so oft und so harsch kritisierte Ausstellung des berühmt-berüchtigten »Blanko-Schecks« vom 6. Juli war die unmittelbare Reaktion auf diese düsteren Perspektiven, und die Kritiker werden es schwer haben, fragt man sie nach den Alternativen. Es hatte durchaus etwas für sich, in Richtung Wien ein klares Signal zu senden; die eigentliche Frage aber lautet, ob man in der Wilhelmstraße sich der möglichen Konsequenzen voll bewußt war, wenn sich in Wien nicht die Besonnenen, sondern die Draufgänger, gar jene, denen immer noch das Weltreich Karls V. im Kopf spukte, durchsetzen sollten. Manchmal ist Nibelungentreue nötig, aber hatte Österreich sie wirklich verdient? Oder wäre es nicht vielmehr darauf angekommen, die Leiter der deutschen und der österreichischen Politik zu einem Krisengipfel zusammenzurufen – und wenn aus Prestigegründen weder in Wien noch Berlin, so vielleicht in Dresden, Brünn oder Bad Ischl? Aber von solchen Überlegungen findet sich in den Akten nichts. In fataler Weise ging es um das Grundsätzliche. Auch das war nicht a priori verkehrt, aber es hätte das Machbare nicht durch das Wünschbare ersetzen dürfen. Am Vorabend des Blanko-Schecks, also am 5. Juli, kam es zu einer Unterredung zwischen Wilhelm II. und Bethmann Hollweg, die diese Zusammenhänge deutlich erkennen läßt.

»Unseren Amtes sei es aber nicht«, bedeutete der Kaiser dem Kanzler, »dem Bundesgenossen zu raten, was auf die Serajewer Bluttat zu tun sei. Darüber müsse Österreich-Ungarn selbst befinden. Direkter Anregungen und Ratschläge sollten wir uns um so mehr enthalten, als wir mit allen Mitteln dagegen arbeiten müßten, daß sich der österreichisch-serbische Streit zu einem internationalen Konflikt auswachse. Kaiser Franz Joseph aber müsse wissen, daß wir auch in ernster Stunde Österreich-Ungarn nicht verlassen würden. Unser eigenes Lebensinteresse erfordere die unversehrte Erhaltung Österreichs«.[207]

Das waren nachdenkliche, bedenkenswerte Worte – nichts ist in ihnen von fröhlicher Kriegstreiberei zu spüren. Konnte Wilhelm in dieser Schicksalsstunde Europas noch einmal an die großen Zeiten der hohenzollernschen Monarchie anknüpfen? Er ließ sich, wie jedes Jahr, auf seine geliebte Nordlandreise schicken, während das britische Geschwader die Kieler Woche verließ. »Friends in past, and friends for ever« ließ der englische Admiral ein Abschiedssignal auswehen.[208]

9. »DIE LETZTEN TAGE DER MENSCHHEIT«?[209]

Die Kieler Woche von 1914 galt später, als das Desaster hereingebrochen war, als die letzte große Friedensveranstaltung, und es sollte lange dauern, bis nach dem Ersten Weltkrieg etwas Vergleichbares zustande kam. Selbst die Olympischen Spiele, 1896 vom Baron de Coubertin wieder ins Leben gerufen, gewannen nur langsam an Glanz, und als sie endlich wieder glänzten, glänzten sie in einem Olympiastadion, das von Hakenkreuzfahnen umweht war. Es waren sicherlich auch die Erinnerungen an den so oft als hohl und äußerlich kritisierten Prunk der spätimperialistischen Zeit, die die Düsternis in den Schützengräben zu Menetekeln für die Zukunft machte; allein daß die Soldaten ein für allemal ihre bunten Röcke auszogen, da diese für die Scharfschützen aller Armeen ein besonders gutes Ziel abgaben, und sich in erdfarbenes Feldgrau hüllten, war von tiefer symbolischer Bedeutung. Der graue Kämpfer mit dem heroischen Blick wurde zu einer Ikone, der sich viele mit religiösen, besser: pseudoreligiösen Gefühlen näherten; zahlreich sind die Postkarten, in denen ein Heiligenschein den kämpfenden Soldaten umgibt, und manchmal ließen die Postkartenkünstler vor dem düsteren Schlachtenhimmel ein Kreuz aufleuchten.[210] Hier hat die historische Ikonographie noch viel aufzuarbeiten, auch wenn die Erforschung der Bildpostkarten, wie übrigens auch der Zigarettenbilder-Alben, deren Bedeutung für die Entwicklung der Mentalitäten man sich heute kaum noch vorzustellen vermag, schon seit geraumer Zeit in Gang gekommen ist.[211] Der Leutnant Wurche wurde für die Generationen der Weltkriege zu einer wahrhaften Heilandsfigur, und sein Erfinder Walter Flex war sein Prophet.[212] Es kommt nicht von ungefähr, daß Hitler am 1. September 1939 feierlich den Soldatenrock anlegte, diese Symbolik verstand zu diesem Zeitpunkt jedermann.

Solche Überlegungen sind keine Ablenkung vom Thema, denn das Empfinden, von der Helle in die Düsternis gestürzt zu werden, fast wie im Höllensturz der unreinen Engel, beschlich auch die verantwortliche Elite, und niemanden mehr und folgenreicher als den Kanzler des Deutschen Reiches, Theobald von Bethmann Hollweg.[213] Dessen Bild schwankt wie nur das von wenigen anderen historischen Persönlichkeiten dieses Zeitalters in der Geschichte, was nicht zuletzt daran liegt, daß es eine wirklich moderne, umfassende Biographie dieses Mannes nicht gibt, Folge der unzureichenden Quellenlage. Um so sensationeller wirkte deswegen die Publikation einer Quelle, in deren Mittelpunkt eben dieser Kanzler stand.[214]

Die angebliche »Entdeckung« und Publikation der Riezler-Tagebücher löste eine wissenschaftliche Sensation aus, lag doch hier einer jener ganz seltenen Fälle vor, in denen nach Jahrzehnten intensiver Forschung plötzlich eine völlig neue, erstrangige Quelle von nicht zu überschätzendem Gewicht aufzutauchen schien. Das hat die Fachwelt ebenso fasziniert und erstaunt wie auch mißtrauisch werden lassen, zumal einige Ungereimtheiten auf der Hand lagen. Wie bedeutsam diese »Trouvaille« jedoch war, ergab sich aus dem Umstand, daß ihr Herausgeber, Karl Dietrich Erdmann, vier Jahre darauf den vierten Band des »Gebhardt«, in dem das »Zeitalter der Weltkriege« behandelt wurde, in Alleinautorschaft verfassen konnte, also jenes Handbuches, das in der akademischen Ausbildung Standardcharakter bis 2001 besaß.[215]

Besaß Fritz Fischer seit 1962 in der deutschen und Weltöffentlichkeit eine Art Meinungsmonopol zur Kriegsursachenforschung, so gelang Erdmann mit der Edition der Riezler-Tagebücher und dem »Gebhardt« ein wissenschaftlicher »Gegenschlag«. Man muß diese Zusammenhänge kennen, um die Entstehung des heute allgemein akzeptierten Wissens von der Julikrise zu verstehen.

Der Legationsrat Kurt Riezler, 1955 gestorben, war 1914 der persönliche Referent von Bethmann Hollweg, und traut man der Diktion seines Tagebuches, ein enger Vertrauter des Kanzlers. Es ist grundsätzlich schwierig, ganz persönliche, zunächst wohl nicht für die Öffentlichkeit und die Veröffentlichung bestimmte Aufzeichnungen quellenkritisch einzuordnen – das gilt auch für das Tagebuch des Admirals von Müller, und es gilt – Paradebeispiele unserer Disziplin – sowohl für die Erinnerungen von Bismarck und

1 Theobald von Bethmann Hollweg

Bülow wie die Tagebücher von Goebbels oder Speer. Bei Tagebüchern, vor allem wenn sie rasch nach den geschilderten Ereignissen auf dem Markt erscheinen – aus der jüngsten Geschichte wäre beispielsweise an die von Teltschik, Schäuble oder Helmut Kohl zu denken[216] –, ist allemal größte quellenkritische Vorsicht geboten, und das muß cum grano salis auch für die Riezler-Tagebücher gelten. Gleichwohl hat die Forschung sie wesentlich für bare Münze genommen, was begründet erscheint, denn wo man den Inhalt anhand anderer Quellen überprüfen kann, hat er sich allgemein als korrekt herausgestellt.

Am 5. Juli 1914 hatte sich Franz Joseph zur Lage geäußert, und Wilhelm II. seinem Kanzler empfohlen, Österreich freie Hand zu lassen. Tags darauf kam es zur Ausstellung des »Blankoschecks.« Am 7. Juli resumierte Riezler seine Gespräche mit dem Kanzler auf dessen Besitz in Hohenfinow.

»Abends auf der Veranda unter dem Nachthimmel langes Gespräch über die Lage. Die geheimen Nachrichten, die er mir mitteilt, geben ein erschütterndes Bild. Er sieht die englisch-russischen Verhandlungen über eine Marineconvention, Landung in Pommern sehr ernst an, letztes Glied in der Kette. Lichnowsky viel zu vertrauensselig. Der liesse sich von den Engländern hereinlegen. Russlands militärische Macht rasch wachsend; bei strategischem Ausbau Polens die Lage unhaltbar. Österreich immer schwächer und unbeweglicher; die Unterwühlung von Norden und Südosten her sehr weit vorgeschritten. Jedenfalls unfähig, für eine deutsche Sache als unser Verbündeter in den Krieg zu ziehen. Die Entente weiss das, wir infolgedessen völlig lahmgelegt.

Ich ganz erschrocken, so schlimm sah ich (die Lage) nicht an... Der Kanzler spricht von schweren Entscheidungen. Ermordung Franz Ferdinands. Das amtliche Serbien beteiligt. Oesterreich will sich aufraffen. Sendung Franz Josefs an den Kaiser mit Anfrage wegen casus foederis. Unser altes Dilemma bei jeder oesterreichischen Balkanaktion. Reden wir ihnen zu, so sagen sie, wir hätten sie hineingestossen; reden wir ab, so heisst es, wir hätten sie im Stich gelassen. Dann nähern sie sich den Westmächten deren Arme offen stehen, und wir verlieren den letzten mässigen Bundesgenossen. Diesmal ist es schlimmer wie 1912; denn diesmal ist Oesterreich gegen die serbisch-russischen Umtriebe in der Verteidigung. Eine Aktion gegen Serbien kann zum Weltkrieg führen. Der Kanzler erwartet von einem Krieg, wie er auch ausgeht, eine Umwälzung alles Bestehenden. Das Bestehende sehr überlebt, ideenlos ›alles so sehr alt geworden‹«.[217]

Also Ausweglosigkeit? Man gewinnt in der Tat den Eindruck, als habe Bethmann Hollweg nicht gewußt, was man tun sollte. Zweifellos war am 7. Juli, nach dem grün und grüneren Licht aus Berlin die Hoffnung lebendig, Österreich werde ein rasches fait accompli schaffen und damit die Krise vielleicht beschwören, aber die Fachleute in den Generalstäben winkten ab: Selbst zu einer begrenzen militärischen Aktion sei Österreich erst nach 16 Tagen in der Lage. Die Vorstellung also, mit den nun einmal vorhandenen aktiven Kräften loszumarschieren, erwies sich als Illusion. Ich weiß nicht, ob dieses Szenario von der österreichischen Militärgeschichtsschreibung schon einmal nachgerechnet worden ist – das Beispiel Schlieffen/Groener weckt natürlich Mißtrauen, und es wäre zu klären, wer denn verantwortlich am 28. Juni behauptet hat, es ginge nicht.

A propos 28. Juni: Die Nachricht vom Attentat war am Abend dieses Tages europäisches Allgemeinwissen, d.h. ein Mobilisierungsbefehl hätte am Abend des 28. Juni erteilt werden können. Am 14. Juli, spätestens, hätte Österreich also selbst dann marschieren können, wenn es nur die Mobilmachungskalender abgearbeitet hätte – aber das wäre wahrscheinlich doch schon zu spät gewesen. Auf der anderen Seite ist es schwer vorstellbar, daß der Mobilmachungsplan keine Tempovariante enthalten haben sollte. Aber, wie gesagt: alles Spekulationen.

Der Blanko-Scheck machte nur dann Sinn, wenn Österreich nunmehr blitzartig reagierte. Mit jedem Tag, der tatenlos verstrich, gewann die Krise aber mehr an Eigendynamik, und der Blankoscheck entband nun eine Gefährlichkeit, deren man sich am 6. Juli in Berlin zweifellos nicht versehen hatte. Ihn zurückzuziehen glaubte man sich nicht leisten zu können, denn das hätte das Ende des Zweibundes bedeutet. Wenn ihn Österreich nun aber als Ausdruck deutscher Nibelungentreue wertete, war das Reich auf Gedeih und Verderb an das österreichische Orlogschiff gekettet.

Etwas weiteres kam hinzu: Mit jedem Tag, der keine Lösung der Krise brachte, gewann Rußland einen Vorsprung in seiner Mobilisierung – gleichgültig ob die Russen sie nun offiziell verkündeten oder nicht. Das aber ließ einen der Grundpfeiler der deutschen Militärstrategie ins Wanken geraten, baute diese doch auf der Annahme auf, Rußlands Mobilmachung werde so schwerfällig anlaufen, daß man den bitter benötigten zeitlichen Vorsprung halten könnte. Nun stellte sich heraus, daß Österreich ähnlich schwerfällig mobilisierte, und das wiederum bedeutete, daß man die Hoffnung, ein rascher als das russische Heer mobilisiertes österreichisches könne dem Reich die im Osten während des Feldzuges gegen Frankreich so dringend notwendig Entlastung verschaffen, von Tag zu Tag illusorischer wurde.

Die Nervosität stieg, nicht zuletzt, weil man aus St. Petersburg erfahren mußte, daß der anfangs sehr zögernde Nikolaus II. sich mehr und mehr von den Falken hartklopfen ließ, die ganz ähnlich wie in Wien letztlich den Krieg wollten, und die Stimmung Bethmann Hollwegs verdüsterte sich von Tag zu Tag. Inzwischen schrieb man den 20. Juli, und nirgendwo war eine Entspannung in Sicht. Wien schwieg, wie übrigens auch London, von Paris war ohnehin nichts zu erwarten, Berlin aber traute sich nicht, mäßigend in Wien einzuwirken; mit dem deutschen Blankoscheck in der Hand aber gewannen in der Hofburg die hardliner um Conrad von Hötzendorf Oberwasser. Österreich war zum Krieg gegen Serbien entschlossen, die Gelegenheit schien günstig.

Tatsächlich war sie es nicht, oder genauer: sie war es bald nicht mehr, denn wie in allen vergleichbaren Fällen folgte in der öffentlichen Meinung Europas der lodernden Empörung ob des schurkischen Attentates bald wieder ruhigeres Nachdenken; der Bonus, Österreich unmittelbar nach dem 28. Juni zugestanden, wurde in immer rascherem Prozeß entwertet – und doch fand man in Wien nicht zum Handeln. Riezler schrieb am 20. Juli in sein Tagebuch:

»Wir haben unsere Unterstützung eindeutig zugesagt. Sehr ernste Stimmung. Eine schwere Decke von noch offener Trauer und größter Verantwortung über den Menschen und allen Gesprächen, nur hier und da durchbrochen von dem Bedürfnis der Kinder nach Fröhlichkeit. Der Kanzler entschlossen und schweigsam. Seltsamer Mensch. Er hat gar nichts gewinnendes, ausser bei sehr gutem Wein, Musik und guten Gesprächen, aber sehr viel innerlich verpflichtendes. Aber das ist nichts für unsere Politiker. In vielem kleinen unerträglich im grossen bewundernswert. Ich bitte ihm im stillen manches ab. Ich habe ihn (im Grunde) für einen sehr klugen und gebildeten Menschen gehalten. Das ist ganz falsch. Er ist gross als Mensch und durch die Weite und Unabhängigkeit seines Geistes. Er ist ganz frei von all den Vorurteilen und Engheiten und ganz unabhängig von alle dem, was allgemeine Meinung und Suggestion ist. Sein Urteil bewegt sich völlig frei, er sagt lauter niegesagtes und niegehörtes. Wenn er nur nicht die schreckliche Eigenschaft hätte, auch bei fester eigener Meinung Zweifel zu mimen, Dinge zu sagen die er selbst nicht glaubt, um den Widerspruch der anderen zu hören.«[218]

Das war das bemerkenswerte Psychogramm jenes Mannes, der in der Praxis – formell und nach der Verfassung war der Kaiser zuständig – verantwortlich über Krieg und Frieden zu entscheiden hatte; aber es gibt in der Memoirenliteratur, die nach dem Ersten Weltkrieg den Markt förmlich überschwemmte, auch andere Urteile über Bethmann Hollweg. In einem Punkt schienen sich alle, die ihn kannten, jedoch einig: Er war kein Hurra-Patriot, und die Aussicht auf Krieg bedrückte ihn ungemein. Deswegen paßt der von ihm überlieferte Satz vom »Sprung ins Dunkle« genau, wobei ich erneut auf die Metaphorik aufmerksam machen möchte. Das Dunkle – die Metapher für den Krieg, nicht das Helle.

Wohl atemlos lauschte der junge Legationsrat Bethmanns Worten – sein Tagebuch hat etwas von der Atmosphäre eingefangen, wir dürfen also das Mäuschen spielen, wenngleich wir weiß Gott was darum gäben, eine Zeitmaschine zur Verfügung zu haben, die uns in den 20. Juli 1914 transportierte. Aber ob wir dann wirklich mehr wüßten? Immer wieder müssen wir uns darauf besinnen, daß die Zeitgenossen, aber auch jeder einzelne immer nur ein kleines Stück der gerade sich vollziehenden Historie überhaupt erkennen konnten, und vor dem Zeitalter von Radio und Fernsehen war dieses noch erheblich kleiner als heute.

»Abermals über die ganze Lage. Russlands wachsende Ansprüche und ungeheure Sprengkraft. In wenigen Jahren nicht mehr abzuwehren, zumal wenn die jetzige europäische Constellation bleibt. Gelingt es sie zu ändern oder zu lockern, so muss überlegt werden, ob und wie das ganze jetzige Bündnissystem umgestossen und verändert werden muss. Aber ob das möglich ist? Nur wenn Russland bei der serbischen Sache von den Westmächten nicht bis zum letzten unterstützt, einsieht, dass es sich mit uns verständigen muss. Aber auch dann wird Russland sehr teuer sein. Es ist zu mächtig geworden und muss schon aus innerpolitischen Gründen und als Gegengewicht gegen die revolutionären Strömungen Panslavismus machen.«[219]

Nicht zuletzt solche Äußerungen haben zu der These verleitet, Bethmann Hollweg habe die Julikrise als Chance begriffen, den Einkreisungsring zu sprengen. Die Fischerthese ging dann einen Schritt weiter: eben dies sei nicht nur eine dem Reich plötzlich und ungeplant in den Schoß gefallene Chance gewesen, sondern diese Situation sei bewußt herbeigeführt worden. Daran glaubt heute niemand mehr, allzuviele Quellen sprechen dagegen. Wie ungelegen beispielsweise auch Tirpitz, den man allgemein als einen der größten Kriegstreiber ansieht, diese Krise kam, kann man paradigmatisch an der Geschichte der Erweiterung des Kaiser-Wilhelm-Kanals ablesen.[220] Offensichtlich hat Bethmann Hollweg die prinzipielle Veränderung der Bündnissituation nur in einem Friedensszenario erwogen – es sei denn, Riezler habe Wesentliches weggelassen oder gar gefälscht. Was Bethmanns Einschätzung Rußlands betraf, referierte er nur die Befürchtungen Moltkes, aber auch hier fiel anscheinend kein Wort zu einem notwendigen Prävenire – was um so bemerkenswerter ist, als die Idee des Präventivkrieges seit den Zeiten Friedrichs des Großen zur Standardargumentation von Politikern und Soldaten zählte und sittlich nicht als anrüchig galt.

Am 23. Juli, also drei Tage später, richtete Österreich das bekannte Ultimatum an Serbien – also fast vier Wochen nach dem Attentat, und an diesem timing kann man bereits das ganze Dilemma ablesen. Es erinnert an jene pädagogisch ungeschickte junge Mutter, die ihrem ungehorsamen Knaben um acht Uhr morgens ankündigt, sie werde ihm eine Tracht Prügel verabreichen, wenn er um eins aus der Schule komme. Die Verzögerung war aber auch aus einem besonderen politischen Grund eingetreten: Man wollte den Besuch Poincarés in St. Petersburg möglichst nicht stören – dahinter stand die Furcht, sollte der Inhalt des Ultimatums gerade in jenem Augenblick in St. Petersburg bekannt werden, in dem die beiden Oberhäupter zusammensaßen, könnte das eine gefährliche Spontanreaktion auslösen.

Diese Fehlentscheidung der österreichischen Diplomatie wirkte um so fataler, als sie nun im Nachhinein den anscheinend plausibelsten Grund für das Verhalten Frankreichs lieferte: Mit Aplomb und von der europäischen Öffentlichkeit mit gespannter Aufmerksamkeit registriert, hatte sich der französische Staatspräsident Raymond Poincaré nach St. Petersburg verfügt, und zwar nicht, um den Verbündeten zu mäßigen, sondern ganz im Gegenteil mit ihm eine Marinekonvention abzuschließen. Nicht das Inhaltliche war dabei entscheidend – es war fraglich, ob sie viel nützen würde –, sondern die Begleitumstände: Frankreich stellte gleichsam in aller Öffentlichkeit genau in dem Moment, in dem Österreich Serbien drohte, wie Deutschland diesem, nun jenem einen Blankoscheck aus. Seitdem konnte man in St. Petersburg des französischen Rückhaltes sicher sein, wenn es über die serbische Sache zum Krieg kommen sollte. An diesem Punkt ist die französische Schuld am Ausbruch des Krieges deutlich zu markieren. Das Rad war eine ganze Umdrehung näher an den Abgrund gerollt, und in Berlin stieg die Nervosität ins Unerträgliche.

Am 25. Juli kam die Antwort aus Belgrad. Jedermann war davon ausgegangen, daß Serbien die harschen ultimativen Forderungen, die an die Substanz des Landes gingen und die serbischen Großmachtträume wie Seifenblasen hätten platzen lassen, nicht akzeptieren und Österreich, schon aus Gründen der Gesichtswahrung, dann genötigt sein würde, in Serbien einzumarschieren. Genau das hatten Wilhelm und Bethmann Hollweg angenommen, und der Wortlaut des Ultimatums schien die schlimmsten Befürchtungen zu bestätigen. Es schien keine Chance mehr zu geben; skrupellos hatte Österreich den Blankoscheck eingelöst.

Die serbische Antwort verblüffte alle. Die Forderungen des Ultimatums wurden nahezu komplett akzeptiert – nur wenige abgelehnt. Wilhelm II. fiel ein gewaltiger Stein vom Herzen:

»Das ist mehr, als man erwarten konnte! Ein großer moralischer Erfolg für Wien; aber[221] damit fällt jeder Kriegsgrund fort.«[222] Die Reaktionen in den Staatskanzleien aller Länder fielen ähnlich aus – es schien, als habe Österreich ohne einen Schwertstreich die notwendige Genugtuung erhalten, und da die Erhaltung Serbiens als eines selbständigen Staates ohnehin Allgemeingut europäischen Rechtsempfindens war, schien die Krise damit ihre Peripetie überschritten zu haben – es folgten zwei Tage, in denen allenthalben Erleichterung spürbar wurde: Man schien dem großen Krieg doch noch geradeso von der Schippe gesprungen zu sein.

Die österreichische Kriegserklärung an Serbien schlug deswegen am 28. Juli wie eine Bombe ein, und an diesem Punkt ist die Schuld Österreichs am Ausbruch des Ersten Weltkrieges festzumachen. Ob nun Berchthold oder Conrad, oder gar der Kaiser, ob die kriegslustigen Ungarn, wer auch immer: Es bleibt das factum brutum, daß die österreichisch-ungarische Politik mit der Kriegserklärung an Serbien den Krieg unvermeidlich machte – und nicht etwa einen duellartigen Krieg zwischen der Habsburger Monarchie und Serbien, sondern den Weltkrieg. Daran konnte zu diesem Zeitpunkt nicht der geringste Zweifel sein.

Im deutschen Auswärtigen Amt herrschte Hektik, die an Panik grenzte. Man beschwor den Verbündeten, es gut sein zu lassen, man habe in Wien doch mehr erreicht als jemals zu erwarten. In Wien blieb man stur. Und nun kommt der Punkt, an dem sich die deutsche Kriegsschuld dingfest machen läßt: Obwohl Österreich seine naßforsche Politik nur auf Grund des Blankoscheckes sich glaubte erlauben zu können, wagte es Deutschland nicht, diesen Scheck nun zurückzufordern, anders gewendet: Am 28. Juli hätte das Reich gegebenenfalls öffentlich und feierlich erklären müssen, daß für den Fall eines österreichischen Angriffes auf Serbien der Bündnisfall nicht gegeben sei. Das hätte, ganz wie Bethmann befürchtete, wohl das Ende des Zweibundes bedeutet, zugleich aber auch das Ende der »Einkreisung«. Auf diese Weise wäre eingetreten, was der Kanzler Riezler gegenüber als wünschenswertes Resultat der Krise bezeichnet hatte. Vor allem aber wäre der Frieden bewahrt worden.

Nach allem was wir wissen, wußten die Verantwortlichen um diese Zusammenhänge, man ist also das Risiko des Krieges, der nun wie ein steinerner Gast vor der Tür Europas stand, bewußt und gewollt eingegangen. Genau das ist es, was man in der Forschung mit dem Begriff des »kalkulierten Risikos« umschreibt; eine Formulierung, die gleichzeitig die dialektische Auflösung der Fischerkontroverse bedeutet.

Das Risiko aber war in Wirklichkeit unkalkulierbar, dies wesentlich aus zwei Gründen: Wenn Rußland Serbien beisprang, der Unterstützung Frankreichs seit Poincarés Besuch in St. Petersburg absolut sicher, so mußte es die Generalmobilmachung befehlen. Wir haben schon gesehen, welche Bedeutung den Terminkalendern der Mobilmachung zukam, anders gewendet: Wenn Rußland die Mobilmachung befahl, mußte Deutschland folgen – es sei denn, man riskierte die Katastrophe von

Anfang an. Ein Memorandum des Großen Generalstabes vom 29. Juli 1914 formulierte die Zusammenhänge so klar, daß man es nicht besser umschreiben könnte:

»Österreich wird, wenn es in Serbien einrückt, nicht nur der serbischen Armee, sondern auch einer starken russischen Überlegenheit gegenüberstehen, es wird also den Krieg gegen Serbien nicht durchführen können, ohne sich gegen ein russisches Eingreifen zu sichern. Das heißt, es wird gezwungen sein, auch die andere Hälfte seines Heeres mobil zu machen, denn es kann sich unmöglich auf Gnade und Ungnade einem kriegsbereiten Rußland ausliefern. Mit dem Augenblick aber, wo Österreich sein ganzes Heer mobil macht, wird der Zusammenstoß zwischen ihm und Rußland unvermeidlich werden. Das aber ist für Deutschland der casus foederis. Will Deutschland nicht wortbrüchig werden und seinen Bundesgenossen der Vernichtung durch die russische Übermacht verfallen lassen, so muß es auch seinerseits mobil machen. Das wird auch die Mobilisierung der übrigen Militärbezirke Rußlands zur Folge haben. Dann aber wird Rußland sagen können, ich werde von Deutschland angegriffen, und damit wird es sich die Unterstützung Frankreichs sichern, das vertragsmäßig verpflichtet ist, an dem Kriege teilzunehmen, wenn sein Bundesgenosse Rußland angegriffen wird ... Deutschland wird also, wenn der Zusammenstoß zwischen Österreich und Rußland unvermeidlich ist, mobil machen und bereit sein, den Kampf nach zwei Fronten aufzunehmen.

Für die eintretendenfalls von uns beabsichtigten militärischen Maßnahmen ist es von größter Wichtigkeit, möglichst bald Klarheit darüber zu erhalten, ob Rußland und Frankreich gewillt sind, es auf einen Krieg mit Deutschland ankommen zu lassen. Je weiter die Vorbereitungen unserer Nachbarn fortschreiten, um so schneller werden sie ihre Mobilmachung beendigen können. Die militärische Lage wird dadurch für uns von Tag zu Tag ungünstiger und kann, wenn unsere voraussichtlichen Gegner sich weiter in aller Ruhe vorbereiten, zu verhängnisvollen Folgen für uns führen.«[223]

Nun, aber auch nun erst, am 28. Juli 1914, wurde der Kriegsautomatismus ausgelöst. Den zweiten Grund für die Unkalkulierbarkeit des Risikos meldete der deutsche Botschafter aus London, jener Karl Freiherr von Lichnowsky, der dem Kaiser, aber auch Bethmann Hollweg, schon immer herzlich unsympathisch gewesen war, weswegen sich Wilhelm II. lieber auf die forschen Berichte des Marineattachés von Wiedenmann verlassen hatte. Dieser hatte bis 1912 zu jenen gehört, die ganz im Fahrwasser von Tirpitz England gegenüber eine harte Linie zu fahren empfohlen hatten.[224] Lichnowsky war aus ganz anderem Holz geschnitzt und nahm jetzt kein

Blatt vor den Mund: Sollte Deutschland mobil machen und in Belgien einmarschieren, wäre dies für England unwiderruflich der casus belli. Gleichzeitig meldete der Botschafter, England sei bereit zu vermitteln, man denke an die Einberufung einer Konferenz.

In Berlin durchlief man ein Wechselbad der Gefühle, von irgendeiner kühl-rationalen Krisenstrategie konnte keine Rede sein. Man hat das den Verantwortlichen von Seiten besserwisserischer Historiker gern aufs Butterbrot geschmiert, aber wie die Erforschung der Kubakrise gezeigt hat, war es mit der Krisenreaktionsfähigkeit der USA 1962 kein Deut besser bestellt.[225] Nur daß Kennedy Glück hatte, Bethmann Hollweg und Wilhelm II. nicht.

Es ist wahrscheinlich, daß Deutschland dem Konferenzvorschlag zugestimmt hätte, wenn nicht aus St. Petersburg deutliche Signale gekommen wären, daß man an der zum 29. Juli befohlenen Teilmobilmachung gegen Österreich festhalten werde, und am 30. Juli folgte der Befehl zur Generalmobilmachung. Sechs russische Armeen marschierten an der deutschen und österreichischen Grenze auf.

An diesem Punkt können wir die russische Kriegsschuld festmachen: Indem das zarische Regime die zwingende Voraussetzung für jede diplomatische Lösung, den Stop der Mobilmachung, nicht befahl, sondern diese konsequent fortführte, vergab es die allerletzte Chance zum Frieden, denn natürlich war das Reich nicht dafür zu tadeln, daß es auf die russische Mobilmachung mit der deutschen antwortete – welche Alternative hätte man denn noch besessen? Natürlich hat man Moltke gefragt, und vieles spricht dafür, daß dieser persönlich den Krieg gerne verhindert hätte. Aber er konnte nicht, wollte er nicht sehenden Auges die gesamte Kriegsplanung zu Makulatur machen, schlimmer: das Reich schutzlos dem russischen und französischen Angriff preisgeben.

Es ging nicht mehr. Es war zu spät. Am 31. Juli folgte der russischen die österreichische Gesamtmobilmachung, der 2. August war der erste Mobilmachungstag in Deutschland; die britische Flotte – bezeichnenderweise nur die britische Flotte – machte am 1. August mobil. Flottenmobilmachung bedeutete nicht automatisch Krieg, wie sich auch im Jahr 1938 zeigen sollte, aber sie war eine unübersehbare Demonstration. Tatsächlich erklärte England den Krieg erst, als die deutschen Truppen in Belgien schon einmarschiert waren, also am 4. August. Gewiß hat Grey später beteuert, England wäre in jedem Fall seinen Verpflichtungen Frankreich gegenüber nachgekommen, aber das war natürlich eine ex post-Erklärung, die nichts kostete. Frankreich machte am 1. August mobil, und nach Ablauf eines deutschen Ultimatums an Frankreich erklärte das Reich am 3. August 1914 Frankreich den Krieg.

10. KRIEGSBEGINN

»Wir hatten Hörsäle, Schulbänke und Werktische verlassen und waren in den kurzen Ausbildungswochen zu einem großen, begeisterten Körper zusammengeschmolzen. Aufgewachsen in einem Zeitalter der Sicherheit, fühlten wir alle die Sehnsucht nach dem Ungewöhnlichen, nach der großen Gefahr. Da hatte uns der Krieg gepackt wie ein Rausch. In einem Regen von Blumen waren wir hinausgezogen, in einer trunkenen Stimmung von Rosen und Blut. Der Krieg mußte es uns ja bringen, das Große, Starke, Feierliche. Er schien uns männliche Tat, ein fröhliches Schützengefecht auf blumigen, blutbetauten Wiesen. ›Kein schönrer Tod ist auf der Welt...‹ Ach, nur nicht zu Haus bleiben, nur mitmachen dürfen!«[226]

Ernst Jünger hat mit seinem Schlüsselroman »In Stahlgewittern« das Bild vom August 1914 nachhaltig geprägt. Es war ein schönes Bild,[227] und so ist es nicht verwunderlich, daß die Davongekommenen nach dem Krieg nicht sonderlich daran interessiert waren, es als Klischee zu entlarven.[228] Es hielt sich um so hartnäckiger, als es sehr bald mit einem anderen aufs Eindrucksvollste kontrastiert werden konnte: jenem nämlich, das Dichter und Zeitzeugen wie Edlef Koeppen[229] oder Erich Maria Remarque lebendig werden ließen: den Krieg als das Dantesche Inferno, als das schon vor 1914 visionär antizipierte »Menschenschlachthaus«; als jenes von Zeit und Raum ausgespieene Stück Geschichte, das mit der Wirklichkeit ebensowenig zu tun hatte wie das von Jünger. Schriftsteller wie Ettighofer,[230] Beumelburg oder Maurice Genevoix[231] haben an diesen Klischees mit großem Einfühlungsvermögen und dichterischer Begabung mitgewirkt.[232]

Der Erste Weltkrieg, genauer: die kollektiven Erinnerungen an den Ersten Weltkrieg wimmeln überhaupt von Klischees; kein Krieg zuvor und wohl auch keiner danach ist derart durch die Mühle der Denker und Dichter gedreht worden wie dieser – bis er zu einem antiseptisch wirkendem Kunstwerk[233] sui generis gerann oder, um es mit Ranke zu sagen: einer rätselhaften Hieroglyphe. Unmittelbar nach dem Krieg erschienen üppig ausgestattete Prachtbände zur Geschichte dieses Krieges, [234] ästhetische und bibliophile Glanzleistungen, die mit den ersten literarischen Zeugnissen, die der Zweite Weltkrieg generierte, schärfer nicht hätten kontrastieren können. Man nehme, beispielsweise, Plivier, Borchert, Benn:

2 Fröhlicher Aufbruch in den Krieg...

auf schlechtem Papier gedruckte Bücher mit Pappeinband, und die ersten Rowohltschen Rotations-Romane, heute längst im Museum oder zu Staub zerfallen, sollte man einmal mit den goldschnittgeschmückten Memoiren der Großen des Ersten Weltkrieges vergleichen – man spürt dann schon, daß es mit der Ludendorffschen Totalität des Krieges 1918 so weit nicht her gewesen sein kann. Aber das wissen erst jene Generationen, die durch die Erfahrungen des Zweiten Weltkrieges gegangen sind.

Nicht nur in solchen auf den ersten Blick abwegig erscheinenden Beobachtungen wird die Faszination[235] des Ersten Weltkrieges spürbar, und genau diese führt den Historiker, wenn er denn bloß wissen will, wie es eigentlich gewesen, leicht in die Irre. Es ist unbestritten, daß existentielle historische Ereignisse einen wahren Katarakt von Deutungen entbinden, und man darf nicht vergessen, daß zumindest in Deutschland es immer noch eine idealistische, von der posthegelianischen Philosophie geprägte Deutungskompetenz gab, die in Frage zu stellen oder auf Normalmaß zurechtzustutzen immer an ein Sakrileg streifte. Das haben Jünger und Remarque, um zwei der bedeutendsten Exponenten zu nehmen, quer durch die dem Ersten Weltkrieg folgenden Jahrzehnte besonders deutlich zu spüren bekommen; auf die Literaturgeschichte, die Rezeption beider

3 ...und nicht so fröhlicher...

ist hier nicht einzugehen; sie war immer auch politisch vermittelt, und daran hat sich bis zum Tod beider nie etwas geändert. Noch in der späten Weimarer Republik wurde die amerikanische Verfilmung von »Im Westen nichts Neues« verboten – nicht etwa durch die Nationalsozialisten – und nach 1945 war Jünger, vor allem aber sein Buch »In Stahlgewittern«, auf den gesellschaftlichen Index gesetzt worden, derlei las man nicht, das gehörte sich nicht. »Auf den Marmorklippen« fühlte sich die Adenauergeneration nun wohler.

In der Forschung hat man es sich angewöhnt, vom »Augusterlebnis«[236] zu sprechen; inzwischen weiß man, daß hier deutlich zu differenzieren ist. Der Juli war jener Monat, in dem nun auch für die breitere Öffentlichkeit sichtbar, der Große Krieg feierlich und schicksalhaft, wie von Kubin und anderen visionär gezeichnet, daherzuschreiten schien, und die Begeisterung war groß; der August 1914 war jener Monat, in dem schon Krieg war, aber das Sterben noch nicht richtig begonnen hatte, doch die Begeisterung ließ nach. Die Heere und Flotten marschierten auf, und das wirkte allemal heroisch. Geht man von der historischen Spieltheorie aus, konnte es gar nicht ausbleiben, daß die Idee des Spiels in diesen beiden Monaten ihre Apotheose erfuhr: Die Würfel waren gefallen, genauer: man warf die Würfel zum letzten Mal. »Das Leben ist ein Würfelspiel« sollte Paul Dilz dichten, und welcher Gymnasiast hätte nicht an Caesars »alea iacta est« gedacht, wenn er, meistens tief befriedigt und erleichtert, den Gestellungsbefehl in Händen hielt.

Und nun brach man auf in den Krieg, ganz buchstäblich, noch aber brach der Krieg nicht über die eigene Existenz herein – ein merkwürdiger Schwebezustand, den es so nie mehr in der Geschichte geben sollte. Als der Zweite Weltkrieg entfesselt wurde, ging es sofort zur Sache, schon am 1. September 1939 wurde geschossen und gestorben – man denke an die Westerplatte; der erste Luftangriff auf Wilhelmshaven erfolgte am 4. September, die »Athenia« wurde am 3. September versenkt. Und vollends der Dritte Weltkrieg, wenn es ihn denn gegeben hätte: Lange gingen die Militärs von einem unangekündigten Atomüberfall aus – der amerikanische Film »The Day after« hat das drastisch zu illustrieren versucht.

Es gilt also, dieses Niemandsland zwischen Frieden und Krieg im August 1914 genauer zu vermessen, denn es verrät etwas über die Grundbefindlichkeiten der Bevölkerung, von Untertanen und Herrschern. Das klingt altertümlich, umreißt aber die Stimmungslage des August ziemlich genau.

Die Bilder von den ersten Mobilmachungstagen haben sich der kollektiven Erinnerung der Deutschen fest eingebrannt, jedes Schulbuch hat sie später abgedruckt, sie haben sich in den Gehirnen von Abermillionen Menschen festgesetzt: der Kaiser auf dem Balkon des Schlosses, die jubelnde Menge unter den Linden, die Berlin durchschallenden patriotischen Gesänge, der Auszug der Reservisten aus den Städten, umjubelt, begleitet von den Alten, den Kindern, den Liebsten – nur wer genauer hinsieht, ahnt die eine oder andere Träne in den Augen harter Krieger und heroischer Frauen – und so war es auch in Paris, in St. Petersburg, in Wien und Budapest. Es führte also in die Irre, wollte man aus solchen Milieubildern eine besondere Kriegslüsternheit der Deutschen ableiten; man kommt der Wahrheit näher, nimmt man diese Szenen als Rituale und Ausdrucksformen eines Zeitgeistes, der schon die letzten Jahrzehnte vor 1914 geprägt hatte.[237] Man muß auch daran erinnern, daß es jene Nüchternheit in politicis, die den politischen Umgangsstil heutzutage prägt, damals noch nicht gab. Emotionen zu zeigen, vor allem wenn sie dem Vaterland galten, gehörte zu den anerkannten Stilmitteln, man denke beispielsweise an Bismarcks Abschied von Berlin, 1890, am Anhalter Bahnhof – wie Pilze schossen in wenigen Jahren dann die »Bismarck-Türme« aus dem Boden, Leuchtfeuer mitten im Land.

Das Phänomen der politischen Emotion, heute nur noch in krassen Ausnahmesituationen vorhanden (man denke an die Reaktionen der Amerikaner auf die Terroranschläge des 11. September 2001), überlebte die Epoche des Kaiserreiches, wurde in der Weimarer Republik dann allerdings blasser. In der Zeit des Dritten Reiches wurde es bewußt wiederbelebt und geradezu perfekt inszeniert, die Beispiele sind jedermann im Gedächtnis. Es wäre unter diesem Gesichtspunkt betrachtet erhellend, beispielsweise die großen Paraden und Kaisermanöver der Zeit vor 1914 mit den Aufmärschen der Nationalsozialisten nach 1933 zu vergleichen.

Seit dem 28. Juli lief die Kriegsmaschine automatisch; Groener hat beschrieben, welch große Ruhe sich im Großen Generalstab ausbreitete, als die Würfel für den Krieg endgültig gefallen waren. Man konnte nach langer Zeit wieder einmal spazieren gehen, sich Weib und Kind widmen – es gab nichts zu tun, alles war getan.

Nervosität und gespannte Erwartung gab es hingegen bei den Stellvertretenden Generalkommandos – denn nun war der Augenblick der Wahrheit gekommen: Was würden die in der Sozialdemokratie organisierten Arbeiter, was würden die linken Sozialisten unter Liebknecht tun? War jetzt mit dem großen Aufstand gegen den Krieg, gar mit Sabotage zu rechnen? Würde die arbeitende Klasse mittun oder nicht? Daß das Bürgertum, vorweg die akademische Jugend, dem Aufruf zur Mobilmachung folgen würde, verstand sich von selbst, eher noch: es kam zu grotesken Szenen vor den Erfassungsämtern, weil viele nichts mehr fürchteten, als zu spät zum Krieg zu kommen – man kann beiläufig wieder an Hans Castorp denken.

Schon bald nach 1871, eindeutig nach der »Krieg-in-Sicht-Krise« von 1875 war immer wieder einmal vom »4. Einigungskrieg«, den es zu bestehen gelte, geraunt worden; der alte Moltke hatte bekanntlich vor ihm gewarnt, Friedrich von Bernhardi ihn herbeigesehnt.

Das Wort »Einigung« meinte aber nicht die staatliche Einigung, denn die war vollzogen, da gab es nichts mehr zu vereinigen. Das Wort Einigung, oft auch als »Einung« bezeichnet, meinte die gesellschaftliche Einigung. Die Deutschen waren, nach dem Dafürhalten der Zeitgenossen, kein »einig Volk von Brüdern«, sondern die verschiedenen Klassen, besser: die »Klasse« der Bürger und des Adels auf der einen, die »Klasse« der Arbeiter auf der anderen Seite standen sich schroff gegenüber. Daraus waren jene innergesellschaftlichen Spannungen entstanden, die zum Motor der ganzen deutschen Gesellschaftsgeschichte[238] geworden waren, besser: von denen einige Historiker meinen, sie seien es geworden. Hieraus entwickelte sich die schon erläuterte These vom Sozialimperialismus als »Palliativ gegen gebildete und ungebildete Sozialdemokraten«.

Nun darf nicht vom Endresultat zurückgeschlossen werden, dennoch kann man davon ausgehen, daß diese gesellschaftlich-weltanschauliche Zerklüftung, die das Reich angeblich innerlich zerrissen habe, von Anfang an ein Phantom gewesen ist. Wichtig ist allerdings, daß gerade viele Vertreter des hochbürgerlichen Lagers von ebendieser Furcht geplagt wurden. Sie mochte ein Gespenst sein, aber wer an Gespenster glaubt, sieht sie schon spuken. Noch anläßlich der Jahrhundertwende hatte der Oberhofprediger Dryander das feindliche Gegeneinander der Klassen als größte Gefahr, als größtes Manko des Reiches beklagt,[239] und Wilhelm II. hatte den Thron in der erklärten Absicht bestiegen, die inneren Widersprüche und die Klassen versöhnen zu wollen; manche sahen in dem jungen Monarchen den zweiten Reichsschmied, der das Kunststück fertigbringen würde, nach den Stämmen auch die Klassen des Volkes zusammenzuschmieden. Viele Politiker, nicht aber Bismarck, hatten dem jungen Monarchen das zunächst abgenommen und waren später um so enttäuschter, als Wilhelm selbst diese Visionen binnen zweier Jahre wie Seifenblasen platzen ließ.

Die Frage nach der soziologischen Einheit der Nation hat auch die Historiker energisch beschäftigt; die »Klassengesellschaft im Krieg«[240] mußte sich unter dem Streß des Krieges deutlicher denn je herauskristallisieren – zumindest von dem Augenblick an, in dem es keine Siege mehr zu feiern, sondern Niederlagen und Gefallene zu beklagen und zu betrauern gab.

Die Sache hatte aber noch weitere, sehr weitreichende Implikationen: Wenn das Kaiserreich von etwa der Hälfte seiner Einwohner innerlich und politisch nicht akzeptiert wurde, mußte ein Krieg, in dem mit Frankreich und England Demokratien gegen Deutschland antraten, tatsächlich die Frage aufwerfen, ob ein deutscher Sieg überhaupt wünschenswert war – wenn er denn zur Konservierung des antiquiert wirkenden Preußen und des als autoritär empfundenen Reiches führte. Es waren dies, wenigstens ansatzweise, genau jene Fragen, mit der sich im Umkreis des Zweiten Weltkrieges die Widerständler herumplagten – was in Einzelfällen bis zum glatten Landesverrat führen konnte.

Kriegsverweigerung in großem Stil – etwa nach einem entsprechenden Aufruf der sozialdemokratischen Führung, die sich von der sozialistischen Internationale hätte bestärken lassen können – mußte zum blitzartigen Zusammenbruch des Kaiserreiches als Kaiserreich führen. Gewiß, es ist nicht so gekommen, und deswegen sind solche Überlegungen an sich müßig, aber man darf zweierlei nicht außer acht lassen: Zum einen war das

Kaiserreich kein Zwangsstaat, anders gewendet: Der Staat hätte keine Möglichkeit – wie etwa die Regimes Lenins, Stalins oder Hitlers – besessen, einer flächendeckenden Kriegsverweigerung paroli zu bieten; zum anderen ist genau dies ja andernorts eingetreten: 1917 in Rußland. Das heißt: Solche Befürchtungen waren nicht aus der Luft gegriffen. »Wir wollen keinen Krieg«, konnte man beispielsweise am 25. Juli in der Parteizeitung der SPD, dem »Vorwärts«[241] lesen, und am 28. Juli war es im ganzen Reich zu Demonstrationen gegen den Krieg gekommen. Hinzu kam, daß die These vom guten und gerechten Krieg bereits nachhaltig erschüttert worden war – durch die Friedensbewegung vor 1914. Nicht hinzugehen, wenn Krieg war, konnte also schon vor 1914 als Option gelten.

Mit all solchen Erwägungen soll deutlich gemacht werden, in welch seelischer Verfassung sich jene befanden, die am 1. August 1914 die Mobilmachung verkündeten. Bethmanns Wort vom »Sprung ins Dunkle« paßt auch hier, und wahrscheinlich hat er es genau in diesem Sinne gemeint. Niemand von den für Krieg und Frieden Verantwortlichen konnte am 1. August 1914 wirklich davon überzeugt sein, daß die Deutschen dem Kaiser so in den Krieg folgen würden, wie einst die Preußen 1813 ihrem König. Auch von hier aus betrachtet erscheint die These von der leichtsinnigen Kriegsentfesselung 1914 wenig plausibel, und auch das Konstrukt von der »Flucht nach vorn« trägt nicht – wovor hätte man flüchten sollen? Doch nicht vor dem Generalstreik, gar der Revolution, denn die konnten durch einen Krieg, in den das Volk widerwillig gezwungen werden sollte, doch erst Wirklichkeit werden. Schon Bismarck wußte, daß ein kommender Krieg wahrscheinlich mit der alten Klassengesellschaft Schluß machen würde. Wer die tradierte Sozialstruktur konservieren wollte, brauchte alles andere als einen Krieg. Dafür gab es übrigens, was oft vergessen wird, aus der Geschichte des 19. Jahrhunderts zahlreiche Beispiele – angefangen vom französischen Revolutionskrieg von 1792 über den Krimkrieg von 1853, den amerikanischen Sezessionskrieg, bis hin zum russisch-japanischen Krieg von 1904: In allen Fällen hatten die herrschenden Eliten sich des Ansturms der politischen »havenots« während, vor allem aber nach dem Krieg erwehren müssen. Aus solchen Erfahrungen war bei Bismarck das entstanden, was viele Historiker in Analogie zu Formulierungen im »Kissinger Diktat« als den Bismarckschen »cauchemar des révolutions« bezeichnet haben.

Die gesellschaftliche Wirklichkeit des August 1914 sah ganz anders aus. Entscheidend war, daß nahezu alle Deutschen – es gab ein paar Ausnahmen im linkssozialistischen Lager – zutiefst davon überzeugt waren, am Ausbruch des Krieges unschuldig zu sein, und zwar völlig unschuldig. Kein Satz des Kaisers wurde öfters zitiert als dieser: »Mitten im Frieden überfällt uns der Feind«. Und in einem Atemzug hatte er hinzugefügt: »Darum auf zu den Waffen.« Es bedarf keiner großen Interpretationskünste, um zu erkennen, daß damit ein kollektiver Gruppenzwang etabliert war, dem sich nahezu niemand entziehen konnte – selbst wenn er es gewollt hätte. Wer wollte den Deutschen das Recht auf Selbstverteidigung, auf Notwehr streitig machen? Der Kaiser, ein, wenn er denn nur wollte, kluger und sensibler Mann, sprach den allermeisten Deutschen aus dem Herzen, wenn er in seiner Thronrede vor den Mitgliedern des Reichstages im Stadtschloß am 4. August 1914 sagte:

»In schicksalsschwerer Stunde habe Ich die gewählten Vertreter des deutschen Volkes um Mich versammelt. Fast ein halbes Jahrhundert lang konnten wir auf dem Weg des Friedens verharren. Versuche, Deutschland kriegerische Neigungen anzudichten und seine Stellung in der Welt einzuengen, haben unseres Volkes Geduld oft auf harte Proben gestellt. In unbeirrter Redlichkeit hat Meine Regierung auch unter herausfordernden Umständen die Entwicklung aller sittlichen, geistigen und wirtschaftlichen Kräfte als höchstes Ziel verfolgt. Die Welt ist Zeuge gewesen, wie unermüdlich wir in dem Drang und den Wirren der letzten Jahre in erster Reihe standen, um den Völkern Europas einen Krieg zwischen Großmächten zu ersparen.« Dann folgten jene Schlüsselsätze, die für die Genese des sogenannten »Burgfriedens« ausschlaggebend wurden:

4 Zeitgenössische Presseveröffentlichung

»Uns treibt nicht Eroberungslust, uns beseelt der unbeugsame Wille, den Platz zu bewahren, auf den Gott uns gestellt hat, für uns und alle kommenden Geschlechter...

Sie haben gelesen, meine Herren, was Ich an mein Volk vom Balkon des Schlosses aus gesagt habe. Hier wiederhole Ich: Ich kenne keine Parteien mehr, Ich kenne nur Deutsche.« Im Protokoll wird an dieser Stelle vermerkt: »Langanhaltendes brausendes Bravo«. Danach fuhr Wilhelm II. fort:

»Zum Zeichen dessen, daß sie fest entschlossen sind, ohne Parteiunterschiede, ohne Stammesunterschiede, ohne Konfessionsunterschiede durchzuhalten mit Mir durch dick und dünn, durch Not und Tod, fordere Ich die Vorstände der Parteien auf, vorzutreten und Mir das in die Hand zu geloben.«[242]

Man muß diese Sätze einen Augenblick auf sich wirken lassen, man muß versuchen, sich in die fast unwirkliche Atmosphäre dieses Moments zu versetzen um ermessen zu können, worum es an diesem 4. August ging. Es ist ein seltsames Spiel der Geschichte mit Daten und Zahlen, denkt man an einen anderen 4. August: den von 1789, also an jene lange Nacht, in der das ancien régime Frankreichs zusammenbrach, weil die herrschenden Stände sich ihrer Vorrechte begaben und mit dem Dritten Stand den Schulterschluß probten.

Wiederholte sich die Geschichte? Oder wird hier nur ein allgemeingültiges Muster menschlichen Zusammenlebens sichtbar? Keine Gesellschaft kann Krieg führen, wenn sie sich nicht einig ist – das galt zu allen Zeiten der Geschichte, und wenn diese Einheit zerbrach, war der Krieg allemal verloren – wobei es hier nicht um das vertrackte Problem gehen soll, was jeweils Ursache, was Folge war.

Wie in allen kriegführenden Staaten, stellte sich mit dem 1. August nun auch für die deutsche Sozialdemokratie, genauer: den deutschen Sozialismus, denn man mußte jenen linken Flügel, der sich dann als USPD und »Spartakus« absonderte, miteinbeziehen, die Gretchenfrage schlechthin. Auch die maßgebenden Vertreter der SPD waren davon überzeugt, daß Deutschland am Krieg unschuldig sei. Genau so wichtig wurde die Versicherung des Kaisers, man wolle keine Eroberungen machen. Vielleicht am wichtigsten aber war die Zusage der Reichsleitung, man werde den Forderungen der Sozialdemokratie nach einer Änderung des preußischen Dreiklassenwahlrechts nachkommen – allerdings erst nach dem Krieg. Da dieser jedoch allgemein als ein kurzer angenommen wurde, schien diese Aufschiebung vertretbar; sinnvoll war sie allemal, wenn es tatsächlich galt, zunächst alle Kräfte und jede Aufmerksamkeit auf den Erfolg des Krieges zu richten. Nicht nur der Kaiser, auch Bethmann Hollweg betonte am 4. August vor dem Reichstag, Deutschland führe ausschließlich einen Ver-

teidigungskrieg, und es gelang diesem an sich doch eher biederen preußischen Beamten, das Parlament in ein patriotisches Tollhaus zu verwandeln – was das Protokoll nur schwach wiedergeben kann:
»Anhaltender brausender Beifall und Händeklatschen im ganzen Hause und auf den Tribünen.«[243]

Nach alledem verwundert es nicht, daß die Sozialdemokratie am 4. August zum ersten, nicht zum letzten Mal den Kriegskrediten zustimmte. Das war die Versöhnung der Arbeiterschaft mit dem Bürgertum, mit der Monarchie der Hohenzollern, der späte Triumph aber auch der Bismarckschen Sozialgesetzgebungspolitik und der endgültige Beweis dafür, daß die Kräfte der Konvergenz stärker waren als die der Divergenz. Gewiß war in der sozialdemokratischen Politik dieser Tage auch ein gehöriges Stück Opportunismus und Machiavellismus versteckt, das Wort »Taktik« drängt sich auf, aber das ändert nichts Grundsätzliches: Das Kaiserreich stand im Juli und August 1914 gesellschaftlich und innenpolitisch *nicht* am Rand des Abgrunds. Wenn der 4. August 1914 eine Zerreißprobe war, so wurde sie bestanden, weil das Reich innerlich eben nicht bis zum Zerreißen angespannt war.

Dennoch gab es Haarrisse im Gebäude der deutschen Einheit, auch das darf nicht verschwiegen werden. 14 SPD-Funktionäre hatten parteiintern gegen die Kriegskredite gestimmt, darunter Luxemburg, Liebknecht, Mehring, Pieck, Clara Zetkin – also durchaus nicht irgendwelche »Hinterbänkler«, sondern führende Vertreter des linken Flügels der SPD. Aber nur ein Abgeordneter wagte die offene Ablehnung: Karl Liebknecht. Und diese Haarrisse sollten immer größer werden, bis es schließlich zur Abspaltung der USPD kam – mit all den Folgen, die weit in die Weimarer Zeit hineinragten.[244]

Gleichwohl blieben diejenigen, die gegen den Krieg waren, 1914 eine verschwindende Minderheit – nicht weil die meisten Menschen den Krieg um des Krieges willen gewollt hätten, sondern weil sie davon überzeugt waren, einen Verteidigungskrieg führen zu müssen. Auch die Verletzung der belgischen Neutralität am 3. August wurde von Bethmann Hollweg schon am 4. August 1914 als bloße Notwehrmaßnahme interpretiert, und selbst das glaubten die meisten Sozialisten.

Wüßte man es nicht, man könnte es vermuten: Was sich zwischen dem 1. und 4. August in Deutschland abspielte, fand seine Entsprechung auch in den Kapitalen der Entente, und das galt auch und ganz besonders für das Verhalten der Sozialistischen Parteien. Poincaré verkündete am 4. August die »union sacrée«, und die CGT, also der sozialistische französische Gewerkschaftsbund, blies den schon geplanten Generalstreik ab. Die Sozialisten traten der Regierung der nationalen Verteidigung bei. »C'est la vie de la France qu'il s'agit aujourd'hui, le parti n'a pas à hésiter«, ver-

10. Kriegsbeginn

kündete der Sozialist Jules Guesde.[245] Selbst die Ermordung des Sozialisten Jean Jaurès durch einen nationalistischen Fanatiker am 31. Juli 1914 änderte daran nichts; die SFIO verhielt sich ganz wie die SPD, denn auch sie war davon überzeugt, einen reinen Verteidigungskrieg zu führen. Es lag auf der Hand, daß der deutsche Kriegsplan dies zu beweisen schien – zur Implementierung des französischen Planes XVII kam es ja nicht, und damit auch nicht zu der garstigen Frage, was denn Truppen von jenseits des Rheins beispielsweise in Frankfurt/Main zu suchen hätten.

Der innenpolitische Schulterschluß vom 4. August 1914 segelt unter dem Schlagwort »Burgfrieden«; es ist völlig naiv auch von der Geschichtswissenschaft übernommen worden, ohne daß man sich viel Gedanken darum machte, was »Burgfrieden« denn überhaupt bedeutet. Dabei geht es nicht um die mittelalterliche Bedeutung des Begriffs,[246] sondern seine mentalitätsgeschichtliche.

Der Begriff »Burg« war im evangelischen Kaiserreich untrennbar mit Luthers Lied »Ein feste Burg ist unser Gott« verbunden, und im Zuge der Herausbildung der evangelischen Landesherrschaften hatten sich die Herrscher als Wächter dieser Burg verstanden, an ihrer Spitze der summus episcopus, der Kaiser Wilhelm II. Zwar war dessen theologische Bedeutung bis 1914 nahezu auf Null geschrumpft, dennoch herrschte nach der Abdankung des Kaisers im November 1918 in der evangelischen Geistlichkeit Preußens große Ratlosigkeit – wer war denn nun ihr oberster Herr?[247] Die Bindungen zwischen Kirche und Kaiser waren, wie man im nachhinein deutlich erkennen kann, wohl enger, als in der täglichen politischen Praxis vor 1914 zu erkennen gewesen war.

Der Begriff »Burg« war also religiös konnotiert – und er paßte gleichzeitig hervorragend in die antikisierende Selbstdarstellung des Hauses Hohenzollern.[248] Wilhelm II. hatte sich ständig bemüht, alte Burgen zu restaurieren oder neue Burgen in altem Stil zu errichten, am Rhein ist das noch heute zu besichtigen, und die Burg galt als Ausweis alter deutscher Größe. Besonders deutlich wird dies in der Wartburg oder der Goslarer Kaiserpfalz, und auch an das Aachener Münster wäre zu denken, denn die Ausschmückung des Oktogons mit byzantinisch wirkenden Mosaiken, die der Kaiser veranlaßte, war ein deutliches Signal in Richtung der karolingischen Tradition, wie der Aachener Dom zusammen mit der Domfreiheit und dem Rathaus als symbolisches Ensemble gesehen werden müssen – vor 1914 wie nach 1918.

In der Stunde des Kriegsausbruchs, also in der Stunde der größten Gefahr aber wurde das gesamte Reich gleichsam zur »Burg« erklärt – das paßte natürlich hervorragend zu der Einkreisungsthese und auch zur Behauptung, man wolle nicht erobern. Burgen sind defensive militärische

Mittel, wenigstens im allgemeinen – man kann über die Funktionen der Burg etwa unter Heinrich I. natürlich streiten –, und von daher war die Burg-Metapher hervorragend für die deutsche Friedenspropaganda geeignet. Gleichzeitig suggerierte sie die schicksalhafte Notwendigkeit des Zusammenstehens aller.

Der Gedanke der eingekreisten Burg wurde übrigens im Zweiten Weltkrieg von Hitler wieder aufgenommen – nun jedoch in einer charakteristischen Abwandlung: es galt nunmehr eine Festung, die »Festung Europa« zu verteidigen. Das funktionierte nach den gleichen Mustern und Mechanismen, und war ganz gewiß eine Reminiszenz an den »Burgfrieden« von 1914. Die hohe symbolische Bedeutung von Burgen und Festungen im Ersten Weltkrieg würde eine gesonderte geistesgeschichtliche Untersuchung verdienen – ich erinnere beispielsweise an Eben Emael, Fort Douaumont, Fort Vaux, und daß die Marienburg an der Weichsel nicht zum Symbol wurde, war nur dem überraschenden Verlauf des Ostkrieges im Jahr 1914 zu verdanken, Tannenberg hat das dann aber voll ersetzt.

Halten wir uns abschließend noch einmal alle historischen Versatzstücke vor Augen, die mit dem Kriegsausbruch von 1914 verbunden waren: Aus der Antike waren das der 2. und der 3. Punische Krieg, aus dem Mittelalter die Nibelungen und die Burg, aus den Freiheitskriegen

5 »Jeder Schuss ein Russ«

Wilhelms »Aufruf an mein Volk« vom 6. August – eine Paraphrase des seinerzeitigen Aufrufs Friedrich Wilhelms III. vom 17. März 1813 – und genaueres Suchen würde noch manches andere zutage fördern können, schließlich war Geschichte für jene Generationen, die nun gen Frankreich marschierten, noch eine buchstäbliche »Lebensmacht« – selbst in den trivialsten Soldaten- und Heldengesängen wimmelte es von historischen Anspielungen. Ein paar allgemein bekannte Beispiele aus dem »Land der Dichter und Denker« als Zeugnisse des Zeitgeistes von 1914:

»Jeder Schuß ein Russ'
Jeder Stoß: ein Franzos'

Auch in Serbien sollen sie sterbien
Und in Belgien uns nicht behelligen

Wem Gott will rechte Gunst erweisen,
Den läßt er jetzt nach Frankreich reisen!

Russischer Kaviar.
Französischer Sekt;
Deutsche Hiebe,
Ei, wie das schmeckt!

Erst kommt der Franzose
Und dann kommt der Ruß';
Dann kommt John Bull,
Der ersaufen muß«
– eine erstaunliche Kurzfassung der deutschen Strategie.

Und um auf die Geschichtskenntnisse einfacher Landser zurückzukommen:
»Alle Schuld rächt sich auf Erden,
Frankreich muß westfälisch werden.«[249]

11. DAS »ARGE TANZVERGNÜGEN«: AUFMARSCH UND OPERATIONEN BIS ZUR MARNESCHLACHT

»Das arge Tanzvergnügen«, um mit Thomas Mann zu sprechen, bedurfte eines Organisationsgrades, wie er noch niemals zuvor in der Geschichte gefordert worden war – die napoleonischen Kriege eingeschlossen. Es würde viel zu weit führen, wollte man die militärischen Strukturen, das Funktionieren der Kriegsmaschinen im einzelnen zu erläutern suchen,[250] nur soviel vorab: Wenn es ein Signum des 20. Jahrhunderts war, den Staat als Bürokratie zu erleben, als ein Gemeinwesen, in das alle Bürger wie in einem Netz gefangen waren, so ging dies wesentlich auf den Ersten Weltkrieg zurück. Im Zweiten hat man nicht viel mehr besser organisieren können, eher im Gegenteil: die eigentümliche »polykratische« Struktur des »Führerstaates« ließ viel von jener Effizienz, die wenigstens die Anfangsphase des Ersten Weltkrieges bestimmte, verloren gehen.

Die Erklärung fällt leicht, sieht man sich die Zahlen an, um die es 1914 ging. Sie müssen uns zuerst beschäftigen.

Das Bild des durch und durch militarisierten Deutschland vor 1914 hält einer numerischen Betrachtung nicht stand. Bei einer Gesamtbevölkerung von 67 Millionen Einwohnern betrug die Friedensstärke des Heeres bis 1911 506 000 Mann, das waren 0,865 % der Bevölkerung. In Frankreich waren es, zum Vergleich, 1,22 %. Die alte Bundesrepublik war, wie man sich unschwer erinnern wird, weitaus höher gerüstet als das Kaiserreich – übrigens auch das Kriegsreich des Adolf Hitler im Jahr 1937/38.

Im März 1911 wurde die Friedensstärke des Heeres um 9 000 auf 515 000 Mann erhöht, das reichte bei weitem nicht aus, wie es die Planspiele des Großen Generalstabes anläßlich der Marokkokrise 1911 auswiesen. Von Feinden rings umgeben, so klagte Moltke d.J., lasse Deutschland jährlich Tausende seiner waffenfähigen Männer unausgebildet und daher nutzlos für die Landesverteidigung.[251] Man muß zum besseren Verständnis hinzufügen, daß der Große Generalstab trotz einiger Zweifel immer noch davon ausging, der kommende Krieg werde so kurz sein, daß er wesentlich mit den bei Kriegsbeginn vorhandenen Kräften und den bis dahin ausgebildeten Reservisten würde bestanden werden müssen.

Die Militärs ließen nicht locker, aber erst der sichtbare Zusammenbruch des Tirpitz-Plans im Jahr 1912 verschuf der Landrüstung wieder etwas finanzielle Luft, und so wurde im Frühjahr 1912 eine weitere Erhöhung der Präsenzstärke um 38 000 Mann beschlossen. Die Phase der Kriegsreife, mit dem ersten Balkankrieg gegeben und auch so von den verantwortlichen Militärs empfunden – ich erinnere an den 8. Dezember 1912 –, führte schließlich nach einigem Hin- und Her zur Wehrvorlage vom 1. Oktober 1913, der letzten vor dem Krieg. Nun sollte nicht mehr gekleckert, sondern geklotzt werden: Die Generäle forderten, die Wehrkraft so wie in Frankreich zu erhöhen – auf die eben genannten 1,22 % der Bevölkerung, also auf etwa 817 000 Mann.[252]

Der Reichstag lehnte ab, und dies nicht nur aus fiskalischen, sondern aus prinzipiellen Erwägungen: eine derartige schlagartige Erhöhung ließe das innere Gefüge des Heeres ins Wanken geraten, man müsse dann auch Männer heranziehen, deren vaterländischer Gesinnung man sich nicht sicher sein könne. Der Reichstag bewilligte 117 000 zusätzliche Soldaten – das war zwar mehr als bei allen voraufgegangenen Heeresvermehrungen, aber drastisch weniger, als es sich die Schlieffenschule vorstellte. Die Umsetzung der Heeresvorlage aber konnte bis zum 1. August 1914 nicht mehr abgeschlossen werden; als der Krieg ausbrach, befanden sich zwei Korps noch in der Aufstellung, waren also nicht oder nur sehr bedingt einzusetzen. Von daher, haben die Militärhistoriker nach 1918 geschlossen, rühre letztlich die Katastrophe an der Marne.

Zu Kriegsbeginn zählte das deutsche Heer etatmäßig 794 319 Mann[253], dazu kam die Kaiserliche Marine mit 79 000, Kolonialtruppen – weiße und farbige – von 7 000 Mann, insgesamt also 880 000 Mann. Österreich verfügte über 478 000 Mann Heer und 16 000 Mann Marine, zusammen also 494 000. Mit den vorhandenen Reserven zählte das deutsche Heer 2 147 000 Mann oder 87,5 Infanterie- und 11 Kavallerie-Divisionen, das österreichische 1 338 000 Mann oder 49,5 Infanterie- und 11 Kavallerie-Divisionen. Man erkennt an diesen Relationen von Infanterie und Kavallerie, daß das k.u.k. Heer weniger modern war als das deutsche. Zusammen geboten die Mittelmächte also über 3 485 000 Soldaten.

Die deutsche Kriegsstärke von rund 2,1 Millionen Mann ist für den Militärhistoriker bemerkenswert – sie sollte in der deutschen Geschichte noch zweimal auftauchen: 1932 im Rahmen des Schleicherschen Umbauplanes und der Brüningschen Aufrüstungspläne, und in den sechziger bis achtziger Jahren, als die Kriegsstärke der Bundeswehr ebenfalls rund 2,1 Millionen Mann betrug. Es scheint dies also eine Art von natürlicher Mobilisationsgrenze in Deutschland zu sein.

Wie sah es bei der Entente aus? Frankreich standen – immer in Kriegsstärke – 2 150 000 Mann zur Verfügung, England 132 000, Belgien 100 000. Diese Zahl läßt aufhorchen, denn sie signalisiert bereits, daß mit einer einfachen und problemlosen Besetzung Belgiens nicht zu rechnen war, wenn sich dieses Land zum Widerstand entschloß. Rußlands Kriegsstärke betrug 2 712 000 Mann. Bei einer Gesamtbevölkerung von 164 Millionen war das russische Heer also nur knapp halb so groß wie das deutsche, aber eins war von Anfang an klar: Sollte der Krieg sich hinziehen, so würde, über kurz oder lang, das demographische Potential Rußlands voll zum Tragen kommen – eben davor hatte Moltke 1912 gewarnt, und eben das war schon 1856 ein Grund gewesen, mit Rußland tunlichst Frieden zu schließen, bevor der russische Bär wirklich aus seiner Höhle kam.[254] Typischerweise war es damals England gewesen, das den Krieg gar zu gerne fortgesetzt hätte – der Walfisch mußte den Bären erst noch zu verstehen lernen.

Serbien verfügte über 285 000 Mann, und auch diese Zahl läßt Zweifel an der Hypothese wach werden, Österreich hätte am 29. Juni oder am 14. Juli 1914 seine militärische Exekution gegen Serbien problemlos durchführen können.

Das österreichische Friedensheer betrug 478 000 Mann, und aus den Erfahrungen von der Krim und aus dem amerikanischen Sezessionskrieg wußten auch die Militärs, daß die Verteidigung die stärkere Form der Kriegführung war – das heißt: eine erfolgreiche Offensivaktion bedurfte einer deutlicheren numerischen Überlegenheit, als sie die Habsburger Monarchie im Juni/Juli 1914 aufweisen konnte.

Also: Ost- und Westgegner zusammen geboten über 5 379 000 Soldaten, die Mittelmächte über 3 547 000. Und nun die Verteilung: Im Osten standen 112 feindlichen Divisionen 9 bzw. 14 deutsche gegenüber, im Westen 92 feindlichen 70 eigene, wozu noch einige unbedeutende Reserven traten. Das hieß: Zum ersten Mal seit Beginn der strategischen und operativen Planungen des Großen Generalstabs, die sich auf den Aufmarsch I, also die Schwerpunktbildung im Westen bezogen, war das Angriffsheer kleiner als das Heer der Verteidiger – wenn es denn planmäßig gelungen wäre, die französische Armee a priori in die Verteidigung zu drängen. Sicher war das nicht, ein weiterer Schwachpunkt des Operationsplans.

Von daher wird zweierlei sofort verständlich: Der Große Generalstab konnte kein Interesse an einer Kriegsentfesselung im Jahr 1914 haben, die Heeresvermehrung von 1913 kam zu spät und war unzureichend. Eigentlich war damit alles gesagt: Es war theoretisch gesehen unmöglich, den modifizierten Schlieffenplan zu implementieren. Die Schlußfolgerung hätte lauten müssen: Hinhaltende Verteidigung sowohl im Osten wie im Westen – also eine genuin friderizianische Lösung nach dem Muster des Siebenjährigen Krieges. Zum Unglück für Deutschland war Moltke kein Friedrich, und mit dem älteren Moltke hatte er nur den Namen und die Verwandtschaft gemein. Man könnte sich sehr wohl vorstellen, daß eine gestandenere Persönlichkeit als dieser allzu kleine Großneffe in der Stunde der Wahrheit nicht versagt, sondern Kaiser und Regierung reinen Wein eingeschenkt hätte – zumal die Flotte alles andere als fertig war. Tirpitz hatte wenigstens daraus kein Hehl gemacht, und das trug bekanntlich mit dazu bei, daß der Kaiser sein schönes Riesenspielzeug von Anfang an nicht riskieren wollte. Das war nach Lage der Dinge durchaus vernünftig, und man tut Wilhelm II. Unrecht, wenn man die Misere der Flotte auf diesen Stillhaltebefehl – den Nordseebefehl Nr. 1 – schiebt, wie das nicht nur Tirpitz tun sollte.

Also war der Krieg von Anfang an verloren? Natürlich nicht. Das wäre eine ebenso unzulässige post-festum-Behauptung wie sie für den Zweiten Weltkrieg gang und gäbe – und genauso falsch ist. Die Chancen der Mittel- bzw. Achsenmächte mochten klein sein – aber es gab sie, und das wußte niemand besser als der Gegner, der weder den Ersten noch den Zweiten Weltkrieg auf die leichte Schulter genommen hat – frei nach dem Motto: Es mag ja dauern, man mag die eine oder andere Bataille verlieren – der Endsieg ist doch sicher. So war es nicht – auch zwischen 1914 und 1918 war die Geschichte nach vorne hin offen.

Irgendwie hat Moltke das kommende Desaster geahnt, er war alles andere als ein fröhlicher Drauf loskrieger. Später hat man ihm gerade das zum Vorwurf gemacht: Anstatt siegesgewiß und mit vollem Risiko das Unmögliche doch zu versuchen, denn dem Tüchtigen lache bekanntlich das Glück, habe er durch ständiges Zaudern und Räsonnieren den Kriegsgott ungnädig gestimmt – vor allem die Generalität hat nach dem Krieg kein gutes Haar an ihm gelassen.

Gewiß, ein genialer Stratege war er nicht, aber er war auch nicht die Null, als welche man ihn oft hingestellt hat. Natürlich wurde auch Wilhelm II. die Schuld an dem personellen Mißgriff mit Moltke in die Schuhe geschoben – das konnte bis zur Verdächtigung führen, hier habe die Esoterik eines Rudolf Steiner mitgespielt, oder bis zu strukturellen Erwägungen von der Art, es sei eben das verfehlte Konstrukt des Königsheeres gewesen, das eine effektive Führung habe zuschanden werden lassen – die Wahrheit war nüchterner: Wenn die Deutschen bis hinein in den Generalstab sich damit beruhigten, die Qualität des Heeres und jedes einzelnen Soldaten seien besser als die der Gegner, man müsse eine »höhere Moral« gegen die bloße »tote Zahl« setzen, so zeigte sich hier schon jener verhängnisvolle Zug, der die deutsche Militärgeschichte seitdem durchziehen sollte: die permanente Unterschätzung des Gegners, die, wie sich herausstellen sollte, durch nichts gerechtfertigte Annahme, Franzosen, Russen, Engländer, geschweige denn Amerikaner verstünden nicht so zu kämpfen wie die Deutschen. Diese Hybris war aus den drei Einigungskriegen geboren worden, sie sollte sich als ungemein zäh erweisen. Erst in der Bundesrepublik Deutschland wurde sie endgültig überwunden – wobei man anfänglich von einem in das andere Extrem fiel und »den Sowjets« wahre militärische Wunderdinge zutraute.[255]

Das Kriegsheer bestand aus dem Feldheer und dem Besatzungsheer. Ersterem war die Durchführung der Operationen zugewiesen, es ergänzte sich aus den jüngeren Reservistenjahrgängen sowie mobilgemachten Landwehrformationen. Letzterem oblagen die Aufgaben im rückwärtigen Heeresgebiet, in der Etappe und in den Garnisonen der Heimat und damit die wichtige Aufgabe der Rekrutenausbildung; es bestand zumeist aus älteren Reservistenjahrgängen.

Die planmäßige Kriegsstärke eines Bataillons betrug ohne Sanitäts- und Trainpersonal etwa 1 000 Mann. Ein kriegsstarkes Armeekorps bestand aus 25 Bataillonen, 8 Eskadrons, 24 Feldbatterien zu je sechs Geschützen und 4 schweren Batterien zu je 4 Geschützen. 1 554 Offizieren unterstanden 43 317 Unteroffiziere und Mannschaften.

Man muß sich dieser Größenordnungen bewußt sein, will man sich den taktischen, operativen und strategischen Verlauf des Krieges richtig vor Augen führen. Auch das gehört zum Handwerkszeug des Historikers, er mag sich so zivil gebärden, wie er will, daß er die Fachbegriffe kennt und weiß, was sie bedeuten. Daß man wenigstens in groben Zügen auch wissen muß, was es an Kanonen, Gewehren, Tanks, Flugzeugen, Schiffen, Booten gegeben hat, versteht sich am Rand. Und daß eine Division auf einem Schiff etwas ganz anderes ist als eine Division an Land...

In diesem Zusammenhang ist der Besuch von einigen Militärmuseen lehrreich: An der Spitze steht zweifellos das Imperial War Museum in London, in Péronne verfügt das Historial de la Grande Guerre in Péronne über tief beeindruckendes Material, in Ypern das Flanders Fields Museum; in Deutschland gibt es mit dem Dresdener Militärmuseum, das zu einem der größten deutschen Museen ausgebaut wird und dem Ingolstädter Bayerischen Militärmuseum sehr achtbare Versuche, den Krieg nicht nur mit Flachware, wie Museumsleute alles nennen, was nur Papier und Pappe ist, sondern mit sehr handfesten Ausstellungstücken zu illustrieren. Was die Luftwaffe angeht, ist ihr Museum in Berlin-Gatow zu empfehlen; was die Marine betrifft, ist die Sache schwieriger, weil Schiffe ziemlich groß sind. Aber sowohl im Deutschen Schiffahrtsmuseum in

Bremerhaven wie dem Deutschen Marinemuseum in Wilhelmshaven gibt es auch Boote aus der Kriegszeit zu sehen.[256]

Es war unzählige Male in Manövern geprobt worden, nun kam die Bewährung – glänzend, glaubt man Groener, wurde sie bestanden: 25 aktive Armeekorps, 11 aktive Kavallerie-Divisionen, 14,5 Reservekorps marschierten im August 1914 auf. Man muß die Namen der Oberbefehlshaber der aus diesen Kräften gebildeten 8 Armeen nicht unbedingt kennen, so wie dies die Zeitgenossen taten, dennoch sollten sie mindestens einmal alle erwähnt werden – und zwar in der Reihenfolge der 1. bis zur 7. Armee, die im Westen aufmarschierten, wobei die Dienstgrade und Adelstitel fortgelassen werden: von Kluck, von Bülow, von Hausen, Albrecht von Württemberg, Kronprinz Wilhelm von Preußen, Kronprinz Rupprecht von Bayern, von Heeringen. Die 8. Armee an der Ostgrenze wurde durch von Prittwitz und Gaffron befehligt.

Es war ein von Adeligen geführtes Heer, aber es war kein Adelsheer. Vielmehr stand der Weltkriegsarmee immer noch jene als Vorbild vor Augen, die 1870 gegen Frankreich marschiert war – aber gerade diese Erinnerungen hätten Moltke d.J. warnen müssen: Sein großer Vorgänger hatte nämlich alle Hände voll zu tun gehabt, um die fürstlichen Eitelkeiten der Oberbefehlshaber zu bändigen. Moltke, dem Mann mit der Mütze, war das wesentlich gelungen – ob Moltke d.J. es ihm nachtun konnte, war eine offene Frage. Es liegt auf der Hand, daß ein Kronprinz nicht immer ein genialer Stratege ist – um so wichtiger war es, das System des Generalstabs[257] rigoros durchzusetzen. Nur wenn die Herren mit den roten Biesen tatsächlich ermächtigt waren, auch den Herren Oberbefehlshabern Befehle zu erteilen – sie mußten ja nicht so genannt werden –, gab es eine Chance, dieses Mammutheer einheitlich führen zu können, aber selbst dann blieb das eine gewaltige Herausforderung, denn obwohl es schon moderne Kommunikationsmittel bis hin zum Kurierflugzeug gab, war nicht immer sichergestellt, daß die Kommandierenden Generäle vor Ort rechtzeitig, umfangreich und richtig informiert wurden, und das galt in viel höherem Maße für die Meldewege von den Armeen zum Hauptquartier, also dem Großen Generalstab, den man, Volkes Stimme folgend, dann bald »Oberste Heeresleitung« (OHL) nannte.

Die personelle Zusammensetzung des Heeres spiegelte auch den föderativen Verfassungscharakter des Reiches. Tatsächlich wird man erst seit der Mobilmachung überhaupt von einem Reichsheer sprechen können, denn bislang, in Friedenszeiten, gab es immer nur die Kontingentsheere, und Bayern wie Sachsen oder Württemberger legten größten Wert auf ihre formelle Unabhängigkeit. Die landsmannschaftliche Gliederung hatte sich 1870/71 bewährt, wesentlich wurde an ihr festgehalten. Aber der Kriegsverlauf selbst trug zur Aufweichung dieses Prinzips bei, und so liegt ein Körnchen Wahrheit in der Behauptung, erst der Erste Weltkrieg habe das deutsche Volk wirklich zu einer Volksgemeinschaft zusammengeschmolzen.[258].

Die Operationsgeschichte des Ersten Weltkrieges ist hier nicht zu schildern. Am präzisesten, weil auf den Akten unmittelbar beruhend, wird man durch das Generalstabswerk unterrichtet, aber auch einige moderne Darstellungen bemühen sich, den operativen Rahmen sachgerecht zu umreißen.[259]

Am 3. August marschierten deutsche Truppen in Belgien ein. Entscheidend waren nach den Vorstellungen Schlieffens und seiner Nachfolger die 1. und die 2. Armee, also der äußerste rechte Flügel. »Macht mir den rechten Flügel stark«, so werden bekanntlich die letzten Worte Schlieffens kolportiert. Aber man kann daran zweifeln, daß eine weitere Verstärkung der beiden Armeen in Anbetracht des Operationsgeländes, seiner taktischen und operativen Entfaltungsmöglichkeiten, der logistischen Probleme usw. mehr Effizienz versprochen hätte. Man kann sich auf dem Gefechtsfeld auch gegenseitig tottrampeln, um es laienhaft und drastisch zu formulieren. Die »leeren Schlachtfelder« des Zweiten Weltkrieges – Peter Bamms »Unsichtbare Flagge« hebt mit deren Schilderung an – weisen in die gleiche Richtung.

Es war die Aufgabe der beiden Flügelarmeen, in engem Schulterschluß die große Schwenkung aus der Eifel und den Ardennen heraus über Lüttich, Brüssel und Lille in die Wege zu leiten mit dem Ziel einer raschen Umfassung der Masse des französischen Feldheeres, noch bevor dieses sich mit dem britischen Expeditionskorps zusammenschließen konnte.

Aber das blieb von Anfang an Theorie, denn indem auch die 3. und 4. Armee den Schwenk von West nach Südwest und dann Süd mitmachten, entstand wie von selbst keine Umfassung, sondern nur eine Frontverschiebung von Nord-Süd, also der Ausgangslage, in Richtung West-Ost, und in der rechten Flanke blieb das unbezwungene Paris, damals eine riesige Festung. Das heißt aber, die rechte Flanke hing in der Luft, und Moltke befürchtete von Tag zu Tag mehr einen französischen Stoß in diese Flanke, was notwendig zu einer operativen Bewegung der 1. Armee nach Westen, und damit zu einer Trennung von der 2. Armee führen mußte. Um es laienhaft, aber hoffentlich verständlich auszudrücken: Indem der rechte Flügel in der Luft hing, in dieses Vakuum gleichsam hineingesaugt werden konnte, wenn er von dort angegriffen wurde, drohte die Front an der empfindlichsten Stelle aufgerissen zu werden – nämlich zwischen 1. und 2. Armee. Ob der Schulterschluß nicht allein zwischen diesen beiden, sondern den südlich bzw. dann östlich von diesen gestaffelten Armeen,

6 Joseph Joffre, Oberbefehlshaber der französischen Armee

also der 3., 4. und 5., rasch wiederhergestellt werden konnte, war nicht nur ein taktisch-operatives, sondern auch ein kommunikationstechnisches Problem; hier muß man sich erneut die Massen an Soldaten vor Augen führen, die es sinnvoll geordnet unter Gefechtsbedingungen zu führen galt. Entscheidend war jedoch, wie die Oberbefehlshaber vor Ort einerseits, also von Kuhl und von Kluck, und der Generalstabschef im Hauptquartier, also Moltke andererseits, die Gefahr des Flankenstoßes, des »Gespenstes Paris« einschätzten – und hier sollte sich zeigen, daß erstere Optimisten, letzterer Pessimist war.

Josephe Joffre[260], eine Persönlichkeit nicht gerade genialen Zuschnitts, wohl aber ein gestandener, erfahrener Truppenbefehlshaber, hatte mit großer Gelassenheit die deutschen Operationen verfolgt, und als ihm klar wurde, daß Paris eben nicht unmittelbar bedroht war, der Schlieffenplan in seiner ursprünglichen Gestalt nicht zur Durchführung gelangen würde, konnte er jene Kräfte, die Paris decken sollten, für einen Flankenstoß gegen die 1. Armee freimachen, und es gelang ihm auch, die noch relativ schwachen, aber gut ausgebildeten englischen Kräfte für diese Strategie zu gewinnen und miteinzubinden.

Am 5. September hatten die 1. bis 3. Armee die Marne überschritten, die 4. und 5. Armee waren bis vor Bar-le-Duc bzw. Verdun gekommen. Nun gab es praktisch eine geschlossene deutsche Front, die von Verdun – übrigens unbezwungen – über Châlons bis vor Meaux reichte, von dort aus aber gleichsam in der Luft hing. Im nachhinein fragt man sich, was sich Moltke dabei eigentlich gedacht hat, denn von dieser Ausgangslage her war mit einer Umfassungsschlacht nicht zu rechnen. Der Schlieffenplan erschien schon zu diesem Zeitpunkt in sein glattes Gegenteil verkehrt. Und woran eigentlich sollte sich der rechte Flügel lehnen? Daß nordwestlich von ihm militärisch und strategisch gesehen Nichts war, konnte ja bestenfalls nur ganz am Anfang und für kurze Zeit angenommen werden – irgendwann, und wahrscheinlich sehr rasch aber würden Franzosen und Engländer doch damit beginnen, hier einen neuen Verteidigungs- bzw. Angriffsschwerpunkt aufzubauen. Noch heute löst das alles Kopfschütteln aus.

Joffre erkannte sofort die Chance, die sich ihm bot; entscheidend aber war, wie auch Graf Kielmansegg betont, daß er nicht nur den Flankenstoß führte, sondern auf breiter Front den allgemeinen Angriff befahl, gleichsam mit Mann und Maus. Und hierher paßt dann die schöne Geschichte von den Pariser Taxen : »Wo bitte geht's zur Front?«.

Kühn und geschickt reagierte das AOK 1. Es warf alle Kräfte auf die bedrohte Flanke und konnte tatsächlich eine Überflügelung verhindern. Schon deutete sich damit an, was nach der verlorenen Marneschlacht einsetzen sollte: der Wettlauf nach Norden zwecks Überflügelung oder Verhinderung der Überflügelung der rechten bzw. linken Flanken der Gegner. Joffre war jedoch zu diesem Zeitpunkt weder fähig noch gewillt, ohne vorherige Entscheidung an der Marne diesen Wettlauf zu beginnen, was die einzig vernünftige Entscheidung war, solange es nicht zum Kräftemessen der beiden Gros gekommen war.

Klucks kühne Aktion trieb, wenigstens in den Augen Moltkes, den Teufel mit Beelzebub aus, denn nichts fürchtete der Schlieffenschüler mehr als eine Frontlücke zwischen der 1. und der 2. Armee. Entscheidend war, daß er den Oberbefehlshabern vor Ort eine rasche und wirksame Lösung dieses Problems nicht zutraute, und die unzureichende Kommunikation tat ihr übriges.

Moltke gehörte zur Kategorie der militärischen worst-case-Denker; in der kritischen Phase zwischen dem 5. und 8. September interpretierte er die Meldungen von schweren Kämpfen immer negativ, obwohl sich im Verlauf des 7. und 8. Septembers ein endgültiger deutscher Sieg abzeichnete. Joffre verfügte ja nicht über die notwendigen Kräfte und Reserven, um die Lücke wirklich nutzen zu können, solange die beiden Armeen mit beispiellosem Mut und einer bis dahin in der preußisch-deutschen Kriegsgeschichte kaum dagewesenen Bravour die Angriffsverbände Joffres banden und nach und nach niederzuringen im Begriffe standen. Vor Moltkes innerem Auge hingegen entfaltete sich ein wahres Schreckensszenarium, zu dem auch die Furcht vor einem Zusammenbruch der rückwärtigen logistischen Verbindungen über Belgien zählte.

Kurz und gut: Der Generalstabschef entschloß sich, den Chef der Nachrichtenabteilung im Großen Generalstab, den Oberstleutnant Hentsch an die Front zu schicken, um nach dem Rechten zu sehen. Noch lange nach dem Krieg und nachdem der unglückliche Generalstäbler ein Untersuchungsverfahren gegen sich selbst beantragt hatte, wurde erbittert darüber diskutiert, ob Hentsch denn wirklich Vollmacht besessen habe, den Rückzug zu befehlen.

Hentsch teilte die düsteren Besorgnisse seines Chefs vollkommen – schon deswegen war seine alleinige Entsendung ein Fehler, und so kam es, wie es kommen mußte: Obwohl vor allem das AOK 1 glaubte, die Lage nicht nur halten, sondern die Marneschlacht zu deutschen Gunsten entscheiden zu können, und obwohl auch das AOK 2 optimistisch war – auf diese beiden Armeen kam es ja wesentlich an –, entschloß sich Hentsch im Auftrag Moltkes, die Front zurückzunehmen, und zwar wesentlich hinter die Aisne. Die Marneschlacht wurde damit deutscherseits abgebrochen, die deutschen Armeen räumten, kopfschüttelnd, will man vielen Augenzeugenberichten glauben, das Schlachtfeld, zogen sich, wenn auch geordnet und in ihrem eigenen Selbstverständnis unbesiegt, zurück, aber nach allen Traditionen der Militärgeschichte galten diejenigen, die dies zuwegegebracht und das Feld behauptet hatten, als Sieger.

Noch bis zum Beginn des Zweiten Weltkrieges galt in der deutschen Öffentlichkeit die verlorene Marneschlacht als die causa prima des Kriegsverlustes überhaupt,[261] und denkt man an die ganze Geschichte des deutschen Generalstabsdenkens zurück, so war daran nicht zu zweifeln, denn mit der Entscheidung vom 9. September 1914 war der Schlieffenplan definitiv gescheitert. Er aber hatte, ich erinnere an Groener, als das »Geheimnis des Sieges« gegolten, an ihm hatte die gesamte strategische Konstruktion des Zweifrontenkrieges gehangen. Moltke sah das genau so. Nervlich am Ende, seelisch völlig zerrüttet, warf er das Handtuch und trat zurück. Das Generalstabswerk zeichnete ein bemerkenswertes Psychogramm dieses Mannes:

»Er verlor allmählich die Kraft zu tatfrohem, selbsttätigem Handeln. Während die aufs höchste gespannte Lage verantwortungsfreudiges, zielbewußtes Eingreifen des Generalstabschefs gebieterisch forderte, malte sich sein Geist in peinvoller Klarheit schon bis in alle Einzelheiten die furchtbaren Folgen einer verlorenen Schlacht aus. Als sich im Höhepunkt des Ringens Schwierigkeiten und Reibungen stärker und stärker geltendmachten, entglitten seiner erlahmenden Hand die Zügel der Führung immer mehr, bis unter dem furchtbaren Druck der Verantwortung, der Spannungen und Krisen der Schlacht der Seele des Feldherrn der Wille zum Siege entschwand: In der Stunde der Entscheidung über des deutschen Volkes Schicksal brach sein Führer im Felde seelisch und körperlich vollständig zusammen.«[262] Sein Nachfolger wurde Erich von Falkenhayn.[263]

Gewiß gehört die Marneschlacht zu den Schlüsselereignissen des Ersten Weltkrieges, dies aber nicht nur in militärgeschichtlicher Hinsicht. Viel

7 Erich von Falkenhayn, Chef des Großen Generalstabs 1914-1916

bedeutender war sie im Rahmen der Geistes- und Mentalitätsgeschichte, wie Karl Lange nachgewiesen hat. Der Untertitel seines Buches lautet, und damit wird schon die Grundthese deutlich: »Eine verdrängte Niederlage und ihre Folgen.«

In Deutschland kamen die allermeisten Menschen auch nicht im Traum auf die Idee, an der Front könne irgendetwas schiefgehen, und der Gedanke an eine mögliche Niederlage war undenkbar. Bisher hatte alles ja auch aufs Prachtvollste funktioniert: Die Armeen hatten ihren Vormarsch planmäßig durchführen können; gewiß, die Festung Lüttich wie die Belgier überhaupt leisteten überraschenden Widerstand, es gab beunruhigenderweise auch »Franctireurs«, was die Öffentlichkeit, soweit sie durch die Schleier der Militärzensur hindurchzublicken verstand, leicht irritierte, und es schien hier und da ärgerliche Verzögerungen zu geben, aber all dies änderte an dem Optimismus in der Öffentlichkeit bis tief in den August 1914 hinein nichts. Das deutsche Heer: präzise wie ein Uhrwerk, unbesiegbar, es schien nur eine Frage der Zeit, bis aus dem Hauptquartier das zweite Sedan oder gar das große zweite Cannae gemeldet wurde.

Theodor Wolff, der Chefredakteur des »Berliner Tageblatts« und ein eifriger Tagebuchschreiber, ein Mann, der an der Quelle saß, hat das langsame Umschwenken der Stimmung seitdem gewittert und dokumentiert, seine Tagebücher sind eine hervorragende Quelle zur Geschichte der öffentlichen Meinung im Ersten Weltkrieg.[264] Ihnen auch kann man das entnehmen, was Lange analysiert hat: wie nämlich in dem Maße, in dem auch Laien erkennbar es mit dem kurzen Krieg nichts wurde, ein großer mentaler Verdrängungsprozeß einsetzte – er nahm seinen Anfang mit der Weigerung, den Verlust der Marneschlacht und damit, nach den erklärten Vorgaben der Vorkriegszeit, des gesamten Krieges zuzugestehen.

Denn das war ja nun, am 14. September 1914, die Lage: Deutschland hatte alles auf eine Karte gesetzt, die Karte hatte verloren – jetzt wäre der

Zeitpunkt gekommen, um einen Waffenstillstand anzubieten – in der Hoffnung, daß die Gegner ihn zu billigen Bedingungen gewähren würden. Es war so wie beim Schachspiel: Was nützt es, wenn man noch über eine erkleckliche Anzahl von Bauern und Offizieren verfügt, der König aber schon im Matt steht? Ebendies war die Lage des Deutschen Reiches Mitte September 1914 oder besser gesagt: so waren die Fachleute und die Laien vor dem 1. August 1914 übereingekommen, daß es so sein müßte.

Man muß sich die vertrackte Situation klarmachen: Wenn wir uns wie ein Geist in das Lagezimmer des Hauptquartiers versetzen könnten, so müßten wir eigentlich Lagevorträge hören, in denen dem Kaiser vorgeschlagen wird, den Krieg schleunigst zu beenden, da er nicht mehr zu gewinnen sei. Denn eben dies werde die Folge sein, weil der Schlieffenplan gescheitert sei – das hatte man der Reichsleitung tausendmal zuvor eingetrichtert, das war das Argument bei jeder Heeresvermehrung gewesen, das war das schwerwiegendste des Militärs in der Julikrise, das Bethmann Hollweg zweifellos mit zum »Sprung ins Dunkel« getrieben hatte. Es konnte ja wohl nicht wahr sein, sollte nun ein Generalstabschef aufstehen und sagen, man könne den Krieg mit Aussicht auf Erfolg auch nach dem Scheitern des Operationsplanes fortführen – das hätte im Nachhinein die ganze Argumentationskette seit den neunziger Jahren des 19. Jahrhunderts als scheinheilig, wenn nicht verlogen desavouiert – die Konsequenzen sind nicht näher auszumalen.

Also gab es nur einen Ausweg: die Marneschlacht *war* gar nicht verloren worden! Man hatte sie nur aus wohlerwogenen Gründen abgebrochen. Die Marneschlacht hatte noch gar nichts entschieden. Es gäbe noch eine weitere, und sollte auch diese zuschanden werden, noch andere Chancen; immer noch sei der Sieg im Westen möglich. Aus solcher Kopf-in-den-Sand-Rabulistik wurde die Idee des kommenden Operationsabschnittes geboren, den schon die Zeitgenossen als »Wettlauf zum Meer« gedeutet haben.

12. DIE »SAKRIFIZIERUNG« DES OSTENS?

Die Größe der Niederlage an der Marne wird recht eigentlich deutlich, erinnert man daran, daß der alte Schlieffen sich entschlossen gezeigt hatte, für den Vernichtungssieg im Westen notfalls den deutschen Osten zu opfern; vorübergehend, versteht sich, aber nicht minder schwerwiegend und folgenreich. Vor allem Ostpreußen, so hatte er bedeutet, müsse im Interesse der Gesamtkriegführung notfalls eben »sakrifiziert« werden, was nüchtern und brutal ausgedrückt hieß: wir können Ostpreußen nicht verteidigen, wir müssen es wie einst Friedrich der Große den Russen überlassen. Keine Gedanken machte er sich um die Frage, wie dieses Ostpreußen denn aussehen würde, wenn man es nach dem Sieg im Westen wieder befreit haben würde.

Man könnte lange darüber nachdenken, was das eigentlich bedeutete – nicht nur im Rahmen der Strategie und Kriegführung, sondern in dem der allgemeinen Geschichte. Schließlich war Ostpreußen das eigentliche Preußen, jenes Territorium, auf dem die ganze preußische Monarchie gründete, und der 18. Januar 1701 war das symbolträchtigste Datum der preußischen Geschichte überhaupt. Aber Ostpreußen hatte diese Kernfunktion schon unter Friedrich I. wesentlich verloren; nichts tat der in Königsberg frischgebackene König, um den verheerenden Folgen der furchtbaren Pest zu wehren, aber auch Friedrich Wilhelm I., durchaus um das ostpreußische Retablissement bemüht, verlor bald alles Interesse an dieser Provinz, wozu des Königs Ärger mit den ostpreußischen Ständen beigetragen haben mochte, und Friedrich der Große hätte Ostpreußen von allen seinen Provinzen am ehesten geopfert – wenn es die Monarchie insgesamt zu retten gegolten hätte. Maria Theresia gar hatte Rußland im Siebenjährigen Krieg ganz Ostpreußen als Siegespreis versprochen.

Und dennoch wurde Ostpreußen in den finstersten Zeiten der preußischen Monarchie wieder zum Kernland, zum rettenden Hafen: In das Kant'sche Königsberg floh Friedrich Wilhelm III. mit seiner Königin und seinem Hof, und in Tilsit wurde der Friede geschlossen. Und dann Tauroggen...

Wenn Schlieffen den Bewohnern Ostpreußens ein Schicksal zumutete, das über diese wirklich dann erst 1945 kommen sollte, so verrät dies etwas über den Stellenwert des armen, rein agrarisch geprägten Landes in dem Industriestaat Preußen-Deutschland. Man stelle sich vor, man hätte im Interesse einer Verteidigung Ostpreußens die Rheinlande »sakrifiziert«!

Dira necessitas, hätte Schlieffen geantwortet, und diesem Argument war nur schwer etwas entgegenzusetzen – wenn man den Prämissen seines Planes grundsätzlich zustimmte. Wo gehobelt wird, da fallen eben ostpreußische Männer, Frauen und Kinder.

Ich will damit nur jene Kaltschnäuzigkeit andeuten, die ja nicht nur in diesem Teilstück der Schlieffenschen Strategie steckte. Die Belgiensache war ja nicht besser, besser auch nicht die Planung gegen die Niederlande, Dänemark und Norwegen. Wir werden noch sehen, daß dennoch die Crème der deutschen Geisteswissenschaftler 1914 meinte, kein anderes Land vertrete so wie Deutschland in diesem Krieg die Ideale der Kultur und der Humanität. Was für das Feld der Beurteilung der militärischen Gegner Deutschlands galt, traf auch auf diesem zu: Die Mentalität erheblicher Teile der geistigen Elite von 1914 war von einer durch nichts zu rechtfertigenden Hybris geprägt, die Erwägungen der Humanität und der Moral rücksichtslos der Staatsräson opfern zu dürfen glaubte. Friedrich Meinecke wird in seinem Buch über die »Idee der Staatsräson in der neueren Geschichte«[265] 1924 das dazu Notwendige sagen – auch wenn er damit nichts bewirkte.

Aber man muß nun, zur Ehrenrettung des vielgeschmähten Moltkes d.J. sofort erwähnen, daß er diese Strategie für den Osten[266] ablehnte – das ist die positive Deutung. Die negative wird sich darauf berufen können, daß der nämliche Mann, der den großen Plan des großen Schlieffen schon im Westen verwässert hatte, nämliches auch im Osten getan hätte, denn indem er immerhin eine Armee, wenn auch nur aus 4 Korps bestehend, nach Osten abstellte, begab er sich jener zusätzlichen Chancen, die zum Gelingen des Schlieffenplanes im Westen als eigentlich erforderlich gegolten hatten. Tatsächlich wird man Moltke humanitäre Erwägungen nicht absprechen wollen – aber sie gingen, und das war für seinen Charakter und die Grenzen seiner Kunst bezeichnend, eben nicht so weit, dann eben den ganzen Plan zu verwerfen, um sich wirklich auf die von Hans Delbrück erforschte defensive Strategie des großen Friedrich zurückzuziehen.

Die Deutschen waren im August 1914 in den Krieg gezogen mit der Erwartung und in der Überzeugung, im Westen eine rasche Entscheidung herbeiführen zu können, nicht zuletzt, weil sich hier im Verhältnis 7:1 die deutschen Kräfte konzentrierten.

Und doch geschah das gänzlich Unerwartete, das nicht Vorhergesehene: Der Plan scheiterte im Westen, im Osten gelang es weit unterlegenen deutschen Kräften, wenigstens einmal genau das zu erreichen, was Schlieffen im Westen hatte herbeizwingen wollen: die nahezu perfekte und vernichtende Umfassungsschlacht. Dafür steht der Name Tannenberg.

Bis dieser aufglänzte und seine magische historische Kraft zu entfalten begann, hatte es im Osten dramatische Vorentscheidungen gegeben. Nur eine Armee, die 8. unter von Prittwitz, hatte den ausdrücklichen Auftrag Moltkes zu erfüllen, Ostpreußen zu schützen. Daß man mit weit unterlegenen Kräften keine Offensive gegen die russische Njemenarmee, die zur peinlichen Überraschung aller viel rascher mobil wurde als erwartet (ich erinnere an die diesbezüglichen Befürchtungen in der Juli-Krise), wagen konnte, verstand sich von selbst. Aber die Erfahrungen von der Krim und aus Amerika, zuletzt auch die des russisch-japanischen Krieges hatten gelehrt, daß man nach der Erfindung des Maschinengewehrs auch mit weit unterlegenen Kräften langen, hinhaltenden Widerstand leisten konnte. Der Auftrag Moltkes war also kein Himmelfahrtskommando. Aber Prittwitz gehörte auch zu den Zauderern und wollte die somit doch existierende Chance, die russische Dampfwalze grenznah abzuwehren, nicht wahrnehmen. Er brach das Gefecht von Gumbinnen ab und zog sich wohlgeordnet von der Linie Gumbinnen-Lötzen nach Masuren zurück – damit nahezu ganz Ostpreußen praktisch kampflos der Njemen-Armee preisgebend. Vor ihr türmte sich eine Welle von Flüchtlingen; manche flohen bis nach Schleswig-Holstein – so beispielsweise meine Großeltern, die schon 1914 als Flüchtlinge nach Uetersen kamen und 1945 dann genau wußten, wo ihnen schon einmal Asyl gewährt worden war: in Uetersen. In diesem Zusammenhang ist eine methodologische Bemerkung erforderlich: So wichtig es für den Historiker ist, das große Ganze zu sehen und sich nicht in flüchtigen Details zu verlieren, so wichtig ist es auch, sich von Fall zu Fall in das zu versenken, was man Mikrohistorie zu nennen beliebt. Es ist ja wie in der Welt überhaupt: Sie setzt sich aus dem Makro- und dem Mikrokosmos zusammen.

Zurück zum unglücklichen Prittwitz: Was dieser Herr praktizierte, paßte weder zu der eben skizzierten Überlegenheitsrhetorik noch entsprach es den Moltkeschen Intentionen, und so entschloß sich Moltke, dem Gesuch des 1911 pensionierten Generals der Infanterie à la suite des 3. Garde-Regiments zu Fuß, Paul von Beneckendorff und von Hindenburg, zu entsprechen, und ernannte diesen zum Nachfolger des Generals von Prittwitz. Zur Seite als Quartiermeister wurde ihm der General Erich Ludendorff gestellt, der sich soeben bei der Erstürmung Lüttichs durch Schneid und Rücksichtslosigkeit besonders hervorgetan hatte, und diese beiden bildeten nun das, was man abkürzend und nicht ganz korrekt – korrekt ist: AOK Ost – »Oberost« zu nennen pflegte.

12. Die »Sakrifizierung« des Ostens?

8 Paul von Beneckendorff und von Hindenburg, AOK Ost

9 Erich Ludendorff, AOK Ost

Diese Personalentscheidung war, nachträglich betrachtet, die wichtigste, die Moltke je getroffen hat – was er nicht wissen konnte. Hindenburg und Ludendorff sollten zu den Heroen des Krieges, zu geradezu mythischen Gestalten werden. Um so bedauerlicher ist es, daß es weder zu dem einen noch dem anderen eine wirklich moderne, brauchbare Biographie gibt.[267] Bedenkt man die kaum zu überschätzende Bedeutung Hindenburgs und Ludendorffs auch noch für die Geschichte der Weimarer Republik und des »Dritten Reiches«, ist dieser Mangel um so mehr zu beklagen – aber die Quellenlage wird eine allseits befriedigende Lösung des historiographischen Ludendorff/Hindenburg-Problems vermutlich nicht möglich machen. Was ihre eigenen Memoiren[268] angeht, so gab sich Hindenburg redliche Mühe, objektiv zu bleiben, was man für Ludendorff nicht behaupten kann, aber natürlich sind beide Werke dennoch erstrangige Quellen – eben auch faute de mieux.

Das neue Dioskurenpaar, kaum an den Hebeln der östlichen Macht des Reiches, leitete schwungvoll eine ganze Reihe von Veränderungen und Maßnahmen auf nahezu allen militärischen Feldern ein, um den Dingen eine strategische Wende zu geben – hier zum ersten Mal bewährten sich jene Tugenden, die dem alten Moltke vorschwebten, wenn er vom Feldherrn der Zukunft sprach. Können, Kunst, Mut, auch Glück: all dies kam zusammen und mußte zusammenkommen, um die große Wende zu erzwingen. Hindenburg und Ludendorff schlüpften nach Tannenberg wie von selbst in das Gewand der Retter des Vaterlandes; eine schwerwiegende und weitreichende Ikonisierung, deren Auswirkungen schier unabsehbar sein sollten.

Die Militärhistoriker haben bei der genauen Analyse der Operationsführung festgestellt, daß die entscheidenden Ideen von Ludendorff ausgingen, aber Hindenburg hatte insofern seinen Anteil an ihnen, als er seinen Generalquartiermeister handeln ließ und seine Vorschläge mit der Autorität des Oberkommandierenden absegnete.[269] Und so sollte es auch fortan sein; der sprühendere Geist, der kühnere, dann tollkühnere, am Ende hasardierende war Ludendorff, und da dieser sich mit der formell zweiten Position nur schwer abfand, kam es zu der einzigartigen Lösung, daß ihm vom Kaiser und vom Chef des Großen Generalstabes die Gleichberechtigung zugestanden wurde – was Hindenburg, und das spricht für ihn, nicht verschnupfte, so daß die Zusammenarbeit dieser beiden erstaunlicherweise bis zum Schluß funktionierte – etwas ganz Seltenes in der Militärgeschichte.

Tannenberg war die Initialzündung für jenen märchenhaften Aufstieg zweier Generäle, der das besondere Interesse schon deswegen finden muß, weil er Typisches spiegelte und in mancherlei Betracht für die kommenden Jahrzehnte stilbildend wurde. Auf die Schlacht selbst ist hier nicht einzugehen – es gibt, meinem Dafürhalten nach, neben der Darstellung im Reichsarchivwerk[270] nur noch eine, die Tannenberg wirklich umfassend würdigt: Solschenizyns Roman, man sollte besser sagen: Reportage unter dem Titel »August 1914«[271], ein Art Gegenstück zu Tolstois »Krieg und Frieden« oder Stendhals Präludium zu Waterloo in der »Kartause von Parma«. Im Reichsarchivwerk wurde die Schlacht so gewürdigt:

»Nach Leipzig, Metz und Sedan steht Tannenberg als die größte Einkreisungsschlacht da, die die Weltgeschichte kennt. Sie wurde im Gegensatz zu diesen gegen einen an Zahl überlegenen Feind geschlagen, während gleichzeitig beide Flanken von weiterer Übermacht bedroht waren. Die Kriegsgeschichte hat kein Beispiel einer ähnlichen Leistung aufzuweisen –, bei Kannae fehlte die Rückenbedrohung.«[272]

12. Die »Sakrifizierung« des Ostens?

Dieses Zitat ist gut geeignet, um das Prinzip der Quellenkritik, der sich der Historiker ständig zu befleißigen hat, zu demonstrieren: Leipzig bezieht sich auf die Völkerschlacht vom 16.-19. Oktober 1813, Metz auf die Einschließung Bazaines 1870 nach den blutigen Schlachten in Lothringen, der Fall Sedan ist klar. Entscheidend ist die Kritik an Moltke, obwohl dieser Name überhaupt nicht fällt. Sie verbirgt sich aber in wünschenswerter Deutlichkeit in dem Nebensatz: »während gleichzeitig beide Flanken von weiterer Übermacht bedroht waren.« Das bezieht sich auf den Abbruch der Marneschlacht im Gefolge der Flankenbedrohung – übrigens nur von einer Seite, was die Ohrfeige ins Gesicht des jüngeren Moltke um so lauter schallen ließ. Ob jedoch dieses Verdikt zutreffend ist, also die beiden Flankenbedrohungen miteinander überhaupt vergleichbar waren, ist fraglich. Im Ergebnis läßt sich feststellen, und damit entlarvt sich das anscheinend so objektive Generalstabswerk zumindest in diesem Punkt als subjektiv, daß die Flankenbedrohungen *nicht* vergleichbar waren – was nun wiederum auf jene Mentalitäten zurückschließen läßt, die nach 1918 das Truppenamt, dem die Kriegsgeschichtliche Abteilung angehörte, prägten. Das heißt: auch unter Seeckt, also dem Chef der Heeresleitung, hielt man an dem Grundgedanken von der Wünschbarkeit der Vernichtungsschlacht fest – immer noch galt die Defensive als die mindere Form der Kriegführung, und das in einer Zeit, als es in Deutschland nur ein miserabel ausgestattetes Hunderttausend-Mann-Heer gab.

Vom methodischen Exkurs zurück in die Geistesgeschichte von Tannenberg. Es fängt mit dem Namen an: Es war Ludendorff, der Hindenburg am Abend der Schlacht vorschlug, sie so zu nennen; wer immer einmal sich die im Reichsarchivwerk mitgelieferten Karten genauer ansieht, der wird sofort feststellen, daß das historische Tannenberg, also das von 1410, eher an der Peripherie des Geschehens lag – andere Orte waren viel zentraler, etwa Hohenstein, auch Allenstein. Schon daraus läßt sich die eigentliche Absicht Ludendorffs erschließen: Tannenberg 1914 war die Revision von Tannenberg 1410 – so und nicht anders sollte das Ereignis von der Öffentlichkeit begriffen werden, und da in dieser Epoche der Geschichte auch der letzte Volksschüler mit dem Datum 1410 etwas anzufangen wußte, konnten die Reaktionen nicht ausbleiben: Tannenberg war ein bewußt inszenierter Mythos, und da die Namen von Hindenburg und Ludendorff mit ihm symbiotisch verbunden waren, wurden auch sie zum Mythos. Das hatte außerordentliche Fernwirkungen.

Aber es gab nicht nur solche in Deutschland. Indem die deutsche Propaganda Tannenberg 1914 auf Tannenberg 1410 bezog, begaben sich die Deutschen freiwillig und ungezwungen der Chance, polnische Sympathien für sich zu gewinnen. Ohne Not stießen sie die Polen vielmehr vor den

Kopf, und daran erkennt man besonders gut jenen machiavellistischen Zug im Denken Ludendorffs, der noch mehr als einmal zum Vorschein kommen sollte. Die enorme Chance, die in einer Propagierung der staatlichen Wiederauferstehung Polens durch Deutschland gelegen hätte, wurde entweder nicht gesehen oder nicht gewollt.[273] Tatsächlich wurde nach dem Ersten Weltkrieg Tannenberg, wo ein pompöses Denkmal entstand, zum flammenden Symbol des Kampfes der Deutschen gegen die Polen – was mit der historischen Wirklichkeit bekanntlich nichts zu tun hatte, denn Grunwald 1410 – so nannten die Polen den Ort der Schlacht – war wesentlich von Litauern und nur in zweiter Linie von Polen geschlagen worden, und es war damals keineswegs um Polen gegen Deutsche gegangen sondern um einen Konflikt zwischen den vereinten litauisch-polnischen Kronen und dem Deutschordensstaat.[274] Mit Nationalismus hatte das nichts zu tun; der Orden war international.[275]

Tannenberg 1914 wurde gewollt und bewußt zu einem *nationalen* Symbol gemacht, wesentlich von Ludendorff. Es war klar, daß man das heroische Siegeszeichen 1944/45 nicht in die Hand der Roten Armee fallen lassen wollte: Man sprengte es, und die sterblichen Überreste Hindenburgs, der dort 1934 mit allem Prunk und Protz, dessen das »Dritte Reich« fähig war, begraben worden war, wurden in die Elisabethkirche von Marburg überführt.

Der Schlacht von Tannenberg folgte vom 6. bis zum 15. September 1914 die fast genauso bedeutende an den Masurischen Seen, die ebenfalls die Deutschen gewannen; während die schwer geschlagene Njemen-Armee Ostpreußen räumen mußte, sicherte die 8. Armee den Osten des Reiches ab, und die Flüchtlinge kehrten zurück – zutiefst dankbar. Noch 1932 versuchte Brüning, übrigens völlig vergeblich und mit peinlichem Ergebnis, diese Reminiszenzen für die Reichspräsidentenwahl von 1932 zu instrumentalisieren.[276]

Eine weitere Fernwirkung des »Wunders« von Ostpreußen bedarf ebenfalls der Erwähnung: Als sich im September 1944 abzeichnete, daß die Reichsgrenze in Ostpreußen möglicherweise nicht würde gehalten werden können, und sich die ersten Flüchtlingstrecks nach Westen in Bewegung setzten, schüttelten die damals Älteren den Kopf und verwiesen auf ihre Erfahrungen aus dem Ersten Weltkrieg – und auf Hindenburg. Der Gauleiter Koch nutzte diese Erinnerungen zur Begründung seiner Räumungsverbote, und so kam es, daß die Bevölkerung Ostpreußens diesmal eben nicht rechtzeitig floh, sondern fast bis zum 12. Januar 1945, also dem Tag, an dem die sowjetische Offensive begann, darauf vertraute, das Reich werde sie ebensowenig im Stich lassen wie 1914. Ich kann mich als Kind von sechs Jahren erinnern, daß meine Großmutter meiner Mutter ob deren Bedenken die größten Vorwürfe machte, als vor unserer Haustür die Trecks durchgingen und sich die Frage stellte, ob man sich ihnen nicht anschließen sollte. Oh nein, das Vertrauen in den »Führer«, seinen Gauleiter und in die Geschichte war unerschütterlich – was hunderttausende, vielleicht zwei Millionen Menschen schließlich mit dem Tod bezahlen mußten. Die Fernwirkungen der vermeintlichen historischen Lehren sind manchmal fataler als die direkten Auswirkungen – auch dies ein Phänomen, der Betrachtung und Analyse höchst würdig.

In der Praxis ließ sich nach Tannenberg und den Masurischen Seen davon ausgehen, daß der Zweifrontenkrieg für das Reich für wenigstens einen glücklichen historischen Augenblick de facto wieder zum Einfrontenkrieg geworden war, denn mit einer baldigen zweiten russischen Offensive war um so weniger zu rechnen, als Österreich als zweiter Hauptgegner des russischen Reiches in der strategischen Planung des russischen Generalstabes allererste Priorität eingeräumt werden mußte. Auf deutscher Seite hat man auch nicht ansatzweise versucht, die Gunst der Lage zu nutzen, um dem Verbündeten in seinem schweren Ringen in Galizien beizustehen – zu tief war die Verärgerung ob der selbstsüchtigen österreichischen strategischen Planung. Tatsächlich hatte Conrad von Hötzendorf[277] gar kein Hehl daraus gemacht, daß ihm Ostpreußen reichlich gleichgültig sei, und der deutsche Generalstab zog daraus seine Konsequenzen. Es kam also von Anfang an bloß zu einer Parallelkriegführung,[278] nicht zu einer koordinierten gemeinsamen Strategie, obwohl dies doch wie nichts sonst notwendig gewesen wäre.

In den Schlachten bei Lemberg siegten die Russen, die österreichischen Verluste beliefen sich auf 300 000 Mann, und die K.u.K. Armee mußte Ostgalizien räumen. Schließlich kam es doch noch zu einer gewissen Zusammenarbeit der Verbündeten in Südpolen, und mit der Winterschlacht von Masuren, im Februar 1915, kam es zur Konsolidierung der Ostfront. Die russische 10. Armee hatte 100 000 Mann verloren. Beide Seiten mußten eine Verschnaufpause einlegen, das Interesse der Kriegführung wandte sich wieder ganz nach Westen.

Dort war es nach der Marneschlacht zum Versuch gekommen, das Unmögliche doch noch möglich zu machen – anders wird man jene hektische Operationsphase, die als »Wettlauf zum Meer« in die Annalen eingegangen ist, nicht bezeichnen können. Falkenhayn brannte darauf, die Schlappe an der Marne auszuwetzen. Zwar war an eine Wiederholung des Schlieffenplanes nun gar nicht mehr zu denken, aber wenn es gelang, die Kanalhäfen vor den Alliierten in die Hand zu bekommen, so war die lebenswichtige Verbindung nach England unterbrochen, und man konnte hoffen, das englische Expeditionskorps auszuhungern. Die französische

Feldarmee im offenen Schlagabtausch zu bezwingen – davon gingen die Deutschen immer noch aus; es dauerte, bis man endgültig einsehen mußte, daß die französischen Soldaten wie die französische Führung unter Joffre auch eine solche direkte Konfrontation nicht zu scheuen brauchten. Die außerordentlich blutigen Flandernschlachten schon führten zur großen Desillusionierung – allein die 4., 5. und 6. Armee verloren 100 000 Mann –, und auch der tapferste und todesverachtende Einsatz zumeist nicht gut ausgebildeter Regimenter änderte nichts daran, daß Falkenhayn sein Ziel nicht erreichte.

Langemarck ist dafür zum Symbol geworden. Das Bild von den gegen unüberwindliche Feuerwalzen vorstürmenden Regimentern, in denen sich viele junge Akademiker befanden, gehörte zu den mächtigsten Mythen, die jahrzehntelang die deutschen Gemüter bewegten. Noch heute gibt es in nahezu jeder größeren Stadt, manchmal auch in kleinen, Langemarckstraßen. Natürlich stürmten die Studenten bei Langemarck nicht mit dem Deutschlandlied auf den Lippen – das wäre schon technisch gar nicht möglich gewesen. Sie haben vor dem Sturm gesungen, und das war nichts so Ungewöhnliches, das gab es auch andernorts. Langemarck wurde nur so berühmt, weil der Heeresbericht es besonders erwähnte. In einer Meldung aus dem Großen Hauptquartier vom 11. November 1914 hieß es:

»Westlich Langemarck brachen junge Regimenter unter dem Gesange ›Deutschland, Deutschland, über alles‹ gegen die erste Linie der feindlichen Stellungen vor und nahmen sie.«[279]

Hier lohnt eine genaue Textanalyse – sie führt zum Ergebnis, daß eine solche Formulierung es mit der Wahrheit nicht so genau nahm, sehr wohl aber eine offensichtlich voll beabsichtigte Wirkung entfalten konnte. Dafür typisch ist der Kommentar der nicht gerade für Hurra-Patriotismus berühmten »Frankfurter Zeitung«:

»Es klingt altmodisch, furchtbar altmodisch, daß die Deutschen mit Schlachtgesang gegen den Feind losgehen, und es ist wahrscheinlich auch bei einer Taktik, bei der es darauf ankommt, im Schützengraben zu stecken oder auf dem Bauche liegend zu feuern, direkt unpraktisch, mit ›Deutschland, Deutschland über alles‹ loszustürmen. Aber das waren junge Regimenter, das heißt erst nach Ausbruch des Krieges ausgebildete und formierte, die so vorgegangen sind. Das ist ein Dokument des im vierten Monat eines ungewöhnlich harten und blutigen Kampfes herrschenden Geistes, das wir nicht missen möchten...der Geist ist's, der unbesiegbar macht.«[280]

In der Historie ist es so, daß die Einbildung, der heroische Schein, sich gerne selbständig machen, und dieses Bild, tausendmal gemalt und beschrieben, gewann ein unheimliches Eigenleben, es schuf eine gleichsam

12. Die »Sakrifizierung« des Ostens? 133

10 Wilhelm II. auf dem Weg zur Begrüßung der Flandernkämpfer zusammen mit Kronprinz Rupprecht von Bayern (rechts) und Sixt von Arnim (links von ihm)

zweite Wirklichkeit. Der Mythos entband Emotionen, die sehr real auf den Fortgang der Geschichte einwirkten.²⁸¹

Im November 1914 war die Westfront erstarrt, wie im Februar 1915 die im Osten auch, und damit war der gesamte Kriegsplan definitiv gescheitert. Gerade weil Falkenhayn die Marneschlappe hatte auswetzen wollen, wäre er nun um so energischer gehalten gewesen, Kaiser und Reich reinen Wein einzuschenken – denn niemand konnte ihm wie Moltke den Vorwurf machen, nicht alles versucht zu haben. Mehr war eben nicht möglich, und schon zu diesem Zeitpunkt mußte jede nüchterne Analyse ergeben, daß sich daran nach menschlichem Ermessen auch nichts mehr ändern würde. Völlig ungewollt war bis Jahresende genau das eingetreten, was die längste Phase des Siebenjährigen Krieges bestimmt hatte: Das Reich befand sich in Rundumverteidigung, und um so dringlicher stellte sich die Frage, wie es nun weitergehen sollte. Nun rächte es sich, daß man vor dem Krieg auch nicht ansatzweise sich Gedanken um eine Alternativ-

12. Die »Sakrifizierung« des Ostens?

11 Weihnachtsfeier im Schützengraben

strategie gemacht hatte – diese war, wie wir gesehen haben, förmlich tabuisiert worden.

Das große Tabu: Bei Theodor Wolff, dem scharfsichtigen Beobachter der Szene, kann man nachlesen, mit welcher Konsequenz »die da oben« und »die da unten« am Jahresende den Kopf in den Sand steckten. Natürlich gab es immer wieder einmal eine positive Nachricht – sei es, daß eine Stadt im Osten oder Westen gefallen, die Türkei in den Krieg eingetreten war, der Kaiser einen frischen und munteren Eindruck machte, wenn er sich in Berlin sehen ließ. Man gewinnt den Eindruck einer kollektiven Verweigerung der Wahrheit – und das schon am Jahresende 1914, nicht 1918. Um so verwunderlicher bleibt es, daß sich volle vier Jahre an dieser kollektiven Wahrheitsverweigerung nichts ändern sollte – das harrt noch einer plausiblen Erklärung. Eine findet sich leicht: Nach der Befreiung Ostpreußens stand der Gegner nirgendwo auf Reichsboden, der Krieg war also fern, und noch war es nicht zur Herausbildung der »Heimatfront« gekommen, noch lebten jene Deutschen, die nicht an der Front waren, fast wie im tiefsten Frieden, und es gab auch noch fast alles reichlich zu kaufen.[282] Die Soldaten an der Front, davon zeugen unzählige Feldpostbriefe, wurden mit ›Liebesgaben‹ aller Art förmlich überschüttet, man wußte gar nicht wohin mit all den Würsten und Schinken, den Leibwärmern, Schals und Handschuhen, die deutsche Frauen für die deutschen Helden im Feld unermüdlich strickten – Wolle gab es genug, kein Mensch wäre im Traum auf die Idee gekommen, es könnte einmal zu Versorgungsmängeln, gar zu einer veritablen Hungersnot kommen. Auch die Behörden fingen erst ganz langsam im Spätherbst 1914 an, sich Gedanken um eine mögliche Vorratswirtschaft zu machen, man propagierte ein ›Kriegsbrot‹, hauptsächlich aus Roggen gebacken (denn Weizen wurde schon etwas knapp, nicht zuletzt der Millionen Kuchen wegen, die an die Front geschickt wurden), durchaus gehaltvoll und wohlschmeckend – noch heute gibt es das »Kommißbrot«, und fasziniert nimmt man beispielsweise Friedrich Meineckes »Weltbürgertum und Nationalstaat« in einer Ausgabe aus dem Jahr 1915 zur Hand: Ledereinband, Goldschnitt, Papier vom Feinsten. Das deutsche Gemüt durchzog jenes Gefühl, das in der »Zarewitsch«-Operetten-Schnulze vom »Es stand ein Soldat am Wolgastrand« durchschimmerte. Auch im letzten großen Krieg, den Deutschland gewonnen hatte, waren die Entscheidungen in Feindesland gefallen. Am 24. Dezember vermerkte Theodor Wolff in seinem Tagebuch:

»Heilig Abend. Das Gedränge in vielen Läden, besonders in den großen Kaufhäusern, schien in den letzten Tagen kaum geringer als sonst. Ich wollte, daß unsere Kinder nur wenig beschenkt würden, damit sich das ›Kriegsweihnachten‹ ihnen einpräge, aber sie erhalten wieder von Verwandten u. Bekannten Geschenke, darunter ›feldgraue Uniformen‹ – die Jungens – und von meiner Mutter ›Soldatenweihnachtskisten‹ mit Wurst, Chokolade, Wollsachen etc., und spielen nun ›Schützengraben‹, wie alle Kinder in Berlin. Die Bleisoldaten in den Spielzeugläden u. die Kinderuniformstücke waren beinahe ausverkauft.«[283]

13. KRIEGSZIELE

Wer am Ende des Jahres 1914 Bilanz gezogen hätte, dem hätte sich die Frage von selbst stellen müssen: Was eigentlich wollte man, zu welchem Zweck eigentlich wurde der Krieg geführt, wie sollte es weitergehen, nachdem die Krieger offensichtlich zu Weihnachten nicht wieder zu Hause waren? Der Schlieffenplan war definitiv gescheitert, die Ostfront hatte sich stabilisiert, Österreich steckte bis zum Hals in Schwierigkeiten, der Seekrieg war über klägliche Anfänge nicht hinausgelangt, die englische Seeblockade war eingerichtet und begann langsam Wirkung zu entfalten. Im Reich selbst herrschte immer noch »Burgfrieden«, um so dringlicher wurde die Frage nach den Kriegszielen. Konnten sie allein in der Friedenswiederherstellung, der Retablierung des status quo ante bestehen, oder mußte dieser Krieg, der bis zum Jahresende schon mehr Opfer gefordert hatte als der letzte Krieg insgesamt, nicht doch zum Anfang einer neuen Geschichte werden, in der das Kaiserreich eine neue, eine ganz andere Rolle als bisher spielen mußte?

Dieser Krieg verlief ja auch ganz anders, als man es sich vor dem Krieg gedacht hatte, und das galt nicht nur für seine Strategie, nicht nur für die Operationsführung, die Taktik.

Der Einbruch der deutschen Heere in das neutrale Belgien[284] entfaltete eine gewaltige Fernwirkung. Die Welt war entsetzt, manchmal tat sie auch bloß so. Es hatte ja in der Räson des Planes gelegen, möglichst rasch den belgischen Widerstand zu brechen, und möglichst rasch mit der 1. und 2. Armee die Schwenkbewegung auszuführen. Da konnte man nicht viele Rücksichten nehmen – auch nicht auf die belgische Zivilbevölkerung, nicht auf die Städte, und so kam es zu jenen fatalen Zerstörungen und Bombardierungen, die schon etwas von der barbarischen Kriegführung der Zukunft ahnen ließen, dennoch eher Randerscheinungen blieben, will man es zynisch ausdrücken. Der Brand der Bibliothek von Löwen, die einen Aufschrei des Entsetzens in der Kulturwelt auslöste, war keine gezielte Terrormaßnahme, sondern ein bloßer »Kollateralschaden«, um ein Un-Wort der Gegenwart zu verwenden. Die deutschen Soldaten schnitten den belgischen Kindern nicht die Hände ab – daß die betriebsame englische Propaganda solche Greuel mit Wonne in die Welt setzte,

12 »Le Mot«, 9. Januar 1915

mochte zwar vordergründig den eigenen Kriegszwecken dienlich sein, langfristig hatte es verheerende Folgen.[285]

Natürlich waren die deutschen Soldaten keine Unschuldslämmer, die Soldaten keiner Nation sind es, und Kriegsverbrechen gehören zum Krieg wie das Amen zur Kirche. Aber bei allen Scheußlichkeiten, die man nicht beiseiteschieben sollte, handelte es sich doch nicht um eine systematische verbrecherische Politik im Stil des Zweiten Weltkrieges. Genau dies allerdings pflegte, je länger je grobschlächtiger, die englische Propaganda[286] zu behaupten, und das glaubte man in England, Frankreich, vor allem auch den USA gerne. Nach dem Krieg erst stellte sich heraus, daß vieles von dem, was den Deutschen angelastet, pure Erfindung oder groteske Übertreibung gewesen war, und das führte, zur Ehre der englischen Gesellschaft sei es gesagt, zu heftigen Reaktionen in England und zu einer völligen Desavouierung aller Kriegspropaganda überhaupt. Kurzum: Man glaubte den Verlautbarungen über irgendwelche Greuel nicht mehr. Das hatte ungeahnte, tragische Folgen, denn als die Briten während des Zweiten Weltkrieges über deutsche Kriegs- und Völkerverbrechen informiert wurden, glaubten sie sie nicht, sondern hielten sie für eine Neuauflage der Weltkriegspropaganda, und das hat erheblich zu jener Tatenlosigkeit beigetragen, die man den Engländern später gerne zum Vorwurf machte. Es war auch eine Reaktion auf die übertriebene Greuelpropaganda aus dem Ersten Weltkrieg.

Natürlich stieß diese im Reich auf erbitterte Ablehnung und trug entscheidend zur Steigerung der gegenseitigen Haßgefühle bei. Auch das war neu: die Verteufelung des Gegners als blutrünstiges Ungeheuer.[287] Zur Zeit Napoleons war es nur der Korse selbst, der beispielsweise vom bibelfesten Freiherrn vom Stein als das »Tier aus der Tiefe« gebrandmarkt wurde; kein Mensch aber wäre auf die Idee verfallen, beispielsweise die Grande armée insgesamt als Verbrechersyndikat zu denunzieren, und auch im Krieg 1870/71 war es in diesem Punkt recht gesittet zugegangen.

Das änderte sich mit Kriegsbeginn 1914 schlagartig, und die Unverfrorenheit, mit der deutsche Truppen in Belgien einfielen, löste eine ganze

Kettenrektion aus, an deren Ende nur noch blanker Haß stand – und zwar Haß der Völker aufeinander. Damit wußte kein Staatsmann umzugehen, derlei hatte es in der neueren Geschichte noch nicht gegeben. Es dauerte lange, bis die Verantwortlichen dieses Phänomen einigermaßen in den Griff bekamen, und manche ließen sich durch diesen Haß auch verführen, sie machten ihn zu einem Instrument der Politik, mit Folgen, die man hier nicht im einzelnen zu schildern braucht.

Die Vergiftung Europas durch Propaganda und Haß gehört zu den übelsten Resultaten des Ersten Weltkrieges; sie steht in einem geradezu dialektischen Verhältnis zur Frage der Kriegsziele. Diese kann man gar nicht behandeln, stellt man dieses Phänomen der gegenseitigen Verteufelung und des gegenseitigen Hasses nicht mit in Rechnung, und zwar in mindestens zweifacher Weise: Zum einen steckten Haß und Verachtung

13 Aus einem deutschen Sonderdruck des Weltkrieges (»Simplicissimus«)

des Gegners die Kriegsziele weiter als ursprünglich vielleicht gedacht; zum anderen mußte jeder Politiker, der sich zur Kriegszielfrage äußerte, diese Faktoren mit in Rechnung stellen – er war der Getriebene der Haßkampagnen, er mußte auf diesem Tiger zu reiten lernen. Das galt für alle Beteiligten, in Deutschland und Österreich wie in Rußland, England und Frankreich, und das sollte noch die Bemühungen um den Waffenstillstand von 1918 und den Frieden von 1919 prägen.

Denkt man an die Verlautbarungen der Reichsleitung im Umkreis des 1. August 1914, so mochte es scheinen, als verfolge Deutschland nur ein Kriegsziel: die rasche Wiederherstellung des Friedens. Das Bethmann Hollwegische »wir wollen nicht erobern« stand dem Burgfrieden Pate, und auch bei Riezler findet sich die zaudernde Frage: Wofür überhaupt kämpfen wir?

Es gehört zu den großen Kontroversen, die sich an Fritz Fischers »Griff nach der Weltmacht«[288] entzündeten, ob die bald alle Dimensionen sprengende Kriegszieldiskussion, die wie nichts sonst – nehmen wir den Fall Belgien aus – das negative Bild »des« Deutschen und seiner Regierung prägen sollte, a priori angelegt oder bloß Resultat des Krieges und seiner durch ihn freigesetzten Emotionen gewesen ist. Schon im Umkreis der Weltreichslehre konnte man seit Jahrhundertbeginn immer wieder vernehmen, wenn der große Krieg denn unvermeidlich sei, dann müsse er sich gleichsam auch lohnen, was in der Praxis die Propagierung eines hemmungslosen Annexionismus bedeutete.

Es war klar, daß die Gegner der Mittelmächte diesen Verbalannexionismus der Vorkriegszeit nun als bare Münze ausgaben – das gehörte zur Kriegspropaganda und sollte den Historiker nicht aufs Glatteis führen.

Wir haben gesehen, wie sich bei Bethmann Hollweg in der Julikrise die Vorstellung entwickelte, die Krise müsse genutzt werden, um die »Einkreisung« zu durchbrechen – aber wir haben auch erfahren, daß sich das eher im Rahmen der schon geschilderten Spieltheorie bewegte, nicht also mit konkreten Annexionsplänen zu tun hatte. Der diplomatische »Ring« sollte gesprengt, eine »Kissingen-Situation« nach Möglichkeit wieder zustandegebracht werden.

Natürlich lag der Gedanke nahe, dies im Kriegsfall, also dann, wenn die Diplomatie ans Ende ihres Lateins gelangt war, mit Machtmitteln zu versuchen. Das Modell der »Blockpolitik«, das ansatzweise schon Bismarck, dann Bülow und schließlich Kiderlen-Wächter verfolgt hatten, konnte als denkbare Handlungsmaxime im Sinne einer Herzlandbildung wie bei Mackinder aufleuchten, und von daher war die Generierung von annexionistischen Kriegszielen leicht möglich. Die gesamte Mitteleuropaproblematik[289] findet hier eine ihrer Wurzeln.

Und dennoch: Es gehörte zu den Facetten des eigenen nationalen Selbstverständnisses, den ausgebrochenen Krieg als »erzwungen« zu deuten und gleichzeitig zu versichern, daß es sich letztlich auch um eine geistige und moralische Auseinandersetzung handele – und der Geist, man erinnere sich des Kommentars der »Frankfurter Zeitung« zu Langemarck, sei eben unbesiegbar. Oder genauer formuliert: Das moralische Überlegenheitsgefühl durfte nicht aufs Spiel gesetzt werden, man durfte eben nicht so sein, wie es »die« anderen vermeintlich waren: blutrünstig, eroberungslustig, moralisch hemmungslos. Die Deutschen, so hämmerte es die führende Elite, aber auch jedes Gymnasium den Menschen ein, seien etwas Besonderes und etwas Besseres, und das mußte zu natürlichen Hemmungen führen – man ist geneigt den Begriff »Beißhemmung« zu verwenden –, wenn es nicht gelang, die Kriegsziele, sie mochten so exorbitant sein wie sie wollten, als Kulturmission auszugeben, just so, wie man dies im Rahmen der Kolonialpolitik längst getan hatte. Die deutschen Kolonien galten nicht nur wie Kiautschou expressis verbis als »Musterkolonien«, sondern als Musterfälle einer humanitären deutschen Kultur. Figuren wie Albert Schweitzer oder auch der General Lettow-Vorbeck waren die Sympathieträger – die Eingeborenen sollten froh sein, solcher Kultur, solcher Humanität teilhaftig zu werden. Tatsächlich gab es in Afrika einige, die das ernst nahmen, und Lettow-Vorbeck hatte keine große Mühe, seine Askaris zu rekrutieren[290] – sie sollten noch bis in die Zeit nach dem Zweiten Weltkrieg diesen Mythos nähren –, und wenig nur hat die Deutschen 1919 mehr verstört als die Behauptung der Alliierten, Deutschland müßten die Kolonien genommen werden, weil es sich als unfähig erwiesen habe, sie zu verwalten. Wie recht sie hatten, wurde erst lange nach dem Zweiten Weltkrieg im einzelnen erforscht und belegt.[291]

Dieses moralische Überlegenheitsgefühl der Deutschen verschaffte auch den wildesten Kriegszielen die Aura der Berechtigung und machte es schwer, dagegen zu argumentieren. Wenn sich in diesen Diskurs dann auch noch die Leuchten der Wissenschaft einschalteten, hatten es beispielsweise gestandene biedere Sozialdemokraten schwer. »Wissenschaft und Kriegsmoral« vermählten sich aufs Verhängnisvollste;[292] vielleicht deprimierender aber ist die überhebliche, chauvinistische Arroganz, die führende deutsche Hochschullehrer nun an den Tag legen sollten, denn damit schufen sie eine vermeintlich unangreifbare moralische Basis, von der aus auch die unmoralischsten Kriegszielforderungen propagiert werden konnten.

Der »Aufruf an die Kulturwelt«[293] erschien am 4. Oktober 1914 in allen großen deutschen Tageszeitungen, ein von 93 hochrangigen Wissenschaftlern, Künstlern und Literaten unterzeichneter Text, der sich nicht nur vehement gegen die Kriegspropaganda der Alliierten, vor allem Belgien betreffend wandte, was noch verständlich gewesen wäre, sondern in der Behauptung gipfelte, die Deutschen seien völlig unschuldig am Krieg und geradezu unfähig, irgendetwas Böses zu tun – wer das Gegenteil behaupte, lüge:

»Es ist nicht wahr, daß Deutschland diesen Krieg verschuldet hat. Weder das Volk hat ihn gewollt noch die Regierung noch der Kaiser. Von deutscher Seite ist das Äußerste geschehen, ihn abzuwenden. Dafür liegen der Welt die urkundlichen Beweise vor. Oft genug hat Wilhelm II. in den 26 Jahren seiner Regierung sich als Schirmherr des Weltfriedens erwiesen; oft genug haben selbst unsere Gegner dies anerkannt. Ja, dieser nämliche Kaiser, den sie jetzt einen Attila zu nennen wagen, ist jahrzehntelang wegen seiner unerschütterlichen Friedensliebe von ihnen verspottet worden. Erst als eine schon lange an den Grenzen lauernde Übermacht von drei Seiten über unser Volk herfiel, hat es sich erhoben wie ein Mann.

Es ist nicht wahr, daß wir freventlich die Neutralität Belgiens verletzt haben. Nachweislich waren England und Frankreich zu ihrer Verletzung entschlossen. Nachweislich war Belgien damit einverstanden. Selbstvernichtung wäre es gewesen, ihnen nicht zuvorzukommen.«[294]

Mit Vehemenz wurden jegliche Kriegsverbrechen abgestritten, auch die Beschießung Löwens wurde als notwendige Vergeltungsmaßnahme deklariert. Gleichzeitig wurden Russen und Engländer grausamster, völkerrechtswidrigster Verbrechen geziehen, »hingeschlachtete Frauen und Kinder« erwähnt, die »zerreißenden Dumdumgeschosse« angeprangert. Und das »schmachvolle Schauspiel..., Mongolen und Neger auf die weiße Rasse zu hetzen«. Der Aufruf, der sich expressis verbis an die Internationale der Gelehrten und Kulturschaffenden in den Feindstaaten richtete, schloß mit dem flammenden Appell:

»Glaubt uns! Glaubt, daß wir diesen Kampf zu Ende kämpfen werden als ein Kulturvolk, dem das Vermächtnis eines Goethe, eines Beethoven, eines Kant ebenso heilig ist wie sein Herd und seine Scholle. Dafür stehen wir Euch ein mit unserem Namen und mit unserer Ehre.«

Wenig später, am 16. Oktober, folgte diesem »Aufruf an die Kulturwelt« eine von dem Berliner Altphilologen Ulrich von Wilamowitz-Moellendorf verfaßte »Erklärung der Hochschullehrer des Deutschen Reiches« mit über 4 000 Unterschriften. Sie hieb in die gleiche Kerbe.[295]

Diese Aufrufe waren die reinsten Rohrkrepierer. Genüßlich spießte sie die gegnerische Propaganda auf, prangerte sie als Ausdruck bodenloser Scheinheiligkeit und Verlogenheit an und sah in ihnen den endgültigen Beweis dafür, daß der Erste Weltkrieg nicht nur mutwillig vom deutschen Kaiser und seinen Helfershelfern in der Reichsleitung entfesselt worden war, sondern wesentlich auch von seiner akademischen Elite und dem diese anbetendem Volk. Viele der Unterzeichner haben den Text vorher kaum gekannt, einige sich von ihm später distanziert – an dem gewaltigen geistigen Flurschaden, den diese Verlautbarungen anrichteten, änderte dies nichts, und auch das hatte eine ganz fatale Fernwirkung: Als nämlich im »Dritten Reich« gerade die besten, meist aber nicht nur jüdischen Gelehrten mit Albert Einstein und Thomas Mann gleichsam an der Spitze Deutschland verlassen mußten, rührte sich in den ehemaligen Feindstaaten nichts – nichts da von Protest oder Sympathie mit den Vertriebenen, Thomas Manns Radiosendungen gingen ins Blaue. Der von dem Schriftsteller Ludwig Fulda entworfene, dann aber mehrfach überarbeitete und veränderte Text hat dem Ansehen Deutschlands in der Kulturwelt, die er doch beeindrucken wollte, außerordentlich geschadet.

Dennoch sind diese Dokumente heute auch noch aus einem anderen Grund bemerkenswert: Sie zeigen, daß den Zeitgenossen die Diskrepanz zwischen Geist und Gewalt, dem Wahren, Guten und Schönen auf der einen, der bluttriefenden Fratze des Krieges auf der anderen Seite wenigstens bewußt war – was man für die Zeit des »Dritten Reiches« und des Zweiten Weltkrieges nicht mehr sagen kann. Gerade die Erwähnung von Goethe, Beethoven und Kant machte deutlich, wie sehr sich die Intellektuellen doch bewußt waren, am Rande eines Kulturbruches unerhörten Ausmaßes zu stehen – auch hier spukten die antiken Traditionen, also genau jene, die wir bereits im Rahmen der Strategiedebatte kennengelernt haben. Alkibiades und Perikles, der Peloponnesische Krieg und der Melierdialog des Thukydides: Das waren Chiffren, die den Gelehrten mehr als geläufig waren; es kommt nicht von ungefähr, daß es eben der berühmteste Altphilologe war, der sich zum Sprachrohr der »Erklärung« machte. Man war, und das gilt es festzuhalten, doch entsetzt, was Krieg hic et nunc bedeutete, und so kann man mit guten Gründen den »Aufruf an die Kulturwelt« auch als Ausdruck eines tiefen Unbehagens deuten, das sich seiner selbst noch nicht bewußt war.

Im Gegensatz zum militärischen Verlauf des Krieges ist der der Kriegszieldiskussion von der Wissenschaft erschöpfend behandelt worden, das fing schon in der Weimarer Zeit an, als sich der Untersuchungsausschuß zu den Ursachen des Krieges intensiv damit beschäftigte.[296] Schon 1929 hat E.O. Volkmann »Die Annexionsfragen des Weltkrieges« ausführlich behandelt,[297] und bereits unter dem Eindruck der Fischerschen Forschungen[298] sind in den späten sechziger Jahren maßgebende Untersuchungen zu diesem Problemkomplex vorgelegt worden.[299]

Wer die Geschichte der Kriegsziele erforschen will, tut gut daran, es dialektisch angehen zu lassen – dies nicht zu tun, könnte als Mangel in der

Fischerschen Argumentation gelten, die zwar in sich schlüssig erschien, jedoch das Objekt des Erkenntnisinteresses allzu scharf von seinen Rahmen- und Randbedingungen isolierte.[300] Tatsächlich muß die Kriegszieldiskussion ständig mit dem faktischen Kriegsverlauf korreliert werden, wobei es wichtig ist, genau auf die Daten zu achten. Sie muß darüber hinaus immer in Beziehung zu dem gesetzt werden, was die Reichsleitung gerade über die alliierten Kriegsziele[301] erfuhr. Zum dritten ist die Diskussion nur vor dem Hintergrund der innenpolitischen Machtkämpfe und Kontroversen zu betrachten, deren Teilstück die Forderungen oft waren – das gilt beispielsweise für den Konflikt zwischen Bethmann Hollweg und den Alldeutschen. Viertens schließlich sind sie immer auch in Zusammenhang mit den jeweils aktuellen Friedensbemühungen zu bewerten, also von der House-Mission angefangen über die vatikanischen Initiativen bis zur Friedensresolution des Reichstages. Schließlich darf nicht vergessen werden, daß England und Frankreich schon am 5. September 1914 beschlossen, keinen Sonderfrieden mit Deutschland einzugehen. Keine der beteiligten Mächte ist in den ersten Kriegsjahren auch nur annäherungsweise bereitgewesen, den Krieg anders als mit einem blanken Sieg zu beenden. Es sind ja gerade die Kompromißlosigkeit und die Kompromißunfähigkeit in den Schaltzentralen der Macht gewesen, die die Katastrophe des Krieges erst ausgelöst haben. Vor allem England tat sich hier unrühmlich hervor; allein das gern kolportierte Bild vom »knock out«, den man dem Kaiser verpassen würde, ließ diesem keine Chance, auch nur buchstäblich sein Gesicht zu wahren, wenn er um einen billigen Frieden nachzusuchen wagen sollte. Das Spielerische rächte sich hier bitterlich.

Bevor die deutschen Kriegsziele zu analysieren sind, gilt es einen wenigstens flüchtigen Blick auf die französischen und englischen zu werfen: Man erkennt rasch, daß Unschuldslämmer im Ersten Weltkrieg eine außerordentlich seltene Spezies waren.

Das französische Kriegsziel war ganz einfach: »L'écrasement de l'empire allemand« – die Zerstörung des Deutschen Reiches. Falls das nicht gelingen sollte, falls also das Bismarckreich den Krieg überlebte, sollte es wenigstens verkleinert werden: selbstverständlich Rückgabe von Elsaß und Lothringen, Abtretung des Saargebietes, die Rheingrenze für Frankreich. Rußland, dem Verbündeten, wollte man territoriale Freiheit im Osten gestatten – das bedeutete wohl die Abtretung von Ostpreußen, Schlesien, Pommern.

Es liegt auf der Hand, daß Englands Kriegsziele viel moderater erschienen, vor allem wollte man Hannover nicht wiederhaben, was an sich nahegelegen hätte. Aber von Pappe waren sie keineswegs. Natürlich mußten Belgien voll wiederhergestellt, Elsaß und Lothringen an Frankreich zurückgegeben werden. Mit der Abtretung Schleswigs an Dänemark wurde geliebäugelt. Viel wichtiger erschienen England andere Forderungen: Deutschland sollte fortan keine Flotte mehr besitzen, keine Kolonien, es sollte die Meistbegünstigung für alle gewähren – ohne Gegenseitigkeit –, die Nordseeinseln waren abzurüsten, der Kaiser-Wilhelm-Kanal zu internationalisieren. Dann konnte man auf Helgoland verzichten, diese »Badewanne in der Nordsee«, die man 1890 zu einem sehr guten Preis losgeschlagen hatte.[302] Aber schon 1914 war England sich darüber im Klaren, daß die Schwächung Deutschlands über ein gewisses Maß hinaus nicht opportun sein würde – hier schlug das Denken in den Kategorien der »balance of power« durch, und das permanente Mißtrauen Englands Rußland gegenüber.

Also ging es in deutschen Augen um die Existenz – so wie für Friedrich den Großen im Siebenjährigen Krieg, und das mußte naturnotwendig über kurz oder lang zur Propagierung des »totalen Krieges« führen.[303] Diese Idee korrespondierte mit Vorkriegsschlagworten wie »Weltmacht oder Niedergang«, »Hammer oder Amboß«. Sie trugen zur Radikalisierung des Krieges und damit zu jener der Kriegsziele bei.

Die Kriegszieldiskussion läßt sich schematisieren. »Machtträume deutscher Patrioten« hat sie Gerhard Ritter[304] genannt, eher zu Unrecht, deutet man den Begriff »Patriotismus« so, wie es in der Gegenwart der westlichen Demokratien der Fall ist.

Die Diskussion vollzog sich auf drei übereinanderliegenden Ebenen. Auf der untersten ging es um die »Gleichberechtigung« des Reiches, also um den schon lange vor dem Krieg geforderten »Platz an der Sonne«. Auf der zweiten um die »Hegemonie in Europa«, auf der dritten um den »Griff nach der Weltmacht«. Unterhalb dieser drei Ebenen, gleichsam im Keller, gab es aber immer auch ein Kriegsziel, das man mit der Wiederherstellung des status quo ante bezeichnen könnte – ohne Einkreisungsgespenst, notabene. Dem hingen die Sozialdemokraten an und, wenigstens anfänglich, zweifellos auch Bethmann Hollweg selbst – genau dies hatte es ja den Sozialdemokraten möglich gemacht, den Kriegskrediten zuzustimmen.

Hier schimmert bereits das Dilemma auf, in das sich Bethmann Hollweg praktisch unmittelbar nach Kriegsbeginn gestürzt sah: Wollte er den innenpolitischen Konsens bewahren, was zwingend notwendig war, durfte er der Kriegszieldiskussion keinen großen Raum geben, vor allem aber durfte er sich nicht auf die zweite oder dritte Ebene begeben. Denn in diesem Fall lief er Gefahr, der Schwäche oder gar etwas noch viel Schlimmeren geziehen zu werden. Dem Kanzler blieb also tatsächlich nur eine »Politik der Diagonale« übrig, die er subjektiv übrigens als »geradlinig«

wertete, und nichts konnte er weniger gebrauchen als ein offizielles, also ein amtliches Kriegszielprogramm. Wie immer dieses nämlich auch aussehen mochte: Ein Teil der Gesellschaft wäre damit nicht zufrieden gewesen, der innergesellschaftliche Burgfrieden damit aufs höchste gefährdet. Das hatte nichts mit Skrupeln, gar Moral zu tun, sondern bloß mit politischem Opportunismus.

Aber der Ungeist war längst aus der Flasche. Es ehrt den Kanzler, daß er dennoch versucht hat, ihn wieder in dieselbe zurückzuscheuchen – völlig vergeblich, wie man sich leicht denken kann.

Die Sache wurde virulent, als in den letzten Augusttagen der Sieg und damit das Ende des Krieges zum Greifen nahe schien. Nun kam auch der Kanzler nicht umhin, sich Gedanken über die möglichen Forderungen Deutschlands im Falle eines Waffenstillstandsangebotes der Entente zu machen. Im Reichskanzleramt wurden die dort schon bekannten vielfältigen und disparaten Forderungen aus den verschiedensten Parteien, Verbänden, von Industrie und Handel, kurz allen, die sich Vorteile durch den Friedensschluß ausrechneten, zusammengestellt, und Fritz Fischer hat daraus geschlossen, der Kanzler selbst habe das dann so genannte »Septemberprogramm« propagiert. Er war viel eher der Notar, der Sekretarius. Natürlich kann man ihm vorwerfen, nicht mit eiserner Hand à la Bismarck diesen Schmutz einfach vom Tisch gewischt zu haben, aber zum einen war Bethmann eben kein Bismarck, zum anderen hatte es Bismarck niemals mit jenen divergierenden gesellschaftlichen Kräften zu tun, die Bethmann auf Biegen und Brechen unter einen Hut bringen mußte.

Das Programm vom 9. September 1914 war aber auch der Versuch, noch ganz andere Kriegszielprogramme gleichsam zu entschärfen, wobei an die von Claß und Erzberger zu denken wäre.

Die defensiven sind von den hegemonialen Teilen im Septemberprogramm zu unterscheiden. Zu ersteren zählten die Vorstellungen von der Wiederherstellung eines Königreiches Polen, das man sich als eine Art Satellitenstaat vorstellte und als potentiellen Verbündeten gegen Rußland. Ganz in Analogie dazu sollte ein formell wiederhergestelltes Belgien eine Pufferfunktion England und Frankreich gegenüber einnehmen. Es war dann konsequent, Lüttich und Antwerpen zu vereinnahmen, vielleicht auch die flandrische und die nordfranzösische Küste, sowie die Kanalhäfen. Nur dann schien sichergestellt, daß England nicht wie im August 1914 via Kanal ungestört sein Expeditionskorps auf den Kontinent werfen konnte.

Deutlich auf der zweiten Ebene lagen die vor allem von der Schwerindustrie unter Federführung Fritz Thyssens angemahnten »Verbesserungen« der Westgrenze des Reiches. Hier ging es um Longwy, Briey,

Lothringen, Verdun, Belfort. Die Grundidee war einfach und spiegelbildlich genau das, was 1923 Poincaré mit der Besetzung des Ruhrgebietes anstreben sollte: Erz und Kohle sollten zusammenkommen. Es wird das große Verdienst von Adenauer und Schuman sein, diesen an sich »natürlichen« Gedanken aus dem beiderseitigen Hegemonialstreben gelöst und mit der Montanunion zum Nukleus der deutsch-französischen Aussöhnung und der europäischen Einigung gemacht zu haben.

Im Endergebnis schwebte der deutschen Industrie die Schaffung eines mitteleuropäischen Wirtschaftsblockes vor, der durch ein großes zusammenhängendes afrikanisches Kolonialreich ergänzt werden sollte. Auch an eine große mitteleuropäische Zollunion war schon gedacht – auch wenn beileibe nicht alle Wirtschaftsfachleute davon überzeugt waren, daß diese wünschenswert sei.

Eins war sicher: Wenn das Reich solche Kriegsziele zu realisieren suchte, war die Fortsetzung es Krieges auf schier endlose Zeit garantiert, denn natürlich war auch nicht im Entferntesten damit zu rechnen, daß die betroffenen Staaten – das waren ja beileibe nicht nur die der Entente – sich einem solchen deutschen Diktat beugen würden.

Das Programm war unausgegoren, in sich widersprüchlich, kaum als Arbeitsgrundlage zu gebrauchen – das wußte niemand besser als Bethmann Hollweg selbst, und deswegen hat er es wohl auch nicht ganz ernst genommen. Es wirkte wie ein Sattelentschluß; wenn es überhaupt einen größten gemeinsamen Nenner gab, so fand er sich in der Idee der absoluten Autarkie – das aber war nun völlig rückwärtsgewandt und versprach keine Zukunft.

Mit dem Verlust der Marneschlacht war das Septemberprogramm zunächst Makulatur; Zeit war gewonnen, wenn auch unfreiwillig, um sich etwas solidere Gedanken zu machen.

Das galt insbesondere für den Osten. Die polnische Option wäre durchaus ausbaufähig gewesen; die Idee, so auch im Programm formuliert, die von Rußland unterdrückten Völkerschaften zu befreien, konnte attraktiv sein. Es schien plötzlich die Chance zu geben, die verfehlte deutsche Polenpolitik seit 1815 zu revidieren. Das Beispiel Napoleons hätte den Verantwortlichen zu denken geben sollen – kein Land war freudiger mit dem Korsen gezogen als das vermeintlich von ihm wiederhergestellte Polen. Hier boten sich dem Deutschen Reich Chancen, die kein anderes Land in Europa besaß. Um es vorwegzunehmen: Sie wurden sträflich vertan; die absurde Politik eines »polnischen Grenzstreifens«, also im Klartext: einer sofortigen erneuten Verstümmelung eines formell wiederhergestellten Polen,[305] ließ alle Chancen zu einer dauerhaften deutsch-polnischen Aussöhnung zuschanden werden. Die Protagonisten von einst konnten nicht wissen, welche Fernwirkungen das zeitigen sollte, aber dumm, dumm war diese Politik – von einem Tirpitz, jeder Polenfreundlichkeit unverdächtig, aufs heftigste gegeißelt, schon damals.

Insgesamt hatte die Diskussion um die Kriegsziele deutlich gemacht, daß es zum Krieg à outrance anscheinend keine vernünftige Alternative gab – weit und breit war kein Kompromiß in Sicht, und als das Jahr zuende ging, standen alle vor der Frage, wie es denn nun eigentlich weitergehen sollte. Nie war guter Rat teurer. Und nie waren die Verantwortlichen ratloser.

14. DIE OPERATIONEN IM OSTEN UND WESTEN: DAS KRIEGSJAHR 1915

Zu Beginn des Jahres 1915 konnte es für die Eingeweihten keinen Zweifel mehr geben: Der ursprüngliche Kriegsplan war gescheitert, aber gleichsam zur Hintertür war die uralte Idee des Aufmarschs II wieder zum Vorschein gekommen, denn die Erfolge des Oberkommandos Ost in der Abwehr der russischen Offensive auf Ostpreußen und die lautstarken Versicherungen von Hindenburg, vor allem aber Ludendorff, man könne im Osten eine Entscheidung erzwingen, also Rußland wirklich und wahrhaftig besiegen, wenn der Schwerpunkt der deutschen Kriegführung nun konsequent von West nach Ost verlagert würde, klangen nur zu verführerisch. Von den Warnungen des alten Moltke wollte Hindenburg nichts wissen, und er war auch davon überzeugt, daß man mit deutscher Hilfe, einem deutschen Führungsstützkorsett der österreichischen Armee neuen Angriffsgeist würde einhauchen können. Und da Conrad schon von seinem Naturell her ein Offensivstratege comme il faut war, der nur faute de mieux in die Defensive geraten war und mit dem Verlust von Przemysl auch einen gehörigen Prestigeverlust erlitten hatte, zeichnete sich eine kompakte Interessenkoalition der Heerführer im Osten gegen die Interessen derer im Westen ab. Die Spannungen zwischen Oberost und der OHL unter Falkenhayn nahmen sprunghaft zu.[306] Solange der neue Generalstabschef glaubte, es werde ihm gelingen, die Scharte an der Marne auszuwetzen, indem die Überflügelung des Westgegners doch noch gelang und England von den französischen Kanalhäfen abgeschnitten wurde, wies er alle derartigen Ansinnen weit von sich und verweigerte jede substantielle Verstärkung des Oberkommandos Ost, so daß man im Osten über begrenzte Aktionen und strategisches Flickwerk nicht hinauskam.

Die Chancen für den Osten wuchsen, nachdem Falkenhayn unter blutigsten Verlusten die Schlachten an der Yser und die 2. Ypernschlacht verloren hatte. Vorübergehend geriet er in Panik. Das Heer, so äußerte er sich, sei »ein zerschlagenes Werkzeug«. Jetzt war der Generalstabschef davon überzeugt, daß der Krieg nicht mehr nach jenem Fahrplan zu gewinnen war, den der modifizierte Schlieffenplan vorgegeben hatte;

vorübergehend wurde er von just der Resignation ergriffen, der schon Moltke zum Opfer gefallen war.

Die Heroen im Osten witterten Morgenluft, und zum ersten Mal tauchten jene Verhaltensweisen auf, die das Wirken der 3. OHL später prägen sollten: Die Generäle intrigierten, nicht immer direkt, beim Kanzler, beim Kaiser gegen Falkenhayn und dienten sich als die bessere Gesamtlösung an. Hindenburg schmeichelte der Gedanke, vielleicht jetzt schon Nachfolger Falkenhayns werden zu können, und der Ehrgeiz Ludendorffs war bekannt.[307] Aber es gelang Falkenhayn, nicht zuletzt durch die Mobilisierung des Kaisers, diese Angriffe auf seine Person und seine Stellung abzuwenden – was auch sachlich begründet war, denn tatsächlich war der Generalstabschef nach Ypern und der Yser ans Ende seiner westlichen Möglichkeiten gelangt, und das teilweise sehr direkt: Es war nach Abschluß dieser großen Materialschlachten keine Munition mehr vorhanden. Nur weil es Franzosen und Engländern genauso ging – niemand hatte vor dem Krieg sich die Mühe gemacht, die Munitionsverbräuche bei Großkämpfen zu berechnen und dementsprechend Vorräte anzulegen –, kam es nicht zu einer banalen Katastrophe – übrigens einer möglichen zweiten, denn bekanntlich hätten die Deutschen schon wenige Wochen nach Kriegsbeginn ihr Pulver buchstäblich verschossen gehabt, hätte nicht das gerade erfundene Haber-Bosch-Verfahren der Stickstoffgewinnung aus der Luft dieses Horrorszenario – oder sollte man besser sagen: diesen paradiesischen Zustand – beschworen. An solchen Details kann man übrigens erkennen, wie weit es mit der so hochgelobten Professionalität des Großen Generalstabes her war – was übrigens auch für die mangelhafte Winterausrüstung der Truppe galt. In den Winterschlachten im Osten, also in Ostpreußen wie in den Karpaten, mußte man sich mit primitivsten Aushilfen bescheiden; wochenlang waren die schwerringenden Truppen auf halbe Ration gesetzt, weil der Nachschub in dem eisenbahn- und wegelosen Gelände nur ganz unzureichend herankam – es wäre interessant, einmal in den Akten aus der Zeit des alten Moltke zu prüfen (falls es sie noch gibt), wie denn dieser mit diesen Problemen hatte fertigwerden wollen. Sie werden übrigens noch den Generalstab des Heeres in den Jahren 1940 bis 1945 beschäftigen.

Die Schwerpunktverlagerung nach Osten war also zunächst einmal logische Folge der im Westen entstandenen Patt-Situation, die infolge der genannten Mängel auch nicht rasch zu überwinden war. Sie wurde nun aber auch politisch motiviert, und hier tat sich Falkenhayn hervor: Entgegen den fröhlich-frischen Versicherungen Ludendorffs, man könne Rußland vernichtend schlagen, wenn man nur alles auf die östliche Karte setze, glaubte Falkenhayn, in diesem Punkt ganz Schüler des alten Moltke, keinen Moment an diese Möglichkeit. Worauf es ankomme, bedeutete er dem Kanzler, der darob einigermaßen irritiert war, sei der Abschluß eines raschen Separatfriedens mit Rußland, und damit dieser nicht ungünstig für Deutschland ausfalle, bedürfe es einiger machtvoller militärischer Demonstrationen – nicht weniger, aber auch nicht mehr. Rußland zur Gänze zu zerschlagen, hielt er für aussichtslos, und dafür sprach tatsächlich einiges: Entgegen allen Erwartungen hatten sich die russischen Soldaten ebenso mutig wie zäh und geschickt nicht nur an der Front behauptet, sondern Österreich geradezu demütigende Niederlagen beigebracht; das Heer der Russen war wohlorganisiert und diszipliniert, selbst die hohen Verluste in der masurischen Winterschlacht – 92 000 Mann gingen in deutsche Kriegsgefangenschaft – hatten daran nichts geändert. Und natürlich wußte jeder Kenner Rußlands, daß dieses Land über schier unerschöpfliche Ressourcen verfügte, wenn, ja wenn es gelang, den Tiger der stets drohenden Revolution schlafen zu lassen. Wir werden noch sehen, wie der 3. OHL am Ende nur noch die Hoffnung auf diesen Tiger blieb, den sie kräftig am Schwanz zu ziehen beschloß. 1915 schien es, als sei die Revolution fern, die Vorstellung Falkenhayns also realistisch, wenn er von einem Verhandlungs-, nicht einem Siegfrieden mit Rußland ausging.

Den wollten die Heroen des Ostens nicht, sie sollten ihn nie wollen, und schon um die Jahreswende 1914/15 zeichnete sich zum ersten Mal jener verheerende Zug zur Hybris ab, der im März 1918 in Brest-Litowsk kulminieren sollte. Zu diesem Zeitpunkt standen Hindenburg und Ludendorff an den Hebeln der Macht, ein kaiserliches Gegengewicht gab es praktisch nicht mehr, die Reichsleitung war nach dem Sturz Bethmann Hollwegs auf Gedeih und Verderb der 3. OHL ausgeliefert – aber greifen wir nicht vor.

Man muß die strategische Lage im Osten aber im Rahmen des politischen Gesamttableaus sehen, und da fällt jedermann zuerst jene abenteuerliche Episode ein, die mit den Namen zweier deutscher Kriegsschiffe verbunden ist: der »Goeben« und der »Breslau«.[308] Beide Einheiten waren, als der Krieg ausbrach, im Mittelmeer stationiert und erhielten Ordre, sich nach Konstantinopel durchzuschlagen – und das gegen das meerbeherrschende Albion, die starke französische Mittelmeerflotte, selbst russische Einheiten. Ein unmögliches Unterfangen – und doch gelang es. Tatsächlich hat dieser kühne Coup den Entschluß des Osmanischen Reiches, an der Seite der Mittelmächte in den Krieg einzutreten, wesentlich bekräftigt.[309] Nun war also das eingetreten, was Österreich sicherlich auch 1908 hätte haben können, wenn es nicht seine unglückselige Bosnien und Herzegowina-Politik verfolgt hätte.

Mit dem Oktober 1914 sah die strategische Lage auf dem Balkan mit einem Schlag ganz anders aus: Wenn es doch noch gelang, mit Hilfe des deutschen Verbündeten – allein traute sich Österreich nach seiner blamablen Vorstellung in Serbien nichts mehr zu – dieses Serbien zu erobern, so konnte es über das verbündete Bulgarien eine stabile Landbrücke in die Türkei geben (vielleicht war sogar ganz Griechenland in die eigene Hand zu bekommen), was als nächste Folge auf Rumänien und Italien abschreckend wirken mußte. Beide Staaten machten ja schon zu diesem Zeitpunkt kein Hehl aus ihren Sympathien für die Entente, und nicht zuletzt deswegen hatte sich Conrad gezwungen gesehen, beträchtliche Kräfte an der österreichisch-italienischen Grenze bereitzuhalten und desgleichen an der Grenze zu Rumänien, die dann beim Angriff auf Serbien ebenso fehlten wie bei der Verteidigung Ostgaliziens gegen die Russen.

Der Kriegseintritt der Türkei hatte für die Entente die peinlichsten Folgen: Indem die Meerengen von der Türkei gesperrt wurden, war Rußland von allen Zufuhren via Mittelmeer, Dardanellen und Bosporus abgeschnitten; schlimmer war, daß die kühnen Pläne Churchills, den Mittelmächten via Türkei und Schwarzem Meer eine neue Front entgegenzustellen, damit zunächst wenigstens hinfällig waren. Daß Churchill an dieser Idee festhielt, sollte zum Desaster des Dardanellenunternehmens[310] führen, das strategisch und theoretisch ja durchaus plausibel, in der Praxis ein kapitaler Fehler war, denn es fehlten alle Voraussetzungen zur Errichtung dieser – fast könnte man sagen: zweiten Front. Das Dardanellenunternehmen, im Februar 1915 begonnen, scheiterte nach hohen Verlusten. Immerhin konnten sich die Alliierten an der griechisch-serbischen Grenze behaupten, de facto war Griechenland besetzt, aber formell trat es nicht in den Krieg gegen die Mittelmächte ein.

Die Isolation Rußlands ließ sich nicht beseitigen, auch nicht in der Ostsee, trotz russisch-englischer Marinekonvention,[311] so daß keine Zufuhren nach St. Petersburg möglich waren. Warum man nicht wenigstens versucht hat, wie im Zweiten Weltkrieg, die Verbindung via Archangelsk und Murmansk aufrechtzuerhalten, bleibt unverständlich, denn die britische Flotte hätte über entsprechende Sicherungs- und Transportkapazitäten verfügt. Allerdings wurde die Murman-Bahn erst 1917 fertig, die logistischen Schwierigkeiten wären also beträchtlich gewesen. Sicher ist, daß der politische Zusammenbruch Rußlands wesentlich auch auf die mangelhafte Unterstützung durch die Alliierten zurückging – woraus diese übrigens gelernt haben, denn nach dem Juni 1941 taten diese alles, koste es was es wolle – ich erinnere an die Tragödie des Geleitzuges »PQ 17« –, um die Sowjetunion Stalins zu unterstützen.

Die Entscheidungen auf dem Balkan wirkten weder auf Rumänien noch Italien abschreckend. Bei letzterem schon deswegen nicht, weil es seit 1902 eine geheime Absprache zwischen Rom und Paris gab, die zwar dem

14. Das Kriegsjahr 1915

Dreibundvertrag von 1882 diametral widersprach, aber das Dilemma Italiens deutlich spiegelte: England und Frankreich spielten im Mittelmeerraum eine dominierende Rolle; sollte sich Italien für die Mittelmächte entscheiden, so mußte es mit fast unmittelbaren empfindlichen Reaktionen dieser beiden Großmächte rechnen, und Italien war, was seine Flotte, aber auch sein Heer betraf, auch nicht annäherungsweise in der Lage, seine Küsten zu verteidigen. Hinzu kam, daß Deutschland mit Rücksicht auf Österreich Italien den Kriegseintritt auch nicht durch große territoriale Versprechungen schmackhaft machen konnte; zwar schien Österreich vorübergehend bereit, Italien in Triest entgegenzukommen, aber die Alliierten konnten natürlich auf sehr billige Weise mehr versprechen – was sie denn auch hemmungslos taten, ohne sich der langfristigen Folgen bewußt zu sein; mit denen wurde man erst 1940 so richtig konfrontiert, als Mussolini, 1915 der größte Kriegstreiber, die von den Alliierten angeblich unbeglichenen Rechnungen präsentierte. Aber wie weit muß ein Staatsmann vordenken? Und darf er ein Angebot ausschlagen, selbst wenn es, wie im Falle Italiens, einzig und allein durch den »sacro egoismo« bestimmt war, und man wußte, daß es Italien nur um eines ging: Territorialgewinn? Es galt 1915 in erster Linie, den Krieg zu gewinnen, auf moralische Subtilitäten kam es dabei nicht an, und die alliierten Pläne hatten vielversprechend ausgesehen:

Wenn Italien und Rumänien möglichst gleichzeitig den Mittelmächten den Krieg erklärten und Serbien mitmachte, so bestand Aussicht, Österreich den Todesstoß zu versetzen. Die deutschen Kräfte sollten durch entsprechende Offensivvorstöße im Artois und in der Champagne gleichzeitig gefesselt werden. Man sieht: Sowohl die Entente wie die Mittelmächte hofften im Osten offensiv werden zu können, um die Entscheidung womöglich hier zu erzwingen. Die Generalstäbe beider Seiten planten die Ostoffensive – dementsprechend heftig mußte der Zusammenstoß werden.

Ob nun aber offensiv oder defensiv: Es sprach, nimmt man alles nur in allem, tatsächlich einiges dafür, alle Kriegsanstrengungen des Deutschen Reiches 1915 nach Osten zu verlagern und im Westen zunächst nur die Positionen zu behaupten, die man 1914 errungen hatte. Ein Blick auf den Frontverlauf im Osten ließ die strategische Planung fast wie von selbst entstehen: Nachdem Ostpreußen gesichert als Bastion zur Verfügung stand, konnte man ganz Polen von hier aus und von Galizien her in die Zange nehmen. Zwar versuchte Oberost, Falkenhayn davon zu überzeugen, daß die 8. und die 9. Armee wesentlich verstärkt werden müßten, um den Ansatz von Ostpreußen aus wagen zu können, aber in diesem Fall wäre die Initiative ganz und vielleicht sogar endgültig auf das Oberkommando Ost übergegangen, was einer de facto-Absetzung Falkenhayns gleichgekommen wäre.

Dieser dachte gar nicht daran, den Hindenburgischen Ansinnen nachzukommen, sondern schickte die Verstärkungen unter das formelle Kommando von Conrad nach Galizien. Realiter besaßen die Armeegruppe Mackensen und deren Stabschef, der nachmalige Chef der Heeresleitung, Hans von Seeckt, die Richtlinienkompetenz; Falkenhayn, also die 2. OHL aber die höchste Kommandogewalt. Ludendorff war empört, konnte dagegen aber nichts unternehmen, und dies um so weniger, als die Russen nach dem ostpreußischen Desaster gar keine Anstrengungen mehr unternahmen, am rechten Flügel erneut offensiv zu werden, sondern das Schwergewicht ihrer Bemühungen nun eindeutig nach Südwesten richteten, also gegen Österreich-Ungarn.

Wütende russische Angriffe an der Karpatenfront ließen Conrad nun laut um Hilfe rufen, was Falkenhayn gerade recht kam, denn damit war er aller Rechtfertigungszwänge Oberost gegenüber enthoben: Die Front brannte genau dort, wo er selbst den Schwerpunkt haben wollte. Daß der kühne Ludendorffsche Gedanke, den Russen im Herzen Polens ein wahres Super-Cannae zu bereiten, Falkenhayn nicht behagte, war auch menschlich verständlich. Nehmen wir einmal an, die deutschen Reservekorps, also die 11. Armee, wären wirklich im Raum Masuren konzentriert worden, während die 4. österreichische Armee als Verstärkung im Karpatenraum aufmarschierte; nehmen wir ferner an, daß dann der russische Generalstab sich gezwungen gesehen hätte, seine Kräfte zu dezentralisieren – also gegen die Bedrohung aus dem Norden wie die aus dem Südwesten zu dislozieren –, so wäre ein solches Dispositiv gar nicht unwahrscheinlich gewesen. Wer aber, und das mag der entscheidende Gedanke Falkenhayns gewesen sein, sollte dann Hindenburg und Ludendorff noch stoppen, vor allem wenn er, Falkenhayn, im Westen immer noch nichts Spektakuläres zustandebrachte?

Es liegt auf der Hand, daß von diesen untergründigen personellen Querelen in den offiziellen Akten nichts zu finden war, aber Afflerbach hat genügend Material zusammengetragen, um sie doch rekonstruieren zu können. Auch Generäle, so könnte man achselzuckend feststellen, sind eben nur Menschen – Hindenburg und Ludendorff aber wollten zu Halbgöttern werden, was sie dann ja auch annähernd schafften.

Zwischen Tarnow und Gorlice traten am 2. Mai 1915 12 Armeekorps auf einer Breite von 20 km zum Angriff an, wobei schon die aus dem Westen bekannten Taktiken angewandt wurden: Stundenlange Artillerievorbereitung, massiertes MG-Feuer, noch unter dem Schutz der vorspringenden Artilleriewalze dann der Sturmangriff. Er gelang, mehr noch:

Über alle Erwartungen hinaus rissen die Verbände die gesamte Front auf, und nachdem der Durchbruch geschafft, brachte ein strategischer Schwenk nach Norden die gesamte feindliche Front zum Einsturz. Gleichzeitig gelang auch im nördlichen Ostpreußen der Durchbruch durch die Narewfront, und deutsche Verbände stießen über Kurland nach Riga vor. Das, was Ludendorff von Anfang an gewollt hatte, schien sich nun gebieterisch abzuzeichnen: die große Zange um ganz Polen.

Jetzt stellte sich auch Falkenhayn die Gretchenfrage: Sollte man alles auf eine Karte setzen? Hindenburg bejahte lebhaft – Falkenhayn zögerte immer noch, er wollte einfach nicht glauben, daß nun, völlig unerwartet, doch noch das strategische Super-Cannae im Osten möglich sein sollte. Falkenhayn beschloß, daß es nicht möglich sein sollte, und so wurde aus der denkbaren gigantischen Umfassungsschlacht nur eine ordinäre frontale Schlacht. Gewiß, die Erfolge waren beeindruckend: Kurland, Litauen, Polen, Galizien wurden von den Mittelmächten erobert, aber es war nicht gelungen, die Masse des russischen Heeres zu vernichten, die Zange hatte sich nicht geschlossen. Dafür gab es nun wie im Westen eine geschlossene Front von Riga im Norden bis Czernowitz im Süden. Und nach der englischen Landung in Saloniki sowie der Errichtung der griechischen Front, erstarrten überall auch in Ost- und Südosteuropa die Fronten. Im Osten hatten die deutschen und österreichischen Heere annähernd jene Linie erreicht, von der der alte Moltke angenommen hatte, sie würde ausreichen, um Rußland friedensgeneigt zu machen, doch davon konnte Ende 1915 keine Rede sein. Auch Falkenhayn war verstummt – an ein Friedensangebot an die Adresse Rußlands war nicht mehr zu denken. Das wäre schon aus psychologischen Gründen kaum möglich gewesen, denn wer immer sich die Fronten des Krieges am Silvesterabend des Jahres 1915 ansah, der konnte in Deutschland nur befriedigt zur Kenntnis nehmen, daß der Krieg zwar noch nicht gewonnen, wohl aber die Machtbasis der Mittelmächte entscheidend vergrößert worden war. Und da der Mensch nichts lieber tut, als Erfolge hochzurechnen, wäre das Eingeständnis, diesen Krieg nicht gewinnen zu können, weswegen man wenigstens mit Rußland Frieden schließen müsse, als blanker und ungerechtfertigter Defätismus erschienen.

Aber alle Verantwortlichen mußten sich nach dem Ende des Bewegungskrieges sowohl im Westen wie im Osten die Frage stellen, wie es denn nun weitergehen sollte. Daß es mit einem frontalen Anrennen nicht getan war, hatten die Alliierten während des Jahres 1915 in schmerzlichster Weise erfahren. Inzwischen war die Verteidigung dem Angriff dermaßen überlegen, daß mit einem strategischen Erfolg im Westen nicht zu rechnen war. Hatten sich die Russen bei Tarnow-Gorlice noch überraschen lassen, so bauten auch sie nun die Front aus, und endlose Schützengräben bestimmten auch das militärische Bild im Osten.

Der Krieg war erstarrt und schon zu diesem Zeitpunkt zum Materialkrieg entartet – also zu etwas, was sich keiner der Generalstabschefs je vorgestellt hatte. Deswegen war für eine lange Kriegführung, in der allein die Menge des Materials ausschlaggebend sein würde – und selbstverständlich zählte zum Material auch das eben so genannte »Menschenmaterial« –, nichts vorbereitet, und nur schwerfällig kam die Rüstungs- und Munitionsfertigung auf Touren.

Deswegen war es nicht verwunderlich, daß nun eine geradezu hektische Suche nach dem militärischen Stein der Weisen einsetzte, anders gewendet: Wenn die üblichen konventionellen Kriegsmittel nicht ausreichten – gab es vielleicht unkonventionelle? Und konnte man das Patt irgendwie überwinden? *Ein* Zusammenhang leuchtete sofort ein: Wenn es den Mittelmächten zunehmend schwerer fiel, die eigenen Rüstungsanstrengungen zu forcieren, weil die englische Seeblockade zu wirken begann, dann mußte das Inselreich, dem ohnehin aller Haß der Propaganda galt, in raschem Prozeß zusammenbrechen, sollte es gelingen, es von den überseeischen Zufuhren abzuschneiden, denn England war noch ganz anders als Deutschland und Österreich auf den Import nahezu aller lebenswichtiger Güter zwingend angewiesen. War das die Achillesferse des Empires? Und mußte nicht gerade hier der Hebel angesetzt werden? Tirpitz wußte auch schon wie: durch den unbeschränkten Ubootkrieg.

Der war völkerrechtswidrig. Es hatte zu den großen Errungenschaften der Haager Friedensbemühungen gehört, klare Regeln für den Seekrieg entwickelt zu haben: Neutrale Schiffe durften nur dann versenkt werden, wenn sie sog. Konterbande an Bord hatten, also Waren und Güter, die der Kriegführung dienten. Feindliche Handelsschiffe nur dann, wenn sichergestellt war, daß die zivilen Besatzungen gerettet wurden – sei es, daß sie an Bord des eigenen Schiffes genommen, sei es, daß sie mit ausreichenden Rettungsmitteln ausgestattet wurden. Der Handelskrieg mit Überwasserschiffen, also mit Kreuzern und Hilfskreuzern – umgebauten Handelsschiffen – ließ sich nach diesen Regeln führen, der Ubootkrieg aus leicht einsehbaren Gründen nur schwer, denn im Normalfall war das Uboot nicht in der Lage, die feindliche bzw. neutrale Besatzung an Bord zu nehmen. Wenn ein Uboot auftauchte und zwecks Rettung von Schiffbrüchigen beidrehte, war es zudem fast hilflos jedem Überraschungsangriff ausgesetzt.

Aber das Kriegsvölkerrecht verbot auch eine Blockade, die sich gegen die Zivilbevölkerung richtete, und war überdies nur dann völkerrechtlich gültig, wenn sie effektiv war – eine bloße Blockadeerklärung, in deren

14. Das Kriegsjahr 1915

Namen man gegnerische und neutrale Schiffe in der Blockadezone angreifen durfte, reichte also nicht aus. In der Vorkriegszeit war der Admiralstab davon ausgegangen, daß England wie in allen vergleichbaren Seekriegen zuvor auch diesmal sofort eine enge Blockade in der Deutschen Bucht einrichten würde. Diese aufzubrechen, würde dann den erwünschten Anlaß für die große Freiwasserschlacht der beiden Flotten liefern. Bekanntlich sollte alles ganz anders kommen; schon seit 1911 entschloß sich Großbritannien, auf die enge zugunsten einer weiten Blockade zu verzichten, womit die ganze deutsche Seestrategie Makulatur wurde – was man in Deutschland übrigens entgegen nachträglicher Behauptungen wußte.

Das waren keine günstigen Voraussetzungen für die Aufnahme des Ubootkrieges. Dennoch wurde er begonnen, und zwar nach Prisenordnung, also regelgerecht, und seine Erfolge konnten sich sehen lassen; die Versenkung dreier älterer englischer Panzerkreuzer durch U 9 (Weddigen) galt als Fanal, aber auch die Erfolge gegen die Handelsschiffahrt waren größer als ursprünglich erwartet. Noch war England nicht zur Konvoibildung übergegangen, und Einzelfahrer gab es in den Gewässern um England zu Hauf – eine leichte Beute für Uboote.

Der Seekrieg hatte mit dem Operationsbefehl Nr. 1 für die Nordsee[312] begonnen – also gar nicht, denn diese Ordre erlaubte den Einsatz der Hochseeflotte gegen die Grand Fleet, also die große Schlacht, erst nach einem, wie es hieß »Kräfteausgleich«. Dahinter stand die Vorstellung, es müßte möglich sein, Einheiten der Grand Fleet, von denen man annahm, sie würden kühn wie eh und je in der englischen Geschichte in die südliche Nordsee vorstoßen, mit eigenen überlegenen Kräften zu vernichten. Und dieses Verfahren sollte solange fortgesetzt werden, bis es eben einen »Kräfteausgleich« gab – eine utopische Vorstellung, und zwar aus zwei Gründen: Es war nicht zu erwarten, daß England, wenn es sich denn überhaupt so wie erwartet verhielt, den nämlichen Fehler zwei- oder gar mehrfach begehen würde, und selbstverständlich würden die viel höheren Baukapazitäten der englischen Werften ausreichen, um eventuelle Verluste auszugleichen – und zwar rascher, als dies im umgekehrten Fall den Deutschen möglich sein würde. Tirpitz, ein kluger Mann, sah das ganz ähnlich[313].

Die Probe aufs Exempel kam prompt: Die Gefechte vor Helgoland (28. August 1914) und am 24. Januar 1915 auf der Doggerbank gingen unglücklich aus, es hatte nicht nur keinen »Kräfteausgleich« gegeben, sondern die deutschen Verluste waren höher als die englischen. Was England zu leisten vermochte, demonstrierte es dann bei den Falklands, als das Ostasiengeschwader des Grafen Spee nach der gewonnenen Schlacht bei

Coronel der überlegenen britischen Flotte zum Opfer fiel – wie auch Tsingtau, das am 7. November 1914 von den Japanern genommen wurde.[314] Daß übrigens Japan unverzüglich in den Krieg gegen die Mittelmächte eintrat, stellte der britischen Diplomatie ein glänzendes, der deutschen ein miserables Zeugnis aus.

Spätestens seit Mitte des Jahres 1915 war absehbar, daß mit dem Überwasserkrieg und mit der schönen schimmernden Wehr, die in Wilhelmshaven auf der Reede dahindümpelte und schon allerlei Unzufriedenheit in den Mannschaftsdecks produzierte, der Krieg bestimmt nicht zu gewinnen war. Um so verführerischer wirkte die Option Ubootkrieg, und um so ärgerlicher die Fessel, die das Völkerrecht ihm angelegt hatte. Im Grunde ging es um das gleiche Problem, das auch schon den Fall Belgien bestimmt hatte: Formell behauptete das Reich, es habe das Völkerrecht mit dem Einmarsch in Belgien nicht gebrochen, sondern nur Notwehr geübt. Das glaubte natürlich niemand, aber auf den Ubootkrieg angewendet, wirkte es glaubwürdiger, denn die englische Blockade, so sollte es das Admiralstabswerk formulieren, sei die »planmäßige Aushungerung des Deutschen Reiches«. In diesem, so dozierte das Werk, »hat stets bei allen Kriegsvorbereitungen und Kriegsplänen der Grundsatz geherrscht, daß der Krieg ein Kampf der eigenen Wehrmacht gegen die Wehrmacht des Feindes wäre, und daß ein Einbeziehen der Zivilbevölkerung, abgesehen von den Zufälligkeiten, völlig auszuschließen sei.«[315] Daraus ergab sich die These, Deutschland übe nur die völkerrechtlich zulässige »Vergeltung«, wenn der »Hungerblockade«, wie man das allgemein nannte, nun der uneingeschränkte Ubootkrieg entgegengesetzt wurde. Darüber erhob sich seit dem Herbst 1914 eine erbitterte Debatte in Deutschland, an der sich keineswegs nur die Militärs beteiligten sondern alle, die von der Sache etwas verstanden oder zu verstehen glaubten, und das waren nicht wenige.

Die Position des Kanzlers war eindeutig: Die Haager Konferenzen und die Seerechtserklärung von 1909 ließen nur einen Seekrieg nach Prisenordnung zu, andernfalls sei mit Protesten der Neutralen, vor allem aber der USA zu rechnen, das könne man sich nicht leisten. Demgegenüber beharrte die Marineführung auf der Behauptung, ein Erfolg sei nur dann zu gewährleisten, »wenn der Krieg in rücksichtsloser Weise ›in seiner absoluten Form‹ geführt werden durfte.« Das Admiralstabswerk, auch eine Rechtfertigungsschrift der Kaiserlichen Marine, begründete dies mit dem Satz:

»Es ging um Sein oder Nichtsein von Großmächten. Wer unterlag, hatte das ›vae victis‹ aufs schwerste zu gewärtigen.«[316]

Da blitzte wieder die Idee der Staatsräson durch, das Prinzip des Machiavelli: Was wiegt schwerer: die Existenz des Volkes oder das Völkerrecht? Galten auch im Krieg die Grundsätze von Notwehr, Vergeltung, Repressalie? Es ehrt die Gesellschaft, daß sie in aller Offenheit und mitten im Krieg diese Fragen ernsthaft diskutierte – man braucht da nur einmal an den Zweiten Weltkrieg zu denken.

Im Ergebnis kam man zu keinem Resultat, denn Befürworter und Gegner des uneingeschränkten Ubootkrieges hielten sich die Waage. Es lag auf der Hand, daß erstere immer radikaler wurden – eben bis hin zur Idee vom totalen Krieg, die dann Ludendorff propagieren sollte. Auf ihn hat sich 1943 übrigens Goebbels in seiner Sportpalastrede bezogen, auch wenn er den Namen Ludendorff am 18. Februar 1943 nicht nannte. Man kann aber sicher sein, daß die Zuhörer ihn assoziierten – der frenetische Beifall wird sich auch auf die nach 1918 kolportierte Behauptung bezogen haben, wäre das Hindenburg/Ludendorffprogramm nicht erst 1918, sondern schon 1914 angelaufen, ja dann...[317]

Neben der Frage, wie der Ubootkrieg zu legitimieren sei, stellte sich die nach seinen Erfolgsaussichten, anders gewendet: Durfte man den Kriegseintritt neutraler Staaten, also wesentlich der USA, riskieren, wenn der Erfolg nicht sicher war? Es war diese Frage, die sich wie ein Roter Faden durch die Diskussionen ziehen sollte – bis die Entscheidung endgültig fallen sollte, am 9. Januar 1917.

Bis dahin suchte man sich durchzulavieren. Der Ubootkrieg wurde peu à peu ein wenig verschärft, blieb aber im Rahmen der Prisenordnung; die damit erzielten Erfolge konnten sich durchaus sehen lassen, kriegsentscheidend waren sie nicht. Demgegenüber behaupteten einige Fachleute oder solche, die sich dafür hielten, zu ihnen zählten u.a. die Nationalökonomen Levy, Sering, Triepel, Ballin, Newman, Weil, der uneingeschränkte Ubootkrieg könne sehr wohl kriegsentscheidend sein.

Die Reichsleitung beschloß am 4. Februar 1915, den Ubootkrieg in verschärfter Form fortzuführen – wenig später kam es zu dem »Lusitania«-Zwischenfall,[318] dem u.a. 127 Amerikaner zum Opfer fielen. Durch die USA schwappte eine Welle der Empörung, und die amerikanische Regierung machte kein Hehl daraus, daß die Fortsetzung dieser in ihren Augen barbarischen Seekriegführung den casus belli darstellen würde. Bethmann Hollweg ruderte also hektisch zurück, und die Marineführung, darob beleidigt, stellte den Ubootkrieg zunächst völlig ein – obwohl der Krieg nach Prisenordnung monatlich durchschnittlich 400 000 Tonnen Versenkungen erbracht hatte. Die Fachleute aber behaupteten, bei 600 000 Tonnen müsse England das Handtuch werfen. Man kann sich vorstellen, unter welchem Druck Bethmann Hollweg geriet, und bald hatte er eine Kamarilla gegen sich, die von Falkenhayn, Hindenburg, Ludendorff und Tirpitz angeführt wurde. In der berüchtigten Denkschrift des Admiralstabes vom

22. Dezember 1916 formulierte der Chef des Admiralstabes, Großadmiral Holtzendorff:

»Ich stehe nicht an zu erklären, daß wir, wie die Verhältnisse jetzt liegen, mit uneingeschränktem Ubootkrieg in fünf Monaten England zum Frieden zwingen können.«[319] Wie wäre dagegen noch zu argumentieren gewesen?

Wir haben nun schon um ein Jahr vorausgegriffen. Zunächst müssen wir aber zu der Frage zurückkehren, wie man in Deutschland mit der Tatsache fertigwerden wollte, daß aus dem kurzen ein auf alle Fälle langer Krieg geworden war. Spätestens Ende 1915 war klar, daß man nicht mehr in Monaten, sondern in Jahren rechnen mußte. Sollte sich die Prophezeiung des alten Moltke doch noch bewahrheiten? Dieser hatte in seiner letzten Reichstagsrede vor einem sieben-, ja einem dreißigjährigen Krieg gewarnt.

15. DIE SUCHE NACH AUSWEGEN

Manches mochte manchen Soldaten und Politiker an Napoleon erinnern: Auch dieser hatte sein Kriegsreich auf dem Kontinent zu imponierender Größe aufgebläht, stand unerschüttert im Zentralraum Europas – und doch wußte er nicht, wie es weitergehen sollte: England war unerreichbar und daher mit rein militärischen Mitteln offensichtlich nicht zu besiegen, Rußland weit und unwillig, wie sich bei der Einrichtung der Kontinentalblockade zeigte, und man weiß, zu welchen Konsequenzen sich der Korse gezwungen glaubte.

Es schien 1915, als die Mittelmächte so gut wie bisher noch nie in diesem Krieg dastanden, also nicht möglich, sich in der Verteidigung auf unabsehbare Zeit einzurichten, zumal der Krieg gelehrt hatte, daß diese Verteidigung – im Westen mehr denn im Osten, aber auch dort lief alles in die nämliche Richtung – einen ungeheuren Verschleiß an Menschen und Material bedeutete. Und natürlich waren die Verantwortlichen nicht so borniert, um zu verkennen, daß à la longue die Entente über den längeren Atem verfügte – auf nahezu allen kriegsrelevanten Feldern. Was, vielleicht, im Zweiten Weltkrieg wieder denkbar wurde: die Etablierung einer »Festung Europa«, autark und damit unangreifbar (was schon im Hinblick auf die Atombombe dann doch Illusion gewesen wäre), war es 1915 nicht, und deswegen gewann die Suche nach Auswegen, seien sie militärischer oder diplomatischer Natur, immer den Anstrich des Hektischen, und je länger, je mehr den des Verzweifelten. Die Zeit lief eindeutig gegen die Mittelmächte, man mußte sie also nutzen – die Entente konnte sich das Abwarten eher leisten, zumal ihr die Ressourcen nahezu der ganzen Welt zur Verfügung standen. Nicht nur die USA verharrten mit ihren gewaltigen Potentialen im Hintergrund, sondern England selbst verfügte immer noch über ein wenn auch angeschlagenes Weltreich. Es sollte sich zeigen, daß zumindest jene Kolonien, die von englischen Siedlern und englischer Kultur geprägt waren, in der Stunde der Not sich doch um die Insel scharten – eine Figur wie Jan Christiaan Smuts, der südafrikanische General, ist dafür typisch, aber man kann auch an die kanadischen und australischen, sogar die neuseeländischen Truppen denken, die sich sehr tapfer schlagen sollten[320] – für England. Nebenbei für sich selbst, doch das wurde erst später relevant. Gleichwohl war die Entente ein sehr heterogenes Gebilde, und nicht alle ihre Mitglieder konnten in Ruhe die möglichen zukünftigen Entwicklungen abwarten.

Das galt insbesondere für Rußland, denn schon zeigten sich am politischen Horizont des Zarenreiches jene düsteren Wolken, die das Land nach und nach völlig überdecken und in Finsternis hüllen sollten.

Das war eine alte Vorstellung schon Bismarcks gewesen: Sollte Rußland gegen Deutschland Krieg führen, so werde man alles tun, um ihm dies so schwer wie möglich zu machen – und dazu zählte auch der Aufruf der Revolution. Was die 3. OHL 1917 fabrizieren sollte, war lange vorher schon im Grundsatz durchdacht, also nicht nur ein ad hoc Entschluß. Er bewies übrigens, um es vorwegzunehmen, daß die Generäle die kommunistische »Ansteckungsgefahr« für gering hielten – indirekter Beweis für die These von der gesellschaftspolitischen Stabilität im Reich, selbst 1917, nach dem Steckrübenwinter von 1916/17.

Zunächst war die Frage zu prüfen, ob es gerade angesichts der vergleichsweise komfortablen militärischen Lage, die sich im Verlauf des Jahres 1915 hergestellt hatte, nicht doch eine Möglichkeit gab, einen Sonderfrieden mit einer der feindlichen Großmächte anzustreben[321] – eben nicht aus einer Position der Schwäche, sondern der Stärke heraus. Falkenhayn war willens, die alte Idee des alten Moltke wieder aufzunehmen, und in diesem Punkt konnte er auch mit dem Einverständnis Bethmann Hollwegs rechnen.[322] Entscheidend war allerdings, daß beide, sowie alle, die in der Folgezeit im Regierungslager den Sonderfriedensgedanken überhaupt verfolgten, wie selbstverständlich davon ausgingen, dieser dürfe nur eine Etappe zu einem Siegfrieden sein. Die OHL suggerierte, die Auslotung und die Herstellung eines Sonderfriedens sei Sache der Politik – die OHL wollte damit nichts zu tun haben, schon um ihr Gesicht nicht zu verlieren. Jene Scheinlösung vom Herbst 1918, als Ludendorff das Geschäft des Waffenstillstandes den Politikern allein in die Schuhe schieben sollte, war ansatzweise schon jetzt, und zwar unter Falkenhayn, zu erkennen.

Welcher Ansatz war am vielversprechendsten? Im Prinzip gab es drei Möglichkeiten: Frankreich, England, Rußland. Ersteres kam praktisch nicht in Frage – wo hätte man den Hebel ansetzen können? Weder politisch noch militärisch ließ sich hier etwas bewegen, denn natürlich waren die Territorialfragen, vor allem aber Elsaß und Lothringen, tabu.

Bei England schien es anders auszusehen: Mit England hatte man keine territorialen Probleme, blieb die Kolonialfrage einmal beiseite, und die Insel, so suggerierten die unbeschränkten Ubootkrieger, besaß eine empfindliche Achillesferse. Konnte der verschärfte Ubootkrieg als Demonstration der Stärke mit dem Ziel einer Sonderverhandlung mit England genutzt werden? In diesem Zusammenhang ist daran zu erinnern, daß selbst professionelle Politiker die britische politische Mentalität als die eines »Krämervolkes« einschätzten. England schien die einzige Macht zu sein, die auch während des Krieges rechnete, und eine nüchterne Kosten-Nutzenanalyse konnte es für England tunlich erscheinen lassen, den Krieg mit Deutschland zu beenden. Hatte sich England so nicht auch 1802 in Amiens verhalten? Wer so argumentierte, verkannte aber, welch harsche Kritik der Frieden von Amiens seinerzeit und in der späteren geschichtswissenschaftlichen Literatur Englands erfahren hatte.

Außerdem hätte Englands Haltung im Krimkrieg zu denken geben müssen: Während die Verbündeten, also Frankreich, Österreich, Piemont, das Osmanische Reich den Krieg so rasch und so billig wie möglich zu beenden wünschten, erwies sich England als Kriegstreiber und hätte den Konflikt liebend gern zum Weltkrieg ausgeweitet.[323]

Solche Gedankengänge wurden aber auch durch den Einbruch eines blanken Irrationalismus konterkariert: Im Verlauf der ersten beiden Kriegsjahre war England in der Öffentlichkeit und in den Medien zu *dem* Feind schlechthin stilisiert worden – die Gründe bleiben letztlich unklar. Da mochten Reminiszenzen an den Navy Scare mitspielen, an den Burenkrieg, an die den Engländern schon vor dem Krieg unterstellte moralische Verlogenheit, das »perfide Albion«, ohne daß jemand zu sagen gewußt hätte, was denn dieses »perfide« bedeutete. Ein Sonderfrieden mit England auf gleichberechtigter Basis wäre innenpolitisch 1915 nicht durchzusetzen gewesen. Das galt auch reziprok: Nicht im Traum hätte es die britische Politik wagen können, mit dem Land der »Hunnen« und dem Oberhunnen Wilhelm II. ein Sondergeschäft abzuschließen – es war Lloyd George, der die »Hunnenwahlen« von 1918 wesentlich auf der Grundlage des Hasses der Briten auf die Deutschen gewinnen sollte.

Mit dem unbeschränkten Ubootkrieg wollten die Scharfmacher in der Reichsleitung, vorweg Tirpitz, England nicht zu einem freiwilligen Friedensgespräch zwingen, sondern vernichten. »Wenn England darauf besteht, den Krieg bis aufs Messer zu führen, so werden wir mittun«, lautete die Unterschrift einer Propagadapostkarte mit dem Porträt von Tirpitz.[324] Man wollte England endlich zu Kreuze kriechen sehen: Auch Falkenhayn und Holtzendorff waren von solchen atavistischen Anwandlungen nicht frei. In ihnen spiegelte sich noch immer die alte Vorstellung, daß das Reich niemals mit, sondern immer nur gegen das britische Empire wahre Weltmacht werden könnte. Der bisherige Verlauf des Krieges hatte diese Weltmachtvisionen keineswegs ausgelöscht, eher im Gegenteil, wie die gerade 1915 immer erbitterter geführte Kriegszieldiskussion zeigen sollte.

Dann kam also doch nur noch Rußland in Frage,[325] und an diesem Punkt wird erkennbar, daß Falkenhayns Initiative vom November 1914, die ja auf einen Separatfrieden mit Rußland zielte, als Alternative zur Unmöglichkeit gesehen werden muß, mit den beiden Westmächten irgendwie ins Gespräch zu kommen – und nach der Erstarrung der Westfront weniger denn je. Also tauchten die Befürworter der russischen Option tief in die Geschichte der russisch-deutschen Beziehungen und erinnerten daran, daß Rußland »eigentlich« doch schon seit Beginn des 19. Jahrhunderts der traditionelle Verbündete der Deutschen gewesen sei. Tauroggen mußte herhalten, die russische Hilfe für Österreich, 1849, die Vermittlerrolle Preußens im Krimkrieg, natürlich die Alvenslebensche Konvention, 1863, schließlich die wohlwollende Neutralität des Zarenreiches während der formativen Phase der Reichsgründung, also 1866 und 1870. Die Konservativen machten sich zu Wortführern der russischen Option, und dabei mischten sich ideologische mit »realpolitischen« Argumenten. Ohne es offen sagen zu können – mit Rücksicht auf die SPD –, ließ sich im System der russischen Autokratie doch etwas Ähnliches wie in dem des preußischen Wahlrechts, des Dreiklassenwahlrechtes sehen; wie in Rußland, so gelte es ja auch in Preußen, Angriffe auf das überkommene Herrschaftssystem abzuwehren. Außerdem seien die Deutschen immer gut gefahren, wenn man mit Rußland verbündet war.

Bethmann Hollweg, aber auch Gottlieb von Jagow, der Staatssekretär im Auswärtigen Amt, und der Staatssekretär des Inneren, der Vizekanzler Karl Helfferich, waren strikt dagegen. Sie sahen in Rußland nicht nur den gegenwärtigen, sondern auch den potentiell gefährlichsten Gegner des Reiches in der Zukunft, also nach dem Ende *dieses* Krieges. Nicht die glorreiche Vergangenheit galt es in ihren Augen zu beschwören, sondern eine unberechenbare russische Gefahr. In diesem Punkt waren sie ganz der Meinung der beiden Moltkes, und auch Bismarck galt insofern als Kronzeuge, als der Rückversicherungsvertrag ja durchaus als letztes verzweifeltes Mittel gewertet werden konnte, sich den russischen Bären vom Leib zu halten – es war in dieser Konstruktion nicht positiv um ein Bündnis, sondern negativ um die Verhinderung eines solchen zwischen Rußland und Frankreich gegangen. Und welchen Preis das Reich und Österreich für die russischen Wohltaten von 1849, 1866 und 1870 zu zahlen gehabt hatten – das ließ nichts Gutes ahnen, wollte man nun versuchen, erneut Rußlands Wohlwollen zu gewinnen.

Das waren diametral entgegengesetzte Interpretationen, sie lassen das Dilemma der deutschen Außenpolitik[326] aufblitzen: Es war immer noch nicht möglich, eine stringente, von allen politisch Verantwortlichen getragene Außenpolitik auch nur zu formulieren. Bethmann Hollweg hat dies schmerzlich empfunden, nur so wird es verständlich, daß er erneut einen Anlauf unternahm, um mit seiner »Politik der Diagonale« die Gegensätze zu überbrücken, wenn er den frühen Vorschlag Falkenhayns vom 14. November 1914, einen Sonderfrieden mit Rußland anzustreben, nicht a limine ablehnte, weil er hoffte, die bloße Initiative zu einem solchen Schritt könnte vielleicht geeignet sein, die gegnerische Koalition zu sprengen oder wenigstens zu lockern. Falkenhayn hatte vorgeschlagen, den Ausgleich mit Rußland auf der Basis des status quo ante zu versuchen.

Das war aussichtslos. Wie im Fall Italien konnte die Entente Rußland, sollte es wirklich zu einem Wettlauf um die Gunst dieses Landes kommen, allemal mehr bieten als Deutschland; jedes Arrangement mit Rußland mußte die Position Österreichs aufs höchste gefährden, und Österreich war nicht im Entferntesten gesonnen, sich dem deutschen Schritt anzuschließen. Schlimmstenfalls mußte das Reich mit dem Ausscheiden der K.u.K.Monarchie aus dem Krieg rechnen. Hinzu kam, daß der in Rußland nun besonders virulente Panslawismus als unkalkulierbar galt.

Dennoch: Vielleicht hätte es Chancen gegeben – auch in St. Petersburg mußte man sich Gedanken darum machen, wessen Kastanien man eigentlich aus dem Feuer zu holen suchte; doch die täppische und zugleich unverfrorene deutsche Diplomatie machte alles von selbst zunichte, indem sie das Angebot an den Zaren mit einer Territorialforderung verknüpfte: Rußland sollte den schon genannten »polnischen Grenzstreifen«[327] abtreten. Das war ein Schlag ins Gesicht aller, die den Frieden mit Rußland wirklich wollten, denn diese Politik des polnischen Grenzstreifens erinnerte jedermann an die Elsaß-Lothringen-Politik Frankreich gegenüber und war schon mit der Ehre Rußlands nicht zu vereinbaren. Daß damit in einem Zuge auch die denkbare Alternative, die polnische Karte gegebenenfalls gegen Rußland auszuspielen vergeben war, verstand sich von selbst.[328] Sicherlich, hinter diesen Erwägungen stand die Furcht vor dem Panslawismus ebenso wie die vor der revolutionären Ansteckungsgefahr, genau das, was 1919 Lord Curzon zur Propagierung seiner famosen Zone bewegen sollte – aber es wird doch deutlich, wie unfähig die deutsche Diplomatie war, die kurz- von den langfristigen Problemen zu trennen, und das zu einem Zeitpunkt, als die Zeit wie nie drängte. Dabei hätte es wie ein »goldener Moment« erscheinen müssen, daß die militärische Führung in West wie in Ost – was normalerweise überhaupt nicht vorkam – in der Frage des Separatfriedens mit Rußland einig war – wohlgemerkt in jener Phase, als sie noch nicht wissen konnte, welche überraschenden militärischen Erfolge im Sommer 1915 möglich wurden.

Die gewaltigen Geländegewinne, die praktische Besetzung Polens durch die deutschen und österreichischen Truppen nach dem Paukenschlag von

Tarnow-Gorlice boten der deutschen Politik gerade Ende 1915 eine einmalige Chance, nun aus einer verbesserten Position der Stärke heraus die Friedensinitiative zu forcieren – sie wurde doppelt und dreifach vergeben.

Die nun zögernd aufgenommenen Sondierungen über die dänischen und schwedischen Kronen kamen nicht voran; Bethmann Hollweg optierte für die Rückgabe Polens an Rußland – mit Ausnahme besagten Grenzstreifens – und nach dem Tod des russischen Ministerpräsidenten Sergej Witte, der als gemäßigt, vernünftig und Deutschland einigermaßen geneigt galt, gewannen am Zarenhof die Falken und Phantasten – man denke an den Mönch Rasputin, eine der bizarrsten Gestalten der russischen Geschichte[329] – rasch Oberwasser. Nikolaus II., eine ähnlich schwankende, schwache Figur wie sein erlauchter kaiserlicher cousin und frère Wilhelm II., wäre vielleicht zu gewinnen gewesen – aber schon die feierlichen Verpflichtungen der Ententemächte vom 4. September 1914, eben keinen Separatfrieden mit den Mittelmächten abzuschließen, hätten es dem Zaren letztlich aus Ehrengesichtspunkten unmöglich gemacht, dem Plan zuzustimmen. Kurz und gut: Diese erste Friedensinitiative, wenn man sie denn als solche überhaupt bezeichnen will, scheiterte, von der deutschen Öffentlichkeit im übrigen unbemerkt, kläglich.

Diese Öffentlichkeit befand sich seit dem Mai 1915 ohnehin im Siegesrausch. Der Vormarsch der verbündeten Truppen tief ins russische Feindesland, die Gewinnung Kurlands, der Fall Warschaus – das alles ließ die Zweifler und Skeptiker verstummen und leitete Wasser auf die Mühlen der forschesten Annexionisten – und die kamen aus allen Löchern und Lagern. Nie zeigte sich die häßliche Fratze eines chauvinistischen Imperialismus deutlicher als in diesen Monaten; auch eine stärkere Figur als Bethmann Hollweg hätte dieser primitiven und zugleich intellektuellen Canaille kaum paroli bieten können.

»Intellektuellen-Eingabe« – so hieß das vielleicht übelste Pamphlet des Annexionismus, das Resultat des Alldeutschen Kongresses in Berlin war. Mit 1347 Unterschriften versehen, spiegelte es die geballte Meinung der Intellektuellen, und das Wort »intellektuell« muß man leider zum Nennwert nehmen – allein 352 Professoren hatten die Eingabe unterzeichnet, und, um vor der eigenen Haustür zu kehren, darunter die Crème de la Crème der deutschen Historikerzunft: Eduard Meyer, der Erforscher der Römischen Geschichte, Erich Marcks, der Bismarck-Biograph, Otto Hintze, der große Preußenhistoriker, Otto von Gierke, der Historiker des Genossenschaftsrechts, Heinz Triepel, der große Staatsrechtler, Dietrich Schäfer, ein Schüler Treitschkes. Und das waren beileibe nicht alle. Die Initiatoren der Eingabe kamen aus dem alldeutschen und dem allerrechtesten Lager, auch hier Namen, die noch fatale Berühmtheit gewinnen sollten: Claß, Kirdorf, Hugenberg, Seeberg. Es würde zu weit führen, diese Herrschaften hier auch nur kurz zu charakterisieren: Es waren die glühendsten Vertreter der Weltreichslehre, und sie verfügten mit Hugenberg auch gleich über das mächtigste Sprachrohr für die Öffentlichkeit.[330] Die Eingabe war also kein blutleerer Katheder-Coup, sondern eine auf das ganze Volk gezielte Agitation.

Und eine gegen Bethmann Hollweg. Die Herren bliesen erstmals zum Halali. Der Kanzler galt als schlapp, ja als defätistisch. Fortan wird sich diese Kamarilla, der sich viele anschließen sollten, darum bemühen, ihn zu stürzen. Es dauerte annähernd zwei Jahre, bis sie Erfolg hatten – aber von nun an mußte Bethmann Hollweg einen ganz persönlichen Zweifrontenkrieg führen: an den militärischen in ganz Europa und an denen des Chauvinismus im Inneren.

Man forderte in der Eingabe alles, was schon im Septemberprogramm 1914 aufgelistet worden war – plus ganz Belgien, die gesamte Kanalküste, die Westgrenze des Reiches an der Maas. In den neugewonnenen Gebieten gelte es, einen »germanischen Grenzwall« zu errichten.

Natürlich gab es auch Vernünftige, auch vernünftige Professoren, der Kieler Ferdinand Tönnies zählte zu ihnen, Max und Alfred Weber, die Begründer der Soziologie, Ludwig Quidde, der große Friedensforscher, Ernst Troeltsch, der Theologe und Philosoph. Beider Werk sollte weit in die Weimarer Zeit ausstrahlen. Auch Clemens von Delbrück, der Vizekanzler und Innenstaatssekretär, solidarisierte sich mit dem Kanzler – aber es war bezeichnend, daß er es nur unter der Hand, nicht öffentlich tat. Diese heterogene Partei der Nichtverblendeten fahndete gewiß nach einem Friedenskonzept – aber es wollte sich nicht entwickeln lassen, und deswegen war es folgerichtig, wenn sich der Blick derjenigen, die den Wahnsinn stoppen wollten, auch nach außen, ins Lager der Neutralen richtete.

Vor allem nach Amerika. Die Vereinigten Staaten hatten aus ihren Sympathien mit der Entente von Anfang an kein Hehl gemacht, aber zugleich doch bedeutet, sie gedächten nicht, sich in den Krieg einzumischen – wenn die Kriegführenden sich an die Regeln des Kriegführens hielten, was natürlich in erster Linie auf den möglichen uneingeschränkten Ubootkrieg zielte. Die »Lusitania«-Versenkung aber brachte Amerika ein gehöriges Stück näher an den Krieg; vor allem die öffentliche Meinung in den USA, bisher eher indifferent, begann zu kippen und die deutschstämmigen Amerikaner es zu spüren.[331] Die Befürworter des unbeschränkten Ubootkrieges betonten, daß die USA sich nicht an die Regeln der Neutralität hielten, schließlich ginge das »Lusitania«-Unglück auch darauf zurück, daß das Schiff verbotenerweise Kriegsmaterial, also Munition und Sprengstoffe geladen hatte. Das war übrigens allgemein bekannt – die deutsche Botschaft in Washington hatte ganz offiziell in den USA davor gewarnt, die Reise mit der »Lusitania« zu wagen.[332]

Gleichwohl waren die USA aus vielerlei Gründen an einer raschen Beendigung des europäischen Krieges, der sich zunehmend in die Welt ausweitete, interessiert, und so hatte der amerikanische Präsident Woodrow Wilson seinen persönlichen Berater, den Obersten Edward House, im Winter 1914/15 nach Europa geschickt, um die amerikanische Friedensvermittlung anzubieten. In diesem Zusammenhang muß daran erinnert werden, daß die 3. Haager Friedenskonferenz ursprünglich 1915 in San Francisco stattfinden sollte. Darüber hinaus gab es in Amerika schon zu diesem Zeitpunkt eine breite Friedensbewegung unterschiedlichster Couleur; vor allem die »League to Enforce Peace« gewann das Ohr des Präsidenten Wilson; sie auch lieferte später die Blaupause für die berühmten »Vierzehn Punkte«.[333] In England und Frankreich stieß die Mission des Obersten House auf blanke Ablehnung, in Deutschland weniger, aber auch hier waren die Signale so unklar, daß House seine Mission frustriert und ergebnislos abbrach. Es dauerte lange, bis eine neue Initiative in Gang kommen sollte.[334]

Ende 1915 hatte Falkenhayn die Hoffnung aufgegeben, auf irgendeinem Weg zum Frieden oder zu einem Separatfrieden gelangen zu können – die Zeit war dafür nicht reif, und die Menschen in allen kriegführenden Staaten, so zynisch wird man es ausdrücken müssen, hatten noch nicht genug gelitten. Es war noch viel zu wenig gestorben worden.

Da nun aber weder die traditionellen militärischen noch die gängigen politischen Mittel und Methoden weiterhalfen, setzte Ende 1915 in verstärktem Maße ein neues Nachdenken über den Krieg ein. Zeitlich schien er unabsehbar, es wurde also Zeit, ihn ganz neu zu organisieren, aus der Friedensgesellschaft wirklich eine solche des Krieges zu machen – je konsequenter, desto besser. Die Zeit der Improvisation ging zu Ende, nun mußte bewiesen werden, wessen das Reich und die Mittelmächte fähig waren. Nicht mehr explosionsartig freigesetzte Energie des Kurzstreckenläufers war gefragt, nun ging es an einen Marathonlauf – und das sollte längerfristig zu jenen fundamentalen gesellschaftlichen, ideologischen, technokratischen, bürokratischen Verwerfungen führen, die eigentlich erst das »lange« 19. Jahrhundert enden ließen. Es war das Ende einer Weltepoche. Daß die Protagonisten und Zeitgenossen das erst nach und nach erkennen konnten, lag eben an den vielen Bäumen im Wald des Weltkriegs.

Das lenkt den Blick auf Kriegsrüstung und Kriegswirtschaft. So übrigens war der entsprechende 1930 erschienene erste Band des Reichsarchivs[335] überschrieben – die militärischen Historiker wußten sehr wohl, daß zur Schilderung der Schlachten auch die der Mittel dieser Schlachten zählte. Aber auch diese Abteilung des Reichsarchivwerkes wurde nicht mehr fertig.[336]

Das Axiom vom kurzen Krieg galt nicht mehr. Damit waren beiläufig all jene Ökonomen desavouiert, die vor dem Krieg »messerscharf« bewiesen hatten, daß die ökonomischen Interdependenzen der modernen Industriegesellschaften die Führung eines langen Krieges gar nicht mehr möglich machen würden. Es verwundert noch heute, warum den gleichen Fachleuten geglaubt wurde, als sie den Zusammenbruch Englands via Ubootkrieg binnen fünf Monaten prophezeiten. Indem die verantwortlichen Dienststellen diesen Experten vertraut hatten, zeichneten sich Ende 1915 gravierende Probleme auf den Sektoren Ernährung, Rohstoffe, Rüstung, Finanzierung ab. Sie wurden psychologisch verschärft, weil es gleichzeitig keine Instrumente gab, um die Glücksritter und Kriegsgewinnler[337] in die Schranken zu weisen; damals entstanden jene Stereotypen, die dann später auf unheilvollste Weise wirken sollten: Im Volk gäbe es Schmarotzer, zumeist der »jüdischen Rasse« angehörend, die das darbende Volk aussaugten und damit das Geschäft des Feindes betrieben – wer dafür sorgte, daß ihnen das Handwerk gelegt wurde, der war der wahre Führer der Nation.[338] Die niederträchtige »Judenzählung« im Heer leitete dann zusätzlich Wasser auf die Mühlen des sich bedrohlich entfaltenden deutschen Antisemitismus – dies ist eines der düstersten und traurigsten Kapitel des Deutschen Reiches im Ersten Weltkrieg. Noch in der schrecklichen Schlußphase des Zweiten Weltkrieges konnte man an so manchen Ecken und Enden des »Dritten Reiches« hören, im Deutschland Adolf Hitlers ginge es doch sehr viel gesitteter zu als während des Ersten Weltkrieges, und dies sei nicht zuletzt Folge der konsequenten »Judenpolitik« des Nationalsozialismus...

Ganz neue gesellschaftliche Fronten bildeten sich im Zeichen des Mangels und des Hungers heraus: Stadt gegen Land, »Kopfarbeiter« gegen die »Arbeiter der Faust«, Soldaten gegen Zivilisten, sogar Frauen gegen Männer – ein weites Feld der Forschung, kaum noch richtig abgesteckt.[339] Wenn der Erste Weltkrieg die »Volksgemeinschaft« geschaffen hatte, so begann er sie im gleichen Zuge zu zerstören und zum sehnsüchtigen Ideal aus einer kurzen, heroischen Vergangenheit, aus dem Geist des August 1914 zu transformieren.

Der größte gemeinsame Nenner aller dieser Veränderungen war der Versuch, den Mangel zu verwalten, das heißt ihn zu minimieren, ihn möglichst gerecht zu verteilen, ihn ersatzweise zu beheben. Das Wort »Ersatz« wurde zum magischen Begriff – noch die Generationen des Zweiten Welt-

14 Deutsche »Brotkarte«, Februar 1915

krieges und der ersten Jahre nach 1945 wurden von diesem Wort verfolgt (»Ersatzkaffee«, beispielsweise) – und von der schönen Utopie der »Friedensware«.

Ein weiterer Gesichtspunkt bedarf der Erwähnung: Bis 1914 waren sämtliche existentiellen Probleme der Gesellschaft gelöst worden, konkret: der Staat sorgte dafür, daß niemand verhungerte oder erfror, und jeder hatte ein Dach über dem Kopf. Die Sicherstellung der kreatürlichen Existenz des Menschen: Das war die vielleicht größte Leistung der Moderne – sie ist uns so selbstverständlich geworden, daß niemand sich mehr vorstellen kann, wie beispielsweise noch 1817 oder 1843/45 die Menschen in Hekatomben buchstäblich verhungert sind.

Man schätzt, daß in den beiden letzten Jahren des Ersten Weltkrieges in Deutschland etwa 750 000 Menschen an Hunger oder seinen Folgekrankheiten gestorben sind.[340] Der Haß auf England war nicht die Folge, es gab ihn bereits zuvor. Aber man kann sich unschwer vorstellen, wie eine junge Mutter, deren Kinder zu verhungern drohten, auf das Inselreich zu sprechen war. Oder deren Eltern. Das Wort »Hungerblockade«[341] hat sich dem kollektiven Gedächtnis der Weltkriegsgeneration unauslöschlich eingeprägt. Die Kunst hat nach 1918 das ihre dazu beigetragen – oder wer könnte sich dem »Brot!« von Käthe Kollwitz entziehen? Die deutsche Propaganda tat das Ihre, um den Eindruck zu erwecken, die Ernährungskatastrophe sei einzig und allein Folge dieser völkerrechtswidrigen und inhumanen britischen Seekriegführung – man braucht nicht zu erläutern, wie die Masse der Bevölkerung auf die Verkündigung des uneingeschränkten Ubootkrieges reagierte.

Gewiß, England war nicht unschuldig. Aber schon bald nach dem Krieg haben Historiker, unter ihnen August Skalweit[342], nachgewiesen, daß der Hunger zum großen Teil doch »hausgemacht« war – Resultat eines nahezu völligen Versagens der Administration, der Ernährungswirtschaft, der Agrarpolitik und -wissenschaft. Es lohnt sich, der Frage nach der britischen Blockadepolitik und den deutschen Reaktionen, genauer: jenen Interaktionsmustern nachzugehen, welche das Bild des Industrie- und Agrarstaates Deutschland im Ersten Weltkrieg bestimmten.

16. BLOCKADE UND KRIEGSWIRTSCHAFT[343]

Im Zentrum der Überlegungen zur Blockadepolitik im Ersten Weltkrieg müssen die Probleme der Ernährung stehen, denn auf diesem Feld entschied sich letztlich Erfolg und Mißerfolg der Blockade. Anders als in den großen abendländischen Kriegen der Neuzeit spielte die Frage der Volksernährung nicht nur deshalb die wichtigste Rolle, weil hiervon der zivile Widerstandswille der Nation abhing, sondern weil sie in die Totalität des zur Totalität sich wandelnden Krieges selbst gehörte. Sie war damit sowohl eine ökonomische und gesellschaftliche, als auch eine eminent politische, militärische und sogar strategische Frage. Demgegenüber waren die Probleme der Blockade auf den Gebieten der industriellen Rohstoffe letztlich von untergeordneter Bedeutung.

Wie war die Ausgangslage? August Skalweit kennzeichnete sie so: »Die deutsche Kriegsnährungswirtschaft stand vor einer unlösbaren Aufgabe. Sie sollte die Volksernährung sicherstellen, ohne materiell über die dazu erforderlichen Mittel zu verfügen. Die Auslandseinfuhr, auf der zum guten Teil die deutsche Nahrungsmittelversorgung beruht hatte, war durch die Blockade gesperrt worden. Eine Steigerung der eigenen landwirtschaftlichen Erzeugung, um diesen Ausfall auch nur bis zu einem gewissen Grade zu decken, verbot sich, weil dadurch so viele menschliche und materielle Kräfte gebunden worden wären, daß darunter die militärische Stoßkraft gelitten hätte. Deutschland ging politisch und wirtschaftlich unter so ungünstigen Bedingungen in den Weltkrieg, daß es ihn nur gewinnen konnte, wenn es rasch eine militärische Entscheidung erzwang. Diesem Kriegsziel mußte alles andere untergeordnet werden«.[344]

Die Antiblockadepolitik war in der Tat keineswegs nur ein internes kriegsökonomisches Problem. Sie läßt sich nur im Rahmen der allgemeinen historischen Entwicklung der Jahre von 1914 bis 1919, teilweise bis 1945 deuten.[345]

Will man die Wirkungen der Blockade einerseits, die der deutschen Kriegs- und Ernährungswirtschaft andererseits miteinander vergleichen, fällt zunächst auf, daß es zwischen der politisch-militärischen und der wirtschaftlichen Erwartungshaltung in Deutschland vor 1914 ein eklatantes Mißverhältnis gab. Während die Politiker und Staatsmänner nicht müde wurden, von dem immer enger werdenden Ring der »Einkreisungsmächte« zu sprechen, konnten sie sich die sich hieraus gleichsam automatisch ergebende Konsequenz – nämlich eine weitgehende ökonomische Blockade eben dieses »Eingekreisten« – im Grunde nicht vorstellen. Zeitgenössische Kenner der Materie postulierten, daß das Reich in seinen Grenzen von 1914 und mit seinen Verbündeten den Krieg über vier Jahre hinweg erfolgreich hätte durchhalten können, falls es keine Blockade gegeben hätte – aber eben diese Annahme war ja absurd. Dennoch gingen viele vor 1914 von ihr aus. Helfferich hielt alle Diskussionen um die Lebensmittelversorgung Deutschlands im Kriegsfall für Theorie, da es einfach unvorstellbar sei, daß die deutsche Diplomatie es zu einer Lage würde kommen lassen, die es den Gegnern Deutschlands erlauben würde, die deutsche Lebensmittelzufuhr zu sperren.

Aber es trat dann doch das ein, was nicht eintreten durfte: die weitgehende Abschließung Deutschlands von der Einfuhr wichtiger Rohstoffe, vor allem aber Lebensmittel. Die Einfuhrabhängigkeit des Reiches war zwar auch vor dem Krieg bekannt, aber es gab keine zuverlässigen Unterlagen über die Höhe dieser Abhängigkeit. Insgesamt wurde sie für Getreide und Fette zu niedrig angesetzt, da die unvollkommene Reichsstatistik über Jahre hinweg viel zu günstige Erntezahlen ausgewiesen hatte.

Neben der Tatsache, daß man eine wirksame Blockade für politisch ausgeschlossen hielt, trug zu einer leichtfertigen Einschätzung der Ausgangslage aber auch die weitverbreitete Überzeugung bei, daß dieser Krieg von nur kurzer Dauer sein würde. Nach dem Krieg wurde die ökonomische Durchhaltekraft des Reiches mit der Forderung nach dem kurzen Krieg als der logischen Folgerung miteinanderverknüpft – aber dies war eine deutliche post festum-Überlegung. Wenn der Generalstab den Krieg gegen Frankreich rasch zu entscheiden hoffte, so nicht etwa aus Sorge vor einer eintretenden Versorgungskrise in der Heimat, sondern aus rein militärisch-strategischen Gründen, die in der Konstruktion des modifizierten Schlieffenplans lagen. An einen vierjährigen Krieg hat vor 1914 niemand gedacht; selbst nach der verlorenen Marneschlacht setzte sich nur ganz langsam, gleichsam widerwillig die Erkenntnis durch, daß man die Kriegsdauer doch nicht mehr kalkulieren könne.

Bis zu diesem Zeitpunkt – dem November 1914 – sind im Deutschen Reich nicht nur keine Vorkehrungen zu einer Anti-Blockadepolitik getroffen worden, sondern im Gegenteil, die Wirtschaft suchte die Konjunktur des Krieges zu nutzen, jedermann verbrauchte mehr und rascher als zuvor in der sicheren Erwartung, daß der nahe bevorstehende Frieden alles wieder ins Lot bringen würde. Dem Juli-Erlebnis und dem August-Rausch entsprach durchaus ein Konsumrausch: Niemals wurden mehr

Kuchen gebacken als in den Monaten bis Weihnachten 1914, und dieses Weihnachtsfest führte geradezu eine Freßorgie herauf; die Soldaten im Feld wurden mit Liebesgaben förmlich überschüttet, kein Mensch dachte daran, mit den Nahrungsmitteln sparsam umzugehen.

Die Gründe für die vollkommen unzureichende ökonomische Vorbereitung des Krieges lagen auf der Hand: Da waren zum einen die Erfahrungen von 1870-1871, die nichts von Mangelerscheinungen auf dem zivilen Sektor während des Krieges zu berichten wußten. Daß ein moderner Weltkrieg zwischen hochtechnisierten Staaten eo ipso kurz sein mußte, da anderenfalls der Krieg durch den Zusammenbruch der komplizierten technischen und wirtschaftlichen Infrastruktur der Kriegführenden von alleine zu Erliegen kommen würde, war, wie schon gesehen, vielbeachtete Kathederweisheit. Eine Vorratsbildung schien aber auch deswegen sinnlos, weil sie den ohnehin desolaten Reichshaushalt zusätzlich belastet hätte;[346] die Kriegskredite durften nur für unmittelbare militärische Zwecke ausgegeben werden – dies war auch dringend erforderlich, war doch die militärische Vorratsbildung, vor allem auf den Sektoren der Munition, der N.E.-Metalle, vor allem des Kupfers sowie des Pulvers ebenfalls kläglich.[347] Wie erinnerlich, war es nur der Erfindung der Stickstoffgewinnung aus der Luft zu verdanken, daß die Blockade nicht sehr rasch zu durchschlagendem Erfolg führte. Aber auch politische Argumente trugen zur Verhinderung einer rechtzeitigen wirtschaftlichen Mobilmachung bei – diese hätten in der gespannten Situation des Jahres 1914 durchaus krisenfördernd sein können.

Die Verhängung der Blockade Deutschlands durch die Alliierten erfolgte unmittelbar nach Beginn der Feindseligkeiten. Blockademaßnahmen waren in Kriegszeiten niemals etwas Ungewöhnliches, und es gab auch genügend historische Beispiele dafür, daß die Blockade auf die Lebensmitteleinfuhren ausgedehnt wurde. Das letzte große Beispiel hierfür hatte der amerikanische Sezessionskrieg geliefert. Hier war es den Nordstaaten gelungen, nach und nach die Konföderierten durch eine, wie man sie sehr plastisch nannte, »Politik der Anakonda« von allen Zufuhren abzuschneiden, und obwohl die Südstaaten »an sich« über genügende landwirtschaftliche Flächen verfügten, um der drohenden Getreideknappheit zu entrinnen, war ihnen doch nicht die Erfahrung erspart geblieben, daß es unmöglich ist, die landwirtschaftliche Infrastruktur im Kriege so tiefgreifend zu verändern, wie dies durch eine Umwandlung der Baumwollfelder in Getreideäcker notwendig gewesen wäre. Das amerikanische Beispiel machte aber auch deutlich, daß es durch geschickte organisatorische Maßnahmen, die sich mit einem verzichtbereiten patriotischen Willen paarten, möglich war, lange durchzuhalten – es dauerte nahezu drei Jahre, bis die

Blockademaßnahmen spürbar griffen und die Grundlagen der Verteidigungsfähigkeit der Südstaaten erschütterten.

Im Gegensatz zu diesen Erfahrungen haben die Alliierten des Weltkrieges anfangs geglaubt, durch die Blockade, die lückenlos zu gestalten ihnen viel leichter fallen mußte als seinerzeit einem Napoleon, den Gegner relativ rasch zum Niederbruch führen zu können. Das stellte sich als verkehrt heraus. Die Blockade begann eigentlich erst im Sommer 1916 Wirkung zu zeigen; bis zu diesem Zeitpunkt waren die aufgetretenen Mangelerscheinungen noch nicht gravierend.

Dies war auch deswegen der Fall, weil die Lebensmitteleinfuhrabhängigkeit des Deutschen Reiches vor 1914 nicht besonders groß war. In Kalorien umgerechnet betrug die jährliche Produktion pflanzlicher Erzeugnisse 206,9 Billionen, die Einfuhr aber nur 28,5 Billionen Kalorien. Bei tierischen Erzeugnissen verhielten sich die Zahlen wie 22,0:3,2 Billionen Kalorien.[348]

Gewiß sind derartige Kalorienberechnungen fragwürdig, aber auch wenn man die absoluten Zahlen beim wichtigsten Nahrungsmittel, dem Getreide, nimmt, lassen sich keine dramatischen Feststellungen treffen. Im Jahresdurchschnitt des Jahrfünfts von 1909 bis 1913-1914 wurden im Deutschen Reich 15,88 Mio Tonnen geerntet, lediglich 1,23 Mio Tonnen eingeführt. Die Gesamtverbrauchsmenge betrug 13,3 Mio Tonnen. Demnach betrug der Anteil der Einfuhr an der Gesamtverbrauchsmenge 9,26%. Allerdings: Wenn man sämtliche Getreideeinfuhren – also auch Futtergetreide, Mais und Hafer – zusammenrechnete, so betrug die Auslandsabhängigkeit doch 25,78%. Dennoch: theoretisch mußte eine Umstellung von der tierischen auf weitgehend pflanzliche Ernährung ausreichen, um die Fehlmengen ernährungsmäßig aufzufangen.

Nicht ganz so gut sah es beim Fett aus: Einer gesamten inländischen Fetterzeugung von 1 139,7 tausend Tonnen entsprach eine Einfuhr von 801,7 tausend Tonnen. Mehr als 2/5 des Fettes stammte daher aus dem Ausland.

Hingegen erzeugte das Deutsche Reich auf dem Zucker- und Kartoffelsektor vor dem Krieg mehr, als es verbrauchte. Theoretisch wäre bei einer entsprechenden Umstellung der Ernährungswirtschaft ein gewisses Auffüllen der Fettlücke möglich gewesen – aber eben dies gelang nicht, ganz im Gegenteil, schon bald nach Kriegsbeginn, genauer: im Sommer 1915 trat ein gravierender Zuckermangel auf, und es gelang nicht, die an sich reichlich vorhandenen Kartoffeln richtig zu verteilen. Verschärft durch die Mißernte des Jahres 1916 kam es zur größten Krise im Winter 1916-1917, die freilich auch durch den Verlust Galiziens und durch die Transportbedürfnisse des rumänischen Feldzuges hervorgerufen wurde.

Die Fleischversorgung der Bevölkerung war im wesentlichen von der Versorgung mit Futtermitteln abhängig. Die von einigen kleineren Staaten – Dänemark, Norwegen, Niederlande – eingeführten Fleischmengen fielen statistisch kaum ins Gewicht, hinzu kam, daß es England rasch verstand, die kleinen Neutralen von Lebensmittellieferungen nach Deutschland abzuhalten.

Praktisch unmittelbar nach Kriegsbeginn wurde die Reichsregierung mit einem zentralen Problem der Ernährungspolitik konfrontiert. Es ließ sich, vereinfacht, auf die Formel bringen: Muß die Ernährung des deutschen Volkes nicht generell auf vegetarische Basis umgestellt werden? Die Mehrzahl der Fachleute ließ sich von folgender Rechnung überzeugen: »Nimmt man an, daß das Schwein bis zur Schlachtreife durchschnittlich 20 Zentner Kartoffeln und daneben – niedrig gerechnet – 3 Zentner Körnerfutter frißt, und daß der Jahresverbrauch des Menschen 312 Pfund Kartoffeln... und 170 Pfund Brotgetreide beträgt, so ergibt sich, daß 10 Millionen Schweine soviel Kartoffeln wie 64 Millionen Menschen verbrauchen und daneben noch eine Menge an Getreide beanspruchen, mit der nahezu 20 Millionen Menschen ein Jahr lang auskommen können«.[349] Es gab im Deutschen Reich zu Kriegsbeginn aber 25 Millionen Schweine. Man brauchte sie nur abzuschlachten – und man wäre aller Ernährungsprobleme Herr geworden. Dies zumindest war der Tenor der Befürworter des großen »Schweinemordes«, der dann tatsächlich im Frühjahr 1915 einsetzte.

Es war dies, wie so vieles andere, letztlich eine Milchmädchenrechnung. Ohne auf die komplizierten Markt- und Verbrauchs- sowie Preismechanismen einzugehen, die den erhofften Effekt praktisch gegen Null gehen ließen, erwies es sich, daß durch die Schlachtaktion schon zu einem Zeitpunkt, als die Kriegslänge nicht mehr abzusehen war, die Ernährungsbasis nicht mehr als ausreichend angesehen wurde, vorübergehend ein Überfluß an Schweinefleisch auftrat, dem bald ein um so bittererer Mangel folgte. Die »Bartholomäusnacht der Borstentiere«, wie die Leute mit Galgenhumor diese Aktion nannten, erwies, daß es für die Verteilung des Mangels kein Patentrezept gab.

Das sollte sich auf allen Feldern der Ernährung erweisen. Nach und nach wurde der gesamte Ernährungsbereich mit komplizierten Verwaltungsstrukturen überzogen, da es erforderlich wurde, nahezu alle Lebensmittel zu bewirtschaften. Man kann sagen, daß die Notlage zum Ausbau einer regelrechten »zweiten« Verwaltung führte, die zwar formell auf der »ersten« aufbaute, von dieser abhängig sein sollte, aber kraft des Eigengewichtes der zu lösenden Probleme sich mehr und mehr verselbständigte. Deutschland wurde auf diese Weise in einem bisher unerhörten Ausmaß

16. Blockade und Kriegswirtschaft

15 Der Berliner Zentral-Viehhof – gähnende Leere

bürokratisiert – eine Entwicklung, die auch für die Zeit nach dem Krieg ihre Spuren hinterließ und ganz gewiß zur Vereinheitlichung des Gesamtstaates beitrug.[350]

Die oberste Behörde auf dem Nahrungsmittelsektor war das im Mai 1916 eingerichtete Kriegsernährungsamt unter Leitung des ostpreußischen Oberpräsidenten v. Batocki-Friebe. Die Gründung dieser Organisation, die im August 1917 zu einer obersten Reichsbehörde aufgewertet wurde – ihr Leiter, inzwischen der pommersche Oberpräsident v. Waldow erhielt den Rang eines Staatssekretärs –, war notwendig geworden, weil sich bis zu diesem Zeitpunkt schon zahlreiche Reichsstellen für die verschiedenen Sektoren der Ernährungswirtschaft gebildet hatten, die eines verwaltungsmäßigen Oberbaues dringend bedurften. Unter der Aufsicht des Kriegsernährungsamtes betätigten sich u.a. die Reichsgetreide-, die Reichskartoffel-, die Reichsbranntwein-, die Reichszuckerstelle. Ihr unterstanden ferner die Trockenkartoffelverwertungs-Gesellschaft, die Kriegskartoffel-Gesellschaft, die Stärke-Sirup-Zentrale, die Reichsstelle für Gemüse und Obst, die Gemüsekonserven-Gesellschaft – insgesamt weitere sieben Gesellschaften, die sich nur mit Obst und Gemüse zu beschäftigen hatten –, die Reichshülsenfruchtstelle, die Reichsfuttermittelstelle, die Reichsgerstengesellschaft, der Kriegsausschuß für Ersatzfutter, die Kriegs-Stroh- und Torf-

16 Flächendeckend: »Verwertungsanstalten«

gesellschaft, der Reichskommissar für die Fischversorgung, die Kriegsgesellschaft für Teichfischverwertung, die Überwachungsstelle für Seemuscheln, die Reichsverteilungsstelle für Nährmittel und Eier, die Reichsstelle für Speisefette. Kaffee, Tee, Kakao verfügten über eigene Reichsgesellschaften, und schließlich gab es eine Überwachungsstelle für Ammoniakdünger und – um einen gewissen Schlußpunkt zu setzen – die Kriegsgesellschaft für Sauerkraut. Insgesamt kommt die Zählung von Skalweit auf 40 Kriegsstellen und -gesellschaften, die auf dem Ernährungssektor tätig waren. Insgesamt jedoch gab es mindestens 218 Organisationen, deren Aufgabe in der Steuerung der Kriegswirtschaft bestand.[351]

Die den Deutschen gerade auch von den Gegnermächten nachgesagte Kunst zur Organisation – am bekanntesten ist das Beispiel des Waffen- und Munitionsbeschaffungsamtes, das für Lenin Vorbildcharakter erhielt – darf nun aber nicht allein unter dem Aspekt der Blockadeprobleme betrachtet werden. Die ganze Frage der Organisation der Lebensmittel- und Warenverteilung während des Krieges muß auch unter dem verfassungsrechtlichen Aspekt gesehen werden.

Die Umstände erforderten in zunehmendem Maße zentralistische Regelungen und unbürokratische, ja diktatorische Maßnahmen – tatsächlich hat die Bevölkerung seit der Krise des Jahres 1916 nach einem »Er-

17 Berlin: Ausstellung von Obsterzeugnissen aus dem Gebiet des »Ober-Ost« – »weitgehende Fürsorge unserer Heeresverwaltung«

nährungsdiktator« geschrieen, aber von der gegebenen föderalistischen und Verfassungsstruktur her war dies unmöglich. Ganz im Gegenteil: In dem Maße, in dem die Mangelerscheinungen »verwaltet« und organisiert werden mußten, schalteten sich alle jene Verwaltungsbehörden ein, die auf kommunaler, provinzialer oder länderstaatlicher Ebene hierfür kompetent waren oder sich für kompetent hielten.[352] Mehr noch: Bei der sich fortlaufend verschlechternden Stimmung der Bevölkerung konnten es die Länder, Provinzen und Kommunen eigentlich gar nicht wagen, nichts zu tun und auf Handlungen des Reiches zu warten; die den Behörden übertragene Verantwortung für das Wohl und Wehe der ihnen unmittelbar zugeordneten Bürger mußte es zu einem Kampf aller gegen alle kommen lassen – denn es war das natürliche Bestreben gerade der besten Verwaltungsfachleute, wenigstens das eigene Haus in Ordnung zu halten. Da dies aber angesichts des absoluten Mangels letztlich immer nur auf Kosten des Nachbarn gehen konnte, war leicht auszurechnen, daß gerade durch die Organisationsbemühungen das allgemeine Chaos sich vergrößern mußte.

Vor diesem Dilemma sind die Maßnahmen der Reichsregierung zu verstehen, nach und nach übergeordnete, zentrale Lösungen, meist mit Hilfe des vom Reichstag am 4. August 1914 gebilligten Ermächtigungsgesetzes, durchzusetzen. Die Frage war nur, ob die Kompetenzen und Machtmittel des Reiches ausreichten, um den verständlichen Egoismus der unteren Instanzen, die ja bisher reichsunabhängig hatten handeln können, zu brechen. Ohne auf die jahrelangen Streitigkeiten und Kompetenzrangeleien, die sich hieraus ergaben, näher eingehen zu wollen, ist es doch auffallend, daß sich unter Leitung so hervorragender Persönlichkeiten wie Walther Rathenau oder Adolf Batocki-Friebe nach und nach das Reich durchzusetzen begann. Dies führte zu einer Straffung, ja man kann sagen zur Vorbereitung jener Verwaltungs- und Verfassungsstrukturen, die nach dem

Ende des Krieges aus dem Staatenbund Deutsches Reich den Bundesstaat Deutsches Reich machen sollten.[353] Vielleicht wichtiger aber wurde es, daß die Erfahrungen aus dem Ersten Weltkrieg unmittelbar in die Planungen für die Sicherstellung der Ernährung und der Wirtschaft im Zweiten Weltkrieg eingehen sollten. Die verantwortlichen Persönlichkeiten – etwa im Rahmen des Vierjahresplans oder des Oberkommandos der Wehrmacht, hier ist vor allem an General Thomas zu denken – hatten ja die Bemühungen von Verwaltung und Regierung im Ersten Weltkrieg sehr bewußt miterlebt, und so war es später nicht verwunderlich, daß man die erfolgreichsten Organisationsversuche, wenn auch in modifizierter Form, zu übernehmen und weiterzuentwickeln trachtete. Die durch den Nationalsozialismus geschaffene Reichseinheitlichkeit gab hierfür eine sehr viel effektivere Basis ab als die Verfassung des Deutschen Reiches, wie sie 1914 bestanden hatte.

Welche Bedeutung hat die Verhängung der alliierten Blockade aber nun tatsächlich für die Geschichte der deutschen Ernährung im Ersten Weltkrieg gehabt? Zweifellos muß man die von ihr ausgehenden Wirkungen nicht nur in Relation zu den Friedenseinfuhrzahlen setzen, sondern auch den Umstand berücksichtigen, daß der Krieg selbst den Nahrungsmittelbedarf erhöhte. Die Massenheere des Krieges konnten aber nicht auf der gleichen Basis wie die Zivilbevölkerung ernährt werden – die Soldaten waren von »Leichtarbeitern« vielfach zu »Schwer- und Schwerstarbeitern« geworden, dementsprechend stiegen ihre Ansprüche an die Ernährung.[354] Die Struktur der Feldintendanturen wie überhaupt der gesamten Heeresverwaltung mit ihren Ernährungsorganisationen war zudem in höchstem Maße einseitig: Im Feld wurden ganz bestimmte Nahrungsmittel – zu ihnen gehörten Fleisch, Eier, Milch – in prozentual viel höherem Maße benötigt als auf dem zivilen Sektor. Bestimmte Lebensmittel – so Eier und Milch – konnten der normalverbrauchenden Zivilbevölkerung ab 1917 überhaupt nicht mehr zugänglich gemacht werden, weil sie von der Front, den Lazaretten und Krankenhäusern sowie den Kindern und schwangeren Frauen voll verbraucht wurden.

Hinzu kamen die Transportprobleme. Die Krise des Winters 1916-1917 war nicht zuletzt Folge mangelnder Transportkapazitäten, die ihrerseits dem Kriegsverlauf geschuldet waren. Dies wiederum führte dazu, daß Massenlebensmittel wie Kartoffeln, aber auch Getreide nicht rasch genug dorthin verschoben werden konnten, wo sie benötigt wurden, andernorts aber verdarben (moderne Kühlketten gab es nicht). Der Krieg selbst erhöhte aus vielfältigen Gründen die absoluten Einfuhrbedürfnisse, so daß die Blockade nicht nur die Einfuhr der Vorkriegsmengen verhinderte, sondern auch die notwendige Steigerung dieser Einfuhren. In dem Maße, in dem die Kriegsstruktur im Deutschen Reich fortbestand, mußten sich daher die Auswirkungen der Blockade verschärfen.

Am gravierendsten aber war sicherlich das Fehlen der Landarbeiter, die in den Schützengräben lagen, wodurch die Ernteerträge sehr drastisch zurückgingen, obwohl die Bäuerinnen und Landarbeiterinnen oft bis zum Umfallen schufteten.[355] Natürlich fehlten die »eingezogenen« Pferde. Daneben gab es auch unerfreuliche Erscheinungen der Faulheit, Nachlässigkeit, die in dem Maße zunahmen, in dem die Bauern keine Gewinne aus ihrer Arbeit erzielen konnten, und ganz schlimm wurde es seit dem Frühherbst 1918. Dies wiederum war eine Folge der Höchstpreispolitik, die in der Zeit des absoluten Mangels gleichsam automatisch zu einem Verschwinden der Waren vom Markt führen mußte. Daß dieses marktwidrige Verhalten die ohnehin schon angeheizte Inflation verstärkte, verstand sich nebenbei von selbst. Die Kriegsfinanzierung über Kriegskredite war ja nicht weniger unsolide und chaotisch als die Ernährungspolitik.

Insgesamt tendierte die Blockade dazu, bestehende Mangelerscheinungen nach und nach zu verschärfen, dies nicht nur relativ, sondern am Ende exponentiell. Seit dem Frühjahr 1918 bereitete sich der Zusammenbruch der Ernährungswirtschaft deutlich vor, und im Oktober, November 1918 war der Zeitpunkt erreicht, von dem ab die Blockade tatsächlich tödlich wirken mußte. Die entscheidende Frage aber lautet: Erfolgte der militärische Zusammenbruch, weil die Blockade die Ernährungsbasis zerstört hatte, oder wurde die Ernährungsbasis zerstört, weil der militärische Zusammenbruch nicht mehr aufzuhalten war?

Die allgemein verbreitete Meinung in Deutschland betonte, der militärische Zusammenbruch sei eben Folge der Hungerblockade gewesen, mehr noch: die Blockade sei eine causa prima der Novemberrevolution.

Wie die Dolchstoßlegende in ihrer militärisch-revolutionären Gewandung, so ist sie auch in ihrer blockadepolitischen falsch. Daß der Zusammenbruch zu einem Zeitpunkt erfolgte, an dem mit einem weiteren ernährungsmäßigen Durchhalten kaum noch zu rechnen war, war mehr oder weniger Zufall. Es wäre denkbar gewesen, durch eine Konzentration auf die im Osten eroberten Gebiete, unter rigoroser Ausnutzung der mit Brest-Litowsk gegebenen Möglichkeiten den europäischen Südostraum besser und nachhaltiger in den Dienst der deutschen Ernährung zu stellen, als dies der Fall war. Diese kontrafaktische Überlegung wird in einem andern Zusammenhang nochmals angestellt werden müssen.[356] Der Entschluß, das Schicksal des Reiches im Westen auf die Probe zu stellen, sollte tatsächlich in die Auswegslosigkeit des Herbstes 1918 führen. Nirgendwo ist im Vorfeld der »Michael«-Offensiven davon die Rede, man müsse im Westen angreifen, um die Ernährung des deutschen Volkes sicherzustellen.

Die schärfsten Auswirkungen der Blockade haben sich zweifellos auf dem Ernährungssektor ergeben, aber auf diesem Feld wurden auch von der deutschen Administration die schwerwiegendsten Fehler gemacht. Demgegenüber waren die Wirkungen der Blockade auf den Feldern der Rohstoffe, der Rüstung und der Munition bei weitem geringer. Dies hatte im wesentlichen zwei Ursachen: Zum einen war die Regierung besser vorbereitet und früher in der Lage, die notwendigen Maßnahmen zu treffen – denn daß im Kriegsfall die Gegner alles versuchen würden, um Konterbande nach Deutschland zu verhindern, verstand sich von selbst –, zum anderen gelang es, die aufzubauenden Organisationen Männern zu übertragen, die außerordentlich befähigt waren und sich durchzusetzen verstanden.

Noch im Umkreis des Ermächtigungsgesetzes vom 4. August 1914 wurden die Voraussetzungen zur Erfassung und Bewirtschaftung kriegswichtiger Rohstoffe geschaffen: durch die Einrichtung der »Kriegsrohstoffabteilung« (K.R.A.) beim preußischen Kriegsministerium. Seit dem 8. August 1914 unterstand diese Abteilung dem Direktor des internationalen A.E.G.-Konzerns, Walther Rathenau, wenig später dem Major Koeth, der das Amt bis Kriegsende leitete. Zusammen mit Richard v. Moellendorff gelang es Rathenau und Koeth, das K.R.A. sehr rasch zu der entscheidenden Schaltstelle auszugestalten. Dem K.R.A. unterstanden die »Kriegsrohstoffgesellschaften«, deren Funktionen denen der Ernährungskommissionen entsprachen.[357]

Schon im Verlaufe des Jahres 1915 wurde die »Kriegswirtschaft« voll ausgebildet – zu einem Zeitpunkt, zu dem auf dem Ernährungssektor noch nicht einmal die Grundlagen klar waren, auf denen es aufzubauen galt. Die Kriegsrohstoffabteilung war die »zweifellos... ökonomisch erfolgreichste Organisation, die in Deutschland während des Krieges geschaffen wurde. Sie bewies, daß die mangelnde wirtschaftliche Vorbereitung auf einen Krieg aufgefangen werden konnte, weil die Zusammenfassung der Organisationskräfte der Wirtschaft unter dem Zeichen des kapitalistischen Gewinnstrebens gelungen ist«.[358]

Ein weiterer Grad der Organisation wurde mit der Errichtung des Kriegsamtes am 1. November 1916 geschaffen. Es sollte die im Rahmen des Hindenburg-Programms geplante Steigerung der gesamten Kriegsproduktion steuern. Dem Kriegsamt wurde nun auch die K.R.A. unterstellt. Daneben wurden dem Kriegsamt ein Kriegs-Ersatz- und Arbeitsdepartement, das Waffen- und Munitionsbeschaffungsamt (W.U.M.B.A.) und das Bekleidungsbeschaffungsamt nachgeordnet.[359]

Wenn die Ernährungswirtschaft tiefe Spuren auch im Verfassungsraum hinterlassen hat, so gilt ähnliches auch von der Kriegswirtschaft. Dennoch waren deren Auswirkungen geringer, da die auch auf dem Sektor der

Kriegsrohstoffe auftretenden Mangelerscheinungen – wie beispielsweise bei Buntmetallen und Salpeter – nicht unmittelbare Rückwirkungen auf die Masse der Bevölkerung besaßen. Hinzu kam, daß es dem K.R.A. und später auch dem W.U.M.B.A. gelang, diese Engpässe weitgehend zu überwinden. Nicht die Blockade war es, die eine Steigerung der deutschen Rüstung über ein gewisses Maß hinaus unmöglich machte, es waren die mangelnden Fertigungskapazitäten auf der einen, der immer schärfer ins Gewicht fallende Arbeitermangel[360] auf der anderen Seite. Beide Faktoren aber hatten mit der Blockade kaum etwas zu tun. Während es auf dem Fertigungssektor seit Anlaufen des Hindenburgprogramms und des Scheerprogramms gelang, bessere Voraussetzungen zu schaffen – daß sie sich nicht mehr auswirkten, lag an dem Verlauf des Krieges selbst –, konnte das Arbeiterproblem nie gelöst werden – aber auch das war unmittelbare Folge des rein militärischen Kriegsverlaufs. Der ergebnislose, jahrelange Stellungskrieg zehrte die Menschen buchstäblich auf – Verdun und die Somme 1916 sind nur zwei Beispiele, die keiner näheren Erläuterung bedürfen. Der mögliche Ausweg, in immer stärkerem Maße Frauen zu Rüstungsarbeiten heranzuziehen, wurde zwar beschritten – so waren 1914 7 % Frauen in der Rüstungsindustrie beschäftigt, 1917 aber 35 %, bei Krupp ging die Steigerung sogar von 3 % auf 40 % –, führte aber wie in einem System kommunizierender Röhren gleichzeitig zu Mangelerscheinungen auf dem Landarbeitersektor – mit den

18 Arbeitspause. Granatenproduktion bei Krupp in Essen, etwa 1917.

19 Auch ein neuer Frauenberuf: Fahrstuhlführerin (»die Uniform steht ihr gut«)

bekannten schlimmen Folgen für die Ernährung.³⁶¹ Der Mangel an Landarbeitern betrug ca. 1 Million Menschen.

Von hier aus betrachtet, gewinnt die Blockade eine indirekte Einwirkung auch auf die Kriegswirtschaft und Rüstung. Die gegen Ende des Krieges zu beobachtende dramatische Verschiebung des Rüstungsgleichgewichts zugunsten der Alliierten ging nicht zuletzt auf die ungelöste Arbeiterfrage zurück, die – im Vergleich zum Zweiten Weltkrieg – nur ganz rudimentär durch die »Anwerbung« von Fremdarbeitern entschärft werden konnte.³⁶² Daß mit dem Anlaufen der amerikanischen Rüstungsprogramme dann endgültig sich die Waage des Wirtschaftskrieges zugunsten der Gegner Deutschlands neigte, hatte mit der Blockade unmittelbar nichts zu tun. Auch der technologische Rückstand, in den das Reich, etwa bei der Panzerfertigung,³⁶³ geriet, hing nicht von Blockademaßnahmen ab.

Insgesamt gesehen haben die wirtschaftlichen, vor allem aber die ernährungspolitischen Probleme und Katastrophen des Ersten Weltkrieges auf Dauer wohl tiefere Spuren in der Gesellschaft hinterlassen als die Granaten auf den Schlachtfeldern. Man kann die Geschichte des »Dritten Reiches« und des Zweiten Weltkrieges nicht verstehen, deutet man sie nicht ständig vor diesem Hintergrund. Die sorgfältigen, auch wissenschaftlichen Analysen des Kriegsverlustes nach 1918 sind auf vielen Feldern verzugslos in die Vorbereitung des nächsten Weltkrieges eingegangen – oft waren es dieselben Persönlichkeiten, die ihre Erfahrungen aus der Zeit des »Großen Krieges« denen, die den Zweiten Weltkrieg entfesselten, zur Verfügung stellten, oder gleich selbst daran mitwirkten. Hitlers »Lebensraum«konzepte spiegeln immer auch etwas von den traumatischen Hungererfahrungen aus der Weltkriegszeit. Vielleicht wurden sie deswegen so leicht akzeptiert. Ideen wie »Volksgemeinschaft« oder »Eintopfessen« gehen unmittelbar auf den Krieg von 1914-1918 zurück; daß »der Staat« ein flächendeckendes Kontrollsystem, einen potenten Spitzel- und Gewaltapparat benötige, um die Lebensgrundlagen des Volkes im

Krieg zu gewährleisten – dazu bedurfte es der Goebbelsschen Propaganda eigentlich nicht, das lief von selbst. Hitler hat aus alledem eine einfache, aber höchst wirksame Lehre gezogen: Nicht mehr »Kanonen oder Butter« war seine Devise, sondern »Kanonen *und* Butter.« Und da das fast bis zum Ende des Zweiten Weltkrieges »funktionieren« sollte, blieb er seinem Volk und dieses ihm lange erhalten.

17. 1916 – ENTSCHEIDUNG FÜR VERDUN

Alle Erörterungen der Sonderfriedensfrage hatten bis zum Ende des Jahres 1915 zu nichts geführt – es schien aussichtslos. Notwendigerweise mußten sich die Bemühungen der Verantwortlichen deswegen nun verstärkt auf die Kriegführung selbst richten, denn ein unabsehbares Verharren in der Defensive schien nicht möglich, dafür fühlte man sich zu schwach.

Ein nüchterner Zahlenvergleich machte das aber nicht deutlich: Im Westen standen den 113 deutschen 150 alliierte Divisionen gegenüber, im Osten 88 eigenen 126 feindliche, an der italienischen Front war die Relation 24 zu 38,5. Inzwischen wußte man aus eigener bitterer Erfahrung, daß mindestens eine zweifache, besser eine dreifache Überlegenheit nötig war, um erfolgreich angreifen, das heißt die MG-gespickten Grabensysteme überwinden zu können. Umgekehrt: Angesichts dieser Stärkeverhältnisse war mit einem strategischen gegnerischen Großangriff kaum zu rechnen. In diesem Falle hätten die Alliierten, wo auch immer, derartige Truppenmassierungen vornehmen müssen, daß diese nicht nur nicht unbemerkt bleiben, sondern zu der Chance führen konnten, an den entblößten Stellen der Front selbst offensiv zu werden. Es war so gesehen eine Art Nullsummenspiel.

Allerdings war man sich in Deutschland darüber klar, daß langfristig diese Verhältnisse sich zuungunsten der Mittelmächte verschieben würden. Gewiß, eine unmittelbare Gefahr für den Bestand des eigenen Herrschaftsbereiches war nicht zu erkennen, dennoch glaubte Falkenhayn, es sei besser, wenigstens an einer strategisch wichtigen Stelle den Versuch zu unternehmen, die Initiative wieder in die Hand zu bekommen. Nachdem alle Bemühungen, England oder Rußland wie auch immer auszuschalten, bis Ende 1915 gescheitert waren, richtete sich das Interesse des Generalstabschefs wieder auf Frankreich, oder anders ausgedrückt: Da die Diplomatie offensichtlich nichts vermochte, blieb erneut nur der Appell an die Waffen, und auf diesem Feld fühlte sich Falkenhayn naturgemäß auch viel besser zu Hause. Dabei ließ er sich von dem Gedanken leiten, daß ein massiver Schlag gegen die französische Armee England indirekt treffen würde – und sollte es gleichzeitig zu einer Verschärfung des Ubootkrieges kommen, so könnte es sein, daß England die Nutzlosigkeit der Kriegsfortsetzung einsah – immer noch spielte eigentlich England, nicht Frankreich die Schlüsselrolle. Frankreich war nur der Katalysator des strategischen Denkprozesses. Holger Afflerbach[364] hat plausibel gemacht, daß Falkenhayn – so in einem Gespräch mit Bethmann Hollweg am 28. November 1915 – die These vertrat, der Krieg müsse »vor Winter 1916/17 zum Ende« gebracht werden, und ähnlich, aber noch dringlicher habe sich auch Conrad etwa gleichzeitig geäußert. Aber auch jetzt lehnte Falkenhayn eine energische Friedensinitiative von deutscher Seite aus ab. Am 29. November 1915 schrieb er dem Kanzler:

»Die Ansicht, daß es Deutschland freistehe, entweder durch Dokumentierung seiner Geneigtheit auf Bedingungen, die den Gegnern genehm sind, bald Frieden zu schließen oder den Krieg solange fortzuführen, bis der Wille der Feinde zum Siege und damit auch zum Durchhalten des Krieges gebrochen ist, selbst auf die Gefahr hin, daß Deutschland dabei den letzten Mann und den letzten Groschen einsetzen müßte, ist falsch. In Wirklichkeit haben wir jene Wahl nicht, sondern sind gezwungen, den letzterwähnten Weg bis zum guten oder bittern Ende zu gehen, ob wir wollen oder nicht. Daß die Ansicht, wir hätten noch eine Wahl, überhaupt vertreten werden kann, beruht auf völliger Verkennung des ungeheuren Geschehens, an dem wir teilnehmen. Es handelt sich nicht mehr um einen Krieg, wie wir ihn früher kannten, sondern der Krieg ist für alle Beteiligten mittlerweile zum Kampf ums Dasein im eigentlichen Sinne geworden.«[365] Und Falkenhayn schloß, ein Friedensangebot sei angesichts dieser Dimensionen ein Zeichen »verderblicher Schwäche«. Es gehe buchstäblich um die Existenz.

Wenn das so war, und der Generalstabschef machte auch seiner Umgebung gegenüber daraus kein Hehl, so war eine neue Ebene der Kriegführung erreicht. Gerade die erfolgreichen Feldzüge des Jahres 1915, wozu auch der eindrucksvolle Sieg über Serbien und der Kriegseintritt Bulgariens auf Seiten der Mittelmächte zählten, ließen die Schwebesituation im Westen ihm immer unerträglicher erscheinen.

Den Stabschefs der Entente ging es nicht anders. In einem Resumé vom 9. Dezember 1915 mußten sie eine ganze Reihe von schmerzlichen Niederlagen eingestehen, aber es war bezeichnend, daß sie, mit Joffre an der Spitze, jetzt eher mehr denn weniger davon überzeugt blieben, daß die Entente längerfristig am längeren Hebelarm saß – dank der unerschöpflichen Ressourcen, die es stärker als bisher zu mobilisieren gelte. Und auch bei ihnen schlich sich deswegen, man möchte sagen, fast automatisch, ein Gedanke ein, der bisher keine zentrale Rolle gespielt hatte: Wenn es denn tatsächlich am Ende darauf hinauslaufen sollte, daß derjenige siegen würde, der über das reichhaltigere Material – das »Menschenmaterial« immer inclusive, notabene – verfügte, so mußte man das gegenseitige Spiel des Geschütze- und Menschenvernichtens intensivieren. Wessen Vorräte am ersten erschöpft wären, hätte verloren – selbst wenn die Vorräte des Siegers auch auf fast, aber eben nur fast Null zusammengeschrumpft sein sollten. Um es mathematisch zu formulieren: Ein Stärkeverhältnis von 10 zu 1 ließ dem mit der 1 eine Chance von 10:1. War einer auf 0 gebracht, so reichte eine Überlegenheit von 0,001 oder kleiner aus, um eine schier unendliche Überlegenheit zu generieren.

Absurde Zahlenspiele? Mitnichten, denn genau so begannen die Heerführer beider Seiten nun zu denken. Gemeinhin wird Falkenhayn als Erfinder der aus solchen Gedankengängen heraus entstandenen Idee der »Materialschlacht« genannt. Joffre war es nicht weniger, und gerade diese Parallele machte das, was 1916 auf den Schlachtfeldern von Verdun und an der Somme sich abspielen sollte, so entsetzlich, so inhuman – im eigentlichen Wortsinn. Aber es gehorchte einer zynischen Logik, nachdem die These von der moralischen Überlegenheit des deutschen Soldaten, die das materielle Übergewicht des Feindes ausgleichen, ja übertrumpfen sollte, schon in der Champagne und vor Ypern 1914 und 1915 blutig widerlegt worden war. Die Soldaten wurden gleichsam entgeistigt und entseelt, und sieht man sich die entsetzlichen Bilder von der Verdunfront an, so kann man das ganz wörtlich nehmen. Da gab es nur noch Menschenfleisch, keinen menschlichen Geist, die Anhöhe »Toter Mann« wurde dafür zum Symbol.

Zu Weihnachten 1915 war Verdun noch eine halbwegs intakte Stadt mit einer schwerlastenden Tradition – die ihr zum Schicksal werden sollte.

Neuerdings sind die schon von Groener geäußerten Zweifel an der Authentizität der »Weihnachtsdenkschrift« von Afflerbach unterstrichen worden, und tatsächlich spricht einiges dafür, daß Falkenhayn 1919 selbst die Retuschen angebracht hat. Wäre dies wirklich der Fall, würde dieses Dokument noch unverständlicher, denn der »Schlächter von Verdun«, wie ihn seine Gegner und nicht wenige Historiker nannten, hätte sich damit selbst ans Messer geliefert. Es sei denn, er wäre auch noch 1919 von der Richtigkeit seiner Strategie überzeugt gewesen.

Das erscheint auf den ersten Blick geradezu als absurd, aber es drängt sich dem ständig nach Vergleichen und Folgen suchenden Historiker unwiderstehlich ein garstiger Gedanke auf, den ich nur knapp anreißen möchte: Im Vorfeld des Frankreichfeldzuges von 1940 kam es zu erbitterten Auseinandersetzungen zwischen Hitler und dem Generalstab des Heeres unter Halder[366] in der Frage, wie die militärische Stärke Frankreichs einzuschätzen sei. Hitler erklärte, »der« Franzose sei bei Verdun endgültig gebrochen worden. Die Generäle widersprachen heftig.

Nach dem 21. Juni 1940 glaubte Hitler, sie eines Besseren belehrt zu haben – und irgendwie behielt er recht. Das bezog sich nicht auf den einzelnen poilu, aber wohl doch auf die im Dunstkreis von Gamelin agierenden Generale und Generalstäbler: Die stammten noch aus dem Ersten Weltkrieg. Könnte es also sein, daß Falkenhayn sich im Dezember 1915 und dann nach der deutschen Niederlage schon weit in die Zukunft reichende Gedanken gemacht hätte? Und könnte es sein, so makaber das klingt, daß diese so absurd nicht waren?

Diese Überlegungen gründen auf der berühmt-berüchtigten sogenannten »Weihnachtsdenkschrift« Falkenhayns. Ob nun authentisch, also wirklich Ende Dezember 1915 verfaßt, ob 1919 retuschiert oder gar gefälscht[367] – an der historischen Bedeutung dieser Quelle ändert dies nichts.

»Frankreich ist militärisch und wirtschaftlich«, so argumentierte Falkenhayn, »bis nahe an die Grenze des Erträglichen geschwächt. Rußlands Wehrmacht ist nicht voll niedergerungen, aber seine Offensivkraft ist doch so gebrochen, daß sie in annähernd der alten Stärke nicht wieder aufleben kann. Serbiens Heer kann als vernichtet gelten. Italien hat zweifellos eingesehen, daß es auf Verwirklichung seiner Raubgelüste in absehbarer Zeit nicht rechnen kann, und würde deshalb wahrscheinlich froh sein, das Abenteuer auf irgendeine anständige Weise liquidieren zu können.

Wenn aus diesen Tatsachen nirgends Folgerungen gezogen wurden, so liegt dies an vielen Erscheinungen, in deren Erörterung man im einzelnen nicht einzutreten braucht. Nur an der hauptsächlichsten darf man nicht vorübergehen. Sie ist der ungeheuerliche Druck, den England noch immer auf seine Verbündeten ausübt.«[368]

Da haben wir es wieder: das perfide Albion, das die Kontinentaleuropäer aufeinanderhetzt, selbst sicher in seiner meerumschlungenen Höhle sitzt. Falkenhayn bekennt sich nun zum uneingeschränkten Ubootkrieg und beruft sich dabei auf die »Zusagen der Marine«, England bis zum Jahresende 1916 zum »Einlenken« bringen zu können – was das immer auch heißen mochte. Falkenhayn war bereit, dafür sogar den Kriegseintritt der Vereinigten Staaten in Kauf zu nehmen. »Ihr Eingreifen in den Krieg kann nicht so schnell entscheidende Wirkung üben, daß es England, welches das Gespenst des Hungers und viele andere Nöte auf seiner Insel auftauchen sieht, zum Weiterkämpfen bewegen könnte.«[369]

Man sieht die fatalen Wirkungen der fröhlichen Prognosen. Natürlich waren sie verführerisch. Falkenhayn wandte sich Rußland zu:

»Ein Vorgehen auf Moskau führt uns ins Uferlose. Für keine dieser Unternehmungen verfügen wir über ausreichende Kräfte. Mithin scheidet auch Rußland als Angriffsobjekt aus.«

Und nun hätte man eigentlich diese Schlußfolgerung erwarten können: Im Osten sind wir sicher, die Angriffskraft Rußlands ist gebrochen. Binnen Jahresfrist wird England am Boden liegen. Dann werden sich seine Verbündeten vom englischen Druck frei fühlen und um billigen Frieden nachsuchen. Wir sollten also unsere Kräfte in Bereitschaft halten. Tun müssen wir nichts, nur abwarten und gewappnet sein.

Falkenhayn aber schrieb als Schlußfolgerung: »Es bleibt allein Frankreich übrig.« Wofür? Es folgten jene Abschnitte der Denkschrift, von denen eben nicht nur Groener meinte, sie seien nachträgliche Interpolation – aber Falkenhayn hat sie 1919 in seinen Erinnerungen selbst autorisiert – sie müssen also wirklich seiner Überzeugung entsprochen haben, sogar nach Verdun. Er hat sich eben nicht von ihnen distanziert. Sie lauten:

»Hinter dem französischen Abschnitt der Westfront gibt es in Reichweite Ziele, für deren Behauptung die französische Führung gezwungen ist, den letzten Mann einzusetzen. Tut sie es, so werden sich Frankreichs Kräfte verbluten, da es ein Ausweichen nicht gibt, gleichgültig ob wir das Ziel selbst erreichen oder nicht. Tut sie es nicht und fällt das Ziel in unsere Hände, dann wird die moralische Wirkung in Frankreich ungeheuer sein. Deutschland wird nicht gezwungen sein, sich für die räumlich eng begrenzte Operation so zu verausgaben, daß alle anderen Fronten bedenklich entblößt werden. Es kann mit Zuversicht den an ihnen zu erwartenden Entlastungsunternehmungen entgegensehen, ja hoffen, Kräfte in genügender Zahl zu erübrigen, um den Angriffen mit Gegenstößen begegnen zu können. Denn es steht ihm frei, seine Offensive schnell oder langsam zu führen, sie zeitweise abzubrechen oder sie zu verstärken, wie es seinen Zwecken entspricht.«[370]

Und nun das Finale furioso:
»Die Ziele, von denen hier die Rede ist, sind Belfort und Verdun.
Für beide gilt das oben Gesagte. Dennoch verdient Verdun den Vorzug.«

Was Stalingrad und Auschwitz für den Zweiten, sind Verdun und die Somme für den Ersten Weltkrieg geworden: weit in die Geschichte ausstrahlende Symbole für den ungeheuren Kulturbruch des 20. Jahrhunderts. Kein anderes Ereignis dieses Krieges hat die Gemüter mehr erregt als das Drama von Verdun. Verdun ist der Mittelpunkt des »tiefen Krieges« (Ilja Ehrenburg). Es gehört deswegen auch zu den großen geistesgeschichtlichen Ereignissen des 20. Jahrhunderts.[371] Niemand hat sich nach dem Zweiten Weltkrieg intensiver und tiefdringender mit Verdun beschäftigt als German Werth, lange Jahre Redakteur beim Deutschlandfunk. »Verdun – die Schlacht und der Mythos« ist längst zum Klassiker geworden.³⁷² Arnold Zweigs »Erziehung vor Verdun« und Edgar Maass' Verdunroman sowie die Bücher von Josef Magnus Wehner und Werner Beumelburg, vor allem aber Ettighofers »Gespenster am Toten Mann« sind zu Quellen des Zeitgeistes geworden – wenigstens »der von 1914« (»Ceux de quatorze«), wie der Roman von Maurice Genevoix heißt.³⁷³ Es war ein bewegender Augenblick, als anläßlich der sechzigsten Wiederkehr der Schlacht die uralten Verdunsoldaten Ettighofer und Genevoix einander die Hand reichten – aber vielleicht waren die Berichte des Chapelains von Verdun, der Jahr für Jahr auf dem Schlachtfeld Soldaten begrub, doch noch aufwühlender.³⁷⁴ Es ist selbstverständlich, daß jeder, der Geschichte studiert, nicht nur die Schlacht selbst aus Büchern und papierenen Quellen, sondern aus der eigenen Anschauung des Schlachtfeldes selbst kennen sollte, gerade auch dann, wenn er von Militärgeschichte gar nichts hält. Man kann das historische Selbstverständnis Frankreichs nirgendwo besser studieren als an diesem Schreckensort.

Verdun gehört nur bedingt zur Militärgeschichte, viel mehr zur Geschichte der Mentalitäten. Falkenhayn brauchte seinem Kanzler und seinen Offizieren nicht zu erklären, warum er ausgerechnet Verdun angreifen wollte, und niemand hat damals seine Grundannahme infrage gestellt: daß Frankreich diesen magischen Ort seines Selbstverständnisses bis zur physischen Selbstaufgabe verteidigen würde. Verdun ist deswegen ein herausragendes Exemplum für die These, daß Geschichte tatsächlich immer, so wie es Hegel behauptet hat, Geistesgeschichte ist.

Wer die Implikationen von »Verdun 1916« richtig verstehen will, muß wissen, was Verdun den Zeitgenossen bedeutete.

Mit dem Vertrag von Verdun im Jahr 843 begann im Selbstverständnis der Zeit recht eigentlich die Geschichte Frankreichs und Deutschlands, und auch der Verlust der Reichsstadt Verdun infolge der Felonie eines Moritz von Sachsen war 1916 jedermann präsent. Wenn Frankreich Verdun aufgab, gar kampflos, indem es sich bloß zurückzog – ein paar Kilometer hätten es ja getan, und taktisch gab es dabei keinerlei Probleme, wie noch heute jeder Blick vom »Toten Mann« oder Fort Vaux beweist –, so hätte dies in der Tat für Frankreich einen moralischen Zusammenbruch ohnegleichen bedeutet. Nicht einen Moment hat Joffre gezögert: Als der deutsche Angriff am 21. Februar 1916 begann, wichen die Franzosen nur anfangs zurück, bis auf die Linie Louvemont-Douaumont-Combres –, dann hielten sie, und es begann das, was man die »Blut- oder Maasmühle« von Verdun genannt hat – schon zeitgenössisch. Über die Straße von Bar-le-Duc nach Verdun wurde sie beschickt; ununterbrochen und endlos ratterte und schlurfte fortan in Kolonnen um Kolonnen das Kanonenfutter: Soldaten, Pferde, Fahrzeuge, Geschütze, Munition. Man muß diese »voie

20 Verdun: Minentrichter

21 Verdun: Material und Mensch

22 Verdun: Zerschossenes Material, zerstörte Natur

sacrée«, die bis heute ihren Namen behalten hat und zum Schlachtfeldensemble zählt, einmal abfahren und versuchen, sich in das Geschehen dieser Monate zu versetzen – es gibt genügend Denkmäler, welche die traurigsten Assoziationen und Erinnerungen auslösen.

Falkenhayn hat sich in seiner Denkschrift keinerlei Gedanken über echte Alternativen gemacht, denn die, die er aufzählte, waren es in seinen Augen ja nicht, und natürlich stellt sich die Frage, warum auch Kaiser und Kanzler sie nicht gesehen haben. War Ende 1915 nicht genau jene Lage eingetreten, die einem Friedrich dem Großen jahrelanges Aushalten ermöglicht hatte? War trotz aller Skepsis der Fall Rußland so hoffnungslos? Vor allem nachdem Serbien in der Hand der Mittelmächte war, die Türkei sich behauptete, das alliierte Dardanellenunternehmen gescheitert war? Und dann tatsächlich auch Italien: Zur peinlichen Überraschung der Italiener gelang es eben nicht, Österreich zu überraschen – 11 blutige Schlachten am Isonzo sollte es geben, aber keinerlei substantielle Fortschritte für Italien. Falkenhayn selbst spürte, daß da etwas zu machen gewesen wäre. Sein Bild von der englischen Spinne im Netz war ja durch und durch falsch; wahrscheinlich hat er es selbst nicht geglaubt. Wie man es auch dreht und wendet, man wird den Eindruck nicht los, als hätte die Reichsleitung jetzt, aber auch erst jetzt, sich tatsächlich so verhalten, wie

23 Kronprinz Wilhelm (6. von rechts), Stab der 5. Armee vor Verdun

ihr dies schon im Zusammenhang mit dem 8. Dezember 1912 und dem 1. August 1914 vorgeworfen worden war: Das Kaiserliche Deutschland wollte ihn jetzt doch wagen, den »Griff nach der Weltmacht«.

Demgegenüber steht die abwiegelnde Deutung, Verdun selbst sei ein, wenn vielleicht auch ein wenig zu stark ausgefallenes, Friedenssignal gewesen – nach dem Motto: Seht auf diese Stadt und erkennt endlich, was wir auch im 3. Kriegsjahr noch zu leisten vermögen. Nicht nur Ubootkrieg, nicht nur Serbien, die Dardanellen, nicht nur Kurland, Warschau, was auch immer: Nein, im Auge des Taifuns behaupten wir uns und führen Frankreich in seiner ganzen Ohnmacht vor – macht deswegen Frieden. Nach der Kriegszieldiskussion von 1915 läßt sich unschwer vorstellen, wie sich die deutschen warlords diesen Frieden vorstellten.

Verdun war kein Friedenssignal, sondern ein erster, folgenschwerer Schritt hin zur Wirklichkeit des Vernichtungskrieges, wie er dann ab Juni 1941 in der Sowjetunion geführt werden sollte, und es tröstet wenig, daß mit Nivelle auf französischer Seite ein Mann das Heft in die Hand bekam, der ganz ähnlich dachte. Angefangen haben die Deutschen.

Im Übrigen funktionierte nichts. Falkenhayn hat sich auch professionell mit Verdun bis auf die Knochen blamiert – es war folgerichtig, daß er seinen Helm nehmen mußte. Hatte er in seiner Denkschrift noch behauptet, Verdun werde eine begrenzte Aktion sein, die man ganz nach eigenem

Gusto steuern könne, so erwies sich Verdun als ein gigantischer Strudel, der immer mehr und immer rascher immer unzähligere Ressourcen an Menschen und Material in sich hineinsaugte, ohne daß der Kronprinz Wilhelm, der als Oberkommandierender der 5. Armee formell das alles zu kommandieren hatte, auf die Idee verfallen wäre, seinem Generalstabschef in den Arm zu fallen. Wie verhext starrten alle auf das Unglaubliche, das Unerhörte, das Niedagewesene, unfähig, sich dieser grauenvollen Faszination zu entziehen. Später hat man dem Kronprinzen vorgeworfen, er habe es gewagt, während der Schlacht von Verdun – zu lachen. Das erinnert an die lachende Kundry in Wagners »Parsifal«...

Falkenhayn war nach Verdun nicht mehr zu halten, aber sein Abgang war anders als der von Moltke einer mit erhobenem Kopf, und als man ihm den Feldzug gegen Rumänien anvertraute, zeigte dieser Mann, was in ihm steckte: auf der zweiten Ebene.

So als hätte man aus den Kämpfen von 1914 nichts gelernt, glaubte Falkenhayn, die Deutschen würden vor Verdun den Franzosen immer größere Verluste beibringen, als man selbst sie zu beklagen haben würde – also etwa: zwei tote Franzosen für einen toten Deutschen. Diese »Blutanzapfung« spekulierte im übrigen auf ein altes französisches Trauma, das vor allem nach 1871 grassierte: der schwindenden Bevölkerungszahl des Landes. Während die demographische Kurve in Deutschland nach diesem Krieg nach oben ging, sank sie in Frankreich, und im Zusammenhang mit der Weltreichslehre war schon lange vor dem Krieg darauf hingewiesen worden, daß Frankreich als Kandidat schon deswegen nicht infrage komme, weil es sich um eine alte, ja eine geradezu absterbende Nation handele. Falkenhayn, und offensichtlich nicht nur er, schlossen daraus, daß die blutigen Verluste der französischen Gesellschaft viel unerträglicher werden mußten als der deutschen – in gewisser Weise behielten sie recht: Als nämlich Nivelle 1917 mit vergleichsweiser Brutalität Falkenhayn zu imitieren suchte, kam es im französischen Heer zu Meutereien, und Nivelle mußte zurücktreten.

Von den politischen Fernwirkungen der Schlacht von Verdun war im Zusammenhang mit dem »Fall Gelb« schon die Rede. Zwei weitere sind bemerkenswert: Zwar ging der Plan zur Schlacht auf das Konto von Falkenhayn, in der deutschen Öffentlichkeit aber verknüpfte er sich mit dem Namen des Oberkommandierenden vor Verdun: des preußischen Kronprinzen Wilhelm. Der ging, ungeachtet seiner Bemühungen, sich um das Wohl seiner Soldaten in der Hölle der Schlacht doch irgendwie zu kümmern, als »Schlächter von Verdun« in das kollektive Gedächtnis der Nation ein, und das machte es ihm nach 1919 unmöglich, an eine monarchische Restauration zu denken. Nach der Abdankung Wilhelms II. war der

Anspruch des Kronprinzen Wilhelm auf den Thron zwar formell nicht bestehen geblieben, auch er hatte gezwungenermaßen auf seine Thronansprüche verzichten müssen. Aber eben: gezwungenermaßen, und im politischen Selbstverständnis der Zeit galt auch dies als »Diktat« der Sieger – und so revisionsfähig wie der ganze Versailler Vertrag.[375] Aber noch in der Ära Stresemann und Brüning, die beide im Herzen Monarchisten geblieben waren – Brüning arbeitete sogar konkret auf die Restauration hin –, war das Image des Kronprinzen infolge des Verdun-Traumas so miserabel, daß die Hohenzollern wohl nur dann eine – hauchdünne – Chance besessen hätten, wenn sie diesen Wilhelm zugunsten des Enkels Wilhelms II. übersprangen.

Die zweite politische Fernwirkung vollzog sich in Frankreich, sie war weit dramatischer. In der Stunde der allerhöchsten Not nämlich war es der französische General Philippe Pétain[376] gewesen, der Verdun geschlagen und schließlich gewonnen hatte – er stieg zum nationalen Heros auf, ganz in Analogie zu Hindenburg nach Tannenberg. Nach dem Scheitern Nivelles griff die Republik wieder auf Pétain zurück, der in den Augen der einfachen Soldaten als menschlicher Soldatenführer galt und in der Tat eine Menge von Menschenführung verstand.

So wie die Deutschen 1925 wieder nach Hindenburg riefen, so daß dieser Reichspräsident wurde, verlangte es die Franzosen nach der Niederlage von 1940 erneut nach dem Retter des Vaterlandes: Pétain, ein politisches Kind, wurde Chef des Etât français in Vichy. 1945 wegen Kollaboration in der Judenfrage zum Tode verurteilt, rettete ihn Verdun, weil er es 1916 gerettet hatte: Er wurde begnadigt. De Gaulle hat anläßlich der fünfzigsten Wiederkehr der Schlacht von Verdun auf diese Zusammenhänge aufmerksam gemacht – und sich damit selbst in ihre Historie eingebracht.

Der deutsche Angriff begann am 21. Februar 1916. Das ganze Schlachtfeld war gerade einmal 300 qkm groß – wer immer sich die Schlachtenbilder- und gemälde, in erdrückender Fülle im Museum auf dem Schlachtfeld präsent, ansieht, der wird etwas von dem geballten Schrecken ahnen und begreifen, warum auf französischer Seite etwa 317 000, auf deutscher 282 000 Soldaten gefallen sind. Die Verlustzahlen differieren übrigens, aber die Größenordnungen bleiben – auch das bedarf keiner Erklärung, wenn man Verdun einmal gesehen hat.

Am 25. Februar war das Fort Douaumont in deutscher Hand. Es wurde in Deutschland oft synonym mit Verdun genannt; unzählig waren die Romane und Erzählungen, die sich nur mit dem Douaumont beschäftigten; der Douaumont zeugte jene Heldengestalt, die noch bis tief in die Zeit des Zweiten Weltkrieges hinein stereotyp werden sollte. In Frankreich gewann eher Fort Vaux diesen Symbolcharakter. Es wurde am 2. Juni von

24 Douaumont (Luftaufnahme)

25 Eingang zum Fort Douaumont

26 Französischer Sturmangriff bei Verdun

den Deutschen erstürmt – hierher gehört die rührende Geschichte von der letzten, vergifteten Brieftaube, deren symbolische Bedeutung in dem bekannten Bild der Friedenstaube von Pablo Picasso noch überhöht worden ist.

Am 24. Oktober 1916 wurden der Douaumont und Thiaumont von den Franzosen zurückerobert, aber die Deutschen hatten sie schon vorher geräumt; am 2. November sprengten die Deutschen bei ihrem Rückzug Fort Vaux. Am 15. Dezember starteten die Franzosen ihre Marneoffensive. Zu diesem Zeitpunkt war die Schlacht von Verdun schon längst vorbei, und auch die an der Somme.

Natürlich hat Verdun auch tiefen Eindruck auf die Diplomaten und Soldaten des Zweiten Weltkrieges gemacht. »Stalingrad fängt an, eine Rolle wie Verdun zu spielen«, äußerte sich beispielsweise Ulrich von Hassell, der deutscher Botschafter in Rom gewesen war, und auch für Hitler lag der Vergleich nahe. Leningrad, Moskau und Stalingrad: das waren ja die Ikonen des sowjetischen Kommunismus – und genau dort hielten die Sowjets. Hitler wollte es nicht wahrhaben, wie sich aus seiner Rede im

Bürgerbräukeller am 8. November 1942 ergibt. Er schilderte zuerst die große ökonomische Bedeutung von Stalingrad, baute es damit anscheinend zum Gegentypus von Verdun auf:

»Dort ist das Manganerz befördert worden; dort war ein gigantischer Umschlagplatz. Den wollte ich nehmen und – wissen Sie – wir sind bescheiden, wir haben ihn nämlich!

Es sind nur noch ein paar ganz kleine Plätzchen da. Nun sagen die anderen: ›Warum kämpfen sie dann nicht schneller?‹ – Weil ich dort kein zweites Verdun haben will, sondern es lieber mit ganz kleinen Stoßtrupps mache. Die Zeit spielt dabei gar keine Rolle.«[377]

Auch Verdun wurde poetisiert – wie Auschwitz:

»Auf den Schlachtfeldern von Verdun
finden die Toten keine Ruhe.
Täglich dringen dort aus der Erde
Helme und Schädel, Schenkel und Schuhe.

Über die Schlachtfelder von Verdun
laufen mit Schaufeln bewaffnete Christen,
kehren Rippen und Köpfe zusammen
und verfrachten die Helden in Kisten.

Oben am Denkmal von Douaumont
liegen zwölftausend Tote im Berge.
Und in den Kisten warten achttausend
Männer vergeblich auf passende Särge.

Und die Bauern packt das Grauen.
Gegen die Toten ist nichts zu erreichen.
Auf den gestern gesäuberten Feldern
liegen morgen zehn neue Leichen.

Diese Gegend ist kein Garten,
und erst recht kein Garten Eden.
Auf den Schlachtfeldern von Verdun
stehn die Toden auf und reden.

Zwischen Ähren und gelben Blumen,
zwischen Unterholz und Farnen
greifen Hände aus dem Boden,
um die Lebenden zu warnen.

Auf den Schlachtfeldern von Verdun
wachsen Leichen als Vermächtnis.

Täglich sagt der Chor der Toten:
›Habt ein besseres Gedächtnis!‹«

Das Gedicht stammt von Erich Kästner; es ist überschrieben: »Verdun, viele Jahre später«.[378]

18. SOMME UND SKAGERRAK – ZUM BILD DER SCHLACHT IM ERSTEN WELTKRIEG

Vier von fünf französischen, immerhin einer von drei deutschen Soldaten haben während des Ersten Weltkrieges die Hölle von Verdun persönlich erlebt: Allein diese Zahlen sagen etwas über die Gigantomanie der Schlacht aus, mehr jedoch über ihre Konsequenzen. Zunächst ist ohne weiteres verständlich, daß dieses Erlebnis ungemein traumatisierend wirken mußte, anders gewendet: Die Masse der an Verdun beteiligten Soldaten war in eine Situation geraten, in der es buchstäblich um die pure Existenz gegangen war. Was Todesfurcht und Todesverachtung, zumeist doch nur literarische Topoi, wirklich bedeuteten, lehrte die Weltkriegsgeneration vorweg Verdun. Aber Verdun war ja nicht die einzige Schlacht von derartiger »Qualität«, die Somme folgte Verdun ja auf dem Fuß, überlappte sich mit Verdun; viele Soldaten wurden direkt von Verdun an die Somme, dann nach Ypern transportiert, von einem Feuer ins andere geschickt.[379] Die Zeiten der Erholung waren viel zu kurz. Die männliche Bevölkerung Frankreichs und Deutschlands ist durch diese Ereignisse in einem bisher nicht dagewesenen Ausmaß geprägt worden, erst langsam beginnt die Wissenschaft, sich damit, vor allem aber mit den mentalen und realen Folgen zu beschäftigen.[380]

Viele wurden wahnsinnig. Soldaten und Offiziere schluchzten nur noch. Andere schleppten ein Leben lang das Grauen mit sich herum. Daraus, so sollte man meinen, hätte eine mächtige pazifistische Bewegung entstehen müssen. War nach allen Erfahrungen der Psychologie zu erwarten, daß diese Männer und die mit ihnen leidenden Familien – was meist ja übersehen wird – auch nur im Entferntesten noch einmal in einen solchen Krieg ziehen, sie selbst oder ihre Kinder einen solchen Krieg billigen würden? Mußte eine solche Zumutung nicht einen Aufschrei der Empörung, vielleicht sogar blanke Verweigerung provozieren? Etwa nach dem immer verkürzt wiedergegebenen Satz von Bert Brecht: »Stell dir vor, es ist Krieg und keiner geht hin.« Brecht selbst gibt in der nächsten Zeile die nüchterne Antwort: »Dann kommt der Krieg zu euch.«

Auf Hitlers These vor dem Angriff auf Frankreich, Verdun habe den französischen Soldaten gebrochen, es sei deswegen aussichtsreich, den

»Fall Gelb« zu inszenieren, wurde schon verwiesen. Hitler hat sich getäuscht und doch recht behalten, obwohl es im Juni 1940 anders aussehen mochte: Wenn Frankreich zusammenbrach, so aus vielerlei Gründen. Eine Unwilligkeit des »Poilu« zu kämpfen zählte nicht dazu, und im Gefecht waren die französischen Soldaten von 1940 nicht weniger schneidig als die deutschen. Es hatte auch in Frankreich, als der Zweite Weltkrieg am 1. September 1939 entfesselt wurde, keinerlei Ansätze zu einer Verweigerung gegeben. Begeisterung gab es auch nicht, aber das ist nicht das Problem, um das es geht.

Das eigentliche Problem besteht in der befremdlichen Erkenntnis, daß die Hölle von Verdun ebensowenig wie die der Somme, der Champagne, von Ypern oder vom Skagerrak den Kampfeswillen der Soldaten für die Zukunft gelähmt hat. Natürlich gab es Ausnahmen, die sich nach dem Krieg auch zu Wort gemeldet haben – aber das blieb eine verschwindende Minderheit, verachtet dazu.[381]

Tatsächlich war es so: Selbst die grauenhaftesten Erfahrungen, die höchste Todesnot haben die uralten anthropologischen Muster, nach denen der Mensch existiert, nicht zu ändern vermocht. Der Erste Weltkrieg war so gesehen eben kein Lehrstück, kein abschreckendes Exempel – eher im Gegenteil, wie unzählige Kriegerdenkmale[382] künden. Da war, wie beispielsweise nicht nur in der Aula der Marineschule in Mürwik, mit Vergil davon die Rede, daß den Gebeinen der Gefallenen die künftigen Rächer entwachsen würden. »Invictis victi victuri« lautete die nicht ganz einfach zu übersetzende Inschrift auf dem Gefallenendenkmal der Berliner Friedrich-Wilhelms-Universität. Dagegen haben die französischen Mitglieder der Militärkontrollkommission protestiert – natürlich völlig vergeblich. Auch der Adler auf dem Ubootehrenmal in Möltenort bei Kiel symbolisiert es: nach langem Flug, so wollte er interpretiert sein, habe er sich für einen Moment niedergelassen, sei aber schon wieder im Begriff, die Schwingen zum nächsten Flug zu spreizen – gegen Engelland. Letzteres stand natürlich nicht in der offiziellen Deutung. Und ob der Löwe von Verdun nun erschöpft ist oder nur vorübergehend ermattet neue Kräfte schöpft – darüber spekulieren die Schlachtfeldtouristen noch heute.

Unzählige andere Beispiele ließen sich nennen, um die These zu belegen, daß weder Verdun noch die gemeinsten Gasangriffe mit Gelb-, Grün- oder welchem Farbkreuz auch immer, auch nicht eine Überlebenswahrscheinlichkeit von weniger als 10 % den Willen zu Krieg und Kampf ausgelöscht haben. Das beste Beispiel liefert Adolf Hitler selbst: Mehrfach verwundet, durch einen Gasangriff nahezu erblindet, dem Soldatentod mehr als einmal von der Schippe gesprungen, war er es, der wie niemand sonst den nächsten Krieg herbeisehnte – und nicht nur sehnte, wie jedermann weiß.

Solche Betrachtungen sind nicht abschweifend, sie rühren vielmehr an den Kern historischen Verstehens – oder eben Nicht-Verstehen-Könnens. Zwei Weltkriege innerhalb einer Generation – das bedarf nicht nur einer »historischen«, sondern auch einer psychologischen Erklärung. Eine zynische lautet: Der Erste Weltkrieg war nicht grausam genug, und zwar in dem Sinne, daß er die Soldaten, genauer: die große Mehrheit der Soldaten nicht bis zur psychischen Vernichtung entwürdigt hat – so wie dies neuerdings für die Soldaten des Ostheeres im Zweiten Weltkieg behauptet worden ist.[383] Ein weiterer bezieht sich auf den Geschlechterdiskurs vor dem Ersten Weltkrieg. Er hatte zu einer tiefen Verunsicherung der Männer geführt, die mit den Emanzipationsbestrebungen der Frauen, dem Suffragettentum, dem ständigen weiteren Vordringen der Frauen in bislang reine Männerdomänen – so die Universitäten – nur schwer sich abfinden konnten.[384] Das abrupte Ende dieser Ersten Frauenbewegung[385] war wesentlich Folge des Ersten, dann des Zweiten Weltkrieges; die unbedingte Dominanz des männlichen Prinzips war im und nach dem Krieg wiederhergestellt worden – ungeachtet der in Munitionsfabriken schuftenden Arbeiterinnen, der unzähligen Frauen und Witwen, die während des Krieges die Wirtschaft in der Heimat einigermaßen in Gang hielten. Immer noch, und das beweist die Heroisierung des Ersten Weltkrieges in der Weimarer Zeit und in der des »Dritten Reiches«, galt der Kampf, wie ihn Ernst Jünger vorbildhaft demonstriert und kraftvoll beschrieben hatte, als höchste Bewährung für den Mann, als Initiationsritus, wie es ihn zuvor schon lange nicht mehr gegeben hatte. »Im Felde unbesiegt« : Die Krieger kehrten ihrem Selbstverständnis nach eben nicht geschlagen, sondern bloß wie Siegfried verraten an den heimischen Herd zurück. Es wäre noch zu untersuchen, wie sie von ihren Frauen, wie sie von der unverheirateten weiblichen Bevölkerung 1918 empfangen wurden, wobei zu berücksichtigen ist, daß es viele junge Witwen gab – wird der eine oder andere Mann nicht eine Art von Kosten-Nutzen-Rechnung klammheimlich aufgemacht haben? Dafür spricht auch die ungebrochene Kontinuität des militärischen Habitus nach 1918, das Phänomen der unzähligen paramilitärischen Verbände und Parteiarmeen. Man entsinne sich der Grosz'schen »Stützen der Gesellschaft«.

Wir gingen in die Irre, wollten wir die Wirkungen einer Schlacht von Verdun nur im Sinne einer bestimmten Form von Abschreckungspädagogik deuten. Was wirklich abschreckend wirken sollte, war aber 1916 noch nicht erfunden – oder genauer: noch nicht realisiert: die Atombombe. Der Erste und auch noch der erste Teil des Zweiten Weltkrieges gehören deswegen historisch betrachtet noch in das Zeitalter, in dem Moltkes Satz vom Krieg als eines Gliedes in Gottes Weltordnung immer noch galt. Der

27 Auch das Gesichter des Krieges: Sommer an der Somme ...

28 ... Divisions-Gefechtsstand im Somme-Tal ...

29 ... Pfingstmorgen in einem Offiziersquartier hinter der Somme

Verdun-Mythos war, wie es German Werth gezeigt hat, immer auch ein Faszinosum – ob uns das nun paßt oder nicht. Der blühende kommerzielle Schlachtfeldtourismus in Verdun oder an der Somme lassen daran keine Zweifel zu.[386]

Zum zweiten Mal in diesem Krieg sah sich die deutsche Armee gezwungen, eine Schlacht abzubrechen, die zuvor als kriegsentscheidend angesehen worden war. Es war ein großer Unterschied, ob man, wie etwa Prittwitz 1914 bei Gumbinnen, sich zurückzog, oder die »Blutmühle« von Verdun zu stoppen suchte – weil sie viel zu viel eigenes Blut kostete. Aber anders als im Fall Marne war es im Juli 1916, als der große alliierte Entlastungsvorstoß an der Somme begann, nicht möglich, dies freiwillig und geordnet zu tun: Die Franzosen setzten nach, und wollten die Deutschen auch nur ihr Gesicht wahren – ein wichtiges Argument –, so blieb nach dem 1. Juli 1916 gar nichts anderes übrig, als auch mit stark verminderten Kräften die im Februar gewonnen Positionen zu verteidigen. Man hat das bis in den Oktober hinein getan, und das war vielleicht die sinnloseste Phase der Schlacht, denn nun waren es wesentlich die deutschen Verbände, die ausbluteten, weil ihnen kein ausreichender Ersatz mehr zugeführt werden konnte.

Schließlich endete Verdun mit den erfolgreichen Gegenangriffen der Franzosen dann doch in einer blanken deutschen Niederlage, aber schon am 29. August 1916 war Falkenhayn abgelöst worden, also zu einem Zeitpunkt, als Verdun zwar strategisch gesehen verloren, die Folgen davon aber noch nicht äußerlich sichtbar geworden waren – will man den Beginn der Somme-Offensive am 1. Juli 1916 nicht als eben dies werten. Falkenhayns Hoffnungen, wie sie in der »Weihnachtsdenkschrift« formuliert worden waren, hatten sich nicht nur nicht erfüllt, sondern schienen ins Gegenteil verkehrt: Verdun hatte offensichtlich nicht die Masse der alliierten Verbände dauerhaft gebunden, geschweige denn weißbluten lassen; wollten die Deutschen aber an Verdun festhalten, so hatten sie ihrerseits kaum eine Chance, sich erfolgreich an der Somme zu wehren.

All dies hätte Falkenhayn vielleicht noch wegargumentieren können, als aber zur peinlichen Überraschung aller im Osten mit der Brussilowoffensive [387] der doch schon als besiegt geltende Ostgegner zu kraftvollem neuen Leben erwachte und Österreich eine weithallende Niederlage beibrachte, bei der es 200 000 Mann verlor, brach Falkenhayns Kartenhaus endgültig zusammen, und er mußte gehen. Man hat dann auch gar nicht mehr lange diskutiert; obwohl das AOK Ost gehörigen Anteil an der falschen Einschätzung der militärischen Lage an der Ostfront gehabt hatte, ging nun kein Weg mehr an Hindenburg und Ludendorff vorbei. Die Umstände des Rücktritts Falkenhayns legen eine Parallele zu jenen, denen Moltke d.J. zum Opfer fiel, durchaus nahe, aber anders als dieser war Falkenhayn aus härterem Holz geschnitzt; er reagierte auf die annähernd 300 000 toten deutschen Soldaten mit erstaunlicher Abgebrühtheit. Um es vorwegzunehmen: Dem glücklosen Generalstabschef wurde das Oberkommando der 9. Armee übertragen, und in dieser Funktion führte er einen glänzenden siegreichen Feldzug gegen Rumänien, das im Vertrauen auf Brussilow in den Krieg gegen die Mittelmächte eingetreten war. Verdun hatte er nicht nehmen können; als Sieger zog Falkenhayn in Bukarest ein.

Die Somme war zugleich die »Antwort« und das Gegenstück zu Verdun. Die französische Führung hatte schon unmittelbar nach Beginn der Offensive vor allem England gedrängt, ihr mit einem strategischen Entlastungsangriff beizustehen,[388] und da sich die Versorgungslage der Alliierten ständig verbesserte, nicht zuletzt dank der immer reichlicher fließenden amerikanischen Unterstützung, stimmte Großbritannien dem Plan einer großen Entlastungsoffensive an der Somme zu.

Seit dem 27. Januar 1916 gab es in England die allgemeine Wehrpflicht: Nun konnte das Inselreich in ganz anderem Stil als bisher seine Reserven mobilisieren. Die Somme war in britischen Augen auch so etwas wie ein erster Test einer den Briten an sich ganz ungewohnten Art der Kriegführung. Um es kurz zu machen: Auch ihnen erging es nicht anders als Deutschen und Franzosen; auch sie erlitten entsetzliche Verluste, auch sie mußten lernen, daß die Verteidigung dem Angriff überlegen war. Deutlich unterlegen, gelang es den Deutschen, die wütenden Angriffe der Engländer und Franzosen an der Somme immer wieder abzuwehren, im Sperrfeuer zusammenbrechen zu lassen. Jedoch es gelang nie, den feindlichen Antäus von der Erde zu heben; die mörderische Schlacht ging also immer weiter, aber während die Alliierten über einen anscheinend unerschöpflichen Vorrat an Munition und Material verfügten, fiel es den deutschen Truppen immer schwerer, sich gegen die massiven Feuerwalzen zu behaupten. Das Schlachtfeld wandelte sich zu einer kraterübersäten Mondlandschaft, die Soldaten kämpften nicht mehr in wohlausgebauten Stellungen, sondern aus Granattrichtern heraus; mehr als einmal drohte ein Zusammenbruch des Nachschubs. Dennoch blieb das alte Gesetz gültig: Die Verteidigung blieb dem Angriff überlegen, wenn sie nur über eine hinreichende Kapazität verfügte.

Dieses sicherzustellen, sollte zur ersten Aufgabe der 3. OHL werden, und hier zum ersten Mal bewährte sich die glänzende Organisationsgabe von Ludendorff. Es gelang der 3. OHL – allerdings auf Kosten von Verdun –, die mehrfach schon eingedrückte Somme-Front zu stabilisieren; auch der erste alliierte Tankangriff vom 15. September 1916, der auf viele Soldaten einen tiefen Eindruck machte, war nicht – noch nicht – durchschlagend. Joffre und Haig, der britische Oberbefehlshaber, mußten einsehen, daß eine Kriegsentscheidung im Jahr 1916 nicht mehr zu erzwingen war, die Schlacht wurde abgebrochen, und das wirkte natürlich nun auf die Deutschen wie ein Sieg. Tatsächlich sollte sich die Lage im Lager der Alliierten im Jahr 1917 krisenhaft entwickeln. Das Resultat der Schlacht an der Somme:

»Gemessen am Einsatz der Kräfte und an der Zahl der Opfer ist sie die gewaltigste Materialschlacht des Weltkrieges gewesen. Insgesamt hatte der Angreifer 2 1/2 Millionen Mann eingesetzt und 700 000 verloren; der Verteidiger von 1 1/2 Millionen Soldaten jeden Dritten. Die Verluste der Engländer in diesen fünf Monaten waren höher als ihre Gesamtverluste im Zweiten Weltkrieg.«[389]

Stand das Jahr 1916 auch ganz im Zeichen der gigantischen Materialschlachten, die wie nichts sonst das Bild des Ersten Weltkrieges geprägt haben, so fällt in die gleiche Zeit auch die größte Seeschlacht, nicht nur des Krieges, sondern der Weltgeschichte, und schon deswegen ist es berechtigt, sich mit dem Phänomen Skagerrak zu beschäftigen, zumal das Wort »Skagerrak« ähnliche mythische Qualität besitzt wie das Wort »Verdun«. Das kollektive Gedächtnis der Gesellschaft – vielleicht sollte man doch sagen: der Nation, denn um diese ging es dem Selbstverständnis der Betroffenen nach ja immer – kristallisiert sich immer an wenigen symbolischen Namen, Orten, Persönlichkeiten. Klopft man den Ersten Weltkrieg auf solche historischen Symbole hin ab, so geraten Namen wie Marne, Tannenberg, Langemarck, Verdun, Skagerrak in eine eigentümliche Reihung. Nicht *ein* »ziviles« Ereignis reicht an diese Mythen heran – weder der »Burgfriede« noch die »Osterbotschaft«, auch nicht der »Steckrübenwinter«. Schon von dieser Beobachtung her fragt es sich, ob wir historisch angemessen arbeiten und urteilen, wenn wir die mit diesen Symbolen verknüpften historischen Phänomene bloß in den allgemeinen Strom der historischen Erzählung einordnen oder sie sogar, wie dies meist der Fall ist, den »zivilen«, also den gesellschaftlichen und ökonomischen Ereignissen unterordnen. Das mag zwar der politischen Korrektheit entsprechen – aber es entspricht nicht der vornehmsten Forderung, die an die Geschichtswissenschaft gestellt ist und bleibt: zu zeigen, wie es eigentlich gewesen ist. Im Rahmen der Diskussion um die »Historisierung« des Zweiten Weltkrieges[390] scheint es an der Zeit, sich darüber Gedanken zu machen.

In der Kette von historischen Symbolen[391] aus dem Ersten Weltkrieg fällt auf, daß es mit »Skagerrak« nur ein Ereignis aus dem Seekrieg gibt, das diese symbolische Qualität besitzt. Dabei ist die historische Bedeutung von »Skagerrak« mit den übrigen Symbolen nicht zu vergleichen. »Eigentlich« müßten doch ganz andere Seekriegsereignisse symbolisch erfaßt sein – etwa der unbeschränkte Ubootkrieg.

Aber nicht wir haben die Geschichte uns so zurechtzuzimmern, wie *wir* das für richtig halten, sondern es ist unsere Aufgabe zu erklären, *warum* es so und nicht anders gewesen ist. Das hat nichts mit einer besonderen Vorliebe für Schlachten zu tun. Man mag dagegen halten, daß Objektivität in der Geschichtsschreibung a priori und schon aus erkenntnistheoretischen Gründen nicht zu erreichen ist, man sich deswegen also sehr wohl im Sinne der Theorien von Konstruktion und Dekonstruktion der Vergangenheit widmen könne – so wie es in vielen Disziplinen ja der Fall ist –, aber entbindet das vom Versuch, die objektive Annäherung an die vergangenen Wesenheiten nicht wenigstens zu versuchen?

Es ist also erkenntnistheoretisch gesehen sinnvoll, sich mit den Schlachten des Weltkrieges[392] im allgemeinen, der vorm Skagerrak im besonderen zu beschäftigen, und wenn das Gedächtnis der Nation eben mit dieser Seeschlacht und nicht der Ubootkriegführung verknüpft ist, so spiegelt dies getreu die in der Tirpitzära verbreitete Meinung, nach der es die Schlachtflotte sei, die die schirmende und schimmernde Wehr zugleich abgeben müsse. Tatsächlich sollte Scheer in seinem Abschlußbericht zu Skagerrak von der »bewährten« Flottenpolitik Tirpitz' sprechen – obwohl er selbst daran gar nicht glaubte.

18. Somme und Skagerrak

Die Marine war dem Kaiserreich schon vor dem Krieg zum Schicksal geworden.[393] Das verhängnisvolle Wettrüsten mit England hatte gerade jene Macht dauerhaft verprellt, die nach allem noch am ehesten in der Lage gewesen wäre, die Staatsmänner Europas aus jenem fatalen Teufelskreis zu befreien, der sie in den Krieg trieb. Nach Kriegsbeginn hatte es einige Aktionen zur See gegeben, die auch die Öffentlichkeit aufmerken ließen, doch damit war nach Coronel, den Falklands, dem Gefecht auf der Doggerbank und dem »Lusitania«-Zwischenfall Schluß. Fortan spielte sich der tagtägliche kleine Seekrieg praktisch unter Ausschluß der Öffentlichkeit ab; das Interesse vor allem an den »dicken Schiffen« nahm rapide ab, nachdem mit der großen, spektakulären Freiwasserschlacht offensichtlich nicht mehr zu rechnen war, was die Deutschen aber den Briten in die Schuhe schoben, zumeist nicht ohne hämischen Hinweis darauf, daß die Zeiten eines Nelson für England offensichtlich vorbei seien.

Auch in Großbritannien schwand das Interesse an der Flotte, aber da sie zu England gehörte wie der Plumpudding, bedurfte es darüber keines großen Räsonnierens. Eben das macht eine Seemacht aus: Sie braucht über ihre Seemacht nicht nachzudenken. Um so effektiver konnte die Grand Fleet ihre Aufgabe als »fleet in being« erfüllen. Sie übte, ohne einen Schuß abzufeuern, die Seeherrschaft in den Gewässern um England aus, sie machte die Blockade, die Hungerblockade, wie das im Reich hieß, effektiv, sie stellte die Verbindungswege über den Kanal nach Frankreich sicher, auch das bloß passiv, indem nämlich die Hochseeflotte keinen spektakulären Vorstoß in den Kanal wagen konnte, ohne alles zu riskieren.

Aber auch der kaiserlichen Hochseeflotte kam eine »Fleet in being«-Funktion zu, denn sie schützte die Ostsee und die Ostseeeingänge durch ihre bloße Anwesenheit auf der Reede von Wilhelmshaven, ließ also die alliierten Pläne von einem engen Zusammenwirken der englischen und der russischen Flotte in der Ostsee mit dem Ziel einer gemeinsamen Landung in Pommern und einem raschen Vorstoß auf Berlin Makulatur werden; sie sorgte dafür, daß die Uboote unbeschadet die Deutsche Bucht durchqueren und ihre flandrischen Stützpunkte nutzen konnten; sie sicherte den Erztransport aus Skandinavien.

Aber all dies entsprach ihrem Selbstverständnis keineswegs und es war, verglichen mit den Aufgaben, die dem Heer zugewachsen waren, in ihren Augen fast nichts. Bedenkt man, was die Flotte gekostet hatte, was zu ihren Gunsten an Heeresrüstung versäumt worden war, so mußte ihr Charakter als teures kaiserliches Spielzeug jetzt im Krieg um so deutlicher auch in der Öffentlichkeit in Erscheinung treten.

Die Seeoffiziere auf den »dicken Schiffen« selbst waren sehr unglücklich mit diesen Entwicklungen, und zwei Flottenchefs schon waren

30 Linienschiffe der »Kaiserklasse« laufen aus

31 Zeitgenössische Postkarte

32 Hochseeflotte (SMS »Seydlitz« und »Moltke«)

zurückgetreten bzw. verstorben. Mit dem Admiral Scheer[394] wurde dann eine energischere Persönlichkeit in das Kommando berufen, der aber an diesem grundsätzlichen Dilemma auch nichts zu ändern vermochte. Gleichwohl bemühte er sich, ein wenig aktiver mit der Flotte zu verfahren, und genau dies führte in einer Verkettung glücklicher oder unglücklicher Umstände – je nachdem wie man es nehmen will – zur Skagerrakschlacht. Diese ist auch in einem spezifischen »marinegenealogischen« Sinne von Interesse, war doch Hippers Stabschef Erich Raeder, und Hipper hat diesem später versichert, seine Mithilfe sei von ausschlaggebender Bedeutung gewesen. Was Wunder, daß Raeder später, als er Oberbefehlshaber der Kriegsmarine geworden war, von einem zweiten Skagerrak träumte. Es zu realisieren, besaß der ObdM im Zweiten Weltkrieg keine Chance.[395]

Die Schlacht wird in allen Memoirenwerken ehemaliger englischer oder deutscher Admirale gewürdigt, auch Jellicoe und Beatty, die Gegenspieler Scheers und Hippers,[396] haben sich oft und ausführlich zur »Battle of Jutland«, wie das Ereignis in England und der englischsprachigen Welt heißt, geäußert.

Daß die Flotten Scheers und Jellicoes am 31. Mai 1916 überhaupt aufeinanderstießen, war Zufall, und es wäre am vernünftigsten gewesen, beide

Flottenführer hätten sich so wie die drei Affen verhalten: nichts sehen, nichts sagen, nichts hören, denn das hätte den Prinzipien der von beiden Seiten verfolgten Seestrategie am besten entsprochen. Aber man erkennt am Beispiel Skagerrak – auch hier eine merkwürdige Parallele zu Verdun – daß sich im Krieg manche Dinge gleichsam selbständig machen. So wie der Mythos Verdun gegen den Willen der Beteiligten mindestens seit Juni 1916 – von beiden Seiten – Hekatomben von Soldaten in den Mahlstrom zog, so entwickelte die Schlacht vor dem Skagerrak ein gespenstisches Eigenleben. Es kostete die beiden Flottenführer erhebliche Anstrengungen, die Dinge dann doch wieder unter Kontrolle zu bekommen, was sie beide ehrt – denn natürlich konnte später keiner von beiden zugeben, daß es vernünftig war, die Schlacht im Schutze der Nacht abzubrechen und ihr keinen zweiten »glorious first of June« folgen zu lassen. Der erste hatte am 1. Juni 1794 Howe, den britischen Seebefehlshaber, etwa 1 100 Mann gekostet, Villaret-Joyeuse, den französischen, mehr als 4 500. Am 1. Juni 1916 gab es 6 097 tote englische, 2 551 tote deutsche Seeleute; mit 114 433 ts englischer, 60 747 ts deutscher Schiffstonnage war der Schiffsfriedhof Skagerrak reichlich bedient und der Ehre beider Seiten Genüge getan. An diesem Beispiel läßt sich übrigens viel zum Problem der Gesichtswahrung lernen. Skagerrak ist so gesehen auch ein psychologisches Ereignis ersten Ranges. Den Untergang der drei britischen Schlachtkreuzer[397] konnte man als »gambling losses« ansehen, denn er war auf die Unart zurückzuführen, sämtliche Sicherheitsvorschriften – etwa Schotten dicht beim Gefecht – zu mißachten, um möglichst schneller zu schießen als die Konkurrenz – nicht etwa des Gegners, sondern der eigenen Kameraden auf den anderen Schlachtkreuzern. Beattys berühmter Ausspruch angesichts des zweiten explodierenden Schlachtkreuzers: »There is something wrong with our bloody ships today« traf also viel genauer zu, als er es damals wohl selbst ahnte. Der Historiker Hough behauptet sogar, nicht ein Schlachtkreuzer wäre verlorengegangen, hätten sich die Herren Offiziere nur an die Vorschriften gehalten. »Wie durch seine objektive Natur, so wird der Krieg auch durch die subjektive zum Spiel«[398] – ob die Herren Offiziere ihren Clausewitz im Sinn hatten? Die Schlacht als edler Wettstreit? Spukte immer noch die Idee des Spiels? Aber auch das fand sich bei Clausewitz: »Aber der Krieg ist kein Zeitvertreib, keine bloße Lust am Wagen und Gelingen, kein Werk einer freien Begeisterung; er ist ein ernstes Mittel für einen ernsten Zweck.«[399] Die Somme und Skagerrak: Granatendurchwühltes dreckig-verseuchtes Land hier – eine im Sonnenschein glitzernde wogende See dort. Noch heute ist die Somme ein sichtbares Menetekel, im Skagerrak blieb von »Skaggerrak« nichts.

Die Schlacht hatte strategisch und operativ gar nichts bewirkt, psychologisch um so mehr, und deswegen ist sie doch als erstrangiges Ereignis

18. Somme und Skagerrak

33 S.M.S. »von der Tann«, 38 cm-Geschoßtreffer vom 31. Mai 1916

des Ersten Weltkrieges einzuordnen. Dafür spricht schon der Tenor der Ansprache, die der Kaiser am 5. Juni 1916 an die Besatzungen der an der Schlacht beteiligten Einheiten hielt:

»Vergebens wurde ein Vorschlag nach dem anderen gemacht, wie man es anfangen könne, den Gegner herauszubringen.

Da endlich kam der Tag. Eine gewaltige Flotte des meerbeherrschenden Albion, das seit Trafalgar hundert Jahre lang über die ganze Welt den Bann der weltbeherrschenden Seetyrannei gelegt hatte, den Nimbus trug der Unüberwindlichkeit und Unbesiegbarkeit – da kam sie heraus. Und was geschah? Die englische Flotte wurde geschlagen. Der erste gewaltige Hammerschlag ist getan, der Nimbus der englischen Weltherrschaft geschwunden.«[400]

Nach dem Krieg war es ein beliebtes Spiel, den Nachweis zu führen, daß Skagerrak ein deutscher Sieg gewesen war. Dafür mußten die Toten und die Tonnagen herhalten, und da beide Flotten nach dem Schlagabtausch nicht versucht hatten, den Ort der Schlacht zu behaupten – Jellicoe dampfte nach Scapa Flow zurück, Scheer nach Wilhelmshaven – blieben andere Kriterien auch nicht übrig. Entscheidend war, daß die deutsche Öffentlichkeit mit dem Kaiser an der Spitze in lauten Jubel ausbrach, während es in England betretene Gesichter gab. Zwar machte niemand Jellicoe offiziell einen Vorwurf, aber es kam nicht von ungefähr, daß der Mann, dessen Schneid vor dem Skagerrak besonders geglänzt hatte, zu seinem Nachfolger erkoren wurde: der Draufgänger Beatty, einer der eitelsten aller britischen Admirale.

Intern machte sich Scheer keinerlei Illusionen: Wenn es noch eines Beweises bedurft hätte, daß die Flotte eine strategische und politische Fehlkonstruktion gewesen war – die Schlacht vor dem Skagerrak hatte sie geliefert. Scheer selbst hat in einer kurz danach angefertigten Denkschrift empfohlen, nunmehr alle Anstrengungen auf den Ubootkrieg zu konzentrieren – man mag ermessen, was das für ihn, den Helden des 31. Mai 1916, auch persönlich bedeutete. Nach der Schlacht begann denn auch die Ausdünnung der Schlachtschiffbesatzungen. Wer immer auch nur halbwegs geeignet schien, wurde von den dicken Schiffen zur Ubootwaffe abkommandiert – zurück blieben die weniger Befähigten, die weniger Tüchtigen, was schon ein Jahr später, vor allem aber dann im November 1918 weltgeschichtliche Folgen haben sollte. Die Matrosenmeutereien von 1917 und die Revolution von 1918 sind Fernwirkungen von Skagerrak.

Die Grand Fleet hat sich nach dem 1. Juni 1916 gehütet, sich noch einmal so weit in die Nordsee vorzuwagen – es gab dafür keinen Grund, und die schon erwähnten Wirkungen der Flotte blieben bestehen.

Dennoch war the »Battle of Jutland«[401] auch für Großbritannien von einschneidender Bedeutung – nach dem Ersten Weltkrieg. Konnte man den Triumph der Auslieferung der deutschen Flotte nach Scapa Flow noch in vollen Zügen genießen,[402] so mußte England schon zwei Jahre später den Offenbarungseid leisten: Die Schlacht vor dem Skagerrak hatte gezeigt, daß die Schiffe der Grand Fleet schneller veraltet waren, als man angenommen hatte. Die Admiralty forderte also zurecht den Ersatz der Schiffe durch »Post-Jutland-ships«, wie man es in den Akten findet. Die aber waren vollends unbezahlbar. Das wiederum zwang die britische Regierung, von jenem Grundsatz abzuweichen, der wie einst die Cromwellsche Navigationsakte zu den essentials nicht allein der britischen Politik, sondern auch des britischen Selbstverständnisses gezählt hatte: daß es keine Flotte geben dürfe, die größer als die britische sei, ja daß diese größer sein müsse, als die beiden nächstgroßen zusammen. Es blieb nach 1920 also nichts übrig, als sich in das Washingtoner Flottenabkommen[403] zu schicken, das den USA die Parität in Schlachtschiffen zugestand. Das war der Anfang vom Ende der britischen Suprematie zur See, und so behielt Wilhelm II. ironischerweise doch recht.

Und noch etwas gewann weltgeschichtliche Bedeutung: Im Rahmen der schmerzhaften fiskalischen Erörterungen im Schatzamt, in der Admiralty und in der britischen Regierung kam man zum Schluß, daß die Aufgabe des Zweimächtestandards nur dann zu rechtfertigen sei, schlösse man in alle Zukunft *einen* Kriegsfall aus: den mit den USA. Genau dies geschah 1920, und damit war der erste Pfeiler jener atlantischen Brücke gegründet, der nach dem Zweiten Weltkrieg zur Konstruktion der NATO führte.

Elf Jahre nach der Skagerrakschlacht wurde in Laboe der Grundstein zum Marine-Ehrenmal gelegt. Am 30. Mai 1936 war es fertig. Die deutsche Marine besaß, rechtzeitig zum zwanzigjährigen Jubiläum der Schlacht, nun das ihr angemessen scheinende äußere Symbol. Es wurde am 30. Mai feierlich eingeweiht. »Tout le monde« war aufgeboten: Der ›Führer‹ und Reichskanzler, die Spitzen der Wehrmacht, von Staat und Partei, die Kriegervereine, das diplomatische Korps, Presse und Rundfunk. Wer in Berlin hatte bleiben müssen, erhielt Gelegenheit, die Feierlichkeiten im Rundfunk zu verfolgen. Raeder fand erhebende Worte:

»Am 20. Jahrestag der Seeschlacht von Skagerrak empfängt das Deutsche Marine-Ehrenmal in Gegenwart des Führers seine Weihe. Das Vermächtnis des Admirals Scheer anläßlich der Grundsteinlegung 1927 hat seine Verwirklichung gefunden: Das Denkmal ist vollendet, die deutsche Seemannsehre wiederhergestellt. Deutschlands schwimmende Wehr erstarkt aufs neue.«[404] Vor Kiel gab es die größte Flottenparade seit jener, die zum Auftakt des Ersten Weltkrieges geworden war.

19. DAS RINGEN UM DEN FRIEDEN 1916

Nicht an allen, auch nicht allen Politikern sind die Szenen in den Menschenschlachthäusern des Jahres 1916 spurlos vorübergegangen, und manchmal ist es auch schwierig, die Motive der Handelnden wirklich richtig zu erfassen. Waren, zum Beispiel, Falkenhayn und Kronprinz Wilhelm wirklich die abgebrühten Menschenvernichter? Darf man ihre Versicherungen in ihren Memoiren, auch sie seien zutiefst erschüttert worden, einfach verwerfen? Und Ludendorff, der anscheinend kaltschnäuzige Organisator an der Somme – wird man seinem Konzept vom »totalen Krieg« ein auch humanes Motiv ganz absprechen wollen? War die Vorstellung, den Krieg zu totalisieren, um ihn so rasch wie möglich beenden zu können, so ganz falsch? Nach dem banalen Motto: Lieber ein Ende mit Schrecken als ein Schrecken ohne Ende? Dennoch: In der Phalanx der für das Sterben im Jahr 1916 Verantwortlichen gab es nur wenige, die durch die Ereignisse so erschüttert wurden, daß sie nun ernsthafter als bisher nach einem Friedenskonzept fahndeten.

Zu ihnen zählte Bethmann Hollweg, genauer: Er stand an der Spitze jener, die man mit aller Vorsicht doch als Friedenspartei bezeichnen könnte.

Die schwächlichen Friedensbemühungen des Jahres 1915, das Scheitern der Mission House, der Streit um den uneingeschränkten Ubootkrieg hatten das Jahr 1915 bestimmt. Aus der Unwilligkeit der Kriegführenden, den Krieg zu beenden, ohne die eigenen Kriegsziele wenigstens annähernd verwirklicht zu haben, hatte zumindest Bethmann Hollweg gelernt. »Wenn wir der Welt gezeigt hätten«, so äußerte er sich einmal, »daß wir nicht zu besiegen seien, daß unsere Entwicklungsfähigkeit nicht gehemmt werden konnte, wenn wir das 1870 Erreichte erfolgreich verteidigt hätten, dann müßten wir Gott dankbar sein.«[405]

Das erinnert erneut ein wenig an Friedrich den Großen: Auch dieser König wollte im Siebenjährigen Krieg der ihm feindlichen Welt beweisen, daß Preußen gegen sie bestehen könne – aber Preußen strebe nicht nach einer Vergrößerung seiner Macht. Indessen hatte schon Leopold von Ranke in seiner klassischen Definition der »Großen Macht« darauf hingewiesen, daß diese sich eben gegen die vereinten Bemühungen der übrigen großen Mächte behaupten müsse, um es wirklich zu sein. Es konnte aber nach Beginn des Ersten Weltkrieges keine Frage sein, daß wenigstens Frankreich und Rußland sich entschlossen zeigten, diese Größe einem zukünftigen Deutschen Reich – also nach dem Krieg – nicht zuzugestehen, und selbstverständlich hielt Clemenceau daran fest, die Reichsgründung ungeschehen machen zu wollen. Ob das wirklich ganz ernst gemeint war, läßt sich schwer entscheiden, denn Frankreich wußte auch auf dem Höhepunkt des Krieges ganz genau, daß sich sein Alliierter England mit einer Zerschlagung des Reiches nicht würde einverstanden erklären,[406] und auch die USA, auf deren Hilfe man angewiesen blieb, würden einer derart radikalen Politik nicht zustimmen. An der Kette bellen Hunde besonders laut. Als die Stunde der Wahrheit kam, im November 1918, zeigte sich, daß die französischen Vernichtungsvisionen keine Chance hatten – a priori.

Um so ernster mußte man in Deutschland dafür die Forderungen Frankreichs nach einer territorialen Neugestaltung des Reiches nehmen. Dabei ging es nicht um Elsaß und Lothringen. Daß diese beiden Provinzen gleichsam automatisch wieder an Frankreich fallen würden, war den Einsichtigeren unter den deutschen Politikern von Anfang an klar. Selbst im Rahmen eines Kompromißfriedens wären die Reichslande nicht zu halten gewesen, und angesichts des – obwohl die Masse der Bewohner der Reichslande deutsch sprach – vollkommen gescheiterten Versuches, sie »einzudeutschen«, galt das intern auch nicht als großer Verlust. Man würde sich auch für die Zukunft viel Ärger ersparen. Worum es eigentlich ging, war wieder einmal die Rheingrenze, und das Ringen um diese sollte zu einem Schwerpunkt der französischen und später dann der deutschen Friedenswiederherstellungsbemühungen werden.

Zum ersten Mal hatte Richelieu im 17. Jahrhundert den Rhein als die »natürliche« Grenze Frankreichs propagiert. Zum zweiten Mal tat dies der französische Revolutionskonvent, und er erreichte dieses Ziel bekanntlich ziemlich problemlos. Zum dritten Mal tauchte diese Forderung im Zusammenhang mit der Orientkrise von 1840 auf und führte Preußen und Frankreich an den Rand dies Krieges. Selbstverständlich zählte 1870 die Rheingrenze abermals zu den französischen Kriegszielen.[407]

Der Rhein gehört seit jeher zu den mächtigen historischen Symbolen, ich erinnere an die Nibelungensage, an Wagners »Ring des Nibelungen«, an die Restauration der Kaiserdome von Speyer, Worms, Mainz, an die Funktion des Kölner Domes im 19. Jahrhundert. Das Niederwalddenkmal mit seiner Germania[408] gehörte ebenso zu den Rheinsymbolen wie die Pfalz bei Kaub, die untrennbar mit Blüchers Rheinübergang in der Neujahrsnacht 1813/14 verbunden war, oder das Deutsche Eck von

Koblenz, das zusammen mit dem Ehrenbreitstein nach 1815 die Wacht am Rhein halten sollte. Das sind nur einige der Symbole, die mit dem Rhein verbunden sind – daß dazu die Loreley und Hildegard von Bingen ebenso gehören wie die Drosselgasse bei Rüdesheim, sei um des drastischen Kontrastes willen nur am Rand erwähnt.

Wenn also die französische Kriegszieldiskussion 1916 den Rhein als Frankreichs Grenze forderte, so standen die Aussichten auf einen vernünftigen Frieden von vornherein schlecht.

Falkenhayns Verdun-Entschluß muß also in das gesamte symbolische Strukturgeflecht eingebunden werden, das wie ein Netz über dem Denken und Handeln der Weltkriegsprotagonisten lag.

Zu den Vorstellungen Bethmanns von einer künftigen Friedensordnung zählten auch die Wiederherstellung Belgiens und der Verzicht auf Territorialverbesserungen im Westen. Demgegenüber hielten die französischen Großindustriellen in trautem Verein mit der Regierung an ihrer Forderung nach dem Saargebiet fest, um nun ihrerseits Erz und Kohle gemeinsam in die Hand zu bekommen.

Das heißt nicht, die deutschen Ruhrbarone wären bescheidener geworden, ganz im Gegenteil. Keinen Moment dachte Fritz Thyssen, um einen der größten Scharfmacher zu nennen, daran, von dem Gedanken des Erwerbs des Erzbeckens von Briey und Longwy Abstand zu nehmen – und Bethmann Hollweg wagte es nicht, sich mit diesem und den übrigen Industrietycoonen anzulegen, was nicht zuletzt Folge der »patriotischen« Gesinnung der Schwerindustriellen war, die zwar am Krieg ganz gut verdienten, es damit aber im Interesse der Sache, um die es ging, nicht übertrieben, anders gewendet: Die Rüstungsschmiede an der Ruhr war »vaterländisch«, kein Kanzler konnte ein Zerwürfnis mit den »Schlotbaronen« wagen. Das verlieh ihnen jene starke Stellung, die noch 1923 Deutschland fast an den Punkt des inneren Zerreißens bringen sollte. Vor allem Jacques Bariéty hat auf diese Mélange aus Wirtschafts- und Politikinteressen im Mit- und Gegeneinander Deutschlands und Frankreichs immer wieder hingewiesen.[409]

Bethmann Hollweg mochte also im Verlauf des Jahres 1916 einsehen, daß die hochfahrenden Ziele des »Septemberprogramms« auch nicht annäherungsweise würden verwirklicht werden können – aber er tat nichts, um einer gerade in Belgien verfolgten Politik des fait accompli zu wehren. Dort hatte die deutsche Besatzungsverwaltung skrupellos damit begonnen, Flamen und Wallonen aufeinanderzuhetzen, und die Herren vor Ort ließen nicht den geringsten Zweifel daran, daß das böse Bethmannsche Wort von den Flamen, die man nie wieder der »Verwelschlichung« ausliefern werde, von den Gegnern immer noch als bare Münze

19. Das Ringen um den Frieden 1916

genommen wurde. Der Ausbau der flandrischen Stützpunkte, der Festung Lüttich: Es gab unzählige untrügliche Anzeichen dafür, daß Deutschland de facto nicht willens war, Belgiens status quo ante wieder herzustellen, und die innenpolitische Entwicklung im Reich erlaubte es dem Kanzler nicht, in aller Offenheit von den hybriden Friedenszielen im Westen sich zu distanzieren. Er wäre wohl schon zusammen mit der 2. OHL zum Teufel gejagt worden. Man wird ihm glauben müssen, daß er so manche Kröte schluckte, weil er davon überzeugt war, daß jeder Nachfolger von Ludendorffs Gnaden den Karren noch weiter in den Dreck fahren würde – und dies nicht nur friedens-, sondern auch gesellschaftspolitisch, denn in dem Maße, in dem erkennbar wurde, daß die alten Eliten trotz eines Verdun an ihren Plänen festhielten, wurde die Politik des Burgfriedens fragwürdiger – tatsächlich zeigten sich in der SPD ja schon jene Risse, die dann zur Abspaltung der USPD führen sollten.

Es ist daher verständlich, daß sich Bethmann Hollweg schon aus innenpolitischen Gründen energischer als bisher mit der Frage beschäftigen mußte, ob es irgendeine Chance gab, den Krieg durch ein binnen-deutsch allseits akzeptables Friedensangebot zu beenden. Ob der Kanzler die Hoffnung hegte, auch die Entente könnte ein solches Angebot als akzeptabel einschätzen, muß offenbleiben, auch wenn es eher unwahrscheinlich ist.

Das deutsche Friedensangebot[410], in der Reichstagssitzung vom 12. Dezember 1916 verkündet, brachte zum Ausdruck, daß das Reich ohne Vorbedingungen in Friedensverhandlungen eintreten wolle, aber genau so deutlich demonstrierte es, daß es deutsche Vorleistungen nicht geben werde. Der Zusammenbruch Rumäniens, des letzten »Degens« des schon Ende 1916 schwer angeschlagenen Zarenreiches, schien dem Kanzler der geeignete Zeitpunkt, um aus einer Position der Stärke heraus diesen Schritt zu wagen.

Vom Ergebnis her ging diese Initiative aus wie das Hornberger Schießen, und von daher hat man geschlossen, sie sei weder ernstgemeint gewesen noch ordentlich vorbereitet worden, und daran war viel Wahres, war es zu einer grundsätzlichen Auseinandersetzung mit den »Siegfriedlern«, die de facto an den Hebeln der ökonomischen und rüstungspolitischen Macht saßen, im Vorfeld der Initiative doch gar nicht gekommen. Das deutsche Friedensangebot wäre also sehr rasch als unseriös zu entlarven gewesen; denn natürlich hätte sich Bethmann Hollweg gegen den Willen der führenden Eliten niemals durchsetzen können – er wäre schon damals gestürzt worden. Gerade sein zukünftiges politisches Schicksal bewies, daß das Friedensangebot für jeden, der die inneren Verhältnisse im Reich auch nur einigermaßen richtig einzuschätzen verstand, eine Seifenblase war.

Und dennoch: Wilhelm II. hat es am 31. Oktober 1916 mit einem Kommentar versehen, über den man nicht nonchalant hinweggehen sollte:
»Den Vorschlag zum Frieden zu machen ist eine sittliche Tat, die notwendig ist, um die Welt von dem auf allen lastenden Druck zu befreien.«[411]

An diesem Punkt kann man erneut kontrafaktisch argumentieren, um die historischen Dimensionen eines solchen Satzes zu ermessen – es sei denn, wir begriffen ihn als singuläre und beziehungslose Worthülse, eine vielleicht legitime historische Interpretation. Also: War es denn ausgemacht, daß Bethmann stürzen würde, hätten die Gegner das Angebot zu Friedensverhandlungen an- und der deutsche Kanzler – vielleicht zusammen mit dem Kaiser – eine Position eingenommen, die auf die Wiederherstellung des europäischen status quo ante hinausgelaufen wäre? Sicherlich, die Thyssens und Ludendorffs hätten alles getan, um die Verhandlungen, wenn sie denn in diese Richtung gelaufen wären, zu torpedieren – aber gab es in der Kriegsgesellschaft des Reiches nicht auch noch die Sozialdemokratie? Und die katholische Kirche, will man die evangelischen einmal beiseite lassen? Und ein breites liberales bürgerliches Lager, dem der Verstand doch nicht abhanden gekommen war, wie gerade zu dieser Zeit Naumanns Ideen vom zukünftigen »Mitteleuropa«[412] verrieten? Und was wäre mit dem Heer gewesen? Nicht mit dem Heer der Generäle, sondern dem der Soldaten von Verdun und der Somme? Wäre es völlig abwegig anzunehmen, daß sich in diesem Heer ähnliche Dinge abgespielt hätten wie sie sich 1917 im französischen und im russischen zutragen sollten, anders gewendet: Wäre es der herrschenden Kaste wirklich gelungen, die Friedenstaube kaltblütig abzuschießen und die Soldaten weiter schießen und sterben zu lassen? Die Weltgeschichte ist voll von Beispielen für den Aufstand der Soldaten gegen die Generäle – man denke bloß an Octavian und Antonius in Brundisium, was bekanntlich Vergil zu seiner 4. Ekloge veranlaßt hat.

Es wäre kurzschlüssig, wollte man die Politik des deutschen Friedensangebotes als eine Finte a priori abtun, und wohl auch dieses Wort von Bethmann Hollweg ist ernstzunehmen:

»Ich empfinde die Pflicht, zum Volk und dem Heer draußen und daheim zu sagen: Wir wollen nicht um wilder Eroberung willen diesen Krieg um einen Tag länger dauern lassen, als notwendig ist. Wer kann in die Zukunft sehen?...Wer darf in diesen Weltgeschehnissen das Schicksal herausfordern? Geben wir die Möglichkeit, daß der Friede wieder einkehrt, so ist unser Gewissen rein vor Gott und unserem Volk.«[413]

Der propagandistische Charakter solcher Worte liegt auf der Hand, vor allem sollten sie auf die USA wirken, die in der Friedensdeklaration aufgefordert wurden, den Ententemächten mitzuteilen, daß Deutschland zu Friedensverhandlungen bereit sei. In Amerika war es ja schon zu einer heftigen innenpolitischen Diskussion um die Frage gekommen, ob das Land nach den gescheiterten Bemühungen des Obersten House nicht doch in den Krieg gegen die Mittelmächte eintreten solle. Dies allerdings nicht allein, um den Krieg für die Alliierten zu gewinnen und dann anschließend alles in Europa so zu lassen, wie es war, sondern um eine dauerhafte, eine ewige Friedensregelung aufzustellen. In seiner Rede vor der »Leage to Enforce Peace« (LEP) hat Woodrow Wilson am 27. Mai 1916 zum ersten Mal jene Ideen entwickelt, die später zum Konzept des den Weltfrieden stiftenden Völkerbundes führen sollten.[414]

Man kann also die Äußerungen des deutschen Kanzlers und des deutschen Kaisers auch als durchsichtige Versuche werten, sich aus taktischen und propagandistischen Gründen in diesen grundsätzlichen Friedensdialog einzuschalten, den Anschein zu erwecken, auch Deutschland sei am Frieden gelegen – aber wieder: Woher nehmen wir die Gewißheit, daß alles nur ein zynisch abgekartetes Spiel war? Konnte Bethmann Hollweg am 12. Dezember 1916 wissen, daß die Alliierten sein Friedensangebot postwendend und sinnigerweise am Silvestertag, also dem 31. Dezember 1916, höhnisch zurückweisen würden? – (Womit sie übrigens auch die USA vor den Kopf stießen, hatte der amerikanische Präsident doch am 21. Dezember 1916 an alle kriegführenden Staaten und die Neutralen eine Note gerichtet, in der er, dem deutschen Wunsch entsprechend, »einen Meinungsaustausch über ihre Friedensbedingungen und Forderungen« angeregt hatte.) Was wäre denn gewesen, wenn sich in Lloyd George schon damals jene lichtere Seite seiner Natur zu Worte gemeldet hätte, die nach 1919 zur einzigen Hoffnung der Deutschen werden sollte? Und wenn er nicht die unselige »knock-out«-Rede gehalten hätte, und wenn Aristide Briand nicht getönt hätte, es sei freventlich, das Wort »Friede« in den Mund zu nehmen, wenn die Freiheit so bedroht sei wie durch die Mittelmächte, und wenn...

Bethmann ist mit dem Friedensangebot auch ein großes persönliches Risiko eingegangen, denn wenn es die Gegner, wie fast zu erwarten, ablehnten, so konnte ihm dies von den Militärs als politisches Scheitern ausgelegt werden. Tatsächlich mußte Bethmann klar sein, daß auch sein Prestige auf dem Spiel stand – ob er aber »sehenden Auges« in diese Falle getappt ist,[415] scheint doch zweifelhaft – dank der kontrafaktischen Betrachtung.

Daß die verantwortlichen Staatsmänner der Entente das Friedensangebot so unverzüglich ablehnten, ging aber auch auf deren Befürchtung zurück, das Reich könne seine Sonderfriedensbemühungen mit Rußland, von denen man wußte, intensivieren, und Rußland nach einem auch nur geringfügigen Eingehen auf die deutschen Pläne sich ebenfalls in dieser Richtung bestärkt fühlen. Die Bevölkerungen der neutralen Staaten, aber auch die Englands, Frankreichs und Italiens haben den deutschen Schritt übrigens überwiegend positiv aufgenommen, und dies zwang Lloyd George und Briand in ihrer Antwort auf das deutsche Angebot, gehörig auf die Pauke zu hauen. Es sei ein »Taschenspielermanöver«, eine »Falle«, der Kanzler ein »Verbrecher«. Die Antwort war mit Forderungen nach exorbitanten Vorleistungen Deutschlands gekoppelt. Auch die Alliierten mußten der Bestie Zucker geben.

Briand und Loyd George reagierten nicht zuletzt deswegen so schroff, weil sie an die militärischen und politischen Entwicklungen im Osten denken mußten. Was Bethmann Hollweg als günstiger Termin seines Vorschlages erscheinen mochte: nämlich die Eroberung von Bukarest, konnte für die Westalliierten nur als Alarmzeichen verstanden werden. Rußlands Zusammenbruch drohte unaufhaltsam – und daran waren die Westalliierten nicht unschuldig, denn dank des so kläglich gescheiterten Dardanellenunternehmens war die Verbindung zum östlichen Verbündeten praktisch abgeschnitten. Die Brussilow-Offensive hatte noch einmal alles auf eine Karte gesetzt, die am Ende trotz erheblicher Geländegewinne nicht gestochen hatte, weil der strategische Durchbruch nicht gelungen, damit aber die letzten militärischen Reserven verbraucht worden waren; am Zarenhof gab es schwächliche Versuche, die verkorkste innenpolitische Lage zu verbessern, während – und das ist wohl bezeichnend – die Zarin sich das Schreckensregiment eines Iwan des Schrecklichen zurückwünschte. Zu diesen Bemühungen zählte die endliche Ausschaltung des verhängnisvollen Einflusses des Mönches Rasputin auf die Kaiserin und deren Camarilla.[416] Die Übernahme auch des faktischen Oberbefehls durch Nikolaus II. selbst sollte der Armee neuen Mut und Schwung verleihen – es gelang sowenig wie in Österreich und Deutschland.

Alle diese teils hektischen und unüberlegten Versuche änderten nichts am immer sichtbarer werdenden Zusammenbruch der inneren Strukturen des Riesenreiches. Vor allem weil die Eisenbahnen völlig versagten, kam es schon 1916 zu schweren Versorgungsmängeln und Hungerkrisen in Rußland, und, was schlimmer war: Irgendeine Besserung war nicht absehbar, zumal die Deutschen wichtige agrarische Territorien besetzt hielten. Rußland bei der Stange zu halten, mußte also bei den Alliierten erste Priorität genießen; auch sie waren nicht frei, den Frieden zu wollen oder nicht.

Was den einen Ängste einflößte, gab den anderen zu Hoffnungen Anlaß. Das ganze Jahr 1915 über hatte es mehr oder weniger untergründige Kontaktaufnahmen seitens der Reichsleitung zum Zarenhof gegeben, und vorübergehend schien es, als ließe sich in St. Petersburg tatsächlich etwas in Richtung eines Sonderfriedens bewegen.[417] Die unglückliche deutsche Politik mit dem »polnischen Grenzstreifen« hatte das wesentlich zunichte gemacht, und obwohl sich jedermann leicht ausrechnen konnte, daß irgendwelche Sonderverhandlungen mit Rußland nur dann Aussicht auf Erfolg haben konnten, wenn das Reich in der Polenfrage eindeutig zugunsten Rußlands Stellung nahm, kam es zum genauen Gegenteil: Am 5. November 1916 proklamierte das Deutsche Reich ein selbständiges Polen.

Natürlich war damit die Hoffnung verbunden, die dankbaren Polen würden sich nun den Deutschen gegenüber so verhalten wie einst den Franzosen unter Napoleon – aber anders als der Korse, verkorksten die deutschen Diplomaten dieses polnische Spiel in einer geradezu abenteuerlich-dilettantischen Weise – so als hätten sie nie etwas von der polnischen Freiheitsbewegung im ganzen 19. Jahrhundert gehört. Nicht nur, daß man den »Grenzstreifen« natürlich behalten wollte: Die deutschen Vorstellungen liefen auf ein blankes, eindeutiges Satellitenverhältnis Polens zu Deutschland hinaus. Nicht die polnische provisorische Regierung, der deutsche Generalgouverneur in Warschau, der österreichische in Lublin gaben an, wo es langgehen sollte, und man gab sich von Seiten der Mittelmächte nicht die geringste Mühe, die polnischen Empfindlichkeiten zu schonen. So sehr waren diese von der vermeintlichen eigenen Großzügigkeit überzeugt, daß der an sich denkbare politische Gewinn wie Sand zwischen den Fingern zerrann. Dafür hatte die Reichsleitung erreicht, daß es am Zarenhof fortan niemanden mehr gab, der einem Sonderfrieden mit Deutschland das Wort geredet hätte, und die Westmächte konnten zunächst aufatmen.

Es ist höchst bemerkenswert, daß es der deutschen Politik in einer äußerst prekären Lage nicht gegeben war, den östlichen Nachbarn Polen als potentiellen europäischen »Normalstaat« zu betrachten – man erkennt das gleiche Muster, mit dem auch Belgien behandelt wurde. Nur mit dem Unterschied, daß Belgien ein noch nicht einmal hundert Jahre alter Kunststaat war, Polen aber seit Miezkos Zeiten, also seit tausend Jahren, eine europäische Macht, die in langen Jahrhunderten mit Rußland um die Hegemonie in Osteuropa gerungen hatte. In diesem Zusammenhang wäre auch erneut an die unglückliche Tannenberg-Ideologie zu erinnern. Übrigens sollte sich an dieser Einstellung Deutschlands zu Polen auch in der Weimarer und der Zeit des »Dritten Reiches« nichts ändern: Niemals waren die deutschen Regierungen bereit, ein wirklich freies, souveränes Polen zu akzeptieren. Die Alternative lautete immer nur: Satellitenstaat oder Teilung. Man mag ermessen, wie lange und schwierig der Weg war, um diese unseligen Traditionen zu überwinden – heute dürfen wir hoffen, daß es endlich gelungen ist.

Wie sah die Lage der kriegführenden Mächte am Ende des Jahres 1916 aus, vor allem auch im Vergleich zum Ende des Jahres 1915? Damals hatte sich Deutschland in der Hoffnung gewiegt, dank der großen Erfolge im Osten über kurz oder lang doch wieder alle Kräfte nach Westen richten zu können. Man braucht ja nur einmal die »Weihnachtsdenkschrift« Falkenhayns mit dem »Weihnachtsfriedensangebot« Bethmanns, fast auf den Tag genau ein Jahr später, zu vergleichen, um den großen Wandel zu verstehen, der sich im Verlaufe der letzen zwölf Monate ergeben hatte.

Da war zunächst der Verbündete, Österreich-Ungarn. Am 21. November 1916 war nach einem langen Leben Kaiser Franz Joseph I. gestorben, bis zu seinem Tode eine Integrationsfigur nicht nur für den Vielvölkerstaat, sondern auch Garant der österreichischen Bündnistreue. Nachfolger wurde sein Großneffe Karl. Dieser war vom ersten Augenblick nach seiner Thronbesteigung an davon überzeugt, daß Österreich dringend Frieden brauchte – notfalls auch ohne den großen Bruder. Karls neuer Außenminister Ottokar Graf Czernin war derselben Meinung. Die militärische Lage am Ende des Jahres – schließlich stand Falkenhayns Armee in Bukarest – ließ es nicht opportun erscheinen, damit vorzupreschen, aber Bethmann Hollweg war nüchtern genug, um nicht zu verkennen, daß man fortan auf die K.u.K. Monarchie kaum noch würde zählen können.

Tatsächlich sollte es keine vier Monate dauern, bis aus Wien der erste Vorstoß zu einem Versöhnungsfrieden mit der Entente kam – mit Deutschland nicht abgesprochen.[418] Dieses machtpolitische Schwachwerden der Habsburger Monarchie ließ die großen militärischen Erfolge des Jahres 1916 auf dem Balkan praktisch zuschanden werden – es war eine Art Nullsummenspiel: Was die Deutschen gewonnen, verspielten die Österreicher, die sich zudem eine blutige Schlacht nach der anderen am Isonzo mit Italien liefern mußten.

Diese österreichische Schwäche auch war es, die Rußland die Entwicklungen bis zum faktischen Zusammenbruch Rumäniens nicht als vollkommene Katastrophe empfinden ließ, zumal auch die Türkei keinerlei Anstalten machte, dem deutschen Alliierten beizuspringen. Es kam also in ganz Südosteuropa zu einer Art Patt-Situation, und zwar aus allgemeiner Schwäche. Wie lange sie freilich anhalten würde, war am Ende des Jahres 1916 nicht abzusehen.

Italien hatte am 28. August 1916 auf Drängen der Alliierten auch Deutschland den Krieg erklärt, aber es war nicht in der Lage, diesen Krieg wirklich zu führen. Dieser Schritt war eher kontraproduktiv, schloß er doch die Mittelmächte enger zusammen. Die Isonzoschlachten führten nur zu 400 000 Toten, sonst zu nichts – und zu einem schwerwiegenden Ressentiment der Italiener den Westmächten gegenüber, von denen man sich im Stich gelassen fühlte. Tatsächlich plagten diese 1916 andere Sorgen als die um das italienische Wohlergehen.

Das galt insbesondere für England. Der Osteraufstand der Sinn-Fein-Bewegung in Dublin[419] führte zur Ausrufung der irischen Republik. Er konnte blutig unterdrückt werden, aber Tatsache war, daß England gleichsam im Rücken ein Feind erstanden war, der aus seinen Sympathien mit den Mittelmächten kein Hehl machte. Nicht freiwillig, sondern par la force des choses hatte man auch die Labour-Party ins Kabinett mit aufnehmen müssen, und nur weil Lloyd George im Dezember 1916 ein Kriegskabinett bilden konnte, das ihm weitgehende Vollmachten übertrug, gelang es, die schwelenden innenpolitischen Krisen zu dämpfen – daß es dazu eines Appells an die niedrigen Instinkte der Canaille bedurfte, wurde schon in einem anderen Zusammenhang erwähnt.

In Frankreich waren die entsetzlichen Blutverluste bei Verdun und an der Somme nicht verwunden. Gleichwohl blieb es, wenigstens zunächst, innenpolitisch erstaunlich ruhig, und Nivelle konnte ungehindert jene große Offensive planen, die dann nicht nur ihm zum Schicksal wurde, sondern fast auch Frankreich.

Wenn Frankreich trotz aller Rückschläge und Verluste am Jahresende dennoch einigermaßen zuversichtlich in das neue Jahr blickte, so ging dies wesentlich auf die Hoffnung zurück, Amerika werde über kurz oder lang in den Krieg eintreten. Dazu bedurfte es aber nicht nur des alliierten Drängens, sondern auch eines massiven Fehlers Deutschlands.

Ob aber die Rückkehr zum uneingeschränkten Ubootkrieg wirklich ein »Fehler« wäre, eben darum stritt man sich im Reich seit Beginn des Jahres 1917 erbitterter denn je. Es schien, als habe man längerfristig nur dann eine Chance gegen England, käme man auf die alten vermeintlichen Patentrezepte aus dem Jahr 1914/1915 zurück. Zur Erinnerung: England würde binnen fünf oder sechs Monate das Handtuch werfen, sollte das Reich einen unbeschränkten Ubootkrieg führen.

Die Ubootdiskussion war Teilstück einer allgemeinen Diskussion, die im Jahr 1916 einsetzte, besser: von der 3. OHL angestoßen wurde. Was Hindenburg und Ludendorff an der Westfront nicht ohne Erfolg in Gang brachten, nämlich die Mobilisierung der letzten Reserven, die Durchorganisierung der Schlacht, das wollten sie nun auch für das ganze Kriegsreich durchsetzen, denn dieses führte zwar Krieg, aber immer noch keinen »totalen«. Ludendorff war klar, daß das Reich weit davon entfernt war, alle theoretisch möglichen Ressourcen auszunutzen. Das wollte er ändern, und im Jahr 1916 wurde damit der Anfang gemacht – dafür stehen das »Hindenburg-Programm« und das »Hilfsdienstgesetz«.[420] Ziel war es, den Rüstungsausstoß zu verdreifachen, denn die Schlachten im Westen, zuletzt an der Somme, hatten Ludendorff deutlich gemacht, daß die Alliierten ganz bewußt auf ihre materielle, nicht personelle Überlegenheit setzten. Es kam also darauf an, die »Materialschlachten« der Zukunft zu bestehen. Über die tiefeinschneidenden bürokratischen und wirtschaftlichen Folgen wurde schon berichtet, hier wäre nur noch nachzutragen, daß diese Bemühungen am Ende, übrigens genau so wie im Zweiten Weltkrieg, daran scheiterten, daß es nie gelang, die notwendigen Arbeitermassen bereitzustellen – und entsprechend zu motivieren.[421] Zwar ist man zwischen 1914 und 1918 nicht so brutal wie zwischen 1939 und 1945 mit den Fremd- und Zwangsarbeitern sowie den Kriegsgefangenen umgegangen, aber es war schlimm genug – nur ein paar Zahlen: Von den im August 1916 im Machtbereich Deutschlands befindlichen 1,65 Millionen Kriegsgefangenen waren 45 % in der Landwirtschaft, 20 % in der Industrie tätig. Eine halbe Million Polen wurden zwangsweise dem Arbeitsprozeß in Deutschland zugeführt, 61 000 Belgier zur Arbeit in Deutschland gezwungen. Später wurden nochmals 100 000 Belgier »angeworben«.[422] Der Nutzeffekt war übrigens sehr gering, was nicht gegen die deutschen Bewacher spricht. Anders als im Zweiten Weltkrieg, ging es in der Zwangsarbeiterfrage doch einigermaßen gesittet zu, das galt auch für die Gefangenenlager.[423] Man hat Arbeitsverweigerung und Bummelei damals nicht so unmenschlich geahndet wie im »Dritten Reich«, und das führte dazu, daß der ökonomische Nutzeffekt der Fremdarbeiter gering blieb. Weil aber Hindenburg und Ludendorff in ihren hochtönenden Programmen wahre Luftschlösser errichtet hatten, die niemals eine Chance besaßen, Realität zu werden, legten sie einen Grundstein für die spätere Dolchstoßlegende. Anspruch und Wirklichkeit klafften auseinander, und zwar von Anfang an. Nicht die deutsche »Heimatfront« versagte, sondern die 3. OHL, die nicht wahrhaben wollte, daß es unter den gegebenen Umständen, wozu die Folgen der Blockade zählten, nicht möglich war, das Material zu schaffen, das nötig gewesen wäre, um mit dem der Alliierten konkurrieren zu können.

20. 1917 – »EPOCHENJAHR DER WELTGESCHICHTE«

»Epochenjahr der Weltgeschichte«, so hat Karl Dietrich Erdmann das Jahr 1917 genannt,[424] und nach dem Zweiten Weltkrieg wurde in der Geschichtsschreibung die neueste von der Zeitgeschichte durch eben dieses Jahr abgegrenzt. In einem leitmotivischen Aufsatz in der ersten Nummer der »Vierteljahrshefte für Zeitgeschichte« hat Hans Rothfels das 1953 praktisch dekretiert; die Zunft der Historiker es akzeptiert, und es sollte Jahrzehnte dauern, bis sich die Grenze zwischen der Neuesten und der Zeitgeschichte verlagerte: ins Jahr 1945. Inzwischen setzt sich immer stärker die Auffassung durch, daß als neue Zäsur zwischen diesen beiden Epochen das Jahr 1989 zu gelten habe. Das hat dazu geführt, vom 20. Jahrhundert als dem »kurzen« zu sprechen – im Gegensatz zum »langen« 19. Jahrhundert.[425] Dieses, so will es die Konvention, beginnt entweder mit der Französischen Revolution, also 1789, oder aber mit dem Wiener Kongreß, also 1815. Das Ende scheint klar: 1914. Für manche Historiker, und sie führen dafür gute Gründe ins Feld, endet das 19. Jahrhundert aber erst 1917 oder 1918.

Es ist interessant, daß solche Epocheneinteilungen immer auch eine Deutung der entsprechenden Epochen enthalten, und daran hat sich seit Rankes gleichnamiger Schrift (»Über die Epochen der neueren Geschichte«) auch nichts geändert.[426] Noch heute wird gemeinhin der Epochencharakter des Jahres 1917 mit dem Kriegseintritt der Vereinigten Staaten und der Oktoberrevolution in Rußland verknüpft. Letztere hat sich, dank des Umbruchs in Osteuropa seit 1985, aber als nur ephemer herausgestellt; tatsächlich wird heute der Zäsurcharakter einzig und allein durch die amerikanische Intervention bestimmt, und alles spricht dafür, daß das auch so bleiben wird.

Zunächst stellt sich die Frage, wie die Kriegführenden nach den ebenso dramatischen wie blutigen Ereignissen des Jahres 1916 glaubten, das Ringen fortsetzen zu können oder zu müssen. Das klägliche Scheitern der Friedensinitiativen schien den Krieg auf unabsehbare Zeit zu verlängern; es wurde Zeit, sich an den Gedanken zu gewöhnen, daß tatsächlich, wie es einst Kant in seinem Traktat über den »Ewigen Frieden« von 1795 formuliert hatte, der Krieg und nicht der Frieden der »Normalzustand« unter den Völkern war. Unter diesem philosophischen Aspekt betrachtet, erschien der verlorene Friede nur als eine historische Verschnaufpause, und für viele war sie viel zu lange gewesen. Nun war in den Augen jener, die den Theorien Bernhardis oder Chamberlains angehangen hatten, der Firnis der Friedensduselei à la Haag abgeplatzt, der Normalzustand à la Kant wieder hergestellt. Nicht mehr der homo sapiens schien die Zukunft, sondern der homo militaris. Daraus entwickelte sich die Kunstfigur des »Kriegers«, wie sie vor allem Ernst Jünger[427] und Walter Flex, aber etwa auch Ernst von Salomon propagieren sollten. Man braucht nur an Hitlers »Mein Kampf« zu erinnern, um die Tragweite dieses Paradigmawechsels zu ermessen. Für Hitler war Krieg das Natürliche, ja das Wünschenswerte, allein der Titel seines Buches unterstreicht dies. Es hieß nicht »Mein Leben« sondern, »Mein Kampf«.

All dies gehört zu den Gründen für die erstaunliche Tatsache, daß das Grauen des Ersten Weltkrieges nicht abschreckend wirkte. Diesen fatalistischen Zynismus und diesen zynischen Fatalismus muß mit in Rechnung stellen, wer verstehen will, was sich 1917 wirklich abspielte – sowohl auf den Schlachtfeldern wie an der Heimatfront. Daß man nun überall wirklich von »Heimatfront« sprechen konnte, hatte der entsetzliche Winter 1916/17 den allermeisten Bewohnern Deutschlands klargemacht, und in Frankreich, England und Rußland war es nicht viel anders. Überall war die Friedensdividende verbraucht, die Menschen lebten gleichsam von der Hand in den Mund, aber es gab immer weniger, was man sich ins hungrige Maul stopfen konnte.

Eine logische Konsequenz aus der Erkenntnis, daß der Krieg auf geradezu ewige Zeiten fortgeführt werden müsse, war das Bemühen, die Westfront möglichst dauerhaft zu stabilisieren. Die 3. OHL nahm die Front der 1., 2. und 6. Armee ein Stück zurück, in besser zu verteidigende Stellungen. Die Gebietsaufgabe war unbedeutend, bedeutend aber der Gewinn an abstoßender Wirkung dieser neuen Front. Diese »Siegfriedlinie« paßte nur allzu gut zu all jenen historischen Versatzstücken, die das Kriegstheater dekorierten. Der Begriff »Siegfriedlinie« muß aber auch schon deswegen präsent sein, weil anders der des »Dolchstoßes« aus dem November 1918 nicht zu verstehen ist. Deutsche Heldensagen: Im Ersten Weltkrieg waren sie gefragt, gefragt auch die klassische Bildung. Sie gehörte in einem heute kaum noch nachvollziehbaren Maße zum Bild des Krieges, war Teilstück des Krieges geworden.

Damit diese neue Frontlinie, besser: dieses neue Verteidigungssystem besser hielt und mit geringerem materiellem Aufwand verteidigt werden konnte, führte die 3. OHL eine Reihe von taktischen Änderungen ein.[428] Die erste, die vorderste Linie wurde nunmehr nur dünn besetzt, die Verteidigung dafür weiter in die Tiefe gestaffelt. Über die gesamte Frontlinie waren in regelmäßigen Abständen MG-Nester verteilt, die das eigene Vorfeld lückenlos bestreichen und einen Sturm in klassischer infanteristischer Taktik damit praktisch unmöglich machen sollten. Die Soldaten selbst schützten sich in ausgedehnten Stollen- und Tunnelsystemen, die allerdings voneinander abgeschottet waren, so daß es nicht mehr zur Aufrollung eines ganzen, kilometerlangen Grabensystems kommen konnte, sollte ein feindlicher Sturmangriff dennoch Erfolg haben. Das führte dazu, daß es zur Bildung kleiner wahrhafter Schicksals- und Grabengemeinschaften kam, was der Mythenbildung später außerordentlich förderlich war. In diesen kleinen Grabensystemen wurde die Anonymisierung der Soldaten überwunden – nun fielen nicht mehr irgendwelche unbekannten Soldaten, sondern die eigenen Freunde, die vertrauten Kameraden. Das hatte enorme psychologische Auswirkungen. Erich Maria Remarque und Edlef Koeppen haben sie ganz zutreffend beschrieben, eine jüngst erschienen Anthologie hat sie bestätigt.[429]

Ludendorff versuchte aus dem so »gesparten« »Menschenmaterial« Eingreifdivisionen zu bilden, die von Fall zu Fall beweglich und rasch an Brennpunkten des Abwehrkampfes eingesetzt werden konnten. Daß er sich gleichzeitig um die technische Fortentwicklung vor allem der Artillerie kümmerte, die in Verdun und an der Somme ihre Überlegenheit der Infanterie gegenüber endgültig unter Beweis gestellt hatte, verstand sich von selbst – aber an diesem Punkt kam die 3. OHL schon rasch ans Ende ihrer Möglichkeiten: Während die Entente in zunehmendem Maße schwere Lastkraftwagen, bald auch schon Tanks in größerer Stückzahl einsetzen konnte, mangelte es auf deutscher Seite an beidem; ja man kann sagen, die deutsche Armee geriet 1917 technisch und technologisch deutlich ins Hintertreffen. Das zeigte sich in den Bemühungen der Alliierten, Tanks auch operativ einzusetzen und die Artillerie aus der Luft zu lenken.

Was wollte die 3. OHL., was aber auch wollten die Alliierten mit diesen Neuerungen bezwecken? Die Antwort ist einfach und eindeutig: All dies sollte nach dem Willen der Heerführer beider Seiten die Grundlage für eine Wiederaufnahme des Bewegungskrieges bilden. Niemand war bereit, sich mit dem Stellungskrieg ad infinitum abzufinden – das ging schon gegen die Berufsehre, und anders auch wäre das Fiasko der Schlachten in Flandern und andernorts 1917 gar nicht zu erklären. Vor allem dem massierten Einsatz der Artillerie kam hierbei große Bedeutung zu – und dem von Giftgas. Es sollte wesentlich den Weg für die eigene Infanterie freimachen, es war nicht in erster Linie als Instrument zur Massentötung

34 MG-Posten in Erwartung eines Gas-Angriffes

gedacht.[430] Die schrecklichen Konnotationen, die mit dem Wort »Giftgas« verbunden sind, lassen allzuleicht vermuten, schon im Ersten Weltkrieg könne man die Genese von dem sehen, was unter dem Symbol »Auschwitz« läuft. Das wäre falsch. Nie ist Gas während des Ersten Weltkrieges im Sinne des Einsatzes von Zyklon B verwendet worden. Nie auch wurden Gasbomben über zivilen Zielen im Hinterland abgeworfen. Daß der eine oder andere genau an so etwas dachte, lag auf der Hand, und man braucht nur an Guilo Douhets, des italienischen Generals makabre Visionen aus den frühen zwanziger Jahren zu erinnern, um zu begreifen, daß der flächendeckende Gaseinsatz nicht deswegen unterblieb, weil er nicht möglich gewesen wäre, sondern weil die Kriegführenden ihn nicht wollten – man sollte ihnen auch humanitäre Gründe nicht absprechen, die Douhet beispielsweise nicht gelten lassen wollte. Selbst Hitler hat sich während des Zweiten Weltkrieges gescheut, den Gaskrieg zu beginnen[431]

20. 1917 – »Epochenjahr der Weltgeschichte« 231

– nicht, weil er die alliierten Reaktionen gefürchtet hätte, sondern weil er von einer merkwürdigen Hemmung befallen war. Dazu muß man wissen, daß Deutschland 1943/44 mit dem Kampfgas »Tabun« über ein Kriegsmittel verfügte, das wirklich einer »Wunderwaffe« gleichkam: Gegen Tabun gab es nach dem damaligen Stand der Militärtechnik keine Abwehrmöglichkeit. Hätte Hitler die »V2« mit Tabunsprengköpfen bestückt eingesetzt, hätte es in London hunderttausende, vielleicht Millionen Tote gegeben. Bisher wissen wir nicht, was Hitler davon abgehalten hat; das MGFA-Werk über das Deutsche Reich und den Zweiten Weltkrieg, auf allem verfügbaren Aktenmaterial basierend, weiß auch keine Antwort.

Natürlich waren die Verwundungen durch Gas schrecklich genug und können beileibe nicht beschönigt werden – aber beide Seiten haben sich auch nach dem Ersten Weltkrieg deswegen keine gegenseitigen Vorwürfe gemacht. Der Gaskrieg des Ersten Weltkrieges gehorchte doch noch den Prinzipien der konventionellen Kriegführung. Beiden Seiten kam es 1917 darauf an, Mittel und Methoden zu entwickeln, die die entsetzlichen Menschenverluste, die man vor allem 1916 erlitten hatte, in Zukunft minimieren sollten. Man braucht nicht zu erklären, warum das zwingend notwendig war; die Nivelle-Offensive sollte den Beweis liefern, daß es eine Grenze gab, jenseits derer die Soldaten eben nicht mehr in den sicheren Tod geschickt werden konnten.

Alles in allem war es eine große Organisationsleistung, die die 3. OHL im Westen vollbrachte, und diese war die Voraussetzung dafür, daß der Ansturm der Entente im Westen scheiterte. Man kann spekulieren, daß Nivelle der Durchbruch gelungen wäre, wenn die deutschen Linien noch so organisiert gewesen wären wie während der Somme-Schlacht.

Zunächst hatten Nivelle und Haig großen Optimismus verbreitet: Sie waren sicher, die deutschen Linien durchbrechen zu können. Bei Arras und am Chemin des Dames kam es zu erbitterten Schlachten, die alles in den Schatten stellten, was es bislang gegeben hatte. Die Engländer versuchten in Flandern, die deutschen Ubootstützpunkte auszuschalten; ein Ziel, dessen Größe klar wird, wenn es den Weg zum unbeschränkten Ubootkrieg aufzuzeigen gilt.

Die deutschen Verluste waren exorbitant hoch: 320 000 Mann, mehr als bei Verdun. Die der Entente waren nicht geringer – und sie waren zu hoch. In der französischen Armee kam es zu Meutereien, die sich wie ein Flächenbrand ausweiteten.[432] Nivelle galt als »Blutsäufer«; vorübergehend schien es, als würde die französische Front zusammenbrechen. Aber die deutschen Verluste waren so hoch, daß die 3. OHL, ohnehin nur unzureichend über die Meuterei informiert, die vermeintliche Gunst der Stunde nicht auszunutzen wußte. Die Entente kam, um es zynisch auszudrücken, mit einem blauen Auge davon; auch damals war Psychologie alles, entsann man sich in Frankreich doch der heroischen Vaterfigur Pétains. Dieser wurde wie ein Joker gezogen und er ersetzte am 15. Mai 1917 Nivelle, dessen Charisma am Chemin des Dames buchstäblich verpulvert worden war.

Alle diese Schlachten, die bis in den Dezember 1917 hinein immer wieder aufflackerten, waren gleichsam der Kontrapunkt; der letzte noch fehlende Beweis dafür, daß es trotz aller Bemühungen weder der einen noch der anderen Seite gelang, die Fronten des Stellungskrieges zu durchbrechen. Der ungeheuere Materialeinsatz, die immer weniger zu rechtfertigenden blutigen Verluste mußten geradezu nach dem Allheilmittel schreien, und davon gab es für jede Seite eines: für die Mittelmächte den uneingeschränkten Ubooteinsatz, für die Entente den Kriegseintritt der USA. Beides hing, wie jedermann wußte, unmittelbar zusammen; es hing allein von Deutschland ab, ob die USA in den Krieg eintraten oder nicht. Vergeblich nämlich hatten sich die Alliierten bisher darum bemüht, Wilson in den Krieg zu bringen; zu stark war der amerikanische Präsident von der pazifistischen Lobby in Amerika beeinflußt, zu ausgeprägt sein Empfinden, im Grunde nichts in Europa verloren zu haben. Die Monroedoktrin von 1823 war in Washington nicht vergessen, sie zählte zur »Staatsräson« der Vereinigten Staaten.[433] Ganz anders als 1941, als Roosevelt nichts lieber als den Krieg wollte, die Bevölkerung aber nicht, war diese vor allem seit 1915 einigermaßen kriegslustig, wozu die geschickte englische Propaganda ebenso beitrug wie die Aufbauschung verschiedener »Zwischenfälle« mit deutschen Ubooten, vor allem natürlich der Fall der »Lusitania«.

Aber es mußte schon etwas Dramatisches geschehen, bevor die USA bereit waren, den Sprung nach Europa zu unternehmen – nicht eigentlich zu wagen, denn daß Amerika, wenn es sich einmal zum Krieg entschloß, diesen auch gewinnen würde, davon war noch der letzte Yankee überzeugt, und dies nicht ganz zu Unrecht. Längst nämlich war sich Amerika seiner materiellen und natürlich auch moralischen Überlegenheit bewußt geworden; Amerika war schon ein Weltreich im Sinne der Lehre aus der Vorkriegszeit, es mußte dies nicht durch den Krieg erst werden – und genau das war mit ein Grund für die Zurückhaltung Wilsons: Wo wären die amerikanischen Kriegsziele gewesen? Daß es die weltweite Etablierung der Demokratie sein sollte, war eine reichlich nachträgliche Erkenntnis. Desgleichen, daß es gegen die deutsche Autokratie und den deutschen Kaiser gehen müsse. Hinzu kam, daß Wilson in edlem Wettstreit mit Bethmann Hollweg gar zu gerne zum Friedensstifter geworden wäre; nach seiner Wiederwahl nahm er daher die unterbrochene Friedensoffensive wieder auf – zeitlich nahezu parallel mit der Friedensinitiative Bethmann Hollwegs. Die Antwort der Entente vom 10. Januar 1917 nahm Wilsons Vorschlag einer Friedenskonferenz – die ihm ja von Bethmann Hollweg gleichsam in den Mund gelegt worden war – wenigstens formell auf; wir haben schon gesehen, daß die Vorbedingungen dafür, wie sie die Entente formulierte, die Initiative a priori zum Scheitern verurteilten. Gleichwohl: Wilson war entschlossen, mit seinen Bemühungen fortzufahren.

Deswegen wußte Ludendorff genau, was er tat, als er am 9. Januar 1917 im kaiserlichen Hauptquartier zu Pleß dem Kanzler Bethmann Hollweg die Pistole auf die Brust setzte. »Der Feldmarschall«, so erklärte er und meinte Hindenburg, der natürlich nur vorgeschoben wurde, »könne die Verantwortung für den Verlauf des Feldzuges nicht mehr tragen, falls sich die Regierung noch länger sträuben sollte«[434] – den uneingeschränkten Ubootkrieg zu befehlen.

Bethmann Hollweg wehrte sich noch zwei Wochen lang, zuletzt verzweifelt und resignierend. Er konnte sich gegen die Phalanx aus 3. OHL, den Leuchten der Wissenschaft, dem Druck der öffentlichen Meinung in Deutschland, die den totalen Ubootkrieg wollte, nicht mehr durchsetzen. Das Deutsche Reich erklärte zum 1. Februar 1917 den Beginn des uneingeschränkten Ubootkrieges.[435] Am 31. Januar wurden die USA von diesem Entschluß durch eine deutsche Note formell benachrichtigt, es wurde ihnen also gar keine Chance zu einer Replik eingeräumt. Noch elf Tage zuvor hatte Wilson im Senat einen »Frieden ohne Sieg« propagiert – offensichtlich seine Antwort auf die Ententenote vom 10. Januar – und damit eine »goldene Brücke« für die Mittelmächte gebaut, denn Bethmann Hollwegs Initiative war ja vom gleichen Tenor geprägt.

Auch hier muß man wieder fragen: Was wäre wenn? Amerika zu diesem Zeitpunkt aus dem Krieg herauszuhalten, wäre leicht gewesen. Es drängt sich der Verdacht auf, als habe man das in Berlin gar nicht mehr gewollt – und auch die Parallele zum Zweiten Weltkrieg: 1941 war es Hitler, der den Kriegseintritt der USA möglichst lange hinauszögern wollte, weil er genau wußte und sich erinnerte, wessen die USA fähig waren. Wieder war es die Marine, mit Raeder an der Spitze, die den Diktator dazu drängte, den Krieg zu erklären. Daß diese sich unter Zugzwang fühlte – ganz anders als 1917, ergab sich aus der short-of-war Politik Roosevelts, denn der wollte den Krieg.

Zurück in den Februar 1917. Alles was folgte, spielte sich weitgehend automatisch ab. Am 3. Februar brachen die USA die diplomatischen Beziehungen zu Deutschland ab und veranlaßten die meisten lateinamerikanischen Staaten zu demselben Schritt – deutlicher konnten die USA nicht mehr demonstrieren, wie die Hegemonialverhältnisse auf dem amerikanischen Kontinent lagen. Es kann keine Rede davon sein, daß die deutschen Diplomaten das nicht wußten. Um so unverständlicher ist die Posse, die unter dem Schlagwort »Zimmermann-Telegramm« folgte:[436] Der britische Geheimdienst fing eine deutsche Note ab, entzifferte sie und las zu seinem ungläubigen Erstaunen, daß das Reich Mexiko ein Bündnis anbot, träte es gegen die USA in den Krieg ein. Dafür versprachen die Deutschen den Mexikanern großzügig Texas, Neu-Mexiko und Arizona. Man sieht an diesem Beispiel, daß man vorsichtig sein muß, will man die Zusagen der Entente an Italien im Jahr 1915 kritisieren.

Natürlich informierten die Briten umgehend ihre angelsächsischen Vettern, und damit war die Sache gelaufen: Volk und Präsident der Vereinigten Staaten scharten sich zusammen, am 6. April 1917 erklärten die USA dem Deutschen Reich den Krieg. Vergeblich hoffte Czernin, daß dieser Kelch an Österreich vorübergehen würde, zumal dieses inzwischen fast alles akzeptiert hätte, um baldmöglichst aus der Katastrophe des Krieges zu retten, was noch zu retten war – am 7. Dezember hatte die Hofburg ebenfalls die amerikanische Kriegserklärung in der Hand.

Gerhard Ritter hat den 9. Januar 1917, also den Entschluß zum uneingeschränkten Ubootkrieg, folgendermaßen bewertet:

»...ohne Frage war diese abendliche Beratung des 9. Januar die dunkelste Stunde in der politischen Laufbahn Bethmann Hollwegs. Denn sie bedeutete die förmliche Kapitulation der politischen Autorität vor der militärischen in der entscheidungsvollsten Frage des Ersten Weltkrieges überhaupt. Für Bethmann persönlich leitete sie den letzten Akt seiner Tragödie ein, für Deutschland eine Entwicklung, die seinen schweren Kampf nicht nur unheilvoll verlängerte, sondern...auch militärisch erst wirklich aussichtslos machte. Für die Welt hatte sie die Folge (wie alle daran Beteiligten wußten), daß nunmehr unvermeidlich die Großmacht jenseits des Ozeans in den Krieg mit hineingezogen und aus ihrer historischen Isolation herausgerissen wurde. Damit aber setzte (was die Beteiligten nicht ahnten) eine weltgeschichtliche Wende ein, wie sie die europäische Staatenwelt seit anderthalb Jahrtausenden noch nicht erlebt hatte: ihre Umwandlung vom Zentrum weltpolitischen Geschehens zu einem bloßen Teilschauplatz – ein Vorgang, der heute nach dem Zweiten Weltkrieg vollends globale Ausmaße angenommen hat.«[437]

Dieses historische Urteil wurde 1964 niedergeschrieben, also zu einem Zeitpunkt, als die Welt noch streng bipolar gegliedert schien – es ist erstaunlich, wie Gerhard Ritter in die Zukunft schauen konnte. Hätte ein solches Urteil nicht erst aus den Jahren nach dem Zusammenbruch der Sowjetunion stammen müssen?

20. 1917 – »Epochenjahr der Weltgeschichte« 235

Dennoch bleiben Fragen: Ist es richtig anzunehmen, daß die Vereinigten Staaten nicht nach Europa gekommen wären, wenn es die Entscheidung vom 9. Januar 1917 nicht gegeben hätte? Hierbei ist zu bedenken, daß die USA ihre machtpolitische Unschuld, die die Monroedoktrin von 1823 suggeriert hatte, spätestens mit der Annexion der Philippinen im Gefolge des amerikanisch-spanischen Krieges von 1898 schon verloren hatten, ja eigentlich schon seit der gewaltsamen Öffnung Japans durch das amerikanische Geschwader des Kommodore Perry im Jahr 1853. Seitdem war die amerikanische Machtprojektion über den Pazifik hin nach Japan, vor allem China gerichtet. Welch ein Selbstbewußtsein auch sprach aus der schönen »weißen Flotte« »Teddy« Roosevelts: Hier demonstrierte ein Staat wirklich seine schimmernde Wehr, und zwar gewollt und bewußt der ganzen Welt. Das war im Jahr 1911. Daß die Monroedoktrin für Südamerika, den Hinterhof der USA, wie jedermann wußte und inzwischen akzeptiert hatte, ohnehin nicht galt, war für jeden US-Amerikaner selbstverständlich, und selbstverständlich mußte der Panamakanal amerikanisch sein.

Aber man darf die Dinge nicht nur rein machtpolitisch sehen. Jenes Phänomen, das wir heute mit dem Begriff »Globalisierung« umschreiben, gab es in mehr als nur Ansätzen auch schon vor 1914, und in diesem Rahmen spielten die Vereinigten Staaten eine zunehmend wichtiger werdende Rolle. Die These von der Selbstisolierung der USA war schon vor 1914 Makulatur. Zwar rechnete sich die amerikanische Wirtschaft besonders hohe Gewinne und Erfolge durch die Politik der »offenen Tür« in China aus, das für die USA das sein, was das mittelafrikanische Kolonialreich für Deutschland werden sollte, aber es stand außer Frage, daß der europäische Markt noch auf Jahrzehnte hinaus attraktiver als der asiatische sein würde. Amerikanisches Kapital floß reichlich nach Europa, es gab zahlreiche wirtschaftliche Verflechtungen zwischen europäischen und amerikanischen Firmen, es kam zur »Trustbildung«, wie das beispielsweise Tirpitz deutlich erkannte. Aber auch auf dem humanitären Sektor waren die USA schon vor dem Ersten Weltkrieg im Begriff, eine Leitfunktion zu übernehmen: die Folgekonferenz vom Haag sollte 1915 in San Franzisco stattfinden, und die USA waren entschlossen, mit dem ganzen Gewicht ihrer Macht Druck auf die europäischen Großmächte auszuüben.

Alle diese Beobachtungen lassen nur den Schluß zu, daß die Intervention der USA in den Ersten Weltkrieg im Jahr 1917 vielleicht eine »verfrühte« und besonders spektakuläre, nicht jedoch eine Entscheidung gewesen ist, zu der es eine langfristige, also säkulare Alternative gegeben hätte. Es war eben so: die Uhr des Kontinents, des alten, war abgelaufen, und Amerika hatte es wirklich besser. Das hatte ja schon 1830 Alexis de

Tocqueville prophezeit, die Weltreichslehre es längst aufgenommen und als unvermeidlich akzeptiert. Amerika war Weltmacht, gleichgültig ob und wann es in den Krieg eintrat.

Außerdem haben das die Europäer selbst gewollt.[438] Indem sie die Friedensinitiativen – ich erinnere an den Obersten House – vehement zurückwiesen; indem England dann genauso vehement um den amerikanischen Beistand bat; indem das Reich den europäischen Pfeiler der atlantischen Brücke zerstören wollte: Großbritannien. Die europäischen Großmächte führten nicht nur Krieg gegeneinander, das hatten sie in den längsten Epochen der europäischen Geschichte immer getan, sie trachteten danach, sich gegenseitig zu annihilieren, und das war neu. Wollte man die Psychohistorie bemühen, so ließe sich sogar die These formulieren, die Europäer hätten mit dem Ersten Weltkrieg kollektiven Selbstmord begangen – machtpolitisch betrachtet. Sie haben ihre tradierte Macht gegenseitig zerstört, es entstand ein Machtvakuum, wie noch niemals in der neueren Geschichte Europas. Aber auch in der Historie gibt es ihn, den horror vacui, und daß die Amerikaner in dieses durch den Krieg geschaffene Vakuum – militärisch, politisch, wirtschaftlich – *nicht* über kurz oder lang hineingestoßen wären: *Das* wäre das ganz Unwahrscheinliche in der Weltgeschichte gewesen.

Ist die »Schuld« des Deutschen Reiches an diesem Epochenbruch somit auch zu relativieren, so bleibt doch bestehen, daß mit dem Kriegseintritt der USA die erste Voraussetzung für die Neukonstruktion der »atlantischen Brücke« geschaffen wurde – hier läßt sich an die Überlegungen im Zusammenhang mit der Skagerrakschlacht anknüpfen. Zwar hatte es schon immer eine »special relationship« zwischen den USA und England, übrigens wie zwischen diesem und Frankreich gegeben, was auf die Geburtswehen der amerikanischen Nation in den Kriegen des späten 18. Jahrhunderts zurückging, aber erst der Erste Weltkrieg hat die »Angelsachsen« zusammengeschmiedet. Das wiederum war eine wichtige Voraussetzung und Bedingung für jene Prozesse, die dann im Zweiten Weltkrieg, vor allem aber nach diesem zur Konstruktion der atlantischen Gemeinschaft in Form der NATO geführt haben. An diesem Punkt ließe sich demonstrieren, daß sich in der Geschichte jedes Faktum fast nach Belieben deuten läßt: War es nicht Ludendorff zu verdanken, daß sich der Westen via NATO dem Osten gegenüber triumphal behauptet hat? Weil die NATO letztlich ihre Wurzeln in der amerikanisch-englisch-französischen Allianz von 1917 findet?

Völlig Recht hat Ritter allerdings mit seinem Hinweis darauf, daß seit 1917 die dominierende Rolle Europas vorüber war. Der Sieg der russischen Revolution im November 1917 schien dies zu unterstreichen, denn der Kommunismus Leninscher Provenienz begriff sich als globale, nicht europäische Ideologie. Tatsächlich war der Kommunismus von seiner Genese her mit das Europäischste, was es gab – schließlich basierte er mit den Ideen von Kant, Hegel, Marx und Engels auf genuin europäischem, im besonderem deutschem Fundament. Nichtsdestoweniger verabschiedete sich Rußland für ein Dreivierteljahrhundert aus der europäischen Geschichte, und es ist fraglich, ob seine Re-Integration gelingen wird. Nur wenn dies der Fall sein sollte, hätte Europa eine Chance, sich neben den USA einigermaßen gleichberechtigt zu behaupten. Für das »kurze« 20. Jahrhundert aber bleibt bestehen, daß Europa wie noch nie in seiner Geschichte von einer außereuropäischen Macht dominiert worden ist. Gewiß, es war eine Art von »benevolent despotism«, wie es der General Clay einmal im Zusammenhang mit der amerikanischen Besatzungspolitik nach dem Zweiten Weltkrieg ausgedrückt hat, aber das ändert an der Tatsache selbst nichts.

Diese wird aber auch noch durch einen anderen Umstand beleuchtet: 1914 gehörte die Welt zu Dreivierteln den europäischen Kolonialmächten. Die Kolonien wurden peu à peu in den Ersten Weltkrieg hineingezogen, und sie verhielten sich loyal – man denke an Kanada, Neuseeland, Australien, das Südafrika von Smuts, selbst Indien und Indochina. Auch die afrikanischen Kolonien Frankreichs machten gehorsam mit, die deutschen übrigens auch. Aber schon während des Krieges wurde deutlich, daß sich das Verhältnis der Mutterländer zu ihren Kolonien infolge des Krieges und gerade infolge der Hilfe, die sie von ihren Kolonien erhielten, fundamental ändern mußte – es dauerte dann bekanntlich kein Jahr nach den Friedensschlüssen von 1919, bis die große Empirekonferenz das Ende des britischen Kolonialreiches einläuten sollte. Auch das hatte es bisher nicht gegeben; in allen binneneuropäischen Kriegen war die Dominanz der Kolonialstaaten immer bewahrt worden – man denke an den Spanischen Erbfolgekrieg, an den Siebenjährigen Krieg. Auch der war ein Weltkrieg gewesen – aber ob in Indien, Kanada oder den englischen Kolonien in Amerika: Niemals war es zu Akten des Ungehorsams gekommen. Das sollte sich nach dem Siebenjährigen Krieg ändern, aber die Monroedoktrin hatte 1823 auch als Signal in Richtung London gewirkt: Laßt uns in Frieden, wir erkennen die europäische Suprematie in der Welt an.

Fünf oder sechs Monate – das waren die Zielzeiträume gewesen, mit denen die Befürworter des uneingeschränkten Ubootkrieges operiert hatten. Dann werde England zusammenbrechen und um Frieden nachsuchen. Innerhalb dieser Zeit, und das war ein wichtiges Argument, könnte sich die amerikanische Militärhilfe noch nicht entfalten, der Kriegseintritt der USA sei deswegen zu verschmerzen. Der Krieg in Europa werde,

35 Kaiserliche Werft in Kiel

36 Kaiserbesuch in der Torpedowerkstatt, Kaiserliche Werft Kiel

37 Kaiserliche Werft Kiel: Gespräch von Mann zu Mann

wenn England das Handtuch werfe, ganz rasch zuende gehen, und die USA würden vor ein fait accompli gestellt. Immer noch spukte die Idee vom kurzen Krieg, obwohl man es doch inzwischen eigentlich besser wissen mußte.

Gewiß, die Ubootversenkungen stiegen an – aber nicht dramatisch[439], und schon im Sommer 1917, also zu einem Zeitpunkt, als England nach den Prognosen die Segel hätte streichen sollen, erwiesen sich diese Spekulationen als spektakulärer Fehlschlag; die großen Flandernschlachten unterstrichen dies mit schmerzhafter Deutlichkeit. Nicht im Traum dachte England daran, den Krieg des Ubootkrieges wegen verloren zu geben. Im Gegenteil, an dieser Herausforderung wuchs der britische Abwehrwille; erst jetzt wurde der Seekrieg systematisch organisiert – dafür steht die geheimnisvolle Geschichte von »Room 40«[440], in dem die deutschen Codes geknackt und auch sonst allerlei Bosheiten ausgeheckt wurden.

Konsequent wurde zur Konvoibildung übergegangen, mit Nachdruck der Bau von Zerstörern und Geleitfahrzeugen aller Art vorangetrieben.[441] Es war das nämliche Phänomen, das uns auch schon im Reich begegnet ist: Erst neue Herausforderungen mobilisierten Kräfte, deren man sich zuvor gar nicht bewußt gewesen war; daß das alles irgendwann einmal innen- und gesellschaftspolitisch zu begleichen sein würde – in England durch den Aufstieg Labours –, stand auf einem anderen Blatt.

Es lag auf der Hand, daß diese vielleicht größte Fehlspekulation im deutschen Lager, was den Ubootkrieg betraf, innenpolitische Rückwirkungen haben mußte, und es war auch klar, daß dafür nicht nur ein Sündenbock infrage kam. Eigentlich hätte es Ludendorff sein müssen – aber der verstand es geschickt, seinen Hals aus der Schlinge zu ziehen, ganz im Gegenteil: Wenn der Ubootkrieg scheitern sollte, so ließ er verlauten, so ginge das eben darauf zurück, daß man ihn entgegen seinen und Tirpitz' ständigen Warnungen und Mahnungen zu spät begonnen habe. Der eigentliche Schuldige war schnell ausgemacht: Bethmann Hollweg.

21. DAS PARALLELOGRAMM DER KRÄFTE: REICHSTAG, KAISER, KANZLER UND DIE OHL

An sich war es eine Binsenweisheit: Auf Dauer vermochten nur jene Staaten den Krieg zu bestehen, die nicht allein über den längeren Atem in militaribus verfügten, sondern auch über eine innen- und gesellschaftspolitische Grundstruktur, die mit den durch den Krieg bedingten außergewöhnlichen Belastungen fertigwerden konnte. Es war bezeichnend, daß nicht nur im Deutschen Reich, sondern eben auch im russischen und im habsburgischen die innenpolitischen Belastungsfaktoren schließlich so groß wurden, daß sie die Fortsetzung der Kriegführung nicht mehr möglich machten.

Oder war es genau umgekehrt? Akzeptiert eine solche Deutung nicht genau das, was sich später in der Dolchstoßlegende kristallisieren sollte? War es nicht vielmehr so, daß die Heimatfronten zerbrachen, als die äußeren nicht mehr gehalten werden konnten? Wie in der Geschichte üblich, lassen sich diese Faktoren nur in einem dialektischen Prozeß aufheben, anders gewendet: So verfehlt es wäre, eine Kausalkette so zu konstruieren, wie es die Verfechter der Dolchstoßlegende tun sollten, nach dem Muster: Weil die Heimatfront zusammenbrach, zog sie die Kampffront mit in den Abgrund, so verfehlt wäre es, wollte man die Wirren in der Heimat nur als Folge eines schieflaufenden Schießkrieges deuten.

Zunächst muß der Blick auf die Machtfaktoren und die politischen Strömungen geworfen werden, die das Mit- und Gegeneinander von Front und Heimat bis in den Sommer 1917 hinein bestimmten.

Der Erste Weltkrieg war trotz all des Grauens, das er schon bisher produziert hatte, kein totaler Krieg, auch nicht in dem Sinne, daß die Gesellschaft nun insgesamt und wie ein Mann die Heimatfront besetzt, also alle zivilen Interessen den militärischen untergeordnet hätte. Eben dies forderten die Obersten Heeresleitungen; hatten sich Moltke und auch noch Falkenhayn auf diesem Feld jedoch noch zurückgehalten, so trumpfte die 3. OHL praktisch vom ersten Tage ihres Amtsantrittes auf. Hindenburg und Ludendorff ließen dem Kanzler gegenüber keinen Zweifel daran, daß die Erfordernisse der Kriegführung alle anderen Interessen dominieren mußten; nicht mehr das bisher leidlich aufrechterhaltene System der politischen checks and balances gelte es fortzusetzen, sondern eine klare Hierarchie zu etablieren. An ihrer Spitze hatte die 3. OHL selbst zu stehen, und diese begriff sich ihrerseits nicht allein als oberste befehlsführende militärische Instanz, sondern bemühte sich, via Kriegführung dies auch für den zivilen politischen Sektor zu werden. Mit den Stellvertretenden Kommandierenden Generälen verfügte sie auch über die dafür erforderliche Infrastruktur; sie konnte reichsweit und, denkt man an die riesigen eroberten Gebiete im Osten,[442] auch weit über die Reichsgrenzen hinaus wirken und Einfluß ausüben, denn die Organisierung des Krieges in der Heimat oblag den Stellvertretenden Generalkommandos, in den besetzten Territorien Oberost, und diese rissen im Verlauf des Krieges immer mehr Kompetenzen an sich, was nicht zuletzt Folge des bürokratischen zivilen Versagens war, das im Zusammenhang mit der Blockadepolitik schon deutlich geworden ist. Das heißt aber: Die Militarisierung von Staat und Gesellschaft erfolgte nicht nur auf dem gleichsam »klassischen« Weg von oben nach unten, also vom kaiserlichen Hauptquartier und der OHL hinunter zu den Armeen, den Korps und deren Ersatzformationen, also den Stellvertretenden Generalkommandos, sondern letztere projizierten gleichsam »von unten« militaristische Funktionen und Kräfte.[443]

Zwar wäre Ludendorff am liebsten schon im September 1916, also unmittelbar nach dem Sturz Falkenhayns, Militärdiktator geworden – solche Gelüste wurden ja auch Churchill, Lloyd George, Clemenceau und noch so manchem anderen charismatischen Führer während des Krieges nachgesagt –, aber zu diesem Zeitpunkt war die Position des Kanzlers noch viel zu stark, als daß das Aussicht auf Erfolg versprochen hätte.

Daß der Kanzler so stark war, ging wesentlich auf zwei Faktoren zurück: zum einen auf die de facto-Ausschaltung des Kaisers, zum anderen auf die Übertragung nahezu unbegrenzter Machtbefugnisse auf seine Person, der der Reichstag zugestimmt hatte. Jetzt zeigten sich die Folgen der Äternisierung des Heeresbudgets in wünschenswerter Deutlichkeit. Seit dem Heereskonflikt von 1862, der Bismarck an die Macht gebracht hatte, war es das Bestreben der Krone und des Kanzlers gewesen, das Heer als Königsheer dem parlamentarischen Einfluß und der parlamentarischen Kontrolle zu entziehen. Das hatte Bismarck durchgesetzt, und später hat auch Tirpitz versucht, aus der Reichsmarine eine kaiserliche im Sinne der gleichen Prinzipien zu machen, was ihm allerdings nur annäherungsweise gelingen sollte, Folge der sich ständig ändernden finanziellen Parameter des Flottenbaues. Nach Kriegsbeginn aber verlor der Kaiser de facto seine kaiserliche Prärogative, er gab sie zugunsten der OHL ab. Diese konnte also mit der bewaffneten Macht des Reiches im Grunde tun, was sie wollte – solange der Kanzler dem nicht widersprach. Gegen Bethmann Hollweg ging nämlich auch nichts, und dies aus einem auf den ersten Blick merkwürdigen Grund: Obwohl der Kanzler laut Bismarckscher Reichsverfassung nur vom Kaiser und nicht vom Reichstag abhing, hatte das Phänomen der schleichenden Parlamentarisierung des Reiches dazu geführt, daß ein Kanzler *gegen* den erklärten Willen des Reichstages auch vom Kaiser nicht oder nur temporär zu halten war – das Schicksal Bülows hatte das aufs Trefflichste illustriert. Jetzt aber erwies sich das, was einst Schwäche gewesen war, als Stärke: Der Kanzler konnte sich auf den Reichstag stützen, wenn es Ansinnen der OHL zurückzuweisen galt, diese aber konnte es nicht wagen, sich gegen den Reichstag zu stellen, genauer: sich offen und direkt gegen den Reichstag zu stellen – denn dieser verfügte über das Budgetrecht, wieder genauer: über die Möglichkeit, Kriegskredite zu schöpfen, und ohne diese war Kriegführung gar nicht möglich, zumal es Reichsleitung wie Parlament in der Aufbruchseuphorie vom August 1914 versäumt hatten, eine allgemeine Kriegssteuer einzuführen, die seinerzeit mit Sicherheit willig akzeptiert worden wäre – man hoffte ja, den Krieg gleichsam aus der Portokasse begleichen zu können.[444] Ein uns nur allzu vertrautes Muster.

An diesem Punkt kommt der dritte Faktor ins Spiel – also neben dem der OHL und dem des Kanzlers: der »Burgfrieden« von 1914. Dieser war zustandegekommen, weil die Sozialdemokratie nicht nur von der Gerechtigkeit der eigenen Sache, sondern auch davon überzeugt war, daß das innen- und verfassungspolitische System des Reiches in Kürze einer echten parlamentarischen Demokratie weichen würde. Das wiederum bedeutete, daß der Kanzler es nicht wagen konnte, den abenteuerlichen reaktionären Vorstellungen, wie sie beispielsweise die Alldeutschen unter Claß, aber eben auch die 3. OHL unter Hindenburg/Ludendorff vertraten, ohne weiteres zu entsprechen – abgesehen davon, daß er das auch gar nicht wollte, weil es seinen politischen Überzeugungen zuwiderlief –, wollte er nicht die Aufkündigung des Burgfriedens riskieren. Dieses Risiko aber konnte die 3. OHL gerade im Zeichen des Hindenburgprogramms erst recht nicht laufen, das heißt: Die verschiedenen politischen Faktoren bewegten sich wie in einem Parallelogramm der Kräfte; Bethmann selbst sprach von der »Politik der Diagonale«, die er verfolgen müsse.

Das machte seine Stellung zugleich stark und schwach. Die ihm vom Parlament zugestandenen Machtbefugnisse erlaubten es dem Kanzler, selbstherrlich Dinge zu entscheiden, die an sich vom Kaiser und vom Reichstag hätten entschieden werden müssen. Aber weil Ludendorff eben dies wußte, konnte er den Kanzler unter Druck setzen, und das machte ihn schwach. Bethmann Hollweg mußte also permanent einen Spagat versuchen, der um so schwieriger war, als die politischen Interessen etwa der Sozialdemokratie auf der einen, der 3. OHL auf der andern Seite immer mehr auseinanderklafften.[445]

Das lag wesentlich auch am unprogrammäßigen Verlauf des Krieges. Hatten die Führer der Sozialdemokratie im August 1914 wie nahezu jedermann geglaubt, es werde sich um einen kurzen Krieg handeln, es sei also nicht weiter schlimm, das von der Reichsleitung versprochene Reformprogramm bis zu diesem Zeitpunkt zu verschieben, war spätestens Ende 1916 klargeworden, daß sich der Krieg unabsehbar hinzog. Das aber bedeutete, die Einheit der sozialistischen Partei geriet in Gefahr, wenn die einen immer noch zuwarten zu können glaubten, die anderen aber nicht. Und Bethmann wußte, daß der Burgfrieden in Gefahr war, wenn er nicht schon jetzt energisch mit den Reformbemühungen begann. Tat er es aber, so geriet er ins Kreuzfeuer der Kritik nicht nur der konservativen Parteien und Verbände, sondern eben auch der 3. OHL. Das Dilemma der »Politik der Diagonale« ist offensichtlich.

Entscheidend wurde, daß sich die deutsche Innenpolitik nicht gleichsam im luftleeren Raum abspielte. Hatten die Ereignisse von Verdun und an der Somme die gesellschaftspolitischen Spannungen schon im Verlauf des Jahres 1916 ständig wachsen lassen, so wirkten uneingeschränkter Ubootkrieg, amerikanische Kriegserklärung und vor allem die russische Märzrevolution wie Paukenschläge und Katalysatoren des inneren Prozesses zugleich. Vielleicht bedeutsamer waren die Erfahrungen, die die Masse der arbeitenden Bevölkerung, also das eigentliche »Volk« im Hungerwinter 1916/17 hatte sammeln müssen: Der Staat, die »Obrigkeit« schienen nicht mehr in der Lage zu sein, den einfachsten Existenznotwendigkeiten der Bevölkerung zu entsprechen.[446] Der Hunger produzierte nicht nur Not, sondern auch Erbitterung, die um so höher schwappte, je deutlicher die häßliche Fratze des Schiebertums, des Schwarzen Marktes, der Kriegsgewinnler sich in der Öffentlichkeit enthüllte.[447] Der Obrigkeitsstaat begann sein Prestige zu verlieren. Wes Brot ich eß, des Lied ich sing: Und wes Lied sollte man singen, wenn es nichts mehr zu essen gab? Die Ereignisse in St. Petersburg wirkten als mächtiges Faszinosum, die Auswirkungen des Umsturzes auf Deutschland wurden fast unmittelbar deutlich. Auf die russische Revolution wird in einem anderen Zusammenhang noch einzugehen sein; zunächst ist auf die Reaktionen in Deutschland zu verweisen, und hier fühlte sich die SPD ganz besonders betroffen – die Gründe lagen auf der Hand und bedürfen keiner weiteren Erläuterung.

In Gotha kam es im April 1917 zur Abspaltung der sozialdemokratischen Arbeitsgemeinschaft von der Mutterpartei. Sie konstituierte sich als

Unabhängige Sozialdemokratische Partei (USPD)[448]und verlangte den sofortigen Friedensschluß mit Rußland – selbstverständlich unter Verzicht auf irgendwelche territorialen oder materiellen Forderungen. Die wenige Tage später in der »Prawda« veröffentlichten »Aprilthesen«[449] Lenins waren Wasser auf die Mühlen der USPD. Ganz unverhohlen brachte sie zum Ausdruck, das Deutsche Reich, genauer: die herrschende Elite sei für den Fortgang des Krieges allein verantwortlich. Das war schon die Sprache der Revolution.

Die Anhänger dieser USPD bildeten eine Minderheit, aber das galt auch für Lenins Bolschewiki. Wer sich in der Geschichte einigermaßen auskannte, der wußte, daß Revolutionen immer von einer Minderheit, nie von einer Mehrheit gemacht worden waren. Lenin hatte daraus geradezu ein Gesetz gemacht, er glaubte die »kritische Masse« dieser Minderheit sogar beziffern zu können – einige zwanzig Prozent. Man muß sich immer klarmachen, daß die Zeitgenossen im April 1917 noch nicht wissen konnten, was aus dem Coup der 3. OHL, die Lenin nach St. Petersburg hatte gelangen lassen, werden würde. Eines war aber von Anfang an sicher, und die Vorgänge in Gotha unterstrichen dies in wünschenswerter Deutlichkeit: Es war, und zwar von Anfang an, eine Illusion anzunehmen, man könne in Rußland den Tiger der Revolution wecken und zugleich sicher sein, daß er an der Ostfront haltmachen würde. Auch in diesem Punkt wird erneut die borniere Enge der Wahrnehmungsfähigkeit eines Mannes wie Ludendorff sichtbar.

Aber die Gründung der USPD hatte auch für die Sozialdemokratie schwerwiegende Folgen. Denn diese schwächte die SPD gerade zu einem Zeitpunkt, als sich zum ersten Mal in diesem Krieg ernsthafte Chancen boten, das große Reformwerk vielleicht doch schon jetzt und, das war entscheidend, im Konsens mit den herrschenden Eliten in Angriff zu nehmen. Hier wird das uralte Muster vom Wettlauf zwischen Reform und Revolution sichtbar, seit Cromwells Zeiten immer wieder in der Geschichte Europas zu beobachten. Und daran konnte auch im vierten Kriegsjahr kein Zweifel sein: Die SPD setzte auf Reform, nicht Revolution, und sie war bereit, zu diesem Zweck Bündnisse mit all den politischen Kräften einzugehen, von denen sie annahm oder wußte, daß sie in die gleiche Richtung dachten.

Das waren nicht wenige, wie ein Blick in den Reichstag verrät. Die SPD war mit 110 Abgeordneten stärkste Fraktion, das Zentrum mit 91 Abgeordneten die zweitstärkste. Die Nationalliberalen verfügten über 45, die Fortschrittliche Volkspartei über 42 Abgeordnete. Die beiden konservativen Parteien brachten es auf 57 Sitze. Das heißt: Von insgesamt 397 Abgeordneten war, mit den Augen der SPD gesehen, nur mit 45 nicht zu reden.

Gewiß, auch die Nationalliberalen kamen als Bündnispartner kaum in Betracht, aber man hätte es immerhin versuchen können.

Das Zentrum erwies sich als das tertium comparationis jeden Versuchs einer Mehrheitsbildung. Ohne Zentrum konnten weder SPD noch Liberale oder Konservative eine Mehrheit zustandebringen. Aber SPD, Zentrum und Fortschritt hatten zusammen eine geradezu überwältigende Mehrheit – theoretisch wenigstens, denn zunächst wurde ein anderer Schulterschluß geprobt: SPD, Nationalliberale und Fortschritt wurden sich darin einig, daß das preußische Dreiklassenwahlrecht fallen und eine Verfassungsreform im Reich den Weg hin zu einer demokratisch-parlamentarischen Verfassung ebnen mußte. Man einigte sich darauf, im Reichstag einen Verfassungsausschuß einzusetzen, und das war tatsächlich der erste Schritt auf dem Weg zur Reform – nicht der Revolution. Es ist höchst bemerkenswert, daß Sozialisten und die beiden liberalen Parteien hier an einem Strang zogen, wohingegen das Zentrum sich zurückhielt. Das alte Mißtrauen der Liberalen, aber auch der SPD gegen die angeblich »ultramontane« katholische, also christliche Partei, war immer noch nicht voll überwunden.

Natürlich gab es zwischen den Nationalliberalen und der SPD in nahezu allen Grundpositionen himmelschreiende Unterschiede, und ob es wirklich einmal zu einem National-Sozialismus in diesem Sinne kommen konnte, war von vornherein fraglich. Aber das »vaterländische« Verhalten der SPD – das böse Wort von den »vaterlandslosen Gesellen« war natürlich nicht vergessen – hatte die Nationalliberalen doch tief beeindruckt; die Kluft zwischen den beiden Parteien wurde dadurch schmaler, und nun wurde ein erster, wenn auch riskanter Brückenschlag versucht.

Die gemeinsamen Interessen bezogen sich in erster Linie auf die Verhältnisse in Preußen. Das machte die Zusammensetzung des Preußischen Abgeordnetenhauses sichtbar. Hier saßen 148 Konservative, 54 Freikonservative, 73 Nationalliberale, 40 Abgeordnete des Fortschritts, 103 Zentrumsleute, 10 Sozialdemokraten, 12 Polen und 3 Fraktionslose. Die Nationalliberalen hatten also gegen die Konservativen hier keine Chance, von den übrigen liberalen oder sozialistischen Parteien ganz abgesehen. Das Dreiklassenwahlrecht sprach der Machtverteilung im Reich Hohn. Aber Preußen: Das waren Zweidrittel des Reichsgebietes! Man braucht nicht viel Phantasie, um sich auszurechnen, daß diese eklatante Diskrepanz gerade in Kriegszeiten zu einem gewaltigen Knüppel zwischen den Beinen der Reichsregierung werden mußte – und Bethmann Hollweg wußte das.

Der Kampf gegen das Dreiklassenwahlrecht ist nicht nur von der SPD geführt worden – eigentlich waren alle Parteien, bis auf die Konservativen, daran interessiert, daß sich an diesen antiquierten Verhältnissen etwas änderte. Aber die preußischen Konservativen verfügten mit dem Alldeutschen Verband und der 3. OHL über mächtige Verbündete, und sie hatten seit Kriegsbeginn niemals ein Hehl daraus gemacht, daß sie einen Kanzler, der die gottgewollte Ordnung in Preußen infragestellte, nicht tolerieren würden. Sie rasselten, kaum daß die Frage nach einer Abschaffung des Dreiklassenwahlrechts auf den Tisch gekommen war, laut und vernehmlich mit dem Säbel. Natürlich richtete sich ihr Ärger zuallererst gegen Bethmann Hollweg, den sie für einen Schwächling hielten. Schon die Thronrede Wilhelms II. vom 1. August schoben sie dem Kanzler in die Schuhe, und der Fraktionsvorsitzende der Konservativen Partei im preußischen Landtag, Herr von Heydebrand und der Lasa, ließ fortan keinen Zweifel daran, daß seine Partei diesen Kanzler der schwächlichen Kompromisse und des schädlichen demokratischen Zeitgeistes bis aufs Messer bekämpfen werde.

So ganz unrecht hatte dieser Herr mit seiner Einschätzung Bethmanns nicht: Im Verlauf der Jahre entwickelte der Kanzler immer mehr Sympathien für die SPD, und das ging nicht nur auf das Wohlverhalten dieser Partei in Sachen Kriegskredite zurück. Bethmann Hollweg wußte, wie wenige andere aus der Phalanx der herrschenden Eliten, daß der Krieg unweigerlich zu einer Umwälzung der gesellschaftlichen Verhältnisse führen und es keinen Weg mehr vorbei an jener Partei geben würde, die im Reichstag stärkste Fraktion war. Und nach den Vorgängen in Rußland weniger denn je. Er wußte auch, daß keine Zeit mehr zu verlieren war, vor allem, nachdem Woodrow Wilson in einer vielbeachteten Rede zum ersten Mal davon gesprochen hatte, man kämpfe gegen die preußische Autokratie, nicht gegen das deutsche Volk.

Der Krieg begann sich zu ideologisieren, denn nachdem die Autokratie in Rußland gefallen war, wiegten sich England und Frankreich zunächst in der Hoffnung, nun um so nachdrücklicher auf diese ideologische Karte setzen zu können. Bisher war das Zarenregime ja nicht gerade als Musterfall einer freiheitlichen Demokratie durchgegangen. Bethmann spürte, welche Gefahren sich aus einer Konfrontation Autokratie – Demokratie ergeben konnten; nicht nur propagandistisch, sondern auch innenpolitisch. Es war besser, den Stier bei den Hörnern zu packen.

War das die Stunde der hohenzollernschen Monarchie? War nun nicht eine Situation eingetreten, die ein wenig an jene gemahnte, mit der Friedrich Wilhelm III. 1807, Friedrich Wilhelm IV. 1848 konfrontiert worden waren? In beiden Fällen war es den Monarchen gelungen, durch Zugeständnisse an die Patriotenpartei bzw. die Liberalen die eigene Herrschaft im Endeffekt zu stabilisieren, indem man sie modernisierte, ohne daß ihre eigentlichen Grundlagen infragegestellt worden wären – schließlich ging das preußische Abgeordnetenhaus auf die oktroyierte Verfassung von 1848/50 zurück. Es ist also nicht verwunderlich, daß der Kaiser, geschichtskundig wie er war, sich in einer analogen Lage zu befinden glaubte, und Bethmann Hollweg wird ihm dies ebenfalls suggeriert haben. Man muß also die »Osterbotschaft« auch in den Kontext der preußischen Geschichte der vergangenen hundert Jahre stellen.

Deswegen wurde und wird die Botschaft vom 7. April 1917 als halbherzig und schwächlich gebrandmarkt, und das war sie – vom Blickpunkt des Jahres 1918 aus. Aber im April 1917 sah das anders aus, anders wäre ja auch gar nicht der Haß zu verstehen, den sich Bethmann Hollweg deswegen zuziehen, und der schließlich mit zu seinem Sturz führen sollte. Auch den Kaiser fanden die konservativen preußischen Recken verächtlich – auch wenn sie das öffentlich natürlich nicht sagten. Allein diese Reaktionen aus dem Lager der Privilegierten des Dreiklassenwahlrechts zeigen, daß die Osterbotschaft besser war als ihr Ruf.

Sie begann mit einer Zustandsbeschreibung:

»Noch niemals hat sich das deutsche Volk so fest gezeigt, wie in diesem Kriege. Das Bewußtsein, daß sich das Vaterland in bitterer Notwehr befand, übte eine wunderbar versöhnende Kraft aus, und trotz aller Opfer an Blut draußen im Feld und schwerer Entbehrungen daheim ist der Wille unerschütterlich geblieben, für den siegreichen Endkampf das Letzte einzusetzen. Nationaler und sozialer Geist verstanden und vereinigten sich und verliehen uns ausdauernde Stärke. Jeder empfand: Was in langen Jahren des Friedens unter manchen inneren Kämpfen aufgebaut worden war, das war doch der Verteidigung wert.«[450]

Diese Beschwörung des Burgfriedens jagte einem Ideal nach, das es 1917 längst nicht mehr gab, das es vielleicht nie gegeben hatte. Aber es ist bemerkenswert, daß in diesem Text das »national-sozial« auftaucht, und das aus dem Mund des Kaisers. Dieser erklärte:

»Nach den gewaltigen Leistungen des ganzen Volkes in diesem furchtbaren Kriege ist nach meiner Ueberzeugung für das Klassenwahlrecht in Preußen kein Raum mehr. Der Gesetzentwurf wird ferner die unmittelbare und geheime Wahl der Abgeordneten vorzusehen haben.«

Die Kritiker spießten es sofort auf: Das gleiche Wahlrecht fehlte, und tatsächlich sollte sich rasch erweisen, daß die konservative Camarilla über dieses trojanische Pferd den ganzen Sinn und Zweck dieser Ankündigung kippen wollte. Und dafür hatte man Zeit gewonnen, denn wieder war nicht die Rede davon, die Reform sofort in Angriff zu nehmen, sondern erst nach Kriegsende – und das konnte dauern, wer hätte es im April 1917 nicht gewußt! Auf diese Weise verpuffte der Befreiungsschlag, als den

Bethmann Hollweg diese Botschaft begriffen wissen wollte. Die Arbeiter scharten sich nicht dankbar um ihren Kaiser, die Arbeiter protestierten – zum ersten Mal in diesem Krieg kam es zu Massenstreiks in Berlin, Leipzig und anderen großen Städten.

In den Monaten April bis Juli 1917 spitzten sich die außen- und innenpolitischen Verhältnisse krisenhaft zu, man spricht deswegen auch von der »Julikrise« 1917 und schlägt damit bewußt einen Bogen in den Juli 1914 zurück. Diese neue Julikrise läßt sich in der Tat als Antithese zu der aus dem Jahr 1914 deuten.

Wieder ging es um die Beziehungen des Deutschen Reiches zu Österreich-Ungarn, und jedermann empfand das, was sich nach dem Tod des Kaisers Franz-Joseph in Wien abspielte, als schicksalhaft – fast wie 1914. Sowohl Kaiser Karl als auch Czernin waren mehr denn je davon überzeugt, daß Österreich vor dem Zusammenbruch stand, sollte ein baldiger Friedensschluß nicht gelingen. Der habsburgische Kaiser ging, um dieses Ziel zu erreichen, bis hart an den Rand des Verrats an Deutschland: In einem Schreiben an Poincaré bot er der Entente an, Deutschland zum Verzicht auf Elsaß-Lothringen bewegen zu wollen, wenn es zu baldigen Friedensverhandlungen käme.[451] Und falls das Reich darauf nicht einginge? Der Kaiser wurde der peinlichen Gretchenfrage enthoben, denn im Lager der Alliierten stellte Italien sich quer, ging kein Jota von seinen territorialen Forderungen Österreich gegenüber ab, und da die Entente immer noch nicht auf die italienische Mithilfe verzichten zu können glaubte, sicherte sie diesem diese Kriegsgewinne erneut zu – womit die Friedenssondierungen des Habsburgers gescheitert waren.

Österreich hatte sich mit ihnen aber eine machtpolitische Blöße gegeben, die fast schon an einen Offenbarungseid gemahnte, und infolgedessen geriet nun alles in Bewegung, was bisher nur mühsam ruhiggestellt worden war: Tschechen und Südslawen forderten im Mai 1917 gebieterisch die Selbständigkeit, wenn auch unter dem Zepter der habsburgischen Monarchie – im Parlament zu Wien, das nach langer Zeit wieder einmal zusammengetreten war und sich wie eh und je als wahres Tollhaus gebärdete. Außerhalb der habsburgischen Grenzen machten sich Masaryk und Benesch, die später an der Wiege der ČSR stehen sollten, zu Sprachrohren der nationaltschechischen Bewegung; sie forderten jetzt ganz unverhohlen die Zertrümmerung des Vielvölkerstaates und stießen damit in England und Frankreich auf offene Ohren. Es ging also buchstäblich um die Existenz des altehrwürdigen habsburgischen Reiches. Mit dem Mai 1917 begann sein Endkampf, und er war verzweifelt.

Czernin und Karl waren mehr denn je davon überzeugt, daß nur ein baldiger Frieden, wie immer er zustandekommen konnte, noch Rettung versprechen konnte. Österreich-Ungarn selbst hatte sein Friedenspulver verschossen, aber schlicht und einfach kapitulieren, das wollte man nun doch nicht, und deswegen richteten sich die diplomatischen Bemühungen der Hofburg nun auf jene politische Institution in Deutschland, von der Czernin annehmen durfte, daß auch sie einen Ausweg hin zum Frieden ernsthafter als die offizielle deutsche Regierung, geschweige denn die 3. OHL suchte. Die österreichischen Sondierungen richteten sich auf den Reichstag, denn dieser schien erheblich friedenswilliger als die Reichsleitung.

Es hatte zu den Elementen der Reichsverfassung gehört, daß die Abgeordneten über den Verlauf des Krieges, vor allem aber über dessen Hintergründe nahezu nichts erfuhren. Die Geheimniskrämerei der OHL machte auch vor den Parlamentariern nicht halt, eher im Gegenteil. Ludendorff begegnete ihnen mit abgrundtiefem Mißtrauen. Aus diesem Grund war das Parlament auch niemals zu einem ernstzunehmenden politischen Gesprächspartner in Angelegenheiten des Krieges geworden, und es bedurfte erst energischer privater Initiativen einiger Abgeordneter, zu denen Scheidemann, David und Erzberger zählten, um dem Reichstag wenigstens in Umrissen die Dimensionen der schicksalhaften Entscheidung vom 9. Januar 1917, also des Entschlusses zum unbeschränkten Ubootkrieg, klarzumachen.

Am 6. Juli ließ Erzberger die Bombe platzen: Er enthüllte in einer leidenschaftlichen Rede im Hauptausschuß des Reichstages[452] die Katastrophe des uneingeschränkten Ubootkrieges. Als Katastrophe mußte er in seinen Augen gewertet werden, weil es entgegen den Versicherungen des Admiralstabs, der sich ja auf die Nationalökonomie gestützt hatte, offensichtlich nicht gelungen war, England friedensgeneigt zu machen, und, schlimmer noch: Amerika daran zu hindern, immer mehr Menschen und Material nach Europa zu werfen.

Der Reichstag war schockiert, außerdem fühlte er sich hintergangen – von Bethmann Hollweg, von der Reichsleitung, der OHL und auch dem Kaiser. Es war genau dieses Schockerlebnis, das nun die deutsche Parlamentsgeschichte ein entscheidendes Stück weiterbrachte: Das Zentrum – also die Partei Erzbergers –, die Liberalen und die Sozialdemokratie rückten eng aneinander, es kam zu einer »parlamentarischen Blockbildung«, aus deren Mitte dann die Friedensresolution des Reichstages[453] geboren werden sollte.

Mit einem Schlag hatten sich die Machtgewichte im Reichstag verändert, und zwar dramatisch. Die drei Parteien bildeten nämlich jenen »Interfraktionellen Ausschuß«,[454] den man in der deutschen Verfassungsgeschichte gemeinhin als Beginn des parlamentarisch-demokratischen

Systems in Deutschland bezeichnet. Tatsächlich ist er auch zur Mutter der späteren »Weimarer Koalition« geworden.

All dies spielte sich innerhalb weniger Tage ab, und es zeigte sich, daß weder Reichsleitung, OHL noch der Kaiser dagegen etwas unternehmen konnten. Man fragt sich im Nachhinein, warum die Abgeordneten des Reichstages damals nicht den entscheidenden Schritt weitergegangen sind, also nicht das getan haben, was 1789 die Abgeordneten des Dritten Standes in Versailles getan hatten. Aber weder Erzberger noch von Payer, der Vorsitzende des Interfraktionellen Ausschusses, noch Scheidemann oder Stresemann waren eben Persönlichkeiten vom Zuschnitt eines Abbé Sieyès, und schon hier zeichnete sich erstmals jener Schwachpunkt ab, der die ganze Geschichte der Weimarer Republik belasten sollte: das Fehlen wirklich charismatischer, macht- und selbstbewußter, zugleich demokratisch gesonnener Politiker. Während in England mit Clemenceau und Lloyd George Vollblutpolitiker an die Hebel der Macht gelangten, vermochten die Führer des Interfraktionellen Ausschusses nie aus dem Dunst der etablierten Gewalten und ihrer eigenen Mittelmäßigkeit herauszutreten.

Auch Bethmann Hollweg war in dieser Situation nicht der Mann, um sich an die Tête einer neuen politischen Bewegung zu setzen. Zwar hatte er den uneingeschränkten Ubootkrieg nicht gewollt, sich aber dem Votum der OHL, Tirpitz' und der Fachleute gebeugt. Es war nicht verwunderlich, daß er deswegen nun bei der Reichstagsmehrheit schlechte Karten hatte, obwohl die Abgeordneten wußten, daß er kein schlechter Mann war. Sie stützten ihn nicht, sie schwächten ihn. Auch das war kurzsichtig, vor allem weil das Parlament keine personelle Alternative vorzuweisen hatte, aber vielleicht wäre es auch zu viel verlangt gewesen, die Abgeordneten zum Sprung über den eigenen Schatten zu nötigen.

Immerhin gab es zwischen der Reichstagsmehrheit und dem Kanzler einen größten gemeinsamen Nenner: Beide waren davon überzeugt, daß man alles tun müsse, um den Krieg so rasch wie möglich zu beenden. Der Reichstag wollte zu diesem Behuf eine Friedensresolution verabschieden, der Kanzler hielt es für besser, nur den deutschen Friedenswillen noch einmal zu bekunden. Das erschien dem Reichstag zu wenig, für Bethmann war es viel, denn er wußte die 3. OHL vehement dagegen. Das aber bedeutete: Der Kanzler konnte sich fortan auch nicht mehr der Unterstützung der OHL sicher sein.

Es blieb der Kaiser. Wieder war diesem eine historische Chance eröffnet: Was eigentlich hätte ihn daran hindern sollen, sich in den Reichstag zu begeben, um sich an die Spitze der parlamentarischen Bewegung zu stellen? Kein Mensch wollte ja die Monarchie abschaffen, im Gegenteil, modernisiert sollte sie werden. Aus dem Kaiser konnte ein Volkskaiser werden, dazu hätte es nur weniger Zugeständnisse bedurft. Und eines ganz unkonventionellen Mutes. Der ging dem Hohenzoller ab, er war eben kein großer König.[455]

Er vergab seine Chance um so mehr, als er in der Sache dann doch den Wünschen des Parlaments und des Kanzlers weit entgegenkam – er riskierte damit den Unwillen der 3. OHL. Das nahm er auf sich, er war doch ein mutiger Mann. Wilhelm II. gestattete Bethmann Hollweg, der projektierten Friedensresolution des Reichstages zuzustimmen. Und er ging noch einen entscheidenden Schritt weiter: Mit einer Kabinettsordre vom 11. Juli ergänzte er seine Osterbotschaft mit der Versicherung, das künftige preußische Wahlrecht solle auch das Gleichheitsprinzip berücksichtigen. Der Kaiser riskierte damit auch den Unwillen des preußischen Herrenhauses, also seiner engsten Standesgenossen. Also auch hier: Der Kaiser war mutig. Seine Tragik bestand darin, daß er all dies entweder zu halbherzig oder zu spät, vor allem aber innerhalb eines politischen Systems tat, das grundsätzlich nicht mehr funktionierte. Das sollte sich wenig später zeigen, als es allen Feinden Bethmanns gelang, den Kanzler zu stürzen – obwohl es doch an sich und nach der Verfassung einzig und allein Sache des Kaisers gewesen wäre, seinen Kanzler zu halten oder in die Wüste zu jagen.

22. DER STURZ BETHMANN HOLLWEGS UND DAS RINGEN UM DEN FRIEDEN IM JAHR 1917

Am 13. Juli 1917 erbat Bethmann Hollweg seine Entlassung, und der Kaiser gewährte sie ihm. Nicht nur Ludendorff jubilierte. Nahezu alle, in welchen Positionen auch immer Verantwortlichen begrüßten den Kanzlersturz oder nahmen ihn, zumeist mit innerer Befriedigung, hin. Keine Hand rührte sich zur Verteidigung eines Mannes, der gerade in der ersten Hälfte des Jahres 1917 sich redlich bemüht hatte, die nahende militärische und politische Katastrophe abzuwenden. Aber das war zu wenig, zu schwächlich, es wurde nicht gewürdigt, sondern verteufelt – entscheidend war, daß der Kaiser mit der Entlassung seines Kanzlers auf Druck der OHL und des Parlaments das Kernstück der Bismarckschen Reichsverfassung außer Kraft gesetzt hatte.

Die geradezu symbiotische Einheit zwischen Krone und Kanzler war es ja einst gewesen, die Bismarck eine Verfassungskonstruktion zu entwerfen erlaubt hatte, die ungemein modern wirkte, mit dem Reichstagswahlrecht ihrer Zeit weit voraus war. Um so eiserner hatte der »Eiserne Kanzler« an diesem Arcanum der Verfassung, nämlich der ausschließlichen Verantwortung des Kaisers für den Kanzler festgehalten. Doch sieht man sich die Abfolge der Nachfolger Bismarcks im Amt des Reichskanzlers und preußischen Ministerpräsidenten an, so wird deutlich, daß es nach Bismarcks Entlassung nie mehr zu diesem Idealzustand kommen sollte. Gewiß konnte sich Caprivi noch in der Hand des Monarchen sicher fühlen, aber die Umstände seines Rücktrittes wiesen doch schon auf den Schwachpunkt der Symbiose: Nachdem Caprivi das Amt des preußischen Ministerpräsidenten an Eulenburg verloren hatte – schon das brach einen tragenden Stein aus der Grundkonstruktion – und dieser mit jenem nicht mehr zusammenarbeiten konnte, blieb Wilhelm II. nichts, als Caprivi zu entlassen – durchaus contre cœur.[456] Auch die Umstände, die zur Entlassung Bülows führten, erodierten das symbiotische Verhältnis, denn hier mußte der Kaiser nicht zuletzt dem Druck der öffentlichen Meinung nachgeben. Die gesellschaftlichen Kräfte waren seit den Zeiten Bismarcks so stark geworden, daß der bloße Text der Verfassung nicht mehr genügte, und im Umkreis des Jahres 1917 wurde deutlich, daß das Reich zwar nicht de iure, aber de facto bereits eine parlamentarische Demokratie geworden war.

Aber was für eine! Ist eine solche Kennzeichnung nicht doch eine Übertreibung? Die näheren Umstände des Kanzlersturzes weisen nämlich schon auf fatale Weise in eine verfassungspolitische Zukunft, die Deutschland zum Verhängnis werden sollte, und deswegen tun wir gut daran, uns die näheren Umstände genauer anzusehen.

Nahezu alle Parteien erklärten auf Befragen, an Bethmann Hollweg sei ihnen nichts gelegen, er sei eher ein Störfaktor. Diese Befragung nahm im Auftrag Ludendorffs der Oberstleutnant oder Oberst – beide Dienstgrade finden sich in der Literatur – Bauer in Berlin vor. Allein das war ein ungeheuerlicher Vorgang: Die 3. OHL maßte sich an, die Führer der politischen Parteien, genauer: die Fraktionsvorsitzenden darüber streng einzuvernehmen, wie sie es mit dem Kanzler des Deutschen Reiches hielten, und ob ihnen ein Sturz dieses Kanzlers genehm wäre. Und offensichtlich niemand nahm an diesem Verfahren Anstoß, Bauer wurde nicht etwa hochkant herausgeworfen, sondern hofiert: von den Parlamentariern, die doch genau wußten, daß Bauer nur die Marionette Ludendorffs war.[457] Vor allem Erzberger und Stresemann taten sich hervor und stärkten dem Oberstleutnant den Rücken. Beide waren zu diesem Zeitpunkt fest entschlossen, mit dem »System Bethmann« radikal Schluß zu machen – je eher, desto besser. Die Militarisierung des Gemeinwesens war weit vorangeschritten und Bethmann Hollweg politisch schwach geworden.

Wenn schon die Parteiführer dem üblen Spiel der OHL nicht wehrten: Warum tat es der Kanzler nicht selbst? Warum ließ er sich diese Infamie gefallen? Auch heute gibt es darauf keine befriedigende Antwort, will man nicht auch Bethmann Hollweg eine militaristische Hörigkeit unterstellen. Der Kontrast zu Bismarck ist bemerkenswert: Der hatte es verstanden, sogar auf den jeweiligen Höhepunkten militärischen Triumphes die Generalstabschefs politisch in die Schranken zu weisen.

Es war das schon angedeutete Gefühl der Unsicherheit, das schlechte Gewissen angesichts der katastrophalen Versorgungsmängel, das weder dem »Kanzler der Diagonale« noch den Parteien ein sicheres Auftreten zu erlauben schienen. Alle liefen mit hängenden Ohren herum, nur einer nicht: Ludendorff. Allein das machte ihn stark, bald unüberwindlich stark. Ludendorffs Charisma ist immer nur negativ zu definieren, es war Resultat des vollkommen fehlenden Charismas aller anderen Führungsfiguren.

Die Einvernahme der Parteiführer hatte folgendes Bild ergeben: Für die Konservativen unter Graf Westarp war Bethmann Hollweg ohnehin die bête noire, denn ihm schoben sie die »Schuld« an der Osterbotschaft in die Schuhe. Bethmann sei »demokratisch« gesonnen und ein – salopp würde man sagen: »Schlappschwanz« dazu. Er entblöde sich nicht, die Friedensresolution des Reichstages zu unterstützen.

»Flaumacher« und »Hindernis des Friedens« war der Kanzler für Stresemann und Erzberger. David von der SPD hielt sich bedeckt, gab aber zu verstehen, daß seine Partei dem Kanzler keine Träne nachweinen würde. Ebert hat ein paar Einwände erhoben, aber ein Hinweis Davids auf die Haltung des Kronprinzen ließ ihn verstummen. Der Kronprinz war ohnehin der erbittertste Gegner von Bethmann, und als der Kanzler stürzte, da war das für ihn, wie er sich ausdrückte, »der glücklichste Tag« seines Lebens. Zuvor schon hatte dieser Wilhelm Erzberger beschworen: »Werfen Sie diesen Mann doch im Reichstag hinaus«[458]. Daß der Kronprinz damit implizite die Bismarcksche Verfassung zum Fenster herauswerfen und sich selbst politisch kastrieren sollte, sei nur am Rand bemerkt.

All dies hätte Bethmann Hollweg wie der Hund das Wasser von sich abschütteln können – wenn er sich des Rückhaltes des Kaisers sicher gewesen wäre. Aber Wilhelm II. geriet nicht nur von den Reichstagsparteien her unter Beschuß, sondern auch von Seiten der 3. OHL, und das war ausschlaggebend. Nachdem Hindenburg und Ludendorff sicher sein konnten, daß Bethmann im Reichstag allein stand, setzten sie ihrem Obersten Dienstherrn wieder einmal die Pistole auf die Brust: Sie kabelten nach Berlin, sie würden demissionieren, sollte der Kaiser an seinem Kanzler festhalten. Der Kronprinz schlug natürlich in die gleiche Kerbe. Einen flüchtigen Moment lang schoß Wilhelm II., nachdem er dieses Ultimatum erhalten hatte, die einzig anständige Reaktion eines von Natur aus schwachen Menschen darauf durch den Kopf: »Nun bleibt mir auch nichts anderes zu tun, als abzudanken.«[459]

Die Anwandlung ging rasch vorbei, und in einem psychologisch leicht nachvollziehbaren Prozeß beugte sich der Kaiser den massiven Forderungen der OHL, denn plötzlich machte er Bethmann Hollweg die größten Vorwürfe im Zusammenhang mit der Kabinettsordre vom 11. Juli 1917. Er habe ihn überrumpelt, hielt Wilhelm II. Bethmann am Abend des 12. Juli vor; die Konzession des gleichen Wahlrechts habe dem Kanzler im Reichstag keine Mehrheit eingebracht, das Opfer sei völlig nutzlos gewesen.

Für den kommenden Tag hatten sich Hindenburg und Ludendorff persönlich beim Kaiser angesagt, und dieser hat später behauptet, er sei von Ludendorff »gezwungen« worden, Bethmann Hollweg zu entlassen. Bethmann selbst hat später im Untersuchungsausschuß sinngemäß das gleiche behauptet: Der Kaiser wäre selbst dann, wenn er gewollt hätte, nicht in der Lage gewesen, ihn gegen das Votum der 3. OHL zu halten.

Es wird wohl wirklich diese Haltlosigkeit des Kaisers gewesen sein, die Bethmann deswegen nun resignieren ließ. Er selbst kam, zur großen Erleichterung Wilhelms II., am 13. Juli 1917 um seinen Abschied ein, noch bevor die beiden »Halbgötter« in Berlin eingetroffen waren und dem Kaiser Aug' in Aug' gegenüberzustehen drohten. Von Vietsch hat folgendes Resumé gezogen:

»Daß mit einem solchen Kaiser keine ernsthafte innere Neuorientierung durchzuführen war, hatte Bethmann Hollweg nun wohl endgültig eingesehen. Sein Traum, im Reichstag einen großen Umbau des Reiches und Preußens ankündigen zu können, der unter einer weisen Monarchie nach innen zu einer neuen Einheit des Volkes, nach außen zu einem Frieden der Verständigung führen sollte, war ausgeträumt. Der Feind aber, der diesen Traum vernichtete, kam nicht von außen, er trug auch nicht Arbeitergewand, sondern goldbestückte Schulterstücke.«[460]

Wahrscheinlich hat der Biograph des Kanzlers die Dinge zu harmonisch gesehen, denn das eigentliche Desaster lag ja nicht nur in der nahezu hochverräterischen Politik Ludendorffs begründet, sondern in der abgrundtiefen Illoyalität des Reichstages und seiner berufenen Führer. Diese Illoyalität paarte sich mit krasser politischer Ignoranz, denn am 13. Juli 1917 hatten die Abgeordneten Erzberger, Stresemann, David keine blasse Ahnung, wer denn gegebenenfalls Nachfolger von Bethmann werden sollte – damit gaben sie Ludendorff einen Blankoscheck in die Hand, obwohl sie wußten, daß ein von Gnaden Ludendorffs ernannter Kanzler nur eine Marionette der 3. OHL sein konnte – so wie es der Kaiser mit dem 13. Juli 1917 geworden war. Auch wenn das Urteil über die historische Leistung Bethmann Hollwegs gerade im Schicksalsjahr 1917 aus guten Gründen divergiert – für die einen war er der Mann, der über die »Politik der Diagonale« hinaus eine friedliche demokratische Zukunft ansteuerte, für die anderen der letztlich doch rückwärtsgewandte, an überlebten Traditionen festhaltende schwächliche Vertreter des herrschenden Systems –, so enthüllte seine politische Demontage von links bis rechtsaußen doch zumindest eine strukturelle Katastrophe. Der Kanzler war es nicht mehr von Kaisers Gnaden, aber der Reichstag hatte es versäumt, an dessen Stelle den Kanzler zu machen – was in der Situation des Juli 1917 via Interfraktionellem Ausschuß ohne weiteres möglich gewesen wäre; selbst der Kronprinz war ja dafür. Das Amt des Kanzlers war bis zur Unkenntlichkeit sowohl von der 3. OHL wie den Parteien im Reichstag demontiert worden. Es war zu einem politischen Vakuum geworden. Da das auch für das Amt des Kaisers galt, war es ganz natürlich, daß nun das Militär die Macht übernahm – was anderes wäre zu erwarten gewesen?

In fataler Weise erinnert dieses Verhalten des Reichstages an die letzten Tage der Weimarer Republik: Auch damals sollte es zu einer »Selbstpreisgabe der Demokratie« (K.D. Erdmann) kommen. Die strukturellen Fehler, gemeinhin als Hauptursache für den Untergang der Weimarer Republik ausgemacht, gab es schon im Embryonalstadium dieser Republik, die doch erst noch geboren werden sollte.

Nach dem 13. Juli 1917 ist Deutschland de facto eine Militärdiktatur geworden, der Militarismus triumphierte.[461] Der Reichstag aber, der so leichtfertig die bis dahin größte Chance zur Parlamentarisierung des Reiches vergeben hatte, mußte nun in einem zweiten Anlauf dieses Ziel doch noch zu erreichen suchen.

Hatte auch der Kaiser eine Chance, die Beschädigung seines Amtes wieder zu reparieren? Im Grunde ja, denn man braucht sich nur vorzustellen, er wäre nicht erpreßbar gewesen, hätte aber auch nicht abgedankt. Dann wäre es seine Aufgabe gewesen, eine neue Oberste Heeresleitung zu ernennen, und damit wäre er nun doch noch in die Rolle des roi connétable geschlüpft – übrigens völlig legal, und es gab auch im Reichstag mit Ausnahme der USPD-Mitglieder niemanden, der ihm diese Rolle streitig gemacht hätte. Die Abdankung Wilhelms II. im November 1918 hat eine lange Vorgeschichte,[462] und da der Kaiser in einer Situation, die ihm alle Optionen doch offenhielt, so kläglich versagte, war es kein Wunder, daß es ihm in der sehr viel schwierigeren Lage des November 1918 auch nicht gelingen sollte, die Monarchie zu retten.

Die Nachricht von der Entlassung Bethmann Hollwegs und der Ernennung eines hohen preußischen Beamten ohne jede parlamentarische Erfahrung als dessen Nachfolger schlug in Berlin wie eine Bombe ein.

Theodor Wolff notierte über Georg Michaelis' Berufung am 14. Juli: »Vormittags. Michaelis ist Reichskanzler. Ziemliche Überraschung. Man weiß eigentlich nur, daß er sehr fromm ist und kennt seine energische Rede als Ernährungskommissar. Ballin telephoniert mir: entsetzlich, völlig unzureichend. In der Tiergartenstraße treffe ich Riezler. Er sagt von Bethmann: ›Ein Löwe, den die Mäuse anfallen.‹ Ich sage: ›Nein, Löwe, das geht nicht.‹ Riezler: ›Ich weiß, Sie legen ihm den Krieg zur Last...‹«.[463]

Am 19. Juli machte der Chef des Berliner Tageblattes Bethmann einen Abschiedsbesuch, am Abend notierte Wolff:

»Finde ihn verändert, das Gesicht ist magerer, runzliger, grauer, aber nicht so gerötet wie sonst, die große gebückte Gestalt scheint mir weniger voll, unharmonischer, noch schlenkernder.«[464] Es entspann sich ein langes Gespräch, in dem Bethmann noch einmal die Zeit vom Juli 1914 bis zum Juli 1917 vor seinem inneren Auge Revue passieren ließ. Er blieb davon überzeugt, daß er nicht, wie seine Gegner von links es ihm unterstellten, ein »Friedenshinderniß« gewesen sei, und auch nicht, wie es die von rechts behaupteten, ein Flaumacher.

Daß das innenpolitische Erdbeben des 13. Juli 1917 das Kernproblem des Reiches aber nicht gelöst, sondern noch dringlicher gemacht hatte, davon waren die beiden Gesprächspartner und mit ihnen viele andere überzeugt: Es mußte ein Weg zum Frieden gefunden werden, und nun dringlicher denn je. Tatsächlich sollte die zweite Hälfte des Jahres 1917, dessen erste Hälfte so dramatisch verlaufen war, ganz unter dieser Frage stehen: Wie kommen wir aus dem Teufelskreis des Krieges heraus?

Die innenpolitische Krise des Juli 1917 war selbst ein Resultat des fast schon verzweifelten Diskurses um Krieg und Frieden. So hat Philipp Scheidemann den Nachweis zu führen gesucht, daß der Sturz Bethmann Hollwegs auch Folge der Bemühungen der SPD gewesen sei, in der Friedensfrage ein entscheidendes Stück weiterzukommen.[465]

Wahrscheinlich sind die Monate Juni bis Oktober 1917 die letzten gewesen, in denen es – vielleicht – möglich gewesen wäre, den Frieden durch europäische Initiativen allein wiederherzustellen, anders gewendet: Es war die letzte Gelegenheit, dem immer deutlicher fühlbar werdenden amerikanischen Einfluß und dem der russischen Revolution zuvorzukommen. Sicher scheint auch, daß es diesen Versuchs bedurft hat, bevor jedermann klar wurde, daß Europa nicht mehr in der Lage war, sich aufs Neue friedlich zu organisieren, so daß die Hilfe der USA dazu unabdingbar wurde. Allerdings findet sich in dem zeitgenössischen Aktenmaterial kein Hinweis auf solche Überlegungen; die welthistorische Dimension des Jahres 1917 wurde offensichtlich nicht begriffen: Gerade der Verlauf der Friedensdiskussion zeigte, daß die Staatsmänner, und zwar auf allen Seiten, immer noch an den alten, antiquiert wirkenden Vorstellungen festhielten, die schon die ersten Friedensdiskussionen im Jahr 1914 bestimmt hatten. Wenn die Resolution des Reichstages einen Verständigungsfrieden ohne Annexionen anmahnte, so geschah dies auch nicht aus prinzipiell besserer Einsicht, sondern war einzig Folge der Erkenntnis, daß die militärische Lage ein Auftrumpfen zur Zeit nicht erlaubte. Frieden war kein Selbstzweck, sondern dira neccessitas. Dies sollten die Deutschen wenig später auch den Bolschewiki unterstellen.

Die Friedens- und Kriegszieldiskussion der zweiten Jahreshälfte war so gesehen Höhepunkt und Abschluß des europäischen Nachdenkens über sich selbst. Sie gehorchte auch noch jenen diplomatischen Vorstellungen, die in der ganzen Neuzeit jeden Krieg kontrapunktisch begleitet hatten. Hier wäre an den Dreißigjährigen Krieg zu erinnern – einen Krieg, der vor allem in seiner Schlußphase in mancherlei Betracht an das Modell des totalen Krieges erinnert. Die Friedensdiskussion war, wie es Fritz Dickmann

22. Das Ringen um den Frieden 1917

gezeigt hat,[466] auch auf dem Höhepunkt des gegenseitigen Abringens niemals eingeschlafen; seit 1640 gab es dann auch jene diplomatischen Strukturen, die den Westfälischen Frieden acht Jahre später erst möglich machten. Das gleiche Bild bietet der Spanische Erbfolgekrieg; auch während desselben ist der Diskurs um den künftigen Frieden nie abgerissen, und damals haben sich, interessante Parallele, auch die Heerführer beider Seiten daran beteiligt, der Frieden von Rastatt war Sache der Militärs. Auch Ludendorff hatte seine Vorgänger, aber der Vergleich fällt nicht zu seinen Gunsten aus. Napoleon pflegte parallel zu seinen Feldzügen mit seinen Gegnern ausgiebig zu korrespondieren, und auch Bismarck hat praktisch vom ersten Tage des Krieges mit Österreich wie mit Frankreich an parallel Wege zum Frieden gesucht.[467]

Es war also nicht ungewöhnlich, daß die Kriegführenden auch während des Ersten Weltkrieges in einem ständigen Meinungsaustausch standen. Das lief, wie im Falle Österreichs, über die verwandtschaftliche Schiene der Herrscherhäuser, dann zunächst über die neutralen Staaten, so Schweden und die Schweiz, vor allem auch die USA, und als das alles zu nichts führte, mischte sich auch der Papst ein. In Europa für den Frieden zu sorgen: Daß dies eine vatikanische Aufgabe sei, davon war der Papst Benedikt XV. überzeugt, und da der Heilige Stuhl zu diesem Zeitpunkt noch über ein unbeschädigtes Prestige verfügte, auch in England; mit dem Nuntius Pacelli ein hervorragender Diplomat dem Papst zur Verfügung stand, er sicher sein konnte, daß die Zentrumspartei aus ganz spezifischen Gründen auf das Wort des Heiligen Vaters eher hören würde als alle anderen Parteien, versprachen päpstliche Friedensinitiativen eher Erfolge als so manche andere – an denen es bekanntlich nicht mangelte.[468]

Der Papst schlug vor, Friedensverhandlungen nach der vorherigen freiwilligen Rückgabe Belgiens durch Deutschland aufzunehmen und zwar mit dem Ziel, einen Frieden des status quo ante zustandezubringen. Das erinnert sehr an die Friedensresolution des Reichstages, um die gerade zu diesem Zeitpunkt gerungen wurde.

Bethmann hielt des Papstes Brief am 26. Juni in der Hand, die Friedensresolution wurde am 19. Juli 1917 vom Reichstag verabschiedet. Das konnte durchaus so aussehen, als sei dies bereits eine Antwort des Reichstages auf die päpstliche Initiative. In Wirklichkeit handelte es sich um zwei voneinander unabhängige Aktionen. Natürlich fühlte sich der Vatikan durch diese Friedensresolution beflügelt, wie das Angebot Benedikts XV. vom 1. August deutlich machte, sich als Vermittler zur Verfügung zu stellen.

Die Verabschiedung der Friedensresolution des Reichstages war die erste Handlung einer demokratischen Mehrheit in einem deutschen Parlament – kein übler Auftakt. Sie knüpfte an Wilhelms II. Thronrede vom 4. August 1914 an, mahnte also einen Frieden der Verständigung und Versöhnung an. Damit seien, so hieß es in dem Dokument, »erzwungene Gebietsabtretungen, politische, wirtschaftliche und finanzielle Vergewaltigungen unvereinbar. Der Reichstag weist auch alle Pläne ab, die auf die wirtschaftliche Absperrung und Verfeindung der Völker den Boden bereiten. Der Reichstag wird die Schaffung internationaler Rechtsorganisationen tatkräftig fördern.« Dann folgten jedoch Formulierungen, die geeignet waren, alles wieder infragezustellen:

»Solange jedoch die feindlichen Regierungen auf einen solchen Frieden nicht eingehen, solange sie Deutschland und seine Verbündeten mit Eroberung und Vergewaltigung bedrohen, wird das deutsche Volk wie ein Mann zusammenstehen, unerschütterlich ausharren und kämpfen, bis sein und seiner Verbündeten Recht auf Leben und Entwicklung gesichert ist. In seiner Einigkeit ist das deutsche Volk unüberwindbar. Der Reichstag weiß sich darin eins mit den Männern, die in heldenhaftem Kampf das Vaterland schützen. Der unvergängliche Dank des ganzen Volkes ist ihnen sicher.«[469] Das erinnerte in fataler Weise ebenfalls an die Thronrede vom 4. August – hatte man vergessen, mit wieviel Häme und Spott die Gegner darauf reagiert hatten? Auch der »Aufruf an die Kulturwelt« scheint der Resolution Pate gestanden zu haben.

Aber diese spiegelte getreulich die Macht- und Interessenverhältnisse im Reichstag, sie war eben ein Kompromiß. Die Frage ist hypothetisch, dennoch soll man sie stellen: Wie wäre Bethmann Hollweg mit dieser Resolution umgegangen? Sicherlich nicht so wie Michaelis, denn dieser entpuppte sich nun als das, was er ja war: williges Werkzeug in den Händen der OHL. Natürlich blieb ihm nichts übrig, als formell der Resolution zuzustimmen – sie wurde von der Reichstagsmehrheit getragen und die trug auch ihn –, aber indem er der Verkündigung ihres Textes den Nebensatz hinzufügte: »wie ich sie auffasse«, entwertete er sie stante pede. Daß das kein Versehen war, bewies er mit einem Schreiben an den Kronprinzen, in dem er sich rühmte, der Resolution »die größte Gefährlichkeit« damit geraubt zu haben. Und zynisch fügte er hinzu: »Man kann schließlich mit ihr jeden Frieden machen, den man will.«[470]

Der Reichstag verstand die Papstnote vom 1. August tatsächlich als Reaktion auf die eigene Initiative und leitete von daher das Recht ab, sich in deren Beantwortung einzuschalten – ein Novum in der Geschichte des Kaiserreiches. Michaelis hätte daraus einen großen verfassungspolitischen Casus machen können, davor hütete er sich wohlweislich, denn nach den Erfahrungen, die Bethmann Hollweg mit dem Kaiser hatte sammeln müssen, stand nicht zu erwarten, daß der Monarch sich jetzt mannhaft für die

Prärogative des Kanzlers einsetzte. Man einigte sich also: Der Reichstag ernannte einen Siebener-Ausschuß, dem fünf Mitglieder der Parteien angehörten, die die Resolution gebilligt hatten, sowie Michaelis und dessen Außenstaatssekretär – fast könnte man schon sagen: Außenminister von Kühlmann. Deutlicher konnte die Demontage der Exekutive nicht mehr demonstriert werden, aber auch das ließ sich Michaelis gefallen, was beileibe kein Zeichen demokratisch-parlamentarischer Gesinnung war, sondern bloßer Schwäche. Michaelis war ein dezidierter Gegner jeder Verfassungsreform, nicht zuletzt dem hatte er seine Ernennung durch den Kaiser und die 3. OHL zu verdanken gehabt.

Der Papst hatte angeregt, Deutschland solle ohne viel Federlesens und sofort Belgien zurückgeben und als freien, souveränen Staat wiederauferstehen lassen, bevor man zu Friedensverhandlungen zusammenträte. Die Probe ist nicht aufs Exempel gemacht worden, aber vieles spricht dafür, daß die Entente selbst das abgelehnt hätte. Dann allerdings wäre sie nicht nur vom Heiligen Stuhl als kriegstreibende Macht angeprangert worden; man darf annehmen, daß auch Wilson energisch geworden wäre. Auf alle Fälle hätte die Reichsregierung die Entente in böse Verlegenheit bringen können, wenn sie dem päpstlichen Vorschlag schlicht und einfach zugestimmt hätte.

Davon war sie weit entfernt – und nicht nur Michaelis. Im Siebener-Ausschuß kam es nicht etwa zu einem Hauen und Stechen zwischen den Abgeordneten und der Regierung, sondern nach vielem Hin und Her, in das auch die OHL und der Kaiser eingeschaltet wurden, zu einem faulen Kompromiß, der nun schon zum zweiten Mal das zarte Pflänzchen des langsam entstehenden Parlamentarismus zerzauste. Was wäre eigentlich geschehen, wenn die Ausschußmehrheit mit 5:2 dem päpstlichen Vorschlag zugestimmt hätte? Michaelis wäre nicht der Mann gewesen, um diesen Fehdehandschuh aufzunehmen, der Kaiser noch weniger. Der Kronprinz hätte in der ihm üblichen Weise getobt, bewirken hätte er nichts können. Natürlich wäre es auf eine direkte Konfrontation mit der 3. OHL hinausgelaufen. Warum nur scheuten sich die gewählten Vertreter des Volkes, das zu tun?

Der Kompromiß sah so aus: Wenn Deutschland die Restauration Belgiens zusagte, dann sollten die Alliierten im Vorweg der Unverletzlichkeit der deutschen Grenzen zustimmen, im Klartext: dem Verbleib von Elsaß und Lothringen beim Reich. Da nun aber die Deutschen wußten, daß die Herausgabe dieser beiden Provinzen sowohl zu den französischen wie den englischen und nun auch amerikanischen Essentials zählte – und zwar von Anfang an –, versetzten sie der päpstlichen Initiative und der eigenen des Reichstages schon den Todesstoß. Deswegen ist es auch nicht mehr nötig, die interessanten Diskussionen, die sich der Friedensresolution anschlossen, im einzelnen zu verfolgen. Auf die politischen Folgen dieser Diskussion hingegen ist sehr wohl einzugehen.

Die Entente konnte also die päpstliche Friedensvermittlung ablehnen, ohne auch nur das Gesicht zu verlieren. Der Schwarze Peter lag wieder einmal bei Deutschland, und da der Papst auch in Amerika als höchst ehrenwerte Autorität galt, mit einem hohen moralischen Prestige ausgestattet, waren die Folgen für Deutschland höchst unangenehm.

Sie wurden es noch in einem ganz anderen Sinn, und diese waren langfristig gesehen schwerwiegender als die unmittelbaren. Die erbittertsten Gegner der Friedensresolution hielten nämlich deren Initiatoren und Verfechter für Vaterlandsverräter. Die Symmetrie der politischen Entwicklung ist bemerkenswert: Die Abspaltung der USPD wurde mit dem Verrat der Mehrheitssozialdemokratie an den Idealen des Sozialismus begründet, die Gründung der Vaterlandspartei [471] mit dem Verrat der Parteien, die die Resolution trugen, am Vaterland. Nun saßen in den Augen von Tirpitz und Kapp, den beiden Gründern der Vaterlandspartei, die Verräter in den Reihen nicht nur der sozialistischen, sondern auch der bürgerlichen Parteien. Das heißt: Die Friedensdiskussion von 1917 generierte sowohl den linken, wie den rechten politischen Radikalismus in Deutschland, also jenen, der sich auch und ganz besonders gegen die bürgerlichen Parteien richtete. Die Protagonisten dieses Radikalismus sollten bald im Rampenlicht der Geschichte stehen: Liebknecht wird es sein, der 1918 die sozialistische Republik ausruft, der Name Kapp wird mit dem Putsch von 1920 verbunden sein, also jenem, der die Weimarer Koalition für Zeit und Ewigkeit davonfegen sollte – und der Name Ludendorff mit dem Hitlerputsch von 1923.

Natürlich gehörte Ludendorff zu den glühendsten Anhängern der neuen Vaterlandspartei, und diese konnte sich des uneingeschränkten Wohlwollens auch der Krone und des Kronprinzen erfreuen.

So war das Jahr 1917 in mehr als einer Hinsicht zum Schicksalsjahr geworden, und die Geburtsfehler der Republik wurden schon vor ihrer Geburt sichtbar. Aber niemand konnte im Sommer 1917 wissen, wie die Zukunft wirklich aussehen würde, und es gibt auch kein historisches Kausalgesetz, das den Aufstieg des Totalitarismus in Deutschland nach 1919 als unvermeidlich ausweisen würde.

Vielleicht am fatalsten war es, daß die Vaterlandspartei bewußt und gewollt als Partei gegen die Friedensresolution geschaffen worden war. Sie definierte sich also nur negativ, sie verfügte auch nicht ansatzweise über ein ernstzunehmendes politisches Programm – es sei denn die Fortsetzung des Krieges bis zum endgültigen und vollständigen Sieg. Dennoch genoß sie das Wohlwollen auch großer Teile der Schwerindustrie. Die verdiente am Krieg sehr gut,[472] sie hatte kein Interesse an einem baldigen Frieden, vor allem einem Frieden, der die Träume von Longwy, Briey und den Kanalhäfen platzen ließ. Tirpitz und Kapp setzten durch, daß in der Truppe nun ein »vaterländischer Unterricht« eingeführt wurde – das gemahnt schon an die sowjetischen Politkommissare und die nationalsozialistische weltanschauliche Schulung. Er wurde, wie man sich leicht denken kann, und wie es gegen Ende des Zweiten Weltkrieges das Fiasko mit den NS-Führungsoffizieren ausweisen sollte, nicht zu einer Quelle vaterländischer Begeisterung, sondern weckte bei der Masse der Soldaten Hohn und Spott und förderte, was bedenklicher war, den Radikalismus von links. Natürlich kann man es nicht quantifizieren, aber die Unruhen in der Hochseeflotte, die zu jenen Meutereien führten, für die die Namen Reichpietsch und Köbis stehen, sind doch auch in dieser vergifteten Atmosphäre entstanden, für die die »Vaterlandspartei« verantwortlich war.[473] Hatten die Initiatoren der Reichstagsresolution ebenso wie die der Osterbotschaft gehofft, die gesellschaftlichen Gegensätze, die im vierten Kriegsjahr bedenklich aufzuklaffen begannen, im Sinne einer innenpolitischen Versöhnungspolitik, deren gemeinsamer Nenner die Friedenswiederherstellung sein sollte, überbrücken zu können, so stellte sich gegen Jahresende das genaue Gegenteil heraus: Die innergesellschaftlichen Gegensätze waren schärfer denn je zuvor, und nachdem alle Friedensinitiativen so kläglich gescheitert waren, erhob der Gott des Krieges erneut triumphierend sein Gesicht. Es ist kaum zu glauben, dennoch war es so: Die Gesellschaft war des Krieges immer noch nicht überdrüssig, auch wenn er ihr nicht mehr recht schmeckte.

23. RUSSLAND UND DER KRIEG IM OSTEN

Die schweren Abwehrkämpfe im Westen hatten 1917 die militärischen Probleme im Osten etwas in den Hintergrund gedrängt, das änderte sich im Herbst des Jahres dramatisch, war aber nicht Folge besonderer Initiativen der Mittelmächte, sondern der Oktoberrevolution in Rußland. Diese war natürlich auch eine Folge des Krieges, sie gehört zum Krieg und deswegen auch in die Geschichte des Ersten Weltkrieges.

Dies schon aus strategischen Gründen: Während St. Petersburg vor 1914 in weiter Ferne lag, war es 1917 gleichsam vor die Tore Berlins gerückt; während die revolutionären Bewegungen des frühen 20. Jahrhunderts mit dem Höhepunkt der russischen Revolution von 1905 sich in beruhigender Distanz zu den Zentren der deutschen Staatsmacht vollzogen, also einigermaßen gelassen aus sicherer Entfernung betrachtet und kommentiert werden konnten, ging nun alles nach dem Motto: tua res agitur. Es sind diese geopolitisch veränderten Gegebenheiten, die die russische Revolution von 1917 von Anfang an dialektisch mit der Reichsgeschichte verknüpften, und das sollte Folgen haben – bis hin zu jenen Thesen, die in Kommunismus und Nationalsozialismus eine gemeinsame Wurzel zu erkennen meinen.

Die Geschichte der russischen Revolution ist aber nicht ohne Kenntnis der gesamten russischen Geschichte zu verstehen.[474] In diesem Zusammenhang stellt sich die gar nicht akademische Frage, wie weit es mit den Kenntnissen der russischen Geschichte bei jenen her war, die seit dem Frühjahr 1917 in immer rascherem Prozeß in den Strudel der russischen Umstürze hineingezogen wurden und zugleich nach dem Bismarckwort »unda fert nec regitur« sich bemühten, auf der Welle der Revolution mitzuschwimmen.

Das gilt für »Oberost«, aber auch für das Auswärtige Amt, das Reichskanzleramt; es gilt für die Oberkommandierenden an der Ostfront. Die spektakulären Verbrüderungsszenen zwischen russischen und deutschen Soldaten haben schon die Zeitgenossen irritiert – es mag sein, daß die »einfachen« Soldaten die Schicksalhaftigkeit der russischen Revolution besser erkannt oder gespürt haben als die bürgerlichen Eliten, für die alles, was mit Kommunismus und Sozialismus zusammenhing, dumpfe Drohung oder infames Kathedergespenst blieb.

Man kann den Ersten Weltkrieg, von St. Petersburg und Moskau aus gesehen, als jenes Ereignis interpretieren, das im Prozeß der russischen Revolution, die schon mit dem Dekabristenaufstand von 1825 zumindest ideologisch eingeläutet worden war, also über eine Latenzzeit von fast hundert Jahren verfügte, die Rolle des Katalysators übernommen hat. Eine langfristige, säkulare Entwicklung kulminierte 1917, weil mit dem Weltkrieg nun jene Rahmenbedingungen generiert wurden, die der Revolution zum Erfolg verhalfen. So gewinnt der Krieg den Charakter eines Geburtshelfers der Revolution, präziser: Die 3. OHL hat mit ihrem Entschluß, Lenin die Rückkehr aus seinem Schweizer Exil zu ermöglichen, die Kettenreaktion bis zum 7. November 1917 ausgelöst. Auch von daher wird verständlich, daß die Oktoberrevolution in Rußland aufs Innigste mit der deutschen Geschichte verbunden gedeutet wird – eben so wie dies später Liebknecht, Luxemburg, Zetkin, Radek, Thälmann und noch so mancher andere tun sollten, und verständlich wird auch die hoffnungsfrohe Erwartung Lenins, die Revolution mit Naturnotwendigkeit nun sehr bald auch in Deutschland siegen zu sehen.

Allerdings wurde es von den eingefleischtesten marxistischen Ideologen immer als ärgerlich empfunden, daß das Weltereignis der Revolution ganz offensichtlich nicht immanent zustandegekommen ist, also als logische, eiserne Abfolge jenes Klassenkampfschemas, das Karl Marx einst entworfen und in die Zukunft projiziert hatte, sondern als, wenn man so wollte, banale Folge von höchst individualistischen Entscheidungen, und zwar jenseits der eigenen Gesellschaft. Das führte zu erheblicher Verunsicherung und zu so manchem ideologischen Eiertanz in der Deutung der kommunistischen Geschichte.[475]

Wenn die deutsche Politik, genauer: die 3. OHL »schuld« am Erfolg der Revolution war, so ließen sich Hindenburg und Ludendorff als die Hauptprotagonisten geradezu als Musterexemplare in der Phalanx der Hegelschen »Marionetten des Weltgeistes« begreifen. Da die beiden Generäle und deren gesellschaftliches und ideologisches Milieu Positionen vertraten, die denen der Bolschewiki diametral entgegengesetzt waren, ließen sich alle Bemühungen in der Folgezeit, den Bolschewismus wieder auszurotten, als »Wiedergutmachungsbemühungen« deuten, und von daher ist es dann auch logisch zu postulieren, daß dieses Lager sich eines »Agenten« bedient habe, der dieses Geschäft betreiben sollte: Die beliebte marxistische Deutung Hitlers, heute nur noch von historiographischem Interesse,[476] ergibt sich folgerichtig aus der Interpretation des dialektischen Zusammenhanges zwischen der russischen Revolution und der deutschen Politik während des Ersten Weltkrieges.

Zweifellos ist die Revolution aber auch, vielleicht sogar in erster Linie, die logische Konsequenz aus der russischen Gesamtgeschichte des 19.

Jahrhunderts; vielleicht muß man noch weiter zurückgehen – etwa bis zur opricnina eines Iwans des Schrecklichen, also ins 17. Jahrhundert. Die Revolution ist so gesehen nicht die Synthese aus der Geschichte Rußlands und des Ersten Weltkrieges, sondern ein historisch eigenständiges Gewächs, das mit der europäischen Geschichte kaum etwas zu tun hat, sondern tief in der Geschichte jenes Rußlands verankert ist, das sich eben nicht als europäisch empfand. Mit diesem Trick war es möglich, die Geschichte des bolschewistischen Rußlands als im Grunde nicht zur Geschichte Europas gehörend zu interpretieren. Rußland, dann die Sowjetunion, war so gesehen ein historisches Gebilde sui generis, und erst nach 1991 begann eine vorsichtige, ständig gefährdete, immer noch nicht abgeschlossene Reintegration des vom Bolschewismus befreiten Rußland nach Europa.

All dies läßt sich aber auch völlig anders sehen, setzt man an die erste Stelle in der Hierarchie des Wichtigen weder die russische Geschichte noch den Ersten Weltkrieg, sondern jene geistesgeschichtlichen Prozesse, auf denen die Ideologie des Kommunismus wesentlich gründete. In diesem Fall wird die Revolution zu einem genuin europäischen Ereignis, denn die wichtigsten Ideengeber stammten, wie schon gesagt, aus Europa, genauer: aus Deutschland; Kant, Hegel, Marx galten als die eigentlichen Geistesheroen der kommunistischen Idee, wie sie Lenin zu verwirklichen suchte.

Auf einer Ebene darunter ließe sich auch an Fourier, St. Simon, Proudhon, also die französischen Frühsozialisten, sowie den einen oder anderen Anarchisten denken, und betrachtet man das ideologische Geflecht noch genauer, so gerät auch all das mit ins Blickfeld, was man als Sozialismus im 19. Jahrhundert bezeichnen könnte.

Den gab es auch in Rußland, aber die führenden Persönlichkeiten stammten alle aus dem zentraleuropäischen Raum, und deswegen besitzt die Behauptung, der Bolschewismus und der Kommunismus Leninscher Provenienz seien ein durch und durch europäisches Gewächs, vor allem aber ein deutsches, durchaus Plausibilität.

Wenn die Oktoberrevolution die Resultierende aus den ideologischen und realen historischen Erfahrungen des 19. Jahrhunderts war, die tief in der europäischen Geschichte wurzelten, so mußte der schon von Karl Marx formulierte Anspruch auf die Weltrevolution von faszinierender Stringenz sein. Die Widersprüche des Kapitalismus hatten, ganz wie prophezeit, zum Weltkrieg geführt, aus dem logischerweise die klassenlose Gesellschaft herauswachsen mußte – so sahen es die Mannen um Lenin[477], besser: So wollten sie, daß es die Massen sahen. Wer sich gegen dieses historische Entwicklungsgesetz stemmte, wußte nicht, was »an der Zeit«

war, und verlor damit alle Legitimation, das Volk zu führen. Wenn Lenin den Umsturz auch in Deutschland erwartete, so aus dieser systemimmanenten Begründung heraus. Der aktuelle Krieg wurde dann unwichtig, er hatte seine historische Aufgabe schon erfüllt: mit der im November 1917 gelingenden russischen Revolution. Das wird wichtig im Vorfeld der Bemühungen um die Friedenswiederherstellung im Osten.

Bevor man sich den Ereignissen genauer zuwendet, die zur russischen Revolution führten –, immer nur sub specie der Geschichte des Ersten Weltkrieges – bedarf es einiger grundsätzlicher Überlegungen zu einem Begriff, der es recht eigentlich erst 1917/18 geworden ist: »Ostpolitik«[478]. Dieses Wort wird auch in vielen anderen Sprachen in seiner deutschen Form verwendet. Es ist eigentümlich, daß es analoge Begriffe dazu nicht gibt: Niemand spricht von einer Nord-, Süd- oder auch Westpolitik in dem Sinne, wie es das Wort »Ostpolitik« suggeriert. Dieses Wort gehört zu den historischen Symbolen, und das hat nicht nur semantische Bedeutung.

Das symbolische Gefüge »Ostpolitik« war das Resultat einer tausendjährigen Geschichte, die noch bis in die frühen Jahre des Kalten Krieges nach 1945 hineinwirken sollte. Er war lange Jahrhunderte hindurch mit einem anderen Schlagwort symbiotisch verbunden: dem vom »Drang nach Osten«.[479]

Dieser »Drang« wurde im 19. Jahrhundert schon Heinrich I. unterstellt, später Otto dem Großen, und im 12. Jahrhundert dem Deutschen Orden, dem Schwertbrüderorden, aber auch der Hanse. Besonders virulent wurde das ideologische Muster, das sich hinter dem »Drang nach Osten« verband, wenn es ihn nicht gab. In der berühmten Sybel-Ficker-Kontroverse[480] unterstellte ersterer den deutschen Königen und Kaisern einen mangelnden »Drang nach Osten«, und Heinrich Himmler wird nicht nur in Quedlinburg feierlich verkünden, seine SS und Adolf Hitler würden nach 700 Jahren den Germanenzug nach Osten wieder aufnehmen.[481] Der europäische Osten wurde im Zeichen des erwachenden Nationalismus mystifiziert. Nun schienen die Ostkolonisation des Mittelalters, das Wirken des Deutschen Ordens[482] und der Hanse[483] als jene nationalen Modelle, denen es wieder nachzustreben gelte, und solche Vorstellungen verbreiteten sich über die politische in die allgemeine Kultur, man denke etwa an Gustav Freytags Roman »Soll und Haben«, der in millionenfacher Auflage zum Stereotyp des »Dranges nach Osten« wurde.

Ludendorff hatte diesen Mythos mit der Namengebung der Schlacht von »Tannenberg« wiederbelebt, und so nimmt es nicht Wunder, daß die Eroberungen der Mittelmächte im Jahr 1915 von vielen enthusiastisch als Wiederaufnahme der eigentlichen, der wahren »Ostpolitik« begriffen wurden.

Ostpolitik hatte mit einem nationalem Selbstverständnis zu tun, das über sich hinauswies und aggressiv wurde; es lag auf der Hand, daß der »Drang nach Osten« den Drang der »Germanen« nach Osten meinte. In diesem Osten aber lebten »nichtgermanische« Menschen, und damit fingen die Probleme erst richtig an. Schon im Umkreis des Ersten Weltkrieges spukten die Ideen von germanischer Besiedlung des Ostens, und die Geschichtswissenschaft der Zeit tat nichts, um den Nachweis zu liefern – obwohl das Quellenmaterial nicht zuletzt dank ihrer eigenen und ihrer Vorgänger Bemühungen in den Monumenta Germaniae Historica vorhanden war –, daß es diesen mythischen Germanenzug nach Osten in Wahrheit nie gegeben hatte, sondern eine meist fruchtbare Synthese aus der slawischen und der deutschen Kultur. Dem angeblichen »Drang nach Osten« im Mittelalter hätte man im 19. und frühen 20. Jahrhundert genau so gut einen polnischen bzw. russischen »Drang nach Westen« zur Seite stellen können, denn ein unablässiger Strom von Arbeitsmigranten ergoß sich aus dem Osten in die Industrieregionen des Westens, etwa das Ruhrgebiet, oder auch auf die Latifundien des ostelbischen Großgrundbesitzes. Weder die Schwerindustrie im Rheinland noch die Landwirtschaft im Osten hätten ökonomisch überleben können ohne die ständige Zuwanderung polnischer und russischer Migranten.[484] Gewiß gab es auch hier Schwierigkeiten, im Großen und Ganzen aber gelang die Integration dieser Wirtschaftsmigranten in die einheimische Kultur – im Ruhrgebiet gibt es dafür noch heute unzählige Zeugnisse, vom Brieftaubenzüchterverein bis zu Schalke 04.

Die Ostpolitik des Ersten Weltkrieges gewann durch die Vorgänge in Rußland seit dem März 1917 neue Brisanz, und zum Unglück aller schleppte sie die Hypotheken dieser tausendjährigen Vergangenheit mit sich, besser: sie schleppte sich mit dem Bild von ihr herum, einem durchaus falschen und gefährlichen.

Vordergründig betrachtet konnte es 1916 scheinen, als sei die Revolution in Rußland ferner denn je. Zum einen hatten sich die russischen Truppen 1914 und 1915 durchaus als kämpferisch und diszipliniert erwiesen, Österreich wurde eine demütigende Schlappe beigebracht. Zum anderen war es der russischen Führung nach der Katastrophe von Tarnow-Gorlice und deren Folgen zur peinlichen Überraschung des AOK Ost doch noch gelungen, eine durchgehende Front zu stabilisieren, und jedermann in der OHL wußte, daß die Ressourcen Rußlands prinzipiell unerschöpflich waren, wenn es dem zaristischen System nur gelang, den patriotischen Idealismus des August 1914 zu konservieren bzw. wiederzubeleben und die Kriegsmaschine Rußlands wirklich anzuwerfen – so wie dies Stalin bekanntlich nach dem Dezember 1941 gelingen sollte. Mehr noch: Zur Überraschung der Mittelmächte war Rußland im Sommer 1916 zu einer strategisch groß angelegten Offensive, die den Namen des Generals Brussilow trug, nicht ohne erhebliche Anfangserfolge angetreten – aber Brussilows Siege ähnelten doch sehr denen von Pyrrhos oder noch besser: denen von Nivelle. Wie im Westen, zeigte sich nämlich auch im Osten, daß die Offensivgewinne in keinem vernünftigen Verhältnis mehr zu den Verlusten standen, mit denen sie erkauft wurden. Was in Frankreich Pétain dann aber gelingen sollte: die Unterdrückung der Meutereien, die Wiederherstellung der Moral der Truppe, mißlang Brussilow und jedem anderen, das hatte nun auch schon systemimmanente Gründe. Im Westen gab es einen ideologischen Schulterschluß zwischen Marschall und Poilu, in Rußland nicht. Hier hatte nur die Idee von »Mütterchen Rußland«, das es zu verteidigen gelte, anfangs für solche Solidaritätseffekte gesorgt. Je länger sich der Krieg hinschleppte, desto mehr verblaßten solche allzu vagen Ideale.

Nach dieser letzten militärischen Kraftanstrengung des kaiserlichen Rußland brach der Militärapparat sichtbar zusammen, Ungehorsam, Meutereien gerieten außer Kontrolle – und dazu trugen nun schon jene politischen Kräfte bei, die bald das Heft in die Hand nehmen sollten. Die Höflinge in Petrograd – so wurde St. Petersburg mit dem Tag des Kriegsbeginns umgetauft – wußten nur zu genau, welche Folgen das hatte, man ist hier nicht naiv von der Revolution überrollt worden. Aber weder der Zar selbst noch seine Gemahlin, ein besonders borniertes Weib, waren in der Lage, das Ruder herumzureißen, und auch die Ermordung Grigorij Rasputins am 30. Dezember 1916 verfehlte die erhoffte Signalwirkung; sie wirkte eher gegenläufig, denn die St. Petersburger Garnison witterte die Schwäche des Hofes.

Von ungleich größerer Signalwirkung war eine Massendemonstration am 8. März 1917, die wesentlich von Frauen getragen wurde.[485] Viele ausgesperrte Rüstungsarbeiter schlossen sich an – wer geschichtskundig war, dem kam sofort die journée vom 6. Oktober 1789 in den Sinn: der »Zug der Weiber« nach Versailles. Es ist schwer zu entscheiden, wie hoch überhaupt der Anteil der Frauen an den großen europäischen Revolutionen gewesen ist – immerhin deuten zahlreiche Zeugnisse sowohl im Umkreis der großen Französischen Revolution als auch der Revolutionen von 1830, 1848 und 1871, die oft sehr bissig und machohaft die Heugabeln wie Phalli hochreckende »Weiber« karikierten, darauf hin, daß die Zeitgenossen ihn hoch eingeschätzt haben; Schillers »Glocke«-Wort von den Weibern, die zu Hyänen werden, kommt nicht von ungefähr.

Nikolaus II. war entschlossen, sich nicht wie Ludwig XVI. zur Guillotine führen zu lassen. In wie vielen Büchern zur Geschichte der Französischen Revolution war nicht davon die Rede gewesen, hätte sich der König nur mannhaft zur Wehr gesetzt und den Ballhausspuk mit militärischen Mitteln beendet, so wäre alles ganz anders gekommen! Nikolaus also befahl, gewaltsam gegen jene Truppenteile und Demonstranten vorzugehen, die am System der Autokratie rüttelten – und die Truppe gehorchte, noch. Das war wohl auch der Grund dafür, daß der Zar gar nicht daran dachte, den leidenschaftlichen Appellen des Duma-Präsidenten Folge zu leisten, ein dem Parlament verantwortliches Ministerium zu berufen. Gewiß: Einrichtung und Zusammensetzung der Duma war die größte Errungenschaft der Revolution von 1905 gewesen, und Rußland war ähnlich wie Deutschland auch auf dem Weg zum Parlamentarismus – aber es ging viel langsamer, und die Gegenkräfte waren viel stärker. Immerhin hätte es Nikolaus II. zu denken geben sollen, daß mit der Berufung der Duma der erste St. Petersburger Sowjet von 1905 neutralisiert werden konnte. Diesmal versagte sein Instinkt, und damit war wohl die letzte Chance vertan – ganz ähnlich wie es Wilhelm II. mit seiner »Osterbotschaft« ergehen sollte –, mit den fortschrittlichen bürgerlichen und sozialistischen Kräften gemeinsam gegen die Radikalen vorzugehen.

Am 12. März kam es zur *Februar*revolution[486] (die Menschen rechneten noch immer nicht nach dem gregorianischen Kalender von 1582), aber einer bürgerlichen, ganz wie im Lehrbuch. Menschewiki und Trudewiki bildeten ein Provisorisches Duma-Komitee, das die öffentliche Ordnung wiederherstellen sollte. Die Linksradikalen formierten sich zu einem Exekutivkomitee der Arbeiter- und Soldatendeputierten, damit saß das Trojanische Pferd in der Duma selbst.

Noch blieb es in demselben friedlich, so daß der Fürst Georgi Jewgeniewitsch Lwow eine bürgerliche Provisorische Regierung bilden konnte.[487] Aber deren Machtbefugnisse gingen gegen Null, denn in Wirklichkeit bestimmte der Petersburger Sowjet die Richtlinien der Exekutive.

Angesichts dieser Lage dankte Nikolaus II., der in Pskov residierte und St. Petersburg nicht erreichen konnte, zugunsten seines Sohnes Michail ab; dieser beeilte sich, auf den Thron ebenfalls zu verzichten, und damit war Rußland de facto zu einer Republik geworden. Es war dies die erste, nicht die letzte Abdankung eines gekrönten Hauptes; am Ende des Krieges waren die drei europäischen Kaiser von der Bildfläche verschwunden: neben dem russischen auch der österreichische und der deutsche. Darin, und nicht in den Revolutionen von 1917/18 ist der wahrhafte weltgeschichtliche Einschnitt zu sehen, denn in Europa sollte es seitdem nie mehr einen Kaiser geben. In jüngster Zeit wird die Idee eines »europäischen Kaisers« allerdings wiederbelebt.[488]

Und um den symbolischen Kontrast deutlich zu machen: Nach dem russischen Selbstverständnis war der Kaiser von Rußland der legitime

Nachfolger des Oströmischen Kaisers gewesen, der 1453 in Konstantinopel gefallen war. Dieser Oströmische Kaiser aber hatte sich als Nachfolger Konstantins begriffen, Konstantin als Erbe von Cäsar und Augustus. Eine große Tradition ging zu Ende, aber die Menschen in St. Petersburg hatten nur Hunger, froren, und die Geschicke der Stadt schienen von den 160 000 Mann der Garnison und von der Handvoll Bolschewiki abzuhängen, die ihre Stunde kommen sahen.

Und ihren Wladimir Iljitsch Uljanow, genannt Lenin.[489] Wenn in einem anderen Zusammenhang der Mangel an charismatischen Führerfiguren beklagt wurde: mit Lenin stand eine solche zur Verfügung. Man wird an den jungen Friedrich II. von Hohenstaufen erinnert: Wie dieser, kam auch jener praktisch mit nichts als einer Handvoll Gefährten zurück in das Reich, das er beherrschen wollte, und wie diesem, liefen auch jenem bald die Scharen begeisterter Anhänger, verzückter Frauen nach, und einzig und allein Kraft seines Charismas gelang es Lenin, die Zügel in die Hand zu bekommen und sie bis zu seinem Tod im Jahr 1924 nicht mehr fahren zu lassen. Nach dem Zusammenbruch des kommunistischen Systems ist die historische Figur Lenins allerdings auf Normalmaß geschrumpft, und war Friedrich II. ein Mann der Tat, so Lenin eher ein »Schreibtischtäter« (Heinz Brahm).

Lenin ist zugleich das personifizierte »missing link« zwischen der Geschichte der russischen Oktoberrevolution und der deutschen Geschichte im Ersten Weltkrieg.

Die übrigen europäischen Mächte hatten dem Schauspiel in St. Petersburg fasziniert zugesehen – und alle verknüpften damit ihre eigenen Hoffnungen. Die Entente beeilte sich, das neue Regime sofort anzuerkennen in der Hoffnung, Rußland würde nun doch noch zu einer parlamentarischen Demokratie, was schon im Hinblick auf Wilson von unendlicher Bedeutung sein mußte; die Mittelmächte hofften, daß es bei der bürgerlichen Revolution nicht bleiben und ein fortschreitender revolutionärer Prozeß das ganze Land so destabilisieren werde, daß es zur Fortsetzung des Krieges unfähig würde. Aber die Alliierten taten nichts, besser: konnten nichts tun, um die Stabilisierung des neuen Regimes zu befördern, auf die technischen Schwierigkeiten wurde schon hingewiesen; den Deutschen boten sich demgegenüber mancherlei Chancen – Folge des Umstandes, daß der Machtbereich der Mittelmächte fast bis St. Petersburg heranreichte.

Wie genau die 3. OHL, aber auch das Auswärtige Amt um Funktion und Bedeutung Lenins wußten, ergibt sich aus ihrem Plan, den im Exil nicht gerade dahinschmachtenden, aber ohnmächtigen Lenin in seine Heimat zurückzuschleusen – zu keinem anderen Zweck, als den Destabilisierungsprozeß zu beschleunigen. Man glaubte ganz sicher zu sein, daß Lenin der

»nützliche Idiot« sein würde, es gab keine Versuche, ihn vorher irgendwie zu indoktrinieren, das wäre gänzlich überflüssig, vielleicht sogar kontraproduktiv gewesen. Gerade wenn er in Rußland akzeptiert werden wollte, durfte gar nicht erst der Eindruck entstehen, er habe mit den Deutschen wie auch immer kollaboriert. »Destruktive Rußlandpolitik« lautete die Devise in Berlin. Vor allem Brockdorff-Rantzau, damals deutscher Gesandter in Kopenhagen, nach dem Krieg deutscher Außenminister und zusammen mit Walther Rathenau »Erfinder« von Rapallo, setzte sich für Lenin ein und lief damit beim Kaiser und der 3. OHL offene Türen ein. Daß übrigens Wilhelm II. zustimmte, zeigt, daß die Götter mit Blindheit schlagen, wen sie verderben wollen – nichts mehr war da von der Solidarität der Kronen, obwohl Lenin nie ein Hehl daraus gemacht hatte, wie mit »Nicky« zu verfahren wäre. »Willy« nahm das ungerührt zur Kenntnis.

Eine schmierige finstere Figur aus dem Schiebermilieu, formal Sozialist, in Wirklichkeit Kriegsgewinnler mit hervorragenden Verbindungen in die Schweiz namens Dr. Alexander Helphand knüpfte unter dem Pseudonym »Parvus«, womit er in die Geschichtswissenschaft eingehen sollte,[490] die Verbindungen ins schweizerische Exil des Wladimir Iljitsch und seiner Genossen. Es war wichtig, nicht nur Lenin allein, sondern auch seine engsten Getreuen aus der Emigration mit nach St. Petersburg zu schleusen, und das gelang, dank der 3. OHL und ihrer immer noch hervorragend funktionierenden Eisenbahnabteilung. Lenin traf am Abend des 3. (16.) April am Finnländischen Bahnhof in St. Petersburg ein. Die berühmten plombierten Eisenbahnwagen waren nach Helsinki geschickt worden – auch den Finnen war am Fortbestand des Zarenreiches nichts gelegen, sie fühlten sich der deutschen Seite verbunden, schon damals.

Auch ein anderer Bolschewik der ersten Stunde kehrte aus seinem sibirischen Exil zurück: Stalin, und der erwies sich sehr bald als einer der tüchtigsten und engsten Kampfgefährten Lenins. Übrigens tat dieser alles, um nicht in Verdacht zu geraten, mit der deutschen Regierung zu kollaborieren, was ihm erstaunlicherweise hervorragend gelang.

Ausruhen tat er sich nicht. Schon am nächsten Tag, dem 4. April, verkündete Lenin seine Thesen »über die Aufgaben des Proletariats in der gegenwärtigen Revolution«, die als »Aprilthesen« in die Geschichte eingegangen sind. Sie entwarfen mit großer Präzision die Grundsätze des Fortgangs der bürgerlichen zu einer sozialistischen Revolution und postulierten die Herrschaft des Proletariats sowie die Bildung einer Sowjetrepublik. Polizei, Armee und Bürokratie sollten abgeschafft, die Banken und der gesamte Grundbesitz nationalisiert werden, die Sozialisierung der Industrie sollte in gebührendem Abstand folgen. Außerdem sei eine III. Internationale zu gründen mit dem Ziel der Weltrevolution.

An solchen Utopien war die europäische Geschichte seit den Zeiten eines Thomas Morus und Campanella nie arm gewesen, aber anders als jene entfalteten die Lenins eine ungeheure Wirkung. Sicher war, daß die Provisorische Regierung mit der Partei Lenins und Stalins auch schon von der Theorie her nicht zusammenarbeiten konnte, und damit war der Fortgang des revolutionären Prozesses ganz so, wie es im Lehrbuch der Revolutionen stand, garantiert.

Offensichtlich nach diesem Lehrbuch suchte sich auch Alexander Kerenski zu richten. Dieser war als Kriegsminister in die Provisorische Regierung eingetreten und befahl am 30. Juni eine erneute russische Offensive – es war der endgültige militärische Offenbarungseid, denn die Offensive führte schnurstracks in den endgültigen militärischen Zusammenbruch.

Lenin glaubte seine Stunde gekommen, am 16. Juli kam es zu Arbeiter- und Bauerndemonstrationen, und das bolschewistische Zentralkomitee suchte sich an die Spitze dieser Bewegung zu setzen. Aber Lenin hatte sich gründlich verrechnet: Zur großen Überraschung der Kommunisten gelang es den gemäßigten Kräften, den Putschversuch mit militärischer Gewalt niederzuwerfen, Lenin mußte erneut ins Exil fliehen, allerdings nur bis Finnland. Der unglückselige Kerenski, ein Traumtänzer comme il faut – so schilderten ihn alle, die mit ihm zu tun hatten –, übernahm die Position des Ministerpräsidenten, und anfänglich schien es, als könnten sich die Verhältnisse beruhigen – wenn es denn Kerenski irgendwie gelungen wäre, der immer höher schwappenden materiellen Not der Stadtbevölkerung zu wehren. Weil ihm dies nicht gelang, erhielten die Bolschewiki nun reißenden Zulauf. Kerenski proklamierte am 14. September 1917 die Republik, nachdem es ihm gelungen war, einen Putsch des Armeeoberbefehlshabers Kornilow niederzuschlagen. Der Mann hatte Chancen, aber er konnte sich am Ende nicht durchsetzen. Im Petrograder wie im Moskauer Sowjet gewannen die Bolschewiki nun die Mehrheit, und am 23. Oktober wagte es Lenin, nach St. Petersburg zurückzukehren. Er wurde zur Seele des nun bewußt geplanten und gewollten bewaffneten Aufstandes, sein engster Mitstreiter, Leo Trotzki, übernahm am 4. November 1917 die militärische Befehlsgewalt in Petrograd.

Was folgte, ist allgemein bekannt: am 7. November wurde als Showeinlage das Winterpalais »gestürmt« (jedermann sollte an die Bastille von 1789 denken), die Provisorische Regierung verhaftet, das Militärrevolutionäre Komitee übernahm die Staatsgewalt. Wenige Stunden später wurde diese Macht dem Sowjetkongreß übertragen, schon tags darauf war klar, daß eine irreversible Entscheidung gefallen war, und binnen weniger Tage wußte die ganze Welt, daß in Rußland die bolschewistische Revolution gesiegt hatte. Gebannt starrte jedermann nach Moskau und St. Petersburg: Wie würde es weitergehen? Und, vor allem: Wie würde es nun mit dem Krieg weitergehen? Würde er überhaupt weitergehen? Lenin hatte schon lange zuvor davon gesprochen, es werde seine erste Aufgabe sein, den Krieg zu liquidieren. Nun kam alles darauf an, wie er dieses Versprechen wahrmachen wollte.

24. DER WEG NACH BREST-LITOWSK

Schon seit dem März 1917 hatte die 3. OHL eine Kampfpause im Osten verfügt, um den Destabilisierungsprozeß in Rußland nicht zu stören – Ludendorff und Hindenburg wußten, daß weitere deutsche und österreichische Angriffe zu ganz unerwünschten Solidarisierungseffekten führen konnten. Daß solche Befürchtungen nicht aus der Luft gegriffen waren, sollten die Ereignisse des Jahres 1941 beweisen: Obwohl das russische Volk unter der Diktatur Stalins fürchterlich litt und die Deutschen anfangs als Befreier begrüßt hatte, schloß es sich wenig später um die Rote Fahne des Bolschewismus zusammen, als die Unterdrückungs- und Vernichtungsmaßnahmen von SS, Einsatzgruppen und Wehrmacht begannen. Die 3. OHL hingegen stellte nicht nur die Kampfhandlungen ein, sondern entfachte ein propagandistisches Feuerwerk, das auf eine Entsolidarisierung der russischen Soldaten mit ihrer zaristischen Führung abzielte, und damit erzielte sie erstaunliche Erfolge: Es kam zu einem lebhaften politischen Austausch zwischen den Schützengräben, zu vielfältigen Kontakten zwischen den einander gegenüberliegenden Soldaten, man näherte sich einem formlosen Waffenstillstand.

Doch nach und nach wurden der 3. OHL die Geister, die sie gerufen, unheimlich; tatsächlich bewegte man sich auf einem schmalen Grat, denn die Propaganda ging nicht nur von West nach Ost, sondern auch umgekehrt, und sie fiel in den deutschen Schützengräben wenigstens teilweise auf fruchtbaren Boden. Vor allem die Idee, dem informellen Waffenstillstand doch baldmöglichst einen Frieden folgen zu lassen, der den territorialen status quo ante wieder herstellen sollte, ging den Mächtigen im Reich und selbst Bethmann Hollweg gründlich gegen den Strich – und damit wird schon das Grundsatzdilemma angedeutet, vor dem die deutsche Ostpolitik[491] bald stehen sollte: So sicher Lenin den Frieden wollen sollte – keineswegs aus prinzipiell pazifistischen Gründen, sondern aus solchen des zu erwartenden revolutionären Prozesses in Deutschland –, eine Anerkennung der deutschen Eroberungen drohte sein Prestige zu beschädigen und konnte sehr leicht zu heftigen Reaktionen aller Nicht-Kommunisten führen und auch jener Kommunisten, die zugleich auch russische Patrioten waren, und davon gab es nicht wenige.

Umgekehrt war auch der bloße Gedanke an einen Frieden im Osten ohne Annexionen und Wiederherstellung eines Satellitenstaates Polen in Berlin völlig undenkbar, denn das hätte nicht nur den eigenen Kriegzielprogrammen widersprochen, sondern ausgerechnet dem bolschewistischen Regime Zugeständnisse gemacht, die man dem zaristischen, das dem eigenen doch eher geistesverwandt gewesen war, verweigert hatte.

Die Lage war gründlich verfahren und ein vernünftiger Ausweg kaum in Sicht. Weder Lenin noch Ludendorff, um jene beiden Persönlichkeiten zu nennen, die maßgebenden Einfluß auf den kommenden Friedensprozeß besaßen, waren in ihren Entscheidungen frei, sondern mußten, fast wie Bethmann Hollweg, auch eine »Politik der Diagonale« durchzusetzen versuchen – nur daß die Ziele beider diametral auseinandergingen. Gemeinsam war nur ein Ziel: den Krieg im Osten zu beenden. Für Lenin, um die eigene Herrschaft zu festigen und baldmöglichst eine sichere Ausgangsbasis für die Weltrevolution im allgemeinen, die in Deutschland im besonderen zu gewinnen, für Ludendorff, um endlich aus der Klammer des Zweifrontenkrieges herauszukommen, um die End-Entscheidung im Westen mit besseren Aussichten auf Erfolg als bisher anstreben zu können.

Man muß die deutsche Ostpolitik des Jahres 1917 aber immer auch vor dem Hintergrund der Ereignisse im Westen sehen. Gerade im Frühjahr und Sommer 1917 schien es, als könnten sich die Hoffnungen der Ubootkrieger doch noch erfüllen; Großadmiral von Holtzendorff unterstrich seine Überzeugung, England werde demnächst zusammenbrechen. Die Nivelleoffensiven waren erfolgreich abgewehrt worden, und es sickerten genügend Gerüchte von deren Folgen durch, um in Deutschland die Hoffnung zu nähren, auch im Westen könne es vielleicht wie im Osten zu einem de facto-Zusammenbruch der feindlichen Front kommen. All das waren keine Voraussetzungen, um im Osten eine Politik zu favorisieren, die auf einen Frieden ohne Annexionen und Kontributionen hinauslief – aber eben den forderten die Russen, nicht nur Lenin, sondern auch schon das Regime Lwows, dann Kerenskis, das ja ebenfalls kein Hehl daraus gemacht hatte, den Krieg möglichst rasch beenden zu wollen. Man stelle sich vor, die Reichsleitung und die 3. OHL hätten Lwow und Kerenski unterstützt, mit ihnen einen billigen Frieden ausgehandelt – wahrscheinlich wären der Welt siebzig Jahre Kommunismus erspart geblieben.

Die Wirklichkeit aber sah düster aus: Wenn die deutsche Seite den Wünschen der russischen, also der bürgerlichen Regierungen, nicht im Traum zu entsprechen gedachte – um wieviel weniger, wenn sie von Lenin vorgetragen wurden! Aber noch war Lenin nicht der Verhandlungspartner, als die 3. OHL zum großen Rundumschlag gegen alle ausholte, die auch nur im Entferntesten an einen Frieden, der diesen Namen verdient hätte, denken sollten.

Zu diesen gehörten vor allem die Sozialdemokraten in Österreich und Deutschland, die Lenins Forderung aus den Aprilthesen nach einem Frieden ohne Annexionen und Kontributionen sofort aufgenommen und unterstrichen hatten. Wenn die 3. OHL nun mit beispielloser Rücksichtslosigkeit die Reichsleitung in Person des Kaisers und des Kanzlers auf ihr Kriegszielprogramm festzulegen beschloß, dann wurde schon die Bühne für eine innenpolitische Auseinandersetzung gerichtet, die der 3. OHL nach allem, was man aus der Geschichte wußte, aus der Hand gleiten mußte – es sei denn, die Halbgötter Hindenburg und Ludendorff würden einen so fulminanten Vernichtungssieg auch im Westen zustandebringen, daß ihre Position in der Gesellschaft völlig unangreifbar würde. Allerdings wäre das Reich dann endgültig zu einer Militärdiktatur geworden – mit dem Kaiser als bloßer Dekoration an der Spitze. Man gewinnt den Eindruck, daß die beiden Heroen eben dies im Frühjahr 1917, als der russische militärische Zusammenbruch kurz bevorstand und der Ubootkrieg gegen England kurz vor dem Erfolg zu stehen schien, wirklich erwartet haben – anders ist ihr Verhalten in der berühmt-berüchtigten Kreuznacher Konferenz vom 23. April 1917 nicht zu verstehen.

Graf Kielmansegg hat darauf hingewiesen, daß man diese Konferenz gar nicht mehr allein unter dem Signum Erster Weltkrieg sehen dürfe, sondern schon unter dem des Zweiten:

»Im Zusammenhang mit diesem Programm« – gemeint ist das Kreuznacher – »muß ein Brief gesehen werden, den Hindenburg etwa zwei Wochen später an Bethmann Hollweg richtete und in dem er die wirtschaftlichen Forderungen der OHL im Hinblick auf eine etwa bevorstehende Friedensregelung umriß. Die ›Festung Deutschland‹, hieß es da, müsse sich in der Atempause, die der Friede gewähren werde, so schnell wie möglich auf den nächsten Verteidigungskrieg, der unausweichlich kommen werde, vorbereiten. Sie müsse Vorräte an Lebensmitteln, Futtermitteln und Rohstoffen für einen Zeitraum von mindestens drei Jahren zusammentragen.«[492]

Das heißt: Hindenburg und Ludendorff sahen im April/Mai 1917 den Zeitpunkt gekommen, die Weichen für den kommenden Krieg zu stellen – selten ist das unselige Krieg-Frieden-Krieg-Schema, das das politische Denken der Neuzeit bis in die sechziger Jahre des 20. Jahrhunderts hinein bestimmte, deutlicher greifbar als hier. Selbst der Begriff »Festung Deutschland« weist auf die »Festung Europa« vor, und die Gedanken Hindenburgs ähneln in verzweifelter Weise jenen Hitlers aus dessen Denkschrift zum Vierjahresplan von 1936, in der er die Autarkie Deutschlands als Ziel aller ökonomischen Bemühungen herausstrich.

Ob Hindenburg auch später, also in seiner Reichspräsidentenzeit, an dieser Auffassung festgehalten hat, ist fraglich; in seinen Erinnerungen, allerdings schon 1920 und somit zu einem Zeitpunkt erschienen, als daran noch nicht zu denken war, finden sich durchaus Variationen dieses Gedankens:

»Ich konnte bei der damaligen Kriegslage meiner Überzeugung und meinem Gewissen nach keinen anderen Frieden gutheißen als einen solchen, der unsere zukünftige Stellung in der Welt derartig festigte, daß wir gegen gleiche politische Vergewaltigungen, wie sie dem jetzigen Kriege zugrundelagen, geschützt blieben, und daß wir auch unseren Bundesgenossen eine dauernd starke Stütze gegen jedwede Gefahr bieten konnten.«[493]

Hindenburg umschrieb damit genau jenes Problem, das schon im Krieg 1870/71 eine wichtige Rolle gespielt hatte, als es um die Frage der Abtretung von Elsaß und Lothringen gegangen war. Bismarck hatte sich den rein militärischen Argumenten Moltkes schließlich nur gebeugt, weil er auch selbst davon überzeugt gewesen war, daß diesem Krieg ein weiterer mit Frankreich folgen werde und es Aufgabe des Staatsmannes sei, diesen Krieg schon im laufenden, so gut es irgend möglich war, vorzubereiten.

Tatsächlich atmete die deutsche Ostpolitik der Jahre 1917/18 den Geist des kommenden Krieges, wobei den eroberten östlichen Territorien die Rolle der Ressourcenkammer für diesen Krieg zugewiesen wurde, die neue Grenzziehung eine bessere strategische Ausgangslage für den nächsten Krieg sicherstellen sollte. Der Frieden von Brest-Litowsk sollte in diesem Punkt exakt dem von Frankfurt 1871 entsprechen, der es auf die strukturelle ökonomische und die militärisch-strategische Schwächung Frankreichs abgesehen hatte: Diesmal ging es um die Rußlands, denn keinen Moment rechnete Hindenburg oder wer auch immer damit, daß Rußland – unter welchem Regime auch immer – auf Dauer sich eine Verstümmelung würde gefallen lassen, die das Land ins 17. Jahrhundert, also vor der petrinischen Expansionsperiode, zurückgeworfen hätte.

Die Fixierung der militärischen Elite auf den kommenden Krieg[494] hatte allerdings auch noch andere Auswirkungen: Wenn es in den Jahren zwischen 1919 und 1933 einen größten gemeinsamen Nenner in der politischen und militärischen Elite der Republik gab, so lag er in der Überzeugung, daß im Zuge des Weimarer Revisionismus der kommende Krieg vorbereitet werden müßte – und zwar durchaus im Ludendorffschen Sinne des »Totalen Krieges.«

In Bad Kreuznach, im »Kaiserlichen Hauptquartier«, residierte die eigentliche Regierung des Reiches: Hindenburg, Ludendorff, ihre engste militärische Umgebung – und als ihre Marionette der Kaiser. Die Herren

Offiziere beschlossen, den Herrn Reichskanzler nach Kreuznach zu zitieren, befürchteten die Herrschaften doch, Bethmann Hollweg könne lau sein, sich gar von den Schalmeien der SPD beeindrucken lassen.

So unrecht hatten sie nicht. Kurz zuvor nämlich hatte der Kanzler im Preußischen Staatsministerium wieder einmal seine »Politik der Diagonale« zu praktizieren versucht, indem er den ihm bekannten Forderungen der OHL nach blanker Annexion von Kurland und Litauen im Falle eines künftigen Friedensschlusses mit Rußland mit einer etwas abenteuerlichen Konstruktion paroli zu bieten versucht hatte. Die beiden Länder sollten nicht annektiert, sondern zu autonomen Staaten gemacht werden, die freilich »ohne Militär« auskommen sollten, was im Klartext bedeutete, das *deutsche* Militär würde über diese Territorien gegebenenfalls verfügen können. Ob sich welche russische Regierung auch immer darauf einlassen würde, blieb ungewiß – aber in Kreuznach zeigte sich, daß selbst solche »goldenen Brücken« nur auf die Verachtung der säbelrasselnden OHL stießen.

Bethmann Hollweg hatte schon oft bewiesen, daß er vernünftig denken und zu besseren Einsichten bekehrt werden konnte; genauso oft aber war er, wenn es darauf ankam, »eingeknickt« – besonders spektakulär im Zusammenhang mit der Ubootfrage. Das hatte ihm bei den Militärs alles andere als Respekt eingetragen, und auch jetzt war der Kanzler nicht fähig, in der Arena der militärischen Löwen unerschrocken den ihm hingeworfenen Handschuh aufzuheben – was er hätte tun müssen, wollte er auch nur sein Gesicht wahren. Schließlich hatte der Kanzler seit dem September 1914 immer wieder betont, ein fix und fertig formuliertes Kriegszielprogramm sei schädlich, er gäbe sich dafür nicht her. Und Bethmann Hollweg war der Kanzler der Friedensresolution des Reichstages.

Um so unverständlicher wirkt sein völliges Versagen angesichts der Kreuznacher Herausforderung. Die 3. OHL setzte ihr Kriegszielprogramm, das dann zur Verhandlungsgrundlage mit Rußland werden sollte, ohne Abstriche durch. Nicht nur Kurland und Litauen, sondern auch Estland und Livland sollten von Deutschland annektiert, und Polen als bloßer deutscher Satellitenstaat wiederhergestellt werden. Der polnische Grenzstreifen blieb natürlich. Auch an den bekannten exorbitanten Vorstellungen hinsichtlich des Westens hielt die OHL ohne jede Abstriche fest. Damit war klar: Sollte es einen Frieden geben, sei es im Westen oder, was nun wahrscheinlicher war, im Osten, so würde dies ein blanker Diktatfrieden sein.

Bethmann Hollweg schwieg und ließ, wohl nur für nachfolgende Historiker bestimmt, eine Aktennotiz anfertigen. Sie lautete:

»Ich habe das Protokoll mitgezeichnet, weil mein Abgang über Phantastereien lächerlich wäre. Im übrigen lasse ich mich durch das Protokoll natürlich in keiner Weise binden. Wenn sich irgendwo Friedensmöglichkeiten eröffnen, verfolge ich sie. Was ich hiermit aktenmäßig festgestellt haben will.«[495]

Konnte es einen peinlicheren Offenbarungseid geben? Und wird nun im Nachhinein nicht verständlich, wie leicht es seinen Gegnern im Juli fallen mußte, diesen Kanzler loszuwerden? Und wieso nannte er die Ostpläne von Kreuznach »Phantastereien«, wenn sie doch fast schon Realität waren? Hätte es ein nobleres Motiv zum spektakulären Rücktritt geben können als die Weigerung, den Osten Europas in unerhörter Weise zu vergewaltigen?

Und der Kaiser: Wie ein kleiner Schuljunge eiferte er seinen großen Generälen nach, indem er nun auch noch die Ukraine für Deutschland forderte, maritime Stützpunkte am Schwarzen Meer und überall in der Welt und, natürlich, das berühmte mittelafrikanische Kolonialreich. Es war hoffnungslos, und das mag Bethmann Hollweg mit in die Resignation getrieben haben.

Die deutsche Kriegszielpolitik in Erwartung eines raschen russischen Zusammenbruchs empfand der österreichische Außenminister Graf Czernin als ebenso überheblich wie von Grund auf verfehlt, aber alle seine und auch des Kaisers Karl Bemühungen, die Deutschen zu Vernunft und zu einer Politik des realistisch Möglichen zu bewegen, schlugen nach mancherlei Diskussionen fehl. Nach dem Scheitern der Kerenski-Offensive war es dann vollends mit dem deutschen Augenmaß vorbei, tat sich doch im Osten nun ein militärisches Vakuum ungeahnten Ausmaßes auf, in das die deutsche Militärmacht nur so hineinströmte. Die Eroberung der baltischen Inseln und von Riga, im Oktober dann von Galizien: Das waren keine großen militärischen Heldentaten, aber seitdem war es noch schwieriger, die 3. OHL zur Mäßigung zu bewegen. Auch der Nachfolger Bethman Hollwegs, Michaelis, war dazu nicht der Mann, wenn er es denn überhaupt gewollt hat. Siegesräusche wirken ansteckend, und es war einer der vielen Fehler im Gedankengebäude der OHL, daß sie die Ereignisse im Zusammenhang der russischen Revolution allzusehr als Folge des deutschen militärischen Drucks und Vermögens ansah und nicht erkannte, daß in Wirklichkeit die Bolschewiki nach der Machtübernahme des 7. November 1917 ganz bewußt den Krieg in der Erwartung des kommenden gesamtpolitischen Umsturzes überall in Osteuropa, vielleicht sogar in Österreich und Deutschland, vernachlässigten. Daß nicht allein die russischen Soldaten kriegsmüde waren, hatten die Kontakte an der Front erwiesen, und den einfachen deutschen Soldaten im Osten erschien die Fortsetzung des Krieges immer sinnloser. Wahrscheinlich waren es nur die großen Scheinsiege, die offensichtliche militärische Überlegenheit der deutschen Armeen, die den inneren Zusammenhalt noch garantierten; irgendwie wird schon Stolz mitgeschwungen haben, sah man die deutschen Fahnen in Riga und bald am Schwarzen Meer flattern.

Diese Komponente des Stolzes fehlte auf russischer Seite naturgemäß völlig, und als Gerüchte die Runde machten, nach der Machtübernahme durch die Sowjets gehe es schnurstracks an eine Bodenreform und jeder bekäme seinen Teil ab, wenn er denn nur vor Ort wäre, war kein Halten mehr. Tatsächlich verfügten Lenin und Trotzki schon am 8. November 1917 nicht mehr über ein militärisches Instrument, und sie werden selbst gewußt haben, was die Forderung des 2. Allrussischen Sowjets vom gleichen Tage nach einem Frieden ohne Annexionen wert war: nichts. Und um so weniger, je lauter derselbe Kongreß die sofortige Weltrevolution forderte. Am 28. November ging der berühmte offene Funkspruch Lenins an alle Welt, der die Bereitschaft des neuen Regimes signalisierte, sofort Frieden zu schließen. Die Westmächte lehnten den Vorschlag postwendend ab, die Mittelmächte gingen darauf ein.

Der Reichskanzler, inzwischen nach dem Zwischenspiel Michaelis Graf Hertling, erklärte tags darauf, am 29. November, im Reichstag seine prinzipielle Zustimmung, und es schien, als sei die OHL von den Kreuznacher Maximalforderungen ein Stück abgekommen, hatte inzwischen Ludendorff sich doch bereiterklärt, Litauen, Kurland und Polen einen autonomen Status zuzugestehen, wenngleich sie es lieber gesehen hätte, Litauen und Kurland unmittelbar Preußen zuzuschlagen.[496]

Immerhin verständigten sich Rußland und Deutschland darauf, am 3. Dezember 1917 mit Waffenstillstandsverhandlungen in Brest-Litowsk[497] zu beginnen; sie dauerten bis zum 16. Dezember, bevor die eigentlichen Friedensverhandlungen am 22. Dezember eröffnet wurden. Die sowjetische Friedensdelegation wurde zuerst von Joffe, dann von Trotzki geführt, während Deutschland durch den Staatssekretär des Äußeren von Kühlmann, Österreich durch Graf Czernin vertreten waren. Es war bezeichnend und deutete das Kommende schon an, daß die 3. OHL wie selbstverständlich ihrerseits einen Friedensunterhändler, den General Hoffmann[498] vom Stab Ober-Ost entsandt hatte. Der Kuriosität halber sei auch vermerkt, daß plötzlich ein bayerischer Diplomat aufkreuzte, was keine geringe Verblüffung auslöste. Der Herr konnte nachweisen, daß die Vertretung Bayerns bei Friedensverhandlungen des Reiches zu jenen Reservatrechten zählte, die einst Bismarck mit König Luwig II. von Bayern ausgehandelt hatte.

Frieden ohne Annexionen: Das war nicht nur die attraktive Parole Lenins gewesen, sondern auch, und das war gar nicht lange her, die des Reichstages. Der Kontrast zu Kreuznach hätte schärfer nicht sein können, und schon von daher wird verständlich, welche Eiertänze die Deutschen in Brest-Litowsk aufführen mußten, um zum einen das annexionsfreie Gesicht wahren, zum anderen die gewünschten Annexionen doch durchführen zu können. Natürlich blickte die ganze Welt mit Argusaugen nach Brest-Litowsk, vor allem Wilson, und die deutsche Seite wußte nur zu genau, daß es keinerlei Chance mehr geben würde, mit den USA irgendwie klarzukommen, sollte sich Deutschland nunmehr blank annexionistisch verhalten.

Aber das Mäntelchen, mit dem man die eigentlichen Absichten verhüllen konnte, war ja längst schon geschneidert: das Prinzip der Autonomie, und wenn man es nur geschickt drapierte, paßte es sogar zu der Leninschen Forderung nach dem Selbstbestimmungsrecht der verschiedenen Völkerschaften, die bislang dem russischen Kaiserreich angehört hatten.

Das bezog sich in erster Linie auf die baltischen Provinzen und Polen, aber auch auf die Ukraine, die gar kein Hehl daraus machte, so rasch wie möglich dem russischen Reich entkommen zu wollen. Obwohl Kiew einst im Mittelalter die eigentliche Haupstadt der Rus gewesen, sich selbst als Sachwalter ganz Rußlands begriffen hatte, waren durch den dramatischen

38 Die Ukraine unterzeichnet den Frieden von Bukarest, 7. Mai 1918

und tragischen Verlauf der nachfolgenden Geschichte seit dem Einfall der Tataren diese Bindungen verloren gegangen, und sie sollten sich auch nicht mehr knüpfen lassen.

Was also die Ukraine anging, schienen sich für die Mittelmächte die schönsten Aussichten zu eröffnen, denn in einem am 27. Januar 1918 unterzeichneten Friedensvertrag verpflichtete sich der neue Staat zu umfangreichen Getreidelieferungen, ungeachtet aller Proteste Trotzkis, und da die Ukraine als die Kornkammer Rußlands gegolten hatte, hoffte in Berlin jedermann, daß das Erzbergersche Wort von der Ukraine, die die Brotkarte in Deutschland überflüssig machen werde, wahr würde. Der am 7. Mai 1918 geschlossene Friede von Bukarest [499] zwischen Rumänien auf der einen, den Mittelmächten und der Türkei auf der anderen Seite schien geeignet, die politischen Verhältnisse in diesem Raum zu stabilisieren, so daß man längerfristig planen konnte.

Der Friede von Bukarest aber hatte Schönheitsfehler, zu denen nicht nur für die Ukraine schmerzliche territoriale Abtretungen an Österreich zählten, sondern auch eine deutsche Truppenpräsenz. Die gerierte sich zwar als Armee der Befreiung, wurde von den Einheimischen jedoch als Besatzung empfunden. Schon deswegen sollte es mit den Getreidelieferungen nicht klappen, zumal die Landwirtschaft infolge des Krieges völlig desolat am Boden lag. Wenn aber die Deutschen mit bewährtem Organisationsgeschick sie wieder auf Vordermann bringen wollten, so wurden sie erst Recht als bevormundende Besatzer empfunden, gegen die passiver Widerstand erlaubt schien – es war ein Teufelskreis, aus dem man wahrscheinlich auch dann nicht herausgekommen wäre, wenn sich die Dinge anders, als es der Fall sein sollte, entwickelt hätten.

Mit dem Sowjetsystem in Rußland – eine Sowjetunion gab es ja noch nicht – liefen die Dinge schwieriger, nein: sie liefen überhaupt nicht. Zwar hatte Lenin verkündet, daß die Baltischen Provinzen, Finnland und Polen sich im Zeichen der Selbstbestimmung vom russischen Reich lösen dürften, gleichzeitig jedoch sollten entsprechende Volksabstimmungen erst erfolgen, wenn die deutschen Soldaten diese Territorien verlassen hätten, und überdies konnten die lokalen bolschewistischen Behörden im Interesse der Weltrevolution oder des Proletariats oder des Großen Ganzen oder was auch immer solche Sezessionstendenzen als unwirksam deklarieren. Im Klartext hieß dies: Sobald die Deutschen und die Österreicher fort waren, lag es einzig und allein bei den Sowjets unter Lenin und Trotzki, ob die Völker wirklich frei wurden – alles sprach natürlich dagegen, und auch die deutschen Unterhändler haben keinen Moment diesen windigen Versprechungen Glauben geschenkt.

Formell konnten auch die Deutschen gegen das Selbstbestimmungsrecht wenig einwenden – in der Praxis hielten sie es exakt so wie die

Sowjets, nur mit dem Unterschied, daß sie über die Macht schon jetzt verfügten. Hinzu kam, daß zumindest in Kurland und Livland die dort ansässige deutsche Herrenschicht am liebsten den Anschluß ihrer Länder an Preußen gesehen hätte, noch lieber wäre ihnen eine Personalunion mit Preußen unter der Krone eines hohenzollernschen Prinzen gewesen. Daß die Masse der nichtdeutschen Bevölkerung in diesen Punkten anderer Meinung war, interessierte diese Herrenschicht nicht im geringsten, und sie konnte des Wohlwollens der Deutschen sicher sein.[500]

Angesichts dieser Schwierigkeiten traten die Verhandlungen auf der Stelle, bis Trotzki am 10. Februar erklärte, Rußland würde den Krieg von sich aus beenden, die deutschen Forderungen aber nicht akzeptieren – eine groteske Situation. Daraufhin nahmen die deutschen Truppen den Vormarsch wieder auf, Widerstand fanden sie nicht, und sie hätten weiß Gott wohin marschieren können – sie fanden niemanden mehr, der beim Kriegspielen mitmachte; das erinnert ein wenig an die Situation der Alliierten nach der Verhaftung der Regierung Dönitz am 23. Mai 1945 – da gab es auf deutscher Seite auch niemanden mehr, mit dem man alliierterseits hätte verhandeln können, und die Folge waren die »Berliner Erklärungen« vom 5. Juni 1945.

Aber dieser militärische Spaziergang wer weiß wohin barg auch für die deutsche Seite Gefahren, denn er beanspruchte ein hohes Maß an Truppen und Material, das man für die geplanten Schläge im Westen dringend brauchte; hinzu kam, daß es den Deutschen wie einst dem unglückseligen Varus im Teutoburger Wald gehen konnte. Man war deswegen bei Ober-Ost heilfroh, als Lenin dieser Groteske selbst ein Ende machte und am 18. Februar 1918 formal kapitulierte, woraufhin die unterbrochenen Friedensverhandlungen in Brest-Litowsk wieder aufgenommen wurden.

Es waren sowenig Friedensverhandlungen wie im Jahr darauf in Paris, als aus den Richtern die Angeklagten geworden waren. Zu Recht ist Brest-Litowsk von der Forschung einheitlich als Diktatfrieden gewertet worden – uneins ist man sich nur in der Frage, ob dieses Diktat Notwendigkeit oder einfach Hybris war. Auch auf deutscher Seite wurden Zweifel an der Weisheit eines allzu rigorosen Siegfriedens wach, niemand anderes als Richard von Kühlmann gab zu bedenken, daß »die Abtretung so großer Landesteile...nach allen Erfahrungen eine schwere Erschütterung« des europäischen Staatensystems nach sich ziehen könne. Es war nicht verwunderlich, daß Kühlmann den hardlinern nicht mehr genehm war; sein Nachfolger, der Staatssekretär und Konteradmiral Paul von Hintze, war aus anderem Holze geschnitzt. Worauf es einzig ankomme, sei die »Paralyse Rußlands«. »Wir können nicht verlangen«, erläuterte er, »daß sie oder andere Russen uns dafür lieben, daß wir ihr Land aus- und einpressen. Begnügen wir uns mit der Ohnmacht Rußlands.«[501]

39 Der OB Ost, Prinz Leopold von Bayern, unterzeichnet den Waffenstillstand von Brest-Litowsk

Kurland, Litauen und Polen wurden vom russischen Staatskörper abgetrennt, ihr künftiges Schicksal, so hielt es der Paragraph III des Friedensvertrages von Brest-Litowsk fest, würde von Österreich und Deutschland bestimmt – im Benehmen mit der Bevölkerung, was immer dies heißen mochte. Estland und Livland blieben deutsch besetzt. Die Unabhängigkeit der Ukraine mußte russischerseits anerkannt werden, Finnland war zu räumen. Hier war es inzwischen schon zu jenen Ereignissen gekommen, die zur völligen Unabhängigkeit des Landes führen sollten, und die Deutschen haben daran so tatkräftig mitgewirkt, daß die finnische Dankbarkeit noch bis tief in den Zweiten Weltkrieg hineinreichte. Vor allem das Jägerbataillon 27 unter dem Freiherrn von der Goltz[502] wurde in Finnland zur Legende. Auch Österreich erhielt einige Territorien. Auf Kriegskontributionen wurde zuerst verzichtet, am 27. August 1918 mußte Rußland dennoch eine deutsche Forderung in Höhe von 6 Milliarden Goldmark anerkennen. An eben diesem Tag auch mußte Rußland Estland und Finnland formell aus dem russischen Staatsverband entlassen.

Faßt man die einzelnen Bestimmungen des Friedens zusammen, so bleibt festzuhalten, daß Rußland 90 % seiner Kohlengruben, die Hälfte seiner Industrie und nahezu die gesamte Öl- und Baumwollproduktion verlor. Die territorialen Verluste beliefen sich auf 1,42 Millionen Quadratkilometer mit einer Gesamtbevölkerungszahl von 60 Millionen.[503]

Nun sind solche pauschalen Rechnungen unfair, denn sie berücksichtigen nicht, daß Lenin ja selbst zumindest theoretisch den nichtrussischen Völkern des vergangenen Kaiserreiches die Möglichkeit eingeräumt hatte, sich von ihm zu trennen. Nur wenn es einen sowjetischen Revisionismus gab, der die Wiederherstellung der Grenzen von 1914 forderte, gewannen sie ihr brutales Gesicht. Da nun aber die Westalliierten das Sowjetsystem nicht anerkannten, sondern sehr bald mit Hilfe militärischer Interventionen es zu stürzen und Rußland wiederherzustellen sich bemühten, waren für sie die Bestimmungen von Brest-Litowsk natürlich ein willkommenes Beispiel, wenn es später deutsche Klagen ob der Härte von Versailles abzuschmettern galt.

Dennoch: Selbst wenn man all dies berücksichtigt, bleibt doch bestehen, daß der erste große Frieden, der nach 1914 geschlossen worden ist, nichts von Toleranz, Versöhnung, Zukunft atmete, ganz im Gegenteil. Dieser Friede gehorchte nur einem Ziel: der Fortsetzung des Krieges.

Genau dies aber relativiert die Härte der Mittelmächte von einer anderen Betrachtensweise her. Es ist ja nicht dazu gekommen, weil Brest-Litowsk mit Versailles kassiert wurde. Wollte man kontrafaktisch annehmen, Deutschland hätte auch im Westen gesiegt, so wäre es ja nicht undenkbar gewesen, daß nun, nachdem der ungeheure Druck des Krieges gewichen, die vagen Versprechungen von der Autonomie und dem Selbstbestimmungsrecht im Osten doch wahr geworden wären – wer will das wissen?

Nichtsdestoweniger war Brest-Litowsk auch eine Bankrotterklärung der deutschen Diplomatie und Politik, denn es war ein Triumph des Militarismus, wahrscheinlich sein größter überhaupt. Man hatte während des Krieges zahlreiche Pläne im Rahmen der deutschen Ostpolitik ventiliert, man wußte also um die Komplexität der Verhältnisse – als die Situation da war, obsiegten die strategischen und militärischen Erfordernisse allein, und es wurde jede Chance vertan, sich entweder des russischen oder des polnischen Wohlwollens zu versichern. Das Transitorische war dem erzwungenen Vertrag an die Stirn geschrieben, aber will man das auch als Entschuldigung gelten lassen?

25. 1918: FRÜHLINGSERWACHEN

Mit den Friedensschlüssen von Brest-Litowsk und Bukarest war anscheinend das eingetreten, was ganz ursprünglich, als noch der alte Moltke das Sagen gehabt hatte, als Idealergebnis eines künftigen Krieges gegolten hatte: Die Mittelmächte hatten den Einkreisungsring gesprengt, einen Gegner geschlagen, große Teile von dessen Territorium besetzt und ihm einen Frieden diktiert, der ganz von den Erfordernissen der Kriegsfortführung bestimmt war. Nie waren die Siegesaussichten daher größer als im März 1918; es schien nur noch eine Frage kurzer Zeit zu sein, bis der Krieg insgesamt an sein Ende kam.

An sein Ende kam – denn nun waren ja alle Voraussetzungen geschaffen, die in der langen Diskussion um die Friedensresolution des Reichstages von ausschlaggebender Bedeutung gewesen waren: Bethmann Hollweg bzw. Michaelis, dann Hertling und zähneknirschend auch die 3. OHL hatten dieser ja nur zugestimmt, weil der angestrebte Frieden ohne Annexionen und Kontributionen erst dann angestrebt werden sollte, wenn die Mittelmächte bewiesen hätten, daß ihre Position unerschütterlich war. Und wieviel mehr war nun erreicht! Man hatte sich nicht nur behauptet, die alliierten Kräfte im Westen an den Rand des psychischen Zusammenbruchs getrieben, wie die Meutereien in den französischen Streitkräften – auch die englischen waren nicht weit davon entfernt – es gezeigt hatten; der Ubootkrieg, nunmehr unbeschränkt, fügte den Alliierten Schiffsraumverluste zu, die auf Dauer, wie es Holtzendorff hoffnungsfroh formulierte, untragbar waren, vor allem aber waren England und Frankreich ihr großer Verbündeter abhanden gekommen, genauer: er war fulminant besiegt, als Machtfaktor auf unabsehbare Zeit ausgeschaltet. Hinzu kam, daß auch Rumänien schwer geschlagen war, die neugeschaffene Ukraine auf Dauer ein mächtiges Staatsgebilde zu werden versprach – aber völlig abhängig von den Mittelmächten. Die Türkei hatte sich behauptet, Serbien war vernichtet. Nur mit äußerster Mühe war es französischen und englischen Kräften gelungen, so etwas wie ein Stützkorsett in die italienische Armee einzuziehen, die nach den blutigen Verlusten in den Isonzoschlachten völlig demoralisiert war. Vergeblich hatte die Entente auf einen raschen Zusammenbruch Österreich-Ungarns gehofft. Zwar hatten die dilettantischen Friedensbemühungen Karls und Czernins, die in der Sixtus-Affäre[504] gipfelten, vorübergehend Hoffnungen geweckt, auch Deutschland seinen Verbündeten abspenstig machen zu können, doch das Deutsche Reich hatte diese Krise gemeistert, und fortan fand sich die Habsburgische Monarchie so eng an das Reich gekoppelt, daß eine eigenständige österreichische Politik nicht mehr möglich war.

Sowohl die Ereignisse von 1915 als auch die von 1917 hatten im Westen blutig genug die Überlegenheit der Defensive demonstriert; Deutschland hatte sich vom Aderlaß bei Verdun anscheinend wieder erholt, es stand zu erwarten, daß das neuaufgelegte Hindenburgprogramm nun auch zu einer gewaltigen Steigerung der materiellen Ressourcen der Mittelmächte führen würde. Rund eine Million Soldaten waren nötig, um die Besatzungs- und Sicherungsaufgaben im Osten zu erfüllen – natürlich fehlten die im Westen. Das war aber vertretbar, erinnert man daran, daß man auch mit 2–3-fach unterlegenen Kräften, wenn diese nur entsprechend ausgerüstet und taktisch eingesetzt wurden, alle Angriffsversuche erfolgreich

40 »Siegfriedlinie« an der Westfront

abwehren konnte – eben das hatte das Scheitern der Nivelle-Offensiven 1917 ja schon bewiesen. Es kam also darauf an, die Ressourcen des Ostens so rasch wie möglich zu mobilisieren, das Reich im Inneren auf den totalen Krieg auszurichten und mit allen übrigen Kräften ein undurchdringliches Verteidigungssystem im Westen auf- und auszubauen, also die »Siegfriedlinie« zu einem wahren Bollwerk auszugestalten, an dem sich jeglicher Angriffsschwung brechen mußte.

Von dieser Position der Stärke aus mußte nun die Friedensdiplomatie zu agieren beginnen. Dazu gehörte ein deutlicher Hinweis an die amerikanische Adresse auf die innenpolitischen Entwicklungen, die seit der »Osterbotschaft« und der Konstitution des »Interfraktionellen Ausschusses« eindeutig die Weichen in Richtung Parlamentarisierung und Demokratisierung gestellt hatten; selbstverständlich mußte erklärt werden, daß den hehren Grundsätzen der »14 Punkte« Wilsons zugestimmt werde. Darüber hinaus mußte man die guten Dienste des Vatikans, Schwedens und Dänemarks, die den Kriegführenden bereits angedient worden waren, nunmehr in aller Bescheidenheit in Anspruch nehmen; selbstredend war dies mit der feierlichen Verpflichtung zu verbinden, Belgien zur Gänze wiederherzustellen, auf Grenzveränderungen im Westen zu verzichten. Elsaß-Lothringen brauchte nicht erwähnt zu werden, das blieb der Joker in der Hinterhand – es wäre untunlich gewesen, schon jetzt darauf zu verzichten.

Man merkt es schon: Unmerklich bin ich in eine kontrafaktische Geschichte geglitten, so logisch und einsichtig sie auch erscheint. Es mag erhellend sein, diese Geschichte noch einmal zu erzählen:

Nach den Friedensschlüssen von Bukarest und Brest-Litowsk war im Osten nichts definitiv geregelt, die Verhältnisse drohten den Besatzern zu entgleiten, wenn sich in Rußland ein Bürgerkrieg entwickelte. An eine Auspressung des Ostens zugunsten der eigenen Kriegführung war nicht im Traum zu denken, solange auch die primitivsten infrastrukturellen Voraussetzungen dafür fehlten. Dennoch mußte man eine Million Mann für den Osten abstellen – unproduktives »Menschenmaterial«, das man im Westen eigentlich nicht entbehren konnte, um so weniger, als zur gleichen Zeit schon eine Million Amerikaner in Frankreich standen.

Und es konnte nur schlimmer kommen, denn entgegen der fröhlichen Versicherungen von Holtzendorff drohte der Ubootkrieg zu scheitern, nachdem die Admiralty konsequent dazu übergegangen war, ein Konvoisystem einzurichten. Der immer fühlbarer werdende Arbeitskräftemangel ließ auch alle Hoffnungen, das Hindenburgprogramm erfolgreich durchführen zu können, zuschanden werden; hinzu kam, daß den mit Mühe nur unterdrückten Januarstreiks größere Streikbewegungen folgen konnten. Ob die kommunistische Agitation überhaupt noch in den Griff zu bekommen war, blieb fraglich. Man hatte an der Westfront schon erlebt, daß die Alliierten mit neuartigen Tanks anzugreifen verstanden – die eigene Panzerproduktion steckte in den kläglichsten Anfängen. Es war nicht sicher, ob man die Siegfriedlinie den aktuellen taktischen und operativen Bedürfnissen entsprechend überhaupt noch rechtzeitig ausbauen konnte. In diesem Fall aber drohte die alte Regel, nach der der Angreifer über eine dreifache Überlegenheit verfügen mußte, zu kippen, und damit wäre ein Durchbruch des Feindes denkbar geworden. Österreich übrigens konnte man vergessen. Zwar waren die Sonderfriedensbemühungen des Kaisers Karl gescheitert, aber Österreich hatte schon seit 1917 erklärt, es sei ans Ende seiner Möglichkeiten gelangt. Es war nur eine Frage der Zeit, bis dieses Staatsgebilde wie ein fauler Apfel platzte.[505] Im übrigen war es aussichtslos, die Amerikaner davon zu überzeugen, daß das deutsche Kaiserreich vom Saulus zum Paulus, von einer Autokratie zu einer Demokratie geworden war, solange sich an den innenpolitischen Machtverhältnissen nichts änderte, und der Kaiser nach wie vor unangefochten den roi connétable wenigstens spielte.

Jede Geschichte läßt sich unterschiedlich erzählen, das wußte schon Karl Marx. Die Variante eins war jene, die die OHL erzählte, die Variante zwei eher jene, die bei allen innenpolitischen Gegnern der OHL im Schwange war. Es ist die Aufgabe des Historikers, diese verschiedenen Geschichten unter einen Hut zu bringen; indem wir dies tun, konstruieren wir die Geschichte.

Die trübe Wirklichkeit des Januar 1918 illustriert ein einziger Satz von Hindenburg. Er schrieb am 7. Januar 1918 an den Kaiser: »Um uns die politische und wirtschaftliche Weltstellung zu sichern, deren wir bedürfen, müssen wir die Westmächte schlagen.« Wilhelm II. war begeistert und dozierte an den Rand des Dokuments: »Der Sieg der Deutschen über Rußland war Vorbedingung für die Revolution, diese die Vorbedingung für Lenin, dieser für Brest! Dasselbe ist für den Westen maßgebend! Erst Sieg im Westen mit Zusammenbruch der Entente, dann machen wir die Bedingungen, die sie annehmen muß! Und die werden rein nach unserem Interesse zugeschnitten.«[506] Dies bedarf keines Kommentars.

Der Horizont des im Frühjahr 1918 Möglichen ist damit abgesteckt, und das wirft die Frage auf, ob nicht das Jahr 1918 das eigentlich weltgeschichtliche gewesen ist – und zwar exakt das Zeitstück von Januar bis März 1918. Denn am 21. März begann die erste »Michael«-Offensive, und damit waren die Weichen endgültig in jene Richtung gestellt, die uns als realer Verlauf der Geschichte vor Augen steht.

Auch die Weltkriegsforschung ist sich nicht in der Beantwortung der Frage einig, ob andere als die dann von der 3. OHL real getroffenen Entscheidungen eine prinzipielle Wende der europäischen Geschichte bewirkt hätten. Von »europäischer« Geschichte ist bewußt zu sprechen, denn zu diesem Zeitpunkt, Januar-März 1918, war der materielle Einfluß der Amerikaner noch nicht so überwältigend, daß er die Entscheidungen der europäischen Entente zwangsläufig hätte dominieren müssen, so wie dies ab September 1918 der Fall sein sollte. Gewiß, bis zum Beginn der deutschen Offensiven waren schon rund eine Million amerikanischer Soldaten in Europa eingetroffen, aber es fehlte ihnen doch alles an Kriegserfahrung; sie wären ohne Mithilfe und Instruktion durch Franzosen und Engländer wohl hilflos ins Verderben gerannt. Wenn die europäischen Kriegsgegner sich im Frühjahr 1918 auf einen Frieden geeinigt hätten, wäre Wilson nichts geblieben, als dem zuzustimmen. Er hätte den Krieg nicht aus eigener Machtvollkommenheit verlängern können.

Ein wichtiges Kriterium bildet die Frage, inwieweit die am Krieg beteiligten Gesellschaften weiter willig waren, die Schrecken des Krieges und seine Entbehrungen zu tragen. Im Januar 1918 war es zum ersten Mal im Deutschen Reich zu flächendeckenden großen Streiks[507] gekommen, die nur mit Mühe hatten beendet werden können, wobei sich, wie man weiß, Friedrich Ebert besonders hervorgetan hat. In infamer Weise wurde nach 1919 seine Rolle von den Rechtsradikalen ins Gegenteil verkehrt, und der Reichspräsident mußte einen jahrelangen Prozeß um seine Ehre führen; manche wollen darin sogar den Grund für seinen frühen Tod sehen.

Die Volksgesundheit war in Deutschland im frühen Frühjahr 1918 aufs schwerste erschüttert, und noch gab es keine Aussichten auf Besserung. Besserung versprach erst die kommende Ernte – also der späte Sommer, und auch das nur, wenn es wirklich gelang, die Agrarressourcen des Ostens, vor allem der Ukraine zu nutzen. Das war ungewiß. Die Vorgänge in Rußland blieben in den großen Industrieregionen Deutschlands nicht folgenlos. Immer öfter kam es zu illegalen kommunistischen und sozialistischen Agitationen.[508] Wenn all dies nicht zu einem Flächenbrand wurde, so vor allem wegen der großen militärischen Erfolge und des erkennbaren Unwillens des Frontheeres an diesen Vorkommnissen. Noch aber war das Prestige des Heeres so groß, daß kein Agitator es wagen konnte, wie in Rußland auf eine Auflösung der Frontdisziplin zu spekulieren. Die Masse der deutschen Bevölkerung solidarisierte sich immer noch mit ihren Soldaten, noch war der Boden für die Dolchstoßlegende nicht voll bereitet.[509]

Der Wille, den Krieg notfalls fortzusetzen, war auch in Frankreich und England noch nicht gebrochen, aber immer deutlicher schälte sich der Gedanke heraus, daß der Krieg kein Selbstzweck sein dürfe, sondern zur Etablierung einer generellen, langfristig wirkenden, stabilen Friedensordnung führen müsse. Das hatten die Materialschlachten der beiden letzten Jahre doch bewirkt: Man hatte sie ertragen nicht zuletzt im Bewußtsein, damit ein Opfer zu bringen, das nur dann zu rechtfertigen war, wenn den Kindern und Enkeln eine gleiche oder ähnliche Erfahrung erspart blieb. Der Defensivgedanke, der sich aus den taktischen und operativen Verhältnissen zuerst entwickelt hatte, begann in England und Frankreich auf das politische Feld überzuschwappen, genauer: Es mußte in der und für die Zukunft alles getan werden, damit das Vaterland nicht mehr derart menschenverschlingend verteidigt werden mußte. Daraus entstand in Frankreich das, was man später das »Maginot-Denken« nannte, und in England, wie übrigens auch in den USA, setzte man alle Hoffnungen auf eine Verstärkung jener Methoden der Kriegführung, die das »Menschenmaterial« nach Möglichkeit schonten: die Kriegführung aus der Luft und der Einsatz von seelenlosen Kampfmaschinen: Tanks, dann Panzer. Der ungeheure Menschenverschleiß mußte irgendwie gestoppt werden. Erst viel später, genauer: ab Beginn der dreißiger Jahre, entwickelte sich in England und Frankreich auch ein politischer Pazifismus. Davon war bemerkenswerterweise 1918 nichts zu spüren, denn noch glaubte man, in Zukunft Menschen durch Technik und Beton ersetzen zu können, so daß ein kommender Krieg so schlimm wie dieser nicht werden konnte. Das mag zynisch klingen, umschreibt aber die Zukunftserwartungen in England und Frankreich.

Während in Deutschland schon zu Jahresbeginn eigentlich klar war, daß man einen Verhandlungs- und Kompromißfrieden nicht wollte, genauer: die 3. OHL ihn nicht wollte, im Reichstag sah es bekanntlich anders aus, und die innenpolitischen Machtverhältnisse dieser OHL nahezu diktatorische Vollmachten in den Schoß geworfen hatten, so daß die Politik der Friedensresolution keine Chancen besaß und mit jedem Tag weniger, an dem die OHL mit militärischen Erfolgen auftrumpfen konnte, ergriff Woodrow Wilson die Initiative, besser gesagt: er setzte seine Friedensinitiativen, die einst mit der Mission House begonnen hatten, nun in einem ganz anderen Stil und mit einer ganz anderen Durchschlagkraft fort.[510] Amerika war nicht mehr der große Neutrale, sondern kriegführende Macht. Es war auch eine durch den Krieg nicht prinzipiell gefährdete Macht, auch wenn die Hysterie in der amerikanischen Gesellschaft, die wahre Heerscharen von deutschen Spionen und Saboteuren am Werk sah – nichts davon war wahr, es gab, wenn überhaupt, insgesamt nur eine Handvoll von Spionage- und Sabotagefällen –, gerade 1918 besonders hochschwappte.

Das unterschied die USA fundamental von ihren Verbündeten: Sie waren auf keine territorialen Revisionen angewiesen, nicht auf Reparationen, nicht auf Abrüstung des Gegners, kurzum: Sie brauchten nichts. Von daher mußte es der amerikanischen Politik leicht fallen, Friedensvorschläge zu formulieren, die für diejenigen, die in diesem Krieg schon unendlich viel gelitten hatten und nur darauf hoffen konnten, der Geschlagene werde irgendwie die Verluste schon ausgleichen, eigentlich nicht infragekommen konnten – wenn es denn auch nur den Hauch einer Siegeschance gab. Vor allem in Frankreich stießen daher die »Vierzehn Punkte« Wilsons, die dieser am 8. Januar 1918 verkündete, auf erhebliche Bedenken, teilweise krasse Ablehnung. Auch Lloyd George war mit ihnen nicht glücklich, denn er war gerade im Begriff, eine wohlinszenierte Propagandakampagne gegen die »huns« zu starten, und dazu paßte das zivilisierte Gebaren des amerikanischen Präsidenten schlecht. Aber in einem Punkt wußte er sich mit Wilson durchaus einig: Schon drei Tage vor den »Vierzehn Punkten« hatte nämlich auch Lloyd George in einer öffentlichen Rede vor Gewerkschaftern die These vertreten, ein kommender Frieden müsse die Probleme der zukünftigen Friedenssicherung und der Abrüstung internationalisieren, und dazu bedürfe es einer internationalen Organisation.

An sich war der Gedanke nicht neu, schließlich waren die Haager Konferenzen auf dem besten Wege zu einer derartigen Institution gewesen, ein Nukleus existierte bereits mit dem Haager Schiedsgerichtshof. Die Idee eines Völkerbundes war auch schon von der Interparlamentarischen Union ins Gespräch gebracht worden, und in den USA hatten verschiedene Friedensgesellschaften, unter ihnen die bereits erwähnte »League to enforce Peace«, in die gleiche Richtung gewirkt. Wer wollte, konnte auch schon auf die Bemühungen eines Kant, Gentz oder Metternich aus dem Ende des 18. und dem Anfang des 19. Jahrhunderts verweisen, vielleicht sogar auf Sully, also das frühe 17. Jahrhundert. Es läßt sich leicht vorstellen, wie das Wilson-Programm am 8. Januar auf die OHL und Wilhelm II. wirken mußte: Es war ja der nämliche Tag, an dem die schon zitierten Sentenzen beider produziert wurden.

Natürlich sollte das Programm Wilsons auch als Antwort der Entente auf Brest-Litowsk verstanden werden, seine propagandistische Natur ist gar nicht zu verkennen. Und es war zugleich auch Reaktion auf Lenins »Aprilthesen« sowie dessen Forderung nach einem allgemeinen Frieden ohne Annexionen und Kontributionen. Wir sehen hier ein Muster vor uns, das die ideologischen Auseinandersetzungen zwischen dem Kommunismus und dem Kapitalismus auch fortan prägen sollte – man denke, beispielsweise, an Stalins Thesen von der Wiederaufnahme der Weltrevolution nach dem Zweiten Weltkrieg und der dieser entgegengesetzten Trumandoktrin.

Die Mittelmächte wußten auf diesen ideologischen Angriff keine Antwort, vergeblich sucht man nach einem attraktiven Zukunftsprogramm.

Im Gegenteil: Nie waren die Deutschen in diesem Punkt sprachloser, nie konnten sie leichter von ihren Gegnern als die primitiven blutsaufenden Ungeheuer, eben Hunnen, denunziert werden als im Januar 1918, als der Vormarsch in Rußland wieder aufgenommen wurde und die Russen sich dagegen nicht mehr wehrten. Erst seitdem setzte sich die Verachtung der Deutschen im feindlichen Ausland ganz durch, und das hatte die fatalsten Fernwirkungen.

Die »Vierzehn Punkte« lassen sich als erster Anlauf der USA zur politischen und ideologischen Dominanz in Europa und in der Welt deuten. Sie atmen auf subtile Weise eine neue Spielart des Imperialismus, man kann sie als Abgesang des klassischen Imperialismus und als Auftakt eines modernen, informellen Imperialismus deuten, den weniger wohlwollende Historiker als »Dollar-Imperialismus« gebrandmarkt haben.[511] Natürlich stellt sich immer die Frage, ob es hinter irgendwelchen politischen Aussagen und Forderungen andere gibt – ein Beispiel dafür wird später die deutsche »Erfüllungspolitik« liefern, die als »hintergründig« bezeichnet worden ist –, aber auch hier müssen wir uns darüber im Klaren sein, daß wir den Fortgang der Geschichte kennen – Wilson aber nicht. Von daher ist größte Vorsicht geboten, und ob es wirklich eine Kausalkette von den »Vierzehn Punkten« zu NATO und UNO gibt, ist doch eher fraglich.

»Wir traten in diesen Krieg ein«, so die Präambel zu dem Vierzehn-Punkte-Programm – »da Rechtsverletzungen vorgekommen waren, die uns aufs tiefste kränkten und unserm Volke das Leben zu einer Unmöglichkeit gestalteten, bevor sie nicht wieder gutgemacht waren und die Welt ein für allemal gegen deren Wiederholung gesichert war. Wir beanspruchen daher in diesem Kriege nichts Besonderes für uns selbst. Die Welt muß nur tauglich und sicher gemacht werden, um in ihr leben zu können; und besonders muß sie für jede friedliebende Nation, gleich der unseren, sicher gemacht werden, die ihr eigenes Leben zu leben, ihre eigenen Einrichtungen zu bestimmen wünscht. Gerechtigkeit und faires Handeln der anderen Völker der Welt müssen gegen Gewalt und selbstsüchtigen Angriffsgeist gesichert werden. Sämtliche Völker sind in Wahrheit Genossen in diesem Interesse, und wir unsererseits erkennen mit äußerster Klarheit, daß, wenn anderen keine Gerechtigkeit gewährt wird, sie auch uns nicht gewährt werden kann. Das Programm des Weltfriedens ist daher unser Programm, und dieses Programm, das einzig mögliche Programm, wie wir es sehen, lautet:...«[512]

Den Weltfrieden führten auch Lenin und seine Genossen im Munde, aber wie wenig die Entente daran dachte, vielleicht über diese Brücke mit den Bolschewiki ins Gespräch zu kommen, sollte sich unmittelbar danach zeigen, als der Versuch gestartet wurde, die politischen Verhältnisse in

Rußland gewaltsam zu revidieren, und zwar vermittelst einer militärischen Interventionspolitik,[513] die von Murmansk und Wladiwostok aus in die Wege geleitet wurde und zu den übelsten Folgen führen sollte. Dies nicht zuletzt deswegen, weil dieses Eingreifen keineswegs zum Wohle der russischen Bevölkerung geschah, die man vor dem bolschewistischen Terror hätte retten wollen, sondern einzig und allein in der Hoffnung, den alten Alliierten wiedergewinnen und eine neue Ostfront gegen die Mittelmächte aufbauen zu können. Im Endergebnis erreichte man das genaue Gegenteil: Große Teile der Bevölkerung, die dem Leninschen Regime ablehnend bzw. feindlich gegenüberstanden, solidarisierten sich mit ihm, weil sie die Interventionstruppen als Eindringlinge empfanden, und die deutsche Politik witterte eine Chance, die Kommunisten auf die eigene Seite ziehen zu können. Schon hier hat man den Keim zu einer deutschen Rußlandpolitik, die in Rapallo gipfeln sollte. Daß diese Intervention langfristig für Stalin zum Trauma wurde, hatte Folgen, die bis weit in die Zeit nach dem Zweiten Weltkrieg reichen sollten.

Der erste der vierzehn Punkte lautet:

»Öffentliche Friedensverträge, öffentlich beschlossen, nach denen es keine privaten internationalen Abmachungen irgendwelcher Art geben darf. Vielmehr soll die Diplomatie stets frei vor aller Öffentlichkeit sich abspielen.«

Wilson wird selbst nicht daran geglaubt haben, daß es wirklich zu einer Abschaffung der Geheimdiplomatie kommen würde – aber solche Forderungen waren propagandawirksam und unterstrichen unterschwellig den Verdacht, es habe sich 1914 um eine Verschwörung gegen den Frieden gehandelt – angezettelt natürlich von den Deutschen. Daß mit dieser Forderung der diplomatischen Scheinheiligkeit Tür und Tor geöffnet wurde, versteht sich von selbst.

Der zweite Punkt lautet:

»Absolute Freiheit der Schiffahrt auf der See außerhalb der territorialen Gewässer sowohl im Frieden wie im Kriege, außer, wenn die See ganz oder teilweise auf Grund internationalen Vorgehens zur Erzwingung internationaler Verträge gesperrt wird.«

»Mare liberum« hatte Hugo Grotius sein großes Werk von 1609 genannt, das zur gleichsam heiligen Grundlage der britischen Auffassung von der »Freiheit der Meere« geworden war. Dieser Punkt zielte ganz auf die britische Mentalität, war aber auch gegen den uneingeschränkten Ubootkrieg gerichtet. Zwar vertrug sich auch die Blockade nicht mit diesem Paragraphen, aber die etwas ominöse Formel von der »Erzwingung internationaler Verträge« konnte so interpretiert werden, als handele es sich bei ihr nur um die legitime Gegenwehr gegen die Verletzung der Freiheit der Meere durch den Ubootkrieg. Daß in Punkt III dem Freihandel das Wort geredet wurde, ergab sich als Konsequenz füglich von selbst. Punkt IV lautete:

»Angemessene Garantien, gegeben und genommen, daß die nationalen Rüstungen auf den niedrigsten Grad, der mit der inneren Sicherheit vereinbar ist, herabgesetzt werden.«

Das war ein Reflex auf die beiden Haager Konferenzen und sollte zu einem zentralen Punkt bei der Ausgestaltung des Völkerbundes, aber auch des Versailler Friedensvertrages werden. Man kann die deutsche Revisionspolitik, bis hin zu Hitlers Austritt aus Völkerbund und Abrüstungskonferenz im Jahr 1933, als Folge dieses Artikels IV sehen; er ist von entscheidender Bedeutung für die gesamte Geschichte der sogenannten Zwischenkriegszeit, man kann ihn gar nicht überbewerten.

Punkt V sprach die zukünftige Kolonialpolitik an, und Punkt VI war nur Ausdruck einer Wunschvorstellung: Das gesamte russische Gebiet sollte geräumt und den Russen Gelegenheit gegeben werden, selbst über ihre »politische Entwicklung« zu bestimmen – dazu sollte die Intervention helfen.

Punkt VII forderte die unbedingte Wiederherstellung Belgiens, der folgende die Räumung des französischen Territoriums und dessen »Wiederherstellung«. Hier warfen die Reparationsforderungen ihren Schatten voraus: Nordostfrankreich war durch den Krieg in der Tat zu einer Wüste geworden, kein Mensch vermochte 1918 auch nur annähernd abzuschätzen, was eine Rekultivierung und der Wiederaufbau der Gemeinden und Städte in diesen Regionen kosten würde. Nur eins war schon klar: Die Kosten zu tragen hatten die Invasoren, und das waren die Deutschen.

Von grundlegender Bedeutung auch wurde Punkt X: »Den Völkern Österreich-Ungarns, deren Platz unter den Nationen wir gefestigt und gesichert zu sehen wünschen, sollte die freieste Möglichkeit autonomer Entwicklung gewährt werden.«

Das hieß nicht unbedingt, die verschiedenen Nationalitäten hätten Anspruch auf einen eigenen Staat. Der Begriff »Autonomie« hatte im 19. und im frühen 20. Jahrhundert nur jene Bedeutung, die an der Stellung etwa Polens, Montenegros, Bosniens abgelesen werden konnte. Auch während der Brester Verhandlungen war immer von »autonomen« Staaten die Rede gewesen, und in den Diskussionen über die Zukunft Belgiens war der Begriff ebenfalls verwendet worden. Was immer er bedeuten mochte: gewiß nicht die volle souveräne staatliche Freiheit. Das heißt: Dieser Artikel mußte nicht unbedingt das Ende der habsburgischen Monarchie bedeuten – wenn die Sieger schließlich den Begriff Autonomie so ausgelegt hätten, wie dies bislang üblich gewesen war. Indem sie dies nicht taten erst eröffneten sie die Möglichkeit, neue Staaten zu schaffen und die Doppelmonarchie zu zertrümmern.

Punkt XI wirkt auf unheimliche Weise modern:

»Rumänien, Serbien und Montenegro sollten geräumt werden, besetzte Gebiete wiederhergestellt, Serbien freier und gesicherter Zugang zum Meere gewährt und die Beziehungen der verschiedenen Balkanstaaten zueinander auf Grund freundschaftlicher Verabredung gemäß den historisch festgesetzten Grenzen der Untertanenpflicht und der Nationalität festgelegt werden. Ebenso sollten internationale Garantien für die politische und wirtschaftliche Unabhängigkeit und die territoriale Integrität der verschiedenen Balkanstaaten geschaffen werden.«

Die amerikanische Administration des Jahres 1918 wußte offensichtlich, um welche Probleme es sich auf dem Balkan handelte – um so niederschmetternder wirkt die Erkenntnis, daß sie in den folgenden achtzig Jahren nie gelöst werden konnten und auch heute von einer Lösung weit entfernt sind. Es ist eben nicht so, daß man nicht wüßte, worum es geht – aber die Quadratur des Kreises vermochte damals weder Wilson noch hat sie je ein anderer vermocht. Titos Leistung jedoch erinnert bloß an das Ei des Kolumbus.

Punkt XIII forderte die Errichtung eines »unabhängigen polnischen Staates«, also keines »autonomen« Staates, womit die Vermutung, im Punkt X handele es sich nicht um die Forderung nach Zerstörung des Vielvölkerstaates Österreich-Ungarns, eine Art Bestätigung erfährt. Wichtig wurden in diesem Artikel zwei Prämissen: Polen sollte in seinen ethnischen Grenzen wiederhergestellt werden, und es sollte einen Zugang zum Meer erhalten. Damit war schon aus rein geographischen Gründen mit einer Wiederherstellung der deutschen Ostgrenzen nicht mehr zu rechnen, denn natürlich gab es in denen von 1914 eine »unbestreitbar polnische Bevölkerung«, wie es wörtlich hieß.

Der 14. und letzte Punkt betraf die Gründung eines Völkerbundes:

»Eine allgemeine Gesellschaft der Nationen muß auf Grund eines besonderen Bundesvertrages gebildet werden zum Zweck der Gewährung gegenseitiger Garantien für politische Unabhängigkeit und territoriale Integrität in gleicher Weise für die großen und kleinen Staaten.« Dann war noch davon die Rede, daß die USA allen Völkern beistehen würden, »die sich gegen den Imperialismus zusammengeschlossen haben.« Auch das weist auf Truman-Doktrin und NATO-Vertrag vor, doch läßt sich letzterer auch aus einer ganz anderen Wurzel herleiten.

Wilson hat sein 14-Punkte-Programm nach dem 8. Januar 1918 noch mehrfach variiert und in einigen Reden präzisiert, aber es blieb in seiner Grundstruktur bestehen. Klaus Schwabe hat darauf aufmerksam gemacht, daß Wilson die Wiederherstellung Belgiens als ein »Muß« angesehen hat, wohingegen »die Elsaß-Lothringen und Polen betreffenden Punkte 'Soll'-Forderungen« gewesen seien.[514] Das war insofern von entscheidender Bedeutung, als Deutschland zu dem Zeitpunkt, als es die USA auf der Grundlage der 14 Punkte um Friedensvermittlung bat, davon ausgehen zu können glaubte, daß diese Punkte also verhandelbar seien – ein schwerwiegender Irrtum, der maßgebend dazu beitragen sollte, das deutsch-amerikanische Verhältnis nach 1919 dauernd zu stören. Dabei hätte eine realistische Politik von Anfang an damit rechnen müssen, daß ein solches »Soll« nur dann Chancen hätte eröffnen können, wenn es sich beim Waffenstillstand nicht um eine Kapitulation gehandelt hätte – aber der vom 11. November 1918 sollte eben dies sein: eine praktisch bedingungslose Kapitulation. All dies erinnert ein wenig an die alliierten Abmachungen von Yalta: Auch hier versprachen die Amerikaner den Sowjets bzw. Polen ja nicht formell im Sinne eines »Muß« die deutschen Ostgebiete, aber informell ließen sie keinen Zweifel daran, daß es sich hier schon um eine endgültige Entscheidung gehandelt habe – aus dem nämlichen Grund: Deutschland hatte 1945 nichts, was es als Verhandlungsmasse hätte einbringen können, es kapitulierte diesmal auch formell »unconditional«.

Die Mittelmächte lehnten am 24. Januar 1918 die »Vierzehn Punkte« ab.

26. »MICHAEL«

Die Entscheidung, dem Frieden von Brest-Litowsk praktisch auf dem Fuß, also binnen dreier Wochen, den entscheidungsuchenden Angriff im Westen folgen zu lassen, ist selbst den Verantwortlichen in der 3. OHL nicht leicht gefallen, denn natürlich waren sie nicht so dumm, um die Risiken, die in diesem Entschluß lagen, zu verkennen. Entlarvend die Antwort von Ludendorff auf die zweifelnde Frage des neuen Reichskanzlers Prinz Max von Baden, was denn die Folge eines Scheiterns der geplanten Offensive sein werde: »Dann muß Deutschland eben zu Grunde gehen.«[515]

All das, was man gemeinhin mit der Endphase des »Dritten Reiches« assoziiert, findet sich schon im Umkreis der »Michael«-Offensiven.[516] Natürlich troffen sie schon in der Planung vor Symbolik. Dreimal mußte der Heilige Michael, für viele ein deutscher Nationalheiliger, herhalten, gemeint sind die Offensivvorstöße I-III; einmal war es Yorck, einmal Blücher. Nur »Georgette« und »Reims« entzogen sich halbwegs diesem Symbolismus. Mit den Decknamen »Yorck« und »Blücher« waren bestimmte Ereignisse aus der preußischen Geschichte assoziiert, deren Kenntnis sofort auf die Mentalität derjenigen zurückschließen läßt, die sie in der 3. OHL erfunden haben – zwar weiß man nicht, wer es war, doch darf man davon ausgehen, daß Ludendorff und Hindenburg mit diesen Decknamen einverstanden waren. Mit »Yorck« wurde Tauroggen verbunden, also der Seitenwechsel des preußischen Generals im Jahr 1813, der immer als Anfang vom Endsieg der Alliierten gewertet wurde; mit »Blücher« der Rheinübergang vom 1. Januar 1814 oder Waterloo, genauer wohl Wellingtons berühmter Satz – ob er ihn gesprochen hat oder nicht, ist dabei völlig gleichgültig: Er wolle, es würde Nacht oder die Preußen kämen. Die Preußen kamen und Napoleon wurde besiegt.[517]

Das historische Urteil über die 3. OHL hängt davon ab, ob man die Zwangslage, in der diese sich im März 1918 zu befinden glaubte, ernsthaft nachvollziehen kann. Wir haben bereits in unserem kontrafaktischen Versuch deutlich gemacht, daß es sehr wohl Gründe dafür geben konnte, nun alles auf eine Karte zu setzen, aber das ist nur *ein* Aspekt, *ein* Strang der Betrachtung. Ein anderer scheint wichtiger zu sein, und er knüpft unmittelbar an die Julikrise von 1914 an: Auch damals schien es für die Verantwortlichen keine Alternativen zu geben, obwohl diese objektiv betrachtet vorhanden waren, und schon damals ging es angeblich um Alles oder Nichts, Weltmacht oder Untergang.

Die Frustrationen, die der Krieg bisher ausgelöst hatte, gingen wesentlich auf die unbequeme Einsicht zurück, daß in der blutigen Wirklichkeit diese klare Alternative nicht bestand. Es war sowohl im Herbst 1914 nach der Marneschlacht, wie im Sommer 1915 nach den Osterfolgen, dann mit Verdun und der Somme 1916, und 1917 mit den Flandernschlachten immer zu einer Gesamtlage gekommen, die zum einen statisch erstarrt war, zum anderen rein theoretisch Alternativen eröffnete. Sieht man es schematisch und symmetrisch zugleich, wird erkennbar, daß die militärischen Aktionen in ziemlich genauer Parallele sowohl zur Kriegsziel- wie auch zur Friedensdiskussion standen; der Erste Weltkrieg ließe sich auf diese Weise mit Leichtigkeit gliedern – täte man dies, so fiele auf, daß sich alles ständig wiederholte oder sich zu wiederholen schien: Entscheidungssuchende Schlachten, die die Entscheidung nicht bringen, dann Suchen nach Zielen und dem Frieden, die auch nicht weiterführen, dann der nächste militärische Anlauf usw. Nicht nur »Im Westen nichts Neues«: Es schien, als bringe der ganze Krieg über elend lange Jahre gar nichts Neues mehr hervor. Der Krieg als ein einziges Leitmotiv mit vier oder fünf blutigen Varianten – es ist nicht verwunderlich, daß dieser Ablauf als absolutes Kontrastprogramm zu den ursprünglichen Intentionen und Erwartungen begriffen werden mußte, vor allem wenn man sich des Verlaufs der letzten drei Kriege erinnerte.

Von daher wird es auch verständlich, daß all jenen, die versprachen, diesen Stein des Sisyphos, der immer wieder den Berg heruntergerollt war, nun endlich fixieren zu können, nur allzu leicht und allzu gerne geglaubt wurde. Von solchen vermeintlichen Heilsbringern gab es einige – und man sieht, wie der Mechanismus funktionierte, denkt man an den unbeschränkten Ubootkrieg oder den Entschluß zu Verdun. So unterschiedlich diese beiden Entscheidungen waren – eines hatten sie gemeinsam: Sie enthielten die Verheißung, aus dem Teufelskreis herauszukommen.

Auch die Metapher vom »Gordischen Knoten« ist aufschlußreich: Wer immer behauptete, er könne ihn durchschlagen, durfte auf Beifall rechnen. Nicht weil man dieses Schlagen, also konkret: eine neue kriegsentscheidende Offensive um ihrer selbst willen bejubelt hätte, sondern einzig aus der Hoffnung heraus, damit dem Krieg endlich die entscheidende Wende zu geben.

Und daß der Krieg, so oder so, zu einem Ende kommen mußte,[518] war im Frühjahr 1918 weitverbreitete Überzeugung. Besser ein nicht optimaler Frieden als gar keiner: Auf dem Boden solcher Erkenntnis war es sogar der Sozialdemokratie möglich, den Frieden von Brest-Litowsk nicht abzulehnen. Die Fraktion enthielt sich in der entscheidenden Reichstagssitzung, als es um Annahme oder Ablehnung von Brest-Litowsk ging, der Stimme – man kann unschwer erwägen, was das bedeutete: Obwohl dieser Frieden in nahezu jeder Hinsicht den Prinzipien von 1914, die der SPD die Zustimmung zu den Kriegskrediten erst möglich gemacht hatten, Hohn sprach, war die Friedenssehnsucht auch in der Mehrheitssozialdemokratie inzwischen so stark angewachsen, daß sie es nicht mehr wagen konnte, dem Diktat vom 3. März zu widersprechen, wenn damit die Gefahr einer Wiederaufnahme des Krieges im Osten verbunden war. Es waren also nicht Hybris oder Gesinnungslosigkeit, die Ebert und Genossen zu diesem Schritt bewogen, eher blanke Verzweiflung – es war wohl eine ähnliche Gemütslage, die es nun der 3. OHL so leicht machte, alles auf eine Karte zu setzen.

Also Va banque. Diese Politik des russischen Roulettes war in den adligen und bürgerlichen Milieus Deutschlands tiefverwurzeltes Gedankengut. Ludendorffs Wort bedurfte keiner Rechtfertigung, es gibt genügende Zeugnisse aus allen Lagern des Bürgertums, die das bestätigten, und wieder darf daraus nicht auf einen fröhlichen und unverantwortlichen hybriden Optimismus geschlossen werden.[519] Neu war, daß diese Mentalitäten nun auch im Lager der Sozialisten zu finden waren. Andernfalls wäre es überhaupt nicht möglich und denkbar gewesen, nun binnen kürzester Zeit eine Kräftekonzentration im Westen vorzunehmen, die alles in den Schatten stellte, was es seit 1914 gegeben hatte. Wäre das deutsche Volk, um es ein wenig allgemeiner zu fassen, nicht in seiner überwältigenden Mehrheit im März 1918 davon überzeugt gewesen, daß dieser letzte Versuch gewagt werden müsse, selbst wenn seine Alternative die staatliche Vernichtung war, so hätte es die Frühjahrsoffensive von 1918 gar nicht gegeben. Die 3. OHL hat nicht in geradezu hochverräterischer Weise das Volk hinters Licht geführt, nur um ihrem eigenen Ehrenkodex zu gehorchen, sondern Hindenburg und Ludendorff durften sich im März 1918 von der Masse des Volkes getragen wähnen. Deswegen auch kam die Streikbewegung an ihr Ende; ganz unwahrscheinlich, wären die Munitions- und Rüstungsarbeiter nicht davon überzeugt gewesen, daß ihr Verhalten für Sieg oder Niederlage mitentscheidend sei. Nicht anders sah es in Frankreich und England aus: Überall war das Empfinden verbreitet, es gelte eine letzte Anstrengung zu unternehmen. Im hungernden und zunehmend verelendenden Deutschland war freilich auch die Überzeugung verbreitet, daß man die letzte Karte spielte.[520] Es mag unzulässig sein, ex negativo zu schließen, aber wenn diesen Arbeitern und zunehmend Arbeiterinnen[521] das Drama der russischen Revolution, vor allem auch der Rolle der russischen Munitionsarbeiter vor Augen stand – hätten sie es nicht nur nachzuspielen brauchen, eben so, wie es die Linksradikalen forderten? Aber vergeblich, noch.

Wieder fällt eine makabre Parallele sofort in die Augen: Auch 1944 sollte das gleiche Muster entstehen, und zwar im Zusammenhang mit der Invasion vom 6. Juni 1944. Was die »Michael«-Offensive 1918 sein sollte, war für die meisten Volksgenossen die erfolgreiche Abwehr der Invasion von 1944: letzte Herausforderung, letzte Chance auf eine grundlegende Wende.[522] In beiden Fällen konnte sich die Staatsführung der Unterstützung der Staatsbürger sicher sein – 1944 noch mehr als 1918.

Nach der Ablehnung der »Vierzehn Punkte« durch die Mittelmächte kam erneut nur ein Siegfrieden in Betracht. Hier wird die ganze Aussichtslosigkeit der deutschen Politik deutlich: Wollte sie einen passablen, glimpflichen Ausgang des Krieges, so konnte sie den in der Öffentlichkeit eben nicht fordern, ohne die letzte militärische Anstrengung selbst zu gefährden. Haute sie aber voll auf die Pauke, so schwanden alle Aussichten, im Lager der Alliierten, vor allem auch in den USA, der Partei der Tauben Rückhalt zu geben.

Wie aber wäre es gewesen, wenn die Alliierten ihrerseits ein moderates Friedensangebot gemacht hätten? Ob in diesem Falle die deutsche Entschlossenheit, den Krieg fortzusetzen, »wohl gebrochen« worden wäre?[523] Das bleibt mehr als zweifelhaft. Viel wahrscheinlicher wäre eine Reaktion gewesen, die ganz jener entsprochen hätte, die im bereits zitierten Marginal Wilhelms II. drastisch deutlich wurde. Der Kaiser war, was zumeist vergessen wird, über lange Zeit hin eine Art Sprachrohr der Stammtischmeinungen in Deutschland; in diesem Sinne blieb er »populär«. Das hatte schon vor dem Krieg gegolten, das galt immer noch. Je höher das Elend stieg, je entsetzlicher das Menschenschlachten an der Front empfunden wurde, desto weniger war die Gesellschaft bereit sich einzugestehen, daß das alles für die Katz gewesen sein sollte.

Wenn Lloyd George und Clemenceau ihrerseits gerade im Frühjahr 1918 an ihren Maximalzielen festhielten und deswegen den »Vierzehn Punkten« nur Lippenbekenntnisse zollten, so hatte das seinen Grund und darf nicht als kriegsverlängernd angesehen werden. Es waren ja dieses dauernde Unentschieden, diese sinnlosen Kämpfe um ein paar Quadratkilometer Niemandsland, die den Kämpfenden in allen Lagern so unerträglich waren; solange es auch nur noch den Hauch einer Chance zu einem Siegfrieden gab, mußte sie allgemeinem Dafürhalten nach genutzt werden.

Begeben wir uns auf die strategische und operative Ebene, so wird erkennbar, daß die Meinung der Fachleute in der Frage, ob man die entscheidungsuchende Offensive im Westen anstreben oder eher auf nachhaltige Verteidigung setzen solle, durchaus geteilt war. Während Ludendorff, Hindenburg und mit Einschränkung von Kuhl ersteres befürworteten, war Groener,[524] also ein General, dessen Fachverstand jenem ersterer in nichts nachstand, entgegengesetzter Meinung – aber nicht so unbedingt und radikal, daß er sich dann nicht der Meinung der beiden OHL-Helden gebeugt hätte. Riskant erschien das Unternehmen, aber nicht riskanter als so manche andere Entscheidung auch. Bei der Abwägung der Gründe dafür und dagegen sprachen neben den allgemeinen Erwägungen vor allem die Ersatzlage, die Lage der Bundesgenossen und die des Ubootkrieges für den letzten Offensivversuch.

Die Mittelmächte waren gerade im Begriff, ihre letzten personellen Kräfte zu mobilisieren; es war absehbar, daß das Feldheer nicht mehr wachsen, ja daß es langsam aber sicher schrumpfen würde – während das der Entente dank der unerschöpflichen Personalressourcen ständig noch wachsen konnte. Inzwischen standen mehr als eine Million Amerikaner auf europäischem Boden, und täglich wurden es mehr. Und die deutschen Uboote versenkten nicht einen einzige Truppentransporter. Allein dies hätte, vielleicht, Aussichten eröffnet, denn die amerikanische Öffentlichkeit hätte sich wohl nur schwer mit dem Gedanken abfinden können, ihre Boys wie Ratten im Atlantik absaufen zu sehen. In diesem Zusammenhang ist es unverständlich, warum die Seekriegsleitung, nun unter Scheer, trotz der unleugbaren Schwierigkeiten nicht alles getan hat, um den Ubootkrieg gegen diese Truppentransporte zu konzentrieren.

Diese ständig wachsende Zahl der alliierten Verbände erzwang ein rasches Handeln, sollte nicht schon die Grundvoraussetzung für den Erfolg dahinschwinden: die zeitliche und örtliche personelle Überlegenheit. Noch, also im März 1918, schien sie gegeben, aber es ließ sich leicht ausrechnen, daß es dem Gegner binnen eines halben Jahres gelingen konnte, sie mehr als auszugleichen. Schon jetzt war die eigene personelle Überlegenheit dünn genug, und nur weil Ludendorff eine neue Angriffstaktik entwickelt hatte, in der einer »Feuerwalze« die entscheidende Bedeutung zukam,[525] ließ sich diese nur leichte Überlegenheit rechtfertigen. Ziel des Angriffes mußte der strategische Durchbruch an der Westfront sein – also ähnlich wie 1915 in Tarnow-Gorlice. Aber die Fachleute haben Ludendorff von Anfang an gewarnt: die Verhältnisse im Westen seien mit denen im Osten nicht zu vergleichen, hier im Westen müsse man mit einer ungleich kompakteren Abwehr rechnen.

Aber selbst wenn der Durchbruch gelang, war a priori nicht sichergestellt, daß er wie seinerzeit im Osten genährt und beliebig ausgeweitet werden konnte. Nur 23 000 LKW standen den Deutschen zur Verfügung, der Entente im Westen 100 000, und die Anzahl der gegnerischen Tanks wurde von Tag zu Tag größer. Dem hatten die Deutschen nichts entgegenzusetzen. Zwar mochte die bloße Zahl der LKW nicht ausschlaggebend sein, solange genügend Pferdebespannungen zur Verfügung standen. Aber gerade auf diesem Sektor klaffte auf deutscher Seite die fühlbarste Lücke – nicht zuletzt Folge der desolaten Lage auf dem Futtermittelsektor. Was an Pferden vorhanden war, war zu wenig und zu schlecht. Zwar produzierten die deutschen Rüstungsfabriken gerade jetzt soviel wie nie, dennoch standen den 18 000 deutschen Geschützen im Westen 14 000 alliierte gegenüber, und die waren weitaus beweglicher einzusetzen als die deutschen.

Die Bedenken selbst im engsten Umkreis Ludendorffs wurden von Tag zu Tag stärker.[526] Ludendorff selbst war vom Erfolg des Unternehmens keineswegs völlig überzeugt – um so schärfer stellt sich die Frage, warum er diese Bedenken nicht dort vorgebracht hat, wo es angemessen gewesen wäre: bei der Reichsregierung und dem Kaiser. Doch der gesamte politische Raum, um es so allgemein auszudrücken, wurde von der 3. OHL geradezu hermetisch abgeschirmt, und es gab niemanden, der in diesem Raum in der Lage gewesen wäre, substantiell mit Ludendorff zu diskutieren. Aller Fachverstand war in der OHL konzentriert, und nun mehr denn je, nachdem es das Korrektiv von Oberost eben nicht mehr gab. Man erinnere sich: 1916 wurde Falkenhayn nicht zuletzt auf Drängen des AOK Ost abgelöst, und auch Moltke war wesentlich den Angriffen von Oberost zum Opfer gefallen. Jetzt standen denen, die das einst zuwege gebracht hatten, keine Konkurrenten mehr im Wege, und das mag dazu beigetragen haben, die internen Bedenken letztlich doch vom Tisch zu wischen.

Was eigentlich war das Ziel der strategischen Offensive, die den Durchbruch bringen und den Krieg wieder, wie 1914 vor der Marneschlacht, beweglich gestalten sollte? Das war die eigentlich entscheidende Frage, doch in diesem Punkt schweigen sich alle Quellen merkwürdig aus oder sind vage und unklar. Offensichtlich waren die Verantwortlichen so sehr auf das Naheliegende konzentriert, daß sie die Folgewirkungen abzuschätzen und in Rechnung zu stellen kaum in der Lage waren. Keinen Moment wohl hat Ludendorff damit gerechnet, eine zweite Marneschlacht, gar ein Cannae schlagen zu können, denn das hätte eine Beweglichkeit vorausgesetzt, die a priori nicht gegeben war. In jedem Fall konnten sich die Truppen der Entente schneller absetzen als die deutschen ihnen zu folgen vermochten, ganz zu schweigen davon, sie überflügeln zu können.

Zwei Ziele treten in den Vordergrund: Zum einen sollten die englischen von den französischen Verbänden getrennt, die englischen eingekesselt und geschlagen werden, zum anderen wollte Ludendorff die Kanalhäfen in die Hand bekommen in der Hoffnung, damit nicht nur die Verbindung zwischen England und Frankreich entscheidend unterbrechen, sondern auch die Anlandungen der Amerikaner wenigstens verzögern zu können. Also eine Art zweiter Wettlauf zum Meer. Dahinter stand die vage Hoffnung, England werde den Krieg verloren geben, sollte es den größten Teil seines Expeditionsheeres verlieren.

An diesem Punkt wird eine weitere Betrachtung nach dem Motto: Was wäre wenn, zwingend erforderlich, und zwar aus einem ganz bestimmten Grund: Nehmen wir an, die Michael-Offensiven hätten den strategischen Durchbruch erzielt, die Deutschen hätten die Kanalhäfen in die Hand bekommen, die Franzosen sich tief ins Land zurückgezogen, ja es wäre den Deutschen gelungen, der Entente in Frankreich eine entscheidende Niederlage beizubringen, so daß die Amerikaner keine Chance mehr gehabt hätten, ihre Kräfte hier zu verstärken, also kurz und gut: Stellen wir uns die Situation vom 21. Juni 1940 vor.

Schon im Zusammenhang mit der Marneschlacht wurde darauf verwiesen: Da die Zeitgenossen von 1914/1918 nicht wissen konnten, wie sich die Dinge nach dem Juni 1940 entwickeln sollten, konnte die These formuliert werden, daß mit der Marneschlacht der Erste Weltkrieg gewonnen bzw. verloren war. Nun, 1918, das nämliche Bild: Ludendorff hatte die Michaeloffensive zur Entscheidungsschlacht stilisiert – aber wäre sie es wirklich gewesen, wenn er sie gewonnen hätte –, im März bis Mai 1918? Das Schlimmste, das den Alliierten dann hätte widerfahren können, wäre der Verlust Frankreichs gewesen – wie 1940. Auch nicht ansatzweise gab es eine Möglichkeit, auch England zu besiegen, noch viel weniger als 1940. Und schon gar nicht Amerika. Wäre deswegen nicht alles so gekommen, wie es dann 1944 kam? Demgegenüber ließe sich einwenden, daß die Lage im Osten doch völlig anders gewesen sei: Während die deutsche Niederlage im Zweiten Weltkrieg wesentlich durch die Rote Armee herbeigeführt worden sei, hätten die Mittelmächte nun die Ressourcen des Ostens nutzen können.

Wirklich? Schon im Zusammenhang mit der alliierten Interventionspolitik wurde deutlich, daß die Westalliierten, vor allem auch die Amerikaner, nicht gewillt waren, den russischen Raum den Mittelmächten kampflos zu überlassen. Man kann sich sehr gut vorstellen, daß es den Alliierten im Laufe der Jahre gelungen wäre, im Osten eine neue Front aufzubauen, eine Zweite Front, vor allem wenn sie Lenin eine Revision von Brest-Litowsk und Bukarest und ein Ende des deutschen Ausbeutungssystems – auf das die Mittelmächte ja zwingend angewiesen waren, die Amerikaner und Engländer aber nicht – in Aussicht gestellt hätten. Daß die ideologischen Gegensätze überbrückbar waren, bewies die unheilige Allianz von 1941, und Lenin war nicht ganz so schlimm wie Stalin. Hinzu kommt, daß auch 1941 und 1942 die Sowjetunion wohl nur dank der alliierten Hilfe – der direkten wie indirekten – hat durchhalten können. Kurz und gut: Eine alternative Betrachtung unter Einbeziehung der Erfahrungen des Zweiten Weltkrieges macht deutlich, daß die erfolgreiche Michaeloffensive gewiß für die Kriegsverlängerung, keineswegs aber notwendig für den Kriegsgewinn durch die Mittelmächte gesorgt hätte – sowenig wie eine gewonnene Marneschlacht.

Da nun aber die meisten Deutschen eben dies nach 1918 glaubten, konnte das Scheitern der Michaeloffensiven als negativ kriegsentscheidend angesehen werden, und damit stellte sich sofort die Frage, wer letztlich für dieses Scheitern verantwortlich gewesen sei. Da die schon geschilderten internen Bedenken der 3. OHL aber nicht publik wurden, ganz im Gegenteil Ludendorff später verbreitete, militärisch sei an dem Unternehmen gar nichts auszusetzen gewesen, mußten alle Verdächtigungen genährt werden, hier habe man es mit finsteren Kräften im Hintergrund zu tun, und das war der Boden, auf dem die Dolchstoßlegende gedeihen sollte. Sie hatte viele Wurzeln, und das fatale Hindenburg-Interview war nur ein kleiner Mosaikstein in ihrem Gefüge.

Diese alternative Betrachtung muß sich noch auf ein anderes Feld begeben: Wäre die Michaeloffensive gelungen, der Krieg aber nicht siegreich beendet worden – hätten dann nicht die Friedensbefürworter auf beiden Seiten ihre Chance gehabt, die erste echte, wirkliche Chance? Auch hier spricht alles dagegen: Wenn schon im Vorfeld Hindenburg, der Kaiser, Ludendorff sowieso, von exorbitanten Kriegszielen träumten, selbst die SPD, wie ihr Verhalten zu Brest-Litowsk unterstrich, lange von ihren hehren Idealen abgekommen war – um wieviel weniger wären nun, nach einem Sieg im Westen, moderate Friedensbedingungen von den Mittelmächten zu erwarten gewesen? Und von den Alliierten? Erst recht nicht, denn wenn Frankreich aus dem Krieg ausschied, so gab es für die beiden angelsächsischen Mächte erst recht keinen Grund, nicht an den Maximalzielen festzuhalten: Sie hatten alle Zeit auf Erden, und solange die Luftwaffen noch nicht so entwickelt waren, wie es während des Zweiten Weltkrieges der Fall sein sollte, gab es für die Mittelmächte auch keinerlei Mittel, um England und Amerika den Krieg am eigenen Leib spüren zu lassen. Es sei denn, man hätte alle Ressourcen auf den Seekrieg gerichtet...?

Die reale Geschichte von »Michael« ist rasch erzählt: Zum ersten Mal seit dem November 1914 gelang, wenigstens vorübergehend, im Westen tatsächlich ein operativer Durchbruch, begann das Kriegsgeschehen sich zu dynamisieren. Wohl bemerkt: Es begann, denn es dauerte keine drei Wochen, und die Offensive blieb stecken.

Nach allerlei Erwägungen hatte sich Ludendorff entschlossen, den Durchbruch zwischen Cambrai und St. Quentin, also an der Nahtstelle zwischen den englischen und den französischen Truppen anzusetzen. Das war auch deswegen sinnvoll, weil von hier aus der Weg zu den Kanalhäfen am kürzesten, und die Chance, die englischen Kräfte einschließen zu können, am größten war.

Daß sich an der Westfront etwas tat, blieb Haig nicht verborgen, ja er wußte ein genaues Lagebild zu erstellen und sagte den Angriffsbeginn punktgenau auf den 21. März voraus. »Every one is in good spirits«, schrieb er seiner Frau am Tag zuvor.

Die gute Laune Haigs verflüchtigte sich dann tags darauf sichtbar, denn von der Wucht des deutschen Angriffes mit der vorauflaufenden Feuerwalze war auch er überrascht – so schlimm hatte man es im britischen Hauptquartier nicht erwartet. Der Angriff erfolgte auf einer Frontbreite von 70 Kilometern, das war im Vergleich zur Somme oder zu Flandern mehr als je zuvor. Die neuen taktischen Verfahren, die Ludendorff entwickelt hatte, bewährten sich; es gelang, die britischen Stellungen zu überrennen – aber um den Preis hoher Verluste, denn es gelang nicht, wie zuvor geübt und angenommen, in einem Zuge acht Kilometer vorzudringen, um damit die britischen Geschützstellungen einzunehmen. Das hieß: Die Infanterie mußte sich gegen das mörderische Feuer der gegnerischen Geschütze den Weg in und über die Gräben bahnen.

Allein die taktischen Verhältnisse an den ersten Angriffstagen beweisen, daß die Moral der Truppe völlig intakt war, zumal die Soldaten selbst sehr genau wußten, daß sie aus der relativen Sicherheit ihrer Grabensysteme in das völlig ungeschützte gegnerische Gelände vordringen und dort auch Tag für Tag ausharren mußten, solange der Vormarsch anhielt. Aber auch die Engländer gaben sich nicht geschlagen, sondern wichen kontrolliert und diszipliniert zurück. Die Front hielt, auch wenn sie sich beweglich nach Westen hin ausbuchtete. Nirgendwo wird von Panikreaktionen, geschweige denn Meutereien berichtet – wieviel anders hatte es doch im Osten bei der Kerenski-Offensive ausgesehen!

Ludendorff hatte von Anfang an nicht damit gerechnet, mit einem einzigen strategischen Durchbruch die Front aufrollen zu können, aber sein Konzept rasch hintereinander geführter Hammerschläge – »Michael« I folgten II, III, dann die übrigen Offensivvorstöße – trug in sich die Gefahr der Verzettelung. Gleichwohl erschienen die Anfangserfolge imponierend: Bis zum 5. April 1918 waren die deutschen Truppen 60 Kilometer vorgedrungen, das führte zu größeren Geländegewinnen, als je seit dem Herbst 1914. Aber es gelang nicht, den strategischen Durchbruch zu erzielen, also in den freien Raum hinein zu operieren. Die eigenen Verluste beliefen sich bis zu diesem Datum auf 230 000 Mann – auch das war mehr, als man befürchtet hatte. Die dem ersten folgenden Schläge wurden so immer schwächer, und der Entente blieb Zeit, sich neu zu formieren.

Jetzt endlich wurden unter dem frischen Eindruck der anfänglich als verheerend eingeschätzten Rückschläge die jahrelangen Querelen um eine einheitliche militärische Führungsorganisation zugunsten der Einrichtung eines alliierten Oberkommandos unter General Foch überwunden, und das sollte sich binnen kurzem für die Entente als wahrer Glücksfall entpuppen, gelang es Foch doch, enorme Synergieeffekte zu erzielen, die bisher wegen der stets divergierenden Meinungen der Oberbefehlshaber nicht zu realisieren gewesen waren.

Bis zum 14. Juni 1918, als die deutschen Angriffsbemühungen endgültig ins Stocken geraten waren und abgebrochen werden mußten, betrugen die deutschen Verluste 425 000 Mann, und diese Zahl steigerte sich bis Juli 1918 auf eine Million. Hier zum ersten Mal wurde deutlich, daß es mit der moralischen Unerschütterlichkeit des deutschen Heeres soweit nicht mehr her war, aber noch ergaben sich daraus keine schwerwiegenden Konsequenzen, das Heer war von Meuterei und Revolution noch immer weit entfernt. Nur in den rückwärtigen Gebieten begann es zu brodeln.

Die militärische Wende kam rasch. Am 18. Juli 1918 griffen 23 französische Divisionen im Frontbogen von Reims mit 400 Tanks bei Villers-Cotterêts an und drängten die Front von der Marne nach Osten zurück, und nun stand Ludendorff vor dem Offenbarungseid: Nachdem die Frühjahrsoffensive gescheitert war, war nach seinem eigenen Urteil der Krieg verloren. Aber es ist auch menschlich verständlich, daß es seine Zeit dauerte, bis diese Einsicht voll in sein Bewußtsein drang; zunächst galt es, das Schlimmste zu verhüten: den gegnerischen Durchbruch. Der General Loßberg, ein besonnener Mann, riet zu einem sofortigen Rückzug des deutschen Heeres in die wohlausgebaute Siegfriedlinie – also ohne Feinddruck, gleichsam als operative Überraschung. Das sollte so wirken, als hätten die Deutschen nur einmal angetestet, was »an sich« möglich wäre, bevor sie sich wieder in die bewährten alten Positionen zurückzogen. Auch propagandistisch wäre das eine Chance gewesen – Ludendorff schlug sie aus, auch das hatte leicht verständliche psychologische Gründe. Nur mit dem Unterschied, daß Loßbergs Vorschlag zig-tausenden von Soldaten wohl das Leben gerettet hätte. Also kam es nur zu einem langsamen, sehr verlustreichen Rückzug, der viel demoralisierender wirkte als ein rasches, konsequentes Zurückweichen auf die Siegfriedlinie. Darin kann man das Versagen Ludendorffs sehen, aber vielleicht bedurfte es ja wirklich erst des 8. August 1918, um diesem Feldherren endgültig die Augen zu öffnen.

Er selbst hat den 8. August den »schwarzen Tag des Heeres« genannt, und das war er in der Tat. Will man überhaupt den Verlust des Ersten Weltkrieges an einem Datum festmachen – auch bloß symbolisch –, so ist dafür der 8. August der erste Favorit, denn an diesem Tage gelang den Aliierten bei Amiens mit nunmehr 500 operativ eingesetzten Panzern der Durchbruch – und die Deutschen hatten dem nichts entgegenzusetzen. Es war der größte Technologiesprung des Ersten Weltkrieges. Ließ sich der 18. Juli vielleicht noch als Ausnahme ansehen, so bestanden nunmehr keine Zweifel mehr: Die Aliierten verfügten mit den Panzerverbänden, die von Tag zu Tag stärker wurden, und gegen die es kaum eine Abwehr gab, nun auch rein materiell und technisch über Möglichkeiten, die einem militärischen Quantensprung gleichkamen.

Aber der 8. August kommt als symbolisches Datum aus einem anderen Grund in Betracht: Mit diesem Tag zerbrach die Moral der deutschen Truppen. Zwar gelang es bis zum 12. August noch einmal, die Front zu stabilisieren, aber allein der Umstand, daß 70 % der Verluste bei der 2. Armee Gefangene waren, läßt an diesem moralischen Zusammenbruch keinen Zweifel – Ludendorff hat das »schwarz« denn auch darauf bezogen. Rein militärisch entscheidend war der 18. Juli gewesen. Ludendorff war viel zu klug, um nicht die Konsequenzen zu erkennen. Er hat sie später in seinen Memoiren im Hinblick auf den 8. August 1918 so formuliert: »Das Kriegführen nahm...den Charakter eines unverantwortlichen Hasardspiels an. Das Schicksal des deutschen Volkes war mir für ein Glücksspiel zu hoch, der Krieg war zu beendigen.«[527]

Aber das war eine post-festum-Betrachtung, mit der Ludendorff den schweren Vorwürfen begegnen wollte, mit denen er unmittelbar nach dem Waffenstillstand konfrontiert wurde: Er habe, obwohl der Kriegsverlust ihm unvermeidlich erschienen sei, noch zwei Monate einen sinnlosen, mörderischen Krieg weitergeführt und damit recht eigentlich auch den Umsturz und die Revolution verursacht. Tatsächlich läßt sich beobachten, wie der plötzlichen Einsicht in den Kriegsverlust am Abend des 8. August bei Ludendorff eine bemerkenswerte Volte folgte – schon zwei, drei Tage später verkündete er nämlich, aus den Rückschlägen vom 18. Juli bzw. dem 8. August sei mitnichten auf den Kriegsverlust zu schließen, im Gegenteil, man müsse nun um so energischer den Krieg fortführen – und sei es noch jahrelang.

Am 14. August 1918 trafen sich die Verantwortlichen zu einem Kronrat im kaiserlichen Hauptquartier zu Spa. Alle Verantwortlichen waren versammelt: der Kaiser, der Kronprinz, der Reichskanzler, der Staatssekretär des Äußeren – und Hindenburg und Ludendorff. Inzwischen war der Vormarsch der Aliierten zügig vorangegangen, und die deutschen Verbände begannen sich nicht nur unter Feindeinwirkung zu dezimieren. Schon hatte jene Phase eingesetzt, die für das Ende des Krieges typisch sein sollte: Der personelle Nachschub, so überhaupt vorhanden, kam nicht mehr heran, und das hatte nicht nur technische Gründe, sondern ging auf Desertionen und Drückebergereien zurück.[528] Viele Divisionen besaßen nur noch 50 % ihrer Sollstärke, 22 mußten ganz aufgelöst werden. Die Dekomposition der deutschen Militärmacht war am 14. August in vollem Gange. Das galt nicht für die Soldaten in der vordersten Linie; nur ihnen war es überhaupt zu verdanken, daß die Front noch hielt – aber sie wurde von Tag zu Tag schwächer.

In dieser Situation erklärte Ludendorff, das Schlimmste sei überstanden, die Fronten würden stabilisiert und es werde gelingen, den »Kriegswillen des Feindes allmählich zu lähmen«.[529]

Niemand widersprach; Hertling und Hintze verließen am 14. August das Hauptquartier in der beruhigenden Zuversicht, die Dinge lägen so übel gar nicht. An alles mögen sie gedacht haben, nur nicht daran, daß dieser Krieg definitiv verloren war. In der unwirklichen Atmosphäre des Hauptquartiers fand sich niemand, der dem Kaiser gesagt hätte, er stehe ohne Kleider da.

27. DER MILITÄRISCHE ZUSAMMENBRUCH

Der 3. OHL war am 14. August, eigentlich schon am 18. Juli, dem Tag des Beginns der alliierten Offensive, klargewesen, daß der Krieg militärisch verloren war, aber jene alten Zeiten, in denen die Feldherren, Schachspielern gleich, den König auf dem Brett umgeworfen, sich erhoben, dem Gegner zum Sieg gratuliert hatten, waren lange vorbei. Nichts ja hatte einst Moltke den Älteren mehr irritiert als das Verhalten Frankreichs nach Sedan: Die letzte Feldarmee war geschlagen; nach allen Erfahrungen der europäischen Geschichte mußte nun von Seiten des Besiegten ein Friedensangebot kommen. Es kam nicht, dafür brach die Staatsform zusammen, aus dem napoleonischen Kaiserreich wurde eine Republik – und die kämpfte weiter. Nun nicht mehr mit kaiserlichen, sondern »Volksgeneralen«, und die sorgten dafür, daß sich der Krieg noch elende sechs Monate hinzog, Monate, in denen mehr gestorben und gelitten wurde als in den Wochen bis Sedan. Noch der Krimkrieg war chevaleresk zuende gegangen – denn natürlich war Rußland nach dem Fall von Sewastopol noch nicht besiegt, noch nicht am Ende. Aber der Zar hatte die Spielregeln eingehalten. Das hatte auch für den Erzherzog Karl gegolten, nach Austerlitz – aber Alexander I. hatte 1812 nach der Einnahme von Moskau durch die Grande armée ebenfalls sehr zur Konsternation Napoleons nicht daran gedacht, das Handtuch zu werfen – tatsächlich war Rußland nicht besiegt, und der Verlauf der Geschichte bewies dies rasch.

Wann überhaupt ist ein Staat, ist eine Nation besiegt? Diese auf den ersten Blick simple Frage, die eine simple Antwort zu erheischen scheint, ist es in Wirklichkeit nicht, wie es schon Clausewitz wußte. Auch hier liefert die preußische Geschichte die besten Beispiele: Nach Kunersdorf, also 1762, war Preußen definitiv besiegt, und am Abend der Schlacht spielte Friedrich II. mit dem Gedanken, sich deswegen das Leben zu nehmen. Und dann das »Mirakel des Hauses Brandenburg«! In einer Zeit, die an »Glück und Unglück in der Weltgeschichte« (Jacob Burckhardt), an den deus ex machina glaubte – Erbe der Aufklärung –, an das Genie eines einzelnen, der alles wenden könne, mußte das Eingeständnis einer definitiven Niederlage – nicht einer einzelnen Schlacht – schwierig sein. Wieviel schwieriger, wenn die eigenen Truppen tief in Feindesland standen, deutsche Soldaten auf der Krim badeten, der größte Flächenstaat Europas zerbrochen war.

Hinzu kommt etwas anderes: Am 14. August 1918 wußte niemand, wie die Geschichte weitergehen würde. Gewiß, die technische Überlegenheit der Feinde war überwältigend, die Einbrüche in die Front dramatisch, die Ersatzlage war es nicht minder, die eigenen Verbündeten wankten. Gleichzeitig jedoch begannen die großen Rüstungsprogramme, die nach den Hochrechnungen den Rüstungsausstoß verdreifachen sollten, im Reich erst anzulaufen, und von einer vollen Ausschöpfung des »Menschenmaterials«, vor allem des weiblichen, war man im Reich immer noch weit entfernt.[530] Immer noch standen die riesigen Räume des besetzten Ostens den Deutschen zur Verfügung – war es völlig absurd anzunehmen, das das, was am 18. Juli 1918 geschehen war und am 8. August sich bestätigt hatte, doch nur eine Krise war – vielleicht größer und gefährlicher als alle, die man bisher durchlaufen hatte, aber eben doch bloß eine Krise, die zu bewältigen es immer noch alle Chancen gab, nutzte Deutschland die Gunst der inneren Linien?

Bei Kriegsausbruch 1914 hatten sich einige zaghafte Stimmen vernehmen lassen, die den Verlust des Krieges nicht völlig ausschlossen. Doch sie blieben in einer verschwindenden Minderheit, und bald war das Volk davon überzeugt, daß der Krieg möglicherweise noch unendlich lange fortdauern, vielleicht mit einem Kompromiß enden, nie aber ordinär verloren gehen konnte. Eine blanke militärische Niederlage in der Art, wie sie Frankreich 1871 erlitten hatte, schien aus vielerlei Gründen schlechterdings ausgeschlossen, und es gab auch im Reichstag keine Partei, die damit ernsthaft gerechnet hätte – mindestens bis zum Juli 1918. Gerade deswegen bedurfte es keiner großen Überredungs- oder Verstellungskünste, keines bewußt inszenierten Betruges der OHL, um die Zivilisten in Spa zuversichtlich die Heimreise antreten zu lassen. Sie selbst waren überhaupt nicht innerlich darauf eingestellt, einer Alternative ernsthaft ins Auge zu blicken, die für sie eben keine war: der des definitiven Verlusts des Krieges. Man versetze sich in die gängigen Mentalitäten, die historischen Erfahrungen der Zeitgenossen: Seit 1813 hatte Preußen vier Kriege geführt, alle waren gewonnen worden – und um wieviel stärker war doch Deutschland als Preußen! Gewiß: Wir wissen, daß dieser Vergleich hinkt – aber das haben die Zeitgenossen nicht gewußt, besser: Sie wollten es nicht wahrhaben. Die Dolchstoßlegende operierte gerade mit der Behauptung, das Heer *sei* unbesiegt und nur durch den feigen Dolchstoß aus der Heimat zu Fall gebracht worden. Diese kollektive Verweigerung der Anerkennung des Kriegsverlustes nach dem Schema, daß nicht sein könne, was nicht sein durfte, sollte zu den großen Traumata und Hypotheken der Weimarer Republik zählen. Wir kennen diesen Mechanismus bereits aus der Marneschlacht.

In diesem Zusammenhang ist erneut ein Blick in die Jahre 1944 und 1945 lehrreich: Auch damals schien es der überwältigenden Mehrheit der »Volksgenossen« undenkbar, diesen Krieg verlieren zu können, um so weniger, als es nun niemanden mehr gab, der auch nur theoretisch einen Dolch hätte im Gewande führen können (alle waren Volksgenossen und aßen gemeinsam Eintopf), und zu ihnen zählte Hitler selbst. Es greift zu kurz, deutet man dessen Verhalten in der Endphase nur als machiavellistischen Trick, mit dem das Unvermeidbare kaschiert werden sollte. So absurd es klingen mag: Auch Hitler glaubte nicht an einen gleichsam historisch »normalen« Kriegsverlust – wohl aber an die Möglichkeit, dann Wahrscheinlichkeit, schließlich Unvermeidlichkeit des Untergangs der germanischen Rasse, wenn diese sich als »zu schwach« erweisen sollte. Zwischen Kriegsverlust und völkischem physischem Untergang aber besteht ein großer qualitativer Unterschied. Das eine gehorcht immer noch rationalem Denken, das andere irrationaler Emotion. Man soll aber nicht glauben, daß Emotionen oder Irrationalismen in der Politik keine Chance haben – die Weltgeschichte ist voll von un-sinnigen Entscheidungen, gefühlsgesteuerten Prozessen, Aufklärung hin, Aufklärung her.[531] Hitler kalkulierte nicht wie ein nüchtern denkender Kaufmann mit einem gewöhnlichen Verlust, nämlich dem des Krieges, sondern strebte einen seinem Selbstverständnis und seiner Weltanschauung adäquaten Weltuntergang an – für seine Herrenrasse und sich selbst. Sein Selbstmord war völlig konsequent, der von Goebbels und dessen Familie ebenso.

Sieht man sich unter solchen Gesichtspunkten das Denken und Handeln Hindenburgs und Ludendorffs in den Wochen zwischen dem Kronrat von Spa und dem 28. September 1918 an, also jenem Tag, an dem Ludendorff von der Reichsregierung die sofortige Einleitung von Waffenstillstandsverhandlungen forderte, so fällt auf, daß sich bestimmte Wesenszüge Hitlers schon in ihm zu spiegeln scheinen, aber nur in Ansätzen, rudimentär. Sie sollten sich nicht durchsetzen, und Ludendorff lenkte nach einer Phase der Versuchungen wieder in die tradierten abendländischen Denkbahnen zurück, in denen die Begriffe Kriegsverlust und Waffenstillstand durchaus ihren angestammten Platz einnahmen. Man darf ihn also nicht nur unter dem Aspekt des August und September 1918 beurteilen; täte man dies, so ließe er sich leicht verdammen und wirklich zu einer Art Vorläufer von Hitler stilisieren.

Während im deutschen Lager die Hoffnungen auf einen glimpflichen Ausgang des Kriegs noch nicht geschwunden waren, sahen sich Kaiser Karl und sein neuer alter Außenminister Stefan Graf Burián, die ebenfalls in Spa anwesend waren, genötigt, energisch auf das Ende des Krieges zu drängen, denn der Zersetzungsprozeß des Habsburgischen Reiches war nicht mehr aufzuhalten, und man gewinnt den Eindruck, der habsburgische Kaiser wollte das auch gar nicht mehr.[532] Gerade an diesem 14. August erreichte ihn die Meldung, daß England den tschechischen Nationalrat in London als legitime tschechische Regierung anerkannt habe,[533] und diesem Schritt folgten die USA am 3. September 1918. Auslöser war die Bildung tschechischer Verbände in Sibirien, die, aus Überläufern, Kriegsgefangenen und allerlei abenteuerlichen Figuren gebildet, von Wladiwostok aus sich der Gegenrevolution angeschlossen und um die Unterstützung der Westmächte und der USA für ihren Versuch gebeten hatten, das bolschewistische Regime zu bekämpfen, um den Mittelmächten im Osten eine neue Front entgegenstellen zu können.

Über die Stärkeverhältnisse und die Bedeutung dieser tschechischen Verbände war man sich weder in Washington noch in London im Klaren, aber es kam darauf auch nur in zweiter Linie an. Entscheidend war, daß mit der Anerkennung der tschechischen Exilregierung – so könnte man den tschechischen Nationalrat nun bezeichnen – das Signal zur Auflösung des Vielvölkerstaates gegeben war. Karl und Burián sahen nur noch einen Ausweg: Sie boten am 14. September 1918 unabhängig von und gegen den Willen Ludendorffs und der deutschen Reichsleitung der Entente Friedensverhandlungen an. Zu spät, denn zu diesem Zeitpunkt befanden sich die Alliierten schon auf der Siegerstraße, es war nur noch eine Frage kurzer Zeit, bis der Krieg gegen Österreich mit einem blanken Sieg enden würde. Sie verlangten also eine Kapitulation, deren Charakter unzweideutig war: Sie sollte bedingungslos sein. Um dies zu unterstreichen, starteten sie tags darauf, also am 15. September, eine Offensive an der Salonikifront gegen Bulgarien, und dieses Land brach nun blitzartig zusammen; schon am 25. September kapitulierte Sofia. Damit war auch Rumänien nicht mehr zu halten, und die Eisenbahn- und Seeverbindungen zwischen den Mittelmächten und der Türkei waren unterbrochen. Niemand konnte den Vormarsch der Alliierten auf Istanbul nunmehr noch aufhalten, und damit war auch schon das Ende des ehrwürdigen Osmanischen Reiches eingeläutet, zumal die Engländer schon ganz Syrien und Palästina erobert hatten, womit auch Mesopotamien verkehrsmäßig vom türkischen Mutterland abgeschnitten war. Auf dem Balkan und im Nahen Osten löste sich alle Staatlichkeit auf und machte teilweise buntem Abenteurertum Platz, aber schon damals verstanden es die Sieger nicht, mit dieser neuen Situation fertigzuwerden, und das sollte langfristig die übelsten Folgen haben – sie plagen die Völker des Nahen Ostens bekanntlich noch heute.

Es war wohl dieser spektakuläre Zusammenbruch der beiden großen

Vielvölkerreiche, der Hindenburg und Ludendorff schließlich resignieren ließ. Die Hilflosigkeit, mit der die Zentralen in Istanbul, Sofia und Wien auf diesen Dissoziierungsprozeß reagierten, ließ nicht einmal den Gedanken entstehen, vielleicht mit den jeweiligen Kernländern den Kampf fortzusetzen. In den Augen Hindenburgs wäre dies ja nicht absurd gewesen, denn noch am 3. September verkündete er, man hoffe auszuhalten – nur wie lange und mit welchem Ziel: Das blieb unklar.

Eine Woche später waren alle Illusionen endgültig geplatzt, und dies nicht allein wegen des Zusammenbruches der Verbündeten, sondern auch wegen der nunmehr unübersehbaren Auflösungserscheinungen im eigenen, also im deutschen Heer.[534] Nachdem Foch am 20. August erneut angegriffen hatte, war es nicht mehr möglich, eine neue, stabile Frontlinie aufzubauen; nunmehr ging der Rückzug unablässig, wenn auch kontrolliert, weiter, und wenn es so weiterging, konnte die 3. OHL sich leicht ausrechnen, wann man am Rhein angekommen sein würde.

Übrigens war Foch mit diesem langsamen Vorrücken der eigenen Armeen höchst unzufrieden, das sollte sich noch bei den Pariser Friedensverhandlungen spiegeln – wie ganz anders hätten er und Clemenceau die Rheingrenze für Frankreich fordern können, wenn die Trikolore über der Hohenzollernbrücke in Köln geweht hätte! Tatsächlich wird man die Hektik des Zusammenbruches, den, wie man ihn nannte, »sudden death« vom November 1918 auch unter diesem Gesichtspunkt zu bewerten haben: Zu diesem Zeitpunkt nämlich stand noch kein feindlicher Soldat auf deutschem Boden, geschweige denn am Rhein. Der Rhein aber, darüber war man sich in Spa wohl einig, würde keine entscheidende Barriere bilden können, wenn der systematische Vormarsch der Alliierten immer weiterging. Inzwischen war die Feldüberlegenheit der Entente so groß, daß keinerlei Aussichten mehr bestanden, ihr etwas halbwegs Vergleichbares entgegenzusetzen; Foch verfügte allein über 1 500 Panzer, und die 3. OHL mußte wenig später vor den Führeren der politischen Parteien in diesem Zusammenhang einen Offenbarungseid leisten: Es sei weder jetzt noch später möglich, dieser Panzerwaffe eine eigene entgegenzusetzen, die deutsche Industrie sei nicht in der Lage, neben allen anderen Aufgaben auch diese noch zu übernehmen.

Die Verluste an Gefangenen waren im Rahmen der feindlichen Offensiven inzwischen auf 75 % geklettert. Kurz und gut: Moral und Kampfkraft der Truppe waren am Ende. Am 9. September forderte die 3. OHL bei der Reichsleitung die Einleitung einer Initiative zum Zwecke von Waffenstillstandsverhandlungen. Wie schwer es ist, von liebgewordenen Vorstellungen Abschied zu nehmen, zeigte sich in dem gleichzeitigen Verlangen, diese Initiative über einen neutralen Vermittler laufen zu lassen – also nicht über Wilson. Das war pure Illusion, einen solchen Vermittler gab es nicht, und hätte es ihn gegeben – etwa im Vatikan –, so hätten die Alliierten ihn nicht anerkannt, und das mußten auch Hindenburg und Ludendorff wissen.

Am 25. September platzten die letzten Illusionen, die Meldung vom Zusammenbruch Bulgariens ließ Ludendorff, wie es Graf Kielmannsegg beschrieben hat, verzweifeln; in Spa machte sich dumpfe Resignation breit, knapp unterhalb der Schwelle zu offener Panik. Hatte Ludendorff bis dahin noch kalkuliert, man könne bis zum Jahresende aushalten, innerhalb dieser Frist müsse es gelingen, einen akzeptablen Waffenstillstand zu erzielen, sah er nun alles zusammenbrechen: seine Welt, seine Wunschwelt, alles was ihm einst so groß und wichtig erschienen war. Übereinstimmend bekundeten später die Zeugen, Ludendorff sei für Tage in dumpfes Grübeln, in Entschlußlosigkeit versunken, während es überall brannte.

Aber nicht diese auch psychologisch durchaus begreifbare Reaktion scheint wichtig, sondern der Umstand, daß es auch sonst niemanden im Hauptquartier gab, der nun die Zügel in die Hand genommen hätte – schon gar nicht die Reichsleitung, denn die ahnte immer noch nichts, ihr Wissensstand war auf dem des 14. August 1918 gleichsam eingefroren. Nichts illustriert die inneren Auflösungstendenzen des Kaiserreiches deutlicher als diese Immobilität der »Macher«, ihre totale Unfähigkeit, sich in der Stunde höchster Not kraftvoll auf die Prinzipien preußischer Politik zu besinnen, seien es die eines Friedrichs des Großen, eines Freiherrn vom Stein oder auch eines Bismarck: Es wäre, wenn es solche Figuren nicht gab, die Stunde des Kaisers selbst gewesen – der Kaiser aber war ein hilfloses Bündel von Gefühlen und Ressentiments, unfähig, irgendeinen klaren Gedanken zu fassen, geschweige denn die Dinge in die Hand zu nehmen – wozu er, nach der Verfassung, und das sollte man nicht vergessen, immer noch das Recht besessen hätte. Daß die Monarchie am Ende war: Nicht Abdankung[535] und Flucht Wilhelms II. gaben darauf Brief und Siegel, es war das Verhalten des Monarchen und seiner Umgebung in den kritischen Tagen zwischen dem 25. und 29. September 1918.

Ihre Chance war nämlich am 29. September 1918 vorbei, Ludendorff wachte wie aus einem bösen Traum auf und sah nun mit erstaunlicher Klarheit der böseren Wirklichkeit in die Augen – was der Kaiser noch immer nicht tat. Die Wandlungsfähigkeit Ludendorffs hat zu viel Rätselraten geführt, man kann sie unschwer psychologisch deuten. Gewiß wird auch der Umstand mitgespielt haben, daß der roi connétable es eben nicht mehr war. Vielleicht hat Ludendorff ja nur darauf gewartet, endlich von Wilhelm, seinem König, in die vaterländische Pflicht genommen zu werden. Als der Kaiser versagte, glaubte Ludendorff, es sei nunmehr *seine* vaterländische Pflicht, dem Krieg so rasch wie möglich ein Ende zu machen – ohne alles weitere Taktieren und Finassieren. Das hatte nichts mit einem Wandel in der inneren Einstellung dieses Mannes zu tun, es war bloß konsequent, schließlich war er professioneller Generalstabsoffizier und wußte eins und eins zusammenzuzählen.

Diese Bemerkung ist nicht so ironisch, wie sie klingen mag, sondern soll schon auf eines der interessantesten Phänomene dieser Endphase der deutschen Monarchie hinweisen: den Versuch des Militärs, konkret: der 3. OHL, die Verantwortung für das Kriegsende einer zivilen Instanz, also der Reichsregierung anzulasten, in die Schuhe zu schieben – wie immer man es nennen mag. Um dies zu verstehen, muß man ein wenig ausholen, vor allem aber in die Geschichte dessen zurücklenken, was Gerhard Ritter unter dem Begriff »Militarismus« faßte.

Wir haben gesehen, wie im Verlauf des Krieges die OHL mehr und mehr an Kompetenzen für sich beansprucht und erhalten hatte – ohne daß es dazu einer Verfassungsänderung bedurft hätte. Tatsächlich war ja der Kaiser immer noch der Oberste Befehlshaber, und wenn dieser die Oberste Heeresleitung ernannte, so war dies sein gutes Recht. Im Heereskonflikt von 1862 war es u.a. genau darum gegangen – und nicht nur um die Budegetierungsprobleme und die Dauer der Wehrpflicht. Schließlich hatte sich Bismarck durchgesetzt, aber in den folgenden Jahren war es zu einem Konflikt zwischen König und Regierung nicht gekommen, weil in der Person des Monarchen zivile und militärische oberste Gewalt in eins fielen. Der Kanzler war ebenso wie der Generalstabschef nur Berater des Kaisers und theoretisch ganz von dessen Willen abhängig. In den langen Friedensjahren nach 1871 war das nahezu in Vergessenheit geraten, und seit der Ära Schlieffen gingen de facto – nicht de iure – die Kompetenzen an den Generalstab über, Folge des Schlieffenplanes selbst. Im Krieg verwandelte sich der Generalstab zur OHL (dies ist auch ein interessantes psychologisches Phänomen) und inkorporierte de facto via »Großes Hauptquartier« mit dem Kaiser auch die höchste zivile Instanz. Bethmann Hollweg mußte fortan einen ständigen Spagat zwischen OHL und Reichstag versuchen, das führte mit zu seiner »Politik der Diagonale«. Mit den innenpolitischen Entwicklungen seit 1916 aber wuchs der Einfluß des Reichstages und der Parteien, was die 3. OHL nicht nur mit Mißtrauen, sondern letztlich auch mit jener Intrige konterkarierte, der Bethmann Hollweg schließlich zum Opfer fiel. Michaelis und Graf Hertling galten denn auch als Marionetten der 3. OHL; der rasche Wechsel von dem einen zum anderen unterstrich dies ebenso wie der Sturz des letzteren auf Betreiben der SPD, die mit Hertling den Agenten der OHL vom Hals haben wollte. Wir haben also das merkwürdige Bild einer in sich gespaltenen Verfassungswirklichkeit vor uns: Auf der einen Seite gewann der Reichstag via Interfraktionellem Ausschuß erheblich an Gewicht, und die Friedensresolution des Reichstages war dessen Ausdruck, auf der anderen beanspruchte die 3. OHL formell via Kaiser und König die oberste Gewalt, und in der Praxis übte sie sie auch aus, denn Michaelis und Hertling waren schwache Figuren, und kein anderer Politiker war von der Verfassung her in der Lage, ein verfassungspolitisch abgesichertes Gegengewicht zur 3. OHL zu bilden. Auch Kühlmann und Hintze nicht, denen man das kraft ihres Amtes als Außenstaatssekretäre noch am ehesten hätte zutrauen können.[536]

Die Brester Friedensverhandlungen demonstrierten dies jedermann ad oculos: Es war die 3. OHL, die für sie verantwortlich war, und sie rühmte sich dessen – kein Wunder, denn der Frieden war das Diktat des Siegers der besiegten Macht gegenüber. Von daher hätte es an sich nahegelegen, daß die 3. OHL nunmehr auch im Westen die Verantwortung für den Waffenstillstand übernahm, mehr: für den angestrebten Friedensschluß. Sie hat sie bekanntlich nicht übernommen, und gemeinhin wird dies mit dem Wunsch Ludendorffs und Hindenburgs begründet, für das Desaster nicht verantwortlich sein zu wollen, sondern den Zivilisten das Unglück in die Schuhe zu schieben.

Daran ist sicherlich vieles richtig, und nichts sollte ferner liegen, als Ludendorff deswegen zu exkulpieren. Aber die Dinge lagen in Wirklichkeit vertrackter, und um das zu verstehen, muß nun ein anderer Entwicklungsstrang aufgenommen werden. Er führt unmittelbar zu den 14 Punkten Wilsons oder genauer: zur Interpretation der deutschen Verfassungslage durch den amerikanischen Präsidenten.

»To make the world safe for democracy!« – mit diesem Schlachtruf hatte Wilson seine Boys in die Schlacht geschickt, und im August/September 1918 bewiesen amerikanische Verbände bei Verdun zum ersten Mal, daß sie zu kämpfen – und zu siegen verstanden; rascher als die deutschen Experten angenommen hatten, war es den Amerikanern gelungen, vollwertige Kampfverbände in die Schlacht zu schicken. Seitdem war der Krieg für Amerika eine buchstäbliche Angelegenheit auf Tod und Leben, und überall wurde die Frage diskutiert, zu welchem Zweck eigentlich die Amerikaner ihre Knochen hinhielten. Es ging ja nicht um irgendeinen Ländererwerb, sondern um eine Idee, und die bestand aus der Vision von der ewig friedlichen und zugleich demokratischen Zukunft der Welt. Das mag wirklich eine Utopie gewesen sein, aber man kann sich unschwer die psychologische Bedeutung dieser Zielsetzungen vorstellen. Und Wilson wollte natürlich wiedergewählt werden. Zu dieser Zeit gab es ja noch nicht die erst nach der 12-jährigen Amtszeit von Roosevelt eingeführte zeitliche Begrenzung des Präsidentenamtes auf acht Jahre – Wilson meinte also, erst am Beginn seiner politischen Karriere zu stehen.

Verteidiger der Freiheiten Europas – auf diese Formel ließ es sich bringen, und damit war die Frage verbunden, wie Amerika und seine Verbündeten, nach dem Ausfall Rußlands Gott sei Dank alles Demokratien, mit dem als autokratisch verschrieenen Kaiserreich umgehen wollten. Es ging also in den Augen Amerikas nicht nur um das Gewinnen des Krieges, sondern auch um eine Umerziehung der Deutschen zur Demokratie, und da die amerikanischen Politiker daraus gar kein Hehl machten, mußte sich die 3. OHL in der Tat die Frage stellen, ob man Wilson nicht in diesem Punkt entgegenkommen mußte, was im Endeffekt auf einen innenpolitischen Umsturz hinauslaufen mußte, denn anzunehmen, die USA wären mit einem bloßen Personenwechsel an der Spitze – der Kronprinz stand dazu bereit – zufrieden gewesen, hätte die tiefe Überzeugung Wilsons verkannt, im Wilhelminismus, nicht nur in Wilhelm II. persönlich die Verkörperung der Autokratie vor sich zu haben.

Und weiter: Wenn die 3. OHL mit dem Kaiser an der Spitze um Frieden nachsuchen sollte, so war nicht zu erwarten, daß von Seiten der Amerikaner auch nur der Hauch eines Kompromisses zu erwarten gewesen wäre, zumal the »men on the spot« mit Wilhelm II., Hindenburg und Ludendorff an der Spitze schon zu diesem Zeitpunkt in der alliierten offiziösen Propaganda ganz offen als Kriegsverbrecher gebrandmarkt wurden. Es war also kaum zu erwarten, daß sich die hochgemuten und zugleich hochmütigen Alliierten mit solchem »Gesindel« an einen Tisch setzten – und falls doch, dann nur, wenn es um eine bedingungslose Kapitulation ging – so wie im Mai 1945 in Reims und Karlshorst.

Damit wird das Dilemma deutlich, in dem sich Ludendorff als der eigentliche Staatschef am 29. September 1918 befand: Auf der einen Seite repräsentierte er die Macht im Reich, und das forderte wie von selbst auch staatsmännische Verantwortung. Wollte er ihr aber gerecht werden, so durfte er andererseits diese Macht eben nicht repräsentieren, denn sie war in den Augen der prospektiven Verhandlungspartner schlicht böse – böse im Burckhardtschen Sinn. Wenn dies aber so war, gab es im Prinzip zwei Möglichkeiten: Entweder diese Macht, dieses autoritäre Regime schwang sich auch formell zur Herrschaft auf, was auf einen Putsch der Generale hinausgelaufen wäre, und würde von dieser Position aus einen heroischen Endkampf führen, oder aber diese Macht mußte abtreten und klugerweise jenen die Macht übertragen, von denen man nach allem, was man wußte, annehmen durfte, daß sie den Amerikanern als Gesprächs- und Verhandlungspartner mindestens genehmer wären als die 3. OHL. Das konnte sich auf das Schicksal des Reiches positiv auswirken. Das Wohl des Reiches zu wahren aber gehörte zweifellos zu den ethischen Grundsätzen Hindenburgs und Ludendorffs; es gibt keinen Anhaltspunkt dafür, daß sie dies gering achteten – wieder im Vergleich zu Hitler, der in dieser Situation mit den »Nero«-Befehlen bewußt den physischen Untergang seines Volkes herbeiführen wollte. Hindenburg, vor die Gretchenfrage gestellt, ob er kapitulieren oder in Ehren untergehen wolle, hat letzteres als wünschenswert bezeichnet – und Hindenburg galt und gilt als der minder Radikale im Gespann der 3. OHL. Das war also – von ihm subjektiv betrachtet – tatsächlich eine Option und keine nachträgliche Erfindung. Man fragt sich natürlich, was denn geschehen wäre, wenn dieser Heroismus auch der des Kaisers gewesen wäre, dieser sich also nun in Person an die Spitze seiner Truppen gestellt hätte – wie einst Friedrich der Große. Aber es war ihm nicht gegeben, zum Glück für Deutschland.

Ludendorffs rigorose, atemlose Forderung, nun in aller Hast so etwas wie eine Verfassungsreform durchzuführen, Deutschland also demokratisch zu machen, muß unter diesen Gesichtspunkten neu interpretiert werden. Natürlich war Ludendorff alles andere als ein Demokrat, und daß er die Demokratie zutiefst verachten, ja persönlich bekämpfen sollte, erwies sein weiteres Handeln – bis hin zum Marsch auf die Feldherrnhalle an der Seite Hitlers. 1918 ging es ihm nur darum, die Verhandlungschancen der Deutschen den Amerikanern gegenüber zu verbessern, er machte also das demokratisch-parlamentarische Prinzip zu einem bloßen Mittel zum Zweck. Das kann man ihm vorwerfen, aber es trifft nicht das Problem, vor das sich der Feldherr gestellt sah.

Schlimmer war etwas ganz anderes: Hindenburg und Ludendorff wollten ja nicht nur aus den erwähnten Gründen die Verantwortung für das Unvermeidbare der Reichsregierung, einer notabene demokratisch legitimierten Reichsregierung, aufbürden, sondern diese zur gleichen Zeit zum Sündenbock machen, sie also a priori diskreditieren. Ludendorff wurde so zur bösen, der 13. Fee aus dem Märchen. Zum Unglück für Deutschland und die Welt sollte er Erfolg haben: Obwohl die Umwandlung der Verfassung, die Ernennung des Prinzen Max von Baden zum Reichskanzler,[537] die Etablierung des parlamentarischen Prinzips wesentlich auf sein Drängen zurückgingen, sorgte er gleichzeitig dafür, daß das alles nur für eines gut sein sollte: die Waffenstillstandsverhandlungen mit den Alliierten. Und um alles noch perfider und schlimmer zu machen, sorgten er und Hindenburg – Stichwort: Dolchstoßlegende und »Novemberverbrecher« – auch dafür, daß dieses zarte demokratisch-parlamentarische Pflänzchen, aus der Not des Krieges contre cœur jener, die es nun hätschelten, geboren, von vornherein keine Chance hatte. Denn nur allzugut sollte es der

3. OHL und ihren Nachfolgern im Geiste gelingen, die Niederlage mit diesem System und nicht etwa mit dem eigenen Versagen zu verknüpfen. Deswegen lassen sich die Schachzüge Ludendorffs auch als Komplott werten, und daraus hat er seinen Stabsoffizieren gegenüber kein Hehl gemacht, wenn er ihnen am 1. Oktober 1918 erklärte, daß nun »diejenigen Kreise« an der Regierung beteiligt würden, »denen wir es in der Hauptsache zu verdanken haben, daß wir soweit gekommen sind...Die sollen nun den Frieden schließen, der jetzt geschlossen werden muß.«[538]

Um es noch einmal umzudrehen: Was wäre geschehen, hätte es keine Novemberrevolution, sondern einen kaiserlichen Putsch gegeben? Wären die Bedingungen der Alliierten härter ausgefallen? Das ist kaum vorstellbar. Aber sie wären gewiß nicht milder gewesen, und dann hätte sich durchaus die Vorstellung in den Gehirnen der Menschen einnisten können, das ganze Elend habe man eben dieser Generalsclique zu verdanken – in diesem Falle wäre sie diskreditiert worden, und die demokratischen Kräfte hätten ihre Chance gehabt, das deutsche Schicksal zu mildern. Es ist wie so oft in der Geschichte: Schwarz wird weiß und weiß wird schwarz. Geschichte ist ein dialektischer Prozeß.

Im Nachhinein fragt man sich, warum die demokratischen Parteien des Reichstages mit den Sozialdemokraten an der Spitze dieses üble Spiel der 3. OHL nicht durchschaut und sich geweigert haben, in der Situation des 29. September die Regierung zu übernehmen oder sich an der Regierung zu beteiligen. Daß das Odium der Niederlage an ihnen klebenbleiben würde, wußten auch sie, und so wäre es vielleicht vernünftig gewesen, den Kaiser darauf hinzuweisen, daß die nach der Verfassung unverantwortlichen Parteien kein Interesse daran hätten, die ihnen von der OHL eingebrockte Suppe auszulöffeln.

Dieses Machiavellismus waren Ebert und Genossen schlicht nicht fähig, und das ehrt sie. Dabei spielten auch Illusionen mit, ging doch der Druck der SPD auf Hertling, der tatsächlich am 30. September zurücktreten sollte, nicht zuletzt auf die Erwartung zurück, ein neues verantwortliches Kabinett würde sich von der 3. OHL emanzipieren – also in eigener Regie und Machtvollkommenheit die Friedensfrage in Angriff nehmen können. Die allzu eilfertige Bereitwilligkeit von Ludendorff und Genossen, diesem Wunsch zu willfahren, hätte Ebert und Scheidemann, die beiden führenden Gestalten der Mehrheitssozialdemokratie, allerdings warnen müssen. Wahrscheinlich haben die Parlamentarier das wirre Spiel in Spa nicht voll durchschaut. Tatsächlich richtete die erste demokratische Regierung, noch bevor Prinz Max von Baden zum Kanzler gewählt worden war, aus eigener Initiative die erste Note an Wilson – für Ludendorff spielte sie die Rolle der nützlichen Idiotin. Wie überrascht und entsetzt die Parteiführer waren, als ihnen am 1. Oktober von einem Beauftragten Ludendorffs endlich klarer Wein über die militärische Lage eingeschenkt wurde, ergab sich aus den Reaktionen, die Max von Baden später in seinen Erinnerungen schilderte:

»Die Abgeordneten waren ganz gebrochen. Ebert wurde totenblaß und konnte kein Wort herausbringen, Stresemann sah aus, als ob ihm etwas zustoßen würde, einzig und allein Graf Westarp begehrte auf gegen die vorbehaltlose Annahme der Vierzehn Punkte.«[539]

Tatsächlich gingen die meisten Parteiführer zu diesem Zeitpunkt davon aus, daß ein Waffenstillstand wie selbstverständlich auf der Basis der »Vierzehn Punkte« erfolgen würde – eine grobe Illusion, deren Enttäuschung erheblich zur Verdüsterung der innen- und gesellschaftspolitischen Szene beitragen sollte.

Prinz Max von Baden wurde am 3. Oktober zum Reichskanzler gewählt, am selben Tage ging die erste deutsche Friedensnote an Wilson heraus.[540] Man glaubte keine 24 Stunden Zeit zu haben, denn am 29. September hatte Ludendorff erklärt, man könne nicht mehr als eben 24 Stunden aushalten, der Zusammenbruch könne binnen zweier Tage erfolgen, äußerste Eile sei also geboten. Zwar nahm er seinen Alarm wenig später wieder zurück – seine Gefühlsschwankungen waren erstaunlich –, aber sein Verhalten trug die Hektik nun nach Berlin; auch dort glaubte man, keinerlei Zeit für Sondierungen oder Vorüberlegungen zu haben – und das sollte die Position der deutschen Unterhändler natürlich noch weiter schwächen. In der Note hieß es:

»Die Deutsche Regierung ersucht den Präsidenten der Vereinigten Staaten von Amerika, die Herstellung des Friedens in die Hand zu nehmen, alle kriegführenden Staaten von diesem Ersuchen in Kenntnis zu setzen und sie zur Entsendung von Bevollmächtigten zwecks Anbahnung von Verhandlungen einzuladen. Sie nimmt das von dem Präsidenten der Vereinigten Staaten von Amerika in der Kongreßbotschaft vom 8. Januar 1918 und in seinen späteren Kundgebungen, namentlich der Rede vom 27. September aufgestellte Programm als Grundlage für die Friedensverhandlungen an.

Um weiteres Blutvergießen zu vermeiden, ersucht die deutsche Regierung, den sofortigen Abschluß eines Waffenstillstandes zu Lande, zu Wasser und in der Luft herbeizuführen.«[541]

Das Schriftstück war unterzeichnet mit »Max, Prinz von Baden, Reichskanzler«. Der Reichskanzler also suchte nicht nur um den Frieden, sondern auch um den Waffenstillstand nach: Damit hatte die 3. OHL die Reichsregierung genau an den von ihr gewünschten Punkt gebracht.

28. DER WEG ZUM WAFFENSTILLSTAND

Die erste deutsche Friedensnote an Wilson wurde in der Nacht vom 3. auf den 4. Oktober 1918 abgesandt, vergeblich hatte Prinz Max von Baden gehofft, diesen Schritt wenigstens eine Woche aufschieben zu können, um die gewandelten innenpolitischen und verfassungspolitischen Zustände im Reich erst einmal zu konsolidieren. Die Verfassungsänderung war natürlich ein verzweifeltes Manöver des letzten Augenblicks, und eben so wurde sie von jedermann begriffen, auch von den Alliierten, die diesem plötzlichen Sinneswandel nicht trauten. Diese Not- und Sturzgeburt der deutschen Demokratie sollte die übelsten Folgen zeitigen, sie ist an der lebenslänglichen demokratischen Schwächlichkeit »Weimars« nicht zuletzt schuld.

Der Begriff Verfassungsänderung ist neutral; in der historischen Wirklichkeit verknüpfen sich damit unterschiedliche Zusammenhänge: Zum einen die evolutionär und im Rahmen einer kontinuierlichen Entwicklung sich vollziehenden Änderungen im deutschen und preußischen Verfassungsgebäude, die zur Regierung des Prinzen Max von Baden und zur Abschaffung des preußischen Dreiklassenwahlrechts führten, zum zweiten jene Vorgänge, die auf die Abdankung des Kaisers und das Ende der Monarchie überhaupt hinausliefen, zum dritten die revolutionären Bewegungen, die am 9. November 1918 zur Ausrufung der Republik führten. Diese drei ganz unterschiedlichen Ereignisketten sind in eine bestimmte Beziehung zueinander zu setzen; in der hektischen Wirklichkeit der Monate Oktober und November 1918 ging das meist jedoch durcheinander; typisch dafür ist beispielsweise, daß der deutsche Waffenstillstandsunterhändler Erzberger[542] noch am 11. November 1918 gar nicht wußte, daß Deutschland inzwischen eine Republik geworden war.

Kriegsende und Revolution bedingten sich in vielfältiger Weise gegenseitig, wenn auch nicht im Sinn des »Dolchstoßes« – übrigens des ersten Versuches einer synthetischen Deutung dieser Zeitperiode –, aber als tertium comparationis treten die OHL und dann alle jene militärischen Formationen und Organisationen hinzu, die das Bild dieser Zeit so martialisch erscheinen lassen. Weil das alles so verwirrend war, konnte es in diesen dramatischen Wochen auch nicht zu irgendeiner einheitlichen politischen Linie kommen, obwohl dies angesichts der massiven Bedrohung von außen zwingend notwendig gewesen wäre, und dies um so weniger, als sich sämtliche Vorgänge nicht synchron überall im Reich abspielten, sondern zu unterschiedlichen Zeitpunkten. Sucht man nach einem Zeitpunkt, der das Ende der Irrungen und Wirrungen bezeichnen könnte, so böte sich dafür der 11. August 1919 an, also der Tag, an dem die Weimarer Verfassung in Kraft trat. Aber vielleicht auch erst der 10. Januar 1920, als der Versailler Vertrag in Kraft trat, und ist man schon bis ins Jahr 1920 gelangt, spricht vieles dafür, auch noch den Kapp-Lüttwitz-Putsch genetisch zu der Revolutions- und Umbruchszeit zu zählen. Dann würde der Schlußpunkt also erst im März 1920 zu finden sein.

Hier kommt es zunächst darauf an, einzelne Stränge des historischen Prozesses zu verfolgen – wie es übrigens schon die Zeitgenossen versucht haben, war doch der Untersuchungsausschuß des Reichstages[543] zu den Ursachen des deutschen Zusammenbruchs im Jahr 1918, dem wir den Kernbestand jenes Quellenmaterials verdanken, aus dem wir die Geschichte dieser Monate rekonstruieren können, bemüht, Ordnung in das Chaos zu bringen. Das hatte nichts mit irgendwelchen bürokratischen oder buchhalterischen Gelüsten zu tun, sondern resultierte aus der tiefen Verunsicherung, die alle Handlungsträger dieser Zeit erfaßt hatte. Die meisten konnten nicht fassen, was sich da vor ihren Augen abgespielt hatte, selbst wenn sie zu den Akteuren gehörten. Sie standen hilflos einem Geschehen ausgeliefert, das sich rationaler Deutung weitgehend zu entziehen schien. Ein Blick in die Memoirenliteratur macht das deutlich, und noch Jahrzehnte später stritten sich die Protagonisten um Ursachen und Folgen, den Stellenwert bestimmter Ereignisse. Das Ende des Ersten Weltkrieges aufzuarbeiten ist historiographisch gesehen viel schwieriger als im Falle des Zweiten Weltkrieges; in der breiten Grauzone, die die Monate Oktober 1918 bis mindestens Juni 1919 umfassen, gilt es immer wieder aufs Neue den Interdependenzen zwischen den genannten Ereignissträngen nachzuspüren. Es ist charakteristisch, daß sich die Militärhistoriker des Ersten Weltkrieges in der Regel mit den verfassungspolitischen und revolutionären Problemen nur am Rand befaßt haben, die Historiker der Revolution und der Weimarer Republik mit den militärgeschichtlichen kaum. Den Militärs ging das Verständnis der Revolution vollkommen ab, den Revolutionären das des Militärs. Es sollte zu den Leistungen Friedrich Eberts und Groeners zählen, daß sie dann doch versucht haben, eine Brücke zwischen »Revolution« und »Heer« zu bauen, aber sie sollte nicht tragen, ganz im Gegenteil: Das »Ebert-Groener-Abkommen« galt gerade für die eher linksorientierten Demokraten als Sünde wider den Geist der Revolution, und daß Groener wenigstens anfangs große Schwierigkeiten hatte, sein »militärisches« Gewicht in die Waagschale der Republik zu legen (in diesem Punkt ging es ihm ähnlich wie dem General Reinhard), führte zum Aufstieg von Seeckt – und zum Wiederaufstieg von Hindenburg.[544]

Die zentrale Frage, die sich dem Reichskanzler und der 3. OHL stellte, nachdem die erste Note an Wilson abgegangen war, lautete, ob es in Zukunft für das Reich noch eine Alternative zu einem Waffenstillstand gab, oder ob mit dieser Note nicht schon das Eingeständnis der vollständigen Niederlage verknüpft war.

Auf den ersten Blick scheint es, als sei letzteres der Fall gewesen, basierte doch die überstürzte Aktion auf dem Offenbarungseid Ludendorffs vom 29. September, nach dem der militärische Zusammenbruch unmittelbar bevorstünde. In dieser Situation konnte es nur noch darum gehen, eine Art von sanfter Notlandung zu versuchen. Das auch war der Tenor, den Max von Baden am 5. Oktober im Reichstag anschlug. Es sei Pflicht der Regierung, »Gewißheit darüber herbeizuführen, daß das opfervolle blutige Ringen nicht einen einzigen Tag über den Zeitpunkt hinaus geführt wird, wo uns ein Abschluß des Krieges möglich erscheint, der unsere Ehre nicht berührt.«[545]

Hier taucht es auf, das ominöse und schicksalhafte Wort: Ehre. Sucht man nach einem gemeinsamen Nenner zwischen den divergierenden Interessen von Reichsregierung, Oberster Heeresleitung, Kaiser, Parlament und Parteien, so findet er sich in diesem Wort.

Schon in der Julikrise von 1914 war es wesentlich um die Ehre Deutschlands gegangen – und um die Österreichs. Verdun war um der Ehre halber von den Franzosen geschlagen worden. Auch vor dem Skagerrak war es wesentlich um die Ehre gegangen, und Ehrengesichtspunkte hatten die Diskussion um die Friedensresolution des Reichstages bestimmt. Natürlich kann man das alles mit leichter Hand hinwegwischen und darauf verweisen, hier handele es sich um Rhetorik, um Klischees, nichts Substantielles, Ehre sei ein so vager und subjektiver Begriff, daß er zur Erklärung harter historischer Fakten nicht tauge. Was wiegt »Ehre«, was »kostet« sie?

Aber genau das würde die harte historische Wirklichkeit verfälschen. Die adeligen und bürgerlichen Milieus,[546] aber auch Teile des sozialistischen sahen im Begriff der staatlichen Ehre einen hohen Wert, ein zu verteidigendes Gut, oft eine letzte Zuflucht – noch die Selbstversenkung der Hochseeflotte 1919 in Scapa Flow erfolgte wesentlich der Ehre halber und im klaren Bewußtsein, daß man mit dieser Tat sich eine Menge materieller Nachteile einhandeln werde.[547] Dennoch hat praktisch niemand die Tat des Admirals Reuter verdammt,[548] obwohl sie neun Todesopfer forderte, ganz im Gegenteil.

Nun wird niemand bestreiten wollen, daß der Begriff der Ehre von Staaten und Nationen nicht an der Form der jeweiligen Verfassung hängt.

Gleichwohl pflegen pluralistische und demokratische Gesellschaften den Begriff der Ehre gleichsam niedriger zu hängen als autoritäre, monarchische und diktatorische. Daß im März 1918 Lenin schließlich Brest-Litowsk zustimmte, ging wesentlich auch darauf zurück, daß für diesen Mann der Begriff nationaler Ehre als Relikt bourgeoisen Denkens praktisch nicht existierte.

Auch Wilson, Clemenceau und Lloyd George, die eigentlichen »Macher« der Geschichte des Kriegsendes, waren Persönlichkeiten, denen Ehrengesichtspunkte nicht fremd waren, und das galt in ungleich höherem Maße für die Militärs, mit Foch an der Spitze. Dennoch ist nicht zu verkennen, daß der Stellenwert der nationalen Ehre für sie anders bestimmt war als für das kaiserliche Deutschland.

Und das nichtkaiserliche. Denn nun ist ein eigentümliches Phänomen zu beobachten: Selbst die Revolution, selbst der Umsturz, selbst die radikale Verfassungsänderung, die mit dem 9. November 1918 einsetzte, änderte an den überkommenen Ehrbegriffen der deutschen politischen Klasse nichts. Da braucht man nur an Scheidemanns Wort von der Hand zu erinnern, die dem verdorren müsse, der das »Schanddiktat« – gemeint war der Versailler Vertrag – unterzeichne. Allein der zeitgenössisch gängige Begriff »Schanddiktat« war genau dem Ehrbegriff komplementär. Die bekannte These, nach der die Revolution von 1918 schon deswegen keine war, weil sie an den alten Eliten und Milieus festgehalten, also keinen weltanschaulichen Umsturz wie in Rußland bewirkt habe, erfährt in diesem Punkt eine Bestätigung: Auch die neuen Herren Deutschlands waren nicht willens, sich etwas von der Ehre abhandeln zu lassen – so wie sie sie begriffen. Es sollte lange dauern, bis sich die kollektiven politischen Ehrbegriffe in Deutschland jenen anpaßten, die für die USA und England schon 1918 gültig waren.

Genau hieraus resultierte ein Mißverständnis, das tragisch zu nennen nicht übertrieben ist. Wilson wollte wirklich, und daran lassen seine drei Noten keinen Zweifel, den Sturz des wilhelmischen Systems, das war für ihn eine Voraussetzung für den Frieden überhaupt. Aber er stellte sich nicht hinreichend realistisch vor, was das unter dem Ehrengesichtspunkt für die Deutschen, vor allem ihre politische Klasse, bedeutete. Er hat das übrigens später gelernt: Als es während der Pariser Friedenskonferenz zu einer dramatischen Situation kam und Clemenceau mit der Wiederaufnahme des Krieges drohen wollte, winkte er ab: nicht jede Bestimmung sei das Wiederaufflammen des Krieges wert. Dabei ging es um die Auslieferungsfrage, einen besonders heiklen Ehrenpunkt.[549]

Wilson verkannte also die Brisanz seiner Forderungen, genauer: Er mußte sie verkennen, weil er nicht so dachte wie die Deutschen, und so wurde das Moment der Demütigung, das seit der ersten Wilsonnote in Deutschland immer übermächtiger wurde, von ihm nicht begriffen und mißinterpretiert. Man kann davon ausgehen, daß ihm an einer immateriellen Demütigung Deutschlands nicht gelegen war.

Wohl aber Frankreich, und nun kommt ein weiteres interessantes Moment ins Spiel: Frankreich, obwohl eine etablierte Demokratie, war, was den Gesichtspunkt der staatlichen Ehre angeht, ähnlich strukturiert wie Deutschland, und das ging wesentlich auf Preußen-Deutschland zurück. Man hat in Frankreich den Umgang der Alliierten mit Napoleon I.(St. Helena) und Napoleon III. (»ab nach Kassel!«) ebensowenig verziehen wie die Rheinkrise von 1840, und natürlich gar nicht die Kaiserproklamation vom 18. Januar 1871 in einem wahrhaften Sanktuarium des französischen Staatsbewußtseins, vor allem aber auch die Abtretung von Elsaß und Lothringen mit der demütigenden Ignorierung des arcanums der »république une et indivisible.« Das waren für Frankreich ständige Ehrengesichtspunkte, und sie rangierten weit vor allen materiellen Erwägungen. Zweimal »Versailles« (1871, 1919), zweimal »Compiègne« (1918, 1940): Die überwältigende Mehrzahl der Franzosen fühlte sich durch Deutschland ein Jahrhundert lang gedemütigt – und deswegen schlugen nun die Rache- und Haßgefühle voll, teilweise unkontrolliert durch; das Kriegsende versank in einem förmlichen Sumpf von Haß- und Triumphgeschrei, und die Franzosen waren äußerst erfinderisch in der Sichtbarmachung der deutschen Demütigung, kaum daß sie die primitivsten Regeln diplomatischer Contenance wahrten.[550] Kann man deswegen Wilson ein wenig als den »tumben Toren« ansehen, der nicht recht wußte, was er den Deutschen in Sachen Ehre und Demütigung antat, so Foch und Clemenceau – Briand und Poincaré waren nicht besser – als Politiker, mit denen die Leidenschaften in einer höchst kritischen Periode der europäischen Geschichte durchgingen. Das hatte die verhängnisvollsten Folgen, denn sie verhinderten das, was allein Zukunft und Frieden versprochen hätte: die Aussöhnung zwischen Deutschland und Frankreich, die »Hochzeit der Feinde« (Stefan Zweig). Diese fand erst nach einem weiteren Weltkrieg statt, und wer glaubt, daß das, was Adenauer, Schuman, de Gaulle und andere nach 1949 zustandegebracht haben, mit dem Phänomen der Ehre der Nationen nichts zu tun habe, irrt. Ich war selbst dabei, als de Gaulle vom Balkon des Bonner Rathauses den Satz rief, der nicht nur mir einen Schauer über den Rücken laufen ließ: »Ein großes Volk, jawohl ein großes Volk«. Er meinte das deutsche.

Zurück in den düsteren Oktober 1918. Max von Baden erklärte, Deutschland werde sich zu einem »Endkampf auf Leben und Tod«[551] zusammenscharen, sollte die Antwort der Alliierten von dem Willen diktiert sein, Deutschland zu vernichten.

Um diesen Endkampf sollte es in den kommenden dramatischen Tagen gehen, und bald zeigte sich, daß dem heroischen Willen die Möglichkeiten zur Tat nicht entsprachen.

Zweifellos waren die führenden Eliten am 5: Oktober 1918 entschlossen, es darauf ankommen zu lassen – aber zum einen konnte man sich immer weniger sicher sein, daß die Masse der Bevölkerung, auch der Soldaten, mitmachen würde, trudelten doch praktisch stündlich Hiobsbotschaften ein, die von den bedenklichsten Auflösungserscheinungen hinter, teilweise auch in der Front berichteten, zum anderen wurde der Begriff »Endkampf« – ganz anders als bei Hitler – nicht so verstanden, daß er die physische Vernichtung der Bevölkerung billigend ins Kalkül zog. Dieser Radikalismus war keinem der vielen Endkampfkonzepte zueigen, die nun entwickelt wurden, Endkampf hieß nicht Selbstvernichtung. Er sollte nur dann geführt werden, wenn er wenigstens den Hauch einer Chance besaß. Nicht in dem Sinne, den Krieg nun doch noch im letzten Augenblick zu gewinnen, sondern in der Hoffnung, die Alliierten zu veranlassen, ihre Waffenstillstandsbedingungen so zu modifizieren, daß sie mit der Erhaltung der Lebensgrundlagen des deutschen Volkes – und seiner Ehre – vereinbar waren. Es ging also nicht um Sieg oder Niederlage, sondern nur um die *Form* der Niederlage. Wenn dieser Endkampf aber a priori diesen Hauch einer Chance nicht besaß, so war er nach dem Dafürhalten Max von Badens und von Payers, des Vizekanzlers, eben nicht zu führen.

Unter diesen Gesichtspunkten sind die Fragen zu bewerten, die Max von Baden am 8. Oktober[552] an Ludendorff richtete. Sie kreisten alle um das Problem, ob und gegebenenfalls wie hoch die Chancen eines weiteren militärischen Aushaltens seien, sollte die Antwort Wilsons inakzeptabel sein. Am Tag darauf hielt er die Antwortnote des amerikanischen Präsidenten in der Hand – sie war ausweichend, aber dennoch schon deutlich genug: Voraussetzung einer Waffenstillstandsinitiative seinerseits sei die Räumung aller besetzen Gebiete. Und der letzte Absatz der Note warf schon die Frage nach der Staatsform auf:

»Der Präsident glaubt auch zu der Frage berechtigt zu sein, ob der Kanzler nur für diejenigen Gewalten des Reiches spricht, die bisher den Krieg geführt haben. Er hält die Antwort auf diese Frage von jedem Standpunkt aus für außerordentlich wichtig.«[553]

In großer Runde ließ Ludendorff beim Reichskanzler am 9. Oktober den gesamten Krieg Revue passieren – es wirkte fast schon wie eine Bilanz. Aber die eindeutigen und drängenden Fragen des Kanzlers vermochte er nicht zu beantworten, richtiger wohl: Er versuchte sich darum zu drücken. Mit einem Wust von Zahlen trachtete Ludendorff den Eindruck zu erwecken, daß es vielleicht doch noch eine Chance gäbe, länger auszuhalten. Max von Baden wagte es nicht, Ludendorff festzunageln – die Besprechung brachte kein eindeutiges Ergebnis, und damit war wieder wertvolle Zeit vertan. Weil sich der Generalquartiermeister vor einer klaren Antwort zu drücken schien, verfiel Payer auf den Gedanken, andere Heerführer aus dem Westen über die Lage zu befragen – und damit tat sich zwischen Reichsregierung und OHL ein Riß auf, der, wie sich bald zeigen sollte, nicht mehr zu kitten war. Ludendorff hat nämlich diese Absicht als Mißtrauensvotum gewertet, und das war sie ja auch. Payer war auch schon am 10. Oktober klar, daß sich die OHL ihrer Verantwortung zu entziehen suchte. »Wir dürfen die Oberste Heeresleitung nicht von ihrer Verantwortung entlasten«, erklärte er in einer Ministerbesprechung.[554]

Am 12. Oktober ging die deutsche Antwortnote an Wilson ab. Erneut wurde auf die 14 Punkte als Grundlage der Verhandlungen verwiesen, und man erklärte sich zur Räumung der besetzen Gebiete bereit – aber nicht unbedingt und nicht als Vorleistung. Was Wilsons letzte Frage anging, antwortete die Reichsregierung:

»Die jetzige deutsche Regierung, die die Verantwortung für den Friedensschritt trägt, ist gebildet durch Verhandlungen und in Übereinstimmung mit der großen Mehrheit des Reichstages. In jeder seiner Handlungen, gestützt auf den Willen dieser Mehrheit, spricht der Reichskanzler im Namen der deutschen Regierung und des deutschen Volkes.«[555]

Damit war nun auch offiziell die Katze aus dem Sack: OHL und Kaiser waren keine Verfassungsorgane mehr – und sie ließen es sich gefallen. Man kann lange darüber nachsinnen, warum diese Lösung nicht bereits 1917 gefunden wurde.

Hatte Wilson bislang wesentlich die Rolle des ehrlichen Maklers gespielt, änderte sich der Ton mit seiner Note vom 14. Oktober 1918 drastisch – nun kam der Ideologe zum Vorschein, und die Note troff nur so von Propaganda. Und als habe es die Versicherung des Prinzen Max von Baden nicht gegeben, hieß es: »Es ist unumgänglich, daß die gegen Deutschland assoziierten Regierungen unzweideutig wissen, mit wem sie verhandeln.«[556]

Die Reaktionen in Deutschland ließen nicht auf sich warten; man kann beobachten, wie in dem Maße, in dem die Alliierten ihren Ton verschärften und das Reich moralisch anprangerten, sich jene konservativen Kräfte wieder regten und sammelten, die durch den raschen Demokratisierungs- und Parlamentarisierungsprozeß der vergangenen Monate in die Defensive geraten waren. Verhängnisvoll sollte es sich auswirken, daß nunmehr nicht mehr bloß Ludendorff ihr Verbündeter wurde, sondern auch Hindenburg, dem plötzlich so etwas wie die Rolle eines Präceptors Germaniae zuwuchs. Ob er das selbst gewollt oder ob er irgendwie in diese Rolle »hineingeschlittert« ist, bleibt unklar.[557]

Schon zu diesem Zeitpunkt wird etwas für Hindenburg Typisches deutlich: Auf der einen Seite der über jede Zweifel erhabene, höchsten ethischen Prinzipien verpflichtete »Vater der Nation« – später wird er gar zum »Ersatzkaiser« stilisiert – auf der anderen der kühl kalkulierende Militär, der seinen Kettenhund Ludendorff kontrolliert von der Leine läßt. Dieses zwiespältige Bild hat sich bis heute gehalten.

Am 14. Oktober kabelte er als Reaktion auf Wilsons Note an den Kanzler: »Ehrenvoller Friede oder Kampf bis zum Äußersten.«[558] Auch die Konservativen von Heydebrand und Graf Westarp hieben in die gleiche Kerbe, und der Druck auf die Regierung wurde immer fühlbarer. Da die OHL ihr aber auch jetzt keinen reinen Wein einschenkte, sie also nicht wissen konnte, was Hindenburg mit »Kampf bis zum Äußersten« konkret meinte, wurde nun zum zweiten Mal Ludendorff nach Berlin zitiert und mit 21 Fragen konfrontiert, in denen es erneut um die Möglichkeit oder eben Unmöglichkeit eines weiteres Aushaltens ging.

Am 17. Oktober kam es zu der großen, entscheidenden Sitzung beim Reichskanzler. Es war eine gespenstische Veranstaltung, denn es ging nicht nur um die wahrhafte Schicksalsfrage, was denn nun zu tun sei, sondern um lächerliche Kleinigkeiten. Wer das Protokoll[559] heute liest, kann auf der einen Seite gar nicht verstehen, wie sich die Spitzen des Reiches stundenlang mit Bagatellen beschäftigten, auf der anderen sehr wohl, wenn er beispielsweise an die Protokolle aus dem Führerhauptquartier in der Endphase des zweiten Weltkriegs denkt – die Reaktionen Hitlers und seines militärischen Hofstaats auf die nahende Katastrophe zeigen ein ganz ähnliches Muster.[560] Wahrscheinlich spiegelt sich in solchen Quellen nur die eigentümliche Mischung aus Hilflosigkeit und blindem Aktionismus, die in Krisenzeiten sehr häufig anzutreffen ist.

Eines wurde deutlich: Ludendorff entzog sich mehr und mehr der rationalen Argumentation, dafür ein Beispiel aus dem Protokoll der Sitzung:

»General Ludendorff: Ich habe den Eindruck, ehe wir durch diese Note Bedingungen auf uns nehmen, die zu hart sind, müßten wir dem Feinde sagen: Erkämpft euch solche Bedingungen.

Der Reichskanzler: Und wenn er sie erkämpft hat, wird er uns dann nicht noch schlechtere stellen?

General Ludendorff: Schlechtere gibt es nicht.

Reichskanzler: O ja, sie brechen in Deutschland ein und verwüsten das Land.

General Ludendorff: So weit sind wir noch nicht.«[561]

Das bedarf kaum der Erläuterung. Auch hier sind wir Nachgeborenen in der komfortablen Lage zu wissen, wie sehr es »schlechtere Bedingungen« geben konnte – 1945. Langsam kroch in Ludendorff das hoch, was man leicht ironisch mit Götterdämmerungssyndrom bezeichnen könnte, und es bestand nun, am 18. Oktober 1918, die Gefahr, daß sich daraus irrationale Handlungsmuster ergaben, die das ganze Land in ein Chaos zu stürzen drohten.

In dieser Lage behielt Max von Baden die Nerven. Ihm war klar, daß die Note Wilsons eine gemäßigte Antwort erheischte, und ebenso klar war, daß es zum angestrebten Waffenstillstand keine Alternative mehr gab. Die Eindrücke von der Front waren inzwischen eindeutig; vorübergehende positive Meldungen wurden durch negative rasch überholt, und auch Ludendorff konnte das düstere Bild nicht mehr kaschieren: Man stand kurz vor dem definitiven militärischen Zusammenbruch, und alles Gerede vom ehrenvollen Endkampf entpuppte sich zusehends als pure Wunschvision einer kleinen elitären militärischen Minderheit – aber mit Hindenburg und Ludendorff an der Spitze.

Am 20. Oktober ging die deutsche Antwortnote auf die zweite Note Wilsons heraus, sie kam dem amerikanischen Präsidenten weit entgegen, auch was die Räumungsfrage betraf. Die dramatischen Diskussionen der letzten Tage fanden ihren Niederschlag in dem Satz, die deutsche Regierung »vertraut darauf, daß der Präsident der Vereinigten Staaten keine Forderungen gutheißen wird, die mit der Ehre des deutschen Volkes und mit der Anbahnung eines Friedens der Gerechtigkeit unvereinbar sein würden.«[562]

Das aber war bloß ein Appell, und in der deutschen Note war nichts dazu enthalten, wie man sich denn verhalten werde, sollte Wilson dieses Vertrauen enttäuschen. Es war eine auf den ersten Blick leere Geste – für viele Zeitgenossen in Deutschland jedoch keineswegs, und vor allem die 3. OHL sah gerade in diesem Satz das entscheidende Kriterium. Ludendorff spürte, wie sein Stern sank, und plötzlich entsann er sich der Tatsache, daß er doch »nur« ein Soldat war. Als Soldat distanzierten er und die OHL sich nun prononciert und mit Aplomb von diesem deutschen Friedensschritt, mehr: Sie behaupteten, mit alledem nichts zu tun zu haben. Lapidar stellte die 3. OHL fest:

»Die Oberste Heeresleitung hält sich für keinen politischen Machtfaktor, sie trägt daher auch keine politische Verantwortung. Ihre politische Zustimmung zu der Note ist daher auch nicht erforderlich. Wird in der Öffentlichkeit – sei es im Reichstage oder in der Presse – nach der Stellungnahme der Obersten Heeresleitung gefragt, so kann von Seiten der Regierung eine Erklärung in obenstehendem Sinne abgegeben werden.«[563]

Zurecht ist darin der Versuch der 3. OHL gesehen worden,[564] sich aus der Verantwortung zu stehlen, und genau so sahen es auch Prinz Max von Baden und die Mehrheitsparteien im Reichstag. Diesen informierte der

Reichskanzler über den Inhalt der deutschen Friedensnote, und in Reaktion darauf kam es zu einer bemerkenswerten Resolution der Mehrheitsparteien, die in einem Flugblatt in der Öffentlichkeit verbreitet wurde:

»Sollte unsere Regierung durch die Unerbittlichkeit und den Übermut gegnerischer Gewalthaber gezwungen sein, das Volk zum Entscheidungskampf aufzurufen, um die Vernichtung unseres Reiches abzuwehren, dann müssen alle wie ein Mann aufstehen und auch das Letzte hergeben für die Freiheit und die Zukunft unseres Vaterlandes!«[565]

Das klang nach Levée en masse, und tatsächlich war genau sie in den Gremien erörtert worden – es war die 3. OHL selbst, die die Aussichtslosigkeit dieses altehrwürdigen Instruments betont hatte. Aber dieser Aufruf gemahnt natürlich auch an die Zeit der Befreiungskriege von 1812/13, und schon hier wird jenes Muster deutlich, das dann für die Zeit der Weimarer Republik konstitutiv werden sollte: Wie Preußen nach 1807, so müsse das Reich nach 1918 alles auf die zukünftige Befreiung – den Befreiungskrieg setzen. Die Militarisierung von Staat und Gesellschaft nach dem Beispiel der preußischen Reformen nach 1807: Das sollte Leitschnur der Weimarer Staatsräson werden.

Mit der 3. Wilsonnote vom 23. Oktober war die Stunde der Entscheidung da. Wilson verlangte als Vorleistung für Waffenstillstandsgespräche all das, was es Deutschland unmöglich machen würde, die Verhandlungen abzubrechen und den Krieg wiederaufzunehmen. De facto enthielt die Note die Aufforderung zur bedingungslosen Kapitulation, und noch einmal betonte sie, man sei nicht gewillt, mit den Vertretern des alten Systems zu verhandeln. Jedermann wußte, was das konkret bedeutete: die Abdankung des Kaisers, wahrscheinlich sogar die Abschaffung der Monarchie überhaupt.

Am Abend des 25. Oktobers kam es zum letzten Zusammentreffen zwischen von Payer und Ludendorff. Der Vizekanzler hatte die Geschäfte des Prinzen Max von Baden übernehmen müssen, da dieser wie Millionen anderer Deutscher an jener bösartigen Grippe erkrankt war, die im Spätherbst 1918 hunderttausende Menschen das Leben kosten sollte – ein Faktor, der bei der allgemeinen Deutung des November 1918 bislang von der Forschung nicht ausreichend in Rechnung gestellt worden ist.

Von Payer war entschlossen, den Waffenstillstand trotz allem herbeizuführen. Auch die Mehrheitsparteien erkannten, daß es keine andere Möglichkeit gab. Ludendorff war anderer Meinung. In einer Aufzeichnung von Levetzows spiegelt sich die Dramatik der Szene:

»›Es hat keinen Zweck, mit Ihnen, Herr v. Payer, weiterzureden‹, so schloß der General –, ›wir beide, Sie und ich, wir verstehen uns nicht und werden uns niemals verstehen, niemals zusammenkommen, wir leben in

verschiedenen Welten. Ich breche hiermit das Gespräch ab.«< Und der
Chef des Stabes der Seekriegsleitung schloß seine Aufzeichnung:
»Die Sitzung war zu Ende, es war Mitternacht geworden. So kam der
26. Oktober heran, an diesem Tag erbat und erhielt General Ludendorff
seinen Abschied.«[566]

Ludendorff hat dagegen nicht rebelliert. Hat er selbst eingesehen, daß
er in dem demokratisch-parlamentarisch gewordenen System keine politische Rolle mehr spielen konnte, oder fehlten ihm schlicht die Mittel für
einen Putsch? Entscheidend war wohl, daß er völlig vereinsamt war und
auch vom Kaiser und von Hindenburg keine Unterstützung erwarten
konnte, sollte er jetzt doch noch in einem Manöver des letzten Augenblickes versuchen, in Deutschland eine Militärdiktatur zu errichten. Der
Vorgang zeigt aber auch, daß die These, die Regierung des Prinzen Max
von Baden sei ein Marionettenregime gewesen, abhängig von der 3. OHL,
so wohl nicht zu halten ist.

Am 27. Oktober teilte die Reichsregierung dem amerikanischen Präsidenten mit, daß sie nunmehr Vorschlägen für einen Waffenstillstand entgegensehe, und am gleichen Tag erreichte Wilhelm II. ein Telegramm Kaiser Karls I. von Österreich, in dem dieser das Ausscheiden Österreichs aus
dem Krieg, wenn auch mit bewegten Worten, ankündigte. Gleichzeitig
richtete die österreichische Regierung eine Note an Wilson, in der sie
sämtliche Bedingungen für Waffenstillstandsverhandlungen annahm, also
praktisch kapitulierte.

Wilsons Antwort auf die deutsche Note vom 28. Oktober traf am 5.
November ein: Die Alliierten stimmten der Aufnahme von Waffenstillstandsverhandlungen zu, selbstverständlich ausschließlich zu ihren Bedingungen. Auch nicht der Hauch einer Chance war zu erkennen, den Siegern irgend etwas noch abhandeln zu können. Aber wie die Mehrheit der
deutschen Bevölkerung insgesamt, klammerte auch die Reichsregierung
sich immer noch an die Hoffnung, Basis aller Verhandlungen würden die
14 Punkte sein. Wilson hatte sich in dem Notenwechsel in dieser Frage
eigentümlich bedeckt gehalten, das hätte den Deutschen auffallen müssen
– aber nach dem Motto, daß nicht sein könne, was nicht sein dürfe, hatte
man sich gehütet, in dieser Frage nachzubohren. Hätte man es getan – es
wäre wahrscheinlich überhaupt nicht zu Waffenstillstandsverhandlungen
gekommen, weil es in Deutschland niemanden mehr gegeben hätte, der
deren Odium auf sich zu nehmen bereit gewesen wäre.

Die deutsche Waffenstillstandsdelegation unter Leitung von Erzberger
machte sich am 7. November 1918 auf die beschwerliche Reise an die
Front, was sie erwartete, wußte sie sicht, auch Erzberger war zu diesem
Zeitpunkt ein Bündel von Emotionen.[567]

Sollte nun der Eindruck entstanden sein, als sei es bei der Anbahnung der Waffenstillstandsverhandlungen am Ende doch ganz vernünftig und gesittet zugegangen, so wäre dies falsch. Die Sezierung der verschiedenen Ereignisstränge konstruiert nur ein scheinrationales historisches Muster. In Wahrheit ging es drunter und drüber, der 11. November läßt sich ebensowenig wie der 9. als logischer Abschlußpunkt eines rational nachvollziehbaren Diskurses begreifen.

29. DAS ENDE DES KRIEGES UND DIE REVOLUTION

Die Waffenstillstandsverhandlungen im Salonwagen des Marschalls Foch, den man auf eine abgelegene Waldlichtung bei Compiègne gezogen hatte, waren keine Verhandlungen, sondern es handelte sich um ein Diktat.[568] Zwar hatten Erzberger und die Vertreter der deutschen Delegation mit harten Bedingungen gerechnet, nicht jedoch mit solch exorbitanten Forderungen, denen sie nun konfrontiert wurden. Sie übertrafen auch die schlimmsten Vorahnungen und machten die Deutschen vorübergehend sprach- und fassungslos. Wilson[569] und Lloyd George hatten im Vorfeld für mildere Bedingungen plädiert, waren bei Clemenceau damit jedoch auf Granit gestoßen. Letztlich setzten sich also die französischen Vorstellungen durch, die Verhandlungen wurden auch nur von den Franzosen geführt, die Briten blieben als Dekoration im Hintergrund, und damit war ein Muster etabliert, das bis zu den Friedensverhandlungen von Paris immer wieder sichtbar werden sollte. Die deutsche Kritik an der französischen Politik sowohl in bezug auf den Waffenstillstand wie den Frieden selbst verwies nach dem Krieg vehement darauf, daß Frankreich die Interessen auch seiner Verbündeten rücksichtslos dominiert habe, die Verträge deswegen ganz die harte Handschrift Frankreichs trügen.

Aber das war nur zum Teil richtig. Dieser Eindruck konnte entstehen, weil sich Frankreich bei den Waffenstillstandsbestimmungen in der Tat durchgesetzt hatte – aber eben dies sollte dazu führen, daß bei den eigentlichen Friedensverhandlungen Amerikaner und Engländer nach dem Prinzip des do ut des auf französische Zugeständnisse pochen konnten. Am Ende sah es in französischen Augen so aus: Man hatte mit Compiègne zwar sein rein militärisches Maximalziel im Rahmen der Beendigung des Schießkrieges erreicht, damit aber die Chancen auf einen Endsieg im Friedensvertrag eher verschlechtert. Diese subtilen Zusammenhänge sind erst lange nach dem Zweiten Weltkrieg deutlich geworden, und inzwischen ist die Forschung[570] sich darin einig, daß keine Rede davon sein kann, Frankreich habe sich in Paris und Versailles triumphierend durchgesetzt: sowohl gegenüber den Verbündeten wie gegenüber dem Deutschen Reich.

Die lauten Klagen ob des verfehlten Friedens, denen beispielsweise der französische Historiker Jacques Bainville Ausdruck verlieh – sein schon erwähntes Buch: »Les conséquences politiques de la paix« wurde zum Bestseller –, waren in der Tat berechtigt.

Hier ist nicht der Ort, um die Waffenstillstandsbedingungen, die die Deutschen trotz flammender Proteste von allen Seiten annehmen mußten, im einzelnen zu schildern und zu deuten. Im Ergebnis liefen sie auf eine vollständige, eine totale Entwaffnung hinaus, genauer: auf die Etablierung einer strukturellen Unfähigkeit der deutschen Streitkräfte, noch weiter Krieg führen zu können. In dem Augenblick, in dem Deutschland diesen Forderungen zustimmte, zustimmen mußte, war es zu weiterer militärischer Gegenwehr nicht mehr in der Lage, nicht einmal zu einer vorübergehenden Selbstverteidigung, es war wehrlos. Natürlich war das die Absicht Frankreichs, dahinter steckten Überlegungen, die nur zu verstehen sind, wenn man sich in die Mentalität der führenden französischen Politiker und Militärs hineinversetzt.

Sie waren geprägt vom Trauma des Jahres 1870/71. Dabei basierte dieses nicht einfach auf der Erfahrung der Niederlage gegen Preußen-Deutschland, sondern auf der Erkenntnis, daß der große Nachbar a priori stärker war als Frankreich. Selbst die versuchte Levée en masse hatte 1871 nur zu einer Bestätigung dieser Tatsache geführt, und in dem Maße, in dem das Bild des modernen, des industrialisierten, des totalen Krieges die Zukunft bestimmte, wurde es für Frankreich unmöglicher, Deutschland allein militärisch paroli zu bieten. Aus diesem Grund hat Frankreich nach 1871 niemals einen isolierten Krieg gegen Deutschland geplant oder für möglich gehalten. Der Aufbau des französischen Bündnissystems seit 1892 war die Konsequenz aus dieser Erfahrung.

Eine andere hatte Frankreich seit Sedan gemacht: Damals war das napoleonische Kaiserreich de facto geschlagen, aber infolge der innenpolitischen Umwälzungen war es dann doch noch zur Fortsetzung des Krieges gekommen, und obwohl die Deutschen am Ende gesiegt hatten, war es Moltke schwergefallen, den Krieg zu beenden. Wer weiß, wie lange er sich noch hingeschleppt hätte, wären Bismarck und seine französischen Verhandlungspartner nicht übereingekommen, ihm ein Ende zu machen. Eben dieses Beispiel stand Foch im November 1918 vor Augen: Wenn man jetzt einen Waffenstillstand schloß und nicht dafür sorgte, daß der Gegner rein physisch gar nicht mehr in der Lage sein würde, den Kampf wieder aufzunehmen, drohte im Falle einer Militärdiktatur in Deutschland, die man zu diesem Zeitpunkt nicht ausschließen konnte, die Wiederaufnahme des Krieges durch das Reich. Solche Töne waren im Oktober 1918 nicht gerade selten zu hören gewesen, und man hatte sie in Paris durchaus noch im Ohr. Wir haben ja gesehen, daß die Denkfigur eines Endkampfes, einer Levée en masse im Reichskanzleramt und im Großen Hauptquartier diskutiert worden war. In französischen Augen also blieb gar nichts übrig, als den Waffenstillstand so zu gestalten, daß die Falken in Deutschland zwar toben mochten, aber physisch keine Chance mehr erhielten, aus bloßer Rhetorik blutige Kriegsfortsetzung zu machen.

Die Unterhändler der Entente waren sich in Compiègne keineswegs sicher, daß die Deutschen diesen Waffenstillstand – de facto: eine bedingungslose Kapitulation – annehmen würden. Im alliierten Hauptquartier lagen längst jene Operationspläne bereit, die den Einbruch in das Reich mit dem Ziel der Eroberung von Berlin zum Inhalt hatten, und Foch plante ungerührt einen Frühjahrsfeldzug, diesmal unter Einbeziehung sämtlicher amerikanischer Ressourcen.

Genau dieses Szenario: den Einbruch der Alliierten in das Reich, hatte von Payer bei der Besprechung vom 17. Oktober angesprochen, und Ludendorff hatte den Eindruck erweckt – »so weit sind wir noch nicht« –, daß die deutsche Armee dabei durchaus noch ein Wörtchen mitzureden haben werde. Von der 3. OHL kamen aber auch in den kritischen Tagen des 4.-11. November keine klaren Signale, denen man hätte entnehmen können, daß eine Fortsetzung des Krieges unmöglich wäre. Daß sie es war, bewies der Verlauf der revolutionären Ereignisse, aber immer noch spukte in den Köpfen Hindenburgs und Groeners der Gedanke, daß es sozusagen zwei Heere gab: das eine, das rückwärtige, befand sich in voller Auflösung und war revolutionsverseucht, das andere, das Feldheer, war immer noch intakt und diszipliniert, also einsatzfähig. In Wahrheit war das eine Chimäre, und es gibt keinerlei Hinweise darauf, daß dieses angeblich noch intakte Feldheer tatsächlich eine weitere Kampagne – etwa zur Rheinverteidigung oder zur Verteidigung Berlins – hätte führen können, geschweige denn wollen. Hindenburg, immer hin- und hergerissen zwischen Einsicht und törichtem Götterdämmerungspathos, hat daran selbst nicht mehr geglaubt, anders hätte er wohl nicht am 10. November, nachdem ihm die niederschmetternden Waffenstillstandsbedingungen übermittelt worden waren, darauf mit der Bemerkung reagiert, sie seien zwar völlig unannehmbar, doch gelänge es nicht, sie abzumildern, »so wäre trotz allem abzuschließen« – wenn auch unter »flammendem Protest«.

Daran mangelte es nun tatsächlich am wenigsten, und zwar quer durch die Bank. Niemand in Deutschland, so wird man es verallgemeinern dürfen, hätte die Waffenstillstandsbedingungen anders als unter Protest akzeptiert, und in dieser Frage waren sich die politischen und militärischen Lager einig. Das war im übrigen schon die Geburtsstunde jenes

41 Caporal Sellier, der am 11. November 1918 um 11 Uhr vormittags das Signal zum Einstellen des Feuers gab, wird zum Ritter der Ehrenlegion geschlagen

Weimarer Revisionssyndroms[571], das der größte gemeinsame politische Nenner der Republik werden sollte. Es wurzelte schon in den Ereignissen, die zum Waffenstillstandsvertrag führten, und man könnte darüber nachdenken, ob es gerade in den kommenden Monaten nicht schon jene integrative gesellschaftliche Kraft entfaltet hat, die für den Zusammenhalt des Reiches wichtig wurde.

Am 11. November wurde der Krieg mit einem Erlaß Hindenburgs an die Armee offiziell beendet. In diesem hieß es, die Regierung habe sich zur Annahme der Waffenstillstandsbedingungen entschließen müssen – vom Heer und von der Marine war mit keinem Wort die Rede. »Aber aufrecht und stolz gehen wir aus dem Kampfe, den wir über vier Jahre gegen eine Welt von Feinden bestanden. Aus dem Bewußtsein, daß wir unser Land und unsere Ehre bis zum äußersten verteidigt haben, schöpfen wir neue Kraft.«[572] Damit schloß sich der Kreis, denn mit ganz ähnlichen Worten hatte am 1. August 1914 Kaiser Wilhelm II. »Sein Volk« zu den Waffen gerufen.

Das suggerierte eine heile militärische Welt, ebenso wie das famose Wort des Admirals Scheer, die Marine habe keinen Waffenstillstand nötig – in Wahrheit war das ein bloßer Hohn, und es war gar nicht mehr der Kaiser, der seinen Truppen das große »Halt« zurief, sondern eben Hindenburg, der Ersatzkaiser.

Das Wort »Ersatzkaiser« wird zumeist in einem anderen historischen Zusammenhang verwendet. Es bezeichnet den Reichspräsidenten Hindenburg und suggeriert, dieser habe in der Schlußphase der Republik allein noch jene Funktion wahrnehmen können, die einst dem deutschen Kaiser zugemessen war: über den Parteien zu stehen. Aber genau dies hatten auch die beiden Napoleoniden behauptet und darauf ihre Alleinherrschaft gegründet, und Hitler sollte es bekanntlich ebenfalls tun. Im Begriff »Ersatzkaiser« schwang die Erinnerung an die dramatischen Tage des November 1918 mit, die mit der Abdankung und der Flucht Wilhelms II. verknüpft waren – und der Rolle, die Hindenburg dabei gespielt hatte. Sie hat Hindenburg bis zum Ende seines Lebens verfolgt, und so rational er sein eigenes Verhalten in der Kaiserkrise[573] zu bewerten suchte – so irrational schlugen immer wieder schlimmste Selbstvorwürfe durch. Sie konnten in purer Verzweiflung enden – Brüning hat das beschrieben: In der Stunde der höchsten Not habe er, der Knappe, seinen Herrn verlassen, anstatt auf den Stufen des Thrones fechtend mit ihm zusammen unterzugehen. Nach allem, was man von Hindenburg weiß, hat er das Dilemma, in das er sich 1918 gestürzt sah, niemals innerlich verwunden, und je mehr ihm am Ende seines Lebens dämmerte, daß er mit der Ernennung Hitlers sein Vaterland dem größten Verderber desselben ausgeliefert hatte, desto finsterer bedrängten ihn die Schatten dieser Vergangenheit. Hindenburg ist auf diese Weise zu einer geradezu klassischen tragischen Figur geworden. Daß er sich selbst die Verantwortung für die Abdankung und die Flucht »seines« Kaisers zuschrieb, aber war allein Folge der von uns nun schon hinlänglich beschriebenen Militärdiktatur der 3. OHL. Indirekt wird er durch Hindenburgs Selbstvorwürfe bestätigt. Objektiv nämlich wäre es auf ihn in dieser Kaiserkrise ja gar nicht angekommen: Woher eigentlich hätte der Generalstabschef das Recht nehmen sollen, seinem Kaiser die Abdankung zu empfehlen oder eben auch nicht? Allein daß Hindenburg sich selbst in dieser verantwortungsvollen Position sah, unterstreicht die These von der Militärdiktatur der 3. OHL. Aus Äußerungen Wilhelms II. im Exil geht hervor, daß er die Dinge ganz ähnlich sah und daher Hindenburg mit der Verantwortung für seine Abdankung belastete. Auch das wäre absurd gewesen, wenn die Verfassung des Reiches Anfang November 1918 nicht völlig in sich zusammengebrochen wäre.

Aber warum? Und war sie nicht gerade erst reformiert worden? Es gehört ja zu den traurigsten Witzen der deutschen Geschichte, daß die Novemberrevolution nicht etwa das antiquiert-autoritäre Regime des Wilhelminismus, nicht auch die Diktatur der 3. OHL beiseitefegte, sondern ein gerade erst etabliertes, funktionsfähiges demokratisch-parlamentarisches System. Prinz Max von Baden war ja ein demokratisch gewählter Reichskanzler – aber er hat es selbst nicht geglaubt, anders wäre die verfassungsmäßig völlig unmögliche »Übergabe« des Amtes des Reichskanzlers an Friedrich Ebert ja gar nicht möglich gewesen. Die Revolution jagte also einen Popanz, ein Phantom, ein bloßes Bild der Vergangenheit – und zertrampelte bei dieser Jagd das zarte Pflänzchen der Demokratie.

Bis tief ins Jahr 1918 hinein hatte es keine ernsthafte Diskussion um die Frage nach der zukünftigen Staatsform gegeben. Nie saß die hohenzollernsche Monarchie fester im Sattel als nach der »Osterbotschaft«. Am 3. April 1917 hatte man im »Vorwärts«, dem Zentralorgan der SPD, lesen können:

»Sobald die Monarchie die Wünsche des Volkes erfüllt, ist aller republikanischen Agitation der Boden unter den Füßen weggezogen. Die Frage, ob Monarchie oder Republik, würde dann noch viel weniger Diskussionsthema sein, als sie es jetzt schon ist. Und alle Wahrscheinlichkeit spricht dafür, daß es so kommt. Wenn auch noch Schwierigkeiten zu überwinden sind, so werden sie – voraussichtlich sogar schon in kürzester Zeit – überwunden werden, ohne eine Spur von gewaltsamem Umsturz und ohne Sturz der Monarchie.«

Das läßt sich natürlich nur vor dem Hintergrund der Osterbotschaft lesen, und wir haben gesehen, daß die damit verknüpften Hoffnungen wenn nicht zuschanden, so doch gedämpft wurden – von den konservativen Kräften und Parteien mit dem Kanzler Michaelis an der Spitze.

42 Großes Hauptquartier, 15. Juni 1918: Feier des dreißigjährigen Regierungsjubiläums Wilhelms II. (links). Rechts Hindenburg und der Kronprinz.

29. Das Ende des Krieges und die Revolution

Gleichwohl ging der Demokratisierungsprozeß weiter, und vollends im Oktober 1918 sahen die Sozialdemokraten ihre Wünsche wesentlich erfüllt – nicht gegen, sondern mit der Monarchie. Daß die Parteien des Interfraktionellen Ausschusses zur gleichen Zeit es nicht fertigbrachten, diese neue Demokratie gegen die Militärdiktatur Ludendorffs und Hindenburgs durchzusetzen, steht auf einem andern Blatt. Immerhin hat es die 3. OHL nicht gewagt, das Parlament mit Waffengewalt auseinanderzujagen – da hatten andere bekanntlich 1849 weniger Skrupel gehabt. Das heißt also: Obwohl die 3. OHL immer noch de facto das Heft in der Hand hatte, wagte sie es nicht, die neue Verfassung gewaltsam zu beseitigen, diese kann so schwach also nicht gewesen sein. Und sie war es wesentlich nicht, weil an ihrer Spitze eben der Kaiser stand – also jene Figur und Institution, die auch die 3. OHL wenigstens formell respektieren mußte – und sei es nur via des militärischen Treueides dem Kaiser gegenüber. Dieser Eid war es ja, der Hindenburg seine Entscheidung, dem Kaiser zur Abdankung zu raten, so schwermachte. Anders gewendet: Der Treueid schützte auch die junge Demokratie, solange an ihrer Spitze der Kaiser stand – ein »Volkskaiser«. So wurde Wilhelm II. von den liberalen und sozialistischen Blättern schon genannt.

Der Anstoß zur Kaiserkrise kam daher nicht von innen, sondern von außen, und zwar von Wilson, genauer: von der Interpretation der Wilsonnoten. »Es kann keinem Zweifel unterliegen«, so schrieb Scheidemann an den Reichskanzler Prinz Max von Baden am 29. Oktober 1918, »daß die große Mehrheit der Bevölkerung des Deutschen Reiches die Überzeugung gewonnen hat, daß die Aussicht, zu erträglichen Bedingungen des Waffenstillstands und des Friedens zu gelangen, durch das Verbleiben des Kaisers in seinem hohen Amte verschlechtert wird.« Und weiter: »Es kann nicht weiter bezweifelt werden, daß die Friedensverhandlungen beträchtlich günstigere Aussichten bieten, wenn die im Deutschen Reich vollzogene Änderung des Systems durch einen Wechsel an der höchsten Stelle des Reiches nach innen und außen deutlich sichtbar gemacht wird. Die ganze politische Situation legt die Vermutung nahe, daß der hier vorgeschlagene Schritt nur hinausgezögert, aber doch nicht vermieden werden kann. Deshalb ist es besser, wenn der Kaiser jetzt schon aus der gesamten Situation die Konsequenzen, die nach Auffassung auch zahlreicher deutscher Staatsmänner gezogen werden müssen, so schnell als möglich zieht.«[574]

Sieht man sich die Wilsonnoten unter diesem Gesichtspunkt an, so läßt sich nicht erkennen, daß der amerikanische Präsident die Kaiserfrage zur conditio sine qua non gemacht hätte. Es war immer nur die Rede vom alten System, und in der letzten Note hatte Wilson die Argumente Max von Badens, die Deutschland als parlamentarische Demokratie bezeichneten, ja auch anerkannt. Es war keine Rede von einer Abschaffung der Monarchie, der Kaiser Wilhelm II. wurde mit keinem Wort erwähnt. Warum also setzte sich im Oktober/November 1918 die Überzeugung durch, Wilhelm II. und die hohenzollernsche Monarchie müßten geopfert werden, um einen erträglichen Waffenstillstand zu erhalten?

Die Frage ist schwer zu beantworten. Zum einen konnte man natürlich in dem alten Regime, das Wilson angeprangert hatte, schlicht die Monarchie und den Monarchen selbst sehen – Wilson hat diese Interpretation ja nicht ausgeschlossen, warum hätte er das auch tun sollen? Zum anderen war die alliierte antikaiserliche Propaganda jedermann geläufig: Wilhelm II. galt in ihr als ein Kriegsverbrecher, den man zur Rechenschaft würde ziehen müssen.

Aber alle diese Argumente waren nicht durchschlagend. Tatsächlich fiel die Monarchie ob der hemmungslosen Agitation der USPD und des sich nun immer aggressiver artikulierenden Spartakus-Bundes, aber auch der Hilflosigkeit der SPD, die ungeratenen Vettern zu zähmen und das politische Heft in der Hand zu behalten. Ebert persönlich blieb Zeit seines Lebens Monarchist, und man kann vermuten, daß es die meisten Genossen ebenso blieben, aber sie ließen sich von der USPD anstecken und sie glaubten, dieser Ansteckung nicht entgehen zu können, weil anders das sozialistische Lager geschwächt würde. Man kann es so sehen: Als die USPD mit Liebknecht und Luxemburg an der Spitze unverhohlen mit einer sowjetischen Diktatur drohte, versuchten die Mehrheitssozialisten eine Politik der Umarmung, um das Schlimmste zu verhindern: einen Bürgerkrieg wie in Rußland, den Aufstieg Luxemburgs oder Liebknechts zu Figuren wie Lenin, Trotzki oder Stalin. Um es auf den Punkt zu bringen: Es war der USPD zu verdanken, daß die Sozialdemokratie wider besseren Wollens die Monarchie opferte, um der kommunistischen »Bestie« Zucker geben zu können in der Hoffnung, sie soweit zu besänftigen, daß es nicht zu einem zweiten 7. November 1917, diesmal in Deutschland, kam.

Natürlich trug auch das Verhalten der Erzkonservativen zu diesem Schwenk bei. Vor allem das preußische Herrenhaus – wer wollte es ihm verdenken – machte sich mit lauten Worten für den Kaiser stark und weckte damit längst überwunden geglaubte Ressentiments, und je deutlicher auch die rechtsradikalen Kräfte mit der Vaterlandspartei an der Spitze Wilhelm II. die Stange hielten, desto mißtrauischer wurden alle anderen. Wieder einmal ging es höchst dialektisch zu: Indem die Konservativen den Kaiser retten wollten, stürzten sie ihn erst recht ins Unglück. Der Kaiser selbst aber hat es bis zum Schluß nicht verstanden, sich an die Spitze der demokratischen Kräfte zu stellen, eben wirklich »Volkskaiser« zu werden. Es war ihm nicht gegeben, und seinem Sohn noch viel weniger. Dessen miserable Presse im In- und Ausland aber machte auch jene flüchtig erwogene Konstruktion, die Monarchie grundsätzlich zu retten, indem Wilhelm II. zugunsten des Kronprinzen abdankte, zu Makulatur. In den Augen der Entente wäre Deutschland damit nur vom Regen in die Traufe gekommen, im Gegenteil: Diese Lösung hätte als besonders unfreundliche Geste gelten können. Wenn Wilhelm II. deswegen zögerte, dieser Konstruktion sein Plazet zu geben, so hatte das einen ganz rationalen Grund und ging nicht darauf zurück, daß er sich, koste es was es wolle, an seinen Thron klammerte

An den Thron des Reiches. Denn nun muß man hinzufügen, daß Wilhelm II. auf das Ansinnen Prinz Max von Badens, abzudanken, mit dem Gedanken reagierte, dies nur in seiner Eigenschaft als deutscher Kaiser zu tun, nicht aber als preußischer König. Er wollte also den 18. Januar 1871 wieder ungeschehen machen. Aber das war eine Illusion, und dies schon aus einem einfachen Grund: Die übrigen gekrönten Häupter im Reich, verfolgt vom cauchemar des révolutions, beeilten sich, so schnell wie möglich ihrerseits abzudanken, das sächsische bekanntlich mit dem denkwürdigen Spruch: »Macht euern Dreck alleene«. Es ist dies ein Phänomen, ob dessen man sich noch heute die Augen reibt: Da gab es also das Deutsche Reich mit seinen 25 Staaten, von denen nur 4 keine Monarchien waren – und kein einziger Herrscher hat im November 1918 standgehalten. Dabei war es nicht so, daß diese gekrönten Herrschaften der Bevölkerung verhaßt gewesen wären, meist eher im Gegenteil. Noch Jahrzehnte später entsann man sich in so mancher kleinen Residenzstadt mit Wehmut der schönen alten königlichen, großherzoglichen oder herzoglichen Tage. Warum sie dennoch alle kollektiv wie ein Mann resignierten, entzieht sich unserer Kenntnis, das ist auch historisch alles andere als untersucht.

Wenn nun Wilhelm II. als einziger König von Preußen geblieben wäre – so hätte das einen absonderlichen Anachronismus dargestellt. Das wäre geradezu operettenreif gewesen.

Am 7. November forderte der Vorstand der SPD Reichskanzler Max von Baden ultimativ auf, die »Abdankung des Kaisers und den Thronverzicht des Kronprinzen bis morgen mittag« zu bewirken. Umgehend kabelte der Kanzler an den Kaiser, daß er keine andere Möglichkeit sähe, als diesem Ultimatum zu entsprechen, denn anders käme es jetzt zum Bürgerkrieg und zu einer »Zerstörung des deutschen Volkskörpers durch den Bolschewismus«. Er könne nur davon abraten, eine Militärdiktatur zu errichten, »da die Truppen größtenteils zu den Aufrührern übergehen würden.«[575]

Wilhelm II. war nicht gesonnen, diesem Wunsch nachzukommen, er klammerte sich noch immer an die Konstruktion vom einfachen Thronverzicht. Inzwischen spitzte sich die Lage in Berlin zu, und Prinz Max erklärte ohne weitere Rücksprache mit Wilhelm II. am 9. November: »Der Kaiser und König hat sich entschlossen, dem Throne zu entsagen.« Gleichzeitig übergab er sein Amt an Friedrich Ebert. Wilhelm II. reagierte auf diese Überrumpelung mit der Erklärung, er trete nur als deutscher Kaiser, nicht aber als König von Preußen zurück – aber all das half nichts mehr. Auf den Rat Hindenburgs begab sich Wilhelm II. ins Exil nach Amerongen, später wurde ihm Haus Doorn als Bleibe von der niederländischen Regierung zugewiesen. Neuerdings liest man, daß die niederländische Regierung mit dem Gedanken spiele, das dort sich befindliche Museum aufzulösen. Das sollte im Interesse der Geschichte und der Geschichtswissenschaft tunlichst unterbleiben.[576] Erst am 28. November 1918 hat Wilhelm formell auch als preußischer König abgedankt und seine Untertanen, vor allem auch die Soldaten vom Treueid entbunden.[577]

Der 9. November 1918 gilt allgemein als die Geburtsstunde der Weimarer Republik. Er war viel eher das Todesdatum des Kaiserreiches, denn ob es eine und wenn ja welche Republik geben würde, war an diesem 9. November noch keineswegs entschieden. Auch hier müssen wir uns wieder vor dem nachträglichen Besserwissen hüten. Daß die Monarchie nach dem 9. November aber keine Chance mehr haben sollte, das eben ergab sich zwingend aus dem Verhalten der ganzen »Klasse und Rasse« (Voltaire) der gekrönten Häupter. Zwar hat es in der Folgezeit immer wieder einmal Versuche zu einer Restauration gegeben – über bloße Gedankenspiele wie bei Stresemann und Brüning ist das aber nie hinausgelangt.[578]

Der 9. November ist in unserem Zusammenhang nur unter einem Aspekt von Interesse: Inwiefern hat der Verlauf des Krieges ihn generiert, anders gefragt: Kann man den 9. November 1918 als Schlußdatum auch des Krieges nehmen? Oder ist es nicht der 11. November, das Datum des Waffenstillstandes? Wie hängen die beiden Daten eigentlich zusammen? Was ist ihr größter gemeinsamer Nenner?

Auf den 9. November 1919 in Berlin führen zwei Wege zu: von Wilhelmshaven und von Kiel,[579] beides waren Hafenstädte, am Meer gelegen, und damit geraten wir noch einmal mitten in den Krieg, genauer: den Seekrieg.

Es war lange Zeit eine heißdiskutierte Frage, ob und falls ja, welchen Zusammenhang es zwischen der Meuterei der Matrosen und der Novemberrevolution gegeben hat.[580] Der Plan der Admirale, vor allem der Seekriegsleitung, die Flotte nach der von Wilson erzwungenen Einstellung des Ubootkrieges zu einer letzten Schlacht auslaufen zu lassen, bei der »wir«, wie es Konteradmiral von Trotha nannte, »den Engländern doch noch eine schwere Wunde beibringen« würden, läßt sich eindeutig als

Rebellion der Admirale klassifizieren,[581] die Meuterei der Matrosen war deswegen eine legitime Notwehrmaßnahme, also keine Meuterei im eigentlichen Sinne. Denn diese geplante »Todesfahrt« der Flotte – so nannten sie die Matrosen – war von der Reichsregierung nicht genehmigt worden, schlimmer: Sie hatte von diesem Plan überhaupt nichts erfahren. Es war eine Verschwörung der Admirale.

Nach der Skagerrakschlacht war die Hochseeflotte in stilles Nichtstun versunken – so zumindest sahen es viele Seeoffiziere und auch die Öffentlichkeit. In Wahrheit erfüllte die Flotte die Funktion einer fleet in being, und in dieser Eigenschaft machte sie den Ubootkrieg erst möglich. Darüber hinaus garantierte ihre bloße Anwesenheit, daß es zum Einbruch feindlicher Seestreitkräfte in die Ostsee nicht kam – mit all den Folgen, auch für Rußland, die wir bereits kennengelernt haben. Der Ubootkrieg, aber auch der Küstenvorfeldkrieg absorbierten aber zunehmend alle halbwegs brauchbaren personellen Kräfte der Flotte, an Bord der »dicken Schiffe« blieben nicht gerade die besten Offiziere zurück. Die Mannschaften aber spürten die sich hieraus ergebenden Unzuträglichkeiten. Der Matrose Stumpf[582] hat in einem Tagebuch, das später bei der Aufklärung der Meutereien durch den Untersuchungsausschuß eine große Rolle spielen sollte, die immer widrigeren Verhältnisse an Bord der großen Einheiten geschildert; daß er dabei gelegentlich übertrieb, manches falsch sah, anderes nicht begriff, ändert doch nichts daran, daß die Menschenführung auf den Schiffen aufs kläglichste versagte.

Diese Zustände aber blieben kein Geheimnis, denn die Matrosen hatten gelegentlich Landgang, und schon bald sprach es sich in Wilhelmshaven und anderswo herum, daß die Seeleute unzufrieden waren – und an diesem Punkt schalteten sich, völlig legitimerweise zunächst, die politischen Kräfte ein, genauer: Vertreter der Unabhängigen Sozialdemokratie. Ob diese nun unmittelbar und direkt Agitation betrieben haben oder ob es sich um einen Prozeß handelte, in dem das eine das andere füglich nach sich zog, läßt sich schwer entscheiden; aber es ist schon richtig, davon auszugehen, daß die Radikalisierung auf der Flotte auch das Werk der USPD und des Spartakus war.

Zum ersten Mal hatte sich der Knoten im Sommer 1917 geschürzt, es war zu Meutereien gekommen. Die Todesurteile gegen Reichpietsch und Köbis wirkten einigermaßen abschreckend, und auf der Flotte kehrte eine trügerische Ruhe ein.

Der Plan zur Operation der Flotte in den Kanal und in die Hoofden hinein spielte dann den Auslöser für die große »Meuterei«, die von der Seekriegsleitung nicht und schließlich von keiner politischen Kraft mehr unter Kontrolle zu bringen war. Der Plan war übrigens top secret, nur die

Offiziere, und wahrscheinlich nicht einmal alle, wußten davon. Daß er dennoch durchsickerte, zeigt, daß zumindest einigen der Herren Offiziere auch nicht wohl war bei dem Gedanken an dieses »letzte Gefecht«.

Genauere Beschäftigung mit den operativen und taktischen Problemen des geplanten Unternehmens lassen keinen eindeutigen Schluß zu; in Kenntnis der Unwägbarkeiten und Überraschungen, von denen die Seekriegsgeschichte voll ist, neige ich vorsichtig dazu, ihm durchaus eine Chance einzuräumen. Es war ja makaber, daß die Marine am Ende des Krieges, also zu einem Zeitpunkt, als dieser definitiv verloren war, etwas in die Wege zu leiten versuchte, das im August und September 1914 geeignet gewesen wäre, dem ganzen Krieg ein anderes Gesicht zu verleihen. Aber damals hatte sich der Kaiser geweigert, ein solch kühnes Unternehmen, bei dem er in der Tat die Flotte insgesamt riskierte – aber England eben auch –, zu genehmigen. Jetzt hatte er gar nichts mehr zu genehmigen, und es ist sicher, daß die neue Reichsregierung die Ausführung des Planes, wenn er ihr denn bekannt gewesen wäre, strikt untersagt hätte – denn am Kriegsausgang konnte er nichts ändern, sehr wohl aber dafür sorgen, daß die Friedensbedingungen unendlich viel härter ausfallen würden, vor allem, wenn es der Hochseeflotte tatsächlich gelungen wäre, wesentliche Teile der Grand Fleet zur Schlacht zu stellen und vielleicht sogar zu besiegen.

Das war natürlich auch den Admiralen klar, aber es ging ja nicht um die letzte schwere Wunde. Ausschlaggebend war die Überzeugung, daß dieser letzte Einsatz im Interesse der Ehre der Flotte und ihrer Zukunft gewagt werden müsse. Insofern paßt das geplante Unternehmen exakt in jene Diskussionen des Ehrenkodex, die wir bereits kennengelernt haben. Raeder hat zu Beginn des Zweiten Weltkrieges in einer berühmten Aufzeichnung vom 3. September 1939 darauf zurückgegriffen, als er erklärte, die Flotte könne nur zeigen, daß sie anständig zu sterben verstehe, um die Grundlagen für einen künftigen Wiederaufbau zu schaffen.[583] Tatsächlich war die Reichsmarine davon überzeugt, daß das eher unrühmliche Ende der Hochseeflotte, vor allem aber die durch sie ausgelöste Revolution die Waffe befleckt hatten. Die Selbstversenkung in Scapa Flow war ein verzweifelter Versuch, wenigstens ein bißchen Ehre zu retten – genauso haben es die Zeitgenossen gesehen, mit einer bezeichnenden Ausnahme: Hitler sah darin, wie er Raeder vorhielt, »kein Ruhmesblatt der Marine«. Raeder hat daraus die Konsequenzen gezogen und trat zurück, mitten im Krieg, am 30. Januar 1943.

Es ist müßig darüber zu spekulieren, was geschehen wäre, hätten die Matrosen den finalen »show down« mitgemacht, so aber fand ein letzter Nibelungenkampf auf hoher See nicht statt. Indem die Mannschaften das

43 Hissen der roten Flagge auf den Geschwadern in Wilhelmshaven

Feuer aus den Kesseln rissen und die Seekriegsleitung kein anderes Mittel gegen die »Meuterei« wußte, als die Schiffe zu dislozieren und das 3. Geschwader nach Kiel zu beordern, löste sie jene Kettenreaktion aus, die zu Umsturz und Revolution führte.[584] Daraus erwuchs den konservativen Seeoffizieren das, was ich das »Trauma von 1918« genannt habe, und es war Raeder, der in seinen Memoiren den Satz prägte, es sei ein »stiller Schwur« in der Marine gewesen, daß es ein zweites 1918 nicht mehr geben dürfe. Aus diesem Trauma läßt sich übrigens die ganze Marinegeschichte der kommenden Zeit, bis 1945, ableiten.

Die eingangs gestellte Frage läßt sich also so beantworten: Der 9. November 1918 ist ein unmittelbares Produkt des Ersten Weltkrieges gewesen und nicht nur eine politische Folge desselben.

30. BILANZ

11.11., 11.11 Uhr: Zu diesem Zeitpunkt beginnt bekanntlich der Karneval, und ich stelle mir die Frage, ob das auch so am 11.11., 11.11 Uhr im Jahr 1918 gewesen ist. Eine Fülle von Fragen drängt sich auf: Welche gesellschaftliche Resistenz, beispielsweise, besitzen nichtreligiöse Rituale wie der Karneval angesichts des Endes eines Weltkrieges? Zu Beginn des 2. Golfkrieges wurden 1991 die Karnevalszüge reihenweise abgesagt.[585] Was also muß geschehen, damit man ihn nicht feiert – oder gerade doch feiert? Vielleicht hat ja gar nicht der Waffenstillstand, sondern die Grippe den Karneval von 1918/19 zur Strecke gebracht? Wer eigentlich hat sich einmal die Mühe gemacht, die überlieferte Zahl von etwa 750 000 Hungertoten mit der Zahl der Grippetoten von 1918 zu korrelieren? Und wer kann etwas darüber aussagen, wie der Hunger die Resistenz dem Grippeerreger gegenüber geschwächt hat? Ferner: Was bedeutete es, wenn im Winter 1918/19 ganze Fabrikbelegschaften erkrankten: für sie, ihre Familien, vor allem aber die Revolution? Was war mit den Kindern? Wer hat auf sie aufgepaßt, wenn die Männer Arbeiter- und Soldatenrat spielten? Doch wohl die Frauen? Und wie haben die das gesehen? Was eigentlich war in den Schulen los, wenn auf der Straße demonstriert und geschossen wurde? Von einem wirklich umfassendem Bild dieser Vergangenheit sind wir weit entfernt.

Wie haben die Überlebenden, die Gesunden, die, denen nichts passiert, für die der Krieg trotz allem ein großes Abenteuer geblieben war, auf die Ereignisse des November 1918 reagiert? In seinen Memoiren hat Heinrich Brüning beschrieben, wie er, ein Leutnant geradezu Jünger'schen Zuschnitts, mit seiner Einheit die Kölner Rheinbrücke passierte: stolz, diszipliniert, von den Kölnern mit Beifall bedacht.

Das »Im Felde unbesiegt« – Eberts[586] fatale Formel, die wie die Kehrseite jener Medaille wirkt, auf deren Vorderseite der Dolchstoß des grimmen Hagen abgebildet ist – findet hier eine ihrer Wurzeln, aber es wäre verfehlt, wollte man Ebert und Hindenburg allein für eine der schwerwiegendsten Mythenbildungen verantwortlich machen, die die Weimarer Republik untragbar belasten sollte. Das Gerede vom »Dolchstoß« war reichsweit verbreitet, heute weiß niemand mehr, wer den Begriff als erster gebrauchte.[587]

30. Bilanz

Die Dolchstoßlegende war Folge einer mangelhaften Nachrichtenpolitik der OHL, die bis tief in den Oktober 1918 hinein den Eindruck zu erwecken trachtete, das Westheer sei zwar in schwere Kämpfe verwickelt, halte aber unerschütterlich aus. Derlei kannte man aus den Jahren 1916 und 1917 nur allzu gut, und bislang hatten sich alle Angriffsversuche der Entente letztlich als aussichtslos erwiesen – warum sollte es diesmal anders sein? Ganz im Gegenteil: Die Mittelmächte hatten im Osten gesiegt, eine Million Mann ließen sich von Ost nach West werfen, und die Michael-Offensiven vom März 1918 hatten ja anscheinend bewiesen, wessen das Reich fähig war. Jedermann war einsichtig, daß es seine Zeit brauchte, bis die als unerschöpflich angesehenen Ressourcen des Ostens voll in den Dienst des Krieges im Westen gestellt wären. Diese Durststrecke mußte durchgehalten werden. Gewiß, sie dauerte nun schon ziemlich lange – aber wie viele Hoffnungen richteten sich auf das kommende Frühjahr! Dann auch würde es mit der Volksernährung wieder besser werden. Viele mögen im Oktober 1918 davon überzeugt gewesen sein, daß die spektakulären Reformen, mitten im Krieg, die Deutschland zu einer modernen demokratisch-parlamentarischen Monarchie gemacht hatten, zusätzliche Kräfte und ungeahnte Synergieeffekte entbinden würden.

Man braucht diese Situationsschilderung vom Blickpunkt des »einfachen«, des »kleinen« Mannes nicht weiter auszumalen; charakteristisch war, daß aber auch die gar nicht so einfachen und kleinen Männer – etwa die des Reichstages – noch bis Mitte Oktober 1918 genauso dachten; wir haben über den Schock schon gesprochen, den die ungeschminkte Schilderung der militärischen Lage dann im Parlament und bei den Parteien ausgelöst hatte. Weil aber beide selbst so überrascht wurden, hatten sie auch keine Chance, eine polit-psychologische Auffangstrategie zu entwickeln, anders gewendet: Nichts war für den Fall vorbereitet, daß das Reich kapitulieren mußte; der Schock vom November 1918 traf also ganz unmittelbar und ungedämpft mitten in die Seelen der Menschen. Es ist psychologisch ohne weiteres nachzuvollziehen, daß in dieser Lage nach Sündenböcken gesucht wurde – und sie fanden sich: in Deserteuren, in skandalösen Etappenverhältnissen – es gab sie ja wirklich –, in hinterhältigen Defätisten, zumeist »natürlich« Juden, in schamlosen Kriegsgewinnlern – auch die gab es en réalité – und in den üblen Sozialisten, Kommunisten, Spartakisten. Sie waren in den Augen jener, die später die Dolchstoßlegende ausschmückten, um ihr eigenes politisches Süppchen mit ihr zu dekorieren, die wahren »Novemberverbrecher«. Kein Schimpfwort sollte üblere Folgen zeitigen als dieses, und Hitler wird ein wahrer Meister darin sein, es politisch auszuschlachten. All dies muß sich vor Augen halten, wer die Ereignisse des November 1918 einigermaßen zutreffend deuten will.

44 Letztes Defilé einer Artillerie-Munitions-Kolonne vorbei am Denkmal Wilhelms I. am Deutschen Eck in Koblenz (30. November 1918)

45 Geschlagen über den Rhein, Festung Ehrenbreitstein

46 »Im Felde unbesiegt«? – Rückzug über den Rhein in Köln

Aber auch dann bleibt das schwer genug. Kaum zu begreifen ist es, daß selbst nach dem 11. November 1918 die Militärbehörden auch nicht ansatzweise die Öffentlichkeit über den Verlauf der letzten alliierten Großoffensive in den Argonnen informierten. Eine ungeschminkte Schilderung hätte nämlich auch militärischen Laien deutlich gemacht, daß es wahrhaftig keines »Dolchstoßes« bedurft hatte, um Deutschland, und zwar konkret das Feldheer, militärisch zu besiegen. Am 11. November standen die Alliierten unmittelbar vor dem Durchbruch. Wenige Tage später, und sie hätten tatsächlich den Rhein erreicht.

Am 11.11. um 11 Uhr schwiegen in Europa die Waffen, der Schießkrieg war zu Ende, aber es wurde weitergeschossen. Nicht nur in den baltischen Gegenden, in den Interventionskämpfen, sondern mitten in Deutschland. Allein die Januarkämpfe in Berlin haben 1919 etwa 1 400 Todesopfer gefordert. Der Erste Weltkrieg ist unversehens von einem Staatenkrieg in einen Bürgerkrieg geglitten, ein in der Geschichte nicht seltenes Muster; deswegen sollte es zu den größten Leistungen des Rats der Volksbeauftragten, dann des Rätekongresses, schließlich der Nationalversammlung

47 Zwischen Traum und Albtraum. Zeitgenössische Postkarte 1918

zählen, diesem Bürgerkrieg dann doch ein rasches Ende zu bereiten – sie haben damit auch jene Lunte ausgetreten, die aus der Zeit des Staatenkrieges 1914-1918 immer noch glimmte.

Am Ende soll der Versuch einer Bilanz des Ersten Weltkrieges stehen. Sie muß quantitative und qualitative Faktoren berücksichtigen, selbstverständlich bleibt sie bruchstückhaft und subjektiv.

Zunächst geht es um Zahlen.[588] Sie suggerieren eine Exaktheit, die es in Wirklichkeit nicht geben kann. Um es an einem Beispiel zu verdeutlichen: Am 11. November 1920 wurde ein unbekannter bei Verdun gefallener Soldat unter dem Arc de Triomphe in Paris beigesetzt, und die Idee vom Grabmal des »unbekannten Soldaten« sollte in ganz Europa, in der ganzen Welt nachgeahmt werden.[589]. Aber wie viele »unbekannte Soldaten« mochte es überhaupt geben? Das heißt: Die Zahl der Gefallenen, der durch den Krieg wie auch immer Umgekommenen, wird sich niemals bis zur letzten Stelle ermitteln lassen. Insofern ist die von Dupuy ermittelte Zahl von 4 888 891 gefallenen alliierten Soldaten und 3 131 889 gefallenen Soldaten der Mittelmächte irreführend. Es scheint sich in diesen Zahlen jedoch etwas zu spiegeln, das sich rationaler und besserwisserischer Kritik zu Recht entzieht: Es geht um die Würde jedes einzelnen toten Soldaten – so sollte man Statistiken, die bis zum letzten Gefallenen reichen, zu begreifen suchen.

Frankreich beklagte 1 357 800 Gefallene und 4 266 000 Verwundete, das Britische Empire 908 371 Tote, 2 090 212 Verwundete. Rußland: 1 700 000 Gefallene, 4 950 000 Verwundete. Übrigens weisen schon diese sehr runden und geschätzten Zahlen die Statistik als scheinobjektiv aus. Für Italien lauten die beiden Zahlen 462 391 bzw. 953 886.

Die Mittelmächte: 1 808 546 deutsche Soldaten waren gefallen, 4 247 143 verwundet. Es gab etwa 760 000 tote Zivilisten, nahezu alles Opfer der alliierten Blockade. Nimmt man diese Zahlen zusammen, ergibt

48 Es geht um die Würde jedes einzelnen toten Soldaten

49 ... jedes einzelnen

sich eine Gesamtzahl von 6 815 689 Opfern des Ersten Weltkrieges allein in Deutschland. Geht man von einer Bevölkerung von etwa 70 Millionen aus, kann man sagen, daß jeder zehnte Deutsche Kriegsopfer geworden war. Unterstellt man ferner, daß die deutsche Durchschnittsfamilie in dieser Zeit aus etwa fünf bis sechs Personen bestand, läßt sich sagen, daß jede zweite deutsche Familie unmittelbar zu den Leidtragenden des Kriegs zählte. Um so brennender stellt sich erneut die Frage, warum diese buchstäblich geschlagene Nation in einen Zweiten Weltkrieg gezogen ist... Abschließend noch die Zahlen für Österreich-Ungarn: 922 500 Gefallene, 3 620 000 Verwundete, 300 000 Blockadeopfer.

Zu den Kosten des Krieges: Sie lassen sich nicht absolut ermitteln. Dabei können wir uns mit den Zeitgenossen trösten: Schon während der Pariser Friedenskonferenz war es völlig unmöglich, die Kriegskosten einigermaßen zuverlässig zu berechnen, und das sollte dazu führen, daß die entsprechenden Reparationsbeträge im Versailler Vertrag zunächst offengelassen wurden – man wußte schlicht nicht, was man von den Verlierern redlicher- oder auch unredlicherweise fordern sollte, weil kein Mensch über ein verläßliches volkswirtschaftliches Instrumentarium verfügte, das die Kriegskosten wenigstens annähernd richtig zu ermitteln imstande gewesen wäre.

Es gab die unterschiedlichsten Modelle. In dem einen wurden, beispielsweise, die Kosten für Produktionsausfälle infolge Kriegseinwirkungen ebenso miteinbezogen wie die Pensionskosten für Verwundete und dauernd Arbeitsunfähige, in anderen nicht. Die einen rechneten die Verluste hoch, die der Volkswirtschaft durch die Einberufung von Arbeitern, Facharbeitern und Arbeitnehmern aller Art entstanden waren, andere nicht. Wie waren Kosten und Nutzen von Fremd- und Zwangsarbeitern zu beziffern? Man konnte auch die Zerrüttung der Währung im Gefolge des Krieges in Form von Kosten zu ermitteln suchen – kurzum: Der Phantasie waren keine Grenzen gesetzt, und unter diesen Phantasien sollten die Deutschen während der zahlreichen Reparationskonferenzen in den zwanziger Jahren genügend leiden. Bei Dupuy finden sich Zahlen, die eigentlich nichts aussagen, höchstens in den Relationen untereinander. Er berechnet, um es an einem Beispiel deutlich zu machen, für die Alliierten insgesamt Kosten von 193 899 Millionen Dollar, für die Mittelmächte 86 238 Millionen Dollar. Demnach hätte das Deutsche Reich 58 072 Millionen Dollar Kriegskosten gehabt.[590]

Wichtiger als solche Zahlenspielereien ist etwas anderes, und damit kommen wir zu einigen bedeutenden Folgen des Krieges:

Der Erste Weltkrieg hatte das Vermögen Europas buchstäblich verpulvert. Konnte bis 1914 der europäische Kontinent, vor allem wenn man seine Kolonien mit einrechnete, als der reichste der Erde angesehen werden, so war es fortan der amerikanische – und daran sollte sich nie mehr etwas ändern. Diese europäische Verarmung aber war es, die völlig neue politische Denk- und Handlungsmuster produzierte. Gewiß, auch vor 1914 war es den großen Mächten häufig genug ums Geld gegangen, die lange Kette von Querelen um Zölle oder Meistbegünstigungsklauseln schlug oft bis in die Diplomatie und Außenpolitik durch, doch nach 1918 hing die ökonomische Existenz der am meisten durch den Krieg betroffenen Völker am seidenen Faden; die Hyperinflation von 1923, die Deflation von 1929-1933 in Deutschland, die Franc-Krise von 1923/24 in Frankreich, die allgemeine Abkehr vom Goldstandard und noch so manches andere einschneidende ökonomische Ereignis, man denke nur an die große Hungersnot in der frischgebackenen Sowjetunion, die Abermillionen Menschen das Leben kosten sollte: All diese Phänomene ließen die Europäer ihre Schwäche, ihre Abhängigkeit als Folge des Ersten Weltkrieges schmerzlich erfahren. Vielleicht schmerzlicher noch war die bittere Erkenntnis, daß sich daran auf absehbare Zeit nichts ändern würde: Das spektakuläre Scheitern der Konferenz von Genua 1922 war so gesehen unmittelbare Folge des Krieges. Hinzu kam, daß in der Regel von solchen ökonomischen Katastrophen nahezu alle Menschen betroffen wurden; daß Krieg Geld, richtig Geld kostet und die Hauptrechnung erst nach dem Krieg zu begleichen ist, wurde erst mit dem Ersten Weltkrieg den Europäern bewußt. »Le boche payerai tout«: Das war nichts als palliative Propaganda und wurde nur von denen geglaubt, die keine Ahnung von den volkswirtschaftlichen Zusammenhängen hatten – und dann, vor allem in Frankreich, um so enttäuschter reagierten, wenn der »boche« eben nicht alles, ja nicht einmal das mindeste bezahlte. Aber es gab auch die Erfahrung, daß man mit dem Krieg Geld verdienen konnte: Das galt für weite Teile der Industrie, das galt insbesondere aber für eine ganze Nation: die Vereinigten Staaten.

Bei all dem handelte es sich um ökonomische, fiskalische und monetäre Probleme; wichtiger war zumindest den Franzosen etwas anderes: Der Krieg hatte weite Landstriche Nord- und Ostfrankreichs, auch Belgiens zu einer Wüste werden lassen. Seit den Zeiten des Dreißigjährigen Krieges und der sogenannten »Raubkriege« Ludwigs XIV. hatte es eine solche Erfahrung nicht mehr gegeben: daß der Krieg buchstäblich blühende Landschaften in unfruchtbare, giftige Wüsten verwandeln konnte. Nichts wohl hat das französische und belgische Selbstverständnis mehr schockiert als der Anblick der Trümmer- und Trichterlandschaften zwischen Maas und Marne, bis hoch nach Flandern. Das hatte zweierlei zur Folge: Zum einen war dieser Anblick das schlagendste Argument all jener, die mit dem Bau einer gigantischen Festungslinie, die später den Namen des Kriegsministers Maginot tragen sollte, eine Wiederholung dieses Grauens verhindern wollten; zum anderen war eine Wiedergutmachung, der Wiederaufbau der verwüsteten Regionen zwar lauthals verkündete Forderung, auch im Friedensvertrag, aber a priori unmöglich, und damit blieb im Herzen Europas eine Wunde zurück, materiell und immateriell, die zu schließen den Zeitgenossen nicht gegeben war. Vielleicht hat es erst wirklich der Segnungen der Natur bedurft, welche nach und nach die Wunden hat vernarben lassen, so daß eine Versöhnung über den Trichterlandschaften dann nach 1945 möglich wurde. Hier handelte es sich um existentielle Erfahrungen, sie gehören zur Bilanz des Krieges.

Der Krieg hatte auf nahezu allen Feldern dazu gezwungen, den Mangel zu verwalten. Die Freiheit des einzelnen, zu tun und zu lassen, was er wollte, war wesentlich eingeschränkt, überall. Die Erfordernisse des Krieges beschnitten die individuellen Rechte und Entfaltungsmöglichkeiten in einer bisher unbekannten Rigorosität, wir haben das im Zusammenhang mit der Blockadepolitik und deren Folgen schon kennengelernt. Es gehört zur Ironie der Geschichte, daß die Deutschen gerade unmittelbar vor

50 Péronne ...

jenem Zeitpunkt, der ihnen eine bis dahin unbekannte demokratische Freiheit schenkte – am Ende des Kaiserreiches, dann in der Republik von Weimar –, im Kreis der eigenen Existenz und der ihrer Familien eingeschränkter denn je waren. Man konnte nicht arbeiten, wann und wo man wollte, nicht reisen, wohin man wollte, nicht kaufen, was man wollte, noch nicht einmal essen, was einem schmeckte. Immer stand der Staat, stand die Bürokratie als Wächter hinter jedem einzelnen. Im Laufe des Krieges gewöhnten sich die Menschen an diese Gängelung, und als sie nicht mehr notwendig war, kam es zu Überreaktionen, die in den zwanziger Jahren zu jenem eigentümlichen Bild der Gesellschaft führten, das dann von den Rechtsradikalen verteufelt und als Grund dafür genommen wurde, nun wieder »Zucht und Ordnung« zu fordern – und einen starken Mann, einen Führer, der der angeblich verrotteten und moralisch verkommenen Nation wieder auf den rechten Weg helfen sollte. Die Anfälligkeit der Weimarer Gesellschaft dem Extremismus gegenüber – und dem Antisemitismus, nicht zu vergessen – geht wesentlich auf jene Prozesse zurück, die der Erste Weltkrieg in Gang gesetzt hatte.

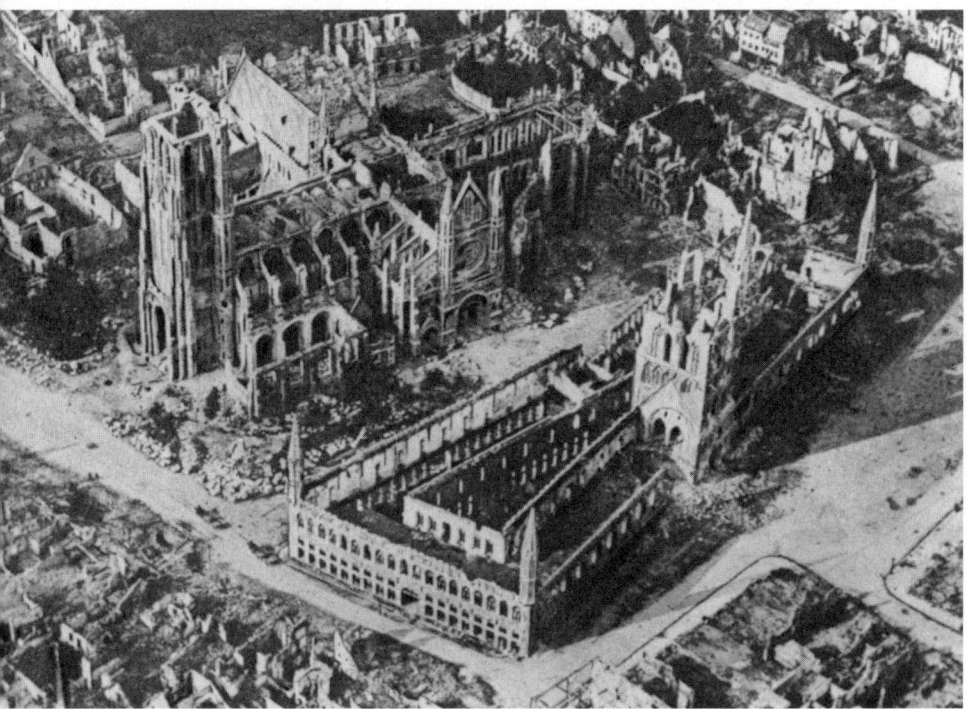

51 ... Ypern

Zur Bilanz des Krieges zählen auch andere gesellschaftliche Phänomene, so das Ende des monarchischen Gedankens, vor allem in Deutschland, aber auch in den habsburgischen Nachfolgestaaten. Deutschland wie Österreich konnten sich via Staatsoberhäupter nun nicht mehr zur Internationale der Könige zählen – das galt natürlich auch für Rußland. Welche Rolle die Tatsache spielte, daß es gerade in Deutschland, Österreich und Rußland keine Könige und Kaiser mehr gab, wäre noch zu prüfen. Mit den Monarchen, den Herrscherhäusern waren gesellschaftspolitische Identifikations- und Selbstvergewisserungsmöglichkeiten weggefallen, und es stellte sich die Frage nach ihrem Ersatz.

Blickt man vom innen- und gesellschaftspolitischen Folgeprogramm des Ersten Weltkrieges auf sein außenpolitisches, so scheint die Bilanz des Krieges eindeutiger zu sein. Das europäische Konzert der Mächte, wie es sich nach 1648 bzw. 1713 herausgebildet hatte und seit 1815 wesentlich stabil geblieben war, lag in Trümmern. Der Kontinent war nicht nur politisch, sondern auch ideologisch zerspalten, es gab keinen größten gemeinsamen europäischen Nenner mehr, wie er bis 1914 immer noch existiert hatte. Aus

Großmächten waren bestenfalls Mittelmächte geworden, das galt auch für England und Frankreich, von Rußland und Deutschland ganz zu schweigen. Dafür gab es eine Fülle von kaum lebensfähigen Kleinstaaten. Ost- und Südosteuropa waren völlig umgestaltet, genauer: ungestaltet, und es sollte nie mehr gelingen, bis auf den heutigen Tag, dort stabile politische Verhältnisse zu schaffen. Nicht das Mit-, das Gegeneinander wurde zum Leitmotiv der Politik dieser Staaten, und die großen europäischen Mächte zeigten sich außerstande, Ordnung in das Chaos zu bringen. Mehr als die Hälfte Europas war als Folge des Krieges in einen unkontrollierbaren Zustand der Labilität versetzt, der Osten driftete aus der gemeinsamen Geschichte Europas heraus und ließ dieses als einen Torso zurück.

Vielleicht am niederschmetterndsten aber war die nach 1918 und dem Kriegsende langsam wachsende Erkenntnis, daß dieser Krieg so unnötig wie ein Kropf gewesen war, es einen Kriegsgrund im Sinne der Olmütz-Rede von Bismarck überhaupt nicht geben hatte. Angesichts der Verheerungen, die der Krieg materiell und immateriell angerichtet hatte, waren die Gravamina, die zum Kriegsausbruch geführt hatten, geradezu lächerlich. Diese Erkenntnis war es, die beispielsweise Oswald Spengler vom »Untergang des Abendlandes« sprechen ließ. Spengler war ein höchst mittelmäßiger Literat und Philosoph;[591] wenn er dennoch zu Weltruhm gelangte, so spiegelte dies eben nur die große Frustration, die der Krieg vor allem in seinen geistigen Eliten hinterlassen hatte. Es schien, als sei den Europäern jene Vernunft abhanden gekommen, die sie einst groß gemacht hatte; der Erste Weltkrieg war die Antithese zur Aufklärung, zur Idealphilosophie eines Kant, eines Hegel. Deren Fortschrittsglauben war aufs grausamste widerlegt worden; daraus resultierte schon nach 1918 das, was dann nach 1945 virulent werden sollte: eine existentialistische Grundströmung, wie sie beispielsweise bei Sartre, Simone de Beauvoir, Camus, Bernanos, Borchert und vielen anderen nach 1945 zu finden sein sollte.[592]

Warum aber hat der Erste Weltkrieg keinen Sartre, sondern einen Hitler hervorgebracht – ich meine nicht den Mann, der genau zum Zeitpunkt des Kriegsendes schwerverwundet, halberblindet im Lazarett »beschloß, Politiker zu werden«, sondern den geschätzten, vor allem von den Damen der »besseren« Münchner Gesellschaft hofierten Demagogen und Kunstmaler der frühen zwanziger Jahre, den Autor von »Mein Kampf«?

Weil sie glaubten, Deutschland habe den Krieg nur durch Verrat und Verbrechen verloren, unfair verloren. Hier mag das Stichwort vom »Novemberverbrecher« genügen um die Zusammenhänge anzudeuten. Der Kampf als inneres Erlebnis: Das war die neue Philosophie nach 1918 und der Tenor des Hitlerschen Buches, und die ständig sich steigernde Militanz der Republik die Folge davon. So betrachtet kann man sich in der Tat die

Frage stellen, ob es nicht viel besser gewesen wäre, Ludendorff hätte sich durchgesetzt und einen Endkampf inszeniert, in dessen Verlauf die Alliierten bis nach Berlin vorgedrungen und dort wie einst Napoleon einfach dekretiert hätten, was fortan politisch Sache in Deutschland sein sollte – so wie es ja auch 1945 geschah. Damals, 1945 mochte vieles schlimmer sein als im November 1918: Eine Dolchstoßlegende und eine Hypertrophierung des Soldatischen, ein »Im Felde unbesiegt« gab es nicht, und das hatte für die Zukunft der Deutschen die wohltätigsten Folgen.

Zur Bilanz des Ersten Weltkriege werden gemeinhin auch jene Modernisierungsschübe gerechnet, die sich aus der Industrialisierung des Krieges ergeben haben. Das gilt für die Entwicklung der Bürokratie ganz ohne Frage, es gilt für die Fortentwicklung der gesellschaftlichen Verfassung, ein besonderer Lichtblick ist die endlich errungene Gleichberechtigung der Frauen im Wahlrecht. Ohne den Krieg hätten jene Konzerne, die dann bis 1945 tonangebend sein sollten, wohl kaum eine Chance zu jener Expansion gehabt, für die sie dann berühmt werden sollten. Auch viele technische zivile und militärische Entwicklungen gehen zweifellos auf den Krieg zurück, das gilt für die Entwicklung von Flugzeugen, Ubooten, Panzern, nicht zu vergessen Giftgas, und ob Ford ohne die Erfahrungen der amerikanischen Rüstungsindustrie jemals auf die Idee mit der Tin Lizzy und dem Fließband gekommen wäre, scheint auch fraglich. Das waren Beiprodukte der Kriegstechnik und -organisation, die in den zivilen Bereich übernommen wurden und ihn nachfolgend prägen sollten.

Dennoch hat der Krieg insgesamt nicht zur Modernisierung geführt, eher im Gegenteil – versteht man unter Modernisierung nicht nur bessere Autos und schnellere Flugzeuge. In Wahrheit hatte der Krieg viele Atavismen wieder aufgerührt und virulent gemacht, die vor 1914 schon als überwunden galten; zu ihnen zählten jener irrationale Chauvinismus und mörderische Antisemitismus, die schnurstracks in eine ungleich größere Katastrophe führen sollten.

Hier schließt sich der Kreis: Der Krieg hatte die Aufklärung zerstört und den Irrationalismus in Form menschen- und geschichtsverachtender Ideologien auferstehen, besser: wiederauferstehen lassen. Man braucht nur an die Religionskriege des 16. und 17. Jahrhunderts zu erinnern, um ermessen zu können, welchen historischen Rücksturz Europa durch den Ersten Weltkrieg erlitten hat.

Das aber konnten die Menschen, die den 11. November 1918 erlebten, nicht, noch nicht wissen. Der Erste Weltkrieg war wenigstens formell doch noch so zu Ende gegangen, wie es die meisten europäischen Kriege getan hatten: Die Diplomaten der verfeindeten Staaten kamen zusammen und handelten zuerst einen Waffenstillstand, dann einen Frieden aus.

Sicherlich, beide mochten nicht gut sein und manchen guten Traditionen abendländischen Friedenmachens geradezu Hohn sprechen,[593] aber alles in allem gehorchten sie doch noch diesen Traditionen. Aber weil dies so war, und weil die Besiegten, mit Deutschland an der Spitze, nicht so von der Landkarte getilgt wurden, wie dies einst Napoleon mit Preußen gewollt, Preußen, Österreich und Rußland mit Polen, die Osmanen mit Byzanz, Scipio und Cato mit Karthago es getan hatten, konnte es zur Retablierung des ältesten antagonistischen Musters der Menschheitsgeschichte kommen: dem Krieg-Frieden-Muster. Gerade die Friedensschlüsse von Versailles und anderen schönen Pariser Vororten garantierten, daß es wieder eine Nachkriegs- und eine Vorkriegs- und dann eben eine Kriegszeit geben würde. Es ist erschreckend, sieht man sich unter diesem Gesichtspunkt so manche militärischen Akten an: Da wird, ganz am Ende des Krieges, so in der Seekriegsleitung, darüber räsonniert, was man in Zukunft besser machen müsse, um den nächsten Krieg besser bestehen zu können – völlig naiv, völlig selbstverständlich, unhinterfragt.[594] Wilson war es gewesen, der den Ersten Weltkrieg als jenen bezeichnet hatte, der alle kommenden Kriege unmöglich machen sollte: Wilson wurde von den Europäern, beileibe nicht nur den Deutschen, als naiver Traumtänzer abqualifiziert.

Aus all diesen Beobachtungen ergibt sich, daß die beiden Weltkriege sehr spezifisch zusammengehören. Das darf nicht suggerieren, der Erste Weltkrieg habe, wie das in den immer wieder zitierten Lansing-Tagebüchern so eindrucksvoll zu lesen ist, gleichsam automatisch den nächsten Krieg generieren müssen, denn wäre es so, es gäbe keine Verantwortlichen für den Zweiten Weltkrieg. Auf einer abstrakt-politischen Ebene jedoch trifft es zu: Auch Bismarck war nach dem 10. Mai 1871, dem Tag des Friedensschlusses mit Frankreich, zutiefst davon überzeugt, daß es wieder Krieg mit Frankreich geben werde – aber er hat alles getan, um dessen Kommen herauszuzögern. Auf diese Weise trug er entscheidend dazu bei, der Welt einen, wenn auch prekären 44-jährigen Frieden zu schenken.

Ganz anders 1918: Da sind es gerade jene, die am Ende des Ersten schon den nächsten Weltkrieg im Auge haben, ja ihn wollen und nicht hinauszuzögern suchen – oder wenigstens nur solange, bis die Voraussetzungen zu seiner siegreichen Führung gegeben wären. Das kann man bei Hitler ganz exakt nachlesen. Bei Ludendorff und anderen »Helden« des Ersten Weltkrieges ebenfalls. Gerade einmal 21 Jahre liegen zwischen dem Ende des Ersten und dem Beginn des Zweiten Weltkrieges, keine Generation also: Das ist sub specie der Historie nur ein Wimpernschlag.

Man kann den Ersten Weltkrieg nicht studieren, ohne den Zweiten mitzuberücksichtigen. Die meisten Deutschen haben den Versailler Vertrag nicht als Vertrag, sondern als Diktat, ja als »Schanddiktat« gesehen. Es liegt auf der Hand, daß ein solches Schanddiktat nur gewaltsam durchzudrücken ist – und es moralisch als völlig legitim gelten kann, es zu umgehen und zu beseitigen: Dies sollte die eigentliche Staatsräson schon der Weimarer Republik werden – der Revisionismus. Man muß sich klarmachen, was das in der Praxis bedeutete: nicht mehr und nicht weniger als den Versuch, das Rad der Geschichte zurückzudrehen, sie eben zu »revidieren«. Die junge Disziplin der Parallel- und Alternativgeschichte vermittelt heute einen viel besseren Zugang zum Verständnis dieser Gedankengänge, als es bisher der Fall war. Was wäre gewesen, wäre es wirklich gelungen, den Vertrag zu revidieren, also gegenstandslos zu machen? Dann wäre eine Situation etabliert, besser: retabliert worden, wie sie 1914 bestanden hatte – cum grano salis, gewiß. Nun stellt sich die alternative Gretchenfrage: Wäre die Geschichte, wie dies Hitler in »Mein Kampf« suggerierte,[595] wieder in einen Krieg gemündet? Nichts anderes konnten sich die militanten Politiker der Weimarer Republik und des »Dritten Reiches« vorstellen. Aber man kann sich sehr wohl vorstellen, daß alles auch ganz anders hätte kommen können: Aus den Fehlern der Vergangenheit lernend, hätte es an diesem alternativen 1. August 1914 nicht nur einen »Burgfrieden«, sondern eine Verfassungsreform wie im Oktober 1918 gegeben, und die neuen Herrscher Deutschlands hätten der englischen Einladung auf eine große Friedenskonferenz Folge geleistet; der Kanzler – meinetwegen Prinz Max von Baden – hätte Moltke angewiesen, die Mobilmachung zu stoppen und auf den Aufmarsch II umzustellen, auf keinen Fall aber das neutrale Belgien zu überfallen...

Aber vielleicht würde die Zeitreise ja auch ins Jahr 1907 gehen, ins Jahr der 2. Haager Friedenskonferenz: Die Erfahrungen von 1904 – russisch-japanischer Krieg, von 1905 – russische Revolution, wären als Menetekel an der Wand des europäischen Hauses begriffen worden, und man hätte die Haager Konferenz zu einer europäischen Sicherheitskonferenz, also einer KSZE ausgebaut. Der anscheinend unversöhnliche Gegensatz zwischen Deutschland und Frankreich wäre überwunden worden, indem man den Menschen in Elsaß und Lothringen unter internationaler Aufsicht das Recht auf politische Selbstbestimmung zugestanden hätte, und...

Was ich nur sagen will: Geschichte ist niemals ein rein kausaler Ablauf, und so ist nicht auszuschließen, daß eine im Einvernehmen mit den ehemaligen Mächten der Entente, sagen wir 1932, zustandegekommene Revision des Versailler Vertrages im Rahmen der Genfer Abrüstungskonferenz allen Friedensfreunden in Europa und in Deutschland so viel Oberwasser verliehen hätte, daß die braun uniformierten Horden plötzlich als lächerlich antiquierte Möchtegernkrieger dagestanden hätten.

Geschichte muß man gründlich studieren, und nichts wäre verfehlter, als in ihr nur das Spielerisch-Beliebige zu sehen. Aber wer sie gründlich studiert hat, dem mag es erlaubt sein, auch mit ihr zu spielen – ein wenig so, wie im allgemeinen es die Geschichte liebt, mit uns zu spielen.

—— Ende ——

ANMERKUNGEN

1 *George F. Kennan*: Bismarcks europäisches System in der Auflösung. Die französisch-russische Annäherung 1875 bis 1890, Frankfurt/M., Berlin, Wien 1981, S. 12.
2 Unter den zahlreichen Bibliographien zur Geschichte des Zweiten Weltkrieges und des »Dritten Reiches« – die untrennbar zusammengehören – verdient die von Michael Ruck besondere Beachtung: *Michael Ruck*: Bibliographie zum Nationalsozialismus, 2. Auflage Darmstadt 2000.
3 So in einer Serie des ZDF 2000.
4 *Daniel Goldhagen*: Hitlers willige Vollstrecker. Ganz gewöhnliche Deutsche und der Holocaust, 10. Auflage Berlin 1996.
5 *Friedrich Meinecke:* Kausalitäten und Werte in der Geschichte. In: Historische Zeitschrift, Bd. 137 (1928), S. 1-27.
6 *Leopold von Ranke*: Über die Epochen der neueren Geschichte. Vorträge dem König Maximilian II. Von Bayern gehalten, hg. Von *Hans Herzfeld*, Laupheim o.J.
7 *H.G. Wells*, Die Zeitmaschine, 1895; Ders.: Der Krieg der Welten, 1898, Neuausgaben: H.G. Wells: Die Zeitmaschine, Hamburg 1951, Der Krieg der Welten, Zürich 1985.
8 Die Radio-Adaptation des *H.G. Wells* Werkes *War of the World,* produziert von Orson Welles und dem Mercury Theatre, wurde am Halloweenabend, dem 30. Oktober 1938 zwischen 20 Uhr 15 und 21 Uhr 30 vom Sender WABC und dem Columbia Broadcasting System coast to coast network ausgestrahlt. Siehe auch: Titelseite der NEW YORK TIMES vom 31.10.1938.
9 Die schreckliche Realität des 11. September 2001 war nicht abzusehen, als ich diesen Text vorgetragen habe.
10 *Peter Knoch* (Hsg.): Kriegsalltag. Die Rekonstruktion des Kriegsalltags als Aufgabe der historischen Forschung und der Friedenserziehung, Stuttgart 1989.
11 Zur Literatur s. Anm. 13 und 14.
12 *Michael Salewski* (Hsg.): Das Zeitalter der Bombe. Die Geschichte der atomaren Bedrohung von Hiroshima bis heute, München 1995.
13 *Wolfgang J. Mommsen*: Die Urkatastrophe Deutschlands. Der Erste Weltkrieg (1914-1918), (Gebhardt Handbuch der deutschen Geschichte Bd. 17, 10. Aufl.), Stuttgart 2001; *Ernst Schulin:* Die Urkatastrophe des 20. Jahrhunderts, in: *Wolfgang Michalka* (Hsg.): Der Erste Weltkrieg. Wirkung, Wahrnehmung, Analyse, München, Zürich 1994, S.3-28.
14 *Imanuel Geiss*: Der lange Weg in die Katastrophe. Die Vorgeschichte des Ersten Weltkrieges 1815-1914, 2. Auflage München, Zürich 1991.
15 Diesen »weltgeschichtlichen« Aspekt zu verkennen war der Hauptvorwurf, der *Erwin Hölzle* in zahlreichen Beiträgen im »Historisch-Politischen-Buch« *Fritz Fischer* machte.
16 *Klaus Schwabe* (Hsg.): Quellen zum Friedensschluß von Versailles, Darmstadt 1997. *Gerd Krumeich* (Hsg.): Versailles 1919. Ziele – Wirkung – Vorahnung, Essen 2001.
17 *Hermann Kantorowicz*: Gutachten zur Kriegsschuldfrage 1914. Aus dem Nachlaß herausgegeben und eingeleitet von *Imanuel Geiss,* Frankfurt/M. 1967.
18 Vgl. auch: Dokumente der deutschen Politik und Geschichte von 1848 bis zur Gegenwart, 8 Bände, hrsg. von *I.* und *K. Hohlfeld* 1952-1956.
19 *Lothar Gall* (Hsg.): Otto von Bismarck und Wilhelm II. Repräsentanten eines Epochenwechsels? Paderborn u.a. 2000; Ders.: Bismarck. Der weiße Revolutionär, Frankfurt/M.

1981; *Emil Schlee:* Otto von Bismarck und die Einheit Deutschlands. Aufsätze und Vorträge, Berlin 1999; *Otto Pflanze:* Der Reichsgründer, München 1997; Ders.: Der Reichskanzler, München 1998. *Michael Schmid:* Der »eiserne Kanzler« und die Generäle. Deutsche Rüstungspolitik in der Ära Bismarck (1871-1890), Paderborn 2003.

[20] *Jacques Bariéty:* Die französische Politik in der Ruhrkrise, in: *Klaus Schwabe:* Die Ruhrkrise 1923, Paderborn 1984, S. 11-28.

[21] *Ernst Nolte:* Der Europäische Bürgerkrieg 1917-1945. Nationalsozialismus und Bolschewismus . Mit einem Brief von *François Furet* an Ernst Nolte im Anhang, 5. Auflage München 1997.

[22] *Martin van Creveld:* Die Zukunft des Krieges, München 1998. *Herfried Münkler:* Über den Krieg. Stationen der Kriegsgeschichte im Spiegel ihrer Theoretischen Reflexionen, Velbrück, Weilerswist 2002.

[23] *C. G. Hempel:* Grundzüge der Begriffsbildung in der empirischen Wissenschaft, Düsseldorf 1974.

[24] *Johannes Schwerdtfeger:* Begriffsbildung und Theoriestatus in der Friedensforschung, Opladen 2001; *Ulrike C. Wasmuth:* Geschichte der deutschen Friedensforschung. Entwicklung, Selbstverständnis, politischer Kontext, München 1998; *Friedrich-Karl Scheer:* Die Deutsche Friedensgesellschaft (1892-1933): Organisation, Ideologie, politische Ziele; ein Beitrag zur Geschichte des Pazifismus in Deutschland, Frankfurt/ M. 1981.

[25] *Jörg Nagler:* Nationale Minoritäten im Krieg. Die amerikanische Heimatfront während des Ersten Weltkrieges, Hamburg 2000.

[26] *Barbara W. Tuchman:* August 1914, Bonn, München, Wien 1964.

[27] Sehr feinfühlig herausgearbeitet von *Peter Englund:* Menschheit am Nullpunkt. Aus dem Abgrund des 20. Jahrhunderts, Stuttgart 2001.

[28] *D. Groos* (Bearb.): Der Krieg in der Nordsee, Bd. 5: Von Januar bis Juni 1916 (Der Krieg zur See 1914-1918, hrsg. v. Marine Archiv), Berlin 1925.

[29] *Frank Becker:* Bilder von Krieg und Nation. Die Einigungskriege in der bürgerlichen Öffentlichkeit Deutschlands 1864-1913, München 2001, hat nachgewiesen, daß die meisten Deutschen – die Soldaten eingeschlossen – 1914 immer noch die Kriegsbilder von 1870/71 vor Augen hatten.

[30] *Johann Galtung:* Frieden mit friedlichen Mitteln. Friede und Konflikt, Entwicklung und Kultur, Opladen 1998; Ders.: Es gibt Alternativen! 4 Wege zu Frieden und Sicherheit, Opladen 1984.

[31] In jüngster Zeit ist der Begriff von der modernen Militärgeschichtsforschung wieder in Frage gestellt worden, aber eine bessere Definition hat sich offensichtlich bisher nicht finden lassen.

[32] *Alexander Demandt:* Ungeschehene Geschichte: Ein Traktat über die Frage, Was wäre geschehen, wenn...?, Göttingen 1984; *Niall Ferguson:* Virtual History: Alternatives and counterfactuals, London 1997; *Michael Salewski (Hrg.):* Was Wäre Wenn. Alternativ- und Parallelgeschichte: Brücken zwischen Phantasie und Wirklichkeit, Stuttgart 1999.

[33] *Karlheinz Steinmüller, Rolf Kreibich, Christoph Zöpel* (Hsg.): Zukunftsforschung in Europa: Ergebnisse und Perspektiven, Baden-Baden 2000; *Rolf Kreibich:* Zukunftsforschung und Politik in Deutschland, Frankreich, Schweden und der Schweiz, Weinheim 1991; *Olaf Schwenke:* Menschenbeben: neue Aufgaben und Felder der Zukunftsforschung, Loccumer Protokolle, 61 (1990), Rehburg-Loccum 1991.

[34] Das gilt insbesondere für die Geschlechter-, die Gender- und Frauenforschung. *Ute Frevert:* Die kasernierte Nation. Militärdienst und Zivilgesellschaft in Deutschland, München 2001; *Karen Hagemann, Ralf Pröve* (Hsg.): Landsknechte, Soldatenfrauen und Nationalkrieger. Militär, Krieg und Geschlechterordnung im historischen Wandel, Frankfurt/M. 1998; *Ute Planert* (Hsg.): Nation, Politik und Geschlecht, Frankfurt/M 2000; sehr kritisch: *Martin van Creveld:* Frauen und Krieg, München 2001.

[35] Vgl. *Michael Salewski:* Von der Wirklichkeit des Krieges. Analysen und Kontroversen zu Buchheims »Boot«, 2. Auflage München 1985.

[36] Ein letzter Versuch, Zeitzeugen zu Wort kommen zu lassen bei: *Wolf-Rüdiger Osburg:* »Und plötzlich bist du mitten im Krieg...«. Zeitzeugen des Ersten Weltkriegs erinnern sich, Münster 2001.

37 *Margrit Stickelberger-Eder:* Aufbruch 1914. Kriegsromane der späten Weimarer Republik, Zürich, München 1983; *Klaus Vondung* (Hsg.): Kriegserlebnis. Der Erste Weltkrieg in der literarischen Gestaltung und symbolischen Deutung der Nationen, Göttingen 1980; *Hans-Harald Müller:* Der Krieg und die Schriftsteller. Der Kriegsroman der Weimarer Republik, Stuttgart 1986; *Bernd Hüppauf* (Hsg.): Ansichten vom Krieg. Vergleichende Studien zum Ersten Weltkrieg in Literatur und Gesellschaft, Königstein 1984.

38 Das Werk des Untersuchungsausschusses [WUA] der Verfassunggebenden Deutschen Nationalversammlung und des Deutschen Reichstags 1919-1930. Verhandlungen, Gutachten, Urkunden. Im Auftrag des Reichstags unter Mitwirkung von *Eugen Fischer, Berthold Widmann, Walter Bloch,* hsg. v. *Walter Schücking, Johannes Bell, Georg Gradnauer, Rudolf Breitscheid, Albrecht Philipp,* Reihe 1-4, Berlin; Der Weltkrieg 1914-1918. Berab. im Reichsarchiv. Die militärischen Operationen zu Lande, Bd. 1-14, Berlin 1925-1944; Der Krieg zur See 1914-1918, hrsg. v. Marine Archiv, Reihe 1-7, Berlin, Frankfurt 1920-1966.

39 *Christian von Dithfurt:* Internet für Historiker, Frankfurt/M. 1997; *Stuart Jenks/Paul Tiedemann* (Hsg.): Internet für Historker. Eine praxisorientierte Einführung, 2. Auflage Darmstadt 2000.

40 Findbücher zu den Beständen des Bundesarchivs, Koblenz 1970; Public Record Office Handbooks, Richmond 1964; *Frank B. Evans*: Guide to the National Archives of the United States Washington D.C. 1987.

41 Zur Geschichte des Reichsarchivs *Markus Pöhlmann*: Kriegsgeschichte und Geschichtspolitik: Der Erste Weltkrieg. Die amtliche deutsche Militärgeschichtsschreibung 1914-1956, (Krieg in der Geschichte Bd. 12), Paderborn 2002. Reichsarchiv (Bearb.) und Kriegsgeschichtliche Forschungsanstalt des Heeres (Bearb. und Hsg.): Der Weltkrieg 1914-1918. Die militärischen Operationen zu Lande, 14 Bde., Berlin 1924-1944; Marine-Archiv und Arbeitskreis für Wehrforschung (Hrsg.), Der Krieg zur See 1914-1918, 7 Reihen, Berlin, Frankfurt a. M. 1920-1966. (wie Anm. 38)

42 *John Keegan*: Der Erste Weltkrieg. Eine europäische Tragödie, Reinbek 2001; *Hew Strachan*: The First World War, Oxford (u.a) 2001; *Neil Ferguson*: Der falsche Krieg, Der Erste Weltkrieg und das 20. Jahrhundert, Stuttgart 1999. Nach wie vor Standard: *Peter Graf Kielmansegg*: Deutschland und der Erste Weltkrieg, 2. Auflage Stuttgart1980; *Wolfgang Michalka* (Hsg.): Der Erste Weltkrieg. Wirkung, Wahrnehmung, Analyse, München 1994; nützlich der Überblick von *Jürgen Rohwer* (Hsg.): Neue Forschungen zum Ersten Weltkrieg. Literaturbericht und Bibliographie von 30 Mitgliedstaaten der »Commission Internationale d'Histoire Militaire Comparée«, Koblenz 1985; *Gerhard Hirschfeld, Gerd Krumeich, Dieter Langewiesche* (Hsg.): Kriegserfahrungen. Studien zur Sozial- und Mentalitätsgeschichte des Ersten Weltkrieges, Essen 1997. *Fritz Klein, Willibald Gutsche, Joachim Petzold* (Hsg.): Deutschland im Ersten Weltkrieg, Berlin 1968.

43 Zur Archivtektonik vgl. *Markus Pöhlmann*, Kriegsgeschichte und Geschichtspolitik: Der Erste Weltkrieg. Die amtliche deutsche Militärgeschichtsschreibung 1914-1956, Paderborn 2002, S. 5.

44 *Thomas Kühne, Benjamin Ziemann* (Hsg.): Was ist Militärgeschichte? Paderborn 2000.

45 *Erich Ludendorff*: Der totale Krieg, München 1936; *Stig Förster* (Hsg.): An der Schwelle zum Totalen Krieg. Die militärische Debatte über den Krieg der Zukunft 1919-1939, Paderborn 2002.

46 *Jörg Nagler,* Heimatfront. Nationale Minoritäten im Krieg. »Feindliche Ausländer« und die amerikanische Heimatfront während des Ersten Weltkrieges, Hamburg 2000.

47 Es ließe sich auch an das »System Wallenstein« während des Dreißigjährigen Krieges erinnern.

48 Siehe etwa *Lothar Gall*: Krupp, der Aufstieg eines Industrieimperiums, Berlin 2000; *Gerald Donald Feldmann*: Hugo Stinnes. Biographie eines Industriellen. 1870-1924, München 1998.

49 *Benjamin Ziemann*: Enttäuschte Erwartung und kollektive Erschöpfung. Die deutschen Soldaten an der Westfront 1918 auf dem Weg zur Revolution, in *Jörg Duppler, Gerhard P. Groß* (Hg.): Kriegsende 1918: Ereignis, Wirkung, Nachwirkung. Internationale Tagung für Militärgeschichte Aachen, 1999. München 1999, S. 165-182; *André Bach*: Die Stimmungslage der an der französischen Front 1917 bis 1918 eingesetzten Soldaten nach den Unterlagen der Briefzensur, in: ebd., S. 201-215.

50 Der Weltkrieg im Bild. Frontaufnahmen aus den Archiven der Entente. München 1930; *Klaus Dorst, Wolfgang Wünsche*: Der erste Weltkrieg. Erscheinung und Wesen, Berlin 1989.
51 *Bernd Hüppauf*: Kriegsfotografie,in: *Michalka* (Hsg.): Der Erste Weltkrieg S. 875 – 910.
52 *Michael Salewski*: Zur preußischen Militärgeschichtsschreibung im 19. Jahrhundert. In: Vorträge zur Militärgeschichte, Band 6, hsg. vom Militärgeschichtlichem Forschungsamt, Herford, Bonn 1985, S. 47-69.
53 *Hans Martin Hinz* (Hsg.): Der Krieg und seine Museen, Frankfurt/M. 1997; *Siegfried Quand, Horst Schichtel* (Hsg.): Der Erste Weltkrieg als Kommunikationsereignis, Gießen 1993.
54 Zu Karl Lamprecht (1856-1915) s. *Luise Schorn-Schütte:* Karl Lamprecht. Kulturgeschichtsschreibung zwischen Wissenschaft und Politik, Göttingen 1984 (=Schriftenreihe der Historischen Kommission bei der Bayrischen Akademie der Wissenschaften, Bd. 22)
55 *Hans-Ulrich Wehler* (Hsg.) Eckart Kehr: Das Primat der Innenpolitik. Gesammelte Aufsätze zur preußisch-deutschen Sozialgeschichte im 19. und 20. Jahrhundert, Berlin 1965.
56 WUA: Vgl Anm. 38.
57 Zur Geschichte des Auswärtigen Amtes *Karl-Alexander Hampe*: Das Auswärtige Amt in Wilhelmischer Zeit, Münster 2001.
58 A Catalogue of files an microfilms of the German Foreign Ministry Archives 1867-1920, hrsg v. The American Historical Association Commitee for the Study of War Documents, 1959: Die sehr umfangreiche Aktenserie WK I umfaßt die Signaturen R 19865-20165.
59 Beispielsweise*: J. Hohlfeld* (Hsg.): Dokumente der deutschen Politik und Geschichte von 1848 bis zur Gegenwart.Band 2: Das Zeitalter Wilhelms II. 1890-1918, Berlin 1951; *H. Michaelis, E. Schraepler* (Hsg.): Ursachen und Folgen. Vom deutschen Zusammenbruch 1918 und 1945 bis zur staatlichen Neuordnung Deutschlands in der Gegenwart. Band 1: Die Wende des Ersten Weltkrieges und der Beginn der innerpolitischen Wandlung 1916/17, Berlin 1958. Band 2: Der militärische Zusammenbruch und das Ende des Kaiserreiches. Berlin 1958; *Rüdiger vom Bruch, Björn Hofmeister* (Hsg.): Deutsche Geschichte in Quellen und Darstellung. Band 8: Kaiserreich und Erster Weltkrieg 1871-1918, Stuttgart 2000; *Wolfdieter Bihl* (Hsg.): Deutsche Quellen zur Geschichte des Ersten Weltkriegs, Darmstadt 1991.
60 *Carl von Clausewitz*: Vom Kriege, in: *Reinhard Stumpf* (Hsg.): Kriegstheorie und Kriegsgeschichte, Frankfurt/M 1993, S.9-424.
61 Kriegsursachen- und Kriegsschuldforschung sind nicht immer sauber zu trennen, nützliche bibliographische Überblicke in Teil VI von *Michalka* (Hsg.): Der Erste Weltkrieg (Beiträge von *Gerd Krumeich, Hartmut Pogge von Strandmann, Rudolf Jerábeck, Giorgio Rochat, Ronald Smelser, Bruno Thoß*)
62 *Friedrich Meinecke*: Die deutsche Katastrophe. – Betrachtungen und Erinnerungen, 5. Auflage Wiesbaden 1955.
63 *Karl Dietrich Bracher*: Die Auflösung der Weimarer Republik. Eine Studie zum Problem des Machtverfalls in der Demokratie, 5. Auflage Villingen 1971.
64 *Fritz Fischer*: Griff nach der Weltmacht. Die Kriegsziele des kaiserlichen Deutschland 1914-1918, 3. Auflage Düsseldorf 1984.
65 Zur »Fischerkontroverse« gibt es eine fast schon unübersehbare Literatur, vgl. *Gregor Schöllgen:* Griff nach der Weltmacht? 25 Jahre Fischer-Kontroverse, in: Historisches Jahrbuch 1986, S. 386-406.
66 *Walter Hofer*: Die Entfesselung des Zweiten Weltkrieges. Eine Studie über internationale Beziehungen im Sommer 1939, 4. Auflage Frankfurt a.M. 1965.
67 *Bruno Thoß*: Der Erste Weltkrieg als Ereignis und Erlebnis. Paradigmenwechsel in der westdeutschen Weltkriegsforschung seit der Fischerkontroverse,in: *Michalka* (Hsg.): Der Erste Weltkrieg S. 1012-1044.
68 Neurere Gesamtdarstellungen: *Peter Graf Kielmansegg*: Nach der Katastrophe. Eine Geschichte des geteilten Deutschland, Berlin 2000. *Manfred Görtemaker*: Kleine Geschichte der Bundesrepublik Deutschland, München 2002.

69 *Jacques Bainville*: Frankreichs Kriegsziel. Les conséquences politiques de la paix, Hamburg 1941. Nachdruck: Struckum 1989.
70 *Thomas Nipperdey*: Deutsche Geschichte 1866-1918, München 1990.
71 *Wolfgang J. Mommsen*: Bürgerstolz und Weltmachtstreben 1890-1918, Berlin 1994.
72 *Volker Ullrich*: Die nervöse Großmacht (1871-1918) Aufstieg und Untergang des deutschen Kaiserreiches, München 1997.
73 *Eric J. Hobsbawm:* Das imperiale Zeitalter 1875-1914, Frankfurt/M., New York 1989.
74 *Michael Stürmer*: Das ruhelose Reich. Deutschland 1866-1918, Berlin 1994.
75 *Fritz Fischer*: Krieg der Illusionen. Die deutsche Politik von 1911-1914, Düsseldorf 1969.
76 *Karl Dietrich Erdmann* (Hsg.): Tagebücher, Aufsätze, Dokumente, Göttingen 1972. Zur Kontroverse um diese Edition vgl. *Bernd F. Schulte:* Die Verfälschung der Riezler Tagebücher. Ein Beitrag zur Wissenschaftsgeschichte der 50iger und 60iger Jahre, Frankfurt/M., Bern 1985; *Bernd Sösemann*: Rißspuren sind nicht zu übersehen. Die Riezler-Tagebücher und die Debatte um die Kriegsschuld 1914: Ein quellenkritischer Blick, in: FAZ v. 14.03.2001.
77 *Roland-Götz Förster*: Generalfeldmarschall von Moltke. Bedeutung und Wirkung, München 1991; *Günter Wollstein*: Theobald von Bethmann Hollweg. Letzter Erbe Bismarcks, erstes Opfer der Dolchstoßlegende, Göttingen u.a. 1995; *Franz Uhle-Wettler*: Alfred von Tirpitz in seiner Zeit, Hamburg u.a. 1998; *Christian Graf von Krockow*: Kaiser Wilhelm II. und seine Zeit. Biographie einer Epoche, Berlin 1999.
78 Diesen Eindruck vermitteln sowohl *Holger Afflerbach*: Der Dreibund. Europäische Großmacht- und Allianzpolitik vor dem ersten Weltkrieg, Wien 2001 als auch *Jürgen Angelow*: Kalkül und Prestige. Der Zweibund am Vorabend des Ersten Weltkrieges, Köln 2000. Gegenteilig: *Michael Schmid*.
79 *Sönke Neitzel*: Weltmacht oder Untergang. Die Weltreichslehre im Zeitalter des Imperialismus, Paderborn u.a. 2000.
80 *Stig Förster*: Der doppelte Militarismus. Die deutsche Heeresrüstungspolitik zwischen Status-quo-Sicherung und Aggression (1890-1913), Wiesbaden, Stuttgart 1985; *Thomas Rohkrämer*: Der Militarismus der »kleinen Leute«. Die Kriegervereine im Deutschen Kaiserreich 1871-1914, München 1990; *Volker R. Berghahn*: Militarismus. Die Geschichte einer internationalen Debatte, Hamburg, Leamington 1986.
81 *Brenner, P.J.:* Reisen in die neue Welt: die Erfahrungen Nordamerikas in deutschen Reise- und Auswanderungsberichten des 19. Jahrhunderts, Tübingen 1991.
82 *Gregor Schöllgen*: Imperialismus und Gleichgewicht. Deutschland, England und die orientalische Frage 1871-1914, München 1984. Insgesamt: *Winfried Baumgart*: Deutschland im Zeitalter des Imperialismus. 1890-1914. Grundkräfte, Thesen und Strukturen, 5. Auflage Stuttgart u.a. 1986.
83 *Michael Salewski*: Geopolitik und Ideologie, in: Irene Dieckmann, Peter Krüger, Julius H.- Schoeps: Geopolitik. Grenzgänge im Zeitgeist, Bd. 1: 1890-1945, Potsdam 2000.
84 Aus der unübersehbar reichhaltigen Literatur zum Imperialismus vor 1914 immer noch der »Klassiker«: *George W.F. Hallgarten*: Imperialismus vor 1914. Die soziologischen Grundlagen der Außenpolitik europäischer Großmächte vor dem Ersten Weltkrieg, 2 Bände, 2. Aufl. München 1963.
85 *Jost Dülffer*: Regeln gegen den Krieg. Die Haager Friedenskonferenzen von 1899 und 1907 in der internationalen Politik, Frankfurt/M.u.a. 1981.
86 *Ralph Uhlig*: Die Interparlamentarische Union 1889-1914. Friedenssicherungsbemühungem im Zeitalter des Imperialismus, Stuttgart 1988.
87 *Berta von Suttner*: Die Waffen nieder! München 1983; *Brigitte Hamann:* Bertha von Suttner. Ein Leben für den Frieden, München 1986.
88 Ein guter Überblick: *Friedrich-Karl Scheer*: Die Deutsche Friedensgesellschaft (1892-1933) Organisation, Ideologie, politische Ziele. Ein Beitrag zur Geschichte des Pazifismus in Deutschland, Frankfurt/M. 1981.
89 Beispiele dafür in *Michael Salewski*: Neujahr 1900. Die Säkularwende in zeitgenössischer Sicht,in: Archiv für Kulturgeschichte 2/1971.

90 Allgemein: *Michael Geyer*: Deutsche Rüstungspolitik 1860-1980, Frankfurt/M. 1984; *Volker R. Berghahn, Wilhelm Deist*: Rüstung im Zeichen der wilhelminischen Weltpolitik. Grundlegende Dokumente, Düsseldorf 1988; *Wolfram Funk, Hans-Peter Harstick, Heinrich Müller, Dieter Storz* (Autor), *Joachim Niemeyer, Werner Rabbertz, Volker Schmidtchen, Ingo Weise, Arnold Wirtgen* (Hsg.): Kriegsbild und Rüstung vor 1914. Europäische Landstreitkräfte vor dem Ersten Weltkrieg, Herford, Berlin, Bonn 1992; *Bernd-Felix Schulte:* Die deutsche Armee 1900-1914 zwischen Beharren und Verändern, Düsseldorf 1977; *Inge Saatmann*: Parlament, Rüstung und Armee in Frankreich 1914/18, Düsseldorf 1978; *Allan R. Millett, Williamson Murray* (Hsg.): Military Effectivness I: The First World War, Boston 1988; *David Woodward:* Armies of the World 1854-1914, London 1978.

91 *Joachim Radkau*: Das Zeitalter der Nervösität. Deutschland zwischen Bismarck und Hitler, München u.a. 1998.

92 Typisch dafür *Otto Weininger*: Geschlecht und Charakter, 1903, sowie dessen Rezeptionen, beispielsweise durch Freud oder Karl Kraus.

93 *Winfried Kretschmer*: Geschichte der Weltausstellungen, Frankfurt/Main u.a. 1999.

94 *Evelyn Kroker*: Die Weltausstellungen im 19. Jahrhundert, Göttingen 1975.

95 *Gerhard Ritter*: Staatskunst und Kriegshandwerk. Das Problem des »Militarismus« in Deutschland, 2. Auflage München 1968; *Wolfram Wette* (Hsg.): Militarismus in Deutschland 1871 bis 1945, Münster 1999. Zu Ritter: *Christoph Cornelißen*: Gerhard Ritter. Geschichtswissenschaft und Politik im 20. Jahrhundert, Düsseldorf 2001.

96 *Gerhard A. Ritter* (Hsg.): Der Aufstieg der deutschen Arbeiterbewegung. Sozialdemokratie und freie Gewerkschaften im Parteiensystem und Sozialmilieu des Kaiserreiches, München 1990.

97 Vgl. *Frevert*: Die kasernierte Nation; *Hartmut John*: Das Reserveoffizierkorps im Deutschen Kaiserreich 1890-1914. Ein sozialgeschichtlicher Beitrag zur Untersuchung der gesellschaftlichen Militarisierung im Wilhelminischen Deutschland, Frankfurt 1981.

98 *Markus Ingenlath*: Mentale Aufrüstung. Militarisierungstendenzen in Frankreich und Deutschland vor dem Ersten Weltkrieg, Frankfurt/M. 1998.

99 *Hans-Peter Stein*: Symbole und Zeremoniell in deutschen Streitkräften vom 18. bis zum 20. Jahrhundert, Herford 1984.

100 *Astrid Albrecht-Heide, Utemaria Bujewski-Crawford:* Frauen – Krieg – Militär. Images und Phantasien, Tübingen 1991; *Ute Frevert* (Hsg.): Militär und Gesellschaft im 19. und 20. Jahrhundert, Stuttgart 1997; grundlegend *Karen Hagemann*: »Mannlicher Muth und teutsche Ehre«. Nation, Militär und Geschlecht zur Zeit der antinapoleonischen Kriege Preußens, Paderborn 2002 (Krieg in der Geschichte, Bd. 8).

101 Archiv für Kulturgeschichte (seit 1903) ZRGG (seit 1948).

102 *HolgerAfflerbach:* Falkenhayn. Politisches Denken und Handeln im Kaiserreich, München 1994.

103 *Arden Buchholz*: Moltke, Schlieffen and Prusian war planning, New York u.a. 1991.

104 Vgl. z.B. *Lothar Gall*: Bismarck. Der weiße Revolutionär, Frankfurt/M. 1980, S. 503-525.

105 *Michael Salewski*: Krieg und Frieden im Denken Bismarcks und Moltkes. In: Generalfeldmarschall von Moltke. Bedeutung und Wirkung, hrg. von *Roland G. Foerster*, München 1991.

106 *Stig Förster*: Helmuth von Moltke und das Problem des industrialisierten Volkkriegs im 19. Jahrhundert. In: Ebda.

107 *Wilhelm Groener*: Das Testament des Grafen Schlieffen, Berlin 1927.

108 Ähnlich argumentierte *Eberhard Kessel:* Generalfeldmarschall Graf Alfred Schlieffen, Göttingen 1958. Eine moderne Schlieffenbiographie fehlt.

109 *Gerhard Ritter*: Der Schlieffenplan. Kritik eines Mythos. Mit erstmaliger Veröffentlichung der Texte, München 1956.

110 *Jehuda L. Wallach*: Das Dogma der Vernichtungsschlacht. Die Lehren von Clausewitz und Schlieffen und ihre Wirkung in zwei Weltkriegen, München 1970.

111 Vgl. Anm. 103.

112 *Jürgen Angelow*: Kalkül und Prestige. Der Zweibund am Vorabend des ersten Weltkrieges, Köln, Weimar, Wien 2000.
113 *Arden Bucholz*: Hans Delbrück and the German Military Establishment: War Images in Conflict, Iowa City 1998. Das große, vierbändige Standardwerk von *Hans Delbrück*: Geschichte der Kriegskunst im Rahmen der politischen Geschichte, 4 Bände, Berlin u.a. 2000.
114 *Horst Lademacher*: Die belgische Neutralität als Problem der europäischen Politik 1830-1914, Bonn 1971.
115 So der Text eines jahrelang zu lesenden Graffittos an einem Kriegerdenkmal in Kiel.
116 *Paul M. Kennedy* (Hsg.): The War Plans of the Great Powers 1880-1914, London, Boston, Sydney 1979.
117 *Günther Kronenbitter*: Krieg im Frieden. Die Führung der k.u.k. Armee und die Großmachtpolitik Österreich-Ungarns 1906-1914, München 2003; *Hans Jürgen Pantenius*: Der Angriffsgedanke gegen Italien bei Conrad von Hötzendorf. Ein Beitrag zur Koalitionskriegführung im Ersten Weltkrieg, Köln, Wien 1984.
118 *Ritter*: Staatskunst Bd. 2, S. 142.
119 *Barbara Beßlich:* ›Wege in den Kulturkrieg‹ Zivilisationskritik in Deutschland 1890-1914, Darmstadt 2000; *Kurt Flasch*: Die geistige Mobilmachung, Berlin 2000; *Jens Albers*: Worte wie Waffen, Essen 1996.
120 Das Bild von der »verspäteten Nation« basiert auf dem Buch von *Plessner*: Die verspätete Nation, Frankfurt/Main 1982.
121 S. Anm. 55.
122 *Veit Valentin*: Geschichte der Revolution von 1848-1849, Aalen 1968.
123 *Erwin Hölzle* (Hsg.): Quellen zur Entstehung des Ersten Weltkrieges. Internationale Dokumente 1901-1914, Darmstadt 1978; *Oswald Hauser*: England und das Dritte Reich: eine dokumentierte Geschichte der englisch-deutschen Beziehungen von 1933-1939 aufgrund unveröffentlichter Akten aus dem britischen Staatsarchiv, Stuttgart 1972.
124 *Paul Kennedy:* Aufstieg und Fall der großen Mächte. Ökonomischer Wandel und militärischer Konflikt von 1500-2000, Frankfurt/M. 2000.
125 *Edward Gibbon*: Verfall und Untergang des Römischen Reiches, Nördlingen 1987.
126 *Arthur Marder*: From the Dreadnought to Scapa Flow. The Royal Navy in the Fisher Era 1904-1919, Band 1: The road to war 1904-1914, London u.a. 1966.
127 *Houston Steward Chamberlain*: Die Grundlagen des 19. Jahrhunderts, München 1899, dazu *Willie Nielsen:* Der Lebens- und Gestaltungsbegriff bei Stewart Houston Chamberlain. Eine Untersuchung seiner Lebenslehre unter besonderer Berücksichtigung ihrer geisteswissenschaftlichen Grundlagen und Beziehungen, Kiel 1938.
128 Eine kulinarische Beschreibung des imperialen England vor 1914: *Robert K. Massie*: Die Schalen des Zorns. Großbritannien, Deutschland und das Heraufziehen des Ersten Weltkriegs, Frankfurt/M. 1993.
129 *Gilbert Ziebura*: Frankreich 1789-1870. Entstehung einer bürgerlichen Gesellschaftsformation, Frankfurt/M. 1979.
130 *Maurice Barrès*: Les déracinés, Paris 1973.
131 *George F. Kennan*: Die schicksalhafte Allianz. Frankreich und Rußland am Vorabend des Ersten Weltkrieges, Köln 1990. Jetzt auch *Afflerbach:* Der Dreibund.
132 *Jakob Vogel*: Nation im Gleichschritt. Der Kult der »Nation in Waffen« in Deutschland und Frankreich 1871-1914, Göttingen 1997.
133 *Gerd Krumeich*: Jeanne d'Arc in der Geschichte. Historiographie – Politik – Kultur, Sigmaringen 1989; *Heinz Thomas*: Jeanne d'Arc: Jungfrau und Tochter Gottes, Berlin 2000. Demnächst: *Melanie Krieger*: Jeanne d' Arc. Mythos und Symbol, in: *Bea Lundt, Michael Salewski* (Hsg.): Frauen in Europa – Mythos und Wirklichkeit, Münster 2004.
134 *Manfred Hildermeier*: Die russische Revolution 1905-1921, Frankfurt/M. 1989.
135 *Brigitte Hamann*: Hitlers Wien. Lehrjahre eines Diktator, 2. Auflage München 1996.
136 *Manfred Rauchensteiner*: Der Tod des Doppeladlers. Österreich-Ungarn und der Erste Weltkrieg, Wien 1993.
137 *Manfred Reinschedl*: Die Aufrüstung der Habsburgermonarchie von 1880-1914 im internationalen Vergleich. Der Anteil Österreich-Ungarns am Wettrüsten vor dem Ersten

Weltkrieg, Frankfurt/M. 2001; *Evely Kolm:* Die Ambitionen Österreich-Ungarns im Zeitalter des Hochimperialismus, Frankfurt/M. u.a. 2001.
[138] *Hans Ulrich Wehler*: Deutsche Gesellschaftsgeschichte. Band 3: Von der »Deutschen Doppelrevolution« bis zum Beginn des Ersten Weltkrieges 1849-1914, Band 1, München 1995.
[139] *Heinrich August Winkler*: Der lange Weg nach Westen, Bd. 1, München 2000.
[140] *Michael Stürmer:* Das ruhelose Reich. Deutschland 1866-1918, Berlin 1998.
[141] *Helmut Böhme*: Thesen zur Beurteilung der gesellschaftlichen, wirtschaftlichen und politischen Ursachen des deutschen Imperialismus, o.O. 1971; *L.L. Farrar Jr* : Arrogance and Anxiety. The Ambivalence of German Power 1848-1914, Iowa City 1981will aber auch einen allgemeinen Mechanismus erkennen, der das Mächtesystem an sein Ende gebracht habe.
[142] *Geoff Eley*: Wilhelminismus, Nationalismus, Faschismus. Zur historischen Kontinuität in Deutschland, Münster 1991.
[143] *Richard Overy*: Die Wurzeln des Sieges. Warum die Alliierten den Zweiten Weltkrieg gewannen, Stuttgart u.a. 2000.
[144] *Wilhelm Mommsen*: Größe und Versagen des deutschen Bürgertums. Ein Beitrag zur politischen Bewegung des 19. Jahrhunderts, insbesondere zur Revolution 1848/49, München 1964.
[145] *Manfred Rauh*: Die Parlamentarisierung des Deutschen Reiches, Düsseldorf 1977.
[146] *Ohn C.G. Röhl:* Wilhelm II., 2. Band: Der Aufbau der persönlichen Monarchie 1888-1900, München 2001.
[147] *Dieter Groh*: Negative Integration und revolutionärer Attentismus. Die deutsche Sozialdemokratie am Vorabend des Ersten Weltkrieges, Wien 1972; *Klaus Saul*: Staat, Industrie, Arbeiterbewegung im Kaiserreich. Zur Innen- und Außenpolitik des wilhelminischen Deutschland 1903-1914, Düsseldorf 1974; vgl. auch den Klassiker: *Susanne Miller*: Burgfrieden und Klassenkampf. Die deutsche Sozialdemokratie im Ersten Weltkrieg, Düsseldorf 1974.
[148] *Harm-Peer Zimmermann*: »Der feste Wall gegen die rote Flut«. Kriegervereine in Schleswig-Holstein 1864-1914, Neumünster 1989; *Thomas Rohkrämer:*Der Militarismus der »kleinen Leute«. Die Kriegervereine im Deutschen Kaiserreich 1871-1914, München 1990.
[149] *Klaus Schönhoven* (Hsg.): Die Gewerkschaften in Weltkrieg und Revolution 1914-1918 (= Quellen zur Geschichte der deutschen Gewerkschaftsbewegung im 20. Jahrhundert) Band 1, Köln 1985.
[150] *Edward Bellamy*: Looking backward 200-1887, Cambridge 1967.
[151] *Roger Fletcher*: Revisionism and Empire. Socialist Imperialism in Germany 1897-1914, London 1984; *Massimo L. Salvadori*: Sozialismus und Demokratie. Karl Kautsky 1880-1938, Stuttgart 1982.
[152] *Manfred B. Steger*: The quest for evolutionary socialism. Eduard Benstein and social democracy, Cambridge 1997.
[153] *J. Jemnitz*: The Danger of War and the Second International (1911), Budapest 1972; *Agnes Blänsdorf:* Die Zweite Internationale und der Krieg. Die Diskussion über die internationale Zusammenarbeit der sozialistischen Parteien 1914-1917, Stuttgart 1979.
[154] *Wilhelm Deist*: Militär, Staat und Gesellschaft, München 1991.
[155] *Lothar Gall* (Hsg.): Bürgertum und bürgerlich-liberale Bewegung in Mitteleuropa seit dem 18. Jahrhundert, München 1997;*Jürgen Kocka* (Hsg.): Bürgertum im 19. Jahrhundert. Deutschland im europäischen Vergleich. Eine Auswahl, Göttingen 1995.
[156] *Wilhelm Treue* (Hsg.): Deutsche Parteiprogramme seit 1861, 4. Auflage Göttingen 1968; *Thomas Nipperdey:* Die Organisation der deutschen Parteien vor 1918, Düsseldorf 1961; *Dieter Grosser*: Vom monarchischen Konstitutionalismus zur parlamentarischen Demokratie. Die Verfassungspolitik der deutschen Parteien im letzten Jahrzehnt des Kaiserreiches, Den Haag 1970; *G. A. Ritter* (Hsg.): Deutsche Parteien vor 1918, Köln 1973.
[157] *Gregor Schöllgen*: »Fischerkontroverse« und Kontinuitätsproblem. Deutsche Kriegsziele im Zeitalter der Weltkriege,in: *Andreas Hillgruber, Jost Dülffer* (Hsg.): Ploetz. Geschichte der Weltkriege. Mächte, Ereignisse, Entwicklungen 1900-1945, Würzburg 1981.

158 *Volker R. Berghahn*: Der Tirpitzplan. Genesis und Verfall einer innenpolitischen Krisenstrategie unter Wilhelm II., Düsseldorf 1971.
159 *Hans-Ulrich Wehler*: Bismarck und der Imperialismus, 3. Auflage Köln 1972.
160 *Dieter Groh, Peter Brandt*: »Vaterlandslose Gesellen«. Sozialdemokratie und Nation 1860-1990, München 1992.
161 *Volker Ullrich*: Die Hamburger Artbeiterbewegung am Vorabend des ersten Weltkrieges bis zur Revolution 1918/19, 2 Bände, Hamburg 1976.
162 *Horst Gründer*: Geschichte der deutschen Kolonien, Paderborn 1985; *Francesca Schinzinger*: Die Kolonien des Deutschen Reiches. Die wirtschaftliche Bedeutung der deutschen Besitzungen in Übersee, Wiesbaden 1984.
163 *Bernhard von Bülow*: Denkwürdigkeiten. 4 Bände, Berlin 1930-1931; *Friedrich Thimme* (Hsg.): Front wider Bülow. Staatsmänner, Diplomaten und Forscher zu seinen Denkwürdigkeiten, München 1931.
164 *Lothar Machtan*: Streiks und Aussperrungen im Deutschen Kaiserreich. Eine sozialgeschichtliche Dokumentation für die Jahre 1871 bis 1875, Berlin 1984.
165 Maßgebend: *Wilhelm Deist* (Hsg.): Militär- und Innenpolitik im Weltkriege 1914-1918, 2 Bände, Düsseldorf 1970.
166 *Thomas Nipperdey:* Deutsche Geschichte, Bd. 1.
167 *Heinrich August Winkler*: Pluralismus oder Protektionismus? Verfassungspolitische Probleme des Verbandswesens im Deutschen Kaiserreich, Wiesbaden 1972; *F. Blaich*: Staat und Verbände in Deutschland 1871-1945, Wiesbaden 1979.
168 *Michael Peters*: Der Alldeutsche Verband am Vorabend des Ersten Weltkriege (1908-1914). Ein Beitrag zur Geschichte des völkischen Nationalismus im spätwilhelminischen Deutschland, 2. Auflage Frankfurt/M.. u.a. 1996.
169 *H.-J. Puhle*: Agrarische Interessenpolitik und preußischer Konservativismus im wilhelminischen Reich (1893-1914), 2. Auflage, Hannover 1975.
170 *Hans Kaelble*: Industrielle Interessenpolitik in der Wilhelminischen Gesellschaft. Centralverband Deutscher Industrieller 1895-1914, Berlin 1967.
171 *K. Hammer*: Deutsche Kriegstheologie (1870-1918), 2. Auflage München 1974; *Rudolf Morsey*: Die deutschen Katholiken und der Nationalstaat zwischen Kulturkampf und Erstem Weltkrieg, in: *G.A. Ritter* (Hsg.): Die deutschen Parteien vor 1918, Köln 1973; *Wilfried Loth*: Katholiken im Kaiserreich. Der politische Katholizismus in der Krise des wilhelminischen Deutschlands, Düsseldorf 1984; *G. Brakelmann*: Protestantische Kriegstheologie im Ersten Weltkrieg. Reinhold Seeberg als Theologe des deutschen Imperialismus, Bielefeld 1974.
172 *Rüdiger vom Bruch*: Wissenschaft, Politik und öffentliche Meinung. Gelehrtenpolitik im Wilhelminischen Deutschland 1890-1914, Husum 1980; *F.K. Ringer*: Die Gelehrten. Der Niedergang der deutschen Mandarine 1890-1933, München 1987; *K.H. Jarausch*: Students, Society and Politics in Imperial Germany: The Rise of Academic Illiberalism, Princeton 1982.
173 Das Standardwerk: *Lothar Burchardt*: Friedenswirtschaft und Kriegsvorsorge. Deutschlands wirtschaftliche Rüstungsbestrebungen vor 1914, Boppard 1968.
174 *Hans Pohl*: Aufbruch der Weltwirtschaft. Geschichte der Weltwirtschaft von der Mitte des 19. Jahrhunderts bis zum Ersten Weltkrieg, Stuttgart 1989; *S. Pollard*: Peaceful Conquest. The Industrialization of Europe 1760-1970, Oxford 1981.
175 *Michael Epkenhans*: Die wilhelminische Flottenrüstung 1908-1914. Weltmachtstreben, industrieller Fortschritt, soziale Integration, München 1991.
176 Allerdings nur in Deutschland!
177 Souveräner Überblick, repräsentative Auswahl: *Gregor Schöllgen* (Hsg.): Flucht in den Krieg? Die Außenpolitik des kaiserlichen Deutschland, Darmstadt 1991.
178 *Alfred von Tirpitz*: Deutsche Ohnmachtspolitik im Weltkriege, Stuttgart u.a. 1926.
179 *Alfred von Tirpitz*: Erinnerungen, 6. Auflage Leipzig 1942.
180 *Michael Salewski*: Tirpitz. Aufstieg, Macht, Scheitern, Göttingen u.a. 1979; demnächst: *Michael Epkenhans*: Tirpitz.

181 *Erich Ludendorff:* Meine Kriegserinnerungen 1914-1918, Berlin 1936. Eine wissenschaftlichen Ansprüchen genügende Ludendorffbiographie fehlt.
182 *Michael Salewski:* 1914 oder: Wer hat den Schwarzen Peter? In: *Richard Faber, Christine Holste* (Hrsg.): Der Potsdamer Forte-Kreis, Würzburg 2001, S. 31-50.
183 *Ralph Melville, Hans Jürgen Schröder:* Der Berliner Kongreß 1878, Mainz 1982.
184 *Jürgen Angelow:* Kalkül und Prestige.
185 *Hans Hallmann* (Hsg.) Zur Geschichte und Problematik des deutsch-russischen Rückversicherungsvertrages von 1887, Darmstadt 1968; *Klaus Hildebrand:* Deutsche Außenpolitik 1871-1918, 2. Auflage München 1994. Die Spezialliteratur zum Rückversicherungsvertrag ist inzwischen unübersehbar.
186 *Birgit Marschall:* Reisen und Regieren. Die Nordlandfahrten Kaiser Wilhelms II., Hamburg 1991.
187 *John Röhl:* Wilhelm II., bisher 2 Bände, München 1993/2001. *Christian Graf von Krockow:* Wilhelm II. und seine Zeit. Biographie einer Epoche, Berlin 1999.
188 Typisch: *Walter Görlitz* (Hsg.): Regierte der Kaiser? Kriegstagebücher, Aufzeichnungen und Briefe des Chefs des Marine-Kabinetts Admiral Georg Alexander von Müller, 1914 bis 1918, Göttingen 1959. (»Wilhelm II. ist nachgerade völlig ausgeschaltet...« S. 312)
189 Die wichtigsten Dokumente bei *Hallmann* (Hsg.): Der Rückversicherungsvertrag.
190 *George F. Kennan:*Bismarcks europäisches System in der Auflösung.
191 *Paul M. Kennedy:* The Rise of the Anglo-German Antagonism 1860-1914, London 1980.
192 *Jost Dülffer, Martin Kröger, Rolf-Harald Wippich* (Hsg.): Vermiedene Kriege. Deeskalation von Konflikten der Großmächte zwischen Krimkrieg und erstem Weltkrieg 1856-1914, München 1997.
193 Dazu demnächst *Birgit Aschmann:* Die Ehre der Nation (Arbeitstitel).
194 Die beste Analyse: *Klaus Hildebrand:* Das vergangene Reich. Deutsche Außenpolitik von Bismarck bis Hitler 1871-1945, Stuttgart 1995.
195 *Manfred J. Holler/Gerhard Illing:* Einführung in die Spieltheorie, 4. Auflage Berlin u.a. 2000; *Gernot Sieg:* Spieltheorie, München u.a. 2000.
196 *John C. G. Röhl:* An der Schwelle zum Weltkrieg: Eine Dokumentation über den »Kriegsrat« vom 8. Dezember 1912, in MGM, hrsg. v. Militärgeschichtlichen Forschungsamt, Bd. 21 (1977), S. 77-135.
197 *Michael Salewski:* »Weserübung 1905«? Dänemark im strategischen Kalkül, in: Ders.: Die Deutschen und die See. Studien zur deutschen Marinegeschichte des 19. und des 20. Jahrhunderts, Stuttgart 1998, S. 138-151.
198 Hoßbachprotokoll über die Besprechung in der Reichskanzlei, 5. November 1937, in: ADAP, Serie D, Bd. 1: Von Neurath zu Ribbentrop (Sept. 1937 bis Sept. 1938), S. 25.
199 *Gustav Schmidt:* Rationalismus und Irrationalismus in der englischen Flottenpolitik, in: Marine und Marinepolitik im kaiserlichen Deutschland, hrsg. vom Militärgeschichtlichen Forschungsamt durch *Herbert Schottelius und Wilhelm Deist,* Düsseldorf 1972, S.283-296.
200 *Christian Witt:* Reichsfinanzen und Rüstungspolitik 1898-1914, in: Marine und Marinepolitik im kaiserlichen Deutschland, hsg. vom Militärgeschichtlichen Forschungsamt durch *Herbert Schottelius und Wilhelm Deist,* Düsseldorf 1972, S.146-178.
201 *James Cable:* Gunboat Diplomacy 1919-1979. Political applications of limited naval force, London u.a. 1981.
202 *Fritz Fischer:* Juli 1914. Wir sind nicht hineingeschlittert. Das Staatsgeheimnis um die Riezler-Tagebücher. Eine Streitschrift, Reinbek 1983.
203 Er wird in sämtlichen Büchern zur Geschichte des Ersten Weltkrieges behandelt – also buchstäblich tausendfach. Eine Schneise durch diesen Wald schlagen: *Volker R. Berghahn:* Sarajewo, 28. Juni 1914. Der Untergang des alten Europa, München 1997; *Lavender Cassels:* Der Erzherzog und seine Mörder. Sarajewo, 28. Juni 1914, Wien 1988.
204 Neben den entsprechenden Bänden der »Großen Politik« (GP) sind heranzuziehen: *Imanuel Geiss* (Hsg.): Julikrise und Kriegsausbruch 1914. Eine Dokumentensammlung, 2 Bände, Hannover 1963, 1964.(dazu die Besprechung in HPB 1964, S. 50). Geiss, einer der engsten Schüler von Fritz Fischer hat verschiedene Studien zur Vorgeschichte und zur

Geschichte des Ersten Weltkrieges zusammengefaßt: *Imanuel Geiss*: Das Deutsche Reich und die Vorgeschichte des Ersten Weltkrieges, München 1978.
205 Tschirschky an Bethmann Hollweg am 30. Juni 1914, abgedruckt mit den Anmerkungen Wilhelms II. in: *Imanuel Geiss* (Hsg.): Julikrise und Kriegsausbruch 1914. Band 1, Nr. 3, S. 58f.
206 Franz Joseph an Wilhelm II. am 2. Juli 1914, in: *Imanuel Geiss* (Hsg.): Julikrise und Kriegsausbruch 1914. Band 1, Nr. 13, S. 63f.
207 Bericht Bethman Hollwegs über Unterredung mit Wilhelm II., abgedruckt in: *Imanuel Geiss* (Hsg.): Julikrise und Kriegsausbruch 1914. Band 1, Nr. 22, S.85.
208 *Michael Salewski*: Kieler Woche ohne Marine undenkbar. In: *Michael Salewski*: Die Deutschen und die See, Teil II, (= HMRG Band 45) Stuttgart 2002, S. 230.
209 So der Titel des vielbeachteten Dramas von *Karl Kraus*: Die letzten Tage der Menschheit. Tragödie in 5 Akten mit Vorspiel und Epilog, 3. Auflage Frankfurt/M. 1987.
210 *Hajo Schwedlich, Fred Oberhauser:* Lieb Vaterland magst ruhig sein, München 1962; *Klaus Vondung (Hsg.)*: Kriegserlebnis. Der Erste Weltkrieg in der literarischen Gestaltung und symbolischen Deutung der Nationen, Göttingen 1980; *Siegfried Quand/ Horst Schichtel (Hsg.): Der* Erste Weltkrieg als Kommunikationsereignis, Gießen 1993; *Gerhard Hirschfeld, Gerd Krumeich, Dieter Langewiesche* (Hsg.): Kriegserfahrungen. Studien zur Sozial- und Mentalitätsgeschichte des Ersten Weltkrieges, Essen 1997.
211 Vgl etwa *Jutta Haack*: Bildpostkarten mit Glückwünschen. Zu Typologie und Funktion von Geburtstagskarten zwischen Jahrhundertwende und Erstem Weltkrieg, Hamburg 1988.
212 *Walter Flex*: Der Wander zwischen den Welten. Novelle, 4. Auflage Kiel 1986.
213 *Eberhard von Vietsch*: Bethmann Hollweg, Staatsmann zwischen Macht und Ethos, Boppard 1969; *Konrad H. Jarausch*: The Enigmatic Chancellor, Bethmann Hollweg and the Hybris of Imperial Germany, New Haven 1973. *Klaus Hildebrand:* Bethmann Hollweg. Der Kanzler ohne Eigenschaften? 2. Auflage, Düsseldorf.1979; *Günter Wollstein*: Theobald von Bethmann Hollweg. Letzter Erbe Bismarcks, erstes Opfer der Dolchstoßlegende, Göttingen 1995.
214 Die Riezler-Tagebücher, s. Anm 217.
215 In 10. Auflage nunmehr erschienen: *Wolfgang Mommsen*: Die deutsche Urkatastrophe. Der Erste Weltkrieg und die europäische Nachkriegsordnung. Sozialer Wandel und Formveränderungen der Politik.
216 *Horst Teltschik:* 329 Tage. Innenansichten der Einigung, 4. Auflage Berlin 1991; *Wolfgang Schäuble:* Und Sie bewegt sich doch, Berlin 1998; *Helmut Kohl*: Mein Tagebuch 1998-2000, München 2000.
217 Kurt Riezler: Tagebücher, Aufsätze, Dokumente, hrsg. v. *Karl Dietrich Erdmann,* Göttingen 1972, S. 182 f.
218 Riezler, Tagebücher, S. 186f.
219 Riezler, Tagebücher, S. 187.
220 *Michael Salewski*: Die militärische Bedeutung des Nord-Ostsee-Kanals, In: *Jürgen Elvert, Stefan Lippert* (Hrsg.): Michael Salewski, Die Deutschen und die See (=HMRG Band 25) Stuttgart 1998, S. 96-118.
221 Das »aber« irritiert natürlich das moderne Sprachempfinden – die Sprachwissenschaft müßte klären, wie dieses »aber« zu verstehen ist.
222 Wilhelm II. Kommentar zur serb. Antwortnote, morgens 20. Juli, in: *Imanuel Geiss* Julikrise und Kriegsausbruch 1914, Bd. II, S. 185, Anm. 2.
223 Deutsche Geschichte in Quellen und Darstellung Band 8: Kaiserreich und Erster Weltkrieg 1871-1918 hrsg. *Rüdiger vom Bruch, Björn Hofmeister*, Stuttgart 2000, S.353 ff.
224 *Wilhelm Widenmann,* Marine-Attaché an der kaiserlich-deutschen Botschaft in London 1907-1912, Göttingen 1952.
225 Vgl. *Eckart Conze*: Die Kuba-Krise: Wendepunkt des Kalten Krieges? In: *Michael Salewski* (Hsg.): Das Zeitalter der Bombe. Die Geschichte der atomaren Bedrohung von Hiroshima bis heute, München 1995 S. 141-166.
226 *Ernst Jünger*: In Stahlgewittern, 26. Auflage Stuttgart 1961, S. 11.

227 *Christoph Schubert-Weller*: Kein schönrer Tod. Die Militarisierung der männlichen Jugend und ihr Einsatz im Ersten Weltkrieg 1890-1918, Weinheim u.a. 1998; allgemein: *Jost Dülffer, Karl Holl* (Hsg.): Bereit zum Krieg. Kriegsmentalität im wilhelminischen Deutschland 1890-1914, Beiträge zur historischen Friedensforschung, Göttingen 1986.
228 *Hajo Schedlich, Fred Oberhauser* (Hsg.): Lieb Vaterland magst ruhig sein, München 1962.
229 *Edlef Koeppen*: Heeresbericht, (1930) Reinbek 1992.
230 Daß *Ettighofer* immer noch gelesen wird, ist erstaunlich: *Paul C. Ettighofer*: Verdun. Das große Gericht, Augsburg 2000.
231 *Paul C. Ettighofer*: Gespenster am Toten Mann,o.O. 1931; *Werner Beumelburg*: Mit 17 Jahren vor Verdun, Frankfurt/M. 1931; *Maurice Genevoix*: Ceux de quatorze, Paris 1984.
232 *Helmut Fries:* Die große Katharsis. Der Erste Weltkrieg in der Sicht deutscher Dichter und Gelehrter, Band 1: Die Kriegsbegeisterung von 1914: Ursprünge, Denkweisen – Auflösung, Konstanz 1994; Band 2: Euphorie – Entsetzen – Widerspruch: Die Schriftsteller 1914-1918, Konstanz 1995.
233 *Matthias Eberle*: Der Weltkrieg und die Künstler der Weimarer Republik. Dix, Grosz, Beckmann, Schlemmer, Stuttgart, Zürich 1989; *Rainer Rother* (Hsg.): Die letzten Tage der Menschheit – Bilder des Ersten Weltkrieges, Berlin 1994.
234 So etwa *Werner Beumelburg*: Eine ganze Welt gegen uns. Eine Geschichte des Weltkrieges in Bildern, 2. Auflage Berlin 1936.
235 Sehr einfühlsam am Beispiel des englischen Künsters *Paul Nash* demonstriert bei *Peter Englund:* Menschheit am Nullpunkt. Aus dem Abgrund des 20. Jahrhunderts, Stuttgart 2001.
236 *Thomas Rohkrämer*: August 1914 – Kriegsmentalität und ihre Voraussetzungen, in: *Michalka* (Hsg.): Der Erste Weltkrieg S. 759-777. Hier auch weiterführende Literatur.
237 Erst in jüngster Zeit beginnt die Forschung, angeregt durch die Geschlechtergeschichte, sich mit diesen Fragen ernsthaft zu beschäftigen, so *Karen Hagemann, Stefanie Schüler – Springorum* (Hsg.): ›Heimatfront‹. Militär-und Geschlechterverhältnisse im Zeitalter der Weltkriege, Frankfurt/M 2001.
238 So bei *Hans-Ulrich Wehler*: Deutsche Gesellschaftsgeschichte.
239 *Michael Salewski:* Neujahr 1900.
240 *Jürgen Kocka:* Klassengesellschaft im Krieg. Deutsche Sozialgeschichte 1914-1918, Frankfurt/M. 1973.
241 Vorwärts, 25.Juli 1914.
242 Verhandlungen des Reichstags, XIII. Legislaturperiode. II. Session. 1914-1916. Stenographische Berichte. Bd. 306, Berlin 1916, S. 1 f. Auch abgedruckt in Deutsche Geschichte in Quellen und Darstellung Band 8, S.357 f.
243 Ebda.
244 Auch Otto Rühle stimmte am 20. März 1915 gegen die Kriegs-Kredite. Zum Gesamtkomplex gibt es eine Flut von Literatur; nützlich: *Erich Matthias, E. Pikart* (Hsg.): Die Reichstagsfraktion der deutschen Sozialdemokratie 1898 bis 1918, Düsseldorf 1966; *C.E. Schorske*: Die große Spaltung.Die deutsche Sozialdemokratie 1905-1917, Berlin 1981; erneut ist auf den Klassiker zu verweisen: *Susanne Miller*: Burgfrieden und Klassenkampf. Die deutsche Sozialdemokratie im Ersten Weltkrieg, Düsseldorf 1974.
245 *Theodor Schieder* (Hsg.): Handbuch der europäischen Geschichte, Band 6, Stuttgart 1968, S.265 f.
246 »Wie das Haus, so genoß auch die Burg einen bes. Haus- oder Burgfrieden, der sich räumlich auf die gesamte Burganlage mit den zugehörigen Nebengebäuden erstreckte. Die Friedenswahrung innerhalb der Burg oblag dem Burgherrn, der hierzu mit einer umfassenden Gerichts- und Disziplinargewalt über das Burgpersonal ausgestattet war«, *Karl Friedrich Krieger*, Artikel »Burg«, C 1, in: Lexikon des Mittelalters, Bd. 2; Bettlerwesen bis Codex Valentin, Stuttgart, Weimar 1999, Sp. 965.
247 Darauf hat *Hartmut Lehmann* aufmerksam gemacht.
248 Man denke an das »Vom Fels zum Meer« – Wobei mit dem »Fels« die Burg Hohenzollern gemeint war. Vgl. *Thomas Stamm-Kuhlmann*: Die Hohenzollern, Berlin 1995, S. 7 ff.
249 Beispiele aus *Ernst Johann* (Hsg.): Innenansicht eines Krieges. Bilder, Briefe, Dokumente 1914-1918, Frankfurt/M. 1968, S. 19f.

250 Es gibt eine fast unüberschaubar große Menge von kriegstechnischer Spezialliteratur, aus der alle relevanten technischen Daten herauszudestillieren sind; Hinweise darauf in: *Gerhard Hirschfeld, Gerd Krumeich, Irina Renz* (Hsg.): Enzyklopädie Erster Weltkrieg, Paderborn, 2., durchges. Aufl. 2004.

251 Aber vgl. u. S. 346

252 Handbuch zur deutschen Militärgeschichte 1648-1939, hrsg. vom Militärgeschichtlichen Forschungsamt durch *Hans Meier-Welcker* und *Wolfgang von Groote*: Von der Entlassung Bismarcks bis zum Ende des Ersten Weltkrieges (1890-1918), Frankfurt/M. 1968. Hier auch weiterführende Spezialliteratur zu den Stärken der verschiedenen Heere. Weiteres Datenmaterial in Reichsarchiv (Hrsg.), Der Weltkrieg 1914-1918. Die militärischen Operationen zu Lande, Bd. 1: Die Grenzschlachten im Westen, Berlin 1925, S. 10 ff.

253 Genaue Zahlen zur Stärke und Gliederung des preußischen und des Reichsheeres bei *Curt Jany:* Geschichte der Königlich Preußischen Armee. Band 4: Die Königlich Preußische Armee und das Deutsche Reichsheer 1807 bis 1914, Berlin 1933, S.326. In Österreich vgl. *Manfred Reinschedl*: Die Aufrüstung der Habsburger Monarchie von 1880 bis 1914 im internationalen Vergleich, Frankfurt/M. 2001.

254 *Winfried Baumgart*: Der Friede von Paris 1856. Studien zum Verhältnis von Kriegführung, Politik und Friedensbewahrung, München u.a. 1972.

255 Diese Einschätzung beruht auf persönlichen Beobachtungen in hohen Stäben der NATO-assignierten deutschen Streitkräfte.

256 Vgl. http.//akmilitaergeschichte.de/links/museen.html. (16.7.2002)

257 *Walter Görlitz*: Der deutsche Generalstab. Geschichte und Gestalt, 2. Auflage Frankfurt/M. 1953; *Karl Demeter:* Das deutsche Offizierkorps in Gesellschaft und Staat 1650-1945, 2. Auflage Frankfurt/M. 1962.

258 *Jeffrey Verhey*: Der 'Geist von 1914' und die Erfindung der Volksgemeinschaft, Hamburg 2000.

259 Vor allem *Peter Graf Kielmansegg:* Deutschland und der Erste Weltkrieg, 2. Aufl. Frankfurt/M., 1980 hat Standardcharakter gewonnen; *John Keegan*, siehe Anm. 43; *Hew Strachan*: The First World War, Oxford u.a. 2001; *Marc Ferro*: Der große Krieg 1914-1918, Frankfurt/M.1988; Deutschland im Ersten Weltkrieg. Von einem Autorenkollektiv unter Leitung von *Fritz Klein*, 3 Bände, Berlin 1970-71; *Gunther Mai*: Das Ende des Kaiserreichs. Politik und Kriegführung im Ersten Weltkrieg, München 1987; immer noch lesenswert: *Karl Dietrich Erdmann* in »Gebhardt«, Band IV/1.

260 *Arthur Conte*: Joffre, Paris 1998.

261 *Karl Lange*: Marneschlacht und deutsche Öffentlichkeit 1914-1939. Eine verdrängte Niederlage und ihre Folgen, Düsseldorf 1974; Zur Französischen Strategie allgemein: *Douglas Porch*: The March to the Marne. The French Army 1871-19114, Cambridge 1981; *Sebastian Haffner, Wolfgang Venohr*: Das Wunder an der Marne. Rekonstruktion der Entscheidungsschlacht des Ersten Weltkrieges, Bergisch-Gladbach 1982 (ungeschlacht – plakativ); *G. Jäschke*: Zum Problem der Marneschlacht von 1914, in: Historische Zeitschrift 190, 1960, S. 311-348.

262 Reichsarchiv: Weltkrieg, Bd. 4: Der Marne-Feldzug. Die Schlacht, Berlin 1926, S. 541.

263 Die maßgebende Biographie: *Holger Afflerbach*: Falkenhayn. Politisches Denken und Handeln im Kaiserreich, München 1994.

264 *Bernd Sösemann* (Hsg.):Theodor Wolff. Tagebücher 1914-1919. 2 Teile, Boppard 1984.

265 *Friedrich Meinecke*: Die Idee der Staatsräson in der neueren Geschichte, 4. Auflage München u.a. 1976.

266 *Norman Stone:* The Eastern Front 1914-1917, London 1975.

267 *Walther Hubatsch*: Hindenburg und der Staat. Aus den Papieren des Generalfeldmarschalls und Reichspräsidenten von 1878-1934, Göttingen u.a. 1966; *John Wheeler-Bennett:* Der hölzerne Titan. Paul von Hindenburg, Tübingen 1969; *Franz Uhle-Wettler*: Erich Ludendorff in seiner Zeit. Soldat – Stratege – Revolutionär. Eine Neubewertung, 2. Auflage Berg 1996; *Wolfgang Venohr*: Ludendorff. Legende und Wirklichkeit, Berlin, Frank-

furt/M. 1993; *Walter Rauscher*: Hindenburg. Feldmarschall und Reichspräsident, Wien 1997; *Werner Maser:* Hindenburg. Eine politische Biographie, Rastatt 1989.

268 *Paul von Hindenburg:* Aus meinem Leben, Leipzig 1921; *Erich Ludendorff:* Meine Kriegserinnerungen 1914-1918, Berlin 1921.

269 *Walter Elze*: Tannenberg. Das deutsche Heer von 1914, seine Grundzüge und deren Auswirkung im Sieg an der Ostfront, Breslau 1928.

270 Reichsarchiv, Weltkrieg, Bd.2: Die Befreiung Ostpreußens, Berlin 1925, S. 242.

271 *Aleksander Solschenizyn*: August neunzehnhundertvierzehn, München 1971.

272 S. Anm. 270.

273 *Heinz Lemke*: Allianz und Rivalität. Die Mittelmächte und Polen im ersten Weltkrieg (bis zur Februarrevolution), Berlin 1977. Allgemein: *Werner Conze*: Polnische Nation und Deutsche Politik im Ersten Weltkrieg, Köln, Graz 1958.

274 *Hartmut Boockmann*: Der deutsche Orden. Zwölf Kapitel aus seiner Geschichte, München 1981.

275 *Werner Paravicini*: Die Preußenreisen des deutschen Adels, 2 Bände, Sigmaringen 1995.

276 *Heinrich Brüning*: Memoiren 1918-1934, Stuttgart 1970, S. 241-248.

277 *Conrad von Hoetzendorf*: Aus meiner Dienstzeit 1906-1918, 5 Bände, Wien, Berlin u.a. 1921-1923.

278 In Analogie zum deutschen »Generalstabswerk« gab es ein österreichisches: Österreich-Ungarns letzter Krieg, hsg. vom österreichischen Bundesministerium für Landesverteidigung und vom Kriegsarchiv, 7 Textbände, 7 Kartenbände, 1 Registerband, Wien 1931-1938.

279 Zitiert nach *Johann*, Innenansichten (wie Anm. 249).

280 Ebda.

281 *Karl Unruh*: Langemarck. Legende und Wirklichkeit, Koblenz 1986; *Wolfgang Zank*: Der Sturm auf Langemarck, mit dem Deutschlandlied in den Tod? Eine absurde, aber immer noch lebendige Legende, in: Die Zeit 10.11.1989.

282 *Karen Hagemann, Stefanie Schlüter-Springorum* (Hrsg.): Heimat-Front. Militär- und Geschlechterverhältnisse im Zeitalter der Weltkriege (Geschichte und Geschlechter 35), Frankfurt a. M. 2001.

283 *Bernd Sösemann* (Hsg.): Theodor Wolff. Der Chronist. Krieg, Revolution und Frieden im Tagebuch 1914-1919, Düsseldorf u.a. 1997, S.143.

284 *Frank Wende*: Die belgische Frage in der deutschen Politik des Ersten Weltkrieges, Hamburg 1969.

285 *John Horne, Alan Kramer*: Deutsche Kriegsgreuel 1914. Die umstrittene Wahrheit, Hamburg 2004.

286 *M.L. Sanders, Philip M. Taylor*: Britische Propaganda im Ersten Weltkrieg, Berlin 1990; *Nicholas Reeves*: Official British Film Propaganda During the First World War, London 1986.

287 Vgl. *Stefan Kestler*: Die deutsche Auslandsaufklärung und das Bild der Ententemächte im Spiegel zeitgenössischer Propagandaveröffentlichungen während des Ersten Weltkrieges, Frankfurt/M. 1994 zeigt, daß sich die Deutschen darauf auch verstanden.

288 *Fritz Fischer*: Griff nach der Weltmacht. Die Kriegszielpolitik des kaiserlichen Deutschland 1914-1918, Düsseldorf 1961. Es folgten zahlreiche Neuauflagen.

289 *Jürgen Elvert*: Mitteleuropa! Deutsche Pläne zur europäischen Neuordnung (1918-1945), Stuttgart 1999; *Rainer Schmidt*: Die Wiedergeburt der Mitte Europas. Politisches Denken jenseits von Ost und West (Politische Ideen 12), Berlin 2001.

290 Auf den Krieg in den Kolonien wird hier nicht eingegangen, vgl. dazu *Hans-Jörg Fischer*: Die deutschen Kolonien. Die koloniale Rechtsordnung und ihre Entwicklung nach dem Ersten Weltkrieg, Berlin 2001; *Hans-Henning Gerlach, Andreas Birken*: Deutsche Kolonien und deutsche Kolonialpolitik, 3 Bände Königsbronn 1995-2000.

291 *Hellmuth Stoecker*: Drang nach Afrika. Die deutsche koloniale Expansionspolitik von den Anfängen bis zum Verlust der Kolonien, 2. Auflage Berlin 1991.

292 *Klaus Schwabe*: Wissenschaft und Kriegsmoral. Die deutschen Hochschullehrer und die politischen Grundfragen des Ersten Weltkrieges, Göttingen u.a. 1969; *Wolfgang J. Mommsen* (Hsg.): Kultur und Krieg. Die Rolle der Intellektuellen, Künstler und Schriftsteller im

Ersten Weltkrieg, München 1996; *Klaus Böhme* (Hsg.): Aufrufe und Reden deutscher Professoren im Ersten Weltkrieg, Stuttgart 1975; *Kurt Koszyk:* Deutsche Pressepolitik im Ersten Weltkrieg, Düsseldorf 1968.

[293] *Jürgen von Ungern-Sternberg, Wolfgang von Ungern-Sternberg:* Der Aufruf »An die Kulturwelt«. Das Manifest der 93 und die Anfänge der Kriegspropaganda im Ersten Weltkrieg, (=HMRG Beiheft 18), Stuttgart 1996. [294] *Ungern-Sternberg*, S. 156 ff.

[295] *Peter Grupp*: Voraussetzungen und Praxis deutscher amtlicher Kulturpropaganda in den neutralen Staaten während des Ersten Weltkrieges, in: *Wolfgang Michalka* (Hsg.): Der Erste Weltkrieg. Wirkung, Wahrnehmung, Analyse, München 1994, S. 799-824.

[296] Der Untersuchungsausschuß des Reichstages, 4. Reihe, Bd. 8 (1926).

[297] *Erich Otto Volkmann:* Die Annexionsfragen des Weltkrieges, Berlin 1929.

[298] Neben den beiden Hauptwerken »Griff nach der Weltmacht« und »Krieg der Illusionen« sind heranzuziehen: *Fritz Fischer*: Der Erste Weltkrieg und das deutsche Geschichtsbild. Beiträge zur Bewältigung eines historischen Tabus. Aufsätze und Vorträge aus drei Jahrzehnten, Düsseldorf 1977; aus der unübersehbar großen Fülle zum Thema »Kriegsziele« nützlich: *Wolfgang Schieder* (Hsg.): Erster Weltkrieg. Ursachen, Entstehung und Kriegsziele, Köln 1969.

[299] *Karl Heinz Janssen*: Macht und Verblendung. Kriegszielpolitik der deutschen Bundesstaaten 1914/1918, Göttingen u.a. 1963.

[300] Das war der Hauptvorwurf jener Historiker, die sich wie *Egmont Zechlin, Gustav Adolf Rein oder Erwin Hölzle* schon während des Zweiten Weltkrieges mit der außerdeutschen, der europäischen und der »überseeischen« Geschichte befaßt hatten.

[301] *David Stevenson*: French War Aims Against Germany 1914-1919, Oxford 1982; *Hubert Gebele*: Die Probleme von Krieg und Frieden in Großbritannien während des Ersten Weltkrieges. Regierung, Parteien und öffentliche Meinung in der Auseinandersetzung über Kriegs- und Friedensziele, Frankfurt/M., Bern 1987.

[302] *Michael Salewski:* Das historische Lehrstück: Helgoland, in: Zeitschrift der Gesellschaft für Schleswig-Holsteinische Geschichte Band 116, 1991 S. 173-192.

[303] *Hans-Ulrich Wehler*: »Absoluter« und »totaler« Krieg: Von Clausewitz zu Ludendorff, in: Politische Vierteljahresschrift 10 (1969).

[304] *Gerhard Ritter*. Staatskunst und Kriegshandwerk, Bd. III: Die Tragödie der Staatskunst und Bethmann Hollweg als Kriegskanzler (1914-1917), München 1964, S. 15.

[305] *Imanuel Geiss*: Der polnische Grenzstreifen 1914-1918. Ein Beitrag zur deutschen Kriegszielpolitik im Ersten Weltkrieg, Lübeck, Hamburg 1960.

[306] Die Details bei *Afflerbach; Ekkehard P. Guth*: Der Gegensatz zwischen dem Oberbefehlshaber Ost und dem Chef des Generalstabs des Feldheeres 1914/15. Die Rolle des Majors v. Haeften im Spannungsfeld zwischen Hindenburg, Ludendorff und Falkenhayn, in: MGM 1984, S. 75-111.

[307] Erinnerungen eines Zeitzeugen: *Hans Frentz:* Der unbekannte Ludendorff. Der Feldherr in seiner Epoche und Umwelt, Wiesbaden 1972.

[308] *Bernd Langensiepen, Dirk Nottelmann, Jochen Klüßmann*: Halbmond und Kaiseradler. Goeben und Breslau am Bosporus 1914, Berlin 1999.

[309] *Gottfried Hagen* (Hsg.): Die Türkei im Ersten Weltkrieg, Frankfurt/M. u.a. 1990; *Hans Werner Neulen*: Adler und Halbmond. Das deutsch-türkische Bündnis 1914-1918, Frankfurt/M. u.a. 1994.

[310] *Alec L. Macfie*: The straits question 1908-1936, Thessaloniki 1993.

[311] *Manfred Rauh:* Die britisch-russische Marinekonvention von 1914 und der Ausbruch des Ersten Weltkrieges, in: MGM 1987, S. 37-62.

[312] Text d. Operationsbefehls in: *D. Groos* (Bearb.): Der Krieg in der Nordsee, Bd. 1: Von Kriegsbeginn bis Anfang September 1914 (Der Krieg zur See 1914-1918, hrsg. v. Marine-Archiv), Berlin 1920, S. 54.

[313] Zu Tirpitz demnächst *Michael Epkenhans* (Vgl. Anm. 180); *Michael Salewski*: Tirpitz. Aufstieg, Macht, Scheitern, Göttingen 1979. Zum Seekrieg insgesamt die knappe aber sehr brauchbare Darstellung von *Mirow*. Eine Überblicksdarstellung, reich illustriert: *Guntram Schulze-Wegener*: Deutschland zur See. 150 Jahre Marinegeschichte, Hamburg 1998.

314 *Michael Salewski*: Die preußische und die Kaiserliche Marine in den ostasiatischen Gewässern: Das militärische Interesse an Ostasien, in: *Hans-Martin Hinz, Christoph Lind* (Hsg.): Tsingtau. Ein Kapitel deutscher Kolonialgeschichte in China 1897-1914, DHM Berlin 1998.
315 Der Handelskrieg mit U-Booten, bearbeitet von *Arno Spindler,* Erster Band: Vorgeschichte (= Der Krieg zur See. 1914-1918, hsg. vom Manhe-Archiv). Berlin 1932. S. V.
316 Ebda.
317 *Bernd Stegemann*: Die deutsche Marinepolitik 1916-1918, Berlin 1970; *W. Krüger*: Der Entschluß zum uneingeschränkten Ubootkrieg (Marinerundschau 1959).
318 Er hat eine Fülle von Literatur generiert, zuletzt: *Patrick O'Sullivan*: Die Lusitania. Mythos und Wirklichkeit,Hamburg, Berlin, Bonn 1999.
319 *Stegemann, Bernd:*, Die deutsche Marinepolitik 1916-1918, Berlin 1970, S. 57ff.
320 Vgl. u.a. *Eric Montgomery Andrews*: The Anzac illusion. Anglo-Australian relations during World War 1, Cambridge u.a. 1993; *Daniel Marc Segesser*: Empire und Totaler Krieg: Australien 1905-1918, Paderborn 2002 (=Krieg in der Geschichte, Bd. 10); *Desmond Morton, J.L. Granatstein*: Marching to Armageddon. Canadians and the Great War 1914-1919, Toronto 1989.
321 *L.L. Farrar*: Divide and Conquer. German Efforts to Conclude a Separate Peace, 1914-1918, New York 1978.
322 Zum stets prekären Verhältnis beider: *Karl-Heinz Janßen*: Der Kanzler und der General. Die Führungskrise um Bethmann Hollweg und Falkenhayn, 1914-1916, Göttingen 1967.
323 *W. Baumgart*: Der Friede von Paris 1856 vgl. Anm. 255; *W. Baumgart* (Hsg.): Akten zur Geschichte des Krimkrieges, 4 Serien, München 1979ff.
324 Wiedergegeben in *Salewski:* Tirpitz, Vgl. Anm 183.
325 *Horst Günther Linke*: Das zarische Rußland und der Erste Weltkrieg. Diplomatie und Kriegsziele 1914-1917, München 1982.
326 Souveräner Überblick: *Klaus Hildebrand*: Deutsche Außenpolitik 1871-1914, München 1989.
327 *Geiss*, Grenzstreifen (wie Anm. 305).
328 *Volker Ullrich*: Die polnische Frage und die deutschen Mitteleuropapläne im Herbst 1915,in: Historisches Jahrbuch 1984, S. 348-371.
329 *Henri Troyat:* Rasputin. Eine Biographie, München u.a. 1999.
330 *Heidrun Holzbach:* Das System Hugenberg, Stuttgart 1986.
331 *Jörg Nagler*, Amerikanische Heimatfront.
332 *Colin Simpson*: Die Lusitania. Amerikas Eintritt in den Ersten Weltkrieg, Frankfurt/M. 1987.
333 *Heiner Timmermann*: Friedenssicherungsbemühungen in den Vereinigten Staaten von Amerika und in Großbritannien während des Ersten Weltkrieges, Frankfurt/M., Bern 1978.
334 Seine Erfahrungen von 1915 kamen House später zugute: *Inga Floto*: Colonel House in Paris. A Study of American Policy at the Paris Peace Conference 1919, Aarhus 1973.
335 Vgl. *Pöhlmann:* Kriegsgeschichte.
336 Als eine Art »Augenzeugenbericht« kann die dreibändige Darstellung von Helfferich angesehen werden: *Karl Helfferich*: Kriegsfinanzen, 3 Bde., Stuttgart 1915. Das Standardwerk: *Gerald D. Feldman*: Armee, Industrie und Arbeiterschaft in Deutschland 1914-1918, Berlin 1985; *Gunther Mai* (Hsg.): Arbeiterschaft in Deutschland 1914-1918. Studien zu Arbeitskampf und Arbeitsmarkt im Ersten Weltkrieg, Düsseldorf 1985; *John Horne*: State, Society and Mobilization in Europe during the First World War, Cambridge 1997. *Kocka:* Klassengesellschaft.
337 Eine Spezialstudie fehlt.
338 Das Standardwerk: *Egmont Zechlin:* Die deutsche Politik und die Juden im Ersten Weltkrieg, Göttingen 1969.
339 *Wilhelm Deist*: Militär und Innenpolitik im Weltkrieg 1914-1918; *Hagemann*: Heimatfront; *Sabine Hering*: Die Kriegsgewinnlerinnen. Praxis und Ideologie der deutschen Frauenbewegung im Ersten Weltkrieg, Pfaffenweiler 1990.

340 Nützlich: http://history-line.com/Kriegswirtschaft.html. (18.4.2002)
341 *Friedrich Lützow*: Unterseebootkrieg und Hungerblockade, Berlin-Dahlem 1921; *Karl Schönherr*: Die Hungerblockade. Drama in 3 Akten, Leipzig 1925; *Friedrich Siegmund Schulze*: Die Wirkungen der englischen Hungerblockade, Berlin 1919.
342 *August Skalweit:* Deutsche Kriegsernährungswirtschaft, Stuttgart, Berlin, Leipzig 1927; *C. von Delbrück*: Die Wirtschaftliche Mobilmachung in Deutschland 1914, München 1924.
343 Dieses Kapitel basiert auf meinem Beitrag: Probleme der Wirtschaftsblockade in Deutschland 1914-1918. Auswirkungen und Konsequenzen für den Zweiten Weltkrieg, in:*Gérard Canini* (ed.): Les fronts invisibles. Nourrir – Fournier – Soigner. Actes du Colloque international sur la logistique des armées au combat pendant la première guerre mondiale, Nancy 1984, S. 205-223.
344 *Skalweit*, Kriegsernährungswirtschaft, S.1.
345 *Feldmann*: Armee; *Kocka:* Klassengesellschaft; *F. Zunkel*: Industrie und Staatssozialismus. Der Kampf um die Wirtschaftsordnung in Deutschland 1914-1918, Düsseldorf 1974; *Hans Joachim Bieber*: Gewerkschaften in Krieg und Revolution. Arbeiterbewegung, Industrie, Staat und Militär in Deutschland 1914-1920, 2 Bände, Hamburg 1981.
346 *K. Roesler*: Die Finanzpolitik des Deutschen Reiches im Ersten Weltkrieg, Berlin 1967; *Carl-Ludwig Holtfrerich*: Die deutsche Inflation 1914-1923. Ursachen und Folgen in internationaler Perspektive, Berlin, New York 1980.
347 *E. Hoch*: Die Wehrkraft der Wirtschaft, in: Kriegswirtschaft und Kriegswirtschaftslehre, o.J. S. 27 ff.; *E. Rauscher*: Die Umstellung von der Friedens- auf die Kriegsfertigung, in: Ebda. S. 7 f.
348 *Skalweit*, Kriegsernährungswirtschaft, S. 9; *W. Hahn*: Der Ernährungskrieg. Grundsätzliches und Geschichtliches, in: Mensch und Ernährung im Kriege, Hamburg o.J., S. 25, 27, 31 ff.
349 *Skalweit*, Kriegsernährungswirtschaft, S. 84.
350 *H. Ott:* Kriegswirtschaft und Wirtschaftskrieg 1914-1918. Verdeutlicht an Beispielen aus dem badisch-elsässischen Raum, in: *FS Clemens Bauer*: Geschichte, Wirtschaft, Gesellschaft, Berlin 1974, S. 333 ff. Vgl. auch *Zunkel,* Industrie und Staatssozialismus; *Regina Roth*: Staat und Wirtschaft im Ersten Weltkrieg. Kriegsgesellschaften als kriegswirtschaftliche Steuerelemente, Berlin 1999.
351 *A. Schröter*: Die Kriegsrohstoffbewirtschaftung 1914-1918 im Dienst des deutschen Monopolkapitals, Berlin 1955, S. 154 f.
352 Ein Beispiel untersucht *Wilhelm Deist*: Kiel und die Marine im Ersten Weltkrieg, in: *Jürgen Elvert, Jürgen Jensen, Michael Salewski*: Kiel, die Deutschen und die See (= HMRG, Beiheft 3), Stuttgart 1992, S. 143-154; ein anderes: *Anne Roerkohl*: Hungerblockade und Heimatfront. Die kommunale Lebensmittelversorgung in Westfalen während des Ertsten Weltkrieges, Stuttgart 1991.
353 Sehr deutlich zu erkennen in den Erinnerungen von *Georg Michaelis:* Für Staat und Volk, Berlin 1922. Auch Rathenaus Vorstellungen von einer Art Staatssozialismus in seiner Utopie »Von kommenden Dingen« gehen wohl auf die Erfahrungen des Ersten Weltkrieges zurück.
354 Auch der psychologische Effekt ist zu berücksichtigen; mangelhafte Ernährung im Feld schlug unmittelbar auf die Einsatz- und Kampfbereitschaft durch. (»Das Schiffsvolk ist warm verpflegt und kampfesfreudig!«)
355 *Barbara Guttmann*: Weibliche Heimarmee. Frauen in Deutschland 1914-1918, Weinheim 1989. *Jochen Oltmer:* Bäuerliche Ökonomie und Arbeitskräftepolitik im Ersten Weltkrieg, Beschäftigungsstruktur, Arbeitsverhältnisse und Rekrutierung von Ersatzarbeitskräften in der Landwirtschaft des Emslandes 1914-1918, Sögel 1995.
356 S.u.S. 288f.
357 *Arthur Dix*: Wirtschaftskrieg und Kriegswirtschaft, Berlin 1920, S. 313; *A. Müller*: Die Kriegsrohstoffbewirtschaftung 1914-1918, S. 30.
358 *Ott* , Kriegswirtschaft, S. 341.
359 *Schröter*, Kriegsrohstoffbewirtschaftung, S. 100.
360 *R.B. Armeson*: Total Warfare and Compulsory Labor. A Study of the Military – Industrial Complex in Germany during World War I., Den Haag 1974.

361 *Ursula von Gersdorff*: Frauenarbeit und Frauenemanzipation im Ersten Weltkrieg, in: Francia 2, 1974, S. 502 ff.
362 Eine dem Standardwerk von *Ulrich Herbert:* Fremarbeiter, Bonn 1985, vergleichbare Darstellung fehlt für den Ersten Weltkrieg.
363 *Heinrich Kaufhold-Roll*: Der deutsche Panzerbau im Ersten Weltkrieg, Osnabrück 1995.
364 Afflerbach: Falkenhayn.
365 *Afflerbach*, Falkenhayn, S. 352.
366 Nachzulesen bei *Hans-Adolf Jacobsen*: Fall Gelb. Der Kampf um den deutschen Operationsplan zur Westoffensive 1940, Wiesbaden 1957.
367 Daß auch Fälschungen geschichtsmächtig sein können, demonstriert beispielsweise die Geschichte der »Konstantinischen Schenkung«.
368 *Werth*: 1916. Schlachtfeld Verdun, Berlin 1994, S. 58.
369 Ebda.
370 *Afflerbach*, Falkenhayn, S.542f.
371 *Michael Salewski*: Verdun und die Folgen. Zur Geistesgeschichte einer Schlacht., in: Wehrwissenschaftliche Rundschau 1976.
372 *German Werth:* Verdun – die Schlacht und der Mythos, Bergisch-Gladbach 1979; Ders.: Schlachtfeld Verdun. Europas Trauma, in: Das Tagebuch Europas, Berlin 1994; *Alistair Horne:* Des Ruhmes Lohn, Verdun 1916, Minden 1964.
373 *Arnold Zweig*: Erziehung von Verdun, Berlin 2001; *Edgar Maass:* Verdun, Berlin 1936; *Josef Magnus Wehner:* 7 vor Verdun. Ein Kriegsroman, München 1930; *Werner Beumelburg*: Der Soldat von 1917, Oldenburg u.a. 1942; *Paul Cölestin Ettighofer*: Gespenster am Toten Mann, Gütersloh 1938.
374 *Maurice Genevoix*(Hsg.): Actes du congrès sur la bataille de Verdun, Nancy 1976.
375 *Sigurd von Ilsemann:* Der Kaiser in Holland. Aufzeichnungen des letzten Flügeladjutanten Kaiser Wilhelms II. hsg. von *Harald von Koenigswald*, 2. Bde., München 1967. Hier zahlreiche Erörterungen des »monarchischen Gedankens«.
376 *Philipe Almeras:* Un Francais nommé Pétain, Paris 1995; *Marc Ferro*: Pétain, Paris 1987.
377 Zitiert nach *Werth*, 1916. Schlachtfeld Verdun, S. 163.
378 Ebda. S. 100.
379 Eine einfühlsame Analyse bei *Englund:* Menschheit am Nullpunkt, S.13-58.
380 So in einem DFG-Forschungsprojekt unter *Dieter Langewiesche* an der Universität Tübingen.
381 Auf das Problem der traumatisierten Männer infolge des Ersten Weltkriegs versucht neuerdings die Gender-Forschung einzugehen. Vgl. *Franziska Lamott*: Die vermessene Frau. Hysterien um 1900, München 2001.
382 *Reinhart Koselleck, Michael Jeismann*: Der politische Totenkult. Kriegerdenkmäler in der Moderne, München 1994; *Reinhold Gärtner, Sieglinde Rosenberger*: Kriegerdenkmäler. Vergangenheit in der Gegenwart, Innsbruck 1991.
383 Hier ist an die Diskussionen um die sog. »Wehrmachtausstellung« zu erinnern.
384 Aus der großen Fülle einschlägiger Studien z.B. *Ute Planert* (Hsg.): Nation, Politik und Geschlecht. Frauenbewegungen und Nationalismus in der Moderne,Frankfurt/M. 2000; *Hannelore Bublitz, Christine Hanke, Andrea Seier*: Der Gesellschaftskörper. Zur Neuordnung von Kultur und Geschlecht um 1900, Frankfurt/M.2000; Zur Frauenbewegung allgemein: *Gisela Bock*: Frauen in der europäischen Geschichte. Vom Mittelalter bis zur Gegenwart, München 2000.
385 *Christian Klausmann*: Die bürgerliche Frauenbewegung im Kaiserreich – eine Elite?, in:*Günther Schulz* (Hsg.): Frauen auf dem Weg zur Elite. Büdinger Forschungen zur Sozialgeschichte 1998, München 2000, S. 61-78.
386 *Gerd Krumeich, Susanne Brandt* (Hsg.): Schlachtenmythen. Ereignis – Erzählung – Erinnerung, Köln 2003. Nach und nach erscheinen zu allen großen Schlachten des Ersten und Zweiten Weltkrieges sogenannte »Militärische Reiseführer«, von Fall zu Fall durchaus solide geschichtswissenschaftliche Arbeiten.
387 Alexej Brussilow (1853-1926), später Mitbegrüder der Roten Armee.

Anmerkungen 381

388 Die strategischen und operativen Details bei *Keegan,* Erster Weltkrieg.
389 *Kielmansegg,* Deutschland und der Erste Weltkrieg, S. 322.
390 *Jörn Rüsen, Horst Walter Blanke* (Hrsg.): Von der Aufklärung zum Strukturwandel des historischen Denkens, Paderborn u.a. 1984; *Jörn Rüsen, Friedrich Jäger:* Historismus, München 1992.
391 *Michael Salewski:* Über historische Symbole, in: *Julius H. Schoeps* (Hsg.): Religion und Zeitgeist im 19. Jahrhundert, Stuttgart, Bonn 1982, S. 157-184.
392 Es ist bezeichnend, daß die Kriegswissenschaftliche Abteilung nach dem Ersten Weltkriege parallel zu den General- und Admiralstabswerken eine Reihe mit dem Titel herausgab: »Schlachten des Weltkrieges«, bearb. und hrsg. i. A. des Reichsarchivs Oldenburg, 33 Bde., i. O. und Berlin 1925-1930.
393 *Volker R. Berghahn:* Der Tirpitz-Plan. Genesis und Verfall einer innenpolitischen Krisenstrategie unter Wilhelm II., Düsseldorf 1971; *Michael Epkenhans:* Die wilhelminische Flottenrüstung 1908-1914, München 1991; *Herbert Schottelius, Wilhelm Deist* (Hsg.): Marine und Marinepolitik im kaiserlichen Deutschland 1871-1914, Düsseldorf 1972.
394 *Admiral Scheer:* Deutschlands Hochseeflotte im Weltkrieg. Persönliche Erinnerungen, Berlin o.J.
395 Die beste Darstellung der Schlacht immer noch in »Nordsee Band 5« des Admiralstabswerkes. Zur Mentalitätsgeschichte von Skaggerak vgl. *Michael Salewski:* Skagerrak! 60 Jahre Rückblick, in: Marineforum 1976, sowie die hier abgedruckte Leserbriefdiskussion.
396 *Erich Raeder:* Mein Leben, 2 Bände, Tübingen 1956/1957; *Hugo von Waldeyer-Hartz:* Admiral Hipper. Das Lebensbild eines deutschen Flottenführers, Leipzig 1933.
397 *Richard Hough:* The Great War at Sea, Oxford 1983 S. 276.
398 *Carl von Clausewitz:* Vom Kriege, 1. Buch, 1. Kapitel, 21.
399 Ebda, 23.
400 zitiert nach *Johann,* Innenansicht eines Krieges, S. 199f.
401 *John Costello,* Terry Hughs: Jutland 1916, London 1976.
402 *Andreas Krause:* Scapa Flow. Die Selbstversenkung der wilhelminischen Flotte, Berlin 1999.
403 *Michael Salewski:* Das Washingtoner Abrüstungskonferenz von 1922. Ein Bespiel für geglückte Abrüstung?, in: ders.: Die Deutschen und die See. Studien zur deutschen Marinegeschichte des 19. und 20. Jahrhunderts II, S. 78-91.
404 Ders.: Skagerrak! 60 Jahre Rückblick, ebd. S. 73-77.
405 *Kielmansegg,* Erster Weltkrieg, S. 414.
406 *Matthias Peter:* Britische Kriegsziele und Friedensvorstellungen, in: Michalka (Hsg.)Der Erste Weltkrieg S. 95-124.
407 *Hermann Stegemann:* Der Kampf um den Rhein. Das Stromgebiet des Rheins im Rahmen der großen Politik und im Wandel der Kriegsgeschichte, Berlin 1925.
408 *Lutz Tittel:* Das Niederwalddenkmal 1871-1883, Hildesheim 1979.
409 *Jacques Bariéty, Raymond Poidevin:* Frankreich und Deutschland. Die Geschichte ihrer Beziehungen 1815-1975, München 1982.
410 *Karl-Heinz Janssen:* Der Kanzler und der General. Die Führungskrise um Bethmann Hollweg und Falkenhayn 1914-1916, Göttingen u.a. 1967; *Wolfgang Steglich:* Bündnissicherung oder Verständigungsfrieden. Untersuchung zur dem Friedensangebot der Mittelmächte vom 12. Dezember 1916, Göttingen1958.
411 Schreiben Kaiser Wilhelms II. an Reichskanzler von Bethmann Hollweg vom 31. Oktober 1916, in: *Theobald v. Bethmann Hollweg:* Betrachtungen zum Weltkriege Bd. II, Berlin 1921, S. 152, Anm. 1.
412 *Friedrich Naumann:* Mitteleuropa, Berlin 1915.
413 Zur Position Bethmanns: Kielmansegg S. 261ff.
414 Die Motive und die Erfolgschancen der Wilson'schen Politik sind nach wie vor umstritten. *Lloyd E. Ambrosius:* Wilsonian State Craft. Theory and Pratice of Liberal Internationalism During World War I, Wilmington 1991; *Robert H. Ferrell:* Woodrow Wilson and World War I 1917-1921, New York 1985.

415 *Gerhard Ritter*, Staatskunst und Kriegshandwerk, Bd: 3; Die Tragödie der Staatskunst. Bethmann Hollweg als Kriegskanzler (1914-1917), München 1964.
416 Neue Erkenntnisse bei *Mark D. Steinberg, Vladimir M. Khrustalew*: The Fall of The Romanovs. Political Dreams und Personal Struggles in a Time of Revolution, London 1995.
417 *A. Strazhas, Edgar Hösch* (Hsg.): Deutsche Ostpolitik im Ersten Weltkrieg. Der Fall Ober Ost 1915 bis 1917, Wiesbaden 1993.
418 Das Standardwerk: *Wolfgang Steglich*: Die Friedenspolitik der Mittelmächte 1917/18, Band 1, Wiesbaden 1964.
419 *Jürgen Elvert*: Geschichte Irlands, 2. Auflage München 1993, S. 397-417.
420 *Erich Ludendorff* (Hsg.): Urkunden der Obersten Heeresleitung über ihre Tätigkeit 1916/18, Berlin 1920, S. 83 f.; *Ursula von Gersdorff*, Frauen im Kriegsdienst, S. 114-116.
421 *Gerald D. Feldman*: Kriegswirtschaft und Zwangswirtschaft: die Diskreditierung des »Sozialismus« in Deutschland während des Ersten Weltkrieges,in: Michalka(Hsg.): Der Erste Weltkrieg S. 456-484.
422 Deutsche Geschichte in Quellen und Darstellung Band 8, S. 402.
423 Lager, Front oder Heimat: Deutsche Kriegsgefangene in Sowjetrußland 1917-1920, hrsg. v. einem deutsch-russischen Redaktionskollegium unter Leitung von *Inge Pardon* und *Waleri W. Shuraljow*, München u.a. 1994. Eine Gesamtdarstellung fehlt.
424 Gebhardt, 9. Aufl., Band IV/1, S. 116.
425 Das »lange 19. Jahrhundert« taucht im Titel des von J. Kocka verfaßten Bandes des neuen »Gebhardt« (10. Aufl.) auf, kommt also mit dem Anspruch auf allgemeine Verbindlichkeit in der deutschen Geschichtswissenschaft daher.
426 *Michael Salewski*: Die Periodisierung des 20. Jahrhunderts, in: *Hartmut Boockmann, Kurt Jürgensen* (Hsg.): Nachdenken über Geschichte. Beiträge aus der Ökumene der Historiker, in memoriam Karl Dietrich Erdmann, Neumüster 1991, S.383-396.
427 *Thomas Rohkrämer*: Die Verzauberung der Schlange. Krieg, Technik und Zivilisationskritik beim frühen Ernst Jünger, in: *Michalka* (Hsg.): Der Erste Weltkrieg S. 849-874.
428 *Hans Linnenkohl*: Vom Einzelschuß zur Feuerwalze. Der Wettlauf zwichen Technik und Taktik im Esten Weltkrieg, Bonn 1996.
429 *Wolf-Rüdiger Osburg*: Und plötzlich bist du mitten im Krieg. Zeitzeugen erinnern sich, Münster 2000.
430 *Dieter Martinetz*: Der Gaskrieg 1914/1918. Entwicklung, Herstellung und Einsatz chemischer Kampfstoffe, Bonn 1996. Martinetz schätzt, daß es rund 1 Million Vergiftete und etwa 70-80 000 Gastote gegeben hat – die Zahlen sind mit Vorsicht zu genießen.
431 *Bernhard R. Kroener, Rolf-Dieter Müller, Hans Umbreit* (Hsg.): Organisation und Mobilisierung des deutschen Machtbereiches, 2. Halbband: Kriegsverwaltung, Wirtschaft und personelle Ressourcen. Das Deutsche Reich und der Zweite Weltkrieg, Band 5/2, Stuttgart 1999, S. 716.
432 *Rolf Barthe*: Frankreichs schwere Stunde. Die Meuterei der Armee 1917, 3. Aufl. Potsdam 1937.
433 *Horst Dippel:* Geschichte der USA, München 2001.
434 General Ludendorff: Urkunden der obersten Heeresleitung, S. 322 ff.
435 *Stegemann*: Deutsche Marinepolitik; Ders.: Zur Problematik des uneingeschränkten U-Boot-Krieges 1917, in: Marine-Rundschau 1968, S. 157-166.
436 *Barbara Tuchmann*: Die Zimmermann-Depesche, Bergisch-Gladbach 1982; *Patrick Beesley:* Room 40. British Naval Intelligence 1914-1918, Oxford, New York 1984.
437 *Ritter*: Staatskunst, Band 3, S. 382.
438 *Erwin Hölzle*: Die Selbstentmachtung Europas. Das Experiment des Friedens vor und im Ersten Weltkrieg. Buch II (Fragment): Vom Kontinentalkrieg zum weltweiten Krieg. Das Jahr 1917, Göttingen 1978, vgl. dazu die Rezension von *Andreas Hillgruber* in: »Das Historisch Politische Buch« 1979, S. 151.
439 Der Handelskrieg mit U-Booten, Bd.3, bearbeitet von *Arno Spindler*, Berlin 1934; Der

Handelskrieg mit U-Booten, Band 4, Frankfurt 1964; Der Handelskrieg mit U-Booten, Band 5, bearbeitet von *Arno Spindler*, Frankfurt/M. 1966 – hier die Zahlen S. 343-393.
440 *Patrick Beesley,* Room 40. British Naval Intelligence 1914-18, o. O. 1982.
441 *Marder:* From the Dreadnought to Scapa Flow, Band 5; *Gerhard Paul Groß*: Die Seekriegführung der Kaiserlichen Marine im Jahr 1918, Frankfurt/M., Bern 1989.
442 Zur Besatzungspolitik im Osten *Winfried Baumgart*: Deutsche Ostpolitik 1918, von Brest-Litowsk bis zum Ende des Ersten Weltkrieges, München 1966.
443 *Deist,* Militär und Innenpolitik; *Ritter,* Staatskunst, Band 3.
444 *Manfred Zeidler*: Die deutsche Kriegsfinanzierung 1914 bis 1918 und ihre Folgen, in: Michalka (Hsg.): Der Erste Weltkrieg S. 415-433.
445 *Hans Herzfeld*: Die deutsche Sozialdemokratie und die Auflösung der nationalen Einheitsfront im Weltkriege, Leipzig 1928; *Reinhard Höhn*: Sozialismus und Heer, Band 3: Der Kampf des Heeres gegen die Sozialdemokratie, Bad Homburg 1969.
446 *Volker Ullrich*: Kriegsalltag. Zur inneren Revolutionierung der wilhelminischen Gesellschaft, in: *Michalka* (Hsg.): Der Erste Weltkrieg S. 603-621.
447 Ein Beispiel in Deutsche Geschichte in Quellen und Darstellung, Band 8, S. 416 ff.
448 *Manfred Scharrer*: Die Spaltung der deutschen Arbeiterbewegung, 2. Aufl. Stuttgart 1984; *D.W. Morgan*: The Socialist Left and the German Revolution. A History of the German Independent Social Democratic Party 1917-1922, Ithaka, London 1975; *Walter Mühlhausen*: Die Sozialdemokratie am Scheideweg – Burgfrieden., Parteikrise und Spaltung im Ersten Weltkrieg, in: *Michalka* (Hsg.): Der Erste Weltkrieg S. 649-671.
449 Prawda, 7. April 1917.
450 Die kaiserliche Osterbotschaft vom 7. April 1917. Kaiser Wilhelm II. an Reichskanzler v. Bethmann Hollweg, in: Deutscher Reichsanzeiger und Königlich Preußischer Staatsanzeiger Nr. 94 vom 7. April 1917.
451 *Guenter Riederer*: Staatliche Macht und ihre symbolische Repräsentation in einer umstrittenen Region. Die Besuche von Kaisern und Staatsoberhäuptern in »Elsaß-Lothringen« 1857-1918, in: Vergleichende Perspektiven – Perspektiven des Vergleichs: Studien zur europäischen Geschichte von der Spätantike bis ins 20. Jahrhundert (= Trierer Historische Forschungen, Bd. 39), hrsg. v. *Helga Schnabel-Schüle*, Mainz 1998.
452 *Reinhard Schiffers*: Der Hauptausschuß des Deutschen Reichstages 1915-1918. Formen und Bereiche der Kooperation zwischen Parlament und Regierung, Düsseldorf 1979.
453 *Wilhelm Ribhegge*: Frieden für Europa. Die Politik der deutschen Reichstagsmehrheit 1917-1918, Essen 1988.
454 *Erich Matthias, Rudolf Morsey*: Der Interfraktionelle Ausschuß 1917/18, 2 Bände, Düsseldorf 1959. vgl. dazu die Rezension von Steglich in HPB 1960, S. 193 ff.
455 *Volker Ullrich*: Als der Thron ins Wanken kam. Das Ende des Hohenzollernreiches, Bremen 1993; *John C.G. Röhl, Elisabeth Müller-Luckner*: Der Ort Kaiser Wilhelms II. in der deutschen Geschichte, München 1991; Noch lesenswert: *Daniel Chamier:* Wilhelm II. Der deutsche Kaiser. Eine Biographie, München, Berlin 1989.
456 *Wolfgang Stribrny*: Bismarck und die deutsche Politik nach seiner Entlassung (1890-1898), Paderborn 1977.
457 *Martin Kitchen*: The Silent Dictatorship. The Politics of the German High Command under Hindenburg ans Ludorff 1916-1918, London 1976.
458 *Vietsch,* Bethmann-Hollweg, S. 274.
459 Ebda. S. 275. Die Quelle scheint allerdings ein wenig zweifelhaft, vgl. Anm. 23 ebda.
460 Ebda. S. 275.
461 *R. Parkinson*: Tormented Warrior: Ludendorff and the Supreme Command, London 1978.
462 *Volker Ullrich*, Als der Thron ins Wanken kam: das Ende des Hohenzollernreiches 1890-1918, Bremen 1993.
463 *Wolff,* Tagebücher Band 1, S. 516.
464 Ebda. S. 520.
465 *Philipp Scheidemann*: Papst, Kaiser und Sozialdemokratie in ihren Friedensbemühungen im Sommer 1917, Berlin 1921; *W. Steglich*: Die Friedenspolitik der Mittelmächte 1917/18,

Wiesbaden 1964.
466 *Fritz Dickmann*: Der Westfälische Friede, 6. Auflage Münster 1992.
467 *Eberhard Kolb*: Der Weg aus dem Krieg. Bismarcks Politik im Krieg und der Friedensanbahnung 1870/71, München 1989.
468 *Wolfgang Steglich* (Hsg.): Der Friedensappell Papst Benedikts XV. Vom 1. August 1917 und die Mittelmächte. Diplomatische Aktenstücke des deutschen Auswärtigen Amtes, des Bayerischen Staatsministeriums des Äußeren, des Österreichisch-Ungarischen Ministeriums des Äußeren und des deutschen Auswärtigen Amtes aus den Jahren 1915-1922, Wiesbaden 1970.
469 Deutsche Geschichte in Quellen, Band 8, S. 451f.
470 *Kielmansegg*, Deutschland und der Erste Weltkrieg, S. 503.
471 *Heinz Hagenlücke*: Deutsche Vaterlandspartei. Die nationale Rechte am Ende des Kaiserreiches, Düsseldorf 1997.
472 Z.B. *Krupp: Lothar Burchardt:* Zwischen Kriegsgewinnen und Kriegskosten: Krupp im Ersten Weltkrieg,in: Zeitschrift für Unternehmensgeschichte 1978, S. 71-123.
473 *Ernst Legahn*: Meuterei in der kaiserlichen Marine 1917/18. Ursachen und Folgen, Herford 1970. *Anne Lipp*: Meinungslenkung im Krieg. Kriegserfahrungen deutscher Soldaten und ihre Deutung 1914-1918, Göttingen 2003.
474 Immer noch lesenswert: *Günther Stökl:* Russische Geschichte. Zur Revolution und der aus ihr hervorgegangen Sowjetunion: *Manfred Hildermeier*: Die Geschichte der Sowjetunion 1917-1991. Entstehung und Niedergang des ersten sozialistischen Staates, München 1998.
475 *Nikolaj Berdjajew*: Wahrheit und Lüge des Kommunismus, Darmstadt, Genf 1953; Ders. Die russische Idee, Sankt Augustin 1983; *Karl-Dietrich Bracher*: Zeit der Ideologien. Eine Geschichte politischen Denkens im 20. Jahrhundert, München 1985.
476 Deutschland im Zweiten Weltkrieg, von einem Autorenkollektiv unter Leitung von Wolfgang Schumann und Gerhart Hass, 6 Bde., Berlin 1974-1985.
477 zu Lenin s.u.S.271.
478 *Eberhard Demm*: Ostpolitik und Propaganda im Ersten Weltkrieg, Frankfurt/M. u.a. 2001; *Abba Strazhas*: Deutsche Ostpolitik im Ersten Weltkrieg. Der Fall Ober Ost 1915-1917, Wiesbaden 1993.
479 *Gerd Gröning*: Der Drang nach Osten. Zur Entwicklung der Landespflege im Nationalsozialismus und während des Zweiten Weltkrieges in den »eingegliederten Ostgebieten, München 1987; *Wolfgang Wippermann*: Der »deutsche Drang nach Osten«. Ideologie und Wirklichkeit eines politischen Schlagwortes, Darmstadt 1981.
480 *Thomas Brechenmacher,* Die Sybel-Ficker-Kontroverse (erscheint demnächst).
481 *Michael Salewski*: Geschichte als Waffe. Der nationalsozialistische Mißbrauch,in: Jahrbuch des Instituts für Deutsche Geschichte, Bd. XIV, 1985, Tel Aviv, S. 289-311.
482 *Boockmann*, Der deutsche Orden.
483 *Philipp Dollinger*: Die Hanse, 5. Auflage Stuttgart 1998; *Stuart Jenks (Hsg.):* Der hansische Sonderweg? Beiträge zur Sozial- und Wirtschaftsgeschichte der Hanse. Vorträge des Kolloquiums zur Sozial- und Wirtschaftsgeschichte der Hanse, das im Burgkloster zu Lübeck am 22. und 23. April 1991 abgehalten wurde, Köln u.a. 1993.
484 *Klaus J.Bade*: Europa in Bewegung. Migration vom späten 18. Jahrhundert bis zur Gegenwart, München 2000.
485 Am 8. März 1921 beschloß die kommunistische Internationale, dieses Ereignis jährlich feierlich zu begehen.
486 *Gottfried Mergner*: Die russische Arbeiteropposition. Die Gewerkschaften in der Revolution, Reinbek 1972.
487 *Reinhard Wittram*: Studien zum Selbstverständnis des 1. und 2. Kabinetts der russischen Provisorischen Regierung (März bis Juni 1917), Göttingen 1971.
488 *Erik Holm*: The European Anarchy. Europe's Hard Road into High Politics. Copenhagen 2001.
489 *Heinz Brahm*: Schreibtischtäter Lenin, in:Osteuropa. Zeitschrift für Gegenwartsfragen des Ostens 2000, S. 1115-1122. *Dmitrij Wolkogonow*: Lenin, Düsseldorf 1994.
490 *Elisabeth Heresch*: Geheimakte Parvus. Die gekaufte Revolution, München 2000; vgl. die Rezension in HPB 2001, S. 44.

491 Das maßgebende Standardwerk: *Winfried Baumgart*, Deutsche Ostpolitik.
492 *Kielmansegg*, Deutschland und der Erste Weltkrieg, S. 503.
493 *Hindenburg*, Erinerungen, S. 212.
494 Das Gleiche gilt für die Marineführung, vgl. die aufschlußreichen Dokumente in *Gerhard Granier* (Hsg.): Die deutsche Seekriegsleitung im Ersten Weltkrieg, Band 1,2, Koblenz 1999.
495 *Kielmansegg*, Deutschland und der Erste Weltkrieg S. 503.
496 *Jürgen von Hehn, Hans von Rimscha, Hellmuth Weiss* (Hsg.): Von den baltischen Provinzen zu den baltischen Staaten. Beiträge zur Entstehungsgeschichte der Republiken Estland und Lettland 1917-1918, Marburg 1971.
497 Beste Darstellung: *W. Baumgart:* Deutsche Ostpolitik; *Werner Hahlweg:* Der Diktatfrieden von Brest-Litowsk und die bolschewistische Weltrevolution, Münster 1960; *Winfried Baumgart* (Hsg.): Von Brest-Litowsk zur deutschen Novemberrevolution. Aus den Tagebüchern, Briefen und Aufzeichnungen von Alphons Paquet, Wilhelm Groener und Albert Hopmann, März bis November 1918, Göttingen 1971.
498 Max Hoffmann: Die Aufzeichnungen des Generalmajors Max Hoffmann, Bd. 1&2, hrsg. v. *Karl Friedrich Novak*, Berlin 1929.
499 *Elke Bornemann*: Der Frieden von Bukarest 1918, Frankfurt/M. 1978.
500 *Hans Rothe*: Deutsche im Nordosten Europas, Köln u.a. 1991; *Marija Gimbutas*: Die Balten. Geschichte eines Volkes im Ostseeraum, Frankfurt/M. u.a. 1991.
501 Deutsche Geschichte in Quellen und Darstellung, Band 8, S. 446.
502 *Pertev Demirhan*: Generalfedlmarschall Colmar Freiherr von der Goltz. Das Lebensbild eines großen Soldaten. Aus meinen persönlichen Erinnerungen, Göttingen 1960.
503 Deutsche Geschichte in Quellen und Darstellung, Band 8, S. 446.
504 *Tamara Griesser-Pecar:* Die Mission Sixtus. Österreichs Friedensversuch im Ersten Weltkrieg, München 1988.
505 *Richard G. Plaschka, Karlheinz Mack* (Hsg.): Die Auflösung des Habsburgerreiches. Zusammenbruch und Neuordnung im Donauraum, München 1970.
506 Generalfeldmarschall v. Hindenburg an den Kaiser, in: WAU, 4. Reihe, Bd. II, S. 123ff.
507 *W. Boldt:* Der Januarstreik 1918 in Bayern mit bes. Berücksichtigung Nürnbergs, Jb. f. Fränkische Landesforschung, 25 (1965), S. 5-12.
508 Beispiele bei *Deist:* Militär und Innenpolitik und *Barth*: Dolchstoßlegenden.
509 *Friedrich Freiherr Hiller von Gaertringen, Waldemar Besson* (Hrsg.): »Dolchstoß«-Diskussion und »Dolchstoßlegende« im Wandel von vier Jahrzehnten, in: Geschichte und Gegenwartsbewußtsein. Historische Betrachtungen und Untersuchungen,. Festschrift für Hans Rothfels, Göttingen 1963, S. 122-161.
510 *Arthur Link:* Woodrow Wilson, 3 Bände Princeton 1947-1960; *Klaus Schwabe:* Woodrow Wilson. Ein Staatsmann zwischen Puritanertum und Liberalismus, Göttingen u.a. 1971.
511 *Ute Daniel:* Dollardiplomatie in Europa. Marshallplan, Kalter Krieg und US-Außenwirtschaftspolitik 1945-1952, Düsseldorf 1982.
512 Deutsche Geschichte in Quellen und Darstellung, Band 8, S. 453 f.
513 *R.M. Connaughton:* The Republic of the Ushakovka. Admiral Kolchak and the Allied Intervention in Siberia 1918-1920, London, New York 1990.
514 *Klaus Schwabe:* Deutsche Revolution und Wilson-Frieden. Die amerikanische und deutsche Friedensstrategie zwischen Ideologie und Machtpolitik 1918/1919, Düsseldorf 1971.
515 *Max v. Baden:* Erinnerungen, S. 235.
516 *Dieter Storz*: ›Aber was hätte anders geschehen sollen?‹ Die deutschen Offensiven an der Westfront 1918,in: *Jörg Duppler, Gerhard P. Groß* (Hsg.): Kriegsende 1918. Ereignis, Wirkung, Nachwirkung, München 1999, S.51-96; *Martin Middlebrook*: The Kaiser's Battle. 21 March 1918: The First Day of the German Spring Offensive, London 1978.
517 Eine systematische Erforschung der militärischen Decknamen des Ersten und Zweiten Weltkrieges ist bisher m.W. noch nicht erfolgt, obwohl dies eine genuine Aufgabe der Psychohistorie wäre.
518 *Duppler, Groß*: Kriegsende 1918.

519 So *Martin Vogt*: »Illusion als Tugend und kühle Beurteilung als Laster«. Deutschlands »gute Gesellschaft« im Ersten Weltkrieg,in: Michalka (Hsg.): Der Erste Weltkrieg, S. 622--648.
520 *J. Williams*: The Other Battleground. The Home Fronts. Britain, France and Germany 1914-1918, Chicago 1972.
521 *Ute Daniel:* Arbeiterfrauen in der Kriegsgesellschaft 1914-1918: Beruf, Familie und Politik im Ersten Weltkrieg, Göttingen 1989; *Diess.:* Der Krieg der Frauen 1914-1918: Zur Innenansicht des Ersten Weltkrieges in Deutschland, in: *Gerhard Hirschfeld u.a. (Hsg.):* »Keiner fühlt sich hier mehr als Mensch« Erlebnis und Wirkung des Ersten Weltkrieges, Essen 1993, S. 131-149; *Diess.:* Fiktionen, Friktionen und Fakten – Frauenlohnarbeit im Ersten Weltkrieg, in: Michalka (Hsg.): Der Erste Weltkrieg S. 530-562.
522 *Michael Salewski:* Die Abwehr der Invasion als Schlüssel zum Endsieg?, in: *Rolf-Dieter Müller, Hans-Erich Volkmann (Hsg.):* Die Wehrmacht. Mythos und Realität, München 1999, S. 210-223.
523 *Storz:* Was hätte geschehen sollen, S. 55.
524 Wilhelm Groener: Lebenserinnerungen. Jugend – Generalstab – Weltkrieg, hrsg. von *Friedrich Freiherr Hiller von Gaertrtingen,* Göttingen 1957; *Dorothea Groener-Geyer: General Groener,* Soldat und Staatsmann, Frankfurt/M 1955.
525 *Hans Linnenkohl:* Vom Einzelschuß zur Feuerwalze. Der Wettlauf zwischen Technik und Taktik im Ersten Weltkrieg, Koblenz 1990.
526 *Friederike Krüger/Michael Salewski:* Die Verantwortung der militärischen Führung deutscher Streirkräfte in den Jahren 1918 und 1945,in: Kriegsende 1918, S. 377-398.
527 *Ludendorff:* Erinnerungen, S. 188.
528 Das Werk des Untersuchungsausschusses, 4. Reihe, Bd. 11.1 (1929); *Barth*, Dolchstoßlegenden.
529 Aufzeichnungen des Staatssekretärs von Hintze über eine Besprechung mit Ludendorff im Juli/August 1918, in: Amtliche Urkunden zur Vorgeschichte des Waffenstillstands 1918, 4. Aufl., Berlin 1928, S. 7f.
530 *Barbara Guttmann:* Weibliche Heimarmee. Frauen in Deutschland 1914-1918, Weinheim 1989.
531 *Wehler, Hans-Ulrich*: Emotionen in der Geschichte. Sind soziale Klassen auch emotionale Klassen? in: *Christof Dipper/Lutz Klinkhammer/Alexander Nützenadel (Hg.),* Europäische Sozialgeschichte. Festschrift für Wolfgang Schieder, Berlin 2000, 461-473.
532 *Manfred Rauchensteiner:* Der Tod des Doppeladlers. Österreich-Ungarn und der Erste Weltkrieg, Wien 1993.
533 *K. Bosl* (Hrsg.), Handbuch der Geschichte der Böhm. Länder, 4 Bde., 1967-74; *F. Prinz,* Deutsche Geschichte im Osten Europas. Böhmen und Mähren, 1991.
534 Allgemein: *Gunther Mai:* Das Ende des Kaiserreiches. Politik und Kriegführung im Ersten Weltkrieg, München 1987; *Siegfried A. Kähler:* Vier quellenkritische Untersuchungen zum Kriegsende 1918, Göttingen 1961. *Ernst-Heinrich Schmidt:* Heimatheer und Revolution. Die militärischen Gewalten zwischen Oktoberreform und Novemberrevolution, Stuttgart 1981;*Eberhard Kolb* (Hsg.): Vom Kaiserreich zur Weimarer Republik, Köln 1972.
535 *Adolf Stutzenberger:* Die Abdankung Kaiser Wilhelms II. Die Entstehung und Entwicklung der Kaiserfrage und die Haltung der Presse, Berlin 1937.
536 *Wolfgang Elben:* Das Problem der Kontinuität in der deutschen Revolution. Die Politik der Staatssekretären und der militärischen Führung vom November 1918 bis Februar 1919, Düsseldorf 1965.
537 *Erich Matthias, Rudolf Morsey (Hsg.):* Die Regierung des Prinzen Max von Baden, Düsseldorf 1962. (Hier die wichtigten Quellen).
538 *Kielmansegg* S. 667.
539 *Prinz Max von Baden:* Erinnerungen und Dokumente, Berlin und Leipzig 1927, S. 342.
540 Unentbehrlich: Amtliche Urkunden zur Vorgeschichte des Waffenstillstandes 1918. Auf Grund der Akten der Reichskanzlei, des Auswärtigen Amtes und des Reichsarchivs herausgegeben vom Auswärtigen Amt und vom Reichministerium des Innern, Berlin 1924.

541 Das deutsche Ersuchen um Waffenstillstand und Frieden. Note der deutschen Regierung an den Präsidenten Wilson vom 3. Oktober 1918, in: Der Waffenstillstand 1918, Bd. I, S. 11.
542 *Mathias Erzberger:* Erlebnisse im Weltkrieg, Stuttgart u.a. 1920.
543 Die Veröffentlichungen der Ergebnisse des Untersuchungsausschusses bilden das Quellenfundament, aus dem die wissenschaftliche Bewältigung des Ersten Weltkrieges in den zwanziger und dreißiger Jahren gespeist wurde, sie sind noch heute unentbehrlich.
544 Allgemein: *Ulrich Kluge:* Soldatenräte und Revolution. Studien zur Militärpolitik in Deutschland 1918/19, Göttingen 1975; *Schmidt, Ernst-Heinrich:* Heimatheer und Revolution 1918. Die militärischen Gewalten im Heimatgebiet zwischen Oktoberreform und Novemberrevolution. (= Beiträge zur Militär- und Kriegsgeschichte 23). Stuttgart 1981.
545 Vgl. Anm. 552.
546 Zum bürgerlichen Ehrbegriff *Ute Frevert:* Ehrenmänner. Das Duell in der bürgerlichen Gesellschaft, München 1991. Demnächst vgl. die Habilitationsschrift von *Birgit Aschmann:* Die Ehre der Nation (Arbeitstitel).
547 *Friedrich Ruge:* Scapa Flow 1919. Das Ende der deutschen Flotte. Oldenburg, Hamburg 1969.
548 Charakteristische Ausnahme: Adolf Hitler. »Die Versenkung der Flotte sei kein Ruhmesblatt«.
549 *Michael Salewski:* Entwaffnung und Militärkontrolle in Deutschland 1919-1927, München 1966, S.29.
550 Man entsinne sich des Horrorszenariums, das Clemenceau und Foch anläßlich der Unterzeichnung des Versailler Vertrages ausgedacht hatten.
551 Rede des Reichskanzlers Prinz Max von Baden, gehalten im Reichstag am 5. Oktober 1918, in: Stenographische Berichte des Reichstags, Bd. 314, S. 6150ff.
552 Prinz Max von Baden an Ludendorff, 8. Oktober 1918, in: »Amtliche Urkunden zur Vorgeschichte des Waffenstillstandes 1918«, S. 79f.
553 Antwortnote des amerikanischen Präsidenten Wilson an den Reichskanzler Prinz Max v. Baden vom 8. Oktober 1918, in: Der Waffenstillstand 1918/19, Bd. I, S. 11f.
554 Protokollauszug einer Besprechung beim Reichskanzler am 10. Oktober 1918, in: Amtliche Urkunden zur Vorgeschichte des Waffenstillstandes 1918, S. 92.
555 Note der deutschen Regierung an den amerikanischen Präsidenten Wilson vom 12. Oktober 1918, in: Der Waffenstillstand 1918/19, Bd. I, S. 12.
556 Antwortnote des amerikanischen Präsidenten Wilson an den deutschen Reichskanzler vom 14. Oktober 1918, in: Der Waffenstillstand 1918/19, Bd. I, S. 13f.
557 Er selbst hat darüber in seinen Erinnerungen nicht nachgedacht.
558 Telegramm Hindenburgs an Prinz Max von Baden v. 14. Oktober 1918, in: »Amtliche Urkunden zur Vorgeschichte des Waffenstillstandes 1918«, 4. Aufl., Berlin 1918, S. 112f.
559 Protokollauszug der großen Sitzung beim Reichskanzler am 17. Oktober 1918, in: Amtliche Urkunden des Weltkriegs 1918, S. 128ff.
560 *Helmut Heiber:* Hitlers Lagebesprechungen. Die Protokollfragmente seiner militärischen Konferenzen 1942-1945, Stuttgart 1962.
561 Wie Anm. 559.
562 Note der deutschen Regierung an den amerikanischen Präsidenten Wilson vom 20. Oktober 1918, in: Der Waffenstillstand 1918/1919, Bd. I., S. 14f.
563 Der Leiter der militärischen Stelle des Auswärtigen Amtes, Obert von Haeften, an die Oberste Heeresleitung, Berlin, d. 22. Oktober 1918, in: Amtliche Urkunden zur Vorgeschichte, S. 172.
564 *Wilhelm Deist:* Militär und Innenpolitik im Weltkrieg 1914-19; *Eberhard Kolb* (Hsg.): Vom Kaiserreich zur Weimarer Republik, Köln 1972.
565 Flugblatt der Mehrheitsparteien des Reichstags und der Gewerkschaften vom 22. Oktober 1918, in: Illustrierte Geschichte der deutschen Revolution, Berlin 1919, S. 181.
566 Die Berliner Besprechungen vom 25. Oktober 1918, in: *Alfred Niemann,* Revolution von oben – Umsturz von unten, Berlin 1927, S. 411ff.

567 Matthias *Erzberger*: Erlebnisse im Weltkrieg.
568 Der Waffenstillstand 1918-1919. Das Dokumentenmaterial der Waffenstillstandsverhandlungen von Compiègne, Spa, Trier und Brüssel. Notenwechsel, Verhandlungsprotokolle, Verträge, Gesamttätigkeitsbericht. Im Auftrag der deutschen Waffenstillstandskommission hrsg. von *Edmund Marhefka* in Verbindung mit *Hans Frhr. v. Hammerstein* und *Otto Frhr. v. Stein*, Band I, Berlin 1928.
569 *Arthur Walworth*: Wilson and His Peacemakers. American Diplomacy at the Paris Peace Conference, 1919, New York 1986.
570 Für den Gesamtzusammenhang vgl. *Gottfried Niedhart*: Kriegsende und Friedensordnung als Problem der deutschen und internationalen Politik 1917-1927, in: *Michalka* (Hsg.): Der Erste Weltkrieg S. 178-190.
571 *Michael Salewski:* Das Weimarer Revisionssyndrom, in: Beilage zum »Parlament« B23/1978.
572 Erlaß Hindenburgs an die Armee 11. November 1918, in: Vossische Zeitung Nr. 581 vom 13. November 1918.
573 *Alfred Niemann*: Kaiser und Revolution. Die entscheidenden Ereignisse im Großen Hauptquartier im Herbst 1918, Berlin 1928.
574 Schreiben des Staatssekretärs Scheidemann an den Reichskanzler Prinz Max von Baden vom 29. Oktober 1918 betr. den Rücktritt des Kaisers, in: *Philipp Scheidemann*, Der Zusammenbruch, Berlin 1921, S. 201ff.
575 Telegramm des Reichskanzlers Prinz Max von Baden an Kaiser Wilhelm II., 7. November 1918, in: *Prinz Max von Baden*, Erinnerungen, S. 613.
576 Eine sehr dichte Milieuschilderung: *Sigurd von Ilsemann*: Der Kaiser in Holland. Aufzeichnungen des letzten Flügeladjutanten Kaiser Wilhelms II., herausgegeben von *Harald von Koenigswald*. Band 1: Amerongen und Doorn, 1918-1923, München 1967.
577 *Werner Conze* (Hsg.): Kuno Graf von Westarp: Das Ende der Monarchie am 9. November 1918, 1952; hierin »Denkschrift über die Vorgänge des 9. November 1918 im Großen Hauptquartier in Spa«.
578 Man denke an Stresemanns »Kronprinzenbrief«; Brüning hat den »monarchischen Gedanken« quer über seine Erinnerungen verstreut.
579 *Dirk Dähnhardt*: Revolution in Kiel. Der Übergang vom Kaiserreich zur Weimarer Republik 1918/19, 2. Auflage Neumünster. 1984.
580 *Legahn*: Meutereien; *Wilhelm Deist*: Die Politik der Seekriegsleitung und die Rebellion der Flotte Ende Oktober 1918,in: VfZG 1966, S. 341-368; Ders.: Die Unruhen in der Marine 1917/18,in: Marine-Rundschau 1971, S.325-343; *Ulrich Cisnik*: Die Unruhen in der Marine 1917/18, in: Marine-Rundschau 1970, S. 642-664.
581 Insofern ist die Frage beantwortet: *Hans Kutscher*: Admiralsrebellion oder Matrosenrevolte? Der Flotteneinsatz in den letzten Tagen des Weltkrieges, Stuttgart 1933.
582 *Richard Stumpf*: Warum die Flotte zerbrach. Kriegstagebuch eines christlichen Arbeiters, Berlin 1927.
583 *Michael Salewski*: Die deutsche Seekriegsleitung 1935-1945, Band 1,Frankfurt/M 1970, S. 91.
584 Stellvertretend für viele die kluge Studie von *Ulrich Kluge*: Soldatenräte und Revolution. Studien zur Militärpolitik in Deutschland 1918/19, Göttingen 1975; materialreich: *Wolfram Wette*: Gustav Noske. Eine politische Biographie, Düsseldorf 1987.
585 Das ist in der Karnevalsforschung bisher nicht hinreichend untersucht worden, vgl. *Christina Frohn*: Der organisierte Narr. Karneval in Aachen, Düsseldorf und Köln von 1823 bis 1914, Marburg 2000.
586 Das Wort wurde schon am 16.11.1918 von der demokratischen Revolutionsregierung in Baden benutzt, Ebert verwandte es am 10.12.1918.
587 Eine interessante Quelle: *Ewald Beckmann*: Der Dolchstoßprozeß in München vom 19.10.-20.11.1925, München 1925. Jetzt: *Barth*: Dolchstoßlegenden.
588 Eine gute Zusammenstellung bei *R. Ernest Dupuy, Trevor N. Dupuy*: The Encyclopedia of Military History from 3500 B.C. to the present, 2. Aufl.New York 1986; vgl. *Rüdiger*

541 Das deutsche Ersuchen um Waffenstillstand und Frieden. Note der deutschen Regierung an den Präsidenten Wilson vom 3. Oktober 1918, in: Der Waffenstillstand 1918, Bd. I, S. 11.
542 *Mathias Erzberger:* Erlebnisse im Weltkrieg, Stuttgart u.a. 1920.
543 Die Veröffentlichungen der Ergebnisse des Untersuchungsausschusses bilden das Quellenfundament, aus dem die wissenschaftliche Bewältigung des Ersten Weltkrieges in den zwanziger und dreißiger Jahren gespeist wurde, sie sind noch heute unentbehrlich.
544 Allgemein: *Ulrich Kluge:* Soldatenräte und Revolution. Studien zur Militärpolitik in Deutschland 1918/19, Göttingen 1975; *Schmidt, Ernst-Heinrich:* Heimatheer und Revolution 1918. Die militärischen Gewalten im Heimatgebiet zwischen Oktoberreform und Novemberrevolution. (= Beiträge zur Militär- und Kriegsgeschichte 23). Stuttgart 1981.
545 Vgl. Anm. 552.
546 Zum bürgerlichen Ehrbegriff *Ute Frevert:* Ehrenmänner. Das Duell in der bürgerlichen Gesellschaft, München 1991. Demnächst vgl. die Habilitationsschrift von *Birgit Aschmann:* Die Ehre der Nation (Arbeitstitel).
547 *Friedrich Ruge:* Scapa Flow 1919. Das Ende der deutschen Flotte. Oldenburg, Hamburg 1969.
548 Charakteristische Ausnahme: Adolf Hitler. »Die Versenkung der Flotte sei kein Ruhmesblatt«.
549 *Michael Salewski:* Entwaffnung und Militärkontrolle in Deutschland 1919-1927, München 1966, S.29.
550 Man entsinne sich des Horrorszenariums, das Clemenceau und Foch anläßlich der Unterzeichnung des Versailler Vertrages ausgedacht hatten.
551 Rede des Reichskanzlers Prinz Max von Baden, gehalten im Reichstag am 5. Oktober 1918, in: Stenographische Berichte des Reichstags, Bd. 314, S. 6150ff.
552 Prinz Max von Baden an Ludendorff, 8. Oktober 1918, in: »Amtliche Urkunden zur Vorgeschichte des Waffenstillstandes 1918«, S. 79f.
553 Antwortnote des amerikanischen Präsidenten Wilson an den Reichskanzler Prinz Max v. Baden vom 8. Oktober 1918, in: Der Waffenstillstand 1918/19, Bd. I, S. 11f.
554 Protokollauszug einer Besprechung beim Reichskanzler am 10. Oktober 1918, in: Amtliche Urkunden zur Vorgeschichte des Waffenstillstandes 1918, S. 92.
555 Note der deutschen Regierung an den amerikanischen Präsidenten Wilson vom 12. Oktober 1918, in: Der Waffenstillstand 1918/19, Bd. I, S. 12.
556 Antwortnote des amerikanischen Präsidenten Wilson an den deutschen Reichskanzler vom 14. Oktober 1918, in: Der Waffenstillstand 1918/19, Bd. I, S. 13f.
557 Er selbst hat darüber in seinen Erinnerungen nicht nachgedacht.
558 Telegramm Hindenburgs an Prinz Max von Baden v. 14. Oktober 1918, in: »Amtliche Urkunden zur Vorgeschichte des Waffenstillstandes 1918«, 4. Aufl., Berlin 1918, S. 112f.
559 Protokollauszug der großen Sitzung beim Reichskanzler am 17. Oktober 1918, in: Amtliche Urkunden des Weltkriegs 1918, S. 128ff.
560 *Helmut Heiber:* Hitlers Lagebesprechungen. Die Protokollfragmente seiner militärischen Konferenzen 1942-1945, Stuttgart 1962.
561 Wie Anm. 559.
562 Note der deutschen Regierung an den amerikanischen Präsidenten Wilson vom 20. Oktober 1918, in: Der Waffenstillstand 1918/1919, Bd. I., S. 14f.
563 Der Leiter der militärischen Stelle des Auswärtigen Amtes, Obert von Haeften, an die Oberste Heeresleitung, Berlin, d. 22. Oktober 1918, in: Amtliche Urkunden zur Vorgeschichte, S. 172.
564 *Wilhelm Deist:* Militär und Innenpolitik im Weltkrieg 1914-19; *Eberhard Kolb* (Hsg.): Vom Kaiserreich zur Weimarer Republik, Köln 1972.
565 Flugblatt der Mehrheitsparteien des Reichstags und der Gewerkschaften vom 22. Oktober 1918, in: Illustrierte Geschichte der deutschen Revolution, Berlin 1919, S. 181.
566 Die Berliner Besprechungen vom 25. Oktober 1918, in: *Alfred Niemann*, Revolution von oben – Umsturz von unten, Berlin 1927, S. 411ff.

567 Matthias *Erzberger*: Erlebnisse im Weltkrieg.
568 Der Waffenstillstand 1918-1919. Das Dokumentenmaterial der Waffenstillstandsverhandlungen von Compiègne, Spa, Trier und Brüssel. Notenwechsel, Verhandlungsprotokolle, Verträge, Gesamttätigkeitsbericht. Im Auftrag der deutschen Waffenstillstandskommission hrsg. von *Edmund Marhefka* in Verbindung mit *Hans Frhr. v. Hammerstein* und *Otto Frhr. v. Stein*, Band I, Berlin 1928.
569 *Arthur Walworth*: Wilson and His Peacemakers. American Diplomacy at the Paris Peace Conference, 1919, New York 1986.
570 Für den Gesamtzusammenhang vgl. *Gottfried Niedhart*: Kriegsende und Friedensordnung als Problem der deutschen und internationalen Politik 1917-1927, in: *Michalka* (Hsg.): Der Erste Weltkrieg S. 178-190.
571 *Michael Salewski:* Das Weimarer Revisionssyndrom, in: Beilage zum »Parlament« B23/1978.
572 Erlaß Hindenburgs an die Armee 11. November 1918, in: Vossische Zeitung Nr. 581 vom 13. November 1918.
573 *Alfred Niemann*: Kaiser und Revolution. Die entscheidenden Ereignisse im Großen Hauptquartier im Herbst 1918, Berlin 1928.
574 Schreiben des Staatssekretärs Scheidemann an den Reichskanzler Prinz Max von Baden vom 29. Oktober 1918 betr. den Rücktritt des Kaisers, in: *Philipp Scheidemann*, Der Zusammenbruch, Berlin 1921, S. 201ff.
575 Telegramm des Reichskanzlers Prinz Max von Baden an Kaiser Wilhelm II., 7. November 1918, in: *Prinz Max von Baden*, Erinnerungen, S. 613.
576 Eine sehr dichte Milieuschilderung: *Sigurd von Ilsemann*: Der Kaiser in Holland. Aufzeichnungen des letzten Flügeladjutanten Kaiser Wilhelms II., herausgegeben von *Harald von Koenigswald*. Band 1: Amerongen und Doorn, 1918-1923, München 1967.
577 *Werner Conze* (Hsg.): Kuno Graf von Westarp: Das Ende der Monarchie am 9. November 1918, 1952; hierin »Denkschrift über die Vorgänge des 9. November 1918 im Großen Hauptquartier in Spa«.
578 Man denke an Stresemanns »Kronprinzenbrief«; Brüning hat den »monarchischen Gedanken« quer über seine Erinnerungen verstreut.
579 *Dirk Dähnhardt*: Revolution in Kiel. Der Übergang vom Kaiserreich zur Weimarer Republik 1918/19, 2. Auflage Neumünster. 1984.
580 *Legahn*: Meutereien; *Wilhelm Deist*: Die Politik der Seekriegsleitung und die Rebellion der Flotte Ende Oktober 1918,in: VfZG 1966, S. 341-368; Ders.: Die Unruhen in der Marine 1917/18,in: Marine-Rundschau 1971, S.325-343; *Ulrich Cisnik*: Die Unruhen in der Marine 1917/18, in: Marine-Rundschau 1970, S. 642-664.
581 Insofern ist die Frage beantwortet: *Hans Kutscher*: Admiralsrebellion oder Matrosenrevolte? Der Flotteneinsatz in den letzten Tagen des Weltkrieges, Stuttgart 1933.
582 *Richard Stumpf*: Warum die Flotte zerbrach. Kriegstagebuch eines christlichen Arbeiters, Berlin 1927.
583 *Michael Salewski*: Die deutsche Seekriegsleitung 1935-1945, Band 1,Frankfurt/M 1970, S. 91.
584 Stellvertretend für viele die kluge Studie von *Ulrich Kluge*: Soldatenräte und Revolution. Studien zur Militärpolitik in Deutschland 1918/19, Göttingen 1975; materialreich: *Wolfram Wette*: Gustav Noske. Eine politische Biographie, Düsseldorf 1987.
585 Das ist in der Karnevalsforschung bisher nicht hinreichend untersucht worden, vgl. *Christina Frohn*: Der organisierte Narr. Karneval in Aachen, Düsseldorf und Köln von 1823 bis 1914, Marburg 2000.
586 Das Wort wurde schon am 16.11.1918 von der demokratischen Revolutionsregierung in Baden benutzt, Ebert verwandte es am 10.12.1918.
587 Eine interessante Quelle: *Ewald Beckmann*: Der Dolchstoßprozeß in München vom 19.10.-20.11.1925, München 1925. Jetzt: *Barth*: Dolchstoßlegenden.
588 Eine gute Zusammenstellung bei *R. Ernest Dupuy, Trevor N. Dupuy*: The Encyclopedia of Military History from 3500 B.C. to the present, 2. Aufl.New York 1986; vgl. *Rüdiger*

Overmans, Kriegsverluste, in: *Hirschfeld/Krumeich/Renz*: Enzyklopädie Erster Weltkrieg, S. 663-666. Afflerbach geht sogar von »mehr als 10 Millionen« Toten des Krieges aus.

589 *M. Lurz*: Kriegerdenkmäler in Deutschland, Band 3: Erster Weltkrieg, Heidelberg 1985; *G.L. Mosse*: Fallen Soldiers, New York 1990.

590 *Manfred Zeidler*: Die deutsche Kriegsfinanzierung 1914 bis 1918 und ihre Folgen, in: *Michalka* (Hsg.): Der Erste Weltkrieg S. 415-433.

591 *Detlef Felken: Oswald Spengler*. Konservative Denker zwischen Kaiserreich und Diktatur München 1988.

592 Zur Wahrnehmungsgeschichte des Ersten Weltkrieges *Klaus Vondung:* Die Apokalypse in Deutschland, München 1988; *Gerhard Hirschfeld, Gerd Krumeich, Dieter Langewiesche* (Hsg.): Kriegserfahrungen. Studien zur Sozial- und Mentalitätsgeschichte des Ersten Weltkrieges, Essen 1997.

593 *Walter Schwengler:* Völkerrecht, Versailler Vertrag und Auslieferungsfrage. Die Strafverfolgung wegen Kriegsverbrechen als Problem des Friedensschlusses 1919/20, Stuttgart 1982.

594 Die deutsche Seekriegsleitung im Ersten Weltkrieg – Dokumentation, bearbeitet von Gerhard Granier, 2 Bände, Koblenz 1999. Hier zahlreiche Beispiele. Zur internationalen Dimension vgl. *Stig Förster* (Hsg.): An der Schwelle zum Totalen Krieg. Die militärische Debatte über den Krieg der Zukunft 1919-1939, Paderborn 2002 (Krieg in der Geschichte, Bd. 13).

595 *Salewski:* Geschichte als Waffe.

QUELLEN UND LITERATUR

1. QUELLEN

Amtliche Urkunden zur Vorgeschichte des Waffenstillstandes 1918. Auf Grund der Akten der Reichskanzlei, des Auswärtigen Amtes und des Reichsarchivs herausgegeben vom Auswärtigen Amt und vom Reichministerium des Innern, 4. Auflage Berlin 1928.

Baden, Max von: Erinnerungen und Dokumente, Berlin, Leipzig 1927.
Barrès, Maurice: Les déracinés, Paris 1897.
Baumgart, Winfried (Hg.): Von Brest-Litowsk zur deutschen Novemberrevolution. Aus den Tagebüchern, Briefen und Aufzeichnungen von Alphons Paquet, Wilhelm Groener und Albert Hopmann, März bis November 1918, Göttingen 1971.
Baumgart, Winfried (Hg.): Akten zur Geschichte des Krimkrieges, 4 Serien, München 1979.
Beckmann, Ewald: Der Dolchstoßprozeß in München vom 19.10.-20.11.1925, München 1925.
Bellamy, Edward: Looking backward 2000-1887, Cambridge 1967.
Berghahn, Volker R., *Deist, Wilhelm*: Rüstung im Zeichen der wilhelminischen Weltpolitik. Grundlegende Dokumente, Düsseldorf 1988.
Bethmann Hollweg, Theobald v.: Betrachtungen zum Weltkriege, 2 Bände, Berlin 1919-1921.
Beumelburg, Werner: Der Soldat von 1917, Oldenburg u.a. 1942.
Beumelburg, Werner: Eine ganze Welt gegen uns. Eine Geschichte des Weltkrieges in Bildern, 2. Auflage Berlin 1936.
Beumelburg, Werner: Mit 17 Jahren vor Verdun, Frankfurt/M. 1931.
Bihl, Wolfdieter (Hg.): Deutsche Quellen zur Geschichte des Ersten Weltkriegs, Darmstadt 1991.
Bruch, Rüdiger vom, Björn Hofmeister (Hg.): Deutsche Geschichte in Quellen und Darstellung. Band 8: Kaiserreich und Erster Weltkrieg 1871-1918, Stuttgart 2000.
Bülow, Bernhard von: Denkwürdigkeiten. 4 Bände, Berlin 1930-1931.

Chamberlain, Houston Steward: Die Grundlagen des 19. Jahrhunderts, München 1899.
Clausewitz, Carl von: Vom Kriege. Hinterlassenes Werk des Carl von Clausewitz, 18. Auflage Bonn 1973.
Conze, Werner (Hg.): Kuno Graf von Westarp: Das Ende der Monarchie am 9. November 1918, 1952.

Deist, Wilhelm (Hg.): Militär- und Innenpolitik im Weltkriege 1914-1918, 2 Bände, Düsseldorf 1970.
Demirhan, Pertev: Generalfeldmarschall Colmar Freiherr von der Goltz. Das Lebensbild eines großen Soldaten. Aus meinen persönlichen Erinnerungen, Göttingen 1960.
Deutscher Reichsanzeiger und Königlich Preußischer Staatsanzeiger Nr. 94 vom 7. April 1917.

Erzberger, Mathias: Erlebnisse im Weltkrieg, Stuttgart u.a. 1920.
Ettighofer, Paul C.: Gespenster am Toten Mann, o.O. 1931.
Ettighofer, Paul C.: Verdun. Das große Gericht, Gütersloh 1936.

Flex, Walter: Der Wanderer zwischen den Welten. Novelle, 4. Auflage Kiel 1986.

Geiss, Imanuel (Hg.): Julikrise und Kriegsausbruch 1914. Eine Dokumentensammlung, 2 Bände, Hannover 1963/1964.
Genevoix, Maurice (Hg.): Actes du congrès sur la bataille de Verdun, Nancy 1976.
Genevoix, Maurice: Ceux de quatorze, Paris 1984.
Görlitz, Walter (Hg.): Regierte der Kaiser? Kriegstagebücher, Aufzeichnungen und Briefe des Chefs des Marine-Kabinetts Admiral Georg Alexander von Müller, 1914 bis 1918, Göttingen 1959.
Granier, Gerhard (Hg.): Die deutsche Seekriegsleitung im Ersten Weltkrieg, Band 1,2, Koblenz 1999.
Groener, Wilhelm: Lebenserinnerungen. Jugend – Generalstab – Weltkrieg, hrsg. von *Gaertringen, Friedrich Freiherr Hiller* von: Göttingen 1957.

Hindenburg, Paul von: Aus meinem Leben, Leipzig 1921.
Hoffmann, Max: Die Aufzeichnungen des Generalmajors Max Hoffmann, Bd. 1&2, hrsg. v. *Karl Friedrich Novak*, Berlin 1929.
Hölzle, Erwin (Hg.): Quellen zur Entstehung des Ersten Weltkrieges. Internationale Dokumente 1901-1914, Darmstadt 1978.

Ilsemann, Sigurd von: Der Kaiser in Holland. Aufzeichnungen des letzten Flügeladjutanten Kaiser Wilhelms II., herausgegeben von Harald von Koenigswald. Band 1: Amerongen und Doorn, 1918-1923, München 1967.

Johann, Ernst (Hg.): Innenansicht eines Krieges. Bilder, Briefe, Dokumente 1914-1918, Frankfurt/M. 1968.
Jünger, Ernst: In Stahlgewittern, 26. Auflage Stuttgart 1961.

Kantorowicz, Hermann: Gutachten zur Kriegsschuldfrage 1914. Aus dem Nachlaß herausgegeben und eingeleitet von *Imanuel Geiss*, Frankfurt/M. 1967.
Koeppen, Edlef: Heeresbericht, Reinbek 1992.
Kohl, Helmut: Mein Tagebuch 1998-2000, München 2000.
Kraus, Karl: Die letzten Tage der Menschheit. Tragödie in 5 Akten mit Vorspiel und Epilog, 3. Auflage Frankfurt/M. 1987.

Ludendorff, Erich (Hg.):Urkunden der Obersten Heeresleitung über ihre Tätigkeit 1916/18, Berlin 1920.
Ludendorff, Erich: Der totale Krieg, München 1935.

Maas, Edgar: Verdun, Berlin 1936.
Marhefka, Edmund (Hg.): Der Waffenstillstand 1918-1919. Das Dokumentenmaterial der Waffenstillstandsverhandlungen von Compiègne, Spa, Trier und Brüssel. Notenwechsel, Verhandlungsprotokolle, Verträge, Gesamttätigkeitsbericht. Im Auftrag der deutschen Waffenstillstandskommission hrsg. von *Edmund Marhefka* in Verbindung mit *Hans Frhr. v. Hammerstein* und *Otto Frhr. v. Stein*, Band I, Berlin 1928.
Marine-Archiv und Arbeitskreis für Wehrforschung (Hg.): Der Krieg zur See 1914-1918, 7 Reihen, Berlin, Frankfurt a. M. 1920-1966.
Michaelis, Georg: Für Staat und Volk, Berlin 1922.

Reichsarchiv (Hg.), Der Weltkrieg 1914-1918. Die militärischen Operationen zu Lande, Bd. 1: Die Grenzschlachten im Westen, Berlin 1925.
Riezler, Kurt: Tagebücher, Aufsätze, Dokumente, hrsg. v. *Karl Dietrich Erdmann*, Göttingen 1972.

Schäuble, Wolfgang: Und Sie bewegt sich doch, Berlin 1998.
Scheer, Admiral: Deutschlands Hochseeflotte im Weltkrieg. Persönliche Erinnerungen, Berlin o.J.
Schönherr, Karl: Die Hungerblockade. Drama in 3 Akten, Leipzig 1925.
Schwabe, Klaus (Hg.): Quellen zum Friedensschluß von Versailles, Darmstadt 1997.
Sösemann, Bernd (Hg.): Theodor Wolff. Tagebücher 1914-1919. 2 Teile, Boppard 1984.
Steglich, Wolfgang (Hg.): Der Friedensappell Papst Benedikts XV. vom 1. August 1917 und die Mittelmächte. Diplomatische Aktenstücke des deutschen Auswärtigen Amtes, des Bayerischen Staatsministeriums des Äußeren, des Österreichisch-Ungarischen Ministeriums des Äußeren und des deutschen Auswärtigen Amtes aus den Jahren 1915-1922, Wiesbaden 1970.
Stenographische Berichte über die Verhandlungen des Reichstags, Berlin 1871-1939.
Stumpf, Richard: Warum die Flotte zerbrach. Kriegstagebuch eines Christlichen Arbeiters, Berlin 1927.

Tirpitz, Alfred von: Deutsche Ohnmachtspolitik im Weltkriege, Stuttgart u.a. 1926.
Tirpitz, Alfred von: Erinnerungen, 6. Auflage Leipzig 1942.

Vossische Zeitung Nr. 581 vom 13. November 1918.

Wehner, Josef Magnus: 7 vor Verdun. Ein Kriegsroman, München 1930.
Weininger, Otto: Geschlecht und Charakter, Leipzig 1903.
Wells, H.G.: Der Krieg der Welten (1898), Zürich 1985.
Wells, H.G.: Die Zeitmaschine (1895), Zürich 1979.
Weltkrieg im Bild, Der: Frontaufnahmen aus den Archiven der Entente. München 1930.
Zweig, Arnold: Erziehung vor Verdun, (1935), Berlin 1987.

2. Literatur

Afflerbach, Holger: Der Dreibund. Europäische Großmacht- und Allianzpolitik vor dem ersten Weltkrieg, Wien 2001.
Afflerbach, Holger: Falkenhayn. Politisches Denken und Handeln im Kaiserreich, München 1994.
Albers, Jens: Worte wie Waffen, Essen 1996.
Albrecht-Heide, Astrid, Bujewski-Crawford, Utemaria: Frauen – Krieg – Militär. Images und Phantasien, Tübingen 1991.
Almeras, Philipe: Un Français nommé Pétain, Paris 1995.
Ambrosius Lloyd E.: Wilsonian State Craft. Theory and Pratice of Liberal Internationalism During World War I, Wilmington 1991.
Andrews, Eric Montgomery: The Anzac illusion. Anglo-Australian relations during World War 1, Cambridge u.a. 1993.
Angelow, Jürgen: Kalkül und Prestige. Der Zweibund am Vorabend des ersten Weltkrieges, Köln, Weimar, Wien 2000.
Armeson, R.B.: Total Warfare and Compulsory Labor. A Study of the Military – Industrial Complex in Germany during World War I., Den Haag 1964.
Arnold, Udo (Hg.): Deutscher Orden 1190-1990, Lüneburg 1997.

Bach, André: Die Stimmungslage der an der französischen Front 1917 bis 1918 eingesetzten Soldaten nach den Unterlagen der Briefzensur, in: *Jörg Duppler, Gerhard P. Groß* (Hg.): Kriegsende 1918: Ereignis, Wirkung, Nachwirkung, München 1999, S. 201-215.
Bade, Klaus J.: Europa in Bewegung. Migration vom späten 18. Jahrhundert bis zur Gegenwart, München 2000.

Bainville, Jacques: Frankreichs Kriegsziel. Les conséquences politiques de la guerre, Hamburg 1941.
Bariéty, Jacques, Poidevin, Raymond: Frankreich und Deutschland. Die Geschichte ihrer Beziehungen 1815-1975, München 1982.
Bariéty, Jacques: Die französische Politik in der Ruhrkrise, in: Klaus Schwabe: Die Ruhrkrise 1923, Paderborn 1984.
Barth, Boris: Dolchstoßlegenden und politische Desintegration. Das Trauma der deutschen Niederlage im Ersten Weltkrieg 1914-1933 (Schriften des Bundesarchivs 61), Düsseldorf 2003.
Barthe, Rolf: Frankreichs schwere Stunde. Die Meuterei der Armee 1917, 3. Auflage. Potsdam 1937.
Baumgart, Winfried: Der Friede von Paris 1856. Studien zum Verhältnis von Kriegführung, Politik und Friedensbewahrung, München u.a. 1972.
Baumgart, Winfried: Deutsche Ostpolitik 1918, von Brest-Litowsk bis zum Ende des Ersten Weltkrieges, München 1966.
Baumgart, Winfried: Deutschland im Zeitalter des Imperialismus. 1890-1914. Grundkräfte, Thesen und Strukturen, 5. Auflage Stuttgart u.a. 1986.
Becker, Frank: Bilder von Krieg und Nation. Die Einigungskriege in der bürgerlichen Öffentlichkeit Deutschlands 1864-1913, München 2001.
Beesley, Patrick: Room 40. British Naval Intelligence 1914-1918, Oxford, New York 1984.
Berdjajew, Nikolaj: Die russische Idee, Sankt Augustin 1983.
Berdjajew, Nikolaj: Wahrheit und Lüge des Kommunismus, Darmstadt, Genf 1953.
Berghahn, Volker R.: Militarismus. Die Geschichte einer internationalen Debatte, Hamburg, Leamington 1986.
Berghahn, Volker R.: Sarajewo, 28. Juni 1914. Der Untergang des alten Europa, München 1997.
Berghahn, Volker R.: Der Tirpitz-Plan. Genesis und Verfall einer innenpolitischen Krisenstrategie unter Wilhelm II., Düsseldorf 1971.
Beßlich, Barbara: ›Wege in den Kulturkrieg‹ Zivilisationskritik in Deutschland 1890-1914, Darmstadt 2000.
Bieber, Hans Joachim: Gewerkschaften in Krieg und Revolution. Arbeiterbewegung, Industrie, Staat und Militär in Deutschland 1914-1920, 2 Bände, Hamburg 1981.
Blaich, F.: Staat und Verbände in Deutschland 1871-1945, Wiesbaden 1979.
Blänsdorf, Agnes: Die Zweite Internationale und der Krieg. Die Diskussion über die internationale Zusammenarbeit der sozialistischen Parteien 1914-1917, Stuttgart 1979.
Bock, Gisela: Frauen in der europäischen Geschichte. Vom Mittelalter bis zur Gegenwart, München 2000.
Böhme, Helmut: Thesen zur Beurteilung der gesellschaftlichen, wirtschaftlichen und politischen Ursachen des deutschen Imperialismus, o.O. 1971.
Böhme, Klaus (Hg.): Aufrufe und Reden deutscher Professoren im Ersten Weltkrieg, Stuttgart 1975.
Boldt, W.: Der Januarstreik 1918 in Bayern mit besonderer. Berücksichtigung Nürnbergs, in: Jahrbuch für Fränkische Landesforschung, 25 (1965), S. 5-12.
Boockmann, Hartmut: Der deutsche Orden. Zwölf Kapitel aus seiner Geschichte, München 1981.
Bornemann, Elke: Der Frieden von Bukarest 1918, Frankfurt/M. 1978.
Bosl, K. (Hg.): Handbuch der Geschichte der Böhmischen Länder, 4 Bde., o. O. 1967-74.
Bracher, Karl Dietrich: Die Auflösung der Weimarer Republik. Eine Studie zum Problem des Machtverfalls in der Demokratie, 5. Auflage Villingen 1971.
Bracher, Karl Dietrich: Zeit der Ideologien. Eine Geschichte politischen Denkens im 20. Jahrhundert, München 1985.
Brahm, Heinz: Schreibtischtäter Lenin, in: Osteuropa. Zeitschrift für Gegenwartsfragen des Ostens 2000, S. 1115-1122.

Brakelmann, G.: Protestantische Kriegstheologie im Ersten Weltkrieg. Reinhold Seeberg als Theologe des deutschen Imperialismus, Bielefeld 1974.
Brenner, P.S.: Reisen in die neue Welt: die Erfahrungen Nordamerikas in deutschen Reise- und Auswanderungsberichten des 19. Jahrhunderts, Tübingen 1991.
Bruch, Rüdiger vom: Wissenschaft, Politik und öffentliche Meinung. Gelehrtenpolitik im Wilhelminischen Deutschland 1890-1914, Husum 1980.
Bublitz, Hannelore, Hanke, Christine, Seier, Andrea: Der Gesellschaftskörper. Zur Neuordnung von Kultur und Geschlecht um 1900, Frankfurt/M.2000.
Buchholz, Arden: Moltke, Schlieffen and Prussian war planning, New York u.a. 1991.
Bucholz, Arden: Hans Delbrück and the German Military Establishment: War Images in Conflict, Iowa City 1998.
Burchardt, Lothar: Friedenswirtschaft und Kriegsvorsorge. Deutschlands wirtschaftliche Rüstungsbestrebungen vor 1914, Boppard 1968.
Burchardt, Lothar: Zwischen Kriegsgewinnen und Kriegskosten: Krupp im Ersten Weltkrieg, in: Zeitschrift für Unternehmensgeschichte 1978, S. 71-123.

Cable, James: Gunboat Diplomacy 1919-1979. Political applications of limited naval force, London u.a. 1981.
Cassels, Lavender: Der Erzherzog und seine Mörder. Sarajewo, 28. Juni 1914, Wien 1988.
Chamier, Daniel: Wilhelm II. Der deutsche Kaiser. Eine Biographie, München, Berlin 1989.
Cisnik, Ulrich: Die Unruhen in der Marine 1917/18, in: Marine-Rundschau 1970, S. 642-664.
Conte, Arthur: Joffre, Paris 1998.
Conze, Eckart: Die Kuba-Krise: Wendepunkt des Kalten Krieges? in: *Michael Salewski* (Hg.): Das Zeitalter der Bombe. Die Geschichte der atomaren Bedrohung von Hiroshima bis heute, München 1995, S.141-166.
Conze, Werner: Der Beginn der deutschen Arbeiterbewegung, in: *Friedrich Hiller v. Gaertringen, Waldemar Besson* (Hg.): Geschichte und Gegenwartsbewußtsein. Historische Betrachtungen und Untersuchungen. Festschrift für Hans Rothfels zum 70. Geburtstag, dargebracht von Kollegen, Freunden und Schülern, S. 323-338.
Conze, Werner: Polnische Nation und Deutsche Politik im Ersten Weltkrieg, Köln, Graz 1958.
Cornelißen, Christoph: Gerhard Ritter. Geschichtswissenschft und Politik im 20. Jahrhundert (Schriften des Bundesarchivs 58) Düsseldorf 2001.
Cornelißen, Christoph: Die Frontgeneration deutscher Historiker und der Erste Weltkrieg, in: *Jost Dülf / Gerd Krumeich* (Hg.): Die Präsenz des Krieges im Frieden (im Druck).
Costello, John, Terry Hughs: Jutland 1916, London 1976.
Creveld, Martin van: Die Zukunft des Krieges, München 1998.
Creveld, Martin van: Frauen und Krieg, München 2001.

Dähnhardt, Dirk: Revolution in Kiel. Der Übergang vom Kaiserreich zur Weimarer Republik 1918/19, 2. Auflage Neumünster. 1984.
Daniel, Ute: Arbeiterfrauen in der Kriegsgesellschaft 1914-1918: Beruf, Familie und Politik im Ersten Weltkrieg, Göttingen 1989.
Daniel, Ute: Der Krieg der Frauen 1914-1918: Zur Innenansicht des Ersten Weltkrieges in Deutschland, in: *Gerhard Hirschfeld* u.a. (Hg.): »Keiner fühlt sich hier mehr als Mensch« Erlebnis und Wirkung des Ersten Weltkrieges, Essen 1993, S. 131-149.
Daniel, Ute: Dollardiplomatie in Europa. Marshallplan, Kalter Krieg und US-Außenwirtschaftspolitik 1945-1952, Düsseldorf 1982.
Daniel, Ute: Fiktionen, Friktionen und Fakten - Frauenlohnarbeit im Ersten Weltkrieg, in: *Wolfgang Michalka* (Hg.): Der Erste Weltkrieg. Wirkung, Wahrnehmung, Analyse, München 1994, S. 530-562.
Deist, Wilhelm: Die Politik der Seekriegsleitung und die Rebellion der Flotte Ende Oktober 1918, in: VfZG 1966, S. 341-368.
Deist, Wilhelm: Die Unruhen in der Marine 1917/18,in: Marine-Rundschau 1971, S.325-343.

Deist, Wilhelm: Kiel und die Marine im Ersten Weltkrieg, in: *Jürgen Elvert, Jürgen Jensen, Michael Salewski*: Kiel, die Deutschen und die See (= HMRG, Beiheft 3), Stuttgart 1992, S. 143-154.
Deist, Wilhelm: Militär, Staat und Gesellschaft, München 1991.
Delbrück, C. von: Die wirtschaftliche Mobilmachung in Deutschland 1914, München 1924.
Delbrück, Hans: Geschichte der Kriegskunst im Rahmen der politischen Geschichte, 4 Bände, Berlin u.a. 2000.
Demandt, Alexander: Ungeschehene Geschichte: Ein Traktat über die Frage, Was wäre geschehen, wenn...?, Göttingen 1984.
Demeter, Karl: Das deutsche Offizierkorps in Gesellschaft und Staat 1650-1945, 2. Auflage Frankfurt/M. 1962.
Demm, Eberhard: Ostpolitik und Propaganda im Ersten Weltkrieg, Frankfurt/M. u.a. 2001.
Deutschland im Ersten Weltkrieg. Von einem Autorenkollektiv unter Leitung von *Fritz Klein*, 3 Bände, Berlin 1970-71.
Deutschland im Zweiten Weltkrieg, von einem Autorenkollektiv unter Leitung von *Wolfgang Schumann* und *Gerhart Hass*, 6 Bände, Berlin 1974-1985.
Dickmann, Fritz: Der Westfälische Friede, 6. Auflage Münster 1992.
Dippel, Horst: Geschichte der USA, München 2001.
Dithfurt, Christian von: Internet für Historiker, Frankfurt/M. 1997.
Dix, Arthur: Wirtschaftskrieg und Kriegswirtschaft, Berlin 1920.
Dollinger, Philipp: Die Hanse, 5. Auflage Stuttgart 1998.
Dorst, Klaus, Wünsche, Wolfgang: Der erste Weltkrieg. Erscheinung und Wesen, Berlin 1989.
Döscher, Hans-Jürgen: Verschworene Gesellschaft. Das Auswärtige Amt unter Adenauer zwischen Neubeginn und Kontinuität, Berlin 1995.
Dülffer, Jost, Holl, Karl (Hg.): Bereit zum Krieg. Kriegsmentalität im wilhelminischen Deutschland 1890-1914, Beiträge zur historischen Friedensforschung, Göttingen 1986.
Dülffer, Jost, Kröger, Martin, Wippich, Rolf-Harald (Hg.): Vermiedene Kriege. Deeskalation von Konflikten der Großmächte zwischen Krimkrieg und erstem Weltkrieg 1865 (1856-1914), München 1997.
Dülffer, Jost: Regeln gegen den Krieg. Die Haager Friedenskonferenzen von 1899 und 1907 in der internationalen Politik, Frankfurt/M.u.a. 1981.
Dupuy, R. Ernest, Dupuy, Trevor N.: The Encyclopedia of Military History from 3500 B.C. to the present, 2. Auflage New York 1986.

Eberle, Matthias: Der Weltkrieg und die Künstler der Weimarer Republik. Dix, Grosz, Beckmann, Schlemmer, Stuttgart, Zürich 1989.
Elben, Wolfgang: Das Problem der Kontinuität in der deutschen Revolution. Die Politik der Staatssekretäre und der militärischen Führung vom November 1918 bis Februar 1919, Düsseldorf 1965.
Eley, Geoff: Wilhelminismus, Nationalismus, Faschismus. Zur historischen Kontinuität in Deutschland, Münster 1991.
Elvert, Jürgen: Geschichte Irlands, 2. Auflage München 1993.
Elvert, Jürgen: Mitteleuropa! Deutsche Pläne zur europäischen Neuordnung (1918-1945), Stuttgart 1999.
Elze, Walter: Tannenberg. Das deutsche Heer von 1914, seine Grundzüge und deren Auswirkung im Sieg an der Ostfront, Breslau 1928.
Englund, Peter: Menschheit am Nullpunkt. Aus dem Abgrund des 20. Jahrhunderts, Stuttgart 2001.
Enzyklopädie Erster Weltkrieg, hg. von *Gerhard Hirschfeld, Gerd Krumeich, Irina Renz*, Paderborn, 2. durchges. Aufl. 2004.
Epkenhans, Michael: Die wilhelminische Flottenrüstung 1908-1914. Weltmachtstreben, industrieller Fortschritt, soziale Integration, München 1991.

Farrar, L.L. Jr: Arrogance and Anxiety. The Ambivalence of German Power 1848-1914, Iowa City 1981.
Farrar, L.L. Jr: Divide and Conquer. German Efforts to Conclude a Separate Peace, 1914-1918, New York 1978.
Feldman, Gerald D.: Kriegswirtschaft und Zwangswirtschaft: die Diskreditierung des »Sozialismus« in Deutschland während des Ersten Weltkrieges, in: *Wolfgang Michalka* (Hg.): Der Erste Weltkrieg. Wirkung, Wahrnehmung, Analyse, München 1994, S. 456-484.
Feldman, Gerald Donald: Hugo Stinnes. Biographie eines Industriellen. 1870-1924, München 1998.
Feldman, Gerald D.: Armee, Industrie und Arbeiterschaft in Deutschland 1914-1918, Berlin 1985.
Felken, Detlef: Oswald Spengler. Konservative Denker zwischen Kaiserreich und Diktatur München 1988.
Ferguson, Neil: Der falsche Krieg. Der Erste Weltkrieg und das 20. Jahrhundert, Stuttgart 1999.
Ferguson, Niall: Virtual History: Alternatives and counterfactuals, London 1997.
Ferrell, Robert H.: Woodrow Wilson and World War I 1917-1921, New York 1985.
Ferro, Marc: Der große Krieg 1914-1918, Frankfurt/M.1988.
Ferro, Marc: Pétain, Paris 1987.
Fischer, Fritz: Der Erste Weltkrieg und das deutsche Geschichtsbild. Beiträge zur Bewältigung eines historischen Tabus. Aufsätze und Vorträge aus drei Jahrzehnten, Düsseldorf 1977.
Fischer, Fritz: Griff nach der Weltmacht. Die Kriegsziele des kaiserlichen Deutschland 1914-1918, 3. Auflage Düsseldorf 1984.
Fischer, Fritz: Juli 1914. Wir sind nicht hineingeschlittert. Das Staatsgeheimnis um die Riezler-Tagebücher. Eine Streitschrift, Reinbek 1983.
Fischer, Fritz: Krieg der Illusionen. Die deutsche Politik von 1911-1914, Düsseldorf 1969.
Fischer, Hans-Jörg: Die deutschen Kolonien. Die koloniale Rechtsordnung und ihre Entwicklung nach dem Ersten Weltkrieg, Berlin 2001.
Flasch, Kurt: Die geistige Mobilmachung, Berlin 2000.
Fletcher, Roger: Revisionism and Empire. Socialist Imperialism in Germany 1897-1914, London 1984.
Floto, Inga: Colonel House in Paris. A Study of American Policy at the Paris Peace Conference 1919, Aarhus 1973.
Förster, Roland-Götz: Generalfeldmarschall von Moltke. Bedeutung und Wirkung, München 1991.
Förster, Stig: Der doppelte Militarismus. Die deutsche Heeresrüstungspolitik zwischen Status-quo-Sicherung und Aggression (1890-1913), Wiesbaden, Stuttgart 1985.
Förster, Stig: Helmuth von Moltke und das Problem der industrialisierten Volkskriegs im 19. Jahrhundert. In: *Foerster, Roland-Götzel* (Hg.): Generalfeldmarschall von Moltke. Bedeutung und Wirkung, München 1991.
Förster, Stig (Hg.): An der Schwelle zum Totalen Krieg. Die militärische Debatte über den Krieg der Zukunft, Paderborn 2002.
Frentz, Hans: Der unbekannte Ludendorff. Der Feldherr in seiner Epoche und Umwelt, Wiesbaden 1972.
Frevert, Ute (Hg.): Militär und Gesellschaft im 19. und 20. Jahrhundert, Stuttgart 1997.
Frevert, Ute: Die kasernierte Nation. Militärdienst und Zivilgesellschaft in Deutschland, München 2001.
Frevert, Ute: Ehrenmänner. Das Duell in der bürgerlichen Gesellschaft, München 1991.
Frohn, Christina: Der organisierte Narr. Karneval in Aachen, Düsseldorf und Köln von 1823 bis 1914, Marburg 2000.

Gaertringen, Friedrich Freiherr Hiller von (Hg.): »Dolchstoß«-Diskussion und »Dolchstoßlegende« im Wandel von vier Jahrzehnten, in: Geschichte und Gegenwartsbewußtsein. Historische Betrachtungen und Untersuchungen,. Festschrift für Hans Rothfels zum 70. Geburtstag, hrsg. von *ders.* und *Waldemar Besson*, Göttingen 1963, S. 122-161.

Gall, Lothar (Hg.): Bürgertum und bürgerlich-liberale Bewegung in Mitteleuropa seit dem 18. Jahrhundert, München 1997.
Gall, Lothar (Hg.): Otto von Bismarck und Wilhelm II. Repräsentanten eines Epochenwechsels? Paderborn u.a. 2000.
Gall, Lothar: Bismarck. Der weiße Revolutionär, Frankfurt/M. 1981.
Gall, Lothar: Krupp, der Aufstieg eines Industrieimperiums, Berlin 2000.
Galtung, Johann: Es gibt Alternativen! 4 Wege zu Frieden und Sicherheit, Opladen 1984.
Galtung, Johann: Frieden mit friedlichen Mitteln. Friede und Konflikt, Entwicklung und Kultur, Opladen 1998.
Gärtner, Reinhold, Rosenberger, Sieglinde: Kriegerdenkmäler. Vergangenheit in der Gegenwart, Innsbruck 1991.
Gebele, Hubert: Die Probleme von Krieg und Frieden in Großbritannien während des Ersten Weltkrieges. Regierung, Parteien und öffentliche Meinung in der Auseinandersetzung über Kriegs- und Friedensziele, Frankfurt/M., Bern 1987.
Geiss, Imanuel: Der lange Weg in die Katastrophe. Die Vorgeschichte des Ersten Weltkrieges 1815-1914, 2. Auflage München, Zürich 1991.
Geiss, Imanuel: Der polnische Grenzstreifen 1914-1918. Ein Beitrag zur deutschen Kriegszielpolitik im Ersten Weltkrieg, Lübeck, Hamburg 1960.
Geiss, Imanuel: Das Deutsche Reich und die Vorgeschichte des Ersten Weltkrieges, München 1978.
Gerlach, Hans-Henning, Birken, Andreas: Deutsche Kolonien und deutsche Kolonialpolitik, 3 Bände, Königsbronn 1995-2000.
Gersdorff, Ursula von: Frauenarbeit und Frauenemanzipation im Ersten Weltkrieg, in: Francia 2, 1974, S. 502 ff.
Geyer, Michael: Deutsche Rüstungspolitik 1860-1980, Frankfurt/M. 1984.
Gibbon, Edward: Verfall und Untergang des Römischen Reiches, Nördlingen 1987.
Gimbutas, Marija: Die Balten. Geschichte eines Volkes im Ostseeraum, Frankfurt/M. u.a. 1991.
Goldhagen, Daniel: Hitlers willige Vollstrecker. Ganz gewöhnliche Deutsche und der Holocaust, 10. Auflage Berlin 1996.
Görlitz, Walter: Der deutsche Generalstab. Geschichte und Gestalt, 2. Auflage Frankfurt/M. 1953.
Görtemaker, Manfred: Kleine Geschichte der Bundesrepublik Deutschland, München 2002.
Griesser-Pecar, Tamara: Die Mission Sixtus. Österreichs Friedensversuch im Ersten Weltkrieg, München 1988.
Gross, Gerhard Paul: Die Seekriegführung der Kaiserlichen Marine im Jahr 1918, Frankfurt/M., Bern 1989.
Groener-Geyer, Dorothea: General Groener, Soldat und Staatsmann, Frankfurt/M 1955.
Groener, Wilhelm: Das Testamen des Grafen Schlieffen, Berlin 1927.
Groh Dieter: Negative Integration und revolutionärer Attentismus. Die deutsche Sozialdemokratie am Vorabend des Ersten Weltkrieges, Wien 1972.
Groh, Dieter, Brandt, Peter: »Vaterlandslose Gesellen«. Sozialdemokratie und Nation 1860-1990, München 1992.
Gröning, Gerd: Der Drang nach Osten. Zur Entwicklung der Landespflege im Nationalsozialismus und während des Zweiten Weltkrieges in den »eingegliederten Ostgebieten«, München 1987.
Groos, D. (Bearb.): Der Krieg in der Nordsee, Bd. 1: Von Kriegsbeginn bis Anfang September 1914 (Der Krieg zur See 1914-1918, hrsg. v. Marine-Archiv), Berlin 1920.
Großer, Dieter: Vom monarchischen Konstitutionalismus zur parlamentarischen Demokratie. Die Verfassungspolitik der deutschen Parteien im letzten Jahrzehnt des Kaiserreiches, Den Haag 1970.
Gründer, Horst: Geschichte der deutschen Kolonien, Paderborn 1985.
Grupp, Peter: Voraussetzungen und Praxis deutscher amtlicher Kulturpropaganda in den neutralen Staaten während des Ersten Weltkrieges, in: *Wolfgang Michalka* (Hg.): Der Erste Weltkrieg. Wirkung, Wahrnehmung, Analyse, München 1994, S. 799-824.

Guth, Ekkehard P.: Der Gegensatz zwischen dem Oberbefehlshaber Ost und dem Chef des Generalstabs des Feldheeres 1914/15. Die Rolle des Majors v. Haeften im Spannungsfeld zwischen Hindenburg, Ludendorff und Falkenhayn, in: MGM 1984, S.75-111.
Guttmann, Barbara: Weibliche Heimarmee. Frauen in Deutschland 1914-1918, Weinheim 1989.

Haack, Jutta: Bildpostkarten mit Glückwünschen. Zu Typologie und Funktion von Geburtstagskarten zwischen Jahrhundertwende und Erstem Weltkrieg, Hamburg 1988.
Haffner, Sebastian, Venohr, Wolfgang: Das Wunder an der Marne. Rekonstruktion der Entscheidungsschlacht des Ersten Weltkrieges, Bergisch-Gladbach 1982.
Hagemann Karen, Schüler – Springorum, Stefanie (Hg.): ›Heimatfront‹. Militär- und Geschlechterverhältnisse im Zeitalter der Weltkriege, Frankfurt/M 2001.
Hagemann, Karen, Pröve, Ralf (Hg.): Landsknechte, Soldatenfrauen und Nationalkrieger. Militär, Krieg und Geschlechterordnung im historischen Wandel, Frankfurt/M. 1998.
Hagen, Gottfried (Hg.): Die Türkei im Ersten Weltkrieg, Frankfurt/M. u.a. 1990.
Hagenlücke, Heinz: Deutsche Vaterlandspartei. Die nationale Rechte am Ende des Kaiserreiches, Düsseldorf 1997.
Hahlweg, Werner: Der Diktatfrieden von Brest-Litowsk und die bolschewistische Weltrevolution, Münster 1960.
Hahn, W.: Der Ernährungskrieg. Grundsätzliches und Geschichtliches, in: Mensch und Ernährung im Kriege, Hamburg o.J.
Hallgarten, George W.F.: Imperialismus vor 1914. Die soziologischen Grundlagen der Außenpolitik europäischer Großmächte vor dem Ersten Weltkrieg, 2 Bände, 2. Auflage München 1963.
Hallmann, Hans (Hg.) Zur Geschichte und Problematik des deutsch-russischen Rückversicherungsvertrages von 1887, Darmstadt 1968.
Hamann, Brigitte: Bertha von Suttner. Ein Leben für den Frieden, München 1986.
Hamann, Brigitte: Hitlers Wien. Lehrjahre eines Diktator, 2. Auflage München 1996.
Hammer, K.: Deutsche Kriegstheologie (1870-1918), 2. Auflage München 1974.
Hampe, Karl-Alexander: Das Auswärtige Amt in Wilhelminischer Zeit, Münster 2000.
Handbuch zur deutschen Militärgeschichte 1648-1939, hrsg. vom Militärgeschichtlichen Forschungsamt durch *Hans Meier-Welcker und Wolfgang von Groote*: Von der Entlassung Bismarcks bis zum Ende des Ersten Weltkrieges (1890-1918), Frankfurt/M 1968.
Hauser, Oswald: England und das Dritte Reich: eine dokumentierte Geschichte der englischdeutschen Beziehungen von 1933-1939 aufgrund unveröffentlichter Akten aus dem britischen Staatsarchiv, Stuttgart 1972.
Hehn, Jürgen von, Rimscha, Hans von, Weiß, Hellmuth (Hg.): Von den baltischen Provinzen zu den baltischen Staaten. Beiträge zur Entstehungsgeschichte der Republiken Estland und Lettland 1917-1918, Marburg 1971.
Heiber, Helmut: Hitlers Lagebesprechungen. Die Protokollfragmente seiner militärischen Konferenzen 1942-1945, Stuttgart 1962.
Helfferich, Karl: Kriegsfinanzen, 3 Bände, Stuttgart 1915.
Helmut, Fries: Die große Katharsis. Der Erste Weltkrieg in der Sicht deutscher Dichter und Gelehrter, Band 1: Die Kriegsbegeisterung von 1914: Ursprünge, Denkweisen – Auflösung, Konstanz 1994; Band 2: Euphorie – Entsetzen – Widerspruch: Die Schriftsteller 1914-1918, Konstanz 1995.
Hempel, C. G.: Grundzüge der Begriffsbildung in der empirischen Wissenschaft, Düsseldorf 1974.
Heresch, Elisabeth: Geheimakte Parvus. Die gekaufte Revolution, München 2000.
Hering, Sabine: Die Kriegsgewinnlerinnen. Praxis und Ideologie der deutschen Frauenbewegung im Ersten Weltkrieg, Pfaffenweiler 1990.
Herzfeld, Hans: Die deutsche Sozialdemokratie und die Auflösung der nationalen Einheitsfront im Weltkriege, Leipzig 1928.
Hildebrand, Klaus: Bethmann Hollweg. Der Kanzler ohne Eigenschaften? 2. Auflage Düsseldorf 1979.

Hildebrand, Klaus: Das vergangene Reich. Deutsche Außenpolitik von Bismarck bis Hitler 1871-1945, Stuttgart 1995.
Hildebrand, Klaus: Deutsche Außenpolitik 1871-1918, 2. Auflage München 1994.
Hildermeier, Manfred: Die Geschichte der Sowjetunion 1917-1991. Entstehung und Niedergang des ersten sozialistischen Staates, München 1998.
Hildermeier, Manfred: Die russische Revolution 1905-1921, Frankfurt/M. 1989.
Hinz, Hans Martin (Hg.): Der Krieg und seine Museen, Frankfurt/M. 1997.
Hirschfeld, Gerhard, Krumeich, Gerd, Langewiesche, Dieter (Hg.): Kriegserfahrungen. Studien zur Sozial- und Mentalitätsgeschichte des Ersten Weltkrieges, Essen 1997.
Hobsbawm, Eric J.: Das imperiale Zeitalter 1875-1914, Frankfurt/M., New York 1989.
Hoch, E.: Die Wehrkraft der Wirtschaft, in: Kriegswirtschaft und Kriegswirtschaftslehre, o.J.
Hofer, Walter: Die Entfesselung des Zweiten Weltkrieges. Eine Studie über internationale Beziehungen im Sommer 1939, 4. Auflage Frankfurt a.M. 1965.
Höhn, Reinhard: Sozialismus und Heer, Band 3: Der Kampf des Heeres gegen die Sozialdemokratie, Bad Homburg 1969.
Holler, Manfred J. / Illing, Gerhard: Einführung in die Spieltheorie, 4. Auflage Berlin u.a. 2000.
Holm, Erik: The European Anarchy. Europe's Hard Road into High Politics. Copenhagen 2001.
Holtfrerich, Carl-Ludwig: Die deutsche Inflation 1914-1923. Ursachen und Folgen in internationaler Perspektive, Berlin, New York 1980.
Holzbach, Heidrun: Das System Hugenberg, Stuttgart 1986.
Hölzle, Erwin: Die Selbstentmachtung Europas. Das Experiment des Friedens vor und im Ersten Weltkrieg. Buch II (Fragment): Vom Kontinentalkrieg zum weltweiten Krieg. Das Jahr 1917, Göttingen 1978.
Horne, Alistair: Des Ruhmes Lohn, Verdun 1916, Minden 1965.
Horne, John, Kramer, Alan: German Atrocities, 1914. A History of Denial, New Haven, London 2001.
Horne, John: State, Society and Mobilization in Europe during the First World War, Cambridge 1997.
Hough, Richard: The Great War at Sea, Oxford 1983.
Hubatsch, Walther: Hindenburg und der Staat. Aus den Papieren des Generalfeldmarschalls und Reichspräsidenten von 1878-1934, Göttingen u.a. 1966.
Hüppauf, Bernd (Hg.): Ansichten vom Krieg. Vergleichende Studien zum Ersten Weltkrieg in Literatur und Gesellschaft, Königstein 1984.

Illustrierte Geschichte der deutschen Revolution, Berlin 1929.
Ilsemann, Sigurd von: Der Kaiser in Holland. Aufzeichnungen des letzten Flügeladjutanten Kaiser Wilhelm II., hsg. von *Harald von Königswald*, 2 Bände, München 1967.
Ingenlath, Markus: Mentale Aufrüstung. Militarisierungstendenzen in Frankreich und Deutschland vor dem Ersten Weltkrieg, Frankfurt/M. 1998.

Jacobsen, Hans-Adolf: Fall Gelb. Der Kampf um den deutschen Operationsplan zur Westoffensive 1940, Wiesbaden 1957.
Janssen, Karl Heinz: Macht und Verblendung. Kriegszielpolitik der deutschen Bundesstaaten 1914/1918, Göttingen u.a. 1963.
Janssen, Karl-Heinz: Der Kanzler und der General. Die Führungskrise um Bethmann Hollweg und Falkenhayn 1914-1916, Göttingen u.a. 1967.
Jany, Curt: Geschichte der Königlich Preußischen Armee. Band 4: Die Königlich Preußische Armee und das Deutsche Reichsheer 1807 bis 1914, Berlin 1933.
Jarausch, K.H.: Students, Society and Politics in Imperial Germany: The Rise of Academic Illiberalism, Princeton 1982.
Jarausch, Konrad H.: The Enigmatic Chancellor, Bethmann Hollweg and the Hybris of Imperial Germany, New Haven 1973.

Jäschke, G.: Zum Problem der Marneschlacht von 1914, in: Historische Zeitschrift 190, 1960, S. 311-348.
Jemnitz, J.: The Danger of War and the Second International (1911), Budapest 1972.
Jenks, Stuart (Hg.): Der hansische Sonderweg? Beiträge zur Sozial- und Wirtschaftsgeschichte der Hanse. Vorträge des Kolloquiums zur Sozial- und Wirtschaftsgeschichte der Hanse, das im Burgkloster zu Lübeck am 22. und 23. April 1991 abgehalten wurde, Köln u.a. 1993.
Jenks, Stuart, Tiedemann, Paul (Hg.): Internet für Historiker. Eine praxisorientierte Einführung, 2. Auflage Darmstadt 2000.
John, Hartmut: Das Reserveoffizierkorps im Deutschen Kaiserreich 1890-1914. Ein sozialgeschichtlicher Beitrag zur Untersuchung der gesellschaftlichen Militarisierung im Wilhelminischen Deutschland, Frankfurt 1981.

Kaelble, Hans: Industrielle Interessenpolitik in der Wilhelminischen Gesellschaft. Centralverband Deutscher Industrieller 1895-1914, Berlin 1967.
Kähler, Siegfried A.: Vier quellenkritische Untersuchungen zum Kriegsende 1918, Göttingen 1961.
Kaufhold-Roll, Heinrich: Der deutsche Panzerbau im Ersten Weltkrieg, Osnabrück 1995.
Keegan, John: Der Erste Weltkrieg. Eine europäische Tragödie, Reinbek 2001.
Kehr, Eckart: Der Primat der Innenpolitik: gesammelte Aufsätze zur preußisch-deutschen Sozialgeschichte im 19. und 20. Jahrhundert, hrsg. v. *H.-U. Wehler*, Frankfurt a. M. u.a. 1976.
Kennan, George F.: Bismarcks europäisches System in der Auflösung. Die französisch-russische Annäherung 1875 bis 1890, Frankfurt/M., Berlin, Wien 1981.
Kennan, George F.: Die schicksalhafte Allianz. Frankreich und Rußland am Vorabend des Ersten Weltkrieges, Köln 1990.
Kennedy, Paul M. (Hg.): The War Plans of the Great Powers 1880-1914, London, Boston, Sydney 1979.
Kennedy, Paul M.: The Rise of the Anglo-German Antagonism 1860-1914, London 1980.
Kennedy, Paul: Aufstieg und Fall der großen Mächte. Ökonomischer Wandel und militärischer Konflikt von 1500-2000, Frankfurt/M. 2000.
Kessel, Eberhard: Generalfeldmarschall Graf Alfred Schlieffen, Göttingen 1958.
Kestler, Stefan: Die deutsche Auslandsaufklärung und das Bild der Ententemächte im Spiegel zeitgenössischer Propagandaveröffentlichungen während des Ersten Weltkrieges, Frankfurt 1994.
Kielmansegg, Peter Graf: Deutschland und der Erste Weltkrieg, 2. Auflage Stuttgart 1980.
Kielmansegg, Peter Graf: Nach der Katastrophe. Eine Geschichte des geteilten Deutschland, Berlin 2000.
Kießling, Friedrich: Gegen den ›großen Krieg‹? Entspannung in den internationalen Beziehung (1911-1914), München 2002.
Kitchen, Martin: The Silent Dictatorship. The Politics of the German High Command under Hindenburg and Ludendorff 1916-1918, London 1976.
Klausmann, Christian: Die bürgerliche Frauenbewegung im Kaiserreich – eine Elite?, in: *Günther Schulz* (Hg.): Frauen auf dem Weg zur Elite. Büdinger Forschungen zur Sozialgeschichte 1998, München 2000, S. 61-78.
Klein, Fritz, Gutsche, Willibald, Petzold, Joachim (Hg.): Deutschland im Ersten Weltkrieg, Berlin 1968.
Kluge, Ulrich: Soldatenräte und Revolution. Studien zur Militärpolitik in Deutschland 1918/19, Göttingen 1975.
Knoch, Peter (Hg.): Kriegsalltag. Die Rekonstruktion des Kriegsalltags als Aufgabe der historischen Forschung und der Friedenserziehung, Stuttgart 1989.
Kocka, Jürgen (Hg.): Bürgertum im 19. Jahrhundert. Deutschland im europäischen Vergleich. Eine Auswahl, Göttingen 1995.
Kocka, Jürgen: Klassengesellschaft im Krieg. Deutsche Sozialgeschichte 1914-1918, Frankfurt/M. 1973.
Kolb, Eberhard (Hg.): Vom Kaiserreich zur Weimarer Republik, Köln 1972.
Kolb, Eberhard: Der Weg aus dem Krieg. Bismarcks Politik im Krieg und die Friedensanbahnung 1870/71, München 1989.

Kolm, Evelyn: Die Ambitionen Österreich-Ungarns im Zeitalter des Hochimperialismus, Frankfurt/M. u.a. 2001.
Koselleck, Reinhart, Jeismann, Michael: Der politische Totenkult. Kriegerdenkmäler in der Moderne, München 1994.
Koszyk, Kurt: Deutsche Pressepolitik im Ersten Weltkrieg, Düsseldorf 1968.
Krause, Andreas: Scapa Flow. Die Selbstversenkung der wilhelminischen Flotte, Berlin 1999.
Kreibich, Rolf: Zukunftsforschung und Politik in Deutschland, Frankreich, Schweden und der Schweiz, Weinheim 1991.
Kretschmer, Winfried: Geschichte der Weltausstellungen, Frankfurt/Main u.a. 1999.
Krockow, Christian Graf von: Kaiser Wilhelm II. und seine Zeit. Biographie einer Epoche, Berlin 1999.
Kroener, Bernhard R., Müller, Rolf-Dieter, Umbreit, Hans (Hg.): Organisation und Mobilisierung des deutschen Machtbereiches, 2. Halbband: Kriegsverwaltung, Wirtschaft und personelle Ressourcen. Das Deutsche Reich und der Zweite Weltkrieg, Band 5/2, Stuttgart 1999.
Kroker, Evelyn: Die Weltausstellungen im 19. Jahrhundert, Göttingen 1975.
Krüger, Friederike, Salewski, Michael: Die Verantwortung der militärischen Führung deutscher Streitkräfte in den Jahren 1918 und 1945, in: *Jörg Duppler, Gerhard P. Groß* (Hg.): Kriegsende 1918. Ereignis, Wirkung, Nachwirkung, München 1999, S. 377-398.
Krüger, Melanie: Jeanne d'Arc. Mythos und Symbol, in: *Bea Lundt, Michaela Salewski* (Hg.): Frauen in Europa – Mythos und Wirklichkeit, Münster 2004.
Krüger, W.: Der Entschluß zum uneingeschränkten Ubootkrieg (Marinerundschau 1959).
Krumeich, Gerd; Brandt, Susanne (Hg.): Schlachtenmythen. Ereignis – Erzählung – Erinnerung, Köln 2003.
Krumeich, Gerd (Hg.): Versailles 1919. Ziele – Wirkung – Vorahnung, Essen 2001.
Krumeich, Gerd: Jeanne d'Arc in der Geschichte. Historiographie – Politik – Kultur, Sigmaringen 1989.
Kühne, Thomas, Ziemann, Benjamin (Hg.): Was ist Militärgeschichte? (Krieg in der Geschichte, Bd. 6) Paderborn 2000.
Kutscher, Hans: Admiralsrebellion oder Matrosenrevolte? Der Flotteneinsatz in den letzten Tagen des Weltkrieges, Stuttgart 1933.

Lademacher, Horst: Die belgische Neutralität als Problem der europäischen Politik 1830-1914, Bonn 1971.
Lager, Front oder Heimat: Deutsche Kriegsgefangene in Sowjetrußland 1917-1920, hrsg. v. einem deutsch-russischen Redaktionskollegium unter Leitung von *Inge Pardon* und *Waleri W. Shuraljow*, München u.a. 1994.
Lange, Karl: Marneschlacht und deutsche Öffentlichkeit 1914-1939. Eine verdrängte Niederlage und ihre Folgen, Düsseldorf 1974.
Langensiepen, Bernd, Nottelmann, Dirk, Klüßmann, Jochen: Halbmond und Kaiseradler. Goeben und Breslau am Bosporus 1914, Berlin 1999.
Legahn, Ernst: Meuterei in der kaiserlichen Marine 1917/18. Ursachen und Folgen, Herford 1970.
Lemke, Heinz: Allianz und Rivalität. Die Mittelmächte und Polen im Ersten Weltkrieg (bis zur Februarrevolution), Berlin 1977.
Link, Arthur: Woodrow Wilson, 3 Bände, Princeton 1947-1960.
Linke, Horst Günther: Das zarische Rußland und der Erste Weltkrieg. Diplomatie und Kriegsziele 1914-1917, München 1982.
Linnenkohl, Hans: Vom Einzelschuß zur Feuerwalze. Der Wettlauf zwischen Technik und Taktik im Ersten Weltkrieg, Koblenz 1990.
Lipp, Anne: Meinungslenkung im Krieg. Kriegserfahrungen deutscher Soldaten und ihre Deutung 1914-1918, Göttingen 2003.
Loth, Wilfried: Katholiken im Kaiserreich. Der politische Katholizismus in der Krise des wilhelminischen Deutschlands, Düsseldorf 1984.

Lurz, M.: Kriegerdenkmäler in Deutschland, Band 3: Erster Weltkrieg, Heidelberg 1985.
Lützow, Friedrich: Unterseebootkrieg und Hungerblockade, Berlin-Dahlem 1921.

Macfie, Alec L.: The straits question 1908-1936, Thessaloniki 1993.
Machtan, Lothar: Streiks und Aussperrungen im Deutschen Kaiserreich. Eine sozialgeschichtliche Dokumentation für die Jahre 1871 bis 1875, Berlin 1984.
Mai, Gunther (Hg.):Arbeiterschaft in Deutschland 1914-1918. Studien zu Arbeitskampf und Arbeitsmarkt im Ersten Weltkrieg, Düsseldorf 1985.
Mai, Gunther: Das Ende des Kaiserreiches. Politik und Kriegführung im Ersten Weltkrieg, München 1987.
Marder, Arthur: From the Dreadnought to Scapa Flow. The Royal Navy in the Fisher era 1904-1919, Band 1: The road to war 1904-1914, London u.a. 1966.
Marschall, Birgit: Reisen und Regieren. Die Nordlandfahrten Kaiser Wilhelms II., Hamburg 1991.
Martinetz, Dieter: Der Gaskrieg 1914/1918. Entwicklung, Herstellung und Einsatz chemischer Kampfstoffe, Bonn 1996.
Maser, Werner: Hindenburg. Eine politische Biographie, Rastatt 1989.
Massie, Robert K.: Die Schalen des Zorns. Großbritannien, Deutschland und das Heraufziehen des Ersten Weltkriegs, Frankfurt/M. 1993.
Matthias, Erich, Morsey, Rudolf (Hg.): Die Regierung des Prinzen Max von Baden, Düsseldorf 1962.
Matthias, Erich, Morsey, Rudolf: Der Interfraktionelle Ausschuß 1917/18, 2 Bände, Düsseldorf 1959.
Matthias, Erich, Pikart, E. (Hg.): Die Reichstagsfraktion der deutschen Sozialdemokratie 1898 bis 1918, Düsseldorf 1966.
Meinecke, Friedrich: Die deutsche Katastrophe. Betrachtungen und Erinnerungen, 5. Auflage Wiesbaden 1955.
Meinecke, Friedrich: Die Idee der Staatsräson in der neueren Geschichte, 4. Auflage München u.a. 1976.
Melville, Ralph, Hans Jürgen Schröder: Der Berliner Kongreß 1878, Mainz 1982.
Mergner, Gottfried: Die russische Arbeiteropposition. Die Gewerkschaften in der Revolution, Reinbek 1972.
Michaelis, H., Schraepler, E. (Hg.): Ursachen und Folgen. Vom deutschen Zusammenbruch 1918 und 1945 bis zur staatlichen Neuordnung Deutschlands in der Gegenwart. Band 1: Die Wende des Ersten Weltkrieges und der Beginn der innerpolitischen Wandlung 1916/17, Berlin 1958. Band 2: Der militärische Zusammenbruch und das Ende des Kaiserreiches. Berlin 1958.
Middlebrook, Martin: The Kaiser's Battle. 21 March 1918: The First Day of the German Spring Offensive, London 1978.
Miller, Susanne: Burgfrieden und Klassenkampf. Die deutsche Sozialdemokratie im Ersten Weltkrieg, Düsseldorf 1974.
Millett, Allan R., Murray, Williamson (Hg.): Military Effectiveness I: The First World War, Boston 1988.
Mommsen, Wilhelm: Größe und Versagen des deutschen Bürgertums. Ein Beitrag zur politischen Bewegung des 19. Jahrhunderts, insbesondere zur Revolution 1848/49, München 1964.
Mommsen, Wolfgang I.: Der große Krieg und die Historiker. Neue Wege der Geschichtsschreibung über den Ersten Weltkrieg, Essen 2002.
Mommsen, Wolfgang (Hg.): Die Urkatastrophe Deutschlands. Der Erste Weltkrieg (1914-1918), (Gebhardt Handbuch der deutschen Geschichte, Band 17, 10. Auflage) Stuttgart 2002.
Mommsen, Wolfgang J. (Hg.): Kultur und Krieg. Die Rolle der Intellektuellen, Künstler und Schriftsteller im Ersten Weltkrieg, München 1996.
Mommsen, Wolfgang J.: Bürgerstolz und Weltmachtstreben 1890-1918, Berlin 1994.

Morgan, D.W.: The Socialist Left and the German Revolution. A History of the German Independent Social Democratic Party 1917-1922, Ithaka, London 1975.
Morsey, Rudolf: Die deutschen Katholiken und der Nationalstaat zwischen Kulturkampf und Erstem Weltkrieg, in: *G.A. Ritter* (Hg.): Die deutschen Parteien vor 1918, Köln 1973.
Morton, Desmond, Granatstein, J.L.: Marching to Armageddon. Canadians and the Great war 1914-1919, Toronto 1989.
Mühlhausen, Walter: Die Sozialdemokratie am Scheideweg – Burgfrieden., Parteikrise und Spaltung im Ersten Weltkrieg, in: *Wolfgang Michalka* (Hg.): Der Erste Weltkrieg. Wirkung, Wahrnehmung, Analyse, München 1994, S. 649-671.
Müller, Hans-Harald: Der Krieg und die Schriftsteller. Der Kriegsroman der Weimarer Republik, Stuttgart 1986.
Münkler, Herfried: Über den Krieg. Stationen der Kriegsgeschichte im Spiegel ihrer theoretischen Reflexion, Velbrück, Weilerswist 2002.

Nagler, Jörg: Nationale Minoritäten im Krieg. »Feindliche Ausländer« und die amerikanische Heimatfront während des Ersten Weltkrieges, Hamburg 2000.
Neitzel, Sönke: Weltmacht oder Untergang. Die Weltreichslehre im Zeitalter des Imperialismus, Paderborn u.a. 2000.
Neitzel, Sönke: Blut und Eisen. Deutschland im Ersten Weltkrieg, München 2003.
Neulen, Hans Werner: Adler und Halbmond. Das deutsch-türkische Bündnis 1914-1918, Frankfurt/M. u.a. 1994.
Niedhart, Gottfried: Kriegsende und Friedensordnung als Problem der deutschen und internationalen Politik 1917-1927, in: *Wolfgang Michalka* (Hg.): Der Erste Weltkrieg. Wirkung, Wahrnehmung, Analyse, München 1994, S. 178-190.
Nielsen, Willie: Der Lebens- und Gestaltungsbegriff bei Stewart Houston Chamberlain. Eine Untersuchung seiner Lebenslehre unter besonderer Berücksichtigung ihrer geisteswissenschaftlichen Grundlagen und Beziehungen, Kiel 1938.
Niemann, Alfred: Kaiser und Revolution. Die entscheidenden Ereignisse im Großen Hauptquartier im Herbst 1918, Berlin 1928.
Niemann, Alfred: Revolution von oben – Umsturz von unten, Berlin 1927.
Nipperdey, Thomas: Deutsche Geschichte 1866-1918, 2 Bände, München 1990.
Nipperdey, Thomas: Die Organisation der deutschen Parteien vor 1918, Düsseldorf 1961.
Nolte, Ernst: Der Europäische Bürgerkrieg 1917-1945. Nationalsozialismus und Bolschewismus. Mit einem Brief von François Furet an Ernst Nolte im Anhang, 5. Auflage München 1997.

Oltmer, Jochen: Bäuerliche Ökonomie und Arbeitskräftepolitik im Ersten Weltkrieg. Beschäftigungsstruktur, Arbeitsverhältnisse und Rekrutierung von Ersatzarbeitern in der Landwirtschaft der Emslandes 1914-1918, Sögel 1995.
O'Sullivan, Patrick: Die Lusitania. Mythos und Wirklichkeit, Hamburg, Berlin, Bonn 1999.
Osburg, Wolf-Rüdiger: Und plötzlich bist du mitten im Krieg. Zeitzeugen erinnern sich, Münster 2000.
Österreich-Ungarns letzter Krieg, hrsg. vom österreichischen Bundesministerium für Landesverteidigung und vom Kriegsarchiv, 7 Textbände, 7 Kartenbände, 1 Registerband, Wien 1931-1938.
Ott, H.: Kriegswirtschaft und Wirtschaftskrieg 1914-1918. Verdeutlicht an Beispielen aus dem badisch-elsässischen Raum, in: *FS Clemens Bauer*: Geschichte, Wirtschaft, Gesellschaft, Berlin 1974.
Overy, Richard: Die Wurzeln des Sieges. Warum die Alliierten den Zweiten Weltkrieg gewannen, Stuttgart u.a. 2000.

Pantenius, Hans Jürgen: Der Angriffsgedanke gegen Italien bei Conrad von Hötzendorf. Ein Beitrag zur Koalitionskriegführung im Ersten Weltkrieg, Köln, Wien 1984.
Paravicini, Werner: Die Preußenreisen des deutschen Adels, 2 Bände, Sigmaringen 1995.

Parkinson, R.: Tormented Warrior: Ludendorff and the Supreme Command, London 1978.
Peter, Matthias: Britische Kriegsziele und Friedensvorstellungen, in: *Wolfgang Michalka* (Hg.): Der Erste Weltkrieg. Wirkung, Wahrnehmung, Analyse, München 1994, S. 95-124.
Peters, Michael: Der Alldeutsche Verband am Vorabend des Ersten Weltkrieges (1908-1914). Ein Beitrag zur Geschichte des völkischen Nationalismus im spätwilhelminischen Deutschland, 2. Auflage Frankfurt/M. u.a. 1996.
Pflanze, Otto: Bismarck. Der Reichsgründer, München 1997.
Pflanze, Otto: Bismarck. Der Reichskanzler, München 1998.
Phillip, Otto: Die Deutschen und die See. Der Anspruch Deutschlands auf Seegeltung, Leipzig 1937.
Planert, Ute (Hg.): Nation, Politik und Geschlecht. Frauenbewegungen und Nationalismus in der Moderne, Frankfurt/M. 2000.
Plaschka, Richard, Mack, Karlheinz (Hg.): Die Auflösung des Habsburgerreiches. Zusammenbruch und Neuordnung im Donauraum, München 1970.
Plessner, Helmuth: Die verspätete Nation, Frankfurt/Main 1982.
Pohl, Hans: Aufbruch der Weltwirtschaft. Geschichte der Weltwirtschaft von der Mitte des 19. Jahrhunderts bis zum Ersten Weltkrieg, Stuttgart 1989.
Pöhlmann, Markus: Kriegsgeschichte und Geschichtspolitik: Der Erste Weltkrieg. Die amtliche deutsche Militärgeschichtsschreibung 1914-1956 (Krieg in der Geschichte, Bd. 12), Paderborn 2002.
Pollard, S.: Peaceful Conquest. The Industrialization of Europe 1760-1970, Oxford 1981.
Porch, Douglas: The March to the Marne. The French Army 1871-1914, Cambridge 1981.
Prinz, F.: Deutsche Geschichte im Osten Europas. Böhmen und Mähren, 1991.
Puhle, H.-J.: Agrarische Interessenpolitik und preußischer Konservativismus im wilhelminischen Reich (1893-1914), 2. Auflage, Hannover 1975.

Quandt, Siegfried / Schichtel, Horst (Hg.): Der Erste Weltkrieg als Kommunikationsereignis, Gießen 1993.

Radkau, Joachim: Das Zeitalter der Nervosität. Deutschland zwischen Bismarck und Hitler, München u.a. 1998.
Raeder, Erich: Mein Leben, 2 Bände, Tübingen 1956/1957.
Ranke, Leopold von: Über die Epochen der neueren Geschichte. Vorträge dem König Maximilian II. von Bayern gehalten, hsg. von *Hans Herzfeld,* Laupheim o.J.
Rauchensteiner, Manfred: Der Tod des Doppeladlers. Österreich-Ungarn und der Erste Weltkrieg, Wien 1993.
Rauh, Manfred: Die britisch-russische Marinekonvention von 1914 und der Ausbruch des Ersten Weltkrieges, in: MGM 1987, S. 37-62.
Rauh, Manfred: Die Parlamentarisierung des Deutschen Reiches, Düsseldorf 1977.
Rauscher, Walter: Hindenburg. Feldmarschall und Reichspräsident, Wien 1997.
Reeves, Nicholas: Official British Film Propaganda During the First World War, London 1986.
Reichsarchiv (Bearb.) und Kriegsgeschichtliche Forschungsanstalt des Heeres (Bearb. und Hg.): Der Weltkrieg 1914-1918. Die militärischen Operationen zu Lande, 14 Bände, Berlin 1924-1944.
Reinermann, Lothar: Der Kaiser in England. Wilhelm II. und sein Bild in der britischen Öffentlichkeit, Paderborn 2001.
Reinschedl, Manfred: Die Aufrüstung der Habsburgermonarchie von 1880-1914 im internationalen Vergleich. Der Anteil Österreich-Ungarns am Wettrüsten vor dem Ersten Weltkrieg, Frankfurt/M. 2001.
Ribhegge, Wilhelm: Frieden für Europa. Die Politik der deutschen Reichstagsmehrheit 1917-1918, Essen 1988.
Riederer, Günter: Staatliche Macht und ihre symbolische Repräsentation in einer umstrittenen Region. Die Besuche von Kaisern und Staatsoberhäuptern in »Elsass-Lothringen« 1857-1918, in: Vergleichende Perspektiven – Perspektiven des Vergleichs: Studien zur

europäischen Geschichte von der Spätantike bis ins 20. Jahrhundert (= Trierer Historische Forschungen, Bd. 39), hrsg. v. *Helga Schnabel-Schuele*, Mainz 1998.

Ringer, F.K.: Die Gelehrten. Der Niedergang der deutschen Mandarine 1890-1933, München 1987.

Ritter, Gerhard (Hg.): Der Aufstieg der deutschen Arbeiterbewegung. Sozialdemokratie und freie Gewerkschaften im Parteiensystem und Sozialmilieu des Kaiserreiches, München 1990.

Ritter, Gerhard (Hg.): Deutsche Parteien vor 1918, Köln 1973.

Ritter, Gerhard: Der Schlieffenplan. Kritik eines Mythos. Mit erstmaliger Veröffentlichung der Texte, München 1956.

Ritter, Gerhard: Staatskunst und Kriegshandwerk, Band 3: Die Tragödie der Staatskunst. Bethmann Hollweg als Kriegskanzler (1914-1917), München 1964.

Roerkohl, Anne: Hungerblockade und Heimatfront. Die kommunale Lebensmittelversorgung in Westfalen während des Ersten Weltkrieges, Stuttgart 1991.

Roesler, K.: Die Finanzpolitik des Deutschen Reiches im Ersten Weltkrieg, Berlin 1967.

Rohkrämer, Thomas: August 1914 – Kriegsmentalität und ihre Voraussetzungen, in: : *Wolfgang Michalka* (Hg.): Der Erste Weltkrieg. Wirkung, Wahrnehmung, Analyse, München 1994, S. 759-777.

Rohkrämer, Thomas: Der Militarismus der »kleinen Leute«. Die Kriegervereine im Deutschen Kaiserreich 1871-1914, München 1990.

Rohkrämer, Thomas: Die Verzauberung der Schlange. Krieg, Technik und Zivilisationskritik beim frühen Ernst Jünger, in: *Wolfgang Michalka* (Hg.): Der Erste Weltkrieg. Wirkung, Wahrnehmung, Analyse, München 1994, S. 849-874.

Röhl, John C. G.: An der Schwelle zum Weltkrieg: Eine Dokumentation über den »Kriegsrat« vom 8. Dezember 1912, in MGM, hrsg. v. Militärgeschichtlichen Forschungsamt, Bd. 21 (1977), S. 77-135.

Röhl, John: Wilhelm II., bisher 2 Bände, München 1993/2001.

Röhl, John C.G., Müller-Luckner, Elisabeth: Der Ort Kaiser Wilhelms II. in der deutschen Geschichte, München 1991.

Rohwer, Jürgen (Hg.): Neue Forschungen zum Ersten Weltkrieg. Literaturbericht und Bibliographie von 30 Mitgliedstaaten der »Commission Internationale d'Histoire Militaire Comparée«, Koblenz 1985.

Roth, Regina: Staat und Wirtschaft im Ersten Weltkrieg. Kriegsgesellschaften als kriegswirtschaftliche Steuerelemente, Berlin 1999.

Rothe, Hans: Deutsche im Nordosten Europas, Köln u.a. 1991.

Rother, Rainer (Hg.): Die letzten Tage der Menschheit – Bilder des Ersten Weltkrieges, Berlin 1994.

Ruck, Michael: Bibliographie zum Nationalsozialismus, 2. Auflage Darmstadt 2000.

Ruge, Friedrich: Scapa Flow 1919. Das Ende der deutschen Flotte. Oldenburg, Hamburg 1969.

Rüsen, Jörn, Blanke, Horst Walter (Hg.): Von der Aufklärung zum Strukturwandel des historischen Denkens, Paderborn u.a. 1984.

Rüsen, Jörn, Jäger, Friedrich: Historismus, München 1992.

Saatmann, Inge: Parlament, Rüstung und Armee in Frankreich 1914/18, Düsseldorf 1978.

Salewski Michael: Geschichte als Waffe. Der nationalsozialistische Mißbrauch, in: Jahrbuch des Instituts für Deutsche Geschichte, Bd. XIV, 1985, Tel Aviv, S. 289-311.

Salewski, Michael (Hg.): Das Zeitalter der Bombe. Die Geschichte der atomaren Bedrohung von Hiroshima bis heute, München 1995.

Salewski, Michael: »Weserübung 1905«? Dänemark im strategischen Kalkül, in: *ders.*: Die Deutschen und die See. Studien zur deutschen Marinegeschichte des 19. und des 20. Jahrhunderts, Stuttgart 1998, S. 138-151.

Salewski, Michael: Das historische Lehrstück: Helgoland, in: Zeitschrift der Gesellschaft für Schleswig-Holsteinische Geschichte Band 116, 1991 S. 173-192.

Salewski, Michael: Die Washingtoner Abrüstungskonferenz von 1922. Ein Beispiel für geglückte Abrüstung?, in: *ders.*: Die Deutschen und die See II. Studien zur deutschen Marinegeschichte des 19. und 20. Jahrhunderts, S. 78-91.

Salewski, Michael: Die Abwehr der Invasion als Schlüssel zum Endsieg? in: *Rolf-Dieter Müller, Hans-Erich Volkmann* (Hg.): Die Wehrmacht. Mythos und Realität, München 1999, S.210-223.

Salewski, Michael: Die deutsche Seekriegsleitung 1935-1945, Band 1, Frankfurt/M 1970.

Salewski, Michael: Die Periodisierung des 20. Jahrhunderts, in: *Hartmut Boockmann, Kurt Jürgensen* (Hg.): Nachdenken über Geschichte. Beiträge aus der Ökumene der Historiker, in memoriam Karl Dietrich Erdmann, Neumünster 1991, S.383-396.

Salewski, Michael: Die preußische und die Kaiserliche Marine in den ostasiatischen Gewässern: Das militärische Interesse an Ostasien, in: *Hans-Martin Hinz, Christoph Lind* (Hg.): Tsingtau. Ein Kapitel deutscher Kolonialgeschichte in China 1897-1914, DHM Berlin 1998.

Salewski, Michael: Entwaffnung und Militärkontrolle in Deutschland 1919-1927, München 1966.

Salewski, Michael: Krieg und Frieden im Denken Bismarcks und Moltkes, in: *R.G. Förster* (Hg.): Generalfeldmarschall von Moltke, München 1991.

Salewski, Michael: Neujahr 1900. Die Säkularwende in zeitgenössischer Sicht, in: Archiv für Kulturgeschichte 2/1971.

Salewski, Michael: Preußischer Militarismus. Realität oder Mythos?, in: Zeitschrift für Religions- und Geistesgeschichte, 53 (2001).

Salewski, Michael: Probleme der Wirtschaftsblockade in Deutschland 1914-1918. Auswirkungen und Konsequenzen für den Zweiten Weltkrieg, in: *Gérard Canini* (ed.): Les fronts invisibles. Nourrir-Fournier-Soigner. Actes du Colloque international sur la logistique des armées au combat pendant la première guerre mondiale, Nancy 1984, S. 205-223.

Salewski, Michael: Skagerrak! 60 Jahre Rückblick, in: *ders.*: Die Deutschen und die See II. Studien zur deutschen Marinegeschichte des 19. und 20. Jahrhunderts, S. 73-77.

Salewski, Michael: Tirpitz. Aufstieg, Macht, Scheitern, Göttingen 1979.

Salewski, Michael: Über historische Symbole, in: *Julius H. Schoeps* (Hg.): Religion und Zeitgeist im 19. Jahrhundert, Stuttgart, Bonn 1982, S.157-184.

Salewski, Michael: Verdun und die Folgen. Zur Geistesgeschichte einer Schlacht., in: Wehrwissenschaftliche Rundschau 1976.

Salewski, Michael: Von der Wirklichkeit des Krieges. Analysen und Kontroversen zu Buchheims »Boot«, 2. Aufl., München 1985.

Salewski, Michael: Was Wäre Wenn. Alternativ- und Parallelgeschichte: Brücken zwischen Phantasie und Wirklichkeit (HMRG Beiheft 36), Stuttgart 1999.

Salvadori, Massimo L.: Sozialismus und Demokratie. Karl Kautsky 1880-1913, Stuttgart 1982.

Sanders, M.L., Taylor, Philip M.: Britische Propaganda im Ersten Weltkrieg, Berlin 1990.

Saul, Klaus: Staat, Industrie, Arbeiterbewegung im Kaiserreich. Zur Innen- und Außenpolitik des wilhelminischen Deutschland 1903-1914, Düsseldorf 1974.

Scharrer, Manfred: Die Spaltung der deutschen Arbeiterbewegung, 2. Auflage Stuttgart 1984.

Schedlich, Hajo, Oberhauser, Fred (Hg.): Lieb Vaterland magst ruhig sein, München 1962.

Scheer, Friedrich-Karl: Die Deutsche Friedensgesellschaft (1892-1933): Organisation, Ideologie, politische Ziele; ein Beitrag zur Geschichte des Pazifismus in Deutschland, Frankfurt/M. 1981.

Scheidemann, Philipp: Papst, Kaiser und Sozialdemokratie in ihren Friedensbemühungen im Sommer 1917, Berlin 1921.

Schieder, Theodor (Hg.): Handbuch der europäischen Geschichte, Band 6, Stuttgart 1968.

Schieder, Wolfgang (Hg.): Erster Weltkrieg. Ursachen, Entstehung und Kriegsziele, Köln 1969.

Schiffers, Reinhard: Der Hauptausschuß des Deutschen Reichstages 1915-1918. Formen und Bereiche der Kooperation zwischen Parlament und Regierung, Düsseldorf 1979.

Schinzinger, Francesca: Die Kolonien des Deutschen Reiches. Die wirtschaftliche Bedeutung der deutschen Besitzungen in Übersee, Wiesbaden 1984.

Schlee, Emil: Otto von Bismarck und die Einheit Deutschlands. Aufsätze und Vorträge, Berlin 1999.
Schmid, Michael: Der »Eiserne Kanzler« und die Generäle. Deutsche Rüstungspolitik in der Ära Bismarck (1871-1890), Paderborn 2003.
Schmidt, Ernst-Heinrich: Heimatheer und Revolution 1918. Die militärischen Gewalten im Heimatgebiet zwischen Oktoberreform und Novemberrevolution. (= Beiträge zur Militär- und Kriegsgeschichte 23). Stuttgart 1981.
Schmidt, Gustav: Rationalismus und Irrationalismus in der englischen Flottenpolitik, in: Marine und Marinepolitik im kaiserlichen Deutschland, hrsg. vom Militärgeschichtlichen Forschungsamt durch *Herbert Schottelius* und *Wilhelm Deist*, Düsseldorf 1972, S. 283-296.
Schmidt, Rainer: Die Wiedergeburt der Mitte Europas. Politisches Denken jenseits von Ost und West (Politische Ideen 12), Berlin 2001.
Schoeps, Julius H.: Geopolitik. Grenzgänge im Zeitgeist 1890-1945, 2 Bände. Potsdam 2000.
Schöllgen, Gregor (Hg.): Flucht in den Krieg? Die Außenpolitik des kaiserlichen Deutschland, Darmstadt 1991.
Schöllgen, Gregor: »Fischerkontroverse« und Kontinuitätsproblem. Deutsche Kriegsziele im Zeitalter der Weltkriege, in: *Andreas Hillgruber, Jost Dülffer* (Hg.): Ploetz. Geschichte der Weltkriege. Mächte, Ereignisse, Entwicklungen 1900-1945, Würzburg 1981.
Schöllgen, Gregor: Griff nach der Weltmacht? 25 Jahre Fischer-Kontroverse, in: Historisches Jahrbuch 1986, S. 386-406.
Schöllgen, Gregor: Imperialismus und Gleichgewicht. Deutschland, England und die orientalische Frage 1871-1914, München 1984.
Schönhoven, Klaus (Hg.): Die Gewerkschaften in Weltkrieg und Revolution 1914-1918 (= Quellen zur Geschichte der deutschen Gewerkschaftsbewegung im 20. Jahrhundert) Band 1, Köln 1985.
Schorn-Schütte, Luise: Karl Lamprecht. Kulturgeschichtsschreibung zwischen Wissenschaft und Politik, Göttingen 1984 (=Schriftenreihe der Historischen Kommission bei der Bayrischen Akademie der Wissenschaften, Bd. 22).
Schorske, C.E.: Die große Spaltung. Die deutsche Sozialdemokratie 1905-1917, Berlin 1981.
Schottelius, Herbert, Deist, Wilhelm (Hg.): Marine und Marinepolitik im kaiserlichen Deutschland 1871-1914, Düsseldorf 1972.
Schröter, A.: Die Kriegsrohstoffbewirtschaftung 1914-1918 im Dienst des deutschen Monopolkapitals, Berlin 1955.
Schubert-Weller, Christoph: Kein schönrer Tod. Die Militarisierung der männlichen Jugend und ihr Einsatz im Ersten Weltkrieg 1890-1918, Weinheim u.a. 1998.
Schulin, Ernst: Die Urkatastrophe des 20. Jahrhunderts, in: *Wolfgang Michalka* (Hg.): Der Erste Weltkrieg. Wirkung, Wahrnehmung, Analyse, München, Zürich 1994, S. 3-28.
Schulte, Bernd-Felix: Die Verfälschung der Riezler Tagebücher. Ein Beitrag zur Wissenschaftsgeschichte der 50iger und 60iger Jahre, Frankfurt/M., Bern 1985.
Schulte, Bernd-Felix: Die deutsche Armee 1900-1914 zwischen Beharren und Verändern, Düsseldorf 1977.
Schulze, Friedrich Siegmund: Die Wirkungen der englischen Hungerblockade, Berlin 1919.
Schulze-Wegener, Guntram: Deutschland zur See. 150 Jahre Marinegeschichte, Hamburg 1998.
Schwabe, Klaus: Deutsche Revolution und Wilson-Frieden. Die amerikanische und deutsche Friedensstrategie zwischen Ideologie und Machtpolitik 1918/1919, Düsseldorf 1971.
Schwabe, Klaus: Wissenschaft und Kriegsmoral. Die deutschen Hochschullehrer und die politischen Grundfragen des Ersten Weltkrieges, Göttingen u.a. 1969.
Schwabe, Klaus: Woodrow Wilson. Ein Staatsmann zwischen Puritanertum und Liberalismus, Göttingen u.a. 1971.
Schwedlich, Hajo Fred Oberhauser: Lieb Vaterland magst ruhig sein, München 1962.
Schwengler, Walter: Völkerrecht, Versailler Vertrag und Auslieferungsfrage. Die Strafverfolgung wegen Kriegsverbrechen als Problem des Friedensschlusses 1919/20, Stuttgart 1982.
Schwenke, Olaf: Menschenbeben: neue Aufgaben und Felder der Zukunftsforschung, Loccumer Protokolle, 61 (1990), Rehburg-Loccum 1991.

Schwerdtfeger, Johannes: Begriffsbildung und Theoriestatus in der Friedensforschung, Opladen 2001.
Sieg, Gernot: Spieltheorie, München u.a. 2000.
Simpson, Colin: Die Lusitania. Amerikas Eintritt in den Ersten Weltkrieg, Frankfurt/M. 1987.
Skalweit, August: Deutsche Kriegsernährungswirtschaft, Stuttgart, Berlin, Leipzig 1927.
Solschenizyn, Aleksander: August neunzehnhundertvierzehn, München 1971.
Sösemann, Bernd (Hg.): Theodor Wolff. Der Chronist. Krieg, Revolution und Frieden im Tagebuch 1914-1919, Düsseldorf u.a. 1997.
Sösemann, Bernd: Rißspuren sind nicht zu übersehen. Die Riezler-Tagebücher und die Debatte um die Kriegsschuld 1914: Ein quellenkritischer Blick, in: FAZ v. 14.03.01.
Spindler, Arno: Der Handelskrieg mit U-Booten, Band 4, Frankfurt 1964.
Stamm-Kuhlmann, Thomas: Die Hohenzollern, Berlin 1995.
Stegemann, Bernd: Die deutsche Marinepolitik 1916-1918, Berlin 1970.
Stegemann, Bernd: Zur Problematik des uneingeschränkten U-Boot -Krieges 1917, in: Marine-Rundschau 1968, S. 157-166.
Stegemann, Hermann: Der Kampf um den Rhein. Das Stromgebiet des Rheins im Rahmen der großen Politik und im Wandel der Kriegsgeschichte, Berlin 1925.
Steger, Manfred B.: The quest for evolutionary socialism. Eduard Bernstein and Social Democracy, Cambridge 1997.
Steglich, W.: Die Friedenspolitik der Mittelmächte 1917/18, Wiesbaden 1964.
Steglich, Wolfgang: Bündnissicherung oder Verständigungsfrieden. Untersuchung zur dem Friedensangebot der Mittelmächte vom 12. Dezember 1916, Göttingen 1958.
Steglich, Wolfgang: Die Friedenspolitik der Mittelmächte 1917/18, Band 1, Wiesbaden 1964.
Stein, Hans-Peter: Symbole und Zeremoniell in deutschen Streitkräften vom 18. bis zum 20. Jahrhundert, Herford 1984.
Steinberg, Mark D., Khrustalew, Vladimir M.: The Fall of The Romanovs. Political Dreams und Personal Struggles in a Time of Revolution, London 1995.
Steinmüller, Karlheinz, Kreibich, Rolf, Zöpel, Christoph (Hg.): Zukunftsforschung in Europa: Ergebnisse und Perspektiven, Baden-Baden 2000.
Stevenson, David: French War Aims Against Germany 1914-1919, Oxford 1982.
Stickelberger-Eder, Margrit: Aufbruch 1914. Kriegsromane der späten Weimarer Republik, Zürich, München 1983.
Stökl, Günther: Russische Geschichte. Von den Anfängen bis zur Gegenwart, 6. Aufl., Stuttgart 1997.
Stöcker, Hellmuth: Drang nach Afrika. Die deutsche koloniale Expansionspolitik von den Anfängen bis zum Verlust der Kolonien, 2. Auflage Berlin 1991.
Stone, Norman: The Eastern Front 1914-1917, London 1975.
Storz, Dieter, Funk, Wolfram, Harstick, Hans-Peter, Müller, Heinrich, Niemeyer, Joachim, Rabbertz, Werner, Schmidtchen, Volker, Weise, Ingo, Wirtgen, Arnold (Hg.): Kriegsbild und Rüstung vor 1914. Europäische Landstreitkräfte vor dem Ersten Weltkrieg, Herford, Berlin, Bonn 1992.
Storz, Dieter: ›Aber was hätte anders geschehen sollen?‹ Die deutschen Offensiven an der Westfront 1918, in: *Jörg Duppler, Gerhard P. Groß* (Hg.): Kriegsende 1918. Ereignis, Wirkung, Nachwirkung, München 1999, S.51-96.
Strachan, Hew: The First World War, Oxford u.a. 2001.
Strazhas, Abba, Hösch, Edgar (Hg.): Deutsche Ostpolitik im Ersten Weltkrieg. Der Fall Ober Ost 1915 bis 1917, Wiesbaden 1993.
Stribrny, Wolfgang: Bismarck und die deutsche Politik nach seiner Entlassung (1890-1898), Paderborn 1977.
Stumpf, Reinhard (Hg.): Kriegstheorie und Kriegsgeschichte, Frankfurt/M 1993.
Stürmer, Michael: Das ruhelose Reich. Deutschland 1866-1918, Berlin 1998.
Stutzenberger, Adolf: Die Abdankung Kaiser Wilhelms II. Die Entstehung und Entwicklung der Kaiserfrage und die Haltung der Presse, Berlin 1937.
Suttner, Berta von: Die Waffen nieder! München 1983.

Teltschik, Horst: 329 Tage. Innenansichten der Einigung, 4. Auflage Berlin 1991.
Thomas, Heinz: Jeanne d'Arc: Jungfrau und Tochter Gottes, Berlin 2000.
Thimme, Friedrich (Hg.): Front wider Bülow. Staatsmänner, Diplomaten und Forscher zu seinen Denkwürdigkeiten, München 1931.
Timmermann, Heiner: Friedenssicherungsbemühungen in den Vereinigten Staaten von Amerika und in Großbritannien während des Ersten Weltkrieges, Frankfurt/M, Bern 1978.
Tittel, Lutz: Das Niederwalddenkmal 1871-1883, Hildesheim 1979.
Treue, Wilhelm (Hg.): Deutsche Parteiprogramme seit 1861, 4. Auflage Göttingen 1968.
Troyat, Henri: Rasputin. Eine Biographie, München u.a. 1999.
Tuchmann, Barbara W.: August 1914, Bonn, München, Wien 1964.
Tuchmann, Barbara: Die Zimmermann-Depesche, Bergisch-Gladbach 1982.

Uhle-Wettler, Franz: Erich Ludendorff in seiner Zeit. Soldat – Stratege – Revolutionär. Eine Neubewertung, 2. Auflage Berg 1996.
Uhlig, Ralph: Die Interparlamentarische Union 1889-1914. Friedenssicherungsbemühungen im Zeitalter des Imperialismus, Stuttgart 1988.
Ullrich, Volker: Als der Thron ins Wanken kam: das Ende des Hohenzollernreiches 1890-1918, Bremen 1993.
Ullrich, Volker: Die Hamburger Arbeiterbewegung am Vorabend des ersten Weltkrieges bis zur Revolution 1918/19, 2 Bände, Hamburg 1976.
Ullrich, Volker: Die nervöse Großmacht (1871-1918) Aufstieg und Untergang des deutschen Kaiserreiches, München 1997.
Ullrich, Volker: Die polnische Frage und die deutschen Mitteleuropapläne im Herbst 1915, in: Historisches Jahrbuch 1984, S. 348-371.
Ullrich, Volker: Kriegsalltag. Zur inneren Revolutionierung der wilhelminischen Gesellschaft, in: *Wolfgang Michalka* (Hg.): Der Erste Weltkrieg. Wirkung, Wahrnehmung, Analyse, München 1994, S. 603-621.
Ungarns letzter Krieg, hrsg. vom Österreichischen Bundesministerium für Landesverteidigung und vom Kriegsarchiv, 7 Textbände, 7 Kartenbände, 1 Registerband, Wien 1931-1938.
Ungern-Sternberg, Jürgen von, Ungern-Sternberg, Wolfgang von: Der Aufruf »An die Kulturwelt«. Das Manifest der 93 und die Anfänge der Kriegspropaganda im Ersten Weltkrieg, (=HMRG Beiheft 18), Stuttgart 1996.
Unruh, Karl: Langemarck. Legende und Wirklichkeit, Koblenz 1986.

Valentin, Veit: Geschichte der Revolution von 1848-1849, Aalen 1968.
Venohr, Wolfgang: Ludendorff. Legende und Wirklichkeit, Berlin, Frankfurt/M. 1993.
Verhey, Jeffrey: Der ›Geist von 1914‹ und die Erfindung der Volksgemeinschaft, Hamburg 2000.
Vietsch, Eberhard von: Bethmann Hollweg, Staatsmann zwischen Macht und Ethos, Boppard 1969.
Vogel, Jakob: Nation im Gleichschritt. Der Kult der »Nation in Waffen« in Deutschland und Frankreich 1871-1914, Göttingen 1997.
Vogt, Martin: »Illusion als Tugend und kühle Beurteilung als Laster«. Deutschlands »gute Gesellschaft« im Ersten Weltkrieg, in: *Wolfgang Michalka* (Hg.): Der Erste Weltkrieg. Wirkung, Wahrnehmung, Analyse, München 1994, S. 622-648.
Volkmann, Erich Otto: Die Annexionsfragen des Weltkrieges, Berlin 1929.
Vondung, Klaus (Hg.): Kriegserlebnis. Der Erste Weltkrieg in der literarischen Gestaltung und symbolischen Deutung der Nationen, Göttingen 1980.
Vondung, Klaus: Die Apokalypse in Deutschland, München 1988.

Waldeyer-Hartz, Hugo von: Admiral Hipper. Das Lebensbild eines deutschen Flottenführers, Leipzig 1933.
Wallach, Jehuda L.: Das Dogma der Vernichtungsschlacht. Die Lehren von Clausewitz und Schlieffen und ihre Wirkung in zwei Weltkriegen, München 1970.
Walworth, Arthur: Wilson and His Peacemakers. American Diplomacy at the Paris Peace Conference, 1919, New York 1986.

Wasmuth, Ulrike C.: Geschichte der deutschen Friedensforschung. Entwicklung, Selbstverständnis, politischer Kontext, München 1998.
Wehler, Hans-Ulrich: »Absoluter« und »totaler« Krieg: Von Clausewitz zu Ludendorff, in: Politische Vierteljahresschrift 10 (1969).
Wehler, Hans-Ulrich: Emotionen in der Geschichte. Sind soziale Klassen auch emotionale Klassen? in: *Christof Dipper/Lutz Klinkhammer/Alexander Nützenadel* (Hg.), Europäische Sozialgeschichte. Festschrift für Wolfgang Schieder, Berlin 2000, 461-473.
Wehler, Hans-Ulrich: Bismarck und der Imperialismus, 3. Auflage Köln 1972.
Wehler, Hans-Ulrich: Deutsche Gesellschaftsgeschichte, Band 3, 1995 München.
Wende, Frank: Die belgische Frage in der deutschen Politik des Ersten Weltkrieges, Hamburg 1969.
Wendt, Bernd-Jürgen: ›Totaler Krieg‹: Zum Kriegsbild der Zwischenkriegszeit, in: Lebendige Sozialgeschichte, 2003.
Werth, German: Verdun – die Schlacht und der Mythos, Bergisch-Gladbach 1979.
Wette, Wolfram (Hg.): Militarismus in Deutschland 1871 bis 1945, Münster 1999.
Wette, Wolfram: Gustav Noske. Eine politische Biographie, Düsseldorf 1987.
Wheeler-Bennett, John: Der hölzerne Titan. Paul von Hindenburg, Tübingen 1969.
Williams, J.: The Other Battleground. The Home Fronts. Britain, France and Germany 1914 -1918, Chicago 1972.
Winkler, Heinrich August: Der lange Weg nach Westen, 2. Bde., München 2000, 2001.
Winkler, Heinrich August: Pluralismus oder Protektionismus? Verfassungspolitische Probleme des Verbandswesens im Deutschen Kaiserreich, Wiesbaden 1972.
Wippermann, Wolfgang: Der »deutsche Drang nach Osten«. Ideologie und Wirklichkeit eines politischen Schlagwortes, Darmstadt 1981.
Witt, Christian: Reichfinanzen und Rüstungspolitik 1898-1914, in: Marine und Marinepolitik im kaiserlichen Deutschland, hrsg. vom Militärgeschichtlichen Forschungsamt durch *Herbert Schottelius* und *Wilhelm Deist*, Düsseldorf 1972, S. 146-178.
Wittram, Reinhard: Studien zum Selbstverständnis des 1. und 2. Kabinetts der russischen Provisorischen Regierung (März bis Juni 1917), Göttingen 1971.
Wolkogonow, Dmitrij: Lenin, Düsseldorf 1994.
Wollstein, Günter: Theobald von Bethmann Hollweg. Letzter Erbe Bismarcks, erstes Opfer der Dolchstoßlegende, Göttingen 1995.
Woodward, David: Armies of the World 1854-1914, London 1978.

Zank, Wolfgang: Der Sturm auf Langemarck, mit dem Deutschlandlied in den Tod? Eine absurde, aber immer noch lebendige Legende, in: Die Zeit 10.11.1989.
Zechlin, Egmont: Die deutsche Politik und die Juden im Ersten Weltkrieg, Göttingen 1969.
Zeidler, Manfred: Die deutsche Kriegsfinanzierung 1914 bis 1918 und ihre Folgen, in: *Wolfgang Michalka* (Hg.): Der Erste Weltkrieg. Wirkung, Wahrnehmung, Analyse, München 1994, S. 415-433.
Ziebura, Gilbert: Frankreich 1789-1870. Entstehung einer bürgerlichen Gesellschaftsformation, Frankfurt/M. 1979.
Ziemann, Benjamin: Enttäuschte Erwartung und kollektive Erschöpfung. Die deutschen Soldaten an der Westfront 1918 auf dem Weg zur Revolution, in: *Jörg Duppler, Gerhard P. Groß* (Hg.): Kriegsende 1918: Ereignis, Wirkung, Nachwirkung, München 1999, S. 165-182.
Zimmerer, Jürgen; Zeller, Joachim (Hg.): Völkermord in Deutsch-Südwestafrika. Der Kolonialkrieg (1904-1908) in Namibia und seine Folgen, Berlin 2003.
Zimmermann, Harm-Peer: »Der feste Wall gegen die rote Flut«. Kriegervereine in Schleswig-Holstein 1864-1914, Neumünster 1989.
Zunkel, F.: Industrie und Staatssozialismus. Der Kampf um die Wirtschaftsordnung in Deutschland 1914-1918, Düsseldorf 1974.

PERSONENREGISTER

Adenauer, Konrad 49, 101, 146, 327
Afflerbach, Holger 34, 154, 187f.
Alexander I., Zar von Russland 44, 311
Alkibiades, Sohn des Kleinias 143
Antonius, Marcus 220

Bainville, Jacques 25, 336
Ballin, Albert 159, 257
Bariéty, Jacques 218
Barrès, Maurice 49
Batocki-Friebe, Adolf Tortilowicz von 177, 179
Bauer, Max 254
Bayern, Rupprecht von 117
Beatty, David 211f., 214
Beauvoir, Simone de 358
Bebel, August 58
Beethoven, Ludwig van 142f.
Bellamy, Edward 58
Benedikt XV. 259
Benesch, Eduard 249
Benn, Gottfried 99, 118
Berchthold, Leopold von 96
Berghahn, Volker R. 61
Bernanos, Georges 358
Bernhardi, Friedrich von 42, 103, 228
Bernstein, Eduard 58f.
Bethmann Hollweg, Theobald von 33, 37, 45, 47, 66, 70, 86-98, 105, 107f., 123, 140, 144-147, 151, 159, 164, 166f., 187, 216, 218-222, 224, 232-234, 240, 243f., 246-260, 275-277, 279f., 287, 317
Beumelburg, Werner 99, 191
Bin Laden, Osama 5
Bismarck, Herbert von 68
Bismarck, Otto von 5, 25f., 35, 38, 44, 48, 55-57, 60f., 64, 67f., 78, 90, 102-105, 108, 140, 146, 162, 164, 242f., 253-255, 259, 265, 278, 281, 316f., 326, 358, 360
Blücher, Gebhard Leberecht, Fürst von Wahlstatt 217, 299
Borchert, Wolfgang 99, 358
Bosch, Robert 150

Bossuet, Jacques-Benigne 11
Bracher, Dietrich 23
Brahm, Heinz 271
Brecht, Bertolt 201
Briand, Aristide 222, 327
Brockdorff-Rantzau, Ulrich Graf von 272
Brockdorff-Rantau, Ulrich Graf von 272
Brüning, Heinrich 113, 130, 196, 339, 344, 349
Brussilow, Aleksej Aleksejewitsch 206, 222, 269
Buchheim, Lothar-Günther 13, 62
Buchholz, Arden 34, 37
Bülow, Bernhard von 57, 62, 70, 91, 117, 119, 140, 243, 253
Burckhardt, Jacob 311, 319
Burián, Stefan Graf 313f.

Caesar, Gaius Iulius 102, 271
Caligula, Kaiser von Rom 85
Campanella, Tommaso 273
Camus, Albert 358
Caprivi, Georg Leo Graf von 68, 70, 253
Castlereagh, Robert Stewart 53
Cato (d.Ä), Marcus Porcius 360
Chamberlain, Houston Stewart 47, 228
Churchill, Winston S. 27, 152, 242
Claß, Heinrich 146, 167, 243
Clausewitz, Carl von 22, 23, 212, 311
Clay, Lucius D. 237
Clemenceau, Georges 48, 217, 242, 251, 302, 315, 326f., 335
Clinton, Bill 56
Commodus, Kaiser von Rom 85
Conrad von Hötzendorf, Franz 42, 93, 131, 149, 152, 154, 187
Cromwell, Oliver 47, 214, 245
Crowe, Sir Eyre 74
Coubertin, Pierre Baron de 89
Curzon of Kedlestone, George Nathaniel 165
Custer, George 346
Czernin, Ottokar Graf 224, 234, 249f., 280f., 288

David, Eduard 250, 255f.
De Gaulle, Charles 196, 327
Delbrück, Clemens von 38, 167
Delbrück, Hans 125
Dickmann, Fritz 258
Dönitz, Karl 15, 284
Douhet, Giuilo 230
Dryander, Ernst von 64, 104
Dülffer, Jost 29f., 74
Dupuy, Trevor 352, 354

Ebert, Friedrich 291, 301, 321, 322, 324, 342, 344, 348
Ehrenburg, Ilja 190
Einstein, Albert 143
Elisabeth I. 47
Engels, Friedrich 59, 237
Epkenhans, Michael 65
Erdmann, Karl-Dietrich 90, 24, 227, 257
Erzberger, Matthias 146, 250f., 254-256, 323, 326, 333, 335
Ettighofer, Paul C. 99, 191
Eulenburg, Botho Graf zu 253

Falkenhayn, Erich von 34, 121, 131-133, 149-151, 153-155, 159, 162-165, 168, 186-195, 206, 216, 218, 224, 241f., 304
Ficker, Julius von 267
Fischer, Fritz 6, 23-26, 61, 79, 82, 90, 140, 144, 146
Flex, Walter 89, 228
Foch, Ferdinand 308, 315, 326f., 335-337
Förster, Stig 27
Ford, Henry 359
Fourier, Charles 266
François, Hermann von 126
Franz Joseph I. 52, , 87f., 91, 224, 249
Franz Ferdinand, Erzherzog von Österreich 91
Freytag, Gustav 267
Friedrich I. 124
Friedrich II. d. Gr. 22, 94, 115, 124, 145, 193, 216, 271, 311, 316, 320
Friedrich Wilhelm I. 69, 124
Friedrich Wilhelm III. 124, 247
Friedrich Wilhelm IV. 247
Fulda, Ludwig 143

Gamelin, Maurice Gustave 189
Galtung, Johan 10
Genevoix, Maurice 99, 191
Gentz, Friedrich 293
Geiss, Imanuel 4, 55
George, Lloyd 7, 27
Gibbon, Edward 46

Gierecke, Otto von 166
Goebbels, Joseph 91, 159, 313
Goethe, Johann Wolfgang von 142f.
Goldhagen, Daniel 1
Goltz, Rüdiger Graf von der 285
Grey, Edwart, Viscount of Falladon 7, 26, 98
Groener, Wilhelm 36, 40, 42, 92, 103, 117, 121, 190, 303, 324, 337
Grosz, George 205
Grotius, Hugo 295
Guesde, Jules 109

Haber, Fritz 150
Haig, Douglas 207, 231, 307
Halder, Franz 188
Hamann, Brigitte 52
Hannibal 37
Hassel, Ulrich von 198
Hausen, Max von 117
Heeringen, Josias von 117
Hegel, Georg Wilhelm Friedrich 24, 100, 191, 237, 265f., 358
Heinrich I. 110, 267
Heinrich II. 47
Helfferich, Karl 164, 173
Helphand, Alexander 272
Hentsch, Richard 120f.
Hertling, Georg Freiherr von 281, 287, 310, 317f., 321
Heydebrand und der Lasa, Ernst von 247, 330
Hildebrand, Klaus 19
Hildegard von Bingen 218
Himmler, Heinrich 267
Hindenburg und Beneckendorff, Paul von 126-130, 149-151, 154f., 159, 182f., 196, 206, 225f., 233, 241, 243, 255, 265, 275, 277f., 288-290, 299, 301, 303, 306, 309, 313, 315f., 318-320, 325, 329-331, 333, 337-341, 344, 348
Hintze, Otto 166
Hintze, Paul von 284, 310, 318
Hipper, Franz Ritter von 211
Hitler, Adolf 8, 52, 64, 66, 75, 79, 85, 89, 110, 112, 169, 188f.,198, 201, 203f., 228, 230f., 233, 265, 267, 296, 313, 320, 328, 339, 346, 349, 358, 360f.
Hölzle, Werner 24
Hofer, Walter 24
Hoffmann, Max 281
Hohenlohe-Schillingsfürst, Chlodwig Fürst zu 70
Holtzendorff, Henning von 160, 163, 276, 287, 289

Hough, Richard 212
House, Edward Manell 144, 168, 216, 221, 236, 292
Houston, Whitney 31
Hubatsch, Walther 18
Hugenberg, Alfred 167
Hussein, Saddam 5

Iwan IV. d. Schreckliche 222, 266

Jagow, Gottlieb von 164
Jaurès, Jean 109
Jeanne d'Arc 49
Jellicoe, John Rushworth 211, 213f.
Joffe, Adolf Abramowitsch 281
Joffre, Joseph 119f., 132, 187f., 191, 207
Jünger, Ernst 13, 4, 99-101, 205, 348

Kästner, Erich 200
Kant, Immanuel 142f., 228, 237, 266, 293, 358
Kantorowicz, Hermann 5
Kapp, Wolfgang 262f., 324
Karl, Erzherzog von Österreich 311
Karl I. von Österreich-Ungarn 224, 249, 280, 288, 290, 313f., 333
Karl V. 88
Kautsky, Karl 58f.
Kehr, Eckart 20, 45
Kennan, George 1
Kennedy, John F. 98
Kennedy, Paul 46
Kerenski, Aleksandr Fjodorowitsch 273, 276, 280, 307
Kiderlen-Waechter, Alfred von 140
Kielmansegg, Peter Graf 120, 277, 316
Kirdorf, Emil 167
Kissinger, Henry 105
Kluck, Alexander von 117
Koch, Erich 130
Köbis, Albin 263, 345
Koeth, Josef 182
Koeppen, Edlef 99, 229
Kohl, Helmut 91
Kollwitz, Käthe 171
Kolumbus, Christoph 297
Konstantin I. d. Gr. 271
Kornilow, Lawr Georgijewitsch 273
Kubin, Alfred 101
Kühlmann, Richard von 261, 281, 284, 318
Kuhl, Hermann von 119f., 303

Lange, Karl 122

Lansing, Robert 360
Lenin, Wladimir I. (Uljanow) 105, 178, 237, 245, 265-267, 271-277, 281, 283f., 286, 290, 293-295, 305f., 326, 342
Lettow-Vorbeck, Paul von 141
Levetzow, Magnus von 332f.
Lévy, Hermann 159
Lichnowsky, Karl von 97
Liebknecht, Karl 58, 103, 108, 265, 342
Llow, Georgi Jewgeniewitsch 270, 276
Lloyd George, David 163, 221f., 225, 242, 251, 293, 302, 326, 335
Loßberg, Fritz von 308
Ludendorff, Erich 66, 100, 126-130, 149-151, 154f., 159, 162, 206f., 216, 219f., 225f., 229, 233, 236, 240-243, 245, 250, 253-256, 259, 262, 265, 267, 275-278, 281, 299, 301, 303-310, 313-322, 325, 328-333, 337, 341, 359f.
Ludwig II. 281
Ludwig XIV., König von Frankreich 6, 29, 69, 355
Ludwig XVI. 269
Luther, Martin 4, 109
Lüttwitz, Walther von 324
Luxemburg, Rosa 58108, 265, 342

Maass, Edgar 191
Machiavelli, Niccolò 158, 313, 321
Mackinder, Halford John 28, 140
Maginot, André 355
Mann, Thomas 112, 143
Marcks, Erich 166
Maria Theresia 124
Marx, Karl 45, 59, 237, 265f., 290
Masaryk, Tomáš Garrigue 249
Max, Prinz von Baden 299, 320-323, 325, 327-333, 339, 341-344, 361
Maximilian II. von Bayern 2
Mehring, Franz 58, 108
Meinecke, Friedrich 2, 23, 125, 135,
Metternich, Klemens Wenzel Fürst von 44, 53, 293
Meyer, Eduard 166
Michaelis, Georg 257, 260f., 281, 287, 317f., 340
Michail, Kronprinz 270
Miezko I. 223
Miloševič, Slobodan 5
Moltke d. Ä., Helmuth Graf von 4, 22, 31, 33-39, 42, 103, 115, 117, 128, 149f., 155, 160, 162, 164, 205, 278, 287, 311, 336
Moltke d. J., Helmuth 31, 40-42, 61, 78-80, 94, 98, 112, 114, 115, 117, 119-121, 125-

127, 129, 133, 150, 164, 195, 206, 241, 304, 361
Mommsen, Wolfgang J. 26
Mommsen, Theodor 37
Mommsen, Wilhelm 56
Morus, Thomas 273
Müller, Georg Alexander von 78f.
Mussolini, Benito 153

Napoleon I. Buonaparte 6, 42, 138, 147, 160, 175, 259, 299, 311, 327, 339, 359, 360
Napoleon III. 327, 336, 339
Naumann, Friedrich 220
Neitzel, Sönke 27, 29
Nero, Kaiser von Rom 85, 320
Newman, Henry P. 159
Nietzsche, Friedrich 42
Nikolaus II. 29, 51, 58f., 92, 166, 222, 269f.
Nipperdey, Thomas 26f., 63
Nolte, Ernst 10
Nivelle, Robert Georges 196, 225, 231f., 269, 276, 289

Octavian (Augustus) 220, 271
Otto I. d. Gr. 4, 267

Pacelli, Eugenio 259
Payer, Friedrich von 251, 328f., 332, 337
Perry, Matthew Galbraith 235
Pétain, Philippe 196, 232, 269
Perikles, Sohn des Xanthippos 143
Picasso, Pablo 198
Pieck, Wilhelm 108
Plivier, Theodor 99
Poincaré, Raymond 33, 83, 95f., 108, 147, 249, 327
Prittwitz und Gaffron, Max von 117, 126, 205
Proudhon, Pierre Joseph 266
Pyrrhos I. 269

Quidde, Ludwig 167

Radek, Karl Bernhardowitsch 45, 265
Raeder, Erich 15, 211, 215, 233, 346f.
Ranke, Leopold von 19, 11, 2, 99, 216, 227
Rasputin, Grigorij 64, 166, 222, 269
Rathenau, Walther 179, 182, 272
Rauh, Manfred 57
Reichpietsch, Max 263, 345
Reinhardt, Walther 325
Remarque, Erich Maria 9, 99f., 229
Reuter, Hans Hermann Ludwig von 325
Richelieu, Armand-Jean du Plessis, Herzog von 217

Richthofen, Manfred von 28
Riezler, Kurt 90f., 140, 257
Ritter, Gerhard 24, 33, 145, 234, 236, 317
Röhl, John 69
Roosevelt, Franklin D. 232f., 319
Roosevelt, Theodore 235
Rothfels, Hans 227

Sachsen, Moritz von 191
Salomon, Ernst von 228
Sartre Jean-Paul 358
Schäfer, Dietrich 166
Schäuble, Wolfgang 91
Scheer, Reinhard 183, 208, 211, 213-215, 303, 338
Scheidemann, Philipp 250f., 258, 321, 341
Schiller, Friedrich 269
Schlegel, Friedrich von 11
Schleicher, Kurt von 113
Schlieffen, Alfred von 31, 35-41, 92, 114, 118f., 123-125, 131, 137, 149, 173, 317
Schuman, Robert 147, 327
Schwabe, Klaus 297
Schweitzer, Albert 141
Scipio, Publius Cornelius (S.) Aemilianus (Africanus d. J.) 37, 360
Seeberg, Reinhold 167
Seeckt, Hans von 129, 154, 325
Sellier, Pierre 338
Sering, Max 159
Sièyes, Emmanuel Joseph Graf Abbé 251
Skalweit, August 171f., 178
Smuts, Jan Christiaan 161, 237
Solschenizyn, Alexander 128
Spears, Britney 31
Spee, Maximilian von 157
Speer, Albert 91
Spengler, Oswald 358
Spykmann, Nicholas John 28
St. Simon, Claude-Henri de Rouvroy 266
Stalin, Josef 268, 272f., 275, 293, 295, 306, 342
Stein, Karl Friedrich Reichsfreiherr vom und zum 138, 316
Steiner, Rudolf 115
Stendhal, eigentl. Marie Henri Beyle 128
Stresemann, Gustav 196, 251, 254-256, 322, 344
Stürmer, Michael 26, 55
Stumpf, Richard 345
Sully, Maximilien de Béthune, Herzog von 293
Suttner, Berta von 30
Sybel, Heinrich von 267

Talleyrand, Charles Maurice 53
Teltschik, Horst 91
Thälmann, Ernst 45, 265
Thomas, Georg 180
Thukydides, Sohn des Olores 22, 143
Thyssen, Fritz 146, 218, 220
Tirpitz, Alfred von 15, 28, 62f., 66, 69, 73, 79, 94, 97, 113, 115, 148, 156f., 159, 163, 208, 235, 240, 242, 251, 262f.
Tito, Josip 297
Tolstoi, Leo 31, 128
Tönnies, Ferdinand 167
Toqueville, Alexis de 235f.
Treitschke, Heinrich von 19
Triepel, Heinrich 159, 166
Troeltsch, Ernst 167
Trotha, Adolf von 344
Trotzki, Leo 273, 281, 283f., 342
Truman, Harry S. 293, 297
Tschirschky und Bögendorff, Heinrich von 86
Tuchmann, Barbara 9

Ullrich, Volker 26

Valentin, Veit 45
Varus, Publius Quinctius 284
Vergil, Publius (V.) Maro 203, 220
Victoria, Königin von England 47
Vietsch, Eberhard von 256
Villaret-Joyeuse, Louis 212
Virchow, Rudolf 64
Volkmann, Erich Otto 143
Voltaire 13, 344

Wagner, Richard 47, 195, 217
Waldersee, Alfred von 35f., 39

Waldow, Wilhelm von 177
Wallach, Jehuda L. 37
Weber, Alfred 167
Weber, Max 11, 64, 167
Wehner, Josef Magnus 191
Weil, Hermann 159
Wellington, Arthur Wellesley, 1st Duke of 299
Wells, Herbert George 2
Welles, Orson 2
Werth, German 190, 205
Westarp, Kuno Graf von 254, 322, 330
Wilhelm I. 18, 78, 350
Wilhelm II. 7, 34, 37, 45, 47, 57, 62, 69, 76, 78, 86-88, 91, 95, 97f., 104, 107, 109, 111, 115, 142, 163, 166, 220, 247, 252f., 255, 257, 260, 270, 272, 290, 293, 302, 306, 309f., 316-320, 323, 325, 329, 332f., 338-344, 346
Wilhelm, Kronprinz 117, 194f., 196, 216, 255, 309, 319, 340, 343
Wilamowitz-Moellendorf, Ulrich von 142
Wilson, Woodrow 4, 168, 221, 232f., 247, 261, 271, 282, 289, 291-295, 297f., 316, 318f., 321-323, 326-333, 335, 341f., 344, 360
Witte, Sergej 166
Wolff, Theodor 122, 135, 257
Württemberg, Albrecht von 117

York, Hans David Ludwig, Graf von Wartenburg 299

Zechlin, Egmont 24
Zetkin, Clara 58, 108, 265
Zimmermann, Arthur 234
Zweig, Arnold 191
Zweig, Stefan 49, 327

Militärgeschichte bei Schöningh

Erster Weltkrieg – Zweiter Weltkrieg: Ein Vergleich

Krieg, Kriegserlebnis, Kriegserfahrung in Deutschland

Im Auftrag des Militärgeschichtlichen Forschungsamtes herausgegeben von *Bruno Thoß* und *Hans-Erich Volkmann*

2002. 900 Seiten, farbiger Bildteil, Leinen mit Schutzumschlag, ISBN 3-506-79161-3

Aus dem Inhalt:

- Die Weltkriege als Kriege neuen Typs
- Deutsches Führungsdenken und technologische Entwicklung
- Krieg als Welt der Soldaten: die »militärische Gesellschaft«
- Krieg als kollektive Erfahrung in der Heimat: die »zivile« Gesellschaft
- Krieg als Besatzungsherrschaft: die Welt der Besatzer und Besetzten
- Erinnerungskulturen und Nachkriegszeiten
- Die Epoche der Weltkriege als Methodenwerkstatt

Schöningh

Verlag Ferdinand Schöningh GmbH · Postf. 2540
D-33055 Paderborn · Tel. 0 52 51 / 127-5 · Fax 127-860
e-mail: info@schoeningh.de
Internet: www.schoeningh.de

Geschichte bei Schöningh

Wolfgang Helbich/
Walter D. Kamphoefner (Hrsg.)

**Deutsche im
Amerikanischen Bürgerkrieg**

Briefe von Front und Farm
1861–1865

2002. 584 Seiten, zahlr. Abb. und Karten,
Leinen mit Schutzumschlag,
ISBN 3-506-73916-6

Charles W. Sydnor, Jr.

Soldaten des Todes

Die 3. SS-Division „Totenkopf"
1933–1945

Mit einem Vorwort von *Bernd Wegner*
Aus dem Englischen von *Karl Nicolai*

2. Auflage 2002. 336 Seiten, zahlreiche Abb.,
Festeinband,
ISBN 3-506-79084-6

Sönke Neitzel

**1900: Zukunftsvisionen
der Großmächte**

2002. 219 Seiten, kart.,
ISBN 3-506-76103-X

Winfried Becker/Günter Buchstab/
Anselm Doering-Manteuffel/
Rudolf Morsey (Hrsg.)

**Lexikon der Christlichen
Demokratie in Deutschland**

2002. 812 Seiten, Festeinband,
ISBN 3-506-70779-5

Schöningh

Verlag Ferdinand Schöningh GmbH · Postf. 2540   e-mail: info@schoeningh.de
D-33055 Paderborn · Tel. 0 52 51 / 127-5 · Fax 127-860   Internet: www.schoeningh.de

Krieg in der Geschichte

Klaus Latzel
Deutsche Soldaten – nationalsozialistischer Krieg?
Kriegserlebnis – Kriegserfahrung 1939–1945
2. Auflage 2000. 430 Seiten, Festeinband
ISBN 3-506-74470-4

Eckard Michels
Deutsche in der Fremdenlegion 1870–1965
Mythen und Realitäten
4. Auflage 2002. 362 Seiten, zahlr. Abb., Festeinband
ISBN 3-506-74471-2

Sabrina Müller
Soldaten in der deutschen Revolution von 1848/49
1999. 357 Seiten, Festeinband
ISBN 3-506-74472-0

Bernd Wegner (Hrsg.)
Wie Kriege entstehen
Zum historischen Hintergrund von Staatenkonflikten
2000. 378 Seiten, Festeinband
ISBN 3-506-74473-9

Matthias Rogg
Landsknechte und Reisläufer: Bilder vom Soldaten
Ein Stand in der Kunst des 16. Jahrhunderts
2002. 456 Seiten, 231 farb. und s/w-Abb., Festeinband
ISBN 3-506-74474-7

Thomas Kühne/Benjamin Ziemann (Hrsg.)
Was ist Militärgeschichte?
2000. 359 Seiten, Festeinband
ISBN 3-506-74475-5

Dittmar Dahlmann (Hrsg.)
Kinder und Jugendliche in Krieg und Revolution
Vom Dreißigjährigen Krieg zu den Kindersoldaten Afrikas
2000. XVIII + 226 Seiten, Festeinband
ISBN 3-506-74476-3

Karen Hagemann
Mannlicher Muth und teutsche Ehre
Nation, Militär und Geschlecht in der Zeit der antinapoleonischen Kriege Preußens
2002. 617 Seiten, Festeinband
ISBN 3-506-74477-1

Nikolaus Buschmann/Horst Carl (Hrsg.)
Die Erfahrung des Krieges
Erfahrungsgeschichtliche Perspektiven von der Französischen Revolution bis zum Zweiten Weltkrieg
2001. 275 Seiten, Festeinband
ISBN 3-506-74478-X

Matthias Reiß
»Die Schwarzen waren unsere Freunde«
Deutsche Kriegsgefangene in der amerikanischen Gesellschaft 1942–1946
2002. 371 Seiten + 4 Karten, Festeinband
ISBN 3-506-74479-8

Daniel Marc Segesser
Empire und Totaler Krieg: Australien 1905–1918
2001. 590 Seiten, Festeinband
ISBN 3-506-74480-1

Markus Pöhlmann
Kriegsgeschichte und Geschichtspolitik: Der Erste Weltkrieg
Die amtliche deutsche Militärgeschichtsschreibung 1914–1956
2002. 421 Seiten, Festeinband
ISBN 3-506-74481-X

Stig Förster (Hrsg.)
An der Schwelle zum Totalen Krieg
Die militärische Debatte über den Krieg der Zukunft 1919–1939
2002. 497 Seiten, Festeinband
ISBN 3-506-74482-8

Bernd Wegner (Hrsg.)
Wie Kriege enden
Wege zum Frieden von der Antike bis zur Gegenwart
2002. 404 Seiten, Festeinband
ISBN 3-506-74485-2

René Schilling
»Kriegshelden«
Deutungsmuster heroischer Männlichkeit in Deutschland 1813–1945
2002. 436 Seiten, Festeinband
ISBN 3-506-74483-6

Schöningh

Verlag Ferdinand Schöningh GmbH · Postf. 2540
D-33055 Paderborn · Tel. 0 52 51 / 127-5 · Fax 127-860
e-mail: info@schoeningh.de
Internet: www.schoeningh.de